Lebensbilder aus dem Bayerischen Schwaben   Band 15

Schwäbische Forschungsgemeinschaft bei der
Kommission für Bayerische Landesgeschichte
Veröffentlichungen Reihe 3, Band 15

Gedruckt mit Unterstützung
des Bayerischen Staatsministeriums für Unterricht und Kultus,
des Bezirks Schwaben und der Stadt Augsburg

Lebensbilder aus dem Bayerischen Schwaben

Band 15
Herausgegeben von Wolfgang Haberl

1997
Anton H. Konrad Verlag

Die Deutsche Bibliothek – CIP-Einheitsaufnahme

Lebensbilder aus dem bayerischen Schwaben. - Weissenhorn :
Konrad.
  Literaturangaben
Bd. 15. Hrsg. von Wolfgang Haberl. - 1997
  (Schwäbische Forschungsgemeinschaft bei der Kommission für
  Bayerische Landesgeschichte : Reihe 3, Lebensbilder aus dem
  Bayerischen Schwaben ; Bd. 15)
  ISBN 3-87437-402-5

© 1997   Anton H. Konrad Verlag   89264 Weißenhorn (Schwaben)
Herstellung Verlagsdruckerei Memminger Zeitung GmbH, Memmingen
ISBN   3-87437-402-5

Inhalt

Vorwort		7
Georg Albrecht	Dietbirg (Dietpirch) um 870–924? Mutter des Heiligen Ulrich	9
Leonhard Rugel	Abt Wilhelm Sartor von Ursberg 1404–1448	17
Benno Gantner	Loy Hering um 1485/86–1554 Ein schwäbischer Bildhauer in Eichstätt	27
Mark Häberlein	Jakob Herbrot 1490/95–1564 Großkaufmann und Stadtpolitiker	69
Gerhard Seibold	Wolf Paller der Ältere c. 1504–1582 Wolf Paller der Jüngere 1545?–1624 Kupferhändler in Augsburg	113
Georg Paula	Matthäus Günther 1705–1788 Maler und Freskant	163
Leonhard Rugel	Philipp Bayrhammer OPraem 1718–1761 und Augustinus Bayrhammer OSB 1729–1782 Thannhauser Brüder in Roggenburg und Ottobeuren	193
Leonhard Rugel	Johann Georg Henle 1769–1852 Ein Höchstädter als Stifter des Augsburger Krankenhauses	201

Franz-Rasso Böck	Daniel Bonifatius von Haneberg 1816–1876 Abt von München St. Bonifaz und Bischof von Speyer	219
Rasso Ronneburger	Mother Benedicta Riepp OSB 1825–1862 Klostergründerin in den USA	231
Otto Schelbert	Pfarrer Joseph Schelbert 1834–1887 Pionier des Allgäus	267
Leonhard Rugel	Pfarrer Jakob Zwiebel 1837–1918	295
Karl Bachmann	Celida Sesselmann 1883–1937 Leben und Werke der Lindauer Dichterin	305
Georg Simnacher und Albert Scharf	Christian Wallenreiter 1900–1980 Förderer schwäbischer Kultur- und Heimatpflege	327
Erwin Holzbaur	Arthur Maximilian Miller 1901–1992	337
Gernot Römer	Gerhard Frank 1912–1944 Bezirksrabbiner	365
Hermann Mors †	Hans Mors 1912–1941 Der Winter vor Moskau als Schicksal einer vergessenen Generation	377
Alfred Böswald	Irmgard Seefried 1919–1988 Kammersängerin	389

Verzeichnis der Abbildungen 400

Verfasserverzeichnis 403

Register 404

Alphabetisches Register zu den Bänden 1–15 431

Inhaltsverzeichnis der Bände 1–14 445

Vorwort

Wenn nach vier Jahren wieder ein Band dieser Reihe erscheinen kann, ist zwar der in Band 14 beklagte zeitliche Abstand unterschritten, aber so recht zufriedenstellend ist dies noch immer nicht. Doch angesichts der verschiedensten Sparnotwendigkeiten soll die Freude überwiegen.
Der erneut gespannte Bogen reicht zeitlich vom 10. Jahrhundert bis in unsere eigenen Tage.
Wenn hier, vielleicht überraschend, an vier Frauen erinnert wird, ist dies nicht ein modisches Zugeständnis, sondern entspricht historisch wertender Selbstverständlichkeit.
Die »Lebensbilder« klingen diesmal mit einem Akkord aus. Möge sich der Leser diesem öffnen.

Kempten, im November 1997　　　　　　　　Wolfgang Haberl

1 »St. Ulrichs Mutter Thietburga«. Gemälde, erste Hälfte
  18. Jahrhundert im Stil des 15. Jahrhunderts.
  Pfarrkirche SS. Ulrich und Martin, Wittislingen, Lkr. Dillingen

2 Grab Dietbirgs, der Mutter des Heiligen Ulrich, vor der Chorstufe in
  der kath. Pfarrkirche Wittislingen anläßlich der Kirchenerneuerung
  unter dem Augsburger Bischof Joseph Landgraf von Hessen, 1752

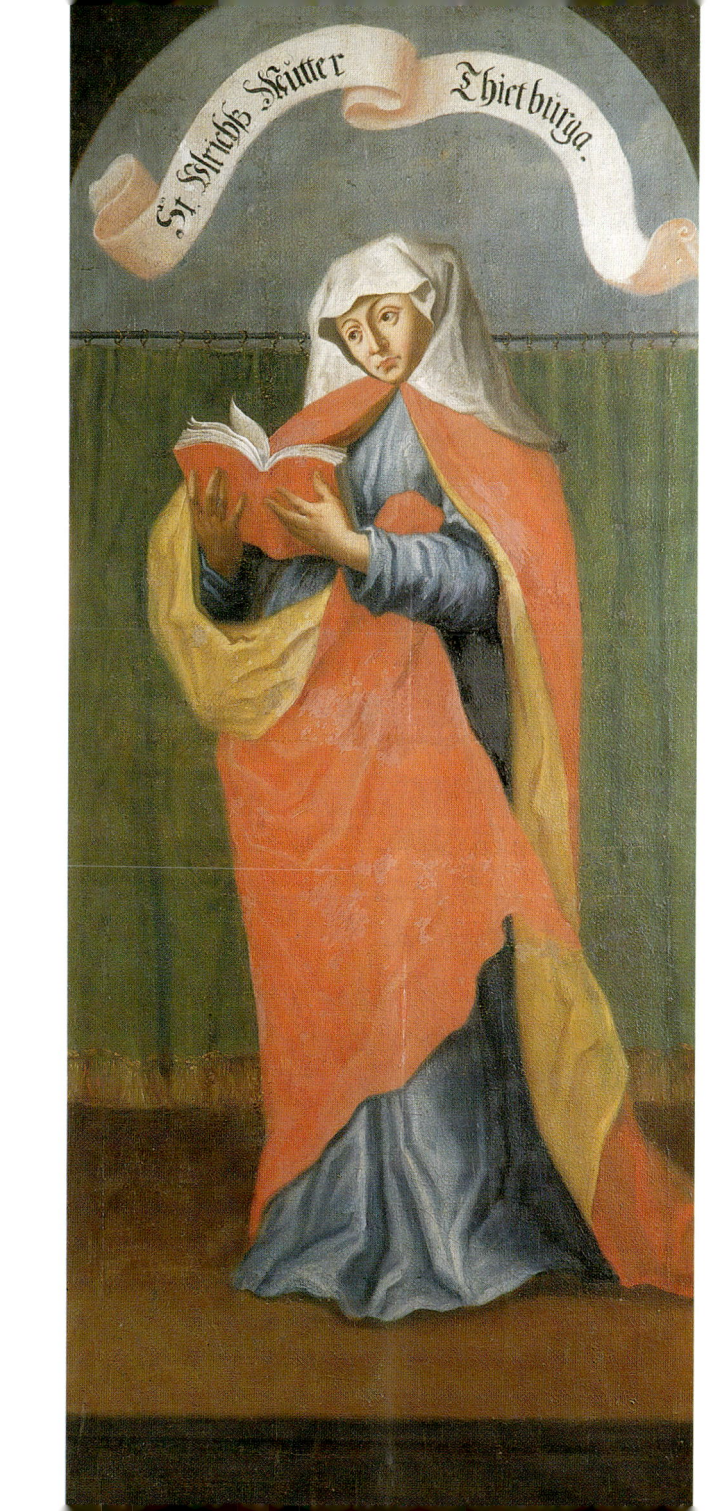

St. Ulrichs Mütter Thietburga.

SEPVLCHRVM
THIETPVRGAE
MATRIS
S. VDALRICI
AVGVSTENSIVM EPISCOPI
KYBVRGENSIVM DILINGENSIVM
ET VVITESLLINGENSIVM
COMITIS
TEMPLO
A JOSEPHO I. EPO AVG.
LANTGR. HASSIAE
FVNDITVS RESTAVRATO
VENERANDAE ANTIQVITATI
RESTITVTVM
ANNO R. S. CIƆIƆCCLII

Dietbirg (Dietpirch) um 870–924?
Mutter des Heiligen Ulrich

Von Georg Albrecht

Für eine Frau, die um die Wende des 9. zum 10. Jahrhundert gelebt hat, finden sich in den zeitgenössischen Quellen nur selten Nachrichten, die uns Einblick in ihr persönliches Leben und Wirken geben. Glückliche Umstände lassen es zu, daß sich für Dietbirg, die Mutter des hl. Ulrich, wenigstens einige Hinweise erhalten haben, die uns Schlüsse auf ihr Wesen und Tun erlauben. Zwar fehlen über ihre Abstammung und Geburtszeit eindeutige Aussagen. Doch schreibt der erste Biograph Ulrichs, Propst Gerhard, in seine Vita Sancti Uodalrici: »Ulrich, glücklichen Angedenkens, stammt aus einer sehr vornehmen alemannischen Familie von frommen und adligen Eltern. Der Vater hieß Hupald, die Mutter Dietpirch.« Und bei Gebehard, dem vierten Nachfolger Ulrichs auf dem Augsburger Bischofsstuhl (996–1001), der Gerhards Lebensbild überarbeitete und der sein Wissen wenigstens zum Teil noch lebenden Zeitgenossen seines großen Vorgängers verdankt haben kann, lesen wir: »Ulrich stammte aus dem erlauchtesten Geschlecht der Herzöge und Grafen von Alemannien.« Propst Gerhard weiß außerdem zu berichten, daß Ulrich nach dem Tode des Bischofs Hiltine 923 auf Betreiben seines »nepos«, des Herzogs Burchard I. von Schwaben, und anderer Verwandter König Heinrich als Nachfolger vorgeschlagen und empfohlen wurde. Einig sind sich alle Forscher, daß die Verwandtschaft Ulrichs mit dem Haus der Burchardinger auf seine

Mutter zurückgeht. Lange Zeit hielt man sie sogar für eine Schwester des Herzogs. Die Aussage Gebehards läßt jedoch an einem so nahen Verhältnis Zweifel aufkommen. Vieles spricht eher dafür, wie Heinz Bühler in seinen Untersuchungen über die Vorfahren St. Ulrichs überzeugend darlegen konnte, daß ihr Vater ein Bruder jenes Markgrafen Burchard war, der 911 im Kampf der Geschlechter um die Vorherrschaft im schwäbischen Raum den Tod fand. Erst seinem Sohn gelang es, sich als Burchard I. die Herzogswürde zu sichern. Dietbirg dürfte somit seine Base gewesen sein.

Unbekannt ist Dietbirgs Geburtsjahr. Ihr bedeutendster Sohn Ulrich wurde 890 geboren. Wahrscheinlich war er nicht das Älteste ihrer Kinder. Berücksichtigt man das verhältnismäßig frühe Heiratsalter der Töchter vornehmer Familien in jener Zeit, hat sie wohl um das Jahr 870 oder kurz danach das Licht der Welt erblickt.

Durch die Vermählung mit dem Adeligen Hupald wurde sie Angehörige einer ebenbürtigen Sippe. Gehörte er, der seinen Stammsitz in Wittislingen hatte, doch möglicherweise zu den Nachkommen jener Fürstin aus fränkischem Geschlecht, deren Grab 1881 in Wittislingen aufgedeckt wurde und dessen reiche Beigaben heute einen besonderen Schatz der Münchener Prähistorischen Staatssammlung bilden. Nach Heinz Bühlers überzeugenden Darlegungen läßt sich das Geschlecht der Hupaldinger ebenso wie jenes der Burchardinger auf Herzog Gotefried von Alemannien zurückführen.

Dietbirgs Ehe mit Hupald entsproßten fünf Kinder. Dietpald trat das väterliche Erbe an. Er verlegte den Stammsitz von Wittislingen nach Dillingen, indem er dort an strategisch wichtiger Stelle eine jener Landesburgen errichtete, wie sie in jener durch die Ungarneinfälle gefährdeten Zeit auf königlichen Wunsch überall entstanden. 955 fand er in der Ungarnschlacht auf dem Lechfeld den Tod. Ulrich, in St. Gallen zum Kleriker herangebildet, bestieg 923 den Augsburger Bischofsstuhl. Über Manegold fehlen nähere Hinweise. Er gilt als Stammvater des

Geschlechts der Donauwörther Manegolde. Die Tochter Liutgard war mit dem Grafen Peiere von Sulmetingen bei Biberach in Oberschwaben vermählt. Einen ihrer Söhne, Adalbero, hatte Ulrich als Nachfolger ausersehen, doch starb dieser kurz vor dem Tode seines greisen Onkels. Ein zweiter Sohn, Reginbald, erlitt ebenso wie sein Onkel Dietpald in der Lechfeldschlacht 955 den Tod. Aus den St. Galler Klosterchroniken wissen wir ferner von einer zweiten Tochter Dietbirgs. Die ältere Geschichtsschreibung sah in ihr die erste Äbtissin des Stiftes St. Stephan in Augsburg Ellensinde. Doch hegte schon Placidus Braun in seiner verdienstvollen Geschichte dieses Klosters hieran große Zweifel, die sich als voll berechtigt erwiesen. Tatsächlich ist uns ihr Name nirgends überliefert. Ekkehard berichtet nur, daß sie als Nonne im Stift Buchau im Federsee lebte, dessen Äbtissin Adelinde wahrscheinlich mit Dietbirg verwandt war. So fand das Mädchen dort wohl Freundinnen. Ihr widerfuhr nach Ekkehard ein großes Unglück, das sie zu einem so strengen Bußleben veranlaßte, so daß sie bei ihren Zeitgenossen in den Ruf einer heiligmäßigen Frau gelangte.

Als Angehöriger des Hochadels war Hupald in das politische Leben seiner Zeit eingebunden und mußte so des öfteren seinen Stammsitz verlassen. Wie eine alte Neresheimer Tradition zu berichten weiß, soll er dabei 908 bei einem Volksaufstand in Frankfurt in einer Kirche erschlagen worden sein. Sein Grab habe er in Neresheim gefunden. Daran erinnert eine Gedächtnistafel im Kloster, die allerdings aus einem späteren Jahrhundert stammt. Fast alle Historiker haben diesen Bericht für unglaubwürdig befunden, weil das Kloster erst von Nachfahren Hupalds gestiftet worden ist. Doch schließen die neuesten Forschungen und Überlegungen einen Vorgängerbau in Neresheim nicht mehr aus. Sie stützen sich dabei auf eine Kremsmünsterer Überlieferung. Damit läßt sich die Neresheimer Tradition nicht mehr ohne weiteres von der Hand weisen. Bemerkenswert ist auf jeden Fall, daß in Wittislingen, wo sich das Erbbegräbnis der Familie befand, das Andenken Dietbirgs bis heute lebendig blieb, während Hupald in der örtlichen Überlieferung kaum genannt wird.

Nach dem Tode Hupalds widmete sich Dietbirg der Verwaltung ihres Witwengutes, worin sie ihr Sohn Ulrich unterstützte. Er hatte sein Amt als bischöflicher Kämmerer nach dem Tode Bischof Adalberos aufgegeben, weil er nicht unter dessen Nachfolger Hiltine dienen wollte. Walter Nigg betont zu Recht, das jahrelange Zusammenleben und -wirken mit seiner Mutter habe wohl das verstehende und gütige Element in seiner Natur wesentlich gefördert. Propst Gerhard teilt nicht mit, wo die zu verwaltenden Güter lagen, doch dürften sie sich mit großer Wahrscheinlichkeit in Wittislingen befunden haben, wo Dietbirg auch ihre letzte Ruhestätte fand. Nach einer Donauwörther Klosterchronik starb sie im Jahr 924. Dann hätte sie die Erhebung ihres Sohnes auf den Augsburger Bischofsstuhl noch erlebt.

Wohl einmalig für jene Zeit und für die Biographie Dietbirgs von unschätzbarer Bedeutung ist ein zeitgenössischer Bericht, der uns einen Einblick in ihr persönliches Leben und ihr Wesen gibt. Sie war eine große Verehrerin der hl. Walburga, der Schwester der heiligen Willibald und Wunibald. Nun bestand bereits zu ihrer Zeit im schwäbisch-fränkischen Grenzraum zu Monheim ein Nonnenkloster, das Reliquien Walburgas besaß und das von zahlreichen Wallfahrern aufgesucht wurde, die dort Hilfe in ihren leiblichen und seelischen Nöten suchten. Dazu kamen viele Arme, die vom Kloster Unterstützung fanden. Über die Mirakel, die sich in dem Wallfahrtsort zutrugen, ließ der zuständige Bischof von Eichstätt Berichte einholen, die in einem Mirakelbuch aufgezeichnet wurden. Darin berichtet der Priester Wolfhard für das Jahr 898, eine vornehme Dame namens Dietbirg aus dem alemannischen Raum habe des öfteren das Kloster aufgesucht, um der Heiligen ihre Verehrung zu bezeugen, aber auch die Nonnen zu unterstützen und sie mit Lebensmitteln zur Speisung der vielen Armen, die das Kloster bedrängten, zu versorgen. Vielleicht wollte sie bei die-

ser Gelegenheit auch eine Verwandte besuchen. Wenigstens läßt der Name einer der Nonnen, Diathild, Stellvertreterin der Äbtissin und von vornehmer Herkunft, diese Vermutung zu.
Bei der Wallfahrt 898 nun ereignete sich ein peinlicher Zwischenfall. Während Dietpirch selbst im Kloster Unterkunft fand, sollten die Knechte bei den Zugtieren – die Wagen waren mit Ochsen bespannt – auf dem Felde bleiben. Dort wurden sie vom Schlaf übermannt und stellten beim Erwachen mit Entsetzen fest, daß die Tiere offensichtlich gestohlen worden waren. Als sie dies ihrer Herrin berichteten, behauptete diese »in einem regellosen Wortschwall«, das Gesinde trage Schuld an diesem schlimmen Vergehen, das das in der ganzen Welt berühmte Kloster entweihe und um seinen guten Ruf bringe. Dann aber begann sie sich gewaltig zu schämen und in ihrem aufgewühlten Inneren zu beunruhigen. Nachdem sie die Dienerschaft nochmals eingehend vernommen, bei einem Schuldbekenntnis sogar unverdiente Vergebung versprochen hatte, blieb nichts anderes übrig, als zu Fuß den Heimweg anzutreten. Dabei aber fanden sie die Ochsen allein und verlassen auf dem Weg stehen. »Als sie dieses wunderbare Geschehen sah, beschuldigte sie in stillem Vorwurf ihr voreiliges und mißtrauisches Wesen.«
Eben diese herrscherliche Wesensart, die durchaus dem Standesbewußtsein einer Dame des Hochadels entsprach, dem aber in ihrem Fall ein demütiges Insichgehen folgte, hat sie offenbar bis zu einem gewissen Grad auch ihrem bischöflichen Sohn vererbt. Auch er ließ sich bei Gelegenheit zu raschem Handeln hinreißen, das er dann ebenso schnell bereute, indem er den Betroffenen um Verzeihung bat. So wird in Ekkehards Klostergeschichten erzählt, er habe auf Wunsch des Königs den unbeliebten Abt Cralon nach St. Gallen zurückgeführt. Bei dem Empfang reichte ihm ein Mönch nach Sitte und Brauch ein Evangeliar zum Kusse, verweigerte aber dem Abt den gleichen Dienst, ja, er wandte sich demonstrativ ab. Da faßte ihn Ulrich bei den Haaren und drehte ihn wieder um. Andern Tages aber

warf sich Ulrich dem Gedemütigten zu Füßen und bat ihn um Vergebung.

Wie berichtet, fand Dietbirg im Familiengrab am Stammsitz der Familie ihre letzte Ruhestätte. Offensichtlich lag dieses Grab an der Außenmauer des Gotteshauses, so daß es bei Regen und Tauwetter dem Traufwasser ausgesetzt war und immer wieder Schaden erlitt. Auf Bitten seiner Neffen Riwin und Hupald kam deshalb Ulrich 973, kurz vor seinem Tod, nochmals in seine Heimat, um sie zu beraten, wie diesem Übel abgeholfen werden könne. Vermutlich erfolgte ein Anbau, der die Grabstätte umschloß. Endgültigen Schutz fand sie dann, als – wohl im 13. Jahrhundert – ein Neubau der Pfarrkirche auf dem Platz des alten Gotteshauses erfolgte. 1683 nützte man die Gelegenheit notwendiger Bauarbeiten, das Grab würdig zu gestalten. Dabei wurde es, wohl zum erstenmal, geöffnet. Alle gefundenen Skelettreste und Beigaben wurden in einen Eichensarg gelegt und in einem Hochgrab neu beigesetzt. Es war von einem eisernen Gitter umgeben und befand sich an der südlichen Längswand der Kirche. Schon Jahrhunderte vorher hatte die Gemeinde auf andere Weise ihre Verehrung für Dietbirg kundgetan. Seit dem 15. Jahrhundert schmückte ihr Bild als Fresko eine Kirchenwand. Wenigstens läßt die Tracht, in der sie dargestellt wurde, darauf schließen, daß es in jener Zeit entstand.

In der Mitte des 18. Jahrhunderts erfolgte ein barocker Neubau des Gotteshauses. Zuvor jedoch ließ der Ortsgeistliche das Fresko kopieren. Das Ölbild wurde in die neue Kirche übernommen und hat sich dort bis heute erhalten. Bei dem Neubau mußte auch das Grab verlegt werden. Es fand inmitten der Kirche vor dem Aufgang zum Chor einen würdigen Platz. Die feierliche Übertragung und Beisetzung erfolgte am 2. Oktober 1752 im Auftrag des Augsburger Fürstbischofs durch dessen Geheimsekretär Johann von Bassi. Eine Steinplatte verkündet seitdem an dieser Stelle in lateinischem Text:

Grabmal Thietburgas, Mutter des hl. Ulrich,
Bischofs von Augsburg und
Grafen von Kyburg, Dillingen und
Wittislingen.
Von Bischof Joseph I. von Augsburg,
Landgraf von Hessen, nach Vollendung
der neuen Kirche 1752 der alten
religiösen Verehrung des Volkes anheimgegeben.

Tatsächlich enthält das Grab die Überreste von mindestens vier Erwachsenen und einer jugendlichen Person. Dies wurde bei einer erneuten Öffnung 1938 anläßlich der amtlichen Denkmälerinventarisierung festgestellt, leider aber nirgends offiziell dokumentiert. 1683 hatte man also wirklich das Erbbegräbnis der Hupaldinger erschlossen und damit den Bericht des Propstes Gerhard bestätigt, daß Ulrich um die Bewahrung der Grabstätte seiner Vorfahren besorgt war.

Dietbirg, in ihrem Heimatort nach der Inschrift auf der Grabplatte und ihrem Bild in der Kirche Thietburga genannt, galt und gilt in der Überzeugung der Ortsbewohner als Selige, wenn auch kein liturgischer Kult für ihre Verehrung besteht. Diese Ehre erfuhr sie nur in dem ehemaligen, bei der Säkularisation aufgehobenen Benediktinerinnenkloster St. Ulrich in Urspring bei Schelklingen. Hier wurde ihrer jeweils am 16. März besonders gedacht. Dabei stand sie im Kalendarium unter den Tagesheiligen als Sancta Diepurgis an erster Stelle. Nicht vergessen sei endlich, daß ihr auch in der Abteikirche des Klosters Neresheim, das auch dem hl. Ulrich geweiht ist, eine besondere Ehrung zuteil wurde. In dem großen Fresko in der Hauptkuppel, in dem Martin Knoller alle Heiligen, besonders aber jene aus dem Orden des hl. Benedikt, zur Verehrung der Dreifaltigkeit vereint hat, wies er ihr und ihrem Gemahl in unmittelbarer Nähe ihres Sohnes Ulrich einen Ehrenplatz zu.

Literatur

Bauch, Andreas: Ein bayerisches Mirakelbuch aus der Karolingerzeit. Die Monheimer Walpurgis-Wunder des Priesters Wolfhard. Regensburg 1979

Berschin, Walter / Hase, Angelika: Vita Sancti Uoldarici. Heidelberg 1993

Bischof Ulrich von Augsburg und seine Verehrung. Festgabe zur 1000. Wiederkehr des Todestages (= Jahrbuch des Vereins für Augsburger Bistumsgeschichte 7), Augsburg 1973

Borst, Arno: Mönche am Bodensee 610–1525. Sigmaringen 1985

Bühler, Heinz: Die Vorfahren des Bischofs Ulrich von Augsburg (923–973). Jahrbuch des Historischen Vereins Dillingen 1973

Bühler, Heinz: Die Herkunft des Hauses Dillingen, in: Die Grafen von Kyburg. Kyburger - Tagung 1980 in Winterthur (= Schweizer Beiträge zur Kulturgeschichte und Archäologie des Mittelalters 8), Olten-Freiburg i. Br. 1981, 9-30

Ekkehard IV. St. Galler Klostergeschichten. Übersetzt von H. F. Haefele. Darmstadt 1980

Layer, Adolf: Wittislingen und die Familie des hl. Ulrich. Jahrbuch des Historischen Vereins Dillingen 1976

Nigg, Walter: Vom beispielhaften Leben. Olten 1974

Rummel, Peter: Ulrich von Augsburg. Bischof, Reichsfürst, Heiliger. Augsburg 1992

Weidenhiller, B./Uhl, A./Weißhaar B. (Hrsg.): Ad sanctum Stephanum 969–1969. Augsburg 1969

Weitlauff, Manfred: (Hrg.): Bischof Ulrich von Augsburg 890–973. Seine Zeit – sein Leben – seine Verehrung. Festschrift aus Anlaß des tausendjährigen Jubiläums seiner Kanonisierung im Jahre 993 (= Jahrbuch des Vereins für Augsburger Bistumsgeschichte 26/27), Weißenhorn 1993

Werner, Joachim: Das alamannische Fürstengrab von Wittislingen. München 1950

Zeller, Josef: Die ältesten Totenbücher des Benediktinerinnenklosters Urspring bei Schelklingen. Württembergische Vierteljahreshefte für Landesgeschichte 1925/26

Zoepfl, Friedrich: Udalrich, Bischof von Augsburg. Lebensbilder aus dem Bayerischen Schwaben Band I. München 1952

Abt Wilhelm Sartor von Ursberg
1407–1448

Von Leonhard Rugel

Abt Wilhelm Sartor, der das Prämonstratenserkloster Ursberg von 1407 bis 1448 leitete, stammte aus Thannhausen. Da der Name Schneider schon zu Sartor latinisiert war, waren die Eltern sicher gebildete Leute. Möglicherweise war sein Vater der Vogt Konrad Sartor, der als Wohltäter des Klosters Ursberg verzeichnet ist zusammen mit seinem Sohn Stephan; beide wurden am gleichen Tag, am 27. April, ermordet, und dieser Tag wurde als Gedächtnistag begangen. Ein anderer Gedächtnistag war der 15. Februar; er galt der Wohltäterin Adelheid Sartrix, die möglicherweise die Mutter des Abtes war. Zur Familie gehören vielleicht auch zwei Studenten in Heidelberg, von denen Georg Sartor von Taynhausen, dioecesis Augsburg, 1415 und Johann Sartor von Thannhausen dioec. Aug. 1435 eingeschrieben wurden.

Im Archiv des Klosters Ursberg liegt eine 12 Seiten umfassende Handschrift in deutscher Schrift, die in vielen Teilen mit der Chronik von Lohmüller übereinstimmt. Das Kloster hat dem Verfasser eine Kopie zukommen lassen: auf diesem Text beruht hauptsächlich diese Biographie. Der Verfasser ist nicht bekannt. Vermutet wird, daß diese Lebensgeschichte von einer geschichtserfahrenen Klosterfrau geschrieben ist, die sich auch auf die Chronik von Kornmann beruft. Man könnte auch an den Präfekten Rudolf Lang, der viel über Ursberg geschrieben hat, denken.

Wilhelm Sartor wurde im Jahre 1407 zum Abt erwählt. Er war einer der bedeutendsten Vorsteher des Klosters Ursberg. Er zeichnete sich aus durch hohe Geistesanlagen und allseitige Bildung. Im Jahre 1413 entwickelten sich sehr schwierige Verhältnisse mit dem Prämonstratenserkloster Rot an der Rot. Dort war Abt Johann, der sehr schlecht gewirtschaftet hatte, gestorben; und der Ursberger Kanoniker Jodocus wurde zum Abt von Rot bestellt. Es ist nicht klar, ob es geschah auf Veranlassung der Mönche von Rot oder der Äbte des schwäbischen Klosterbezirkes. Als nun Jodocus die ganz zerfahrenen Zustände in Rot erkannt hatte, begab er sich nach Ursberg zurück. Er war nicht mehr zu bewegen, nach Rot zurückzukehren. Das Kloster Rot führte nun unter dem nunmehr gewählten Abt Martin wegen des Schadens, den es durch die Flucht des Jodocus erlitten haben wollte, einen Prozeß mit Ursberg. Die Kosten beliefen sich bald auf 200 Gulden. Abt Wilhelm wollte zeigen, daß er ein Feind des Streites und doch ein Freund des unglücklichen Klosters sei. Darum leistete er bald danach mit den übrigen Klöstern des schwäbischen Bezirkes dem Kloster Rot Bürgschaft auf 700 rheinische Gulden. Später bezahlte Abt Martin von Rot an Ursberg 100 Pfund Haller. Es scheint also, daß Kloster Rot zur Erstattung der Prozeßkosten oder zur Heimzahlung einer Schuld verurteilt worden war.

Abt Wilhelm war um die Vergrößerung des Klosterbesitzes besorgt. Am Donnerstag vor dem Sonntag Laetare, zu Mittelfasten (15. März) des Jahres 1414 kaufte er von Jodok Schwenkreist vier Höfe, 1 Lehen und 15 Sölden zu (Langen-)Haslach um 1100 rhein. Gulden unter Zustimmung des Herzogs Stephan von Bayern als des Lehensherren der Hutzenhofer Felder. Am Freitag vor dem Palmsonntag (18. März) 1418 kaufte Abt Wilhelm das Krumbad mit allen Rechten und Zugehörungen, samt Lechsenried, welches schon früher Ursberger Besitz gewesen, wie Stiftungen vom Jahre 1156 beweisen, das aber wieder abhanden gekommen war, um 1060 Gulden von Ritter Diepold von Aichelberg und seinen Söhnen Konrad, Albert und Burkhard. Burkard von Aichelberg wollte 1433 den Kauf umstoßen; und er wandte sich dieserhalb an Berchtold vom Stain, Ritter, Hauptmann der Gesellschaft vom Sankt Jörgen Schild, oben an der Tünawe (Donau), an Ritter Hans von Stadingen, Ritter Hans von Rot und Hans von Westernach. Diese berieten ihn so, daß er mit Brief vom 28. Dezember 1433, mitgesiegelt von Hans von Rot und Wilhelm von Freyberg, auf alle seine vermeintlichen Rechte und Ansprüche verzichtete.

Abt Wilhelm zeigte sich als tapferer und unerschrockener, aber auch versöhnlicher und edler Mann in einem Handel mit Bischof Anshelm von Augsburg im Jahre 1414. Der Abt war kaiserlich gesinnt. Nun hatte Kaiser Sigismund auf ungestümes Drängen der Stadt Augsburg den Bischof Anshelm von Nenningen (1413–1423) abgesetzt und Friedrich von Grafeneck als Gegenbischof aufgestellt, der auch vom Gegenpapst Johann XXII. bestätigt wurde. Anshelm mußte Augsburg verlassen, ging nach Dillingen; und er rief eine Diözesansynode nach Lauingen ein. Der zum Kaiser haltende Abt Wilhelm blieb dieser Synode fern. Da schickte der Bischof einen Zug von Reißigen unter der Führung eines Herrn von Freiberg ganz heimlich in das Ursberger Gebiet nach (Ober-)Rohr mit dem Auftrag, dort die Rinder und Schafe von der Weide wegzutreiben und nach Dillingen zu verbringen. Der Freiberger kam mit seinem Haufen nach Rohr und wollte seinem Auftrag nachkommen. Selbstverständlich setzten sich die Leute von Rohr zur Wehr. Sie schickten auch sofort zum Abt von Ursberg um Hilfe. Ohne Zögern rüstete sich der Abt zur Hilfe für seine Untertanen. Auf seinem Grauschimmel, umgeben von allen streitbaren Klosterangehörigen, ritt er gen Oberrohr. Dabei überraschte ihn ein Unglück: das Pferd warf ihn ab. Da entstand der Spottvers:

> »Wilhelmus hatt' ein grauen Gaul,
> Er fiel wohl auf sein krummes Maul.«

Rasch kam der Abt mit seiner Schar an Ort und Stelle. Er redete den feindlichen Führer an: »Wenn ihr um Fleisch für die Küche eures Herrn gebeten hättet, so hätte ich es gern gegeben; aber daß ihr es euch von meinen Untertanen stehlt, das lasse ich nicht zu, das ertrage ich nicht!« Jener aber achtete nicht auf diese Worte und wollte Gewalt gebrauchen. Da schlug ein Bauer von Rohr bei dem entstehenden Gefecht, er hatte den Hausnamen »der alte Zeck«, mit seinem Prügel derart auf den behelmten Kopf des Führers, daß er ihm ein Auge ausschlug. Darauf zog der ganze feindliche Haufen mit dem einäugigen Führer unter starken Drohungen ab. Die ganze Sippe der Freiberg beschloß nun, sich durch gewaltsame Tötung jenes Bauern und durch Anzünden des Klosters und des Dorfes zu rächen. Der Abt erfuhr dies. Rasch rief er seine Freunde und die Stadt Ulm, welche den kaiserlichen Schutz gewährte, um Hilfe an und erhielt sie auch. So konnten die Freiberg ihr rachsüchtiges Vorhaben nicht ausführen.

Der Bischof aber blieb beleidigt. Bald darauf feierte ein Verwandter des Bischofs in Dillingen seine Primiz, wozu der Bischof alle benachbarten Prälaten und Adeligen, sogar einige Verwalter Ursbergischer Güter, nicht aber den Abt Wilhelm einlud. Der Abt brachte in Erfahrung, daß der Primiziant auf Geschenke angewiesen sei. Da setzte er nun alles bisher Beleidigende beiseite und zeigte sich als vornehmer Mann. Er ließ neun seiner Diener mit festlichen Kleidern und ausgesucht schönen Pferden ausstatten, reiste mit diesen am Vortage der Primiz nach Lauingen, wo er in seinem Gut Hälberingen übernachtete. Am andern Tag begab er sich nach Dillingen, wo er zu einer Zeit ankam, als der Primizgottesdienst schon begonnen hatte. Die Pferde ließ der dort unter Bewachung stehen, ging während des Opferganges zur Kirche, nahm seine Diener mit, gab jedem ein Goldstück, ließ sie vor sich hergehen und die Goldstücke auf den Altar legen, während er selbst als letzter einen nicht kleinen Beutel mit Goldstücken als Opfergabe spendete. Sofort begab er sich nach Lauingen zurück. Der

Bischof schickte auf der Stelle einen Boten nach mit einer Einladung an den Abt, er möge zum Mahl nach Dillingen kommen. Aber der Abt entschuldigte sich höflichst, er müsse geschäftehalber sofort heimkehren. Darauf änderte der Bischof seinen Sinn derart, daß er selbst 8 Tage danach nach Ursberg kam. Bischof und Abt blieben, versöhnt, fortan gute Freunde.
1414–1418 tagte das Konzil von Konstanz. Abt Wilhelm nahm daran teil. Es läßt sich nicht feststellen, ob er sich 1415 oder 1416 dorthin begab. Er beteiligte sich lebhaft an den Verhandlungen und zog durch seinen scharfen Verstand und seine gefällige Art des Verhandelns die Aufmerksamkeit des Königs Sigismund auf sich, der ihn auch mit manchen Gunsterweisungen auszeichnete und ihn zu seinem Geheimen Rat ernannte. Auch der neugewählte Papst Martin V. ehrte ihn, indem er ihm und seinen Nachfolgern durch eine Bulle vom 24. April 1418 den Gebrauch der Pontifikalien, der bischöflichen Insignien Brustkreuz, Mitra, Ring und Stab und die feierliche Erteilung des Segens gestattete.
1419 erlangte der Abt von Papst Martin V. eine Bulle, nach welcher Papst Johann von Hl. Georg in Augsburg den Auftrag erhielt, kraft apostolischer Vollmacht alle jene, welche Ursberger Klostergut zu Unrecht in Besitz hätten, unter Anwendung von kirchlichen Strafen zur Rückgabe zu bringen. Was dadurch erreicht wurde, ist nicht bekannt. Zur Zeit von Abt Wilhelm hatte Ursberg auch Verbindung mit dem Kloster Schlägl, das im österreichischen Mühlviertel östlich von Passau liegt. In einem Brief an dessen Propst Bernhard bedankte sich am 16. Oktober 1420 der Generalabt Petrus von Premontré sehr für den Beitrag zur Unterstützung seines in große Not geratenen Klosters, den Schlägl durch den Ursberger Abt überbringen hatte lassen. Abt Wilhelm war auch für die Weiterbildung seiner jungen Kleriker bemüht: Für die Studienjahre 1422–1424 finden sich zwei Ursberger Profeß-Kleriker im Verzeichnis der Universität Heidelberg, nämlich Petrus Burgauer und Johann Langenmantel.

Die Vorsteher der in der Diözese Konstanz gelegenen Klöster der Benediktiner, Cisterzienser, regulierten Augustiner-Chorherren und Prämonstratenser hatten sich zusammengeschlossen zur Abwehr der Angriffe eines Haufens von Habgierigen und aufrührerischen Menschen, welche nach den klösterlichen »Reichtümern« schielten, besonders nach den den Klöstern inkorporierten Pfarreien, und die auch die Klosterinsassen gegen ihre Oberen aufhetzten. Es scheint, daß besonders Kleriker unter diesen unruhigen Leuten waren. Abt Wilhelm schloß sich im Jahre 1425 dieser Klöster-Vereinigung an wegen seiner in der Diözese Konstanz gelegenen Pfarreien Gruibingen und Drackenstein. 1430 kaufte Abt Wilhelm von Georg von Lichtenau und dessen Ehefrau Sophie die Zehnten in Schöneberg, welche ein Lehen des Herzogs Ulrich von Teck waren, um 400 rhein. Gulden und 15 Scheffel Vesen. Zeugen des Kaufes waren: Johann von Freiberg zu Angelberg, Heinrich von Meuching, Vorsteher in Mindelheim, und Georg von Lichtenau der Jüngere. 1431 erhob Heinrich von Ellerbach, genannt der Lange, Herr von Neuburg/Kammel, obwohl er Schutzvogt des Klosters Ursberg war, Streit mit Abt Wilhelm wegen eines Forsthabers. Der Abt konnte alles, was der Ellerbacher vorbrachte, widerlegen. Darauf bekannte der Schutzvogt seinen Irrtum und entsagte schriftlich für sich und seine Nachkommen allen Rechten, die er zu haben geglaubt hatte. 1432 ließ Abt Wilhelm durch Bischof Petrus von Augsburg eine beglaubigte Abschrift der Privilegien herstellen, welche Kaiser Heinrich VII. im Jahre 1226, Kaiser Ludwig der Bayer im Jahre 1343 und Kaiser Karl IV. im Jahre 1353 dem Kloster Ursberg verliehen hatten.

Mit dem Jahre 1433 begann eine Zeit, welche dem Abt Wilhelm eine bedeutende äußere Tätigkeit, dem Kloster aber große innere Schwierigkeiten brachte. Im Frühjahr 1433 reiste Abt Wilhelm mit dem König Sigismund nach Rom zur Kaiserkrönung, welche Papst Eugen IV. am Pfingsttage, am 31. Mai 1433 vornahm. Dort erhielt Abt Wilhelm am Mittwoch nach dem Fest der heiligen Margaretha (12. und 17. Juli 1433) vom Kaiser die Bestätigung aller früher erhaltenen Privilegien. Besonders sind in der Urkunde bezeichnet: Niemand darf Klosteruntertanen gegen den Willen des Abtes aufnehmen; die Vögte dürfen das Kloster nicht bedrücken (vexare) und nicht mehr als das Ausbedungene fordern; die Untertanen des Klosters dürfen nicht vor andere Gerichte gerufen werden.

Am 11. Oktober 1433 befand sich Abt Wilhelm mit dem Kaiser auf dem Konzil zu Basel (1431–1443). Über des Abtes Tätigkeit auf dem Konzil ist nichts bekannt. Für sein Kloster aber erreichte er 1434 einen Erlaß des Konzils an den Bischof von Augsburg und an die Dekane der Konstanzer und Freisinger Kirchen, daß sie den Abt und den Konvent des Klosters zu den Aposteln Petrus und Johannes zu Ursberg gegen alle Auflagen und Erpressungen von Steuern und Abgaben, sowie auch gegen Angriffe, gerichtliche Verwahrungen und Besetzungen verteidigen, und daß sie jene, die solches vornehmen, unter kirchlichen Strafen davon abhalten oder zur Zurückgabe bringen sollten, sogar wenn nötig unter Anrufung der weltlichen Gewalt. Ebenso erreichte er einen Auftrag des Konzils vom 21. September 1436 an einen Dr. Nithard hinsichtlich der Rückerstattung von Besitz an Kloster Ursberg.

Der Abt scheint bis Ende 1437 von seinem Kloster abwesend gewesen zu sein. Diese lange Abwesenheit war wohl die Ursache einer Unzufriedenheit im Kloster; es kamen wohl lange Zeit keine Nachrichten vom Abt. Und nun tritt im Jahre 1437 ein anderer Abt in Ursberg auf: Balthasar von Seebach. Er unterschrieb den Stiftungsbrief der Frühmesse in Neuburg als Abt von Ursberg und hängte sein Abtssiegel daran. Im gleichen Jahr noch oder anfangs 1438 kehrte Abt Wilhelm heim. Damit war auch die Zeit des Abtes Balthasar beendet. Von 1438 an ist Abt Wilhelm wieder Herr der Lage in Ursberg. Er ließ 1438 die Kirche in Hürben bei Krumbach erbauen. Er erhielt eine von Bischof Petrus und dem Domkapitel in Augsburg am 25. September 1438 ausgestellte Urkunde über die rechtliche Einver-

leibung der Pfarrei Billenhausen mit dem Kloster Ursberg, welche Kirche schon im Jahre 1436 von Heinrich von Ellerbach dem Kloster geschenkt worden war. Folgende Bedingung ist in der Urkunde gestellt: Der Abt bestellt den Pfarrer, der aber dem Bischof den Eid leisten muß, in Sachen der Seelsorge dem Bischof gehorchen, die Versammlungen des Kapitels besuchen, in Ausübung der Seelsorge den übrigen Seelsorgsgeistlichen sich anschließen und aus den Pfarrei-Einkünften die Abgaben an Bischof und Kathedrale entrichten zu wollen.
1439 wollte das Konzil zu Basel einem gewissen Ulrich Boldstetter, unehelicher Abkunft, aber zur Priesterweihe dispensiert, die Pfarrei Billenhausen übertragen. Und es beauftragte den Generalvikar von Augsburg, diesen Balthasar in die Pfarrei Billenhausen einzuführen. Weil aber der Bischof von Augsburg den Widerstand des Abtes unterstützte, erlitt der Eindringling eine Abweisung.
1440 erfolgte die Stiftung der Frühmesse an der St. Leonhardskapelle in Billenhausen durch den Pfleger dieser Kapelle Johann Stöpfel; eine Reihe von Wohltätern half mit. Diese Stiftung ist sicher der Tätigkeit des Abtes Wilhelm zuzuschreiben. Und dessen weitere Sorge in dieser Sache läßt sich daraus erkennen, daß der Bischof von Augsburg allen Wohltätern der Kapelle im Jahre 1441 einen Ablaß erteilt wie im Jahre 1433; daß die drei Pfleger dieser Kapelle, Heinrich von Ellerbach, Konrad Felb, der Kirchherr von Krumbach, und Johann Stöpfel im Jahre 1442 zu dieser Kapelle Güter zu Münsterhausen, und am 18. Dezember 1444 ein Gütlein in Schnuttenbach bei Offingen kauften; daß Bischof Petrus 1444 wiederum einen Ablaß für die Kapelle Sankt Leonhard genehmigte, und daß 1445 Heinrich von Ellerbach zu dieser eine Getreidestiftung von seinem Gute in Erisweiler machte. Am 18. Januar 1447 gab Puppelin von Ellerbach der Ältere die untere Mühle in Krumbach als Jahrtagsstiftung in die Hand des Abtes Wilhelm. Und im gleichen Jahre, das nähere Datum fehlt, übergab Johann Rüling zu Wiesensteig mehrere Äcker dem Abt

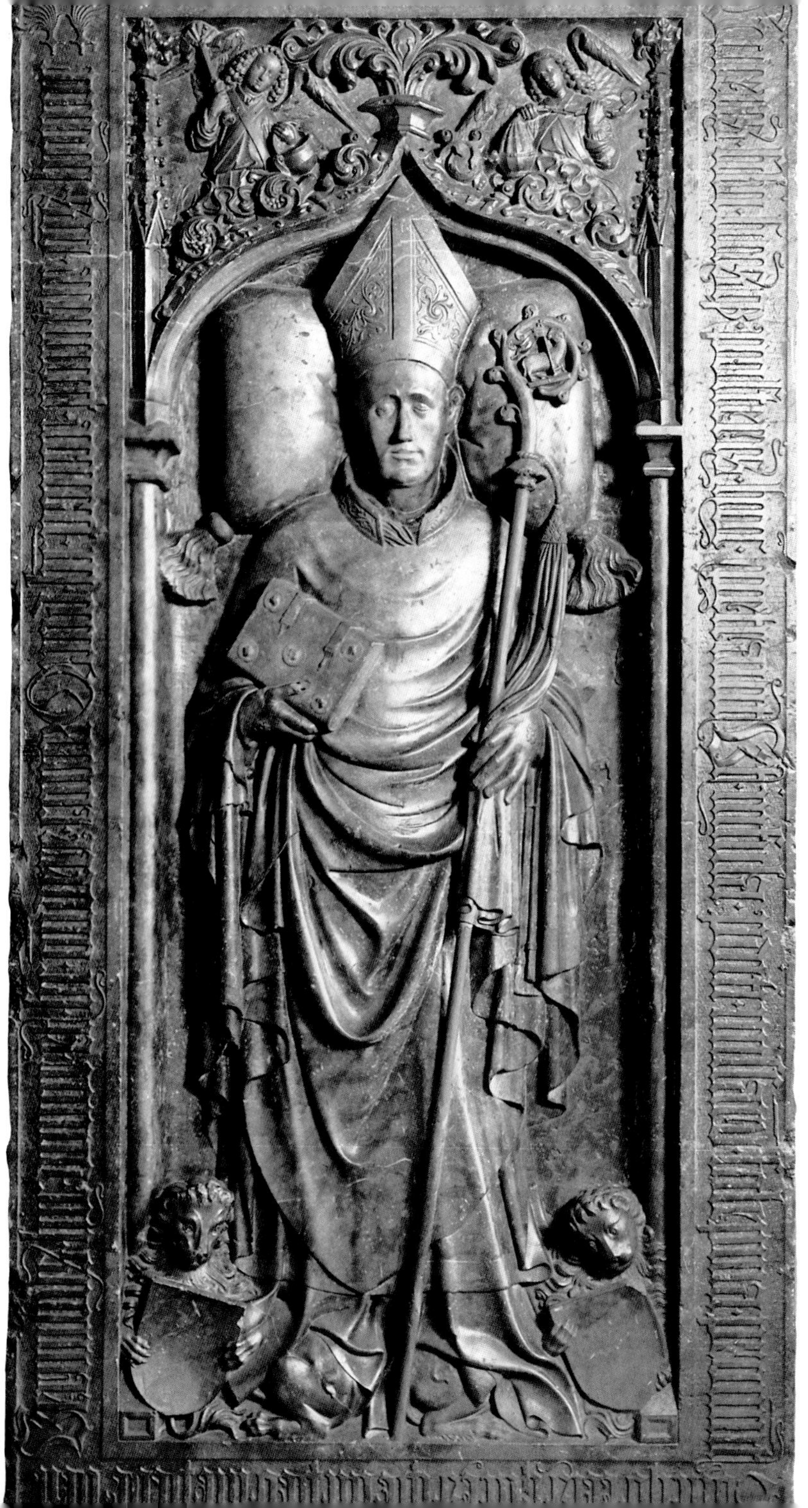

3 Prämonstratenserabt Wilhelm Sartor (um 1380–1448), aus Thannhausen, reg. 1407–1447, erster infulierter Abt von Kloster Ursberg,
  Salzburger Marmor, um 1430. Ehemals im Kapitelsaal aufgestellt,
  heute im Bayerischen Nationalmuseum München

Wilhelm. In der Urkunde der letzteren Übergabe wird Wilhelm als Abt zum letztenmal genannt. Die nächste bekannte Urkunde, ein Kaufbrief des Dorfes Raunau am Freitag nach Ostern 1448, nennt als Abt von Ursberg Balthasar von Seebach.
Grimo Kornmann gibt in seiner Chronik des Klosters als Todesjahr des Abtes Wilhelm 1449 an. Im alten Nekrolog steht als Todestag der 31. Mai 1454. Weil nun die genannte Urkunde vom Freitag nach Ostern 1448 vom Abt Balthasar unterzeichnet ist, so muß zu dieser Zeit Abt Wilhelm schon resigniert gehabt haben, obwohl davon nirgends berichtet wird.
Über 40 Jahre hat Abt Wilhelm tatkräftig und geschickt regiert. Neue Bauten erstanden während seiner Abtszeit: die Kirche wurde ausgeschmückt, der Bau des Turmes begonnen, die Bibliothek mit Büchern bereichert. Begraben wurde Abt Wilhelm im Kapitelsaal, wo auch der prächtige, vom Abt zu seinen Lebzeiten bestellte und angefertigte Grabstein eingesetzt wurde. Das Todesdatum fehlt, weil der Stein zu des Abtes Lebzeiten angefertigt wurde. Nach der Klosteraufhebung wurde dieses selten schöne Epitaph in das Nationalmuseum in München gebracht, es ist dort als Sehenswürdigkeit ausgestellt. Dr. Alfons Schroeder schreibt darüber im »Kalender bayerischer und schwäbischer Kunst 1931« folgendes: Künstlerisch überhebt sich der Grabstein weit über den Durchschnitt der Grabplastik jener Zeit innerhalb der Zone des bayerischen Schwabens, dem Werkstoff nach (Rotmarmor) und in der Anlage: die Figur des Abtes überlebensgroß, im Pontifikalienschmuck (er war der erste Abt Ursbergs, dem sie zuerkannt wurden), eingestellt in eine weinbergartige Blend-Architektur, zu Füßen beiderseits ein wappenhaltender Löwe, auf dem breiten Rande die prächtig ausgemeißelte Umschrift in hochdekorativ wirkenden Minuskeln; kaum ein Bischof hätte sich ein so feierliches Mal errichtet. Wo mag der Meister zu suchen sein? Zu Augsburg schwerlich; eher in Ulm. Wohl der Salzburger Kunstkreis kommt in Frage; dahin weist der Werkstoff und die Einstellung der Figur in einen Baldachin mit Zwickeln darüber.

Auf dem Stein, der den Abt nach dem Leben wiedergibt, erscheint er als ein Mann im Alter der Vollkraft, das ist die Zeit um 1430. Er war ein tatkräftiger, gewandter Mann, angesehen bei Kaiser und Papst und bei den Vätern des Basler Konzils. Er wußte dem Kloster, das er auch neu baute, ansehnliche Vorteile und wertvolle Sicherungen zu verschaffen.
Bezeichnender noch, aufschlußreich für die Geisteseinstellung, aus der das Prunkmal hervorging, ist die Überlieferung aus Humanistenkreisen: Kaspar Bruschius feiert ihn 100 Jahre später als einen Freund der Musen und hellen Geister:

Turbae Pierias fidus erat pater,
Claris ingeniis ex animo favens.
(Er war ein treuer Vater der Musenschar,
von Herzen ein Begünstiger der edlen Musen.)

Die Umschrift auf dem Grabmal Wilhelms, die er vermutlich selber verfaßt hat, lautet in lateinischen Hexametern:

Abbas Wilhelmus tumbam hanc fabricavit
Vivens. Sibi suisque posteris hoc impetravit,
Ut infula praediti missarum solempnis promant.
Sum, quod eris, qui es ipse, fui! Pro me, precor, ora.
Vermibus hic donor et sic ostendere conor,
Quod sicut panor, ponitur omnis honor.

(Zu Lebzeiten ließ Abt Wilhelm dieses Grabmal errichten. Für sich und seine Nachfolger erreichte er, daß die Äbte, nun mit der Inful, der Bischofsmütze begabt, feierlich die Messe begehen können. Ich bin, was du sein wirst, der du jetzt bist, was ich war. Bete für mich, das ist meine Bitte.
Hier lieg ich, den Würmern zur Speise.
O möge mein Grab dich belehren,
Daß alles der Tod dir entreiße,
Was spendet das Leben in Ehren.)

LITERATUR

Bronnenmaier, Hans: Thannhauser Heimatbuch, Augsburg 1955, S. 283/284. – *Lohmüller, Alfred:* Das Reichsstift Ursberg. Von den Anfängen 1125 bis zum Jahre 1802. Weißenhorn, 1987, S. 47–58, mit Bild.

Loy Hering um 1485/86–1554
Ein schwäbischer Bildhauer in Eichstätt

Von Benno Gantner

Betrachtet man Leben und Werk des Renaissancebildhauers Loy Hering in seiner überlieferten Gesamtheit, so vereinigen sich auf ihn, als gebürtigen Schwaben viele Charakterzüge, die seinem Volksstamm im allgemeinen nachgesagt werden. Fleiß und Strebsamkeit gepaart mit gesundem Geschäftssinn und soliden Handwerkskenntnissen, die er in seinem künstlerischen Schaffen mit Feingefühl umsetzen konnte. Nicht zuletzt aber spricht aus seinem Werk eine starke Frömmigkeit, die ihm auch in stürmischen Umbruchzeiten den alten Glauben bewahrte. Offen ist er dagegen für die neuen Stileinflüsse der Renaissance, deren Ornament- und Architekturformen er in sein Werk aufnimmt, wie kaum ein anderer seiner süddeutschen Zeitgenossen. Für die Verbreitung des deutschen Renaissancestils ist Hering einer der konsequentesten Vorreiter in unserem Kulturraum. Seine Grabmalkunst bietet hierfür interessante und außergewöhnliche Beispiele.

Den ersten Versuch, das Œuvre Loy Herings in seiner Gesamtheit darzustellen, unternahm Felix Mader im Jahre 1905.[1] Sein Buch ist Grundlage für alle folgenden Auseinandersetzungen mit diesem Künstler. Nach diversen Aufsätzen mit einigen neuen Erkenntnissen zu seinem Werk, erschien 1977 die umfangreiche Monographie Peter Reindls, die als Dissertation erarbeitet, eine grundlegende Zusammenfassung und Quelleninterpretation seines Werkes darstellt.[2] Er versucht, durch solides Quellenstudium wieder etwas Ordnung in die Wirrnisse an Zu- und Abschreibungen der vorangegangenen Literatur zu bringen. Erfolglos bleibt jedoch sein Versuch, die Auffassung Schädlers, der die beiden bisherigen Hauptwerke Herings, das Willibalddenkmal in Eichstätt und das Schwazer Kruzifix 1975 Gregor Erhart zugeschrieben hat[3], plausibel zu widerlegen und im Sinne Maders zu revidieren. Die Diskussion über einzelne strittige Werke Loy Herings wird auch in Zukunft andauern, und manche Zusammenhänge müssen auf Grund neuer Forschungsergebnisse anders bewertet werden.[4] Dank der Publikation von Volker Liedke über Hans Peurlin 1987, dem Lehrmeister Loy Herings, lassen sich auch hier einige Vergleichsbeispiele aufzeigen, die sein späteres Werk beeinflußt haben.[5] Zuletzt sei noch auf die sehr umfangreiche Arbeit Bruno Busharts zur Fuggerkapelle in St. Anna/Augsburg von 1994 hingewiesen, die den Augsburger Werkstättenbetrieb zu Beginn des 16. Jahrhunderts sehr ausführlich beschreibt.[6] Außer einer fundierten Neubearbeitung der Werkstätte Gregor Erharts[7] sind alle Grundlagen vorhanden, die den Kulturkreis umreißen, aus dem Loy Hering hervorgegangen ist.

Die bisher bekannten Quellen über das Leben von Loy Hering beziehen sich ausschließlich auf die Zeit seines aktiven Berufslebens. Geburts- und Sterbejahr lassen sich nur bedingt festlegen, jedoch kann man sie aus den vorhandenen Daten annähernd bestimmen. Demnach wurde er 1485/86 in Kaufbeuren als Sohn des Goldschmieds Michael Hering und dessen Frau Ottilia geboren. Es spricht vieles dafür, daß der zu dieser Zeit in Kaufbeuren tätige Goldschmied Michael Hering sein Vater war. Gestorben ist Loy Hering wohl in der zweiten Hälfte des Jahres 1554 in Eichstätt, im Alter von 68/69 Jahren. Dort führte er seit 1513/14 eine eigene Bildhauerwerkstätte. Hering war zweimal verheiratet. Aus erster Ehe mit seiner Frau Anna[8], die er kurz vor oder nach seiner Übersiedelung nach Eichstätt geheiratet hatte, sind die Söhne Thomas und Martin bekannt. Um 1520 muß seine erste Frau verstorben sein. Nach Ablauf eines Jahres dürfte er seine zweite Frau Magdalena geheiratet haben, die ihm die Töchter Walburga und Magdalena sowie die Söhne Georg und Wilbolt gebar. Bei Herings Tod, 1554, lebte von seinen Söhnen nur noch Martin, der als Bildhauer seine Werkstätte fortführte. Er ist 1540 erstmals mit selbständigen Arbeiten im Schloß zu Neuburg nachgewiesen. 1543 wird er in München genannt, doch noch im selben Jahr kehrte er nach Eichstätt in die väterliche Werkstätte zurück. Thomas, sein älterer Bruder, von dem mehrere qualitätvolle Arbeiten erhalten sind, war als Bildhauer am Münchner Hof und in der Landshuter Stadtresidenz tätig. Er starb 1549 in München.[9]

Die erste schriftliche Erwähnung Loy Herings bezieht sich auf seine Aufdingung als Lehrjunge bei dem Augsburger Bildhauer Hans Peurlin dem Mittleren (belegt 1483–1507) im Jahre 1499. In den Augsburger Handwerksakten finden wir den Eintrag mit folgendem Wortlaut:

»Item Hans Peurlin hat ainen Knaben furgestellt, mit Namen Leome [= Loy] Hering, von Kauffpe[u]ren, in dem 99. iar, am dritten Mondag nach Ostern [15. April 1499], und ist ainen hantwerk gniegig gewest der e[h]elich[k]ait halber, und hat gelt und wachß ausgericht.«[10]

Für Loy Hering, dessen Vorname als gotisches Kürzel für Eligius zu deuten ist, nennt nur diese Quelle Kaufbeuren als seinen Herkunftsort. Sein Lehrmeister, Hanns Peurlin, hatte 1483 die Werkstätte seines Vaters übernommen und fertigte in der Hauptsache Grabmäler in Marmor, die er als Auftragsarbeiten für das Augsburger Domkapitel oder adelige Familien schuf. Loy Hering, der später sein berühmtester Schüler werden sollte, wurde hier bereits mit der Materie Stein vertraut. Arbeiten in Stein entsprachen dem Trend seiner Zeit, in der die Grabplatte oder das Epitaph ein Denkmal für die Nachwelt sein sollte. Hierfür war die Dauerhaftigkeit des Steins Symbol. Als Loy Hering seine Lehre begann, hatte Hanns Peurlin gerade einige bedeutende Grabmäler nach Landshut und Eichstätt fertiggestellt. Erste Anzeichen des neuen Stils der Renaissance finden bei seinen Arbeiten nur spärlich Eingang. Zu dominant ist die Formenwelt der Gotik in Peurlins Werk.

Setzt man die damals übliche Lehrzeit von 4–6 Jahren voraus, so darf man für Loy Hering wohl sechs Jahre in Betracht ziehen, da die kurze Lehrzeit nur für Lehrjungen mit zahlungskräftigen Eltern oder für Söhne bedeutender Handwerker in Frage kam. Dies ist für Loy Hering nicht belegt, weshalb sein Freispruch um das Jahr 1504/05 erfolgt sein dürfte. Während seiner anschließenden Gesellenzeit war es üblich, mehrfach den Meister zu wechseln, oder einige Jahre zu wandern, um auswärts neue Erfahrungen zu sammeln. Dies diente zur Förderung der Berufserfahrung, half der Verbreitung neuer Stilentwicklungen, und jeder konnte nach eigenem Engagement seine Kunstfertigkeit vervollständigen.

Leider wissen wir über diese Periode im Leben Loy Herings sehr wenig. Allein seine späteren Werke geben Anlaß zu Vermutungen und erlauben einige Rückschlüsse.

Befaßt man sich mit seinem Gesamtwerk, so erkennt man bald, daß es sowohl für Loy Hering wie für die Kunstgeschichtsforschung ein glücklicher Umstand war, daß Hering aus dem Kunstzentrum Augsburg nach Eichstätt übersiedelte. Während andernorts Kirchenausstattungen aus dieser Zeit in späteren Epochen verlorengegangen sind, blieben in Eichstätt viele seiner Kunstwerke erhalten. Sein Œuvre bietet uns heute manche Möglichkeit, die wechselseitigen Beziehungen seiner Stilentwicklung im Spannungsfeld zwischen Augsburg und Eichstätt genauer zu studieren. Dies kann, reflektierend für Betrachtungen zur Augsburger Kunstszene, hilfreich sein, da die Händescheidung bei der Vielzahl der Bildhauer, die damals in dem »Schmelztiegel« der Kunststadt Augsburg tätig waren, äußerst schwierig ist. Andererseits haben sich in Augsburg nur relativ geringe Bestände vom Kunstschaffen dieser Zeit erhalten, zumindest im Vergleich zu der ursprünglichen Menge.

Als Loy Hering um 1505 bei Hanns Peurlin seine Lehre beendet hatte, entwickelte sich dort gerade eine der bedeutendsten Werkstattgemeinschaften ihrer Zeit, die unter der Leitung Adolf Dauchers in Zusammenarbeit mit Gregor Erhart und Hans Holbein Großaufträge ausführte. Sie fertigten 1502 den Kaisheimer Hochaltar, 1508 den Frühmessaltar für St. Moritz in Augsburg und arbeiteten ab 1512 an der Ausstattung der Fuggerkapelle bei St. Anna.[11] Loy Hering hat diese Aktivitäten wohl hautnah miterlebt. Mit Sicherheit kannte er Hans Daucher, der zeitgleich mit ihm eine Lehre, jedoch bei Gregor Erhart absolvierte. Vielleicht waren beide sogar befreundet. Nach dem Freispruch Loy Herings zum Gesellen, arbeitete er zirka 8–9 Jahre in verschiedenen Werkstätten. Leider haben wir keine Nachricht, wann und wo Hering seinen Meistertitel erworben hat. Spätestens als er ab 1514 in Eichstätt einer eigenen Werkstätte vorstand, muß er im Besitz des Meistertitels gewesen sein. Für die Jahre von 1504/05 bis 1511 fehlt uns jeglicher Hinweis über seine Aktivitäten. Erst in den Jahren 1511/1512 wird er im Augsburger Steuerbuch als Insasse im Hause seines Kollegen Jakob Murmann genannt, der sich 1511 eine Meistergerechtigkeit im Bildhauerhandwerk erheiratet hatte.[12] Ob, wann und wo Hering auf Wanderschaft ging, läßt sich nur spekulativ beurteilen, wobei seine späteren Arbeiten doch den Rückschluß zulassen, daß er seine letzten Gesellenjahre in einer Augsburger Werkstätte zugebracht haben muß.

Streitfragen zum Frühwerk Loy Herings

In diese Augsburger Gesellenzeit Herings datiert Reindl fünf Werke. Beginnend mit dem Zierenberger-Epitaph (1508) und dem Meler-Epitaph (1510) im Augsburger Domkreuzgang, versucht er den Einstieg Loy Herings in die Kunstgeschichte zu belegen.[13] Ehemals waren beide Epitaphien der Werkstätte Gregor Erharts zugeschrieben[14], doch haben Reindl bestimmte stilistische Anhaltspunkte für eine Zuschreibung an Hering bewogen. Bereits 1991 reklamiert Kosel beide Epitaphien wieder für Erhart und datiert das Zierenberger-Epitaph auf 1510 bzw. das Meler-Epitaph zusammen mit dem Meler-Denkmal auf 1518.[15] Bornschlegel lehnt auf Grund epigraphischer Forschungen eine Zuschreibung an Loy Hering ebenfalls ab.[16] Das Meler-Denkmal bzw. die Grabplatte mit dem schreitenden Pilger wurden von Halm Hanns Peurlin d.J. zugeschrieben, während Reindl diese Arbeit für Hering bestimmt. Liedke äußert sich dazu nicht und verweist auf die ungenügende Forschung zur Sepulkralskulptur der Erhartwerkstätte.[17] Die Autorschaft Herings für den Salvatorchristus des Hörwarthaltars, aus der Augsburger St. Georgkirche wurde bisher nur von Schädler angezweifelt.[18] Reindl nimmt ihn wieder in seinen Werkkatalog auf und beschreibt ihn als bedeutendes Frühwerk. Die Figurengruppe eines Kruzifix mit Magdalena, die heute im Augsburger Maximiliansmuseum steht, schreibt Reindl ebenfalls Hering zu. Schädler sieht diese Gruppe wohl zu Recht als durchschnittliche, individuell nicht festzulegende Augsburger Arbeit um 1520.[19]

Diese Zusammenstellung zeigt bereits die Unsicherheit, die bei der Bestimmung des Frühwerks von Loy Hering herrscht. Zudem wird deutlich, daß die Händescheidung der verschiedenen Bildhauer in Augsburg sehr schwierig ist, vor allem da in den einzelnen Werkstätten entsprechend dem jeweiligen Modestil nach ähnlichen Gestaltungskriterien gearbeitet wurde. Grundsätzlich kann man jedoch festhalten, daß Hering während seiner Augsburger Gesellenzeit nur Kleinaufträge eigenständig ausführen konnte. Die Zunftbestimmungen regelten dies eindeutig, damit die Gesellen den Meistern keine Konkurrenz machen konnten. Nur eine außergewöhnliche Protektion hätte Hering hiervon befreien können, und dafür gibt es keine Anhaltspunkte. Größere, vor allem bedeutende Aufträge, wie sie ihm mit dem Hörwarthaltar zugeschrieben werden, konnte er nur durch seine Mitarbeit in einer anerkannten Meisterwerkstätte ausführen, die diesen Auftrag

übernommen hatte. Innerhalb dieser Werkstätte wäre er jedoch in Duktus und Form vom Stilempfinden des Meisters abhängig gewesen. Das aber würde bedeuten, daß wir uns nun auf die Suche nach der Werkstätte begeben müssen, die die späteren Arbeiten Loy Herings nachhaltig beeinflußt hat.
Zu diesem Problem gibt es bereits Betrachtungen, die uns weiterbringen können. So lieferte Schädler in seinem 1975 erschienenen Aufsatz, in dem er darzustellen versucht, daß das Willibalddenkmal im Eichstätter Dom und das qualitätvolle Schwazer Kruzifix keine Arbeiten von Loy Hering, sondern von Gregor Erhart sind, einen interessanten Hinweis. Er bemerkt, es sei unverständlich, das reifste Opus eines Künstlers an den Anfang seiner Karriere zu stellen, da seine weitere Entwicklung in Richtung auf das Kleinmeisterliche verläuft.[20] Nach einer ausführlichen Beweisführung finden wir nebenbei in bezug auf den Engel des Giebelstückes, das sich ursprünglich über dem heute veränderten Willibalddenkmal befand, die Feststellung, »... man könnte sich vorstellen, daß ihn [den Engel] Loy Hering als Mitarbeiter in der Werkstatt Gregor Erharts gearbeitet hat«.[21] Hier war Schädler wohl auf der richtigen Fährte, ohne sie jedoch weiter zu verfolgen. Meines Erachtens kann man bei einigen Werken beider Meister mit Stilvergleichen eindeutig nachweisen, daß Loy Hering als Geselle in der Werkstätte Gregor Erharts gearbeitet haben muß.[22] Klammert man das Willibalddenkmal vorab einmal aus und vergleicht einige Stein-Madonnen beider Meister, so ergeben sich interessante Abhängigkeiten. Man stelle nur das Fieer-Epitaph (vor 1512) aus Dinkelsbühl dem Madonnenrelief Herings aus der Sammlung Schlecht (1515/19) gegenüber (heute im BNM). Auch wenn der Jesusknabe auf verschiedenen Seiten sitzt, so lassen sich am Grundtypus der Madonnen und insbesondere an ihren Physiognomien viele Ähnlichkeiten erkennen. Auch die Madonna des Rechberg-Epitaphs in Augsburg kann hier herangezogen werden. Andere Vergleichsmomente lassen sich bei der Gestaltung der Gesichter von Christusköp-

fen herausarbeiten. Erhart bringt hier den Einfluß der Ulmer Werkstätten mit, die den relativ schmalen und hohen Kopf mit langer Nase und hoher Backenpartie bevorzugen. Diesen Typus finden wir am Erbärmdechristus in Tosters, an der Salvatorfigur des Donauwörther Sakramentshauses und am Schwazer Kruzifix.[23] Hering übernimmt ihn ebenso wie sein Kollege Hans Daucher, der ja ursprünglich ebenfalls bei Erhart gelernt hatte. Reindl selbst stellt bei seinen Bildvergleichen die Köpfe des Hörwarth-Salvators, des Willibald und des Schwazer Kruzifix anderen Beispielen der Heringwerkstätte gegenüber. Dabei wird deutlich, daß sich erstere in ihrer qualitativ besseren Ausführung eindeutig von den Arbeiten Herings abheben, auch wenn Reindl dies in seinem Text gegenteilig interpretiert.[24] Die Gegenüberstellung der Christusköpfe vom Donauwörther Sakramentshaus, von Dauchers Christus am Fronleichnamsaltar in St. Anna in Augsburg und von Herings Kruzifix in der Eichstätter Sakramentskapelle zeigt, daß die Erhartwerkstätte als Ausgangsbasis dieses Typus zu sehen ist, sowohl für Hans Daucher als auch für Loy Hering.

Welche Erkenntnisse lassen sich daraus gewinnen? Der gesamte Epitaph- und Grabmalbestand Zierenberger-Meler läßt sich wohl kaum als Frühwerk Herings halten, da diese Arbeiten bereits untereinander zu große Unterschiede aufweisen. Der Hörwarth-Altar, damals sicher ein bedeutender Auftrag, kann nur an eine Großwerkstätte gegangen sein, in der möglicherweise Loy Hering um 1511 als Mitarbeiter tätig war. Hier bestünde rein theoretisch erstmals die Möglichkeit, daß wir eines seiner ersten, eigenständig gefertigten Werke vor Augen haben, wobei mehrere stilistische Elemente nicht für diese Theorie sprechen. Den gesamten Hörwarth-Altar als Arbeit eines freischaffenden Gesellen zu sehen, ist meines Erachtens nicht möglich.[25]

Kommen wir nun aber zur Problematik des Willibalddenkmals und zu den Möglichkeiten seiner Entstehungsgeschichte. Nach den bisherigen Erörterungen scheint sich vielleicht doch eine Lösung anzubahnen, die allen Meinungen gerecht werden kann. Der Auftrag dieses zentralen Kunstwerkes im Eichstätter Dom konnte im Grunde nur an eine bedeutende Werkstätte vergeben werden. Viele Hinweise sprechen dafür, daß dieser Auftrag an Gregor Erhart ging, was Schädler plausibel zu belegen suchte. Das aber würde bedeuten, daß Planung und Ausführung des gesamten Denkmals in der Erhartwerkstätte durchgeführt wurden. Oder hat man sich alternativ dazu den Transport des relativ großen Steinblocks für die Willibaldfigur nach Augsburg erspart und sie vor Ort gefertigt? Diese Praxis war durchaus üblich, um den doppelten Transport zu umgehen. Da jedoch der Meister in seiner eigenen Werkstätte nicht über Wochen abwesend sein konnte, sandte er einen seiner erfahrensten Gesellen, der die Arbeit nach seinen Vorgaben ausführte. Da vieles dafür spricht, daß Hering zu dieser Zeit in der Werkstätte Gregor Erharts tätig war, muß die Wahl auf ihn gefallen sein. Außerdem konnte er sich mit diesem Werk bestens seinem zukünftigen Arbeitsherrn, dem Fürstbischof Gabriel von Eyb, empfehlen. Auch wenn Gregor Erhart zwischenzeitlich und vor allem abschließend selbst Hand an die Ausführung bestimmter Details legte, die Qualität der Oberflächenbearbeitung des Gesichts beweist dies, so können wir vielleicht doch die Grundstrukturen der Plastik und die Konzeption ihrer architektonischen Einfassung weiterhin für Loy Hering reklamieren. Diese Hypothese läßt sich durch stilkritische Betrachtungen zusätzlich untermauern. So stellt sich in Anbetracht der Willibaldfigur, die sowohl im Werk Gregor Erharts wie Loy Herings eine Schlüsselposition einnimmt, eine weitere, nicht uninteressante Frage. Wie läßt sich diese Figur mit ihren beruhigten, klaren Formen in das Augsburger bzw. in das gesamte süddeutsche Kunstschaffen dieser Zeit einordnen? Einerseits kennen wir den zeitgleichen Stil der Donauschule, der sich von Passau nach Regensburg und über Landshut bis in den Schwäbischen Raum hineinzieht. Auf der anderen Seite beeinflussen die Ulmer Werkstätten von Weckmann und Michel Erhart den Augsburger Stil, der über Gregor Erhart dann vollends in Augsburg Einzug hält. Für beide Stilrichtungen aber ist unsere Willibaldfigur nicht unbedingt typisch. Bleibt noch der fränkische Raum mit seinen Zentren Nürnberg und Würzburg. Hier finden wir m.E. noch am ehesten Vergleichsbeispiele, deren flächige Drapierungen an den Willibaldtypus erinnern. Von Dürer beeinflußt, entwickelt z.B. die Nürnberger Vischerwerkstätte einen eigenen, fast heroischen Stil, dessen klare Formen von anderen Werkstätten abweichen. Auch der Vergleich mit dem um zirka 15 Jahre früher entstandenen Scherenberg-Grabmal Riemenschneiders ist nicht ganz von der Hand zu weisen. Allein die individuelle Ausstrahlung der Physiognomien, das »In-Sich-Ruhende« beider Figuren und die flächige Anlage des Gewandes, zeigen viele Gemeinsamkeiten. Bei der Frage nach Komposition und Gestaltung der Willibaldfigur sollte dieser Anklang an fränkische Stilelemente zumindest berücksichtigt werden. Andererseits haben wir die Möglichkeiten einer Wanderschaft Herings noch nicht erörtert, die ihn auch in den fränkischen Raum geführt haben könnte, worauf ich später noch zurückkommen werde.

Auch Bornschlegel hat mit seinen epigraphischen Forschungen für die Arbeit Herings am Willibalddenkmal einen wichtigen Hinweis geliefert, da er den Schriftduktus der Widmungstafel eindeutig der Hand Herings zuweist.[26] Ebenfalls ein typisches Merkmal für die Arbeitstechnik Herings, die bei späteren Arbeiten immer wieder auftritt, ist das geringe Hinterschneiden der Saumkanten der Gewänder, wie wir es an der Kasel Willibalds finden oder die etwas statischen Falten, mit denen das Gewand über den linken Ellenbogen zurückgeschlagen wird. Auch die Komposition des linken Unterarms der Figur wirkt steif. Grundsätzlich unterscheidet die Arbeiten Herings von Erhart ein gewisser Mangel an Mut zur Dreidimensionalität. Erhart arbeitet runder und modelliert mit einer kräftigeren Tiefenwirkung. Entsprechend seinen Fähigkeiten

und Vorlieben wendet sich Hering bei seinen Arbeiten mehr dem Relief zu, was seiner Auffassungsgabe sicher weit besser lag, als das Schneiden einer vollplastischen Figur.
Zusammen mit der Willibaldfigur entstand eine Kreuzigungsgruppe, die ursprünglich über dem Willibalddenkmal stand, wo sie den Kreuzaltar markierte. Sie hängt heute im Chor des Doms und ist eine typische Arbeit aus der Werkstätte Gregor Erharts. Hier findet man die traditionellen Faltendrapierungen, wie sie von anderen Arbeiten Erharts bekannt sind, die aber, verglichen mit dem Willibalddenkmal, doch etwas divergieren. Dennoch gibt es keinen Zweifel, daß diese Gruppe von Anfang an in das Gesamtkonzept von Denkmal und Altar eingebunden war.[27] Wägt man die verschiedenen stilkritischen Merkmale gegeneinander ab, so erhärtet sich der Verdacht, daß das Willibalddenkmal als Gemeinschaftswerk von Gregor Erhart und seinem Mitarbeiter Loy Hering zu sehen ist. Für den Fürstbischof Gabriel von Eyb war die Leistung Herings Reputation genug, um den jungen Bildhauer in seine Residenzstadt zu holen.

Möglichkeiten einer Wanderschaft Loy Herings

Theoretisch könnte Hering gewandert sein, es wäre jedoch damals nicht unbedingt Pflicht gewesen. Der Wechsel innerhalb verschiedener Augsburger Werkstätten hätte genügt, um später die Möglichkeit der Zulassung zur Meisterprüfung zu erhalten. Die meisten Autoren, die sich mit seinem Werk auseinandergesetzt haben, vermuten jedoch eine Wanderschaft durch in- und ausländische Regionen.
In Verbindung mit dem Formenschatz der Renaissance, den wir an Herings Arbeiten finden, wird immer wieder herausgestellt, daß Italien als direkter Ursprung für diese Stileinflüsse zu sehen sei. Der Gedanke an eine Reise nach Italien ist in mehreren Schriften über sein Werk zu finden.[28] Allein die Gegenüberstellung eines italienischen Kunstwerkes seiner

Zeit mit einem Werk Loy Herings würde beweisen, er kann Italien nie gesehen haben. Schon der Vergleich mit Arbeiten seines Augsburger Kollegen Hans Daucher, der in Venedig war[29], zeigt bereits erhebliche Unterschiede. Hätte Hering je italienische Kunst mit eigenen Augen vor Ort gesehen oder hätte er je in einer italienischen Werkstätte als Geselle oder Hilfskraft einen Meisel in die Hand genommen, man hätte ihm eine andere Formensprache beigebracht. Zu bieder und zu deutsch sind seine Figuren, sowohl in der Drapierung der Gewänder als auch in ihrer gesamten Ausstrahlung. Nur die Epitaphrahmungen und seine Hintergrundarchitekturen in den Reliefdarstellungen beinhalten italienische Vorbilder. Aber auch die schöpft er aus zweiter Hand. Seine beste Quelle war wohl sein Kollege Hans Daucher, der italienisches Formengut direkt importierte. Dessen Arbeiten in der Fuggerkapelle oder die kleinen Relieftäfelchen mit den Mariendarstellungen veranschaulichen dies eindrucksvoll.[30] Daucher konnte es wohl den Beziehungen seines Vaters zu den Fuggern danken, daß er eine Reise durch Oberitalien und nach Venedig unternehmen durfte. Der Einfluß venetianischer Bildhauerwerkstätten an Plastik und Architektur seiner Arbeiten ist evident. Bushart belegt dies mit Vergleichsbeispielen eindeutig.[31] Doch wird auch bei Hans Daucher klar, daß er nach seiner Rückkehr aus Italien die in Augsburg erlernten Grundstrukturen skulpturalen Schaffens nicht vollkommen verleugnen konnte. Es entsteht gleichsam eine Symbiose, in der italienische Einflüsse mit den in Augsburg erlernten Stilformen verschmelzen. Wie weitere Betrachtungen zeigen werden, ist Loy Hering äußerst begierig nach der neuen Formenwelt, die nun in Augsburg als die »Welsche Kunst« Einzug hält. Immer wenn in Augsburg neue Kunstwerke fertiggestellt wurden, erscheinen verschiedene Detailformen ihrer Kompositionen mit zeitlicher Verzögerung an Arbeiten Loy Herings. So z.B. die Balustersäulen an den Seiten der Reliefs der äußeren Epitaphien der Fuggerkapelle, die er in leicht abgewandelter Form für sein Limburg-Epitaph übernimmt. Loy Herings Renaissanceverständnis stammt aus zweiter Hand und beschränkt sich vor allem auf die architektonischen Rahmungen seiner Epitaphien. Bei seinen Skulpturen bleiben die gotischen Stileinflüsse zu dominant.

Noch immer ist jedoch die Frage offen, ob Loy Hering auf Wanderschaft gegangen ist, und wenn, wohin? Nehmen wir an, er sei gewandert, dann können wir dies zumindest auf die Zeit zwischen 1505 und 1511 eingrenzen. Mit großer Wahrscheinlichkeit muß er vor seiner Mitarbeit bei Gregor Erhart gewandert sein. Reindl nimmt eine Wanderschaft über Ulm, Heilbronn nach Straßburg an[32], wofür es m.E. kaum stilistische Anhaltspunkte gibt, die sich in seinem späteren Werk wiederfinden. Weit realistischer erscheint mir, daß er, wie bereits erwähnt, seinen Weg über Nürnberg und vielleicht auch nach Würzburg genommen hat. Neben den deutlich erkennbaren fränkischen Stileinflüssen an der Willibaldfigur sprechen auch seine späteren Kontakte und Aufträge aus der fränkischen Region für diese Theorie. Vielleicht war es sogar Hering, der fränkische Stileinflüsse in die Erhartwerkstätte brachte. Andererseits muß man aber auch in Betracht ziehen, daß gerade zu Beginn des 16. Jahrhunderts enge Beziehungen zwischen den Augsburger und Nürnberger Werkstätten bestanden, was die Praxis der Auftragsvergabe für Arbeiten an der Fuggerkapelle in Augsburg belegt.[33]

Wohin und ob Hering gewandert ist, läßt sich vorerst nicht eindeutig klären, da Quellenbelege fehlen. Sicher ist m.E. nur, daß er nicht in Italien war. Seine letzten Gesellenjahre verbrachte er dagegen in der Werkstätte Gregor Erharts. Mehrere Stilmerkmale seiner frühen Eichstätter Arbeiten liefern hierfür den Beleg.

Loy Hering in Eichstätt

Nachdem sich Loy Hering in Eichstätt niedergelassen hatte, sicherte ihm das Edikt des Bischofs vom 5. April 1514, in dem unter Strafandrohung bestimmt wurde, daß fortan keine Aufträge mehr an Künstler außerhalb des Bistums vergeben werden durften, eine sorgenfreie Zukunft. Die Wünsche des Eichstätter Bischofs, seines Domkapitels und einiger Kanoniker sowie mehrere Fremdaufträge ermöglichten es ihm, eine florierende Werkstätte aufzubauen. Als Steinbildhauer war er auf Grabmäler und Epitaphien spezialisiert, die letztendlich auch den größten Teil seines Auftragvolumens ausmachten.

Mit dem immer stärker werdenden Einfluß der Renaissance im süddeutschen Raum änderte sich auch das Verständnis für bestimmte Symbolgehalte zur Gestaltung von Grabmälern. War bisher der Grabstein bzw. die Grabplatte mit einer Reliefdarstellung der beigesetzten Person oder ihres Wappens und ein umlaufendes Schriftband die gängige Form der gehobenen Grabgestaltung, so tritt zu Beginn des 16. Jahrhunderts ein grundlegender Wandel ein. Abgesehen von Kaiser- und Heiligengräbern, die oft in Form von Hochgräbern (Kenotaphien) eine eigene Gattung darstellen, entwickelte sich die figürlich oder ornamental gestaltete Grabplatte immer mehr zum Epitaph, das von den Stiftern in vielen Fällen oft noch zusätzlich zu einem Grabstein in Auftrag gegeben wurde. Zwei Gründe förderten die Verbreitung von Epitaphien. Die wichtigste Neuerung wird die Inschriftentafel, die nun dem Stifter die Möglichkeit bot, seine wichtigsten Lebensstationen in einem weit umfangreicheren Text darzustellen, als bisher. Der entscheidende Unterschied zur Grabplatte lag darin, daß ein Epitaph von der Begräbnisstelle unabhängig war. Somit ergab sich innerhalb der Kirchenräume die Möglichkeit, in der jeweils gewünschten Dimension ein Epitaph aufstellen zu lassen, vorausgesetzt das Domkapitel oder sonstige zuständige Gremien erteilten ihre Zustimmung.

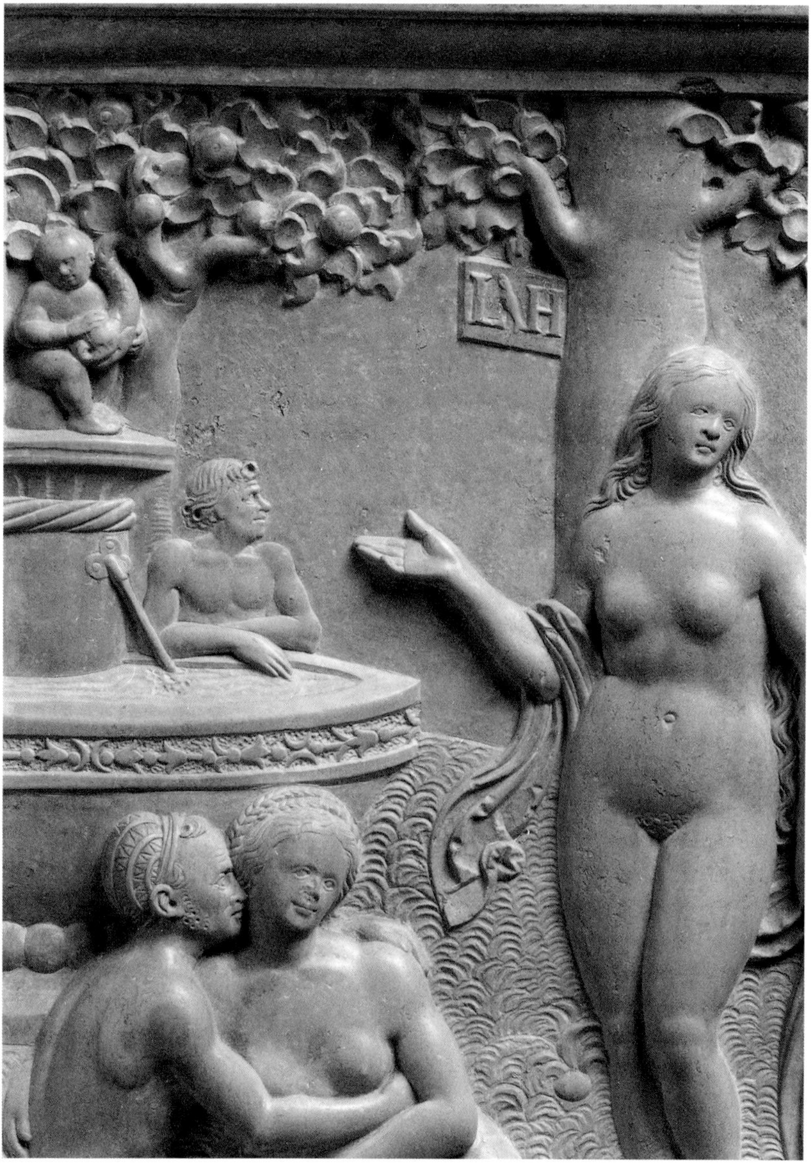
LAH

4 Loy Hering (um 1485/86–1554): Der Liebesgarten. Relieftäfelchen
(23,4 x 20,8 cm) im Stil der Kunstkammerstücke, monogrammiert
LH mit Fischmotiv. Um 1525. Staatliche Museen zu Berlin
Preußischer Kunstbesitz, Skulpturensammlung

Der wechselseitige Bezug von Epitaph und Denkmal ist eindeutig vorhanden. Die Möglichkeit der Selbstdarstellung der Stifter in Wort und Bild belegt dies. Dennoch wird dieser Aspekt durch die Verbindung mit religiösen Werten und Motiven in den Hintergrund gedrängt, womit zugleich die Legitimation für die Aufstellung im Kirchenraum geschaffen war. Epitaphien zeigen den oder die Stifter, meist kniend und betend neben, vor oder unterhalb eines Kruzifixes oder einer biblischen Szene. Nicht selten wird der Stifter in dieses Szenarium mit einbezogen, als andächtig Betender oder aktiv, wie am Epitaph des Eichstätter Bischofs Moritz von Hutten. Er wird dort von einem Engel an den Gnadenstuhl herangeführt, um die Fußwunde Christi zu küssen.

Nicht nur inhaltlich, sondern auch formal bietet das Epitaph weit mehr Variationsmöglichkeiten als die Grabplatte. Da Grabsteine meistens im Boden verlegt wurden, war ihre bildhafte Gestaltung eingeschränkt. Grundsätzlich mußte man davon ausgehen, daß diese Kunstwerke im Laufe der Zeit abgetreten wurden, und Form, Bild und Text verschwanden. Das Epitaph an der Wand war davor geschützt. Entsprechend konnte man für seine Gestaltung weit mehr Kunstfertigkeit aufwenden. Viele Epitaphien wurden deshalb auch in Form eines Andachtsbildes oder eines Andachtsaltares konzipiert, wobei die Dimensionen vom kleinen Täfelchen bis zur natürlichen Seitenaltargröße schwanken konnten.

Knapp 85 % der erhaltenen Werke Loy Herings sind Grabplatten und Epitaphien. Seinem Ideenreichtum entspringt eine reiche Palette an Epitaphformen, deren Vielfalt sogar für die Entwicklung süddeutscher Renaissance- und Frühbarockaltäre nicht ohne Einfluß blieb. Es ist weniger der Bereich der Skulptur, in dem er Bedeutendes schuf, sondern es sind seine architektonischen Epitaphrahmungen, die ihm den Ruf eines Renaissancebildhauers eintrugen. Er orientierte sich an italienischen Vorlagen, die er aus verschiedenen Quellen bezog. Zum einen kannte er die Arbeiten seiner Augsburger Kollegen und er hatte wohl auch während seiner Augsburger Jahre einen Vorlagenfundus gesammelt. Außerdem dürfen wir annehmen, daß Hering auch nach seiner Umsiedelung nach Eichstätt mit Augsburger Kollegen wie Hans Daucher weiterhin Verbindung pflegte. Vor allem in den ersten zehn Jahren seiner Eichstätter Zeit ist dieser Kontakt an seinen Arbeiten immer noch abzulesen. Später nimmt dieser Einfluß ab, und die intensive Auseinandersetzung mit der Augsburger Kunstszene geht zurück. Zum anderen darf man nicht außer acht lassen, daß er von einigen Eichstätter Kanonikern Anregungen erhielt, da sich mehrere von ihnen über einen längeren Zeitraum in Italien bzw. in Rom aufgehalten hatten. Diese Möglichkeit der Auseinandersetzung mit Auftraggebern, die selbst in Italien waren, äußert sich bei mehreren Arbeiten Herings. Am stärksten kommt dies am Arzt- und Pappenheim-Epitaph zum Ausdruck. Bestimmte geläufige Formschemata werden nun eigenständig variiert und führen somit auch zu einer persönlichen Prägung seines Stils. Erst Loy Herings Söhne, Thomas und Martin, bringen ab 1540 neue Stilelemente, die seine Arbeiten beeinflussen.

Zwei Bischofsepitaphien

Kurz nach Fertigstellung des Willibalddenkmals dürfte Hering nach Eichstätt übergesiedelt sein, um sich dort seine Werkstätte einzurichten. Wohl einer seiner ersten Aufträge kam direkt vom Bischof Gabriel von Eyb, der für sich ein repräsentatives Epitaph bestellte (A 7). Zum Prozedere sollte man wissen, daß Epitaphien in vielen Fällen schon zu Lebzeiten der Auftraggeber gefertigt wurden, einschließlich der Texttafel, an der später nur noch das Todesdatum nachgetragen werden mußte. Viele Auftraggeber ließen ihr Epitaph sogar zu Lebzeiten aufstellen, um sicher zu gehen, daß es die von ihnen gewünschte Plazierung erhielt.
Den Grundtypus für das Eyb-Epitaph übernahm Hering vom

Willibalddenkmal. Da der Bischof lebensgroß und stehend in der Epitaphnische dargestellt werden sollte, konzipierte er einen schlanken und hochgestreckten Aufbau. Die aufwendige Architekturrahmung des Willibalddenkmals wurde dabei von Halbsäulen auf Pilaster reduziert, den Dreieckgiebel ersetzte ein Segmentbogen. Im Giebelfeld erscheint das Wappen des Bischofs, gehalten von zwei Löwen.

In Abhängigkeit vom Eybschen Epitaph entstand das Epitaph des Bamberger Bischofs Georgs III. von Limburg (A 14a). Seine Rahmung mit Balustersäulen und Steinintarsien wurde noch aufwendiger und repräsentativer gestaltet als am Willibalddenkmal. Reindl datiert beide fast zeitgleich, wobei er für das Eybsche Epitaph die Jahre von 1514–1520 nennt, während er das Limburg-Epitaph entsprechend den Quellen auf die Zeit zwischen 1518 und 1520 eingrenzen kann.[34] Es ist jedoch anzunehmen, daß beide in Folge entstanden sind. Die Selbstdarstellung des Einzelnen rückt bei beiden Epitaphien relativ deutlich in den Vordergrund. Dies belegen nicht nur die beigefügten Inschriften, sondern auch die Wappenfriese mit ihren Ahnenproben. Die Abstammung legitimiert den gesellschaftlichen Stand. Beide Epitaphien haben vielleicht auch deshalb mehr Denkmalcharakter, da ihr Andachtsmotiv zumindest heute kaum mehr erkennbar ist. Nur die Aufstellung der Epitaphien im Chor neben dem Hochaltar verdeutlichte dieses Andachtsmotiv, da dort der Dargestellte als Anbetender erschien. Symbolisch war sein Abbild in den Kreis des im Chor betenden Domkapitels aufgenommen. Das Epitaph im Bamberger Dom steht noch an seinem ursprünglichen Ort an der Südwand des Peterschores, während das Eyb-Epitaph in Eichstätt in eine nordseitige Kapelle des Langhauses versetzt wurde. Seine ursprüngliche Aufstellung »im chor bey der sacristey zwischen der thur daselbst und dem hochwirdigen sacrament«[35] ist überliefert, doch hat es durch die heutige Plazierung sein Andachtsmotiv verloren.

An beiden Epitaphien verwendet Loy Hering Detailornamente

und Zierstücke, die er von Daucherschen oder anderen Augsburger Vorlagen übernimmt. Die Kapitellformen der Pilaster am Eyb-Epitaph finden wir zum Beispiel in Jörg Breus Malerei.[36] Die gerippten Kugeln, die häufig auf seinen Giebelgesimsen liegen, kennt er vom ehemaligen Chorgestühl der Fuggerkapelle[37] und am Limburg-Epitaph kopiert Hering in leicht veränderter Form die Baluster- oder Kandelabersäulen des linken Daucherschen Epitaphs für Jacob Fugger von St. Anna in Augsburg. Diese eigentlich äußerst unklassische Säulenform leitet sich von der Kandelabergroteske oder allgemein von Kandelabern ab, denen vor allem das nordalpine Renaissanceverständnis plötzlich Kapitelle aufsetzt, um sie in architektonische Zusammenhänge einzubinden. So geschehen bei Dürers Holzschnitt für die Ehrenpforte Kaiser Maximilians I. 1515ff und seinem ›Kleinen Triumphwagen‹ von 1516ff. Als freistehende Stele taucht diese Säulenart bei Dürer bereits 1510 in seinem Blatt ›Simson kämpft gegen die Philister‹ auf.[38] Dieser manierierte Säulentypus mit seinem eigenartig gebauchten und ornamentierten Schaft findet bis zur Mitte des 17. Jahrhunderts im deutschen und flämischen Raum eine starke Verbreitung.

Bei fast allen Epitaphien verwendet Loy Hering eine florale Einfassung für die seitliche Begrenzung der Inschriftentafeln, die eine Art Markenzeichen für seine Werkstätte darstellen. Er hat dieses Motiv in abgewandelter Form von der Daucherwerkstatt übernommen, die es an den Fuggerepitaphien noch sinngemäß als aufgespannte und beschriftete Tierhäute wiedergibt. Bereits bei Daucher verwandeln sich die Fellränder neben den Bocksköpfen in blattähnliche Ornamentformen. Seine ursprüngliche, aus der Antike stammende Form, finden wir bei Dürers oben genannter Ehrenpforte wieder, wo dieses Motiv in naturgetreuer Form dargestellt wurde. Verfolgt man den Wandel dieses Ornaments, so wird nach nur drei Werkstattstationen aus der aufgespannten, beschrifteten Tierhaut eine Inschriftentafel mit blattartigem Randmuster. Könnte man bei Loy Hering die Herkunft seiner Schrifttafelrahmung nicht nachvollziehen, wäre der Ursprung dieses Motivs nicht mehr erkennbar. Diese Motivreduktion zeigt aber auch die Unbekümmertheit, mit der Hering formale Inhalte für seine Zwecke ornamental schematisierte.

Die beiden Bischofsfiguren, die Hering für Eichstätt und Bamberg geschaffen hat, wirken in ihrem Erscheinungsbild etwas steif und unbewegt. Vergleicht man sie jedoch mit anderen Beispielen ihrer Zeit, so wird deutlich, daß dieser etwas statische Typus auch bei anderen Künstlern vorkommt. Hering stellt im Grunde nur die liegende Hochgrabfigur auf und befreit sie aus ihrer Hintergrundbindung. Sie jedoch dabei im klassischen Kontrapost darzustellen, schafft er nicht. Der Vergleich mit dem Simpertusgrab (1492–1495) von Michel Erhart (heute BNM) oder den Riemenschneidergrabmälern der Würzburger Bischöfe des Rudolf von Scherenberg (1496/98) und des Lorenz von Bibra (1519) im Würzburger Dom zeigt, wo seine Vorlagen zu suchen sind. Die Neuerung Herings ist demgegenüber nur die Freistellung der Figuren und die Anlage einer Figurennische mit Muschelwölbung und Renaissancerahmung. Man darf jedoch nicht vergessen, daß dieser Typus bereits am Willibalddenkmal in der Werkstätte Erharts entwickelt worden war. Auch die Figur des Georg von Limburg mit Bischofsstab und Metropolitankreuz hat Vorläufer und Nachfahren, die auf Grabplatten dargestellt, alle aus der Nürnberger Vischerwerkstätte stammen.

Vergleicht man abschließend die Figur des Willibald mit den beiden Bischöfen, so lassen sich Gemeinsamkeiten und Unterschiede erkennen. Die Komposition als Gewandfiguren haben alle gemeinsam. Ihre Körper werden von der Fülle der liturgischen Gewänder vollständig umhüllt. Grundsätzliche Unterschiede zeigen hingegen ihre Gesichter. Die der beiden Bischöfe heben sich deutlich von der Physiognomie des Willibald ab, an dem der Einfluß und die Hand Gregor Erharts am stärksten spürbar wird. Während Erhart das Gesicht in seiner Oberfläche modelliert, bleibt Hering flach. Erhart hat an der Willibaldfigur ein meisterhaftes Beispiel für die Physiognomie eines alternden Mannes im Sinne der »altdeutschen Gotik« geschaffen. Die Physiognomien der Eichstätter Willibaldfigur und der Würzburger Skulptur des Rudolf von Scherenberg von Riemenschneider verkörpern in ihrer religiös vergeistigten Aussage eine Art Idealtypus ihrer Zeit. Sie markieren Höhepunkte deutscher Bürgergotik, wohl aber auch ihr Ende. Hering vermittelt dagegen eine modernere Gesamtauffassung seiner Figuren. Sie zeigt die Dargestellten in der vollen Kraft ihres Lebens und nicht in der weisen Verklärtheit des Alters. Auch Eyb, der achtzigjährig starb, läßt sich relativ jugendlich darstellen. Als er sein Epitaph in Auftrag gab, war er gerade 60 Jahre alt. Der neue Stil bevorzugt einen Gesichtstypus, der seinen Auftraggeber zwar charakterisiert, ihn aber im besten Mannesalter darstellt. Mit dieser Interpretation gehört Loy Hering zur neuen Generation, die im Sinne der Renaissance arbeitet.

Leider konnte er seine stilistischen Fortschritte in Richtung Renaissance nicht auf alle Gestaltungsbereiche seiner Arbeiten ausweiten. Vor allem sein skulpturales Schaffen reorientierte sich immer wieder an althergebrachten Formstrukturen. Nach 1520 beginnt er sogar verstärkt seine Gewänder mit kleinteiligen Kerb- und Knickfalten zu drapieren. Fließende Gewandstrukturen werden dadurch unterbrochen und wirken statisch. Möglicherweise ist dieses Phänomen doch auf den Einfluß Riemenschneiders zurückzuführen, dessen Heinrichsgrab er 1518/20 in Bamberg studieren konnte, da es gleichzeitig mit Herings Limburg-Epitaph aufgestellt wurde. Vielleicht war er von der Autorität und der Arbeit des Meisters so beeindruckt, daß er sich wieder mehr an dessen Faltenwerk orientierte, als an den Formen, die er bei Daucher in Augsburg gesehen hatte. Einzelne Werke späterer Jahre zeigen, daß er versuchte, moderne Strukturen der Gewanddrapierung zu finden. Grundsätzlich aber bleibt er bei seinen Skulpturen den Gestaltungsprinzipien der Gotik treu.

Typengliederung der Heringschen Epitaphien

Um 1520 schuf Hering ein Epitaph für den Eichstätter Kanoniker Bernhard Arzt. Er war Doktor der Rechte und stammte aus einem alten, angesehenen Augsburger Patriziergeschlecht. Obwohl ihm seine Mittel mehrjährige Auslandsaufenthalte in Rom ermöglichten, konnte er zu Hause nicht immer die erstrebten kirchlichen Positionen besetzen. Er bestellte bereits zu seinen Lebzeiten ein Epitaph, dessen Rahmung klassische Formen nach Vorbildern der italienischen Renaissance besitzt. Arzt, der wie erwähnt, lange Zeit in Rom als Scholastiker tätig war,[39] kannte italienische Beispiele aus eigener Anschauung. Wir können davon ausgehen, daß er beim Entwurf seines Epitaphs eigene Ideen einbrachte. Der Aufbau seiner Epitaphrahmung zeigt eine klar gegliederte Ädikula. Die Sockelzone trägt die Schrifttafel, das Bildfeld entspricht der Figurennische mit Pilasterrahmung, und darüber liegt der Architrav mit geschlossenem Dreiecksgiebel. Diese streng gegliederte Epitaphform war sogar im Sinne der klassischen Renaissance modern und fortschrittlich. Im Gegensatz dazu wirkt die Aufstellung der drei Epitaph-Heiligen Vitus, Maria und Mauritius in der Segmentbogennische eher traditionell und erinnert an Schreinfiguren.

Der architektonische Aufbau dieser klassischen Ädikulaform wird für Hering eine Art Prototyp, den er bei vielen Epitaphien, die er später schuf, verwendet hat (*Epitaph des Markgrafen Georg v. Brandenburg, Heilsbronn, um 1538 (A 83), Leonrod-Epitaph, Eichstätt, um 1539ff (A 87a), E. v. Rechberg-Epitaph, Eichstätt, 1540/41 (A 95a), Hyrnheim-Epitaph, Burglengenfeld, 1541/42 (A 98), Chr. v. Rechberg-Epitaph, Ostheim, 1549 (A 124)*. Entsprechend den Wünschen seiner Auftraggeber, variiert er einzelne Detailformen. Zudem entwickelt er verschiedene Varianten, indem er z. B. den Dreiecksgiebel durch einen Segmentbogengiebel ersetzt (*Fr. v. Limburg-Epitaph, Markt Einersheim, um 1521 (A 18), Lentersheim-Epitaph,*

Eichstätt, 1521/22 (A 24), *Gozmann-Epitaph, Eichstätt, 1536f* (A 74a), *B. v. Rechberg-Epitaph, Ostheim, 1538* (A 82), *C. v. Adelmannsfelden-Epitaph, Eichstätt, 1541f* (A 99a), *Tettenhammer-Epitaph, Ingolstadt, 1543f* (A 104). Häufig wird auch die Rahmung auf eine schmale Profileinfassung reduziert, und nur der Giebel und die Laibung der Bildnische bleiben als architektonische Elemente erhalten *(Herzog-Erich-Epitaph, Hannoversch Münden, 1526/28* (A 44), *Georgsaltar, München BNM, um 1530* (A 51), *Redwitz-Epitaph, Eichstätt, um 1532* (A 61a), *Menger-Epitaph, Nürnberg GNM, 1539/43* (A 89), *W. J. v. Leonrod-Epitaph, Hilpoltstein, 1540/42* (A 96), *Keller-Epitaph, Berching, nach 1543* (A 106), *Chr. v. Lentersheim-Epitaph, Altenmuhr, nach 1544* (A 108), *J. v. d. Leiter-Epitaph, Ingolstadt, 1547* (A 120), *Helmhauser-Epitaph, Ingolstadt, um 1548* (A 122).

Der zweite interessante Epitaphtypus übernimmt als Mittelteil zwar die bisher bekannte Ädikulaform, er fügt ihr aber beidseitig Arkadennischen hinzu. Dadurch entsteht ein altarähnliches Erscheinungsbild, das an Flügelaltäre erinnert. Die architektonische Rahmung gliedert und bindet diese Arkaden an den Mittelbau. Die Stifter werden aus dem zentralen Mittelbild herausgenommen und finden ihren Platz in den Arkadennischen. Bei Hering kommt dieser Epitaphtyp erstmals 1521 vor, als er für Georg von Wetzhausen, den Abt des Benediktinerklosters Auhausen, arbeitet (A 20). Dieses Epitaph wirkt in seinem Erscheinungsbild zwar etwas unbeholfen, da seine architektonischen Elemente stark reduziert wurden, aber es zeigt erstmals die seitlichen Arkaden. Drei Jahre später verwendet er die gleiche Grundform für das Epitaph des Jobst von Wetzhausen, einem Bruder des oben genannten Abtes, der als Landkomtur in Wien die österreichische Ballei des Deutschen Ordens verwaltete (A 32). Im Gegensatz zum ersten Epitaph tritt hier die Rahmenarchitektur mit kräftigen architektonischen Elementen in den Vordergrund. Dekorative Balustersäulen und ausladend profilierte Gesimse, wie wir es bereits vom Limburgepitaph kennen, prägen das Erscheinungsbild. Die seitlichen Arkadennischen werden von Delphinvoluten gestützt und außen mit Lisenen begrenzt. Das Mittelrelief, die Figuren in den Arkaden und am Giebel, mit Stifter, Tod und Auferstandenem vervollständigen das aufwendige Dekorations- und Bildprogramm. Hering hat hier sehr früh eine Epitaphform geschaffen, die sich während der Gegenreformation und im 17. Jahrhundert zu einem weit verbreiteten Altartypus entwickeln sollte. Man kann diese Form der Ädikula mit Seitenarkaden als Prototyp für eine weit verbreitete Gattung von Altären des 17. Jahrhunderts bezeichnen.[40] Weitere Epitaphien dieses Typus schuf Hering nochmals für Jobst von Wetzhausen nach Nürnberg, 1532 (A 59; seit 1945 verschollen), gefolgt vom Wirsberg/Schirnding-Epitaph in Eichstätt, 1534 (A 66) und vom Hohenrechberg-Epitaph in Eichstätt, 1553 (A 132). Als Hering 1548 den Moritzbrunner Altar fertigte, orientierte er sich ebenfalls an dieser Form, wobei er hier die Sockelzone auf die gesamte Breite des Altars erweiterte. Die klare Gliederung seiner Altararchitektur ist bemerkenswert, vor allem im Vergleich mit anderen Altären dieser Zeit, die oft unter dem Gedränge figürlicher Darstellungen und der Verschachtelung ihrer Architektur leiden. Auch die Ikonographie des Altars mit zentralem Gnadenstuhl, flankiert von Johannes und Maria in den Arkaden, vermittelt ein geschlossenes Programm. Die Erinnerung an gotische Schreinwächter wird durch die Zugehörigkeit von Johannes und Maria zur Gnadenstuhlszene verdrängt. Der Hl. Mauritius im Giebelfeld verweist auf den Namenspatron des Stifters Moritz von Hutten. Dennoch wird diese Altarform kaum eine Nachfolge finden, denn bereits die ersten Altäre zur Zeit der Gegenreformation kehren wieder zum Monstranztypus mit eingezogener Predella (Sockelzone) zurück, wie wir es vom Wiener Wetzhausen-Epitaph kennen.

Sonderformen einzelner Epitaphien

Nachdem Herings Förderer und Gönner Bischof Gabriel von Eyb am 1. Dezember 1535 verstorben war, wurde bereits am 14. Dezember sein Nachfolger Christoph von Pappenheim zum Bischof gewählt. Auch er hielt an Loy Hering als Bildhauer fest und übertrug ihm einige Aufträge. Bereits nach dreieinhalb Jahren Amtszeit starb von Pappenheim im Jahre 1539. Hering schuf sein Epitaph, das noch heute im Eichstätter Dom zu sehen ist (A 86a). Während sich die Sockelzone dieses Epitaphs mit Wappenschild und Schrifttafel nach unten abgestuft verjüngt, vertritt sein Aufbau die Form eines klassischen, italienischen Triptychons. Dem Mittelbau, mit lisenenbesetzter Ädikula, sind seitlich ebenfalls zwei schmale Ädikulaelemente mit Nische und Dreiecksgiebel angegliedert. Diese Konzeption (ohne Sockelzone) zeigt starke italienische Einflüsse, und die architektonische Gestaltung dieses Triptychons ist ohne Kenntnisse eines italienischen Vorbildes nicht denkbar. Es darf mit großer Wahrscheinlichkeit angenommen werden, daß Hering hier wieder nach einer Vorlage gearbeitet hat, die ein Mitglied des Domkapitels aus Italien mitgebracht hatte. Die Sockelzone des Epitaphs entspricht wieder der Formenwelt Herings. Sein Repertoire weicht dabei erheblich vom klassischen Stil des Aufbaus ab. Allein die Delphine beidseitig des zentralen Bischofwappens entsprechen der Bezeichnung Lückenfüller sinngemäß. Die Ikonographie des Epitaphs nimmt Bezug auf die vom Stifter verehrten Heiligen. In der zentralen Bildnische erscheint Maria mit dem Leichnam Christi, umringt von den Eichstätter Heiligen Willibald, Richard, Wunibald und Walburga. In den seitlichen Nischen stehen rechts die Heiligen Christophorus und Sebastian, während links der betende Stifter von den Aposteln Philippus und Jakobus d.J. der Vesperbildgruppe anempfohlen wird.
Auf Christoph von Pappenheim folgte 1539 Moritz von Hutten, der, aus Würzburg kommend, bis 1552 regierte.

In den Jahren von 1541–1543 entstand Herings größtes Epitaph. Es war für den Würzburger Fürstbischof Konrad III. von Thüngen bestimmt (A 100). Anfertigung und Aufstellung des Epitaphs erfolgte posthum und wurde wohl von seinem langjährigen Freund und Berater, dem damals bereits nach Eichstätt gewählten Bischof Moritz von Hutten, in Auftrag gegeben. Der monumentale Aufbau dieses Epitaphs, mit seiner etwas ungewöhnlichen Rahmungsarchitektur, wirkt voluminös und schwer. Während sich Sockel- und Giebelbereich konvex wölben, gewinnt dadurch die konkave Figurennische an Tiefe. Die Basen der Säulen wurden in den Sockelbereich hinein verlängert, um ein optisches Gegengewicht zur wuchtigen Giebelkonstruktion zu erhalten. Dieser Giebel deutet einen überwölbten Rundbau an, der an eine Tumba, einen Grabesbau erinnert. Die Idee, ein Epitaph mit dem Kuppelelement einer Tumba zu bekrönen, ist im Grunde nicht abwegig. Möglicherweise handelt es sich dabei sogar um eine Anspielung auf die Grabeskirche in Jerusalem. Dann wären wir symbolisch wirklich am Ort Golgotha, wo auch das Kreuz stand, das der Bischof in der Nische darunter anbetet. Er kniet zentral vor der Nische, dem Kruzifix zugewandt, und ist fast vollplastisch gearbeitet. Rechts hinter ihm stehen ein Ritter mit Schwert und ein Geistlicher, der seinen Bischofstab hält. Beide Personen sind nicht eindeutig identifizierbar und standen wohl dem Bischof nahe. Sie jedoch nur als symbolhafte Repräsentanten der geistlichen und weltlichen Macht zu sehen, wäre ungenügend interpretiert. Der Darstellungstypus, in dem sich der Bischof mit seinen engsten Mitarbeitern abbilden läßt, geht auf Vorbilder zurück, die Hering bereits aus der Werkstätte seines Meisters Hanns Peurlin kannte. Der Vergleich mit dem Epitaph des Suffraganbischofs Georg Altdorfer von Chiemsee († 1495) in Landshut zeigt einige Gestaltungsmotive, derer sich Hering nun wieder bedient.[41] So finden wir dort neben dem Bischof und seinem Begleiter auch die flächige Drapierung der Gewänder und ihre Brokatstrukturierung, wie sie

Hering immer noch verwendet. 1543 wurde das Thüngen-Epitaph in Würzburg aufgestellt. Bedingt durch die Größe des Epitaphs, können wir davon ausgehen, daß mittlerweile mehrere Mitarbeiter in der Werkstätte Herings tätig waren. Alleine hätte er diesen Auftrag nicht mehr ausführen können. 250 Gulden soll Hering laut einer späteren Chronik für diese Arbeit erhalten haben.[42] Die etwas ungewöhnliche Form des Epitaphs mit ihrem Tumbagiebel fand keine Nachfolge, und die kommenden Arbeiten Herings orientierten sich wieder an bisher bekannten Typen.

Erwähnenswert sind noch einige Übergangsformen, die zwischen Grabstein und Epitaph liegen. Vom Grabstein wurde die umlaufende Schrift mit den Wappen in den Ecken beibehalten, während die Fläche des Steins eine nischenförmige Wölbung erhielt, worin die Stifter vor dem Kruzifix knien. Man verbindet also das Andachtsmotiv mit einer Grabplatte. Diese Art des Grabplattenepitaphs war wohl nur möglich, da diese Steine nicht mehr in den Boden, sondern in die Wand eingelassen wurden. Bevorzugt bestellten Mitglieder der Familie von Knöringen diesen Epitaphtypus (A 45, A 60, A 68, A 78).

Die einfachste Form eines Epitaphs war jedoch die rechteckige Platte mit glatter oder profilierter Rahmung, die ein Relief mit Schrifttafel trägt. Sie beschränkte sich ohne architektonisch gegliederten Rahmen auf Andachtsbild, Wappen und Schrift. Diese Form des Epitaphs war wohl auch wegen der günstigeren Anfertigungskosten weit verbreitet.

Im Vergleich der Epitaphien untereinander wird deutlich, daß Loy Hering ein vielfältiges Repertoire an Gestaltungsmöglichkeiten anzubieten hatte. In Absprache mit dem Auftraggeber wurden Gesamtform und Details vereinbart, während die endgültige Ausführung seine individuelle künstlerische Handschrift trägt. Nur bei einigen wenigen Aufträgen arbeitete er eindeutig nach Vorlagen italienischer Vorbilder (so Arzt-, Pappenheim- oder Leonrod-Epitaph).

Loy Hering und die Skulptur

Im vorangegangenen Text wurden Herings Ausbildungsstationen und die Entwicklung, die seinen eigenen, individuellen Stil prägten, eingehend besprochen. Von seinem Lehrmeister Hanns Peurlin ist bei seinen späteren Arbeiten kaum etwas wiederzufinden. Von den wenigen Merkmalen, die er übernahm, bleiben Werkdetails bei der Oberflächenbearbeitung von Brokatstrukturen und einige szenische Kompositionselemente. Augenfällige Stilstrukturen übernimmt er dagegen von Gregor Erhart, der seine Arbeitsweise nachhaltig beeinflußt hat. Seine Versuche, bei der Gestaltung von Skulpturen die modernen italienischen Formstrukturen eines Hans Daucher aufzunehmen, scheitern. Er kann sich vor allem bei der Drapierung der Gewänder nicht von den erlernten gotischen Formschemata trennen, was bereits bei den Bischofsepitaphien deutlich wurde. Ein typisches Beispiel dafür sind die Figuren am Eichstätter Arzt-Epitaph. Hier versucht Hering an kleinen Details, Dauchersche Formelemente einfließen zu lassen wie z. B. am Umhang des Vitus oberhalb des rechten Knies oder bei den Ärmelfalten von Vitus und Maria. Mit kleinen Schälchenfalten drapiert er den Stoff, während er sonst das statisch wirkende Knickfaltenschema verwendet. Nur bei wenigen Ausnahmen gelingt es Hering, seinen Faltenstil eindeutig zeitgemäßeren Formen anzupassen. Es sind fließende und körperbetonte Faltenformen, strukturiert mit kleinen Schälchen, wie wir sie z. B. an der knienden Stifterfigur des Waldkirch-Epitaphs (Augsburg/Domkreuzgang, A 29) sowie an den Beinpartien des Engels der Verkündigung des Wirsberg/Schirnding-Epitaphs (Eichstätt/Dom, A 66) finden. Am deutlichsten werden sie jedoch am Epitaph des Ingolstädter Professors Anton Braun (Eichstätt/Ostfriedhof, A 93) sichtbar. Hier zwang ihn die Darstellung des plissierten Rocks des Stifters zur fließenden Modellierung, aber auch die Falten am Ärmel entsprechen dem modernen Stil perfekt. Den am Boden aufgestauten Mantelsaum hingegen drapiert er wieder mit kleinteiligen Knickfalten. Man spürt einfach die Zaghaftigkeit, mit der sich Hering diesen neuen Formen nähert. Der endgültige Durchbruch gelingt ihm dabei nicht.

Das erste signierte und datierte Werk schuf Loy Hering 1519 für Georg von Eltz und seine Mutter Margarethe in die Bopparder Karmelitenkirche. 1518 nahm Georg von Eltz als Hochmeister des Deutschen Ordens am Augsburger Reichstag teil. Hier versuchte Hering, wie viele seiner Kollegen, an Aufträge zu kommen, die ihn im Kreise der bedeutenden Männer des Reichs bekannt machen sollten. Hering erhielt auf diesem Reichstag zwei Aufträge: das Epitaph für Georg von Eltz sowie dasjenige für den Bamberger Bischof Georg III. von Limburg.

Die Konzeption für das Eltz-Epitaph wurde wohl sogleich vor Ort besprochen, wobei man sich auf die Darstellung des Gnadenstuhls als zentrales Relief einigte. Als Vorlage für dieses Thema diente Hering ein Holzschnitt Dürers aus dem Jahre 1511[43], in dessen Komposition unten die beiden Stifterfiguren integriert wurden. Hier arbeitete Hering erstmals nach der graphischen Vorlage eines anderen Künstlers. Diese Praxis wird er auch in Zukunft beibehalten. Er bevorzugt Holzschnitte von Albrecht Dürer, aus denen er komplette Szenen oder Detailmotive übernimmt. Diese Methode scheint erfolgreich gewesen zu sein, und viele seiner Auftraggeber waren nicht abgeneigt, sich Epitaphdarstellungen nach Vorlagen Dürers schneiden zu lassen. Allein den Gnadenstuhl nach Dürers oben genannter Holzschnittvorlage wiederholt er fünfmal, wobei die Darstellungen nach 1550 mehr oder weniger starke Abweichungen aufweisen. Am Wolfstein-Altar im Eichstätter Dom (A 16) zeigt das zentrale Reliefbild die Himmelfahrt und Krönung Mariens in einer Szene zusammengefaßt. Dürers Holzschnitt aus dem Marienleben diente auch hier als Vorlage. Die Darstellung Johannes auf Patmos im Giebelfeld übernahm er von einem Vorbild Martin Schongauers. Hering bewältigt mit diesem vielfigurigen Relief beachtliche Dimensionen (177 mal

102 cm). Wenn man bedenkt, daß diese Arbeit aus zwei Steinplatten herausgehauen wurde, so wird deutlich, daß Hering mittlerweile ein eingespieltes Team zur Verfügung stehen mußte. Leider gibt es über die Werkstattorganisation Herings keine Unterlagen, aber wir können davon ausgehen, daß Hering die Bildhauerarbeiten an den Reliefs selbst ausführte, während Architektur und Ornamente von Mitarbeitern nach seinen Vorgaben geschaffen wurden.

Die Ausarbeitung seiner Reliefs bietet Hering die Möglichkeit, seine Szenen auch nach malerischen Kriterien mit architektonischen oder landschaftlichen Hintergrundstaffagen zu füllen. Das Beherrschen perspektivischer Darstellungen ist eines der vorrangigen Ziele der Renaissance, dem Hering eifrig nachstrebt. Kurz nach 1520 erscheinen die ersten Reliefs, die eine Auseinandersetzung mit perspektivischer Hintergrundgestaltung zeigen (*Wolfstein-Epitaph, Augsburg,* A 17; *Waldkirch-Epitaph, Augsburg,* A 29). Hierfür eigneten sich vor allem Ölbergdarstellungen (A 15, A 34), bei denen er bereits eine beachtliche Tiefenwirkung erzielen konnte. Sein erstes bedeutendes Relief mit Landschaft schuf Hering jedoch für das Wiener Wetzhausen-Epitaph (A 32). Die Darstellung des Abschied Jesu von seiner Mutter Maria übernahm er von einem Holzschnitt Wolf Trauts.[44] Der zentralen Figurengruppe mit Baum wurde ein detailreicher Hintergrund mit Stadtsilhouette und Hügellandschaft hinterlegt, die Hering nach seinen Möglichkeiten und Vorstellungen variiert. Dabei versucht er, durch die Schichtung von Ebenen Tiefe zu gewinnen. Auch wenn ihm dies nicht so perfekt gelingt, wie es der Stich vermittelt, so zeigt seine Arbeit doch einen beachtlichen Fortschritt gegenüber vergleichbaren Arbeiten der Generation seiner Meister. Als Beispiel vergleiche man hierfür nur den Mittelschrein des Altars der Nürnberger Karmelitenkirche, den Veit Stoß fast zeitgleich um 1520/23 geschaffen hat.[45] Hier wird deutlich, daß der überhöhte Ansatz des Horizonts eher das Gegenteil der gewünschten Tiefenwirkung zum Ausdruck bringt.

Vollrunde Figuren oder Figurengruppen haben sich von Loy Hering nur wenige erhalten. Neben den bereits besprochenen Bischofsstatuen gibt es in Eichstätt zwei lebensgroße Steinkruzifixe. Dem Kruzifix im Mortuarium ist noch eine Johannes-Maria-Gruppe beigefügt, die vorhandene Magdalena stammt aus späterer Zeit. Bei Reindl ist dazu noch das Schwazer Kruzifix aufgeführt, das jedoch entsprechend seiner qualitativ besseren Ausführung und der Zuschreibung Schädlers an Gregor Erhart nicht mehr seinem Œuvre zugeordnet werden kann.[46] Immerhin wird auch bei den Kruzifixdarstellungen seine Abhängigkeit von der Werkstätte Gregor Erharts deutlich. Beide Kruzifixe besitzen noch die spätgotische Körperspannung, die für ihre Zeit typisch ist, wobei das Kruzifix der Sakramentskapelle (1525) mit erhobenem Haupt fast einer Christkönigsdarstellung gleichkommt. Auch das Lendentuch wird äußerst schwungvoll mit parallelen Faltenbahnen drapiert. Die Kreuzigungsgruppe im Mortuarium (1541) zeigt bereits weichere Züge sowohl am Körper als auch am Tuch. Die schwungvolle Johannes-Maria-Gruppe hat in ihrer gebeugten Komposition und ihren flatternden Gewändern bereits einen Vorläufer bei Hering. Er integrierte diese Szene dem Hintergrund des Leonrod-Epitaphs als seitenverkehrte Reliefdarstellung. Die beiden lebensgroßen Kruzifixe sind jedoch auch in Zusammenhang mit der Vielzahl von Epitaphkruzifixen zu sehen, bei denen Hering abwechslungsweise die gespannte oder die in sich zusammengesunkene Körperhaltung verwendet. Das Haupt Christi ist dabei meistens dem Stifter zugewandt. Ihre Lendentücher lassen sich am Epitaph mit Hintergrundbindung weit schwungvoller und ausladender gestalten. Die bevorzugte Drapierung zeigt meist einen querliegenden S-Schwung des Tuches (vgl. A 44).

Eine weitere wichtige Gestaltungsform in Reliefszenen Loy Herings ist seine Hintergrundarchitektur. Mit ihr konstruiert er ein perspektivisches Raumgefüge, das natürlich von Daucherschen Vorbildern inspiriert ist. Erste einfache Anfänge finden wir am Wolfstein-Epitaph in Augsburg (um 1520). Hier sind hinter der Anbetung der Könige Mauern mit Balkenwerk dargestellt (A 17). Ein Verkündigungsrelief von 1523 aus Reisensburg zeigt den Versuch der räumlichen Gliederung eines Zimmerinterieurs mit Portal (A 27), doch erst am Herzog-Erich-Epitaph von 1526/28 erscheint eine portalförmige Hintergrundarchitektur, die in Zukunft von Bedeutung sein wird. Eine hinten eingezogene, kasettierte Wölbung ruht auf vier Balustersäulen. Vor diesem Bogen erscheint zentral auf der Mittelachse das Kruzifix. Mit dieser Komposition wird die Anspielung auf den Triumphbogen als Ehrensymbol für Christus eindeutig. Diese Form des Portals als Ehren- oder auch Himmelspforte erscheint mehrmals in seinen Reliefdarstellungen, vor allem bei der Kruzifixverehrung oder bei Verkündigungsszenen (*Wirsberg/Schirnding-Epitaph, Eichstätt,* A 66; *Gozmann-Epitaph, Eichstätt,* A 74a; *B. v. Rechberg-Epitaph, Ostheim,* A 82; *Leonrod-Epitaph, Eichstätt,* A 87a; *Tettenhammer-Epitaph, Ingolstadt,* A 104; *Verkündigungsrelief,* A 109). Eine interessante Sonderform mit drei Arkadenbögen und zentralem Kruzifix besitzt das oben genannte Rechberg-Epitaph (A 82). Diese Grundkonzeption hat sein Sohn Martin Hering einige Jahre später beim Entwurf des Neuburger Schloßkapellenaltars in reale Architektur umgesetzt. Bei der Säulenhalle des Verkündigungsreliefs von 1545 läßt sich Hering dagegen wieder von den Augsburger Fuggerepitaphien beeinflussen. Dennoch spürt man bei seinen Versuchen, Räumlichkeit zu gestalten, das Konstruierte. Ihm fehlt die Erfahrung und wohl auch die Ausbildung, um das Phänomen räumlicher Architekturperspektive perfekt in den Griff zu bekommen. Trotzdem sollte man seine Leistung auf diesem Gebiet in seiner Zeit nicht unterschätzen.

Aus den vielen kleineren Epitaphien, die Hering geschaffen hat, ist vielleicht das Epitaph des Martin Gozmann (1536/37) hervorzuheben, dessen individuelle Gestaltung einen weiteren Charakterzug Herings kennzeichnet. Gemeint ist die

Erzählfreude, die aus manchen seiner Reliefszenen sprudelt und die wohl auch dem Naturell des Schwaben entspricht. Am Gozmann-Epitaph sehen wir die Geschichte von Christus in der Vorhölle. Er schiebt die Szene in einen von Säulen begrenzten, überwölbten Bühnenraum. Im Hintergrund erhebt sich ruinöses Mauerwerk mit dem Höllenportal, davor befreit Christus einige arme Seelen aus den Fängen tierköpfiger Teufel. Er hat wohl das Tor zur Hölle erst aufgerissen, da ein Teil der ausgebrochenen Türe rechts am Boden liegt. Im Hintergrund steht abwartend eine Gruppe unbekleideter Männer und Frauen im Schutz des Kreuzes. Der Stifter selbst kniet betend hinter Christus, an den er so nah herangerückt ist, daß jeder sehen kann, wo er seinen Schutz vor den Teufeln der Hölle sucht. Auch wenn Teile dieser Komposition wieder einer Vorlage Dürers entnommen sind, so entspricht die Art der Darstellung doch eher einer theatralischen, volkstümlichen Erzählweise. Gerade darin aber liegt der eigenständige und reizvolle Charakter dieser Szenen. Die Gestaltung im Relief gibt Hering die Möglichkeit, szenisches Erzählen mit malerischen Elementen zu verbinden. In diese Erzählmotive integriert Hering bei manchen Szenen Spruchbänder, die den einzelnen Personen an die Köpfe gesetzt oder in die Hand gegeben wurden, wie wir dies heute von Sprechblasen kennen. Hering ist diesem Medium sehr aufgeschlossen und in mehr als zehn seiner Epitaphreliefs verwendet er diese Spruchbänder, auf denen die entsprechenden Texte zur Szene zu lesen sind.
Um 1535/40 verspürt man einen Wandel in manchen Details seiner Arbeitsweise. Besonders seine Hintergrundmotive gewinnen nun mehr an Räumlichkeit. Bei der Gestaltung der Landschaft am Wiener Wetzhausen-Epitaph kann Hering nur ansatzweise die Tiefe der Stichvorlage wiedergeben. Ähnlich wird dies auch am Georgsaltar im Bayerischen Nationalmuseum sichtbar, dessen Landschaft im oberen Drittel des Reliefs fast nach vorne zu kippen droht. Eine weit bessere Tiefenwirkung erzielt Hering in der Landschaftsdarstellung des Leon-

rod-Epitaphs (nach 1539) im Eichstätter Dom. Hinter einer Säulenhalle öffnet sich der Blick in die Landschaft. Man verspürt zwar immer noch die Schichtung der Ebenen, vorne die Stifter mit dem Kruzifix, dahinter rechts eine Figurengruppe mit Johannes, Maria und Magdalena und noch entfernter auf der linken Seite die Stadtsilhouette von Jerusalem. Der Übergang in die Tiefe wirkt jedoch fließender. Herings Reliefstil wird proportional zur Tiefenschichtung flacher und filigraner, wodurch er den gewünschten Effekt wirkungsvoller darstellt.

Ein weiteres Beispiel für seine Landschaftsdarstellungen ist das Epitaph der beiden Brüder Moritz und Philipp von Hutten, das in der Marienwallfahrtskirche Sondheim bei Arnstein steht (A 117). Während wieder, nach bewährtem Schema, beide Brüder im Vordergrund knien und das Kruzifix anbeten, weitet sich im Hintergrund eine Landschaft mit Bäumen und Hügeln, die von einer Wasserfläche, auf der Segelschiffe fahren, geteilt wird. Diese Darstellung nimmt Bezug auf Philipp von Hutten, der als kaiserlicher Oberst und Rat seit 1535 Generalkapitän und Führer einer kleinen Truppe war, die zum Schutze einer in Venezuela gegründeten Kolonie der Augsburger Handelsfirma der Welser in Übersee diente. 1546 wurde Hutten dort ermordet. Herings erzählerisches Talent schildert uns mit diesem Hintergrund einen Teil der Lebensgeschichte Philipp von Huttens. Der Atlantik, auf dem die Segelschiffe fahren, trennt die Kontinente Europa und Amerika. Die Abstufung des Hintergrunds und die feine Ausarbeitung der Landschaft mit den figürlichen Szenen verdeutlichen den neuen Stil Herings.

In Zusammenhang mit dieser detaillierten Hintergrundgestaltung muß man auch drei kleine Relieftäfelchen erwähnen, die Hering entsprechend den damals so beliebten Kunstkammerstücken fertigte. Das einzig monogrammierte und wohl auch frühest erhaltene Täfelchen, ist das Liebesgartenrelief (23,4 mal 20,8 cm), das um 1525 entstanden sein dürfte (A 38). Es ist anzunehmen, daß für diese Darstellung eine graphische Vorlage vorhanden war, die heute jedoch verschollen ist. Das Relief ist kräftig geschnitten, vor allem die Blätter der Gräser und Bäume. Die nackten Körper seiner Figuren modellierte Hering in weichen und runden Formen. Die im Vordergrund liegende Dame, deren Blick sich auf das linke Liebespaar richtet, erinnert an Dürers Kupferstich »Das Meerwunder«. Tiefe suggeriert Hering unter anderem durch die Grasfläche, die über die Profilierung an die vordere Kante des Rahmens herausgezogen wird. Anders als bei Reindl folgt m. E. dem Liebesgartenrelief die Tafel mit Adam und Eva, die sich heute im Victoria and Albert Museum in London befindet (A 69). Die Körperlichkeit der Figuren und ihre Physiognomien sowie das Blattwerk der Bäume stehen dem Liebesgartenrelief stilistisch weit näher, als der dritten Tafel mit der Darstellung Rhea Silvas. Dieses Relief (ebenfalls in London) ist wohl die späteste der drei Arbeiten. Rhea Silva ist die Mutter von Romulus und Remus, den Gründern Roms. Ihre Söhne sollten auf Befehl ihres Schwagers Amulius im Tiber ertränkt werden. Der Scherge setzte sie jedoch auf dem reißenden Tiber aus, worauf sie später von Faustulus gerettet und von der Wölfin aufgezogen wurden. Die Vorlage zu diesem Relief lieferte ein Kupferstich Heinrich Aldegrevers. Der fließende Übergang vom Vorder- zum Hintergrund und die perfekte Abstufung der Bildebenen deuten auf eine Arbeit um oder nach 1540 hin. Es ist nicht anzunehmen, daß allein die Stichvorlage für Hering so hilfreich war, seine anfänglichen Probleme mit der Tiefenwirkung zu überwinden. Am Wiener Wetzhausen-Epitaph hat er diese Tiefe trotz Vorlage nicht erreicht. Allein dadurch, daß Hering gegenüber seinen anderen Arbeiten den Horizont stärker absenkte, erhielt er den gewünschten Effekt. Auch die fein reliefierte Hintergrundlandschaft mit ihren Häusern und Bäumen ist nur mit Arbeiten nach dem Leonrod-Epitaph zu vergleichen. Die Modellierung des Männerkörpers ist hier ebenfalls kräftiger als am Liebesgartenrelief. Leider haben sich von diesen kleinen Kunstkammerstücken nur drei Reliefs erhalten.

Der Moritzbrunner Altar (A 121) gehört wohl zu den letzten großen Werken Herings, dessen Skulpturen seinen traditionellen Stil zeigen. Obwohl sein Sohn Martin bereits 1542 wieder in die väterliche Werkstatt zurückgekehrt war und bei manchen Arbeiten der Einfluß seines veränderten Stilempfindens spürbar wird, trifft dies auf den Moritzbrunner Altar nicht zu. Den Auftrag hatte Hering vom Bischof Moritz von Hutten erhalten, der die Kirche des abgebrannten Dorfes Morsbrunn neu erbauen ließ. Er stiftete auch diesen Altar und als Dank für seine Hilfe änderte man später den Namen der Siedlung in Moritzbrunn. Bei den Betrachtungen zur Architektur des Altars haben wir bereits die klare Gliederung seines Aufbaus gerühmt. Das zentrale Mittelfeld beherrscht die Darstellung des Gnadenstuhls, der hier nochmals nach der Dürerschen Vorlage gearbeitet wurde. Nur der Leichnam Christi ist stärker in sich zusammengesunken und besitzt nicht mehr seine ursprüngliche Spannung. Der Vergleich mit den frühen Arbeiten wie am Bopparder Eltz-Epitaph zeigt, daß Hering im Alter seine Formstrukturen griffiger und präziser modelliert. Auch die Tiefenwirkung des Hintergrundes ist am Moritzbrunner Altar perfektioniert. Die Seitenfiguren Johannes und Maria zeigen nochmals die Heringschen Faltenkaskaden mit ihren Knickfaltenstrukturen, die er zeit seines Lebens beibehalten hat.

In den folgenden Jahren wird bei Herings Arbeiten ein immer stärkerer Stilwandel spürbar. Er kann sich dem Einfluß des Donaustils, den seine Söhne in die väterliche Werkstätte mitgebracht haben, nicht mehr entziehen. Schon ab dem 1545 datierten Verkündigungsrelief, dessen Herkunft leider nicht mehr nachzuweisen ist (A 109), werden bei den Gewanddrapierungen der Figuren die parallelen Wulstfalten immer häufiger (vgl. A 110, A 113, A 117). Am dominantesten kommt dieser Stil am Hutten-Epitaph von Rupertsbusch zum Ausdruck (A 127). Es handelt sich wieder um die bereits bekannte Darstellung des Gnadenstuhls, dessen Gewanddrapierung mit

bisherigen Arbeiten nicht mehr vergleichbar ist. Mächtige Faltenbahnen umhüllen nun den Leichnam Christi, der in den Händen seines Vaters ruht. Der untere Faltensaum des Mantels staut sich in einem S-förmigen Faltenwulst und umschwingt die Figur des knienden Bischofs, der die Fußwunde Christi küßt. Loy Hering und wohl auch sein Sohn Martin übernehmen einen Stil, der bereits 40 Jahre früher von Albrecht Altdorfer und Wolf Huber in Regensburg und Passau oder von Hans Leinberger in Landshut verbreitet worden war. Die Orientierung an diesem Stil bedeutet sicher keinen stilistischen Fortschritt im Sinne der Überwindung gotischer Formen, aber er markiert dennoch eine Veränderung im Spätwerk Loy Herings.
Bei den letzten beiden größeren Epitaphien, die noch zu Herings Lebzeiten seine Werkstatt verlassen haben, wird der Einfluß seines Sohnes Martin immer deutlicher. Das Würzburger Hutten-Epitaph von 1552/53 und das Hohenrechberg/Hutten-Epitaph aus dem Eichstätter Dom von 1553 zeigen in ihrer figuralen Gestaltung doch erhebliche Unterschiede zu früheren Arbeiten. So werden zum Beispiel ornamentale Detailstrukturen kräftiger herausgearbeitet und die Brokatreliefs der Stiftergewänder besitzen eine härtere Konturierung. Auch die Reliefornamente der Lisenenfelder oder der Ornamentschmuck an Säulenschäften zeigen nach 1550 ein verändertes Motivrepertoire. Loy Hering muß gegen Ende seines Lebens nicht mehr im vollen Besitz seiner Arbeitskraft gewesen sein, was bei der schweren Arbeit der Steinbildhauerei verständlich wäre. Sein Sohn Martin löste ihn wohl schon vor seinem Tod als Werkstattleiter ab.

Abschließende Betrachtungen

Faßt man das gesamte, bekannte Werk Loy Herings zusammen, so lassen sich daraus doch einige interessante Entwicklungen ablesen. Grundsätzlich gab es kaum einen deutschen

Bildhauer der Reformationszeit, der nach 1530 noch derart umfangreiche Werkbestände hinterlassen hat. Hering entwikkelte im Spannungsfeld von Renaissance und Gotik seinen eigenen Stil. Er hatte wohl zeit seines Lebens kaum Mangel an Aufträgen und das in einer Epoche, in der andernorts das Kunstschaffen durch die Wirren der Reformation fast völlig zum Erliegen kam. Nur der äußerst konservativen Haltung der Eichstätter Bischöfe und des Domkapitels hatte es Hering zu verdanken, daß er von den Folgen der Reformation kaum betroffen wurde.

Das Œuvre Loy Herings ist aber dennoch ein Spiegel des damaligen Zeitgeschehens. Gliedert man bestimmte Charakteristika seines Werkes nach statistischen Gesichtspunkten, so lassen sich daraus mehrere interessante Entwicklungen ablesen.

Von den ungefähr 130 Werkstücken, die sich aus der Zeit nach 1514 erhalten haben, waren 109 Objekte Grabmäler und Epitaphien, was einem Anteil von 84 Prozent entspricht. Bleiben 16 Prozent andere Arbeiten, wie zwei lebensgroße Kruzifixe, einige Sakramentshäuschen sowie Relieftäfelchen mit religiösen und profanen Darstellungen, drei Altäre und einige Kleinobjekte. Daß Hering den Reliefschnitt bevorzugte, lag wohl auch an seiner eigenen Vorliebe zu diesem Medium und nicht nur am Geschmack der Zeit. Allein 75 Epitaphien sind mit Reliefszenen bestückt, und nur vier besitzen einen vollplastischen Figurenschmuck. Die verschiedenen Reliefszenen lassen sich wiederum thematisch gliedern. Hier stehen 69 christologische Darstellungen 14 marianischen gegenüber.

Berücksichtigt man ihre Entstehungszeit, wird deutlich, daß in den Jahren von 1515–1525 acht marianische Darstellungen entstanden sind, während sich die restlichen sieben auf die folgenden 30 Jahre verteilen. Entsprechend den Thesen der Reformation steigt die Nachfrage nach christologischen Themen. Bis 1525 entstehen zwölf Darstellungen, bis 1535 weitere elf, bis 1545 steigt ihre Zahl auf 31 und bis 1553 folgen weitere 15.

Anhand dieser Aufstellung wird deutlich, welchen Einfluß die Reformation im Eichstätter Raum auf die Bildauswahl bei Epitaphien hatte. Das Kruzifix im Epitaph erscheint bei Hering erst ab 1526, obwohl er diese Darstellung bereits aus der Werkstätte seines Lehrmeisters kannte.[47] Nach 1526 nimmt dieses Motiv jedoch sprunghaft zu und mit insgesamt 36 Darstellungen wird die Kruzifixverehrung zur beliebtesten Epitaphdarstellung. Weitere Themen sind der Schmerzensmann (7), der Auferstandene (7), und Ölbergszene (4), die Dreifaltigkeit bzw. der Gnadenstuhl (7) und die Verklärung Christi (2). Seltenere Themen, die meist nur einzeln vorkommen sind Christus in der Vorhölle, das Jüngste Gericht bzw. Christus als Weltenrichter, das letzte Abendmahl (2), der Abschied Jesu von Maria (2) und Christi Himmelfahrt. Sicherlich bevorzugt diese Themenauswahl Darstellungen, deren christliche Symbolik dem Sinngehalt der Sepulkralskulptur entspricht.

Ein weiteres Phänomen, das wir bei Künstlern seiner Generation nur selten nachweisen können, ist die Verwendung graphischer Vorlagen für seine Reliefszenen. Dies verdeutlicht eine Arbeitspraxis, die nun das neue Medium der Druckgraphik in vollem Umfang nutzt. Hering bevorzugt für seine Arbeiten Vorlagen bedeutender zeitgenössischer Künstler. Über 90 Prozent seiner Vorlagen gehen auf Holzschnitte Albrecht Dürers zurück. Spätere Wiederholungen einer Vorlage zeigen im Gegensatz zur Erstfassung meist stärkere individuelle Variationen oder nur Detailszenen, die übernommen wurden. Von 42 Relieftafeln mit religiösen Szenen lassen sich für 29 Vorlagen bestimmen, thematische Wiederholungen inbegriffen. Dies entspricht einer Quote von 68 Prozent. Der ursprüngliche Vorlagenanteil darf sicher höher angesetzt werden, da uns einige nicht mehr bekannt sind. Neben Dürer verwendete er noch Vorlagen von Wolf Traut (2), Aldegrever (1), Martin Schongauer (1) und Hans Baldung Grien (1). Diese Arbeitspraxis macht aber auch deutlich, daß Hering nicht unbedingt den Drang zum eigenkreativen Entwerfen seiner

Bildszenen hatte. Sein Verdienst bleibt es, diese graphischen Vorlagen in die räumliche Dimension des Reliefs umgesetzt zu haben.

Die Berühmtheit eines Künstlers läßt sich an zwei Kriterien erkennen: am gesellschaftlichen Stand seiner Auftraggeber und an der regionalen bzw. überregionalen Streuung seiner Werke. Zu seinen Auftraggebern zählten neben den Bischöfen von Eichstätt, Bamberg und Würzburg der mittelständische, in der Reichsverwaltung tätige Adel, sowie das Eichstätter Domkapitel und einige Bürger der Eichstätter Umgebung. Der Hochadel oder das Großbürgertum in Augsburg bedienten sich seiner nicht. Dennoch hatte Hering über die Familienbeziehungen einiger Auftraggeber mehrere überregionale Aufträge erhalten. Am Anfang stand das Eltz-Epitaph, das er nach Boppard am Rhein lieferte. Ihm folgten das Wetzhausen-Epitaph nach Wien, das Herzog-Erich-Epitaph nach Hannoversch Münden, ein weiteres Wetzhausen-Epitaph nach Nürnberg, das Epitaph des Markgrafen Georg von Brandenburg nach Heilsbronn/Ansbach und das neuentdeckte Epitaph des Alexander Thurzo I., einem Freund der Fugger, nach Leutschau/Zips.[48] Letzteres ist das entfernteste, bisher bekannte Werk Loy Herings. Aber auch Würzburg und Bamberg seien neben den vielen regionalen Arbeiten innerhalb des Eichstätter Bistums noch genannt.

Loy Hering hatte durch seine Ausbildung in Augsburg und insbesondere durch seine Mitarbeit bei Gregor Erhart die Chance bekommen, sich in Eichstätt zu etablieren. Dort erhielt er vom Fürstbischof Gabriel von Eyb eine Art Hofbildhauerstellung, und, wenn ihn der Bischof auch nicht direkt besoldete, so sicherte er ihm per Dekret alle Arbeiten innerhalb des Bistums. Hering nutzte diese Gelegenheit und baute seine Werkstätte zu einem florierenden Unternehmen mit überregionalem Ruf aus. Er schuf durch seine intensive Auseinandersetzung mit der Renaissance einige hervorragende und wegweisende Beispiele der Epitaphkunst. Er entwickelte am

Wetzhausen-Epitaph Grundformen, die sogar den Altarbau des 17. Jahrhunderts noch beeinflussen sollten. Im skulpturalen Bereich kann er sich dem neuen Stil der Renaissance nur bedingt öffnen, und er bleibt den traditionellen, erlernten Formstrukturen treu. Seine Hauptleistung besteht jedoch in der Entwicklung eines Reliefstils, dessen Schichtung von Skulptur, Architektur und Landschaft eine malerisch erzählende Komponente erhält. Die Beherrschung perspektivischer Gesetzmäßigkeiten entwickelt sich mit seiner zunehmenden Arbeitserfahrung.

Loy Herings Stellung in der Kunstgeschichte sollte trotz einiger Schwächen, die er zweifellos besaß, nicht unterbewertet werden. Auch ohne die Spitzenwerke, die seinem Frühwerk bisher zugeschrieben wurden, bleibt ein beachtliches Gesamtwerk erhalten. Die innovative Wirkung mancher seiner stilbildenden Neuerungen im Sinne der Renaissance hat ihren Einfluß auf nachfolgende Generationen nicht verfehlt.

[1] Felix Mader, Loy Hering, Ein Beitrag zur Geschichte der deutschen Plastik des 16. Jhs., München 1905.
[2] Peter Reindl, Loy Hering, Zur Rezeption der Renaissance in Süddeutschland, Basel 1977.
[3] Alfred Schädler, Das Eichstätter Willibalddenkmal und Gregor Erhart, in: Münchner Jb. der bildenden Künste, Bd. 3 Nr. 26, Jg. 1975, S. 65–88.
[4] Neu erschienene Kurzbeiträge zum Werk Loy Herings: Edwin Patzelt, Ein Epitaph des Eichstätter Bildhauers Loy Hering in Leutschau/Zips, in: Sammelblatt des Historischen Vereins Eichstätt, Jg. 1993, S. 63–65; Franz-Albrecht Bornschlegel, Die Inschriften des Loy Hering und seiner Werkstatt, in: pinxit/sculpsit/fecit, Festschrift für Bruno Bushart, München 1994, S. 39–50; Andrea Neuwirth, Der Grabstein Albrecht Goczmans zu der Pueg, eine Arbeit aus der Werkstatt Loy Herings, in: Beiträge zur fränk. Kunstgeschichte 1/2, 1995/96, S. 147–152.
[5] Volker, Liedke, Die Augsburger Sepulkralskulptur, Teil 3, Zum Leben und Werk des Bildschnitzers Hanns Peurlin des Mittleren, München 1987 (siehe auch Ars Bavarica, 1987).
[6] Bruno Bushart, Die Fuggerkapelle bei St. Anna in Augsburg, München 1994.
[7] Die letzte umfassende Monographie von Gertrud Otto aus dem Jahre 1943 entspricht nicht mehr dem Stand der heutigen Forschung, und eine Neubearbeitung des Gesamtwerkes wäre dringend notwendig.

[8] Die Familiennamen beider Frauen sind uns nicht überliefert.
[9] Reindl, S. 11–19.
[10] s. Liedke, S. 10; Stadtarchiv Augsburg, Reichsstadt Schätze Nr. 72a, fol. 36'.
[11] s. Bushart, S. 217.
[12] s. Liedke, S. 78f.
[13] s. Reindl, S. 101ff.
[14] Gertrud Otto, Gregor Erhart, Berlin 1943, S. 58ff.
[15] Karl Kosel, Der Augsburger Domkreuzgang und seine Denkmäler, Sigmaringen 1991, S. 153–157, Nr. 85–87.
[16] Franz-Albrecht Bornschlegel, Die Inschriften des Loy Hering und seiner Werkstatt, in: pinxit/sculpsit/fecit, Festschrift für Bruno Bushart, München 1994, S. 39–50.
[17] s. Liedke, S. 82.
[18] s. Schädler, Anm. 3, S. 71/72.
[19] A. Schädler, Gregor Erharts »La Belle Allemande« im Louvre, in: Festschrift Hermann Fillitz, Aachener Kunstblätter 1994, S. 369.
[20] s. Schädler, Anm. 3, S. 66.
[21] s. Schädler, Anm. 3, S. 72.
[22] Benno C. Gantner, Loy Hering, ein Geselle Gregor Erharts, in: Ars Bavarica, Bd. 75/76, München 1997.
[23] s. Schädler, Anm. 3, S. 76, Abb. 14/15.
[24] s. Reindl, S. 500/501.
[25] Auch wenn durch die Steuer, die Hering 1511 in Augsburg zahlen mußte, belegt ist, daß er selbständige Arbeiten durchgeführt hat, so kann es sich dabei wohl nur um Kleinaufträge gehandelt haben; s. Reindl, S. 12.
[26] s. Bornschlegel, Anm. 15, S. 41ff.
[27] s. Schädler, Anmerkung 3, Seite 70/71.
[28] s. Reindl, S. 127ff.
[29] s. Bushart, S. 223.
[30] s. Bushart, Abb. 111, 126, 127; s. auch Thomas Eser, Hans Daucher. Augsburger Kleinplastik der Renaissance, München, 1996, s. 27ff.
Ich kann mich dem Zweifel Esers an einem Italienaufenthalt H. Dauchers nicht anschließen, da die Argumente Busharts eindeutig für einen direkten italienischen Stileinfluß bei seiner Arbeit an der Fronleichnamsgruppe in St. Anna sprechen.
[31] s. Bushart, S. 222ff/333f.
[32] s. Reindl, S. 126f.
[33] s. Bushart, S. 175ff.
[34] s. Reindl, S. 56ff, S. 29ff.
[35] s. Reindl, S. 56.
[36] Der Kapitelltypus findet sich an Breus Madonna in der Halle, um 1515 (Stiftskirche Aufhausen bei Regensburg) oder am linken Flügel der kleinen Orgel in der Fuggerkapelle mit der Darstellung »Pythagoras in der Schmiedewerkstatt«, wo fast identische Kapitellformen mit der Muschel zu sehen sind. Zudem ist die Muschel das Wappensymbol der Eyb.
[37] s. Bushart, S. 298, Abb. 190 bis 192.
[38] s. Bushart, S. 123, Abb. 62.
[39] s. Reindl, S. 68.
[40] Rainer Laun, Studien zur Altarbaukunst in Süddeutschland, München 1982, Altartyp II, S. 8ff.; Vgl. die Altäre in St. Ulrich u. Afra in Augsburg.
[41] s. Liedke, S. 42ff.
[42] s. Reindl, S. 41.
[43] J. Meder, Dürer-Katalog, Ein

Handbuch über A. Dürers Stiche, Radierungen, Holzschnitte, deren Zustände, Ausgaben und Wasserzeichen, Wien 1932, Nr. 187.
[44] s. Reindl, S. 303.
[45] Ausstellungs-Katalog, Nürnberg 1300–1550, München 1986, S. 252, Abb. 126.
[46] s. Schädler, Anm. 3, S. 74ff.
[47] s. Liedke, Abb. 47/48; Reichenau-Epitaph, Eichstätt 1499; Zollern-Epitaph, Augsburg/Dom 1505.
[48] Edwin Patzelt, Ein Epitaph des Eichstätter Bildhauers Loy Hering in Leutschau/Zips, in: Sammelblatt des Historischen Vereins Eichstätt, Jg. 1993, S. 63–65.

BENÜTZERHINWEIS

Die im Text in Klammern angegebenen A-Nummern beziehen sich auf die Numerierung der Arbeiten Herings im Werkverzeichnis von Peter Reindl, 1977. Die Abkürzungen BNM und GNM bedeuten Bayerisches Nationalmuseum München und Germanisches Nationalmuseum Nürnberg.

Die wichtigste Literatur zu Loy Hering

Mader, Felix: Loy Hering. Ein Beitrag zur Geschichte der deutschen Plastik des 16. Jhs., München 1905.

Schädler, Alfred: Das Eichstätter Willibalddenkmal und Gregor Erhart, in: Müchner Jb. der bildenden Künste, Bd. 3 Nr. 26, Jg. 1975, S. 65–88.

Reindl, Peter: Loy Hering. Zur Rezeption der Renaissance in Süddeutschland, Basel 1977.

Liedke, Volker: Die Augsburger Sepulkralskulptur, Teil 3, Zum Leben und Werk des Bildschnitzers Hanns Peurlin des Mittleren, in: Studien zur Sepulkralskulptur der Gotik und Renaissance in Deutschland und Österreich, Bd. 5, München 1987.

Kosel, Karl: Der Augsburger Domkreuzgang und seine Denkmäler, Sigmaringen 1991.

Patzelt, Edwin: Ein Epitaph des Eichstätter Bildhauers Loy Hering in Leutschau/Zips, in: Sammelblatt des Historischen Vereins Eichstätt, Jg. 1993, S. 63–65.

Smith, Jeffrey Chipps: German Sculpture of the Later Renaissance, c. 1520–1580, Art in an Age of Uncertainty, Princeton 1994.

Bushart, Bruno: Die Fuggerkapelle bei St. Anna in Augsburg, München 1994.

Bornschlegel, Franz-Albrecht: Die Inschriften des Loy Hering und seiner Werkstatt, in: pinxit/sculpsit/fecit, Festschrift für Bruno Bushart, München 1994, S. 39–50.

Eser, Thomas: Hans Daucher. Augsburger Kleinplastik der Renaissance, München 1996.

Gantner, Benno C.: Loy Hering, ein Geselle Gregor Erharts, in: Ars Bavarica, Bd. 75/76, München 1997.

Jakob Herbrot 1490/95–1564
Großkaufmann und Stadtpolitiker

Von Mark Häberlein

Unter den Augsburger Großkaufleuten und Stadtpolitikern des 16. Jahrhunderts war keiner so umstritten wie Jakob Herbrot. Eine Vielzahl von zeitgenössischen Schmähschriften, Pasquillen und Spottliedern haben ihn als »großen beswicht«,[1] als Betrüger, Wucherer, skrupellosen und korrupten Opportunisten und als Verräter an der Stadt Augsburg porträtiert. Selbst seine Gegner, die das Bild von Herbrots Charakter und Wirken weitgehend geprägt haben, mußten ihm jedoch beträchtliche Qualitäten – Tatkraft, Zielstrebigkeit, rhetorische Begabung und Großzügigkeit – und eine erstaunliche Popularität bei der Augsburger Bürgerschaft zugestehen. Eine Lebensbeschreibung des Kürschners, Kaufmanns, Bankiers und Bürgermeisters Jakob Herbrot kann auf die Einbeziehung der umfangreichen polemischen Literatur gegen ihn nicht verzichten, muß sie jedoch den in zahlreichen anderen Quellen verstreuten Informationen über sein Denken und Handeln kritisch gegenüberstellen.
Der zwischen 1490 und 1495 geborene Jakob Herbrot[2] war der Sohn eines aus Schlesien, vermutlich aus Breslau, nach Augsburg eingewanderten Kürschners gleichen Namens, der durch seine Eheschließung mit Margaretha Hummel das Augsburger Bürgerrecht erworben hatte. Herbrots Gegner wurden nicht müde zu betonen, daß der spätere Großkaufmann und Bürgermeister »von armen und gar schlechten eltern« abstammte,

daß sein Vater »ain beser und verthaner buob« und seine Mutter »aines liederlichen, armen trumenschlagers dochter« gewesen sei. Die Augsburger Steuerbücher zeigen hingegen, daß Herbrots Vater und Großvater zwar nicht reich, jedoch auch keineswegs mittellos waren. Der ältere Jakob Herbrot bezahlte 1492, als er erstmals im Steuerbuch genannt wird, einen Gulden Vermögenssteuer und konnte seine Steuerleistung bis 1501 auf drei Gulden steigern, was einem Mindestvermögen von 600 Gulden entspricht. Sein Schwiegervater Hans Hummel, in dessen Haus der ältere Herbrot wohnte, entrichtete 1492 einen Gulden und dreißig Kreuzer Vermögenssteuer.[3] Bedenkt man, daß im Jahre 1498 nur gut fünf Prozent aller Augsburger Steuerzahler ein Vermögen von mindestens 1000 Gulden versteuerten und mehr als 80 Prozent über weniger als 100 Gulden Vermögen verfügten,[4] so können der Vater und Großvater des späteren Bürgermeisters als Angehörige der – allerdings recht dünnen – »Mittelschicht« der reichsstädtischen Bevölkerung um 1500 angesehen werden. Daß der ältere Herbrot den weiten Weg von Schlesien nach Augsburg zurücklegte, weist ihn überdies als überdurchschnittlich mobilen und tatkräftigen Vertreter seines Handwerks aus. Ein einschneidendes Ereignis im Leben des jüngeren Jakob Herbrot war zweifellos die Ermordung seines Vaters, der 1502 unter unbekannten Umständen auf dem Zunfthaus der Kürschner von seinem Zunftkollegen Mang Albrecht erstochen wurde.[5] Herbrots Mutter erscheint zuletzt 1504, als sie sechs Gulden Steuer entrichtete, in den Augsburger Steuerbüchern; dann scheint sie Augsburg verlassen zu haben und mit ihrem Sohn nach Schlesien abgewandert zu sein.[6] Ebenfalls im Jahre 1504 fungierten der Kürschner Hans Jenisch und sein gleichnamiger Sohn als Pfleger der Kinder Jakob Herbrots d.Ä.[7] Die Jenisch gehörten um diese Zeit bereits zu den reichsten und angesehensten Vertretern ihrer Zunft: 1504 versteuerte Hans Jenisch d.Ä. ein Vermögen von mindestens 3600 Gulden.[8] Sein gleichnamiger Sohn bekleidete später (1530–1533) das Amt des

Zunftmeisters.[9] Die Verbindung zu den Jenisch sollte für Jakob Herbrot zeitlebens von Bedeutung bleiben.

Während Jakob Herbrot offenbar seine Lehr- und Gesellenzeit als Kürschner in Breslau verbrachte, war seine Mutter bemüht, ihrem Sohn das Augsburger Bürgerrecht zu erhalten. Im Jahre 1509 bezahlte sie den städtischen Baumeistern 22 Gulden »für all abgangen«.[10] Zehn Jahre später heiratete Herbrot in Augsburg Maria Krafter, eine Tochter des Kürschners Lorenz Krafter. Sein Schwiegervater versteuerte in diesem Jahr ein Vermögen von mindestens 6200 Gulden, womit er sich unter den vermögendsten drei Prozent der Augsburger Steuerzahler befand. Krafters Steuerleistung war von einem Gulden im Jahr 1485 über 12 Gulden 1498 auf 28 Gulden im Jahre 1510 und 31 Gulden 1516 gestiegen. Das Anwachsen seines Vermögens ist ein deutlicher Hinweis darauf, daß Lorenz Krafter bereits kaufmännisch tätig war. Nach seinem Tod im Jahre 1521 zahlte seine Witwe Esther Merz 33 Gulden Vermögenssteuer.[11]

Maria Krafter brachte ihrem Mann angeblich 800 Gulden Heiratsgut mit in die Ehe, und Herbrots Kritiker waren sich dahingehend einig, daß diese Mitgift den jungen Kürschner in die Lage versetzte, selbst Handel zu treiben.[12] Nicht weniger wichtig für Herbrots weitere Karriere dürfte allerdings der Umstand gewesen sein, daß er durch die Verbindung mit den Krafter Anschluß an ein ausgedehntes familiäres Netzwerk angesehener Kaufmanns- und Handwerkerfamilien fand.[13] Sibilla Krafter, eine Schwester von Jakob Herbrots Frau, heiratete beispielsweise Stephan Eiselin, der 1526 bis 1533 Zunftmeister der Kramer war und 1527 bis 1533 im politisch einflußreichen Dreizehnerausschuß der Reichsstadt saß.[14] Lorenz Krafters Sohn Hieronymus, der selbst seit den 1530er Jahren als Kaufmann zu großem Reichtum gelangte, war in erster Ehe mit einer Tochter des langjährigen Augsburger Bürgermeisters Simprecht Hoser verheiratet.[15] Derartige Beziehungen konnten Herbrots ökonomischen und politischen Ambitionen nur förderlich sein. Die Sympathien von Herbrots

Schwiegermutter und seines Schwagers Lukas Müller für die radikale Reformation, die sich in ihrem Anschluß an die Augsburger Täuferbewegung von 1528/29 manifestierten, scheinen der wirtschaftlichen und gesellschaftlichen Stellung dieser Familien längerfristig nicht geschadet zu haben.[16]

Jakob Herbrot selbst wird erstmals 1520 mit einem Betrag von vier Gulden und 26 Kreuzern im Augsburger Steuerbuch genannt. Durch das Erbgut seiner Frau, vielleicht auch durch eine eigene Erbschaft, vermehrte sich sein Vermögen bereits in den folgenden beiden Jahren beträchtlich: 1522 bezahlte er im Steuerbezirk »Vom Zitzenberg« eine Vermögenssteuer von 25 Gulden und 30 Kreuzern. Damit verfügte er zu diesem Zeitpunkt bereits über ein Vermögen von mindestens 5100 Gulden – eine Summe, die ihn als aufstrebenden Fernhändler auswies.[17] Aus dieser Zeit finden sich in den Augsburger Quellen auch erste Belege für eine Handelstätigkeit Herbrots. Im Oktober 1522 bevollmächtigte er einen gewissen Michel Ott, vor dem Augsburger Stadtgericht gegen seine Schuldner vorzugehen,[18] und im folgenden Januar verpflichtete sich der Kürschner Franz Neumann, Ott als Anwalt Jakob Herbrots einen Betrag von 15 Gulden binnen 14 Tagen zu bezahlen.[19] 1524 hatte Herbrot geschäftlichen Kontakt mit dem Augsburger Geschlachtgewander Jörg Ott,[20] und 1527 gehörte er mit einem Betrag von 1220 Gulden zu den Bozener Gläubigern Anton Fuggers und seiner Brüder.[21] Diese Verbindungen und Herbrots Herkunft aus der Kürschnerzunft legen es nahe, daß Herbrot zunächst mit Pelzwerk und anderen Luxuswaren (z. B. kostbaren Stoffen) handelte.[22]

In den folgenden Jahren weitete Jakob Herbrot seine geschäftlichen Aktivitäten auch auf den Bereich des Kreditgeschäfts mit geistlichen und weltlichen Fürsten aus. Den Weg zu diesen Geschäften ebneten ihm seine Erfahrungen im Handel mit Luxuswaren, die an den Fürstenhöfen der deutschen Renaissance begehrt waren. In einer zeitgenössischen Polemik wird diese Entwicklung folgendermaßen dargestellt: »so hat er auch

*5 Jakob Herbrots Handschrift auf einer Quittung des Jahres 1542.
Stadtarchiv Augsburg, Literaliensammlung, 1542, S. 102*

under seinen handen vil costlicher soien, klainetter, gefillwerck, costliche meder, zobel und tappetzerei, tuoch und ander mer vil costliche und guote waren und kaufmanschatz gehabt, welchen er kaiser, kunigen, fürsten, herren und graven und vilen vom adel hoch auf borg [verkauft] und inen auch etwan bargelt umb gar hoch interesse geliehen, sie darum hoch überschetzt, verfortailt und betrogen hat.«[23] Neben seinem Schwager Wilhelm Merz, wie Herbrot ein Angehöriger der Kürschnerzunft, der es zu beträchtlichem Reichtum gebracht hatte, und dem Patrizier Ulrich Welser wurde Herbrot im März 1530 von Kurfürst Johann von Sachsen um Vorschüsse für seine Furiere auf dem Augsburger Reichstag gebeten.[24] 1532 stand er in geschäftlicher Verbindung mit dem Mainzer Erzbischof Albrecht von Brandenburg, für dessen Finanzbeziehungen mit Augsburger Handelshäusern der Ablaßhandel unter Beteiligung der Fugger das berühmteste Beispiel ist.[25] Am 1. November 1534 kaufte der Nürnberger Sebald Friedmann im Auftrage Herbrots in Halle Kardinal Albrecht für 35 000 Gulden ein Juwelenkreuz ab, wodurch Schulden des Kurfürsten teilweise getilgt werden sollten.[26] Im folgenden Jahr übermittelte Herbrot 1500 Gulden, die er vom »Pfalzgrafen am Hunsrück« eingenommen hatte, aus Frankfurt am Main an die Zentrale des Fuggerschen Unternehmens in Augsburg.[27] Gemeinsam mit der Nürnberger Fugger-Faktorei beglich Herbrot 1535 überdies eine Schuld des Pfalzgrafen Ottheinrich in Höhe von 1 000 Gulden.[28] Als der hoch verschuldete Pfalzgraf 1538 den Augsburger Rat um die Verlängerung eines Darlehens ersuchen mußte, trat Herbrot als sein Vertreter auf.[29] Ottheinrichs Sekretär Christoph Arnold und dessen Bruder Gabriel, der Rentmeister des Pfalzgrafen, gehörten über Jahre hinweg zu Herbrots engsten Vertrauten.[30] Mitte der 1530er Jahre betätigte sich Herbrot auch als Übermittler geschäftlicher Korrespondenz des Kurfürsten Johann Friedrich von Sachsen.[31]

Herbrots zahlreiche geschäftliche Kontakte mit der Firma Anton Fuggers zwischen 1535 und 1539 vermitteln einen Eindruck von der Reichweite und Vielseitigkeit seiner Unternehmungen. So stand er in Verbindung mit der Fugger-Faktorei in Bozen und erscheint von 1536 bis 1539 wiederholt unter den Abnehmern von Tiroler Silber.[32] Auf der Frankfurter Fastenmesse des Jahres 1536 stellten die Fugger Herbrot 4300 Gulden zur Verfügung,[33] und aus der Herbstmesse desselben Jahres sandte Herbrot 3600 Gulden an die Fuggerzentrale in Augsburg.[34] Die Fugger-Inventur von 1536 verzeichnet Herbrot mit 12207 Gulden für Silberlieferungen als einen der größten Schuldner des Unternehmens.[35] Im Jahre 1538 kaufte die Firma Fugger bei Jakob Herbrot für 642 Gulden Winterkleidung für das Hofgesinde des Kardinals von Trient und englische Tuche,[36] und 1538/39 tätigten beide Firmen in Frankfurt, Wien und Antwerpen Geld- und Wechselgeschäfte miteinander.[37] In der Generalrechnung vom Oktober 1539 führten die Fugger Jakob Herbrot erneut mit 8000 Gulden als Schuldner.[38] Diese Geschäfte lassen räumliche Schwerpunkte von Herbrots Handel – die Messestadt Frankfurt, die niederländische Metropole Antwerpen und die habsburgischen Territorien – erkennen und zeigen, daß Herbrot für die größte oberdeutsche Firma dieser Zeit im Warenhandel wie im Edelmetall- und Wechselgeschäft ein gefragter Partner war. Die enge Kooperation zwischen beiden Unternehmen wurde durch die unterschiedliche konfessionelle Ausrichtung der beiden Handelsherren offenbar nicht beeinträchtigt: während Anton Fugger altgläubig blieb, bekannte Herbrot sich spätestens in den 1530er Jahren zur reformatorischen Bewegung.[39]

Der geschäftliche Erfolg Herbrots manifestiert sich im Anwachsen seiner Steuerleistung. Im Jahre 1528 bezahlte er mit 80 Gulden einen mehr als dreimal so hohen Betrag wie sechs Jahre zuvor. Bis 1534 verdoppelte sich die von Herbrot entrichtete Steuer nochmals auf 165 Gulden, und 1540 belief sich seine Vermögenssteuer sogar auf 300 Gulden, was einem Mindestvermögen von 60000 Gulden entspricht.[40] Einen Teil dieses Vermögens legte Herbrot in Immobilienbesitz an. Die bereits wiederholt zitierte, von einem Gegner Herbrots verfaßte Lebensbeschreibung berichtet, »daß er ain schens haus bei sant Uolrich vor dem obern Saltzstadel und bald darnach noch ain schens haus bei dem undern Brothaus erkauft und erbaut« habe. Besondere Beachtung erregte Herbrots vor dem Vogeltor gelegener Garten, »den er dermassen mit wasserwerck, lust= und badheusern erbauen und mit allerlai seltzamen baumen und pflantzen zuerichten lassen, dergleichen kain solcher garten in der stat Augspurg nit gewesen«.[41] Gerade die Anlage dieses Lustgartens zeigt, daß Gütererwerbungen für den reichgewordenen Kürschner nicht nur eine Kapitalanlage, sondern auch ein Mittel zur ostentativen Zurschaustellung seines neuerworbenen Reichtums waren.

Für Herbrots Feinde war klar, daß der steile Aufstieg des aus bescheidenen Verhältnissen stammenden Kürschners nicht mit rechten Dingen vor sich gegangen sein konnte. Sie interpretierten seinen wirtschaftlichen Erfolg als Ergebnis skrupelloser und unseriöser Geschäftspraktiken. Satiren und Spottverse bezichtigen Herbrot, er habe »in untrew und durch arge list/erlangt, daß er so reich iez ist«. Ihm wurde vorgeworfen, »groß wuocher und beschiß« getrieben und stets »list und betrug« angewandt zu haben.[42] 1547 behauptete eine anonyme Schrift, er sei »des Wuchers halber höher denn nie keiner in Augspurg verrueft und beschreith«.[43] Tatsächlich verlief Herbrots Karriere jedoch in ganz ähnlichen Bahnen wie die anderer kaufmännischer Aufsteiger der ersten Hälfte des 16. Jahrhunderts. Das Heirats- und Erbgut seiner Frau hatte ihm den Einstieg in den Warenhandel ermöglicht, von dem aus er auch in den Bereich des Finanzgeschäfts vorstieß, wobei er den steten Geld- und Luxusbedarf der deutschen Fürsten für seine Zwecke auszunutzen verstand. Ungewöhnlich war allenfalls, daß sich diese Karriere binnen zweier Jahrzehnte und nicht wie etwa bei den Fugger, Höchstetter, Haug oder Manlich über mehrere Generationen hinweg vollzog.[44] Ein derart rascher wirtschaftlicher Aufstieg war mit den Normen und der Vorstellungswelt des 16. Jahrhunderts nur schwer vereinbar. Winfried Schulze hat darauf hingewiesen, daß eine Gesellschaft, in der materielle Ressourcen stets begrenzt waren und in der die Vorstellung wirtschaftlichen Wachstums noch kaum bekannt war, nicht fähig war, »Mobilität im Sinne eines Zuwachses privilegierter Positionen zuzulassen oder gar positiv zu bewerten«.[45] Daß von allen kaufmännischen Aufsteigern des 16. Jahrhunderts gerade Jakob Herbrot so vehement als Wucherer und Betrüger kritisiert wurde, hängt außerdem auch sicherlich damit zusammen, daß er seit etwa 1540 zielstrebig versuchte, seinen Reichtum in politische Macht umzumünzen.

Die politische Landschaft innerhalb der Reichsstadt Augsburg war Ende der 30er Jahre des 16. Jahrhunderts einerseits durch den Dualismus von Zünften und Patriziat, andererseits durch den Erfolg der evangelischen Bewegung geprägt. Die Vertreter der siebzehn Zünfte hatten seit der unblutigen Zunfterhebung von 1368 die Mehrheit der Sitze im Großen Rat (221 von 233) wie auch im politisch maßgeblichen Kleinen Rat (34 von 42) inne. Das höchste städtische Amt des Bürgermeisters wurde von jeweils einem Patrizier und einem Zunftmeister besetzt. Obwohl alle Amtsträger jährlich wiedergewählt wurden und die Bürgermeister nach einem Amtsjahr stets ein Jahr pausieren mußten, war faktisch ein hohes Maß an Kontinuität in der politischen Führungsspitze der Stadt dadurch gewährleistet, daß die Bürgermeister zwischen ihren Amtsjahren gewöhnlich das zweithöchste städtische Amt des Baumeisters bekleideten, und daß die Bürgermeister und Baumeister zusammen mit den Einnehmern und Sieglern im Gremium der sogenannten Dreizehner saßen, die als engerer Ausschuß des Kleinen Rates die täglichen Geschäfte erledigten und Ratsbeschlüsse vorbereiteten.[46] Als führende Stadtpolitiker lassen sich Ende der 1530er Jahre fünf Männer identifizieren: auf patrizischer Seite der Lutheraner Wolfgang Rehlinger, Bürgermeister der Jahre 1534, 1536, 1539 und 1541 und Vertreter einer gleichermaßen pro-evangelischen und kaisertreuen Position, sowie die Zwinglianer Hans Welser und Georg Herwart, die erstmals 1537 bzw. 1538 ins Bürgermeisteramt gewählt wurden; und auf zünftischer Seite der Salzfertiger Simprecht Hoser, der seit 1530 in allen geraden Jahren, und der Weber Mang Seitz, der seit 1531 in allen ungeraden Jahren das Bürgermeisteramt bekleidete. Unter Hans Welser und Mang Seitz war 1537 die Reformation in Augsburg vollständig durchgeführt und die katholische Messe abgeschafft worden.[47]

Eine wichtige Veränderung innerhalb des gesellschaftlichen Gefüges der Reichsstadt bedeutete 1538 die Aufnahme von 38 Familien, überwiegend aus der Kaufleutezunft, in den bis dahin abgeschlossenen Kreis der Patrizier oder »Geschlechter«. Diese Patriziatserweiterung trug zum einen der Tatsache Rechnung, daß die Zahl der »alten« Geschlechterfamilien bis 1538 auf nur sieben zusammengeschmolzen war. Zum anderen brachte die Maßnahme reichen Kaufmannsfamilien, die bereits durch Heiraten mit dem Patriziat versippt waren, vermehrte soziale Anerkennung.[48] Reiche zünftische Kaufmannsfamilien, die bei der Patriziatserweiterung übergangen worden waren und denen auch der Zugang auf die sozial exklusive Herrentrinkstube verwehrt wurde, strebten nun ihrerseits nach einem stärkeren institutionellen Zusammenschluß und nach gesellschaftlicher Aufwertung. Zu diesem Zweck bauten sie die Kaufleutestube zu einem Gegenpol zur Herrentrinkstube aus: zwischen 1539 und 1541 wurden neue Statuten ausgearbeitet und ein neues Stubengebäude erworben. Als führender Kopf dieser Bewegung zur Aufwertung der Kaufleutestube gilt Jakob Herbrot, der 1539 einer der Stubenmeister der Kaufleutestube war und 1540 zum ersten Mal zum Zunftmeister der Kürschner gewählt und damit Mitglied des Kleinen Rates wurde. In der Tat bedeutete die Reform der Stube wohl einen entscheidenden Schritt in Herbrots politischer Laufbahn: »Die Kaufleutestube ist die politische Plattform, auf der zu seinen Gunsten die politische Willensbildung für weite Kreise der Bürgerschaft geschieht.«[49] Wie rasch sich Herbrots politische

Karriere in dieser Phase vollzog, läßt sich daran ablesen, daß er Zunftmeister und Ratsmitglied wurde, ohne zuvor dem Zwölferausschuß seiner Zunft und dem Großen Rat angehört zu haben. Herbrots Gegner haben den Kürschnerzunftmeister immer wieder als Führer einer patrizierfeindlichen Partei porträtiert, der es nur darauf angelegt habe, die Patrizier zu unterdrücken und zu »demütigen«, und zahlreiche spätere Historiker sind dieser Auffassung gefolgt.[50] Die Tatsachen scheinen dem allerdings zu widersprechen: Herbrot arbeitete geschäftlich mit Patriziern wie den 1538 unter die Geschlechter aufgenommenen Fugger eng zusammen und erfreute sich bei Männern wie Anton Fugger offenbar auch persönlicher Wertschätzung.[51] Zudem orientierte sich die Kaufleutestube ja gerade am Vorbild der Herrentrinkstube: Herbrot und seinen Parteigängern ging es primär um die soziale Aufwertung der eigenen Position, nicht um Unterdrückung der Patrizier.

Zu Beginn der 1540er Jahre gewann Herbrot als Delegierter des Augsburger Rates bei zahlreichen Gesandtschaften politisches Profil: so nahm er an den Religionsgesprächen von Nürnberg (1540) und Worms (1541) und den Reichstagen von Regensburg (1541), Nürnberg (1542) und Speyer (1544) teil und war an der Erneuerung des Dreistädtebundes mit Nürnberg und Ulm (1542), an der Festlegung der Grenzen der Markgrafschaft Burgau (1543) und am Schiedsgericht zwischen den Fuggern und der Reichsstadt Donauwörth (1544/45) beteiligt.[52] Herbrot nutzte seine Aufenthalte auf den Reichstagen auch zu Geschäften: während des Regensburger Reichstages streckten er und Hans Roth dem Landgrafen Philipp von Hessen 10000 Gulden vor. Dieses Darlehen wurde Anfang 1542 vom Rat der Stadt Augsburg als zinsloses Darlehen mit dreijähriger Laufzeit übernommen.[53] Auf dem Speyrer Reichstag setzte sich Herbrot besonders für die Belange der Augsburger Kaufleute ein, die die Frankfurter Messen besuchten, indem er pfälzisches Geleit über die Bergstraße zu erlangen suchte, die kürzer und seiner Ansicht nach auch sicherer als die bislang benutzte Rheinstraße war.[54]

In diesen Jahren wurden für Herbrot die Verbindungen zu zwei Männern besonders wichtig, die, ohne selbst hohe politische Ämter zu bekleiden, maßgeblichen Einfluß auf die Stadtpolitik der Reformationsjahre hatten: dem Augsburger Stadtarzt Dr. Gereon Sailer, zugleich Leibarzt des Landgrafen Philipp von Hessen und Vertrauter Martin Bucers, und Georg Fröhlich, seit 1537 Stadtschreiber von Augsburg.[55] Sailer hatte den Landgrafen noch 1541, als Herbrot auf dem Regensburger Reichstag weilte, vor Geschäften mit Herbrot gewarnt, da dieser »voller finantz und Eigennutzigkeit« stecke.[56] Zwei Jahre später hingegen berichtete Sailer Philipp von Hessen, daß er mit Herbrot und Bürgermeister Hans Welser über die politische und militärische Lage im Reich »oft disputiert« und durch Welser erreicht habe, daß Herbrot anstatt des altersschwachen Bürgermeisters Mang Seitz zur Beratung über ein Antwortschreiben der Stadt an Philipp (in dem es vermutlich um finanzielle oder militärische Unterstützung ging) hinzugezogen wurde, da Herbrot dem Landgrafen gewogen sei und »auch die sachen wol verstat«.[57] Als Sailer 1544 auf dem Speyrer Reichstag im Auftrag der Stadt über die Anstellung eines neuen evangelischen Predigers verhandelte, erbat er sich Unterstützung aus Augsburg: »die weil aber nit yedermann zw fuderung des handel verstendig oder auch willig ist [...] darumb mocht ich den Herprot, als der zw diesem handel mer dann ander genaigt, wol leiden«.[58] Der Stadtschreiber Georg Fröhlich trat im Februar 1542 als Vermittler zwischen Herbrot und dem patrizischen Bürgermeister Georg Herwart auf. Herbrot hatte Herwart in einer nicht näher bezeichneten wichtigen Angelegenheit sprechen wollen, war von diesem aber abgewiesen worden. »Dhweil ich dann waiss, wz es ist«, schrieb Fröhlich daraufhin dem Bürgermeister, »und furwar nit seinen halb, sonnder aus treuen beschieht, so ist mein diennstlich ermanen und bitt Eur Ft. woll gedachten Herbrod doch meinen halb unvermerckht noch beschicken und ine hören. Darmit wurdt Eur Ft. zwai guten werckh thun, dz ain, gemaine stat zubedencken wissen und diesen man, der dannoch die sach gut mainet, nit hinwerffen, sonnder bei willen behalten.«[59] Als Fröhlichs Tochter Katharina 1543 den Stadthauptmann Konrad Ferler ehelichte, fungierten Georg Herwart und Jakob Herbrot als ihre Trauzeugen.[60] Weitere Verbündete hatte Herbrot in seinem entfernten Verwandten Paul Hektor Mair, seit 1537 Ratsdiener, der im Jahr 1545, als Herbrot erstmals zum Bürgermeister gewählt wurde, auch Kassier des neugeschaffenen Proviantamts wurde, und im Stadthauptmann Sebastian Schertlin von Burtenbach.[61]

Persönlicher Ehrgeiz, politisches Geschick und die Unterstützung einflußreicher Männer wie Sailer und Fröhlich ebneten Herbrot den Weg in die höchsten politischen Ämter der Reichsstadt. Im Jahre 1543 wurde er einer der drei städtischen Baumeister und damit Mitglied des Dreizehnerausschusses, und im folgenden Jahr bekleidete er das Amt eines Einnehmers.[62] Als der Zunftbürgermeister Mang Seitz, der 1543 seine siebte Amtszeit absolviert hatte, Anfang 1544 verstarb, hatte Herbrot demnach gute Aussichten, als sein Nachfolger zum höchsten Repräsentanten der Augsburger Bürgerschaft gewählt zu werden.[63] Herbrots politischer Aufstieg wurde in diesen Jahren allerdings von einem persönlichen Konflikt mit seinem Schwiegersohn Simon Manlich überschattet, der auch für seine öffentliche Laufbahn nicht ungefährlich war. Herbrot hatte seinen Schwiegersohn nach der Heirat mit seiner Tochter Marina in sein Handelsunternehmen und sein Haus aufgenommen, doch kam es bald zu Dissonanzen zwischen Manlich und seinen Schwiegereltern, die offenbar durch seinen üblen Lebenswandel und seine Verschwendung verursacht wurden. Jakob Herbrot kündigte Manlich schließlich um 1540 die Beteiligung am Handel auf, doch konnten ihn Simon Manlichs Verwandte überreden, es mit seinem Schwiegersohn nochmals zu versuchen. Dieser verpflichtete sich im Gegenzug, sich der

Völlerei, des Zutrinkens und Spielens zu enthalten, nicht ohne Einwilligung seiner Schwiegereltern auswärts zu essen oder zu trinken und nichts mehr zu verschenken, zu borgen oder leihen. Als Simon Manlich sich nicht an diese Abmachung hielt und – offenbar wegen erneuten Zechens und nächtlichen Krawallmachens – 1543 verhaftet und im Turm eingesperrt wurde, verließ Marina Herbrot das Haus ihres Mannes und begab sich in das Haus ihres Vaters zurück. Simon Manlichs Verwandtschaft protestierte daraufhin vor dem Rat, daß Marina grundlos ihren Mann verlassen und obendrein dessen persönlichen Besitz mit sich genommen habe. Sie verlangten, daß Marina Herbrot wieder zu ihrem Mann »heimgehen« und ihm seine Habe zurückbringen solle.[64] Die vom Rat bestimmten Schlichter befanden hingegen, daß Marina durch die Trunksucht, Gewalttätigkeit und Unberechenbarkeit ihres Mannes veranlaßt wurde, in das Haus ihres Vaters zu ziehen, und mehrere Zeugen sagten aus, daß Manlich wiederholt die Ehre seiner Frau und seines Schwiegervaters massiv angegriffen und unter anderem geäußert habe, Herbrot sei »ain erloser niemand nutzer man«.[65] Im Jahre 1545 wurde schließlich auf massives Drängen des Rates hin ein Vertrag zwischen Herbrot und Manlich abgeschlossen, der vorsah, daß aller Zwist und Unwille zwischen den Familien begraben werden sollte. Die Eheleute Simon Manlich und Marina Herbrot sollten »ainannder Inn Eeren, Zuocht, lieb vnnd frundschafft, Eelich vnnd Christlich beiwonen, wie sich Erbern Eeleuten zuthun gebürt«. Manlich sollte sich »vnordenlichs beweinens, liederlicher pöser gesellschafft, vnnütz anwerdenns seines guts, schmehens, grossen schwerenns vnnd gotzlesterns enthalten« und dermaßen haushalten, daß er weder sein eigenes Hauptgut noch das seiner Frau angriff. Den Eheleuten war untersagt, ohne Einwilligung ihrer Verwandtschaft aus Augsburg wegzuziehen. Ergänzend enthielt der Vertrag einige finanzielle Vereinbarungen zwischen beiden Familien.[66]

Es spricht für Herbrots Popularität und seinen Einfluß unter den Zunftmeistern, daß auch solche Anfechtungen seine Wahl zum Bürgermeister nicht verhinderten. Mit seiner Wahl hatte sich die »radikale« evangelische Partei in der Stadt, die für eine konsequente Unterstützung der im Schmalkaldischen Bund vereinigten protestantischen Reichsstände eintrat, über die kaisertreue Partei um Wolfgang Rehlinger, der 1544 sein Augsburger Bürgerrecht aufgegeben hatte und nach Straßburg gezogen war, endgültig durchgesetzt.[67] Eine während Herbrots erster Amtszeit veranstaltete Musterung der Bürgerschaft am 16. August 1545, an der alle kriegstauglichen Männer teilzunehmen hatten, sollte angesichts des drohenden Krieges zwischen Karl V. und den evangelischen Reichsfürsten die Kriegsbereitschaft und das Selbstbewußtsein der Reichsstadt unter Beweis stellen und diente zugleich Herbrot als wirkungsvolle Machtdemonstration: Herbrot soll sich dabei »wie ain Romischer Dictator gehalten [...] und sich für alle annder vast gewaltig sehen lassen« haben.[68] Trotz dieses martialischen Auftritts ist Katarina Sieh-Burens jedoch zuzustimmen, wenn sie die Einschätzung von Herbrot als »Haupt der Kriegspartei« in Augsburg relativiert: die Stadt Augsburg stellte dem Kaiser auch unter Herbrots Führung Hilfstruppen für den Türkenkrieg und gewährte ihm Darlehen. Noch im April 1546, also wenige Monate vor Kriegsausbruch, besuchte eine Ratsdelegation, der auch Herbrot angehörte, den Kaiser in Donauwörth.[69] Nach Sieh-Burens war die Politik Herbrots stets vom »Primat der Wirtschaftspolitik«, also den Interessen der großen reichsstädtischen Handelshäuser, geleitet und schon allein deswegen auch zu Kompromissen mit der katholischen und kaiserlichen Partei innerhalb wie außerhalb der Stadt bereit.[70]

Auch in den Jahren seines politischen Aufstiegs vernachlässigte Herbrot seine geschäftlichen Interessen keineswegs. 1543 und 1547 findet er sich unter den Antwerpener Schuldnern der Haug-Langnauer-Linck-Gesellschaft,[71] und gemeinsam mit den Haug-Langnauer-Linck hatte er 1543 Darlehen in Höhe von 14400 Gulden an Markgraf Joachim von Brandenburg vergeben und ein Kleinod, das den Namen »goldener Spiegel« trug und auf 13 400 Gulden geschätzt wurde, für Joachim machen lassen.[72] Im April 1545 verhandelte er mit einem brandenburgischen Beamten und mit Herzog Moritz von Sachsen über die Tilgung von Schulden,[73] und 1547 lieh er der Stadt Frankfurt 10 000 Gulden gegen zwölfprozentige Verzinsung.[74] Ein weiteres Betätigungsfeld fand er im polnischen Ochsenhandel.[75] Besondere Publizität erlangte darüber hinaus Herbrots geschäftliche Verbindung mit dem Augsburger Leonhard Beck von Beckenstein durch einen Prozeß, den Beck später gegen Herbrot anstrengte. Als Kurfürst Friedrich von der Pfalz 1543 bei Beck ein Darlehen in Höhe von 30 000 Gulden aufzunehmen suchte, beteiligte sich Herbrot an diesem Geschäft mit 17 000 Gulden, die teilweise in Form von Waren und Kleinodien bereitgestellt wurden. Im November 1544 bildeten Herbrot und Beck sogar eine »Gesellschaft« für den Handel mit Juwelen und Kleinodien »auf Gewinn und Verlust«. 1546 mußte Beck, der mittlerweile in finanzielle Schwierigkeiten geraten war, Herbrot gegen die Übernahme seiner Schulden bei elf Personen, die sich auf insgesamt 33 949 Gulden beliefen, sein unter großem finanziellen Aufwand neu erbautes Haus im Steuerbezirk »Vom Rapold« – eines der herausragenden Beispiele für das Augsburger Bürgerhaus der Renaissance[76] – sowie mehrere Schuldscheine und Kleinodien überlassen.[77] Bei seinen weitreichenden geschäftlichen Aktivitäten wurde Herbrot von einer Reihe von Angestellten unterstützt. Zwischen 1535 und 1546 stand Stephan Fröschel, ein Sohn des Augsburger Stadtarztes Benedikt Fröschel d.Ä., in seinen Diensten.[78] Melchior Hainhofer, später selbst ein erfolgreicher Augsburger Kaufmann, erlernte bei Herbrot den Handel »mit rauher wahr und futterwerk«.[79] Der aus Landshut stammende Hans Morauer kam 1545 als Diener Jakob Herbrots nach Augsburg und erlangte dort das Bürgerrecht. Im folgenden Jahr wurde er Mitglied der Kaufleutestube.[80] Der seit 1541 als Mitglied der Kaufleutestube nachweisbare Georg Feuchtweck arbeitete 1549 ebenfalls für Herbrot.[81] In Antwerpen schließlich wurde der Bürgermeister in den 1540er Jahren von Georg und Wolf Poschinger vertreten.[82]

Als im Juni 1546 die bewaffnete Auseinandersetzung zwischen Kaiser und Schmalkaldischem Bund unmittelbar bevorstand, waren einem Brief Gereon Sailers an Philipp von Hessen zufolge alle maßgeblichen Kräfte in Augsburg zum Krieg entschlossen: »Es saumpt sich Schertlin nicht, regt und bewegt alle seine Kraft. Und ist der Herbort [Bürgermeister Georg Herwart] gar hertzhaft. Der Herbrot nimpt auch hertz an sich. Die gemein, auch große kaufleute, alle welt will nur daran, daran.«[83] Nach Ausbruch des Krieges reiste Herbrot, der in diesem Jahr das Baumeisteramt bekleidete, im August 1546 zusammen mit Hans Welser zur Begrüßung der evangelischen Bundesfürsten Johann Friedrich von Sachsen und Philipp von Hessen nach Donauwörth und nahm am Kriegsrat im Lager zu Reichertshofen teil, wo er sich wie Philipp und der evangelische Söldnerführer Sebastian Schertlin von Burtenbach vergeblich dafür einsetzte, möglichst rasch die militärische Konfrontation mit den kaiserlichen Truppen zu suchen.[84] Als sich nach militärischen Anfangserfolgen der Schmalkaldener das Blatt wendete und die kaiserlichen Truppen nach Oberdeutschland vorrückten, beauftragte der Augsburger Rat im Januar 1547 Anton Fugger mit Verhandlungen im kaiserlichen Lager über möglichst günstige Aussöhnungsbedingungen für die Stadt. Fugger und Herbrot hatten selbst in den kritischen Monaten des Schmalkaldischen Krieges, unter anderem bei Antwerpener und venezianischen Geldgeschäften, zusammengearbeitet.[85] Die ursprüngliche Hoffnung Augsburgs, daß Fugger vom Kaiser die Zusage erlangen könnte, daß die evangelische Religion und die städtischen Privilegien erhalten bleiben und kein Bürger der Stadt wegen Ungehorsams besonders bestraft würde, mußten während der Unterhandlungen sukzessive aufgegeben werden.[86] In seiner Korrespondenz mit Anton Fugger aus diesen Tagen setzte sich Herbrot besonders dafür ein, daß auch Schertlin in die Aussöhnung zwischen der Stadt und dem Kaiser eingeschlossen werden solle, »dann mein Hern Eeren halb nicht gepüren wül den mann dermassen aus zu Sündern, wölcher pis anher Eerlich gehandlt, Ja dem gemaine Stat verdraut«. Um den Kaiser in Bezug auf Schertlin und die Frage einer militärischen Besetzung Augsburgs umzustimmen, erschien Herbrot auch die Bestechung der kaiserlichen Räte, vor allem des Herzogs von Alba, angebracht: »ob es mich meins aygen Gelts [...] 1000 fl. kost, So will ichs gern bezalen«.[87] Letztlich erwiesen sich die Hoffnungen Herbrots und der anderen Ratsmitglieder aber als zu optimistisch, und der Kaiser bestand auf der bedingungslosen Unterwerfung der Stadt. Die Einlegung einer kaiserlichen Besatzung in Augsburg im Februar 1547, die Wiedereinführung der katholischen Religion und die Verkündung des Interims, hohe Schadenersatzforderungen des Kaisers, seines Bruders König Ferdinand, des Augsburger Bischofs und des bayerischen Herzogs und schließlich die Aufhebung des zünftischen Regiments durch Karl V. im August 1548 machten der Augsburger Bürgerschaft das Ausmaß ihrer Niederlage deutlich.[88]

Für Jakob Herbrot bedeutete die Regimentsänderung Karls V. das – vorläufige – Ende seiner politischen Karriere. Die höchsten politischen Ämter der Stadtpfleger und Geheimen Räte konnten fortan ausschließlich von Patriziern bekleidet werden. Darüber hinaus bekam Herbrot die ganz persönliche Ungnade des Kaisers zu spüren, die durch seine Widersacher innerhalb der Stadt beständig geschürt wurde. Bereits im Februar 1547 schrieb Herbrot besorgt an Anton Fugger, er habe »von aym gar Fürnemen alhie« erfahren, »dass ich in die khay. Maj. ganz übel getragen sei, als nemlich, dass ich der sey, so fül Pratick mit etlichen Fürsten wider Ir. Mt. fyeren soll, an wölchem mir Gewalt und Unrecht beschicht; ist auch meins Thons nicht, hab mit meiner Herrn, auch meinen Sachen so fül zu thon, dass auch merers zu undternemen nicht Luscht.« Die Vorwürfe gegen ihn seien ihm »hindter Ruck von etlichen meinen Missgünnern fölschlich aufgelögt« worden und völlig unhaltbar. Herbrot war der Überzeugung, er habe »umb gemainer Stat Sache wüllen, wie aym Erenmann gepuert, gehandelt«.[89] Die Aussicht, daß die Stadt Augsburg unter seiner Führung »zu ewigem Verderben und Schmach soll geraten«, erfüllte ihn mit Bestürzung: »mein Herz im Leyb plut mir, dass ichs so treulich maynen und dermassen geraten soll, dann der Anfang zu dieser Stat Verderben schon im Werk, der Rest wirt teglich folgen.«[90] Im selben Jahr meinte der Patrizier Hans Baumgartner, dessen Güter vom Augsburger Rat wegen Ungehorsams gegen die Stadt konfisziert worden waren, der Bürgermeister Herbrot wäre »mer hoffärtig, trutzlich und verächtlich als je«. Es heiße, er habe »niendert gnad, gunst noch freund, allein mererteil des rats zu Augspurg, da regiert er gar gewaltig«.[91] Einer anonymen, vermutlich aber von dem Ratskonsulenten Claudius Pius Peutinger verfaßten »Vorstellung an Kayserliche Majestät der ältern Geschlechter in Augspurg« von 1547 zufolge war Herbrot als »einziger Erwecker alles Unfrieds« in Augsburg anzusehen. Herbrot habe »gegen ihnen von der Erbarkeit viel Zwitrachts, Eintrags und hefftigen Widerwillen angericht, erweckt, und in Summa ihnen von der Erbarkeit auf das allerbeschwerlichste zugesetzt«. Durch seine patrizierfeindliche Politik habe er sich »gegen dem Pöbel angenehm gemacht«, und durch Bestechung und hohe Verzinsung von Darlehen habe er sich einen Anhang unter den Zunftmeistern und den Zwölfern der Zünfte verschafft. Schließlich sei er »in dieser Statt so gewaltig worden, als keiner seiner Vorfahren im Burgermeister=Ambt nie gewesen«.[92] Die kaiserlichen Räte setzten Herbrot während des Reichstags von 1547/48 wegen seiner Rolle im Schmalkaldischen Krieg unter starken Druck und nötigten ihm eine Bürgschaft in Höhe von 25000 Gulden ab,[93] während der neuformierte patrizische Rat von ihm Rechnungslegung über die Gelder forderte, die ihm zur Führung der Verhandlungen mit dem Kaiser übergeben worden waren. Allerdings wußte sich Herbrot Paul von Stetten zufolge

»aus dieser für ihn so gefährlich anscheinenden Sache so listig zu wickeln, [...] daß gegen ihme weiter nichts vorgenommen worden«.[94]

Die politische Entmachtung Herbrots zog auch geschäftliche Schwierigkeiten nach sich. Die Augsburger Fuggerzentrale wies bereits im Sommer 1547 die Antwerpener Faktorei der Firma an, sich bei Geschäften mit Jakob Herbrots Unternehmen zurückzuhalten, solange unklar sei, wie sich dessen Angelegenheiten entwickeln würden.[95] Leonhard Beck von Beckenstein sah nach der Regimentsänderung von 1548 die Zeit gekommen, einen Prozeß gegen Herbrot anzustrengen, weil dieser ihn durch »Wucher« übervorteilt habe.[96] Der Bankrott des Bleichers Balthasar Schoch, der über 25 000 Gulden Schulden hinterließ, und die anschließende Flucht des Bankrotteurs im Jahre 1548 lösten einen weiteren Prozeß aus, als die Vertreter der Gläubiger Schochs feststellten, daß der Bleicher kurz vor seiner Flucht, im Februar 1548, einen Vertrag mit Herbrot über die Lieferung von 22 Trauben Fardel und 20 Barchenttuchen abgeschlossen hatte. Schoch hatte damit das Verbot des Tuchhandels, dem alle Bleicher unterlagen, übertreten – ein Umstand, der Herbrot als hochrangigem städtischen Amtsträger sicherlich bekannt war. Nachdem das Augsburger Stadtgericht die 1549 eingereichte Klage der Gläubigervertreter gegen Herbrot auf Rückgabe der Tuche zurückwies, trugen die Gläubiger den Konflikt 1552 vor das Reichskammergericht, wo der Prozeß erst 1558 mit einem für Herbrot günstigen Urteil endete.[97]

Während die Prozesse gegen Leonhard Beck und die Gläubiger Balthasar Schochs auf wachsende Schwierigkeiten hindeuten und einige Depositengläubiger Herbrots 1548 ihre Einlagen in seiner Firma aufkündigten,[98] war Herbrot zu dieser Zeit jedoch finanziell noch keineswegs am Ende. Im Gegenteil: er schien voller Pläne zu stecken und entwickelte gerade in den Jahren nach 1548 auf geschäftlichem Gebiet eine Reihe neuer Initiativen. So verhandelte er mit Kurfürst Johann Friedrich von Sachsen, dem er auch wiederholt Geld vorstreckte,[99] über seine Pläne, das Neustädter Tuchmachergewerbe verlagsmäßig zu organisieren, und Johann Friedrich suchte Herbrot 1551 für ein Projekt zur Förderung der Märkte in Saalfeld als Alternative zur Leipziger Messe zu gewinnen, dem Herbrot allerdings skeptisch gegenüberstand.[100] Vor allem aber bemühte Herbrot sich nun um verstärkte geschäftliche Beziehungen mit Kaiser Karl V. und König Ferdinand. Voller Sarkasmus berichten Paul Hektor Mair und andere Augsburger Chronisten, daß Herbrot und sein gleichnamiger Sohn 1550 versucht hätten, Ferdinand ein Zobelfell zu einem überhöhten Preis zu verkaufen, doch das Geschäft gescheitert und Herbrot vom König getadelt worden sei, weil der Kaufmann Hans Rosenberger einen Pelz angeboten habe, der »vil schöner dann des Herbrots gewesen, auch vil in ainem geringern gelt«.[101] Gleichgültig ob es sich hierbei um eine wahre Begebenheit oder eine Legende handelt, so steht jedenfalls fest, daß Herbrot in diesen Jahren bedeutende Geschäfte mit den Habsburgern vereinbaren konnte. Im Jahre 1549 lieferte er Waffen an Kaiser Karl V. und Textilien an König Ferdinand für den Bedarf des Prager Hofes[102] und streckte Ferdinand 22000 Gulden vor. 1550 und 1551 folgten weitere Darlehen über 36000 und 65256 Gulden.[103] Ferdinand ernannte Herbrot am 7. März 1551 zum königlichen Rat.[104] In einem Brief an den Abt von Weingarten, Gerwig Blarer, berichtete Herbrot wenige Tage später voller Selbstbewußtsein von dieser Ernennung und fügte hinzu, daß der Herzog von Alba angeordnet habe, auf dem nächsten Augsburger Reichstag niemanden in Herbrots Haus einzuquartieren – ein besonderes Privileg in Anbetracht der Tatsache, daß »ir mt. sunst kaym burger in der statt kain haus als alain das mein befreyt haben«. Diese besonderen königlichen Gnadenerweise teilte er Blarer mit, »das mich eur gn. füran nicht mer dauzen solen, sunder da ich ainmal land und leut uberkem, das mich eur gn. nit mer für ain armen geseln sunder fur ain vermayntn hern zu halten wüssen«. Die Privilegierung Herbrots ging einher mit dem erneuten Abschluß großer Geschäfte mit dem Königshof: »so muos ich mein sun Jeronymus von stundan gen Wyen verordnen, den ich mit parem gelt und warn warlich ob hunderttausend fl. wert verfast gemacht. [...] Ir mt. haben mir auch zu ermelten güetrn gnedigste passport geben.«[105] Die Gesandten des Kurfürsten Moritz von Sachsen auf dem Augsburger Reichstag von 1550 erhielten ihr Geld ebenfalls über Jakob Herbrot.[106] Darüber hinaus scheint Herbrot zeitweilig auch mit dem Gedanken gespielt zu haben, sich im Mansfelder Kupferhandel zu engagieren. Einem Bericht des mansfeldischen Rentmeisters zufolge soll er jedenfalls Graf Albrecht ein Darlehen über 40000 Gulden angeboten haben.[107]

Um seinen Verpflichtungen nachkommen und die geschäftlichen Chancen, die sich durch sein gutes Verhältnis mit dem Haus Habsburg eröffneten, wahrnehmen zu können, benötigte Herbrot jedoch dringend weiteres Kapital. »Da dann eur gn. ain summa gelts für uns haben mochte«, läßt er Abt Blarer in dem bereits zitierten Brief wissen, »da wer uns mit gedyent«. In einem weiteren Schreiben vom 27. Juni 1551 verbindet Herbrot die Nachricht, daß sein Sohn Hieronymus mit König Maximilian »ain handlung ob 65000 fl beschlossen« habe und er selbst dem Königspaar »fül kostlicher waren zurichten lass« mit der Anfrage, ob der Abt 20000 Gulden Kapital für ihn auftreiben könne. Die Aussicht, mit dem König »abermal ain statliche handlung zu treffen«, bringe es mit sich, daß »ich mich aber mit einer namhaftn summa gelts muos gefast machen«.[108] Er sei derzeit in so viele Geschäfte involviert, teilt er dem Abt im Juli 1551 mit, daß er einen ganzen Silberberg unterbringen könnte, und sei daher für jede Vermittlung von Kapital dankbar.[109] Die erst kürzlich publizierten Augsburger Unterkaufbücher der Jahre 1551 bis 1558 zeigen, daß Herbrot in diesem Zeitraum in der Tat in großem Umfang mit Fremdkapital arbeitete. Im Jahr 1554 etwa nahm die Firma Jakob Herbrots und seiner Söhne insgesamt 12 meist kurzfristige Darlehen über 21300 Gulden und 3000 Taler an der Augsburger Börse auf.[110] Bemerkenswerterweise waren sechs der zwölf Darlehensgeber Herbrots, der angeblich als führender Repräsentant einer anti-patrizischen Politik in Augsburg galt, Patrizier.[111] Im Jahre 1555 liehen sich Jakob Herbrot und seine Söhne bei insgesamt 14 Darlehensgeschäften wiederum rund 25000 Gulden.[112]

Seit etwa 1550 treten Jakob Herbrots Söhne, zunächst vor allem Jakob und Hieronymus, als Mitarbeiter und Teilhaber ihres Vaters stärker in Erscheinung. Jakob Herbrots ältester Sohn, Jakob d.J., hatte 1535/36 die Universität Basel besucht[113] und 1543 Euphrosina Sitzinger, eine Tochter des Kaufmanns Wilhelm Sitzinger und der Euphrosina Böcklin, geheiratet.[114] Sein Bruder Hieronymus, der 1545 in die Augsburger Kaufleutestube aufgenommen wurde, heiratete die Adlige Sidonia von Hornberg. Sein Vater übergab ihm die Herrschaft Retz in Österreich, die er für 40000 Gulden erworben hatte. Hans Herbrot, seit 1551 Mitglied der Kaufleutestube, ehelichte 1555 Aurelia Rehlinger, eine Tochter des Augsburger Patriziers Jakob Rehlinger. Ein weiterer Sohn Herbrots, Christoph, blieb offenbar unverheiratet.[115] Matthäus Herbrot schließlich erhielt wie sein älterer Bruder Jakob eine Universitätsausbildung – 1551 war er in Tübingen immatrikuliert – und heiratete die Adlige Magdalena von Hieburg.[116] Von Herbrots Töchtern heirateten Magdalena und Judith die Kaufmannssöhne Christoph Tiefstetter und Georg Mülich, Regina den Breslauer Ratsherrn Nikolaus Ridinger, Sabina den aus Ulm stammenden gelernten Edelsteinschleifer Konrad Schleicher und Katharina den Juristen Dr. Ulrich Zasius.[117] Konrad Schleicher wurde 1551 auf zehn Jahre als Gesellschafter in das Unternehmen seines Schwiegervaters aufgenommen und legte das Heiratsgut seiner Frau in Höhe von 8000 Gulden sowie 9000 Gulden aus seinem eigenen Vermögen auf Gewinn und Verlust in der Firma an, die ihm Herbrot noch durch eine Fürlegung von 4000 Gulden ergänzte. In dem Vertrag mit seinem

Schwiegervater verpflichtete sich Schleicher auch zu Treue und Gehorsam gegenüber seiner Schwiegermutter, die im Falle von Herbrots Tod »ahn stadt meins lieben herren schwehers, da sie iren wittwen stand nit verenderth, ein herrin deß hanndels heißen vnnd sein soll«. Herbrot wollte im Gegenzug Konrad Schleicher »mit veterlichen getreue vnd liebe, wie annder meine sune, inn disem meinem hanndel haben vnnd halten«.[118]

Die Erhebung der evangelischen Fürsten unter Führung des Kurfürsten Moritz von Sachsen gegen Karl V. eröffnete Herbrot, der 1551 noch mehrere der aus Augsburg ausgewiesenen evangelischen Prädikanten demonstrativ bei sich beherbergt hatte, vorübergehend die Aussicht auf ein politisches Comeback, die er konsequent zu nutzen versuchte. Während der patrizische Rat für die Verteidigung der Stadt war, setzten sich Herbrot und Georg Österreicher als Führer der Gemeinde erfolgreich für Übergabeverhandlungen mit den Fürsten ein. Nach dem Einmarsch des Fürstenheeres in Augsburg wurde im April 1552 das Zunftregiment wieder errichtet und Herbrot, der auch als Gastgeber Moritz von Sachsens fungierte, erneut zum Bürgermeister gewählt.[119] Zuvor hatte er in einer Rede die Bürgergemeinde ermahnt, daß »man fürohin einig, friedlich, ruhig beieinander leben möchte«. Die Zunftbürger, so Herbrot, wollten dazu ihren Beitrag leisten, indem sie einer gegenüber der alten zünftischen Verfassung verstärkten patrizischen Repräsentation im Rat ihre Zustimmung erteilten und damit unterstrichen, »daß sie gemeiner Stadt und der ehrbaren Bürgerschaft höchstes Aufnehmen, Wohlfahrt und Gedeihen zu suchen zum höchsten begierig und geneigt sind«. Dieses Plädoyer für traditionelle stadtbürgerliche Normen und Werte – Frieden, Einigkeit, Wohlfahrt und gemeiner Nutzen – verknüpfte Herbrot mit der Bitte an die Zunftbürger, ihn bei der Bürgermeisterwahl nicht zu berücksichtigen, da er bei Kaiser und König in solcher Ungnade stünde, »daß man auch den Diebshenker hätte über ihn fragen lassen«. Schließlich verzieh

er demonstrativ allen, die ihn aus »Neid« verleumdet hätten – eine Anspielung auf die Patrizier, für die Heinrich Rehlinger im Anschluß an Herbrots Rede ebenfalls die Bereitschaft, Friede und Einigkeit zu wahren, bekräftigte, zugleich aber auch deutlich auf Distanz zu Herbrot ging.[120] Während des Aufenthalts der Fürsten in Augsburg war Herbrot bemüht, seine eigene Rolle zu rechtfertigen und dem Eindruck entgegenzuwirken, der Einmarsch der Fürsten in die Stadt sei auf seine persönliche Veranlassung hin erfolgt. Vielmehr habe er stets im Auftrag des Rates und im Einklang mit diesem gehandelt. Obwohl sich Herbrot sowohl von den Fürsten als auch vom neu eingesetzten zünftischen Rat entsprechende Urkunden ausstellen ließ,[121] und König Ferdinand nach dem Scheitern des Fürstenaufstands offenbar durch weitere Darlehensangebote günstig zu stimmen versuchte,[122] galt er bei seinen patrizischen Widersachern, wie eine Reihe von gegen Herbrot gerichteten polemischen Gedichten und Liedern bezeugen, als »Verräter«, der die Stadt den Fürsten ausgeliefert habe.[123]
Nach dem Ende des Fürstenaufstandes und der Wiederherstellung des patrizischen Regiments im August 1552 war Herbrots politische Karriere in Augsburg endgültig beendet.[124] In der Nacht vor dem Abzug des Kaisers wurde zudem Herbrots prachtvoller Garten durch Soldaten unter der Führung des Grafen Jost von Zorn verwüstet.[125] Weitere Schwierigkeiten für Herbrot ergaben sich aus einem Darlehen über 8000 Gulden, das er dem Abt von Ochsenhausen und Weingarten, Gerwig Blarer, gewährte, damit dieser eine Forderung der Kriegsfürsten bezahlen konnte, die gedroht hatten, die Klöster niederzubrennen. Gerwig verweigerte später die Rückzahlung des Darlehens, wobei er sich auf ein kaiserliches Mandat berief, das alle Forderungen der Kriegsfürsten für illegal erklärt hatte.[126] Im Oktober 1553 verglichen sich Herbrot und Gerwig dahingehend, daß die 8000 Gulden gegen Depositen, die Gerwig und zwei seiner Amtsleute in die Herbrot'sche Firma eingelegt hatten, verrechnet wurden.[127] Schließlich blieb Herbrot

auch weiterhin Zielscheibe einer Fülle von Schmähschriften, Pasquillen und Spottliedern, in denen er zu einer geradezu dämonischen Figur hochstilisiert wurde, der seine Seele dem Teufel verschrieben habe, dem man jedes Verbrechen zutrauen müsse, und der der Hauptverantwortliche für alle Fehlentwicklungen in Augsburg sei.[128] Es ist sicherlich zu einem beträchtlichen Teil als Reaktion auf die ständigen Angriffe auf seine Person zu sehen, daß Herbrot Anfang 1553 nach Lauingen übersiedelte, wo er das Amt eines pfalz-neuburgischen Pflegers bekleidete, und die Geschäftsführung weitgehend seinen Söhnen überließ. Er behielt aber sein Augsburger Bürgerrecht.[129]

Herbrots Söhne gerieten aufgrund ihres Wirtschaftsgebarens schon bald in Konflikt mit anderen Firmen und dem Augsburger Rat. Anfang des Jahres 1554 weigerten sie sich, der Haug-Langnauer-Linck-Gesellschaft eine Schuldforderung in Höhe von 18250 Gulden zu erstatten, solange sie selbst nicht 20000 Gulden zurückerhalten hatten, die sie Herzog Moritz von Sachsen geliehen hatten und deren Bezahlung nach Moritz' Tod auf Betreiben des aus der Stadt verwiesenen ehemaligen Augsburger Bürgermeisters Georg Österreicher ausgesetzt wurde. Nachdem die Haug mit dem Darlehen der Herbrot an den Kurfürsten offenkundig nichts zu tun hatten, forderten die städtischen Einunger die Herbrot auf, die Haug zu bezahlen. Daraufhin richteten die Herbrot ein Gesuch an den Augsburger Rat, in dem sie diesen »mit allerlay verklainerlichen vnerfintlichen zuemessen, etwas schimpfflich vnd verletzlich angriffen«. Der Rat drückte darüber sein »höchstes Mißfallen« aus, forderte die Herbrot zur unverzüglichen Bezahlung auf und untersagte bis auf weiteres, sich selbst oder ihr Hab und Gut aus der Stadt zu entfernen.[130] Als kurze Zeit darauf Jakob Herbrot d.J. und sein Bruder Hans in Begleitung mehrerer Verwandter vor dem Rat erschienen, um sich zu entschuldigen, beschloß der Rat, Nachsicht zu üben, doch sollten die Herbrot sich künftig »als gehorsame Bürgere vnd vnderthanen erzeigen«.[131]

Darüber hinaus blieben Jakob Herbrot und seine Söhne in den 1550er Jahren in verschiedensten Geschäften engagiert. Die Augsburger Unterkaufbücher verzeichnen in den Jahren 1552 bis 1556 eine Reihe von Wechselgeschäften der Firma, vor allem mit Antwerpen, Nürnberg und Frankfurt.[132] Dem Abt Gerwig von Weingarten schickte Herbrot 1554 ein »schön und warlich gerecht und guot orgelwerkli«.[133] Seine Söhne spekulierten – offenbar ohne größeren Gewinn – mit Investitionen in böhmischen und sächsischen Bergwerken.[134] Als Handelsdiener standen seit November 1555 der Straubinger Veit Lauberer[135] und spätestens seit 1557 der aus Memmingen stammende Thomas Strigel[136] in Diensten der Herbrot. Der Ratsdiener Paul Hektor Mair schließlich scheint von 1557 an ebenfalls für seinen entfernten Verwandten Herbrot tätig gewesen zu sein.[137]

In der zweiten Hälfte der 1550er Jahre zogen sich Jakob Herbrot und seine Söhne zunehmend aus Augsburg zurück. Als sie 1556 den Augsburger Rat um die amtliche Versiegelung eines Schreibens an den Reichshofrat in Wien ersuchten, benutzte dieser die Gelegenheit, um deutlich zu machen, daß es sich bei dieser »Fürschrift« lediglich um eine Gefälligkeit, nicht aber um ein bürgerliches Recht der Herbrot handeln könne, da die Herbrot den Bürgereid noch nicht geleistet hätten. Erst auf die Versicherung der Herbrot hin, sich künftig ihren bürgerlichen Pflichten gemäß zu verhalten, kam der Magistrat ihrem Ansuchen nach.[138] Auch außerhalb der Stadt zeichneten sich zunehmend Schwierigkeiten für den Ex-Bürgermeister ab: Christoph von Württemberg und Herzog Albrecht von Bayern machten Anfang 1556 Jakob Herbrot neben Georg Österreicher, Georg Fröhlich, Christoph Arnold und dem Herbrot-Diener Georg Feuchtweck als »Meutmacher und Praktikanten« aus, die durch ihre »Meutereien und gefährlichen Gewerbe« einen Unruheherd in Süddeutschland darstellten. Die beiden Fürsten forderten daher den Augsburger Rat zur Mithilfe bei der Ausschaltung dieser Gruppe auf, und Christoph erlangte

im Juli 1557 von Pfalzgraf Ottheinrich sogar die – offenbar nicht eingehaltene – Zusage, daß dieser Herbrot, Fröhlich und Arnold aus seinen Diensten entlassen werde.[139]
Im August 1557 übergab Jakob Herbrot seinen Söhnen das Geschäft mit 583961 Gulden Passiva und 750958 Gulden Aktiva. Zu diesem Zeitpunkt schätzte Herbrot seine persönlichen Vermögensverhältnisse bereits nicht mehr besonders günstig ein. Die Hauptrechnung habe ergeben, so Herbrot, daß »mein Capital sich durch zustehenden Vnfal, So durch pöse leutt befürdert, nicht gepössert habe« und auf insgesamt 65773 Gulden belaufe; allerdings hatte er seinen Kindern zu dieser Zeit bereits Heiratsgüter in einer Gesamthöhe von über 65000 Gulden ausbezahlt. Der größte Teil von Herbrots Vermögen blieb in der Firma liegen, wofür ihm seine Söhne eine jährliche Rente von 3600 Gulden bezahlen sollten.[140] Kurz darauf verfaßte er ein Testament, in dem er die Erbansprüche seiner Frau und seiner zehn lebenden Kinder regelte. Seiner Hausfrau Maria Kraffter bescheinigte Herbrot darin, sie habe während ihrer Ehe »mit vnnserm Hanndl, Haushalltten, vnnd erziehung vnnserer geliebtten Kinder vylfelltige sorg, mhye vnnd Arbait getragen«. Dabei habe sie sich »yeder Zeit, getrew, gehorsamb, vnnderthenig, vnnd der gebür nach vleissig erzaigt. Also das ich darab, Jederzeit ain freundlichs guotts wolbenyegigs gefalen gedragen.« Dafür sprach Herbrot ihr den gesamten Hausrat seiner Anwesen in Augsburg und Lauingen, ein lebenslanges Wohnrecht in einem seiner Häuser und ein jährliches Leibgeding von 1800 Gulden zu.
Dem Testament zufolge hatte Herbrot ursprünglich geplant, daß seine vier Söhne Jakob, Hieronymus, Christoph und Hans das väterliche Handelsgeschäft gemeinsam fortführen sollten. Hans Herbrot wurde jedoch »auß schwachait vnd vnuermöglichait« auf eigenen Wunsch aus dem Geschäft entlassen und erhielt seinen Anteil ausbezahlt. Sein Vater schloß ihn deswegen testamentarisch von allen weiteren Ansprüchen an die Firma aus. Herbrots Sohn Matthäus war ebenfalls nicht am

Geschäft beteiligt und wurde über seinen Pflichtteil hinaus mit 4000 Gulden bedacht. Die Söhne Jakob, Hieronymus und Christoph sollten hingegen alles erben, was ihr Vater nicht vorab als Legat vermacht hatte. Sie hätten sich, so Jakob Herbrot d.Ä., »Jeder zeit gegen mir aler kindtlichen gehorsam, Trew vnd vnnderthenigkait, vnd sonsten gegen einannder, Bruederlicher lieb [?] vnd ainigkaith, zum hochsten beflyssen, Erzaigt vnnd gehalten«, insbesondere aber ihrem Vater »zu verrichtung meins hanndls vnnd Gewerbs, yeder zeit gedrewen, vnuerdrossnen beystanndt gethan«. Darüber hinaus sei die Bevorzugung der drei Söhne nicht zuletzt auch Ausdruck der »sonndern vatterlichen Annaigung, die Ich zu vnnd gegen Inen hab, vnnd trag«. Darüber hinaus sollten Jakob als der älteste, der dem Handel bereits lange Zeit gedient habe, und Hieronymus, der »mit ansehenlichen Raysen dem Hanndel für anndern genutzt«, jeweils vorab 12000 Gulden, ihr Bruder Christoph hingegen 3000 Gulden als Prälegat erhalten. Seinem Sohn Matthäus und seinen fünf Töchtern Magdalena, Marina, Sabina, Rosina und Judith vermachte ihr Vater ihren Pflichtteil und besserte darüber hinaus ihr Heiratsgut auf, wobei er ausdrücklich verfügte, daß das Erbgut seiner Tochter Magdalena keinesfalls ihrem Gatten Christoph Tiefstetter ausgehändigt, sondern durch seine drei Söhne Jakob, Hieronymus und Christoph verwaltet werden und Magdalena nur die jährliche Nutzung davon ausbezahlt werden sollte. Schließlich bestimmte Herbrot, daß seine Behausung auf dem Augsburger Rindermarkt stets im Besitz der »zween ölltissten Hörbrott, meines mannlichen Namens vnd Stammens, von vnnd aus mir« verbleiben sollte. Zu Testamentsvollstreckern ernannte Herbrot seinen Schwager Hieronymus Kraffter und Joachim Jenisch, dessen Vater ein halbes Jahrhundert zuvor sein Pfleger gewesen war.[141]
Geschäftliche Fehlschläge und die Uneinbringlichkeit ihrer Forderungen an den polnischen König und an Kaiser Ferdinand[142] brachten den Kredit der Herbrot zunehmend ins Wan-

ken. Bereits im Februar 1556 berichtete der Landkomtur Sigmund von Hornstein dem Abt Gerwig von Weingarten, in Augsburg gehe »das gmain gschray« um, daß Herbrot bei König Ferdinand »umb woll verschuldt sachen in merkliche ungnad komen, und daher zu vermuoten sei, das diejenigen, so was bi ime haben, uf mittel und weg bedacht sein, damit kainer der letst«.[143] Seit Ende der 1550er Jahre nahmen die Herbrot in immer größerem Umfang Kapital auf. Als einer ihrer größten Darlehensgeber trat überraschenderweise David Baumgartner in Erscheinung, dessen Vater das von Jakob Herbrot geführte Zunftregiment vehement bekämpft hatte. Im August 1560 hatte Baumgartner bereits eine Forderung über 53251 Gulden an Herbrot und übernahm dafür eine Schuldforderung Herbrots an den Kaiser. Ein Jahr später waren die Verbindlichkeiten Herbrots und seiner Söhne bei Baumgartner bereits auf 84977 Gulden angewachsen.[144] Es ist wohl als Ausdruck der immer prekäreren finanziellen Lage der Firma zu sehen, wenn im Oktober 1560 Herbrots Sohn Hieronymus formell sein Augsburger Bürgerrecht aufsagte,[145] und im folgenden Jahr Jakob Herbrot d.J. sich vom Augsburger Rat das Recht bestätigen ließ, »wie gebreuchig« außerhalb der Stadt zu wohnen.[146] Ende des Jahres 1561 erhob der Münchner Kaufmann Georg Dilger d.Ä. in Augsburg Klage gegen Jakob Herbrot und seine Söhne wegen einer Schuldforderung über 5200 Gulden.[147]

Im folgenden Jahr erfaßte die Konkurswelle, die seit Ende der 1550er Jahre bereits eine Reihe von prominenten Augsburger Kaufleuten, darunter den Herbrot-Schwager Christoph Kraffter überrollt hatte, auch die Herbrot.[148] Im Juni 1562 beschloß der Augsburger Rat, wegen rückständiger Steuer- und Ungeldzahlungen Herbrots den Erlös von dessen Hausverkauf zu arrestieren.[149] Paul Hektor Mair berichtet, daß 1562 eine Reihe von Kleinodien aus dem Besitz Jakob Herbrots öffentlich vergantet wurden, wobei 7000 Gulden erlöst wurden, »wiewol die Herbröttischen solche clainoter und silbergeschirr 16000 fl werdt achtent«.[150] Die Versuche des schwäbischen Landvogts Georg Ilsung, im Auftrage Kaiser Ferdinands Geld für den schwer angeschlagenen Handelsherren aufzubringen, blieben erfolglos.[151] Herbrots Söhne suchten sich dem Zugriff ihrer Gläubiger durch Flucht zu entziehen. Dem Chronisten Mair zufolge wollte Hieronymus Herbrot entgegen seinem Gelöbnis aus Lauingen, wo er unter Arrest stand, entkommen und »haimlich darvon zu seinem schweher mit ainem fischer auf ainem schifflin in Österreich faren«. Er sei jedoch »auskundschaft und ereilt und gen Laugingen gefiert und gefängklichen eingelegt worden«.[152]

Am 10. Januar 1564 wurde zu Neuburg ein Rechtstag angesetzt, an dem die Kreditoren der Herbrot ihre Forderungen anzeigen sollten.[153] Eine zu dieser Zeit erstellte »Ballantz der Herbrettischen Gläubiger« führt 86 Forderungen in einer Gesamthöhe von 766029 Gulden auf. Abzüglich eines Postens von 73635 Gulden, den der Ex-Firmeninhaber Jakob Herbrot d.Ä., der schließlich für den Bankrott mit haftbar gemacht wurde, von seinen Söhnen forderte, hatte die Firma Fremdkapital in Höhe von 692394 Gulden aufgenommen.[154] Ein Großteil dieser Verbindlichkeiten – allein 425000 Gulden – entfiel auf lediglich vier Kreditoren: David Baumgartner (164630 fl), den pfalz-neuburgischen Beamten Christoph Arnold (140887 fl), Oswald von Eck, den Sohn des bayerischen Kanzlers Leonhard von Eck (88110 fl) und die Kinder Wilhelm Prechters von Straßburg (31478 fl). Weiterhin befanden sich unter den Gläubigern Adlige wie Markgraf Karl von Baden (11000 fl), Christoph Ludwig Graf von Nellenburg, der Oberpfleger von Heidenheim (5800 fl) und der kursächsische Geheime Rat und Diplomat Christoph von Carlowitz (963 fl) und Akademiker wie Dr. Jakob Omphilius von Köln, Rat des Herzogs von Jülich-Kleve (7669 fl) und Dr. Christoph Mundt von Straßburg, politischer Agent der englischen Krone im Heiligen Römischen Reich (1637 fl). Der aus Konstanz stammende, seit 1549 in der Schweiz lebende Theologe Ambrosius

Blarer hatte 600 Gulden von den Herbrot zu fordern. In Lauingen hatten die Herbrot unter anderem Schulden bei dem Bürgermeister Dr. Melchior Vischel (1002 fl), dem Apotheker Thomas Neuhauser (400 fl), und dem Stadtvogt Andreas Werder (564 fl). Daneben führt die Bilanz weitere Kreditoren in Straßburg, Montbéliard, Nürnberg, Amberg, Wittenberg, Leipzig, Prag und Brixen auf.

Rund ein Achtel der Gesamtschulden – insgesamt 88375 Gulden – entfielen auf den engeren Verwandtschaftskreis der Herbrot, unter anderem auf die nicht an der Handelsgesellschaft beteiligten Herbrot-Söhne Hans (900 fl) und Matthäus (8581 fl) sowie deren Schwestern Marina Manlich (10000 fl) und Sabina Schleicher (14000 fl), die Herbrot-Schwiegersöhne Georg Mülich (8714 fl) und Christoph Tiefstetter (4588 fl), die Schwiegertochter Euphrosina Herbrot, geb. Sitzinger (24050 fl), den Schwager Christoph Krafter (5282 fl), die Schwägerinnen Sibilla Eiselin und Regina Schweigger (2000 fl) und die Erben des Schwagers Lukas Müller (1000 fl). Ansprüche in Höhe von 34327 Gulden machten ferner Personen geltend, die als Angestellte und Faktoren für die Herbrot gearbeitet hatten: die Erben Georg Feuchtwecks (15660 fl), Thomas Strigel (10274 fl), Paul Hektor Mair (7000 fl), Hans und Leonhard Morauer (893 fl) und Veit Lauberer (500 fl). Als einziger Vertreter des Augsburger Patriziats hatte Georg von Stetten 2500 Gulden bei den Herbrot ausstehen.

Da die Aktiva der Herbrot – nach einer Bilanz von 1562 sollen sie 545014 Gulden betragen haben, wobei Forderungen in Höhe von 155275 Gulden wohl großenteils uneinbringlich waren[155] – bei weitem nicht ausreichten, um alle Gläubiger zu befriedigen, entbrannten heftige Auseinandersetzungen unter den Gläubigern um die wertvollsten Güter und Pfänder der Bankrotteure. So hatten etwa die Erben des Straßburger Kaufmanns Wilhelm Prechter Juwelen aus dem Besitz Herbrots als Sicherheit für ihre Schuldforderung in Händen, die Herbrots Töchter Marina Manlich und Sabina Schleicher 1564 von ihnen zurückverlangten.[156] Der Frankfurter Jude Joseph zum Goldenen Schwan hatte Jakob Herbrot 16000 Gulden gegen Verpfändung von Kleinodien im Wert von 30000 Gulden geliehen, deren gerichtliche Hinterlegung die übrigen Herbrot-Gläubiger verlangten, weil sie auf den Mehrwert der Juwelen als Sicherheit für ihre Einlagen verwiesen worden waren.[157] In einem Prozeß vor dem Augsburger Stadtgericht erhoben 1564 die Ehefrau Jakob Herbrots d.J., Euphrosina Sitzinger, der Adlige Johann von Rensdorff sowie der Patrizier Christoph Baumgartner Anspruch auf das Herbrot'sche Haus auf dem Heumarkt. Während Euphrosina Sitzinger bevorrechtigte Anforderungen an die Firma ihres Mannes geltend machte, wollten Rensdorff und Baumgartner das Haus rechtmäßig erworben haben.[158] Die Verbitterung derjenigen Gläubiger, deren Forderungen nicht befriedigt werden konnten, kommt in einer Notiz von Herbrots Verwandtem und Mitarbeiter Paul Hektor Mair zum Ausdruck: »Der Jakob Herbrot, der alt, und seine Sün Jacob und Hieronymus, die verzweifelt, ehrlos Leckersbuben, die haben mich und meine Kinder umb das Gelt, so ich bei inen im Handel hab gehabt, beschissen und betrogen. Sie werden am jüngsten Tag nit kinnden verantworten ain solch grosse Summa Gelts, darumb sie mich haben gebracht.«[159] Jakob Herbrot d.Ä. erlebte den Ausgang dieser Auseinandersetzungen nicht mehr. Nachdem er auf Veranlassung der Gläubiger trotz seiner sieben Jahre zuvor erfolgten geschäftlichen Auseinandersetzung mit seinen Söhnen auf dem Neuburger Rathaus verhört und anschließend im Gasthaus des Simon Steinberger in Verwahrung genommen wurde, starb er dort am 21. April 1564. Zeitgenössischen Berichten zufolge nahmen lediglich sechs Personen an seiner Beerdigung teil. Die Neuburger Geistlichen sollen dem zwinglianisch gesinnten Ex-Bürgermeister von Augsburg das Abendmahl verweigert haben, und man habe ihn »in ainen winckel graben in dem gottsacker, da man sonst die übelthäter hinlegt«.[160] Von Herbrots Söhnen trat in der Folgezeit keiner mehr als Kaufmann in Erscheinung.

Hans Herbrot allerdings gelangte als bayerischer Beamter noch zu einigem Ansehen: er war 1569/70 Provisioner des bayerischen Herzogs und 1577 bis 1582 Kastner zu Landshut.[161]
Überblickt man Herbrots Karriere als Kaufmann und Politiker, so erscheint er zunächst als ein relativ typischer Repräsentant des zünftischen Aufsteigers seiner Zeit. Herbrots Laufbahn als Kaufmann, der ausgehend vom Warenhandel zum Bankier und Finanzier fürstlicher Häuser aufstieg und bei seinen geschäftlichen Unternehmungen in großem Umfang auf Fremdkapital zurückgriff, ähnelt den Karrieren vieler anderer Augsburger Kaufleute seiner Zeit. Herbrots evangelische Überzeugungen hinderten ihn genauso wenig wie andere evangelische Kaufleute der Reichsstadt, mit Habsburgern und katholischen Fürsten Geschäfte zu machen. Herbrots Schwierigkeiten und der Konkurs seiner Firma fielen in eine Krisenzeit des oberdeutschen Fernhandels, in der auch eine Reihe von anderen Augsburger Handelsfirmen zusammenbrachen.[162]
Nicht untypisch für einen »neureichen« Aufsteiger ist schließlich auch, daß Herbrot zur ostentativen Zurschaustellung seines Reichtums neigte: während des Konkursverfahrens äußerten selbst Verwandte, der Lebensstil der Herbrot sei »vasst ain Grafenstand« gleichgekommen.[163] Besonders bezeichnend für Selbstbewußtsein und Geltungsdrang des reichgewordenen Kürschners ist eine Episode aus dem Jahre 1552, über die Herbrot selbst dem Abt von Weingarten berichtet. Demnach habe Jörg von Rechberg Herbrot aufgesucht, um mit ihm wegen einer Geldanlage zu verhandeln. Da Herbrot mit Rechberg »kain thon zu haben« begehrte und sich von dem Adligen offenbar herablassend behandelt fühlte, versuchte er ihn seinerseits zu beeindrucken: »damit er sehe, das ander leut auch was haben und nicht petler seyen, so hab ich im in meyner schreybstuben sehen lassen meine clainet sampt zwayen obligacyonen, die warlich ob 2mal hundert tausend fl. anlauffen, wölchs nit gar von mir aus freintschaft, sunder das er seh, das andr leut auch was haben, beschehen ist.«[164]

Wenn Herbrots Gegner ihn als Alleinschuldigen an dem für Augsburg so nachteiligen Zerwürfnis zwischen der Stadt und dem Kaiser hinstellten, so übertrieben sie seine tatsächliche politische Bedeutung damit gewaltig. Die entscheidenden Weichenstellungen zur vollständigen Durchführung der Reformation in Augsburg und zum Eintritt der Stadt in den Schmalkaldischen Bund waren bereits vor seinem Aufstieg in die höchsten politischen Ämter erfolgt und wurden von patrizischen Stadtpolitikern mitgetragen. Auch widersprechen Herbrots geschäftliche Kontakte mit Patriziern und die Einheirat eines seiner Söhne in die patrizische Familie Rehlinger der Behauptung, er hätte die Patrizier unterdrücken oder gar das Patriziat abschaffen wollen. Betrachtet man seine wirtschaftlichen und politischen Aktivitäten unabhängig von den Versuchen, ihn zu dämonisieren, so erscheint Herbrot als ungewöhnlich ehrgeiziger, tatkräftiger, vielseitiger und gewandter Mann, der jedoch – wie andere Kaufleute seiner Zeit – nicht davor zurückschreckte, seine Interessen skrupellos durchzusetzen, und der gegen verhängnisvolle Fehleinschätzungen wirtschaftlicher und politischer Entwicklungen nicht gefeit war.

---

[1] Rochus von Liliencron, Die historischen Volkslieder der Deutschen vom 13. bis 16. Jahrhundert, Bd. 4, Leipzig 1869, S. 578.

[2] Nach Paul Hecker, Der Augsburger Bürgermeister Jacob Herbrot und der Sturz des zünftischen Regiments in Augsburg, in: Zeitschrift des Historischen Vereins für Schwaben und Neuburg 1 (1874), S. 34–98, hier S. 96 war er 1564 74 Jahre alt, wäre demnach also 1490 geboren. Laut: Die Chroniken der deutschen Städte vom 14. bis ins 16. Jahrhundert, hg. von der Bayerischen Akademie der Wissenschaften, Bd. 32, 2. Aufl. Göttingen 1967, S. 421, Anm. 1, war er hingegen 1520 25 Jahre alt, wäre also 1495 zur Welt gekommen. In keinem der beiden Fälle ist eine Quelle für die Jahresangaben genannt. Friedrich Blendinger, Jakob Herbrot, in: Neue Deutsche Biographie, Bd. 8, Berlin 1969, S. 588, gibt als Geburtsjahr »ca. 1493« an.

[3] Chroniken, Bd. 32, S. 420 mit

Anm. 2–4. Vgl. Jakob Strieder, Zur Genesis des modernen Kapitalismus. Forschungen zur Entstehung der großen bürgerlichen Kapitalvermögen am Ausgang des Mittelalters und zu Beginn der Neuzeit, zunächst in Augsburg, 2. Aufl. München 1935, S. 174–176.

[4] Angaben nach Peter Geffcken, Soziale Schichtung in Augsburg 1396 bis 1521. Beitrag zu einer Strukuranalyse Augsburgs im Spätmittelalter, Diss. phil., München 1995, S. 113.

[5] Hecker, Herbrot, S. 39; Chroniken, Bd. 32, S. 420 mit Anm. 5.

[6] Chroniken, Bd. 32, S. 421, Anm. 1.

[7] StAA, Stadtgerichtsbuch 1506, fol. 34.

[8] Geffcken, Soziale Schichtung, Anhang, S. 193 (Tabelle XXII).

[9] StAA, Ratsämterbücher.

[10] Chroniken, Bd. 32, S. 421, Anm. 1.

[11] Geffcken, Soziale Schichtung, S. 149 sowie Anhang, S. 215 (Tabelle XXIV). Vgl. auch ebd., S. 183 (Tab. XXI), 192 (Tab. XXII), 204 (Tab. XXIII). Geffcken korrigiert damit Katarina Sieh-Burens, Oligarchie, Konfession und Politik im 16. Jahrhundert. Zur sozialen Verflechtung der Augsburger Bürgermeister und Stadtpfleger 1518–1618, München 1986 (Schriften der Philosophischen Fakultäten der Universität Augsburg. Historisch-sozialwissenschaftliche Reihe, Bd. 29), S. 109, die Herbrots Heirat erst für 1527 ansetzt.

[12] Chroniken, Bd. 32, S. 421.

[13] Vgl. Sieh-Burens, Oligarchie, S. 109.

[14] StAA, Stammtafeln von A. Werner und F. Lilienthal, »Kraffter«; Friedrich Roth, Augsburgs Reformationsgeschichte, Bd. 1: 1517–1530, 2. Aufl. München 1901, S. 360, Anm. 70.

[15] StAA, Stammtafeln von A. Werner und F. Lilienthal, »Kraffter«; zu Hieronymus Kraffter vgl. Hermann Kellenbenz, Der Konkurs der Kraffter in Augsburg, in: Die alte Stadt 16 (1989), S. 392–402, bes. S. 393–394.

[16] Der Chronist Clemens Sender berichtet für das Jahr 1528: »Lorintzen Kraffters frau, ain witwe, hat sich laussen täuffen mit iren siben kinden und irem tochterman Lauxen Miller; die hat die widertäuffer beherbergt und ist durch flucht darvonkomen.« Die Chroniken der deutschen Städte vom 14. bis ins 16. Jahrhundert, hg. von der Bayerischen Akademie der Wissenschaften, Bd. 23, 2. Aufl. Göttingen 1966, S. 200–201.

[17] Chroniken, Bd. 32, S. 421, Anm. 1.

[18] StAA, Stadtgerichtsbuch 1522, fol. 134.

[19] StAA, Stadtgerichtsbuch 1523, fol. 2, 9.

[20] StAA, Kaufmannschaft und Handel, Nr. 3, fol. 29.

[21] Jakob Strieder, Die Inventur der Firma Fugger aus dem Jahre 1527, Tübingen 1905 (Zeitschrift für die gesamte Staatswissenschaft, Ergänzungsheft 17), S. 60.

[22] Vgl. Hecker, Herbrot, S. 39; Strieder, Genesis, S. 176; Friedrich Roth, Augsburgs Reformationsgeschichte, Bd. 3: 1539 bis 1547/48, München 1907, S. 2.

[23] Chroniken, Bd. 32, S. 421–422. Vgl. Hecker, Herbrot, S. 39.

24 Karl Eduard Förstemann, Urkundenbuch zur Geschichte des Reichstags zu Augsburg 1530. Nach den Originalen und gleichzeitigen Handschriften herausgegeben, Bd. 1, Halle 1833, S. 48–49. In der Quelle ist zwar von »Jakob Herwart« die Rede; da ein Träger dieses Namens zu dieser Zeit in Augsburg nicht nachweisbar ist, handelt es sich jedoch höchstwahrscheinlich um Herbrot. Vgl. auch Jakob Strieder, Drei schwäbische Kaufmannsporträts der Renaissance. Das Bildnis des Melchior Manlich von Jan van Calcar, das des Wilhelm Merz und das des David Dettigkhofer d. Ä. von Christoph Amberger, in: Das schwäbische Museum. Zeitschrift für Kultur, Kunst und Geschichte Schwabens, 1931, S. 163–170, bes. S. 168–169.

25 Götz Freiherrr von Pölnitz, Anton Fugger, Bd. 1: 1453–1535, Tübingen 1958 (Studien zur Fuggergeschichte, Bd. 13), S. 577, Anm. 118.

26 Ebd., S. 665, Anm. 22.

27 Ebd., S. 685, Anm. 148.

28 Ebd., S. 686, Anm. 149. Vgl. Bd. 2/1: 1536–1544, Tübingen 1963 (Studien zur Fuggergeschichte, Bd. 17), S. 300, Anm. 16.

29 Sieh-Burens, Oligarchie, S. 165.

30 Ebd., S. 161.

31 Pölnitz, Anton Fugger, Bd. 2/1, S. 309, Anm. 57.

32 Ebd., S. 296, Anm. 9 und 10; S. 370, Anm. 110; S. 414, Anm. 137.

33 Ebd., S. 298, Anm. 12.

34 Ebd., S. 317, Anm. 121.

35 Ebd., S. 330, Anm. 189.

36 Ebd., S. 418, Anm. 151; S. 457, Anm. 198.

37 Ebd., S. 408, Anm. 134; S. 462, Anm. 213.

38 Ebd., S. 467, Anm. 253.

39 Hecker, Herbrot, S. 50; Sieh-Burens, Oligarchie, S. 157, 168.

40 Chroniken, Bd. 32, S. 421, Anm. 1; Strieder, Genesis, S. 175.

41 Chroniken, Bd. 32, S. 421.

42 Liliencron, Volkslieder, Bd. 4, S. 576, 578; Chroniken, Bd. 32, S. 421.

43 David Langenmantel, Historie des Regiments in des Heil. Röm. Reiches Stadt Augspurg, Frankfurt/Leipzig 1725, S. 78–79.

44 Vgl. Blendinger, Herbrot.

45 Winfried Schulze, Vom Gemeinnutz zum Eigennutz. Über den Normenwandel in der ständischen Gesellschaft der Frühen Neuzeit, in: Historische Zeitschrift 243 (1986), S. 591 bis 626, bes. S. 622–623.

46 Vgl. Katarina Sieh, Die Augsburger Stadtverfassung um 1500, in: Zeitschrift des Historischen Vereins für Schwaben 77 (1983), S. 125–149; Jörg Rogge, »Ir freye wale zu haben«. Möglichkeiten, Probleme und Grenzen der politischen Partizipation in Augsburg zur Zeit der Zunftverfassung (1368–1548), in: Stadtregiment und Bürgerfreiheit. Handlungsspielräume in deutschen und italienischen Städten des Späten Mittelalters und der Frühen Neuzeit, hg. von Klaus Schreiner und Ulrich Meier, Göttingen 1994 (Bürgertum, Bd. 7), S. 244–277.

47 Sieh-Burens, Oligarchie, S. 135 bis 159, 347–350.

⁴⁸ Hecker, Herbrot, S. 40–45; Sieh-Burens, Oligarchie, S. 25; Wolfgang Zorn, Augsburg. Geschichte einer europäischen Stadt, 3. Aufl. Augsburg 1994, S. 216.
⁴⁹ Sieh-Burens, Oligarchie, S. 164. Vgl. auch Hecker, Herbrot, S. 47–48; Pius Dirr, Kaufleutezunft und Kaufleutestube in Augsburg zur Zeit des Zunftregiments (1368–1548), in: Zeitschrift des Historischen Vereins für Schwaben und Neuburg 35 (1909), S. 133–151, bes. S. 140 bis 142; Erich Maschke, Verfassung und soziale Kräfte in der deutschen Stadt des späten Mittelalters, in: ders., Städte und Menschen. Beiträge zur Geschichte der Stadt, der Wirtschaft und Gesellschaft 1959–1977, Wiesbaden 1980 (VSWG Beiheft 68), S. 170–274, hier S. 259.
⁵⁰ Vgl. z. B. Chroniken, Bd. 32, S. 417; Richard Ehrenberg, Das Zeitalter der Fugger. Geldkapital und Creditverkehr im 16. Jahrhundert, Bd. 1: Die Geldmächte des 16. Jahrhunderts, Jena 1896, S. 234; Roth, Reformationsgeschichte, Bd. 3, S. 3.
⁵¹ Vgl. Sieh-Burens, Oligarchie, S. 168.
⁵² Hecker, Herbrot, S. 50; Roth, Reformationsgeschichte, Bd. 3, S. 18, 34, 92, 263; Blendinger, Herbrot, S. 588; Sieh-Burens, Oligarchie, S. 157.
⁵³ StAA, Literalien 1542, 31. 1.
⁵⁴ StAA Literalien 1544, 20. 4., 8. 5., 17. 5.; Friedrich Roth, Aus dem Briefwechsel Gereon Sailers mit den Augsburger Bürgermeistern Georg Herwart und Simprecht Hoser (April–Juni 1544), in: Archiv für Reformationsgeschichte 1 (1903), S. 101 bis 171, hier S. 160, Anm. 1.
⁵⁵ Sieh-Burens, Oligarchie, S. 159 bis 160.
⁵⁶ Max Lenz (Hg.), Briefwechsel Landgraf Philipp's des Großmüthigen von Hessen mit Bucer, Bd. 3, Leipzig 1891 (Publicationen aus den K. Preußischen Staatsarchiven, Bd. 47), S. 14.
⁵⁷ Ebd., S. 322–323.
⁵⁸ Roth, Briefwechsel Gereon Sailers, S. 120. Vgl. auch ebd., S. 144.
⁵⁹ Zit. nach Max Radlkofer, Leben und Schriften des Georg Frölich, Stadtschreibers zu Augsburg von 1537–1548, in: Zeitschrift des Historischen Vereins für Schwaben und Neuburg 27 (1900), S. 46–132, bes. S. 54, 117–118.
⁶⁰ StAA, Stadtkanzlei, Urkundenkonzepte, Heiratsbriefe, Fasz. 1; Sieh-Burens, Oligarchie, S. 102, 112, 160.
⁶¹ Roth, Reformationsgeschichte, Bd. 3, S. 3–4; Sieh-Burens, Oligarchie, S. 161, 163.
⁶² StAA, Ratsämterbücher.
⁶³ Roth, Reformationsgeschichte, Bd. 3, S. 221–222.
⁶⁴ StAA, Augsburger Geschlechter; StAA, Ratsprotokoll 17/II (1543), fol. 120ᵛ, 123ᵛ. Der Konflikt wird auch erwähnt bei Sieh-Burens, Oligarchie, S. 47; Gerhard Seibold, Die Manlich. Geschichte einer Augsburger Kaufmannsfamilie, Sigmaringen 1995 (Abhandlungen zur Geschichte der Stadt Augsburg 35), S. 34–35.
⁶⁵ StAA, Augsburger Geschlechter, Nr. 13.
⁶⁶ StAA, Ratsprotokoll 19/I (1545), fol. 97ᵛ–99ᵛ.

[67] Sieh-Burens, Oligarchie, S. 157, 165.
[68] Hecker, Herbrot, S. 52–54 (Zitat S. 53); Roth, Reformationsgeschichte, Bd. 3, S. 300–302.
[69] Roth, Reformationsgeschichte, Bd. 3, S. 342; Sieh-Burens, Oligarchie, S. 166; vgl. auch Götz Freiherr von Pölnitz, Anton Fugger, Bd. 2/2: 1544–1548, Tübingen 1967 (Studien zur Fuggergeschichte, Band 20), S. 159.
[70] Sieh-Burens, Oligarchie, S. 166, 169.
[71] StAA, Kaufmannschaft und Handel, Nr. 5, fol. 62, 123.
[72] Ehrenberg, Bd. 1, S. 253, Anm. 30.
[73] Pölnitz, Anton Fugger, Bd. 2/2, S. 643, Anm. 181.
[74] Alexander Dietz, Frankfurter Handelsgeschichte, Band 1, Frankfurt 1911, S. 296; Seibold, Manlich, S. 72, 82.
[75] Christina Dalhede, Zum europäischen Ochsenhandel: Das Beispiel Augsburg 1560 und 1578, St. Katharinen 1992, S. 15.
[76] Das heutige Maximilianmuseum: vgl. »Kurzweil viel ohn' Maß und Ziel«. Augsburger Patrizier und ihre Feste zwischen Mittelalter und Neuzeit, hg. von Pia Maria Grüber, München 1994, S. 98–99.
[77] Paul von Stetten d. Ä., Geschichte des Heil. Röm. Reichs Freyen Stadt Augsburg [...], Bd. 1, Frankfurt/Leipzig 1743, S. 451; Hecker, Herbrot, S. 79; Friedrich Roth, Augsburgs Reformationsgeschichte, Bd. 4: 1548–1555, München 1911, S. 221–222; Chroniken, Bd. 32, S. 430–432.
[78] Friedrich Roth, Der Augsburger Jurist Dr. Hieronymus Fröschel und seine Hauschronik, in: Zeitschrift des Historischen Vereins für Schwaben und Neuburg 38 (1912), S. 1–82, hier S. 3, 9.
[79] Sieh-Burens, Oligarchie, S. 114.
[80] StAA, Ratsprotokoll 19/I (1545), fol. 31^r; IHK Augsburg, Protokollbuch der Kaufleutestube, fol. 41; Pölnitz, Anton Fugger, Bd. 2/2, S. 749, Anm. 81.
[81] IHK Augsburg, Protokollbuch der Kaufleutestube, fol. 39; Götz Freiherr von Pölnitz, Anton Fugger, Bd. 3/1: 1548–1554, Tübingen 1971 (Studien zur Fuggergeschichte, Bd. 22), S. 20.
[82] Pölnitz, Anton Fugger, Bd. 2/2, S. 222, 268, 317; Bd. 3/1, S. 20.
[83] Lenz, Briefwechsel, Bd. 3, S. 425.
[84] Hecker, Herbrot, S. 55–56; Roth, Reformationsgeschichte, Bd. 3, S. 393.
[85] Pölnitz, Anton Fugger, Bd. 2/2, S. 241, 268–269, 280, 317, 403; S. 744, Anm. 5; S. 753, Anm. 156.
[86] Hecker, Herbrot, S. 57–66.
[87] Paul Hecker, Die Correspondenz der Stadt Augsburg mit Karl V. im Ausgang des schmalkaldischen Krieges, in: Zeitschrift des Historischen Vereins für Schwaben und Neuburg 1 (1874), S. 257–309, hier S. 273 bis 274.
[88] Vgl. Hecker, Herbrot, S. 66–78; Roth, Reformationsgeschichte, Bd. 4, S. 190–199; Eberhard Naujoks (Hg.), Kaiser Karl V. und die Zunftverfassung. Ausgewählte Aktenstücke zu den Verfassungsänderungen in den oberdeutschen Reichsstädten

(1547–1556), Stuttgart 1985 (Veröffentlichungen der Kommission für geschichtliche Landeskunde in Baden-Württemberg, Reihe A: Quellen, Bd. 36), S. 50–61; Zorn, Augsburg, S. 222–223.
[89] Hecker, Correspondenz, S. 291; Pölnitz, Anton Fugger, Bd. 2/2, S. 428–429.
[90] Hecker, Correspondenz, S. 293; Vgl. auch Pölnitz, Anton Fugger, Bd. 2/2, S. 387–388, 391 bis 395.
[91] Heinrich Günter (Bearb.), Gerwig Blarer, Abt von Weingarten 1520–1567. Briefe und Akten, Bd. 2, Stuttgart 1921 (Württembergische Geschichtsquellen, Bd. 17), S. 70 (Nr. 962).
[92] Langenmantel, Regiments=Historie, S. 77–78. Vgl. auch Chroniken, Bd. 32, S. 422 bis 423.
[93] Chroniken, Bd. 32, S. 57–64; Hecker, Herbrot, S. 74; Sieh-Burens, Oligarchie, S. 166.
[94] von Stetten, Geschichte, Bd. 1, S. 449; Hecker, Herbrot, S. 78 bis 79.
[95] Pölnitz, Anton Fugger, Bd. 2/2, S. 490, 493.
[96] Hecker, Herbrot, S. 79; Chroniken, Bd. 32, S. 432–436.
[97] Bayerisches Hauptstaatsarchiv München, Reichskammergerichtsakten, Nr. 12436. Vgl. auch Chroniken, Bd. 32, S. 67.
[98] StAA, Stadtgerichtsbuch 1548, fol. 63^r–63^v, Eintrag vom 22. September: Jakob Herbrot hat Hans Vischer von Frickenhausen 103 fl 43 x, Cyriakus Schranckenmüller von Münsterhausen 108 fl 45 x Hauptgut, die sie bei ihm eingelegt hatten, zurückbezahlt.
[99] Pölnitz, Anton Fugger, Bd. 3/1, S. 20, 22, 36.
[100] Georg Mentz (Bearb.), Johann Friedrich der Grossmütige (1503–1554), Teil 3, Jena 1908 (Beiträge zur neueren Geschichte Thüringens, Bd. 1), S. 177–179.
[101] Chroniken, Bd. 32, S. 193–195. Vgl. Hecker, Herbrot, S. 81.
[102] Peter Steuer, Die Außenverflechtung der Augsburger Oligarchie von 1500–1620. Studien zur sozialen Verflechtung der politischen Führungsschicht der Reichsstadt Augsburg, Augsburg 1988 (Materialien zur Geschichte des Bayer. Schwaben, Heft 10), S. 76.
[103] Karl Oberleitner, Österreichs Finanzen und Kriegswesen unter Ferdinand I. Vom Jahre 1522 bis 1564, Nach den Quellen des k.k. Finanz-Ministerial-Archivs, in: Archiv für Kunde österreichischer Geschichtsquellen 22 (1860), S. 1 bis 232, hier S. 90, Anm. 75.
[104] Hecker, Herbrot, S. 79–80; Roth, Reformationsgeschichte, Bd. 4, S. 418; Strieder, Genesis, S. 178; Sieh-Burens, Oligarchie, S. 174; Steuer, Außenverflechtung, S. 76.
[105] Günter, Gerwig Blarer, Bd. 2, S. 245 (Nr. 1178).
[106] Pölnitz, Anton Fugger, Bd. 3/1, S. 162. Zu Geschäften Herbrots mit Moritz von Sachsen vgl. auch ebd., S. 608, Anm. 110.
[107] Walter Möllenberg (Bearb.), Urkundenbuch zur Geschichte des Mansfeldischen Saigerhandels im 16. Jahrhundert, Halle/Saale 1915 (Geschichtsquellen der Provinz Sachsen, Bd. 47), S. 395 (Nr. 240).

[108] Günter, Gerwig Blarer, Bd. 2, S. 262–263 (Nr. 1201). Vgl. auch ebd., S. 271–272 (Nr. 1211).
[109] Ebd., S. 266–267 (Nr. 1206); vgl. auch S. 277 (Nr. 1219).
[110] Friedrich Blendinger/Elfriede Blendinger (Hg.), Zwei Augsburger Unterkaufbücher aus den Jahren 1551 bis 1558. Älteste Aufzeichnungen zur Vor- und Frühgeschichte der Augsburger Börse (Deutsche Handelsakten des Mittelalters und der Neuzeit, Bd. 18), Stuttgart 1994, S. 124–148, 321.
[111] So liehen ihm Markus Honold 2800 Gulden, Jakob Rehlinger 3000 Goldgulden, Ulrich Welser 1500 Gulden, Hans Vöhlin, Christoph und Konrad Rehlinger jeweils 1000 Gulden. Ebd., S. 124, 136, 147, 148, 321.
[112] Ebd., S. 155, 156, 167–74, 321, 322.
[113] Die Matrikel der Universität Basel, Bd. 2: 1532/33–1600/01, hg. von Hans-Georg Wackernagel u. a., Basel 1956, S. 9.
[114] StAA, Stammtafeln von A. Werner und F. Lilienthal, »Herbrot«.
[115] IHK Augsburg, Protokollbuch der Kaufleutestube, fol. 40, 42; StAA, Stammtafeln von A. Werner und F. Lilienthal, »Herbrot«; Hecker, Herbrot, S. 79.
[116] Die Matrikeln der Universität Tübingen, Bd. 1: Die Matrikeln von 1477–1606, hg. von Heinrich Hermelink, Stuttgart 1906, S. 352.
[117] StAA, Stammtafeln von A. Werner und F. Lilienthal, »Herbrot«.
[118] StAA, KuH, Fasz. V, Nr. 26/4; Valentin Mayer, Die »Fürlegung« in den Handelsgesellschaften des Mittelalters und des Frühkapitalismus, Diss. jur., Universität München 1925, S. 124–129; Günter, Gerwig Blarer, Bd. 2, S. 270 (Nr. 1211); Sieh-Burens, Oligarchie, S. 113.
[119] Hecker, Herbrot, S. 81–89.
[120] Roth, Reformationsgeschichte, Bd. 4, S. 442–443.
[121] Vgl. August von Druffel (Bearb.), Briefe und Akten zur Geschichte des sechzehnten Jahrhunderts mit besonderer Rücksicht auf Bayerns Fürstenhaus, Bd. 2, München 1880, S. 445–447 (Nr. 1370).
[122] Druffel, Briefe und Akten, Bd. 2, S. 799 (Nr. 1810); Pölnitz, Anton Fugger, Bd. 3/1, S. 336.
[123] Roth, Reformationsgeschichte, Bd. 4, S. 450–451, 456, 486.
[124] Hecker, Herbrot, S. 93.
[125] Ebd., S. 94–95.
[126] Günter, Gerwig Blarer, S. 338 bis 339 (Nr. 1320), 344–345 (Nr. 1330), 351–352 (Nr. 1340).
[127] Ebd., S. 352 (Nr. 1341).
[128] Roth, Reformationsgeschichte, Bd. 4, S. 519–527; Beispiele für die Polemik gegen Herbrot in StAA, Augsburger Geschlechter, Nr. 13; StAA, Personenselekt Herbrot; Liliencron, Volkslieder, Bd. 4, S. 573 bis 583; Hecker, Herbrot, S. 94–97; Chroniken, Bd. 32, S. 417–436.
[129] Roth, Reformationsgeschichte, Bd. 4, S. 525–526; Blendinger, Herbrot, S. 588.
[130] StAA, Ratsprotokoll 28/I (1554), fol. 1^v–3^v.
[131] StAA, Ratsprotokoll 28/I (1554), fol. 16^r–18^r.

[132] Blendinger, Unterkaufbücher, S. 319–322 und passim.
[133] Günter, Gerwig Blarer, Bd. 2, S. 374 (Nr. 1365).
[134] Hecker, Herbrot, S. 95.
[135] StAA, Stadtgerichtsakten, Nr. 109, fol. 35^v–41^r.
[136] Chroniken, Bd. 32, S. 165, Anm. 5; StAA, Stadtgerichtsakten, Nr. 109, fol. 85^r–94^r. Von 1542 bis zu seinem Tod im Jahre 1564 gehörte er der Augsburger Kaufleutestube an (IHK Augsburg, Protokollbuch der Kaufleutestube, fol. 40).
[137] Chroniken, Bd. 32, S. XXII.
[138] StAA, Ratsprotokoll 29/II (1556), fol. 11^r.
[139] Viktor Ernst (Hg.), Briefwechsel des Herzogs Christoph von Württemberg, Bd. 4: 1556 bis 1559, Stuttgart 1907, S. 15 (Nr. 16), 20 (Nr. 19), 382 (Nr. 297a).
[140] StA Lauingen, Nr. 3943; Hecker, Herbrot, S. 95.
[141] StA Lauingen, Nr. 3943.
[142] Hecker, Herbrot, S. 96.
[143] Günter, Gerwig Blarer, Bd. 2, S. 405 (Nr. 1405).
[144] Karl-Otto Müller (Hg.), Quellen zur Handelsgeschichte der Paumgartner von Augsburg (1480–1570), Wiesbaden 1955 (Deutsche Handelsakten des Mittelalters und der Neuzeit, Bd. 9), S. 245 (Nr. 617, 618); vgl. Sieh-Burens, Oligarchie, S. 113–114.
[145] StAA, Ratsprotokoll 31/I (1560), fol. 95^r.
[146] StAA, Ratsprotokoll 32/I (1561), fol. 48^r.
[147] Bayerisches Hauptstaatsarchiv München, Reichskammergerichtsakten, Nr. 6579.
[148] Vgl. Kellenbenz, Konkurs.
[149] StAA, Ratsprotokoll 32/II (1562), fol. 1^r, 4^r, 4^v, 17^r, 23^v, 24^r, 26^r, 37^v, 39^r.
[150] Chroniken, Bd. 33, S. 189; Hekker, Herbrot, S. 96.
[151] Hecker, Herbrot, S. 96; Ehrenberg, Bd. 1, S. 235. Sowohl Hekker als auch Ehrenberg schreiben irrtümlich von »Melchior« Ilsung.
[152] Chroniken, Bd. 33, S. 233–234.
[153] Hecker, Herbrot, S. 96.
[154] StAA, Fallitenakten »Herbrot«. Ein Gläubigername taucht auf der Liste doppelt auf: Christoph Tiefstetter von München mit 4000 fl, Christoph Tiefstetter von Augsburg 588 fl. Vermutlich handelte es sich in beiden Fällen um den Herbrot-Schwiegersohn.
[155] André-E. Sayous, La déchéance d'un capitalisme de forme ancienne: Augsbourg au temps des grandes faillites, in: Annales d'histoire économique et sociale 10 (1938), S. 208–234, hier S. 221.
[156] Fançois-Joseph Fuchs, Une famille de négociants banquiers du XVIe siècle: Les Prechter de Strasbourg, in: Revue d'Alsace 95 (1956), S. 146–194, hier S. 160–162.
[157] Alexander Dietz, Frankfurter Handelsgeschichte, Bd. 2, Frankfurt 1921, S. 6, 8.
[158] StAA, Stadtgerichtsakten, Nr. 109, fol. 1^r, 10^r–18^r, 41^v–42^r, 61^r–64^v.
[159] Chroniken, Bd. 32, S. XXIII.
[160] Chroniken, Bd. 33, S. 467–468; Hecker, Herbrot, S. 97.
[161] Steuer, Außenverflechtung, S. 203.
[162] Vgl. Hermann Kellenbenz, Wirtschaftsleben der Blütezeit,

in: Geschichte der Stadt Augsburg von der Römerzeit bis zur Gegenwart, hg. von Gunther Gottlieb u.a., 2. Aufl. Stuttgart 1985, S. 258–301, hier S. 287.

[163] Sieh-Burens, Oligarchie, S. 111.
[164] Günter, Gerwig Blarer, Bd. 2, S. 298 (Nr. 1247).

QUELLEN UND LITERATUR (AUSWAHL)

Ungedruckte Quellen
Stadtarchiv Augsburg: Augsburger Geschlechter, Evangelisches Wesensarchiv, Fallitenakten, Kaufmannschaft und Handel, Literalien, Personenselekte, Ratsämterbücher, Ratsprotokolle, Stadtgerichtsakten, Stadtgerichtsbücher, Stammtafeln von A. Werner und F. Lilienthal
Industrie- und Handelskammer Augsburg: Protokollbuch der Kaufleutestube
Stadtarchiv Lauingen: Akten Nr. 3943 (Testament Jakob Herbrots)
Bayerisches Hauptstaatsarchiv München: Reichskammergerichtsakten Nr. 6579, 12436

Gedruckte Quellen
David Langenmantel, Historie des Regiments in des Heil. Röm. Reiches Stadt Augspurg, Frankfurt/Leipzig 1725; Rochus von Liliencron, Die historischen Volkslieder der Deutschen vom 13. bis 16. Jahrhundert, Bd. 4, Leipzig 1869; August von Druffel (Bearb.), Briefe und Akten zur Geschichte des sechzehnten Jahrhunderts mit besonderer Rücksicht auf Bayerns Fürstenhaus, 4 Bde., München 1873–1896; Paul Hecker, Die Correspondenz der Stadt Augsburg mit Karl V. im Ausgang des schmalkaldischen Krieges, in: Zeitschrift des Historischen Vereins für Schwaben und Neuburg 1 (1874), S. 257–309; Max Lenz (Hg.), Briefwechsel Landgraf Philipps des Großmüthigen von Hessen mit Bucer, Bd. 3, Leipzig 1891 (Publicationen aus den K. Preußischen Staatsarchiven, Bd. 47); Viktor Ernst (Hg.), Briefwechsel des Herzogs Christoph von Württemberg. 4 Bde., Stuttgart 1899–1907; Friedrich Roth, Aus dem Briefwechsel Gereon Sailers mit den Augsburger Bürgermeistern Georg Herwart und Simprecht Hoser (April bis Juni 1544), in: ARG 1 (1903), S. 101–171; Jakob Strieder, die Inventur der Firma Fugger aus dem Jahre 1527, Tübingen 1905 (Zeitschrift für die gesamte Staatswissenschaft, Ergänzungsheft 17); Heinrich Günter (Bearb.), Gerwig Blarer, Abt von Weingarten 1520–1567. Briefe und Akten, 2 Bde., Stuttgart 1914/1921 (Württembergische Geschichtsquellen, Bd. 16–17); Walter Möllenberg, (Bearb.), Urkundenbuch zur Geschichte des Mansfeldischen Saigerhandels im 16. Jahrhundert, Halle/Saale 1915 (Geschichtsquellen der Provinz Sachsen, Bd. 47); Karl-Otto Müller (Hg.), Quellen zur Handelsgeschichte der Paumgartner von Augsburg (1480 bis 1570), Wiesbaden 1955 (Deutsche Handelsakten des Mittelalters und der Neuzeit, Bd. 9).

Literatur
Paul von Stetten d.Ä., Geschichte des Heil. Röm. Reichs Freyen Stadt Augsburg [...], Bd. 1, Frankfurt/Leipzig 1743; Paul Hecker, Der Augsburger Bürgermeister Jacob Herbrot und der Sturz des zünftischen Regiments in Augsburg, in: Zeitschrift des Historischen Vereins für Schwaben und Neuburg 1 (1874), S. 34–98; Richard Ehrenberg, Das Zeitalter der Fugger. Geldkapital und Creditverkehr im 16. Jahrhundert, Bd. 1: Die Geldmächte des 16. Jahrhunderts, Jena 1896, S. 234–235; Georg Mentz (Bearb.), Johann Friedrich der Grossmütige 1503–1554, Teil 3, Jena 1908 (Beiträge zur neueren Geschichte Thüringens, Bd. 1), bes. S. 177–179; Friedrich Roth, Augsburgs Reformationsgeschichte, Bd. 3 und 4, München 1907/11; Pius Dirr, Kaufleutezunft und Kaufleutestube in Augsburg zur Zeit des Zunftregiments (1368–1548), in: Zeitschrift des Historischen Vereins für Schwaben und Neuburg 35 (1909), S. 133–151; Alexander Dietz, Frankfurter Handelsgeschichte, Bd. 1–2, Frankfurt 1911/21; Jakob Strieder, Zur Genesis des modernen Kapitalismus. Forschungen zur Entstehung der großen bürgerlichen Kapitalvermögen am Ausgang des Mittelalters und zu Beginn der Neuzeit, zunächst in Augsburg, 2. Aufl. München 1935, S. 174–178; François-Joseph Fuchs, Une famille de négociants banquiers du XVIe siècle: Les Prechter de Strasbourg, in: Revue d'Alsace 95 (1956), S. 146–194, bes. S. 160–162; Götz Freiherr von Pölnitz, Anton Fugger, 5 Bde., Tübingen 1958–1986 (Studien zur Fuggergeschichte, Bd. 13, 17, 20, 22, 29); Friedrich Blendinger, Jakob Herbrot, in: Neue Deutsche Biographie, Bd. 8, Berlin 1969, S. 588; Katarina Sieh-Burens, Oligarchie, Konfession und Politik im 16. Jahrhundert. Zur sozialen Verflechtung der Augsburger Bürgermeister und Stadtpfleger 1518–1618, München 1986 (Schriften der Philosophischen Fakultäten der Universität Augsburg. Historisch-sozialwissenschaftliche Reihe, Bd. 29); Peter Steuer, Die Außenverflechtung der Augsburger Oligarchie von 1500–1620. Studien zur sozialen Verflechtung der politischen Führungsschicht der Reichsstadt Augsburg, Augsburg 1988 (Materialien zur Geschichte des Bayerischen Schwaben, Heft 10); Peter Geffcken, Soziale Schichtung in Augsburg 1396 bis 1521. Beitrag zu einer Strukturanalyse Augsburgs im Spätmittelalter, Diss. phil., München 1983/95; Gerhard Seibold, Die Manlich. Geschichte einer Augsburger Kaufmannsfamilie, Sigmaringen 1995 (Abhandlungen zur Geschichte der Augsburg 35).

Wolf Paller der Ältere c. 1504–1582
Wolf Paller der Jüngere 1545?–1624
Kupferhändler in Augsburg

Von Gerhard Seibold

Die beiden Paller nehmen im Rahmen der Augsburger Wirtschaftsgeschichte aus verschiedenen Gründen eine singuläre Stellung ein. Dies zeigt sich vor allem darin, daß das Unternehmen der beiden Kaufleute quasi als Bindeglied fungiert zwischen den alteingesessenen Kaufmannsfamilien, die in den achtziger Jahren des 16. Jahrhunderts ihre Bedeutung weitestgehend verloren, da sie abwanderten oder ausstarben, und den zugezogenen Emporkömmlingen, die Augsburg nach der Beendigung des Dreißigjährigen Krieges eine neue wirtschaftliche Blüte bescherten. Auch was ihre familiäre Eingebundenheit in die Augsburger Welt anbelangt, ein Umstand, der in jenem Zeitalter von nicht zu unterschätzender Bedeutung gewesen ist, stehen die Paller zwischen den Zeiten, denn schon die zweite Generation wurde mittels entsprechender Heiraten in die Augsburger Wirtschaftswelt fest eingebunden; sie ging damit überraschend schnell in diesem Zirkel auf, ganz im Gegensatz zu früheren Aufsteigern, die sich diesen Status viel betonter erdienen mußten. Genauso ungewöhnlich, wie dieser Werdegang einer ortsfremden Familie war, ist aber auch die Tatsache, daß es ihnen nicht gelang, Anschluß zum »zweiten Patriziat«, welches sich nach dem großen Krieg allmählich in Augsburg etablierte, zu bekommen. Diese durch Familien wie die Schnurbein, Rad, Münch, Liebert, Schaezler etc. repräsentierte Gruppe bildete dann in kürzester Zeit eine ähnlich abgeschlossene Kaste wie ihre Vorgänger zu Beginn des 16. Jahrhunderts.

Nur acht männliche Namensträger, verteilt auf fünf Generationen, hat die Familie Paller während ihrer Augsburger Präsenz von ungefähr 1500 bis zu ihrem Aussterben 1679 hervorgebracht. Nicht viel günstiger ist die Fortpflanzung in den Töchter-Linien. Deswegen ist es auch nicht verwunderlich, daß diese Familie nicht so nachdrückliche Spuren hinterlassen hat wie vergleichbare Gruppierungen. Bemerkenswert sind die Paller in den Personen von Wolf(gang) Paller, Vater und Sohn, geworden, die während einer etwa hundertjährigen Wirkungszeit als Kaufleute, von ca. 1525 bis 1622, zeitweise das bedeutendste Augsburger Handelshaus leiteten.

Der maßgeblichste Geschichtsschreiber Augsburgs, Paul IV. von Stetten (1705–1786), widmet der Familie Paller in seiner 1762 erschienenen »Geschichte der adelichen Geschlechter in der freyen Reichs-Stadt Augsburg« gerade eine Seite.[1] Dies ist mit Blick auf den gesamten Umfang des Buches und den Umstand, daß Stetten, der Urenkel einer Paller-Tochter, infolge familiärer Traditionen eigentlich über deutlich mehr Informationen verfügt haben müßte, als dies im Text zum Ausdruck kommt, einigermaßen verwunderlich. Als Heimat für die Paller weist er Wien nach. Diese Stadt war auch für spätere Generationen ein Platz, wo sie bedeutsame Wirtschaftsaktivitäten entwickelten. Matthias, der erste faßbare Namensträger, war Kammerdiener Kaiser Maximilians I. gewesen, wobei unter dieser Funktion wohl eher eine untergeordnete Verwaltungstätigkeit im Umfeld des Kaisers zu verstehen ist. Zu den herausragenden Ratgebern und Vertrauten des Monarchen hat Paller sicherlich nicht gehört. Immerhin scheint sein Wirken gewisse Spuren hinterlassen zu haben, denn die Verleihung des Reichsadels an Pallers Sohn Wolf im Jahre 1581 erwähnt dieses Faktum noch rückblickend. Diese Nobilitierung war dann auch mit einer Besserung des den Paller bereits am 1. Juni 1496 erteilten Wappens verbunden.[2] Möglicherweise kam Matthias

Paller im Gefolge des Kaisers mit Augsburg in Berührung, hielt sich der Monarch doch zu wiederholten Malen in der Reichsstadt auf. Bei einem dieser Besuche wird Paller dann Kontakt zu Anna Funck bekommen haben. Die Heirat der beiden hat wohl um 1500 stattgefunden, mit der Konsequenz, daß Paller aus den Diensten des Kaisers schied und in Augsburg ansässig wurde.

Anna Funck war keine Augsburgerin. Ihr Vater, der Kaufmann Caspar Funck, unterhielt in Nördlingen eine Handelsgesellschaft. Ursprünglich war die Familie jedoch in Schwäbisch Gmünd beheimatet, hatte sich dann aber während des 15. Jahrhunderts im weiteren oberschwäbischen Raum festgesetzt.[3] Auch in Memmingen lebte ein bedeutender Zweig dieser Familie. Caspars Frau, Barbara von Brandenburg, entstammte einer Biberacher Patrizierfamilie. Wie Matthias Paller infolge seiner Verheiratung Augsburger Bürger wurde, wird wohl auch Caspar Funcks Vater nach Nördlingen gekommen sein, indem er die an diesem Ort beheimatete Lucia Fuxhart ehelichte. Dieser Umstand ist insoweit bedeutungsvoll für die Paller-Geschichte, als eine Cousine von Caspar Funck, Barbara Fuxhart, infolge Heirat mit Ulrich Erdwein nach Augsburg verzog. Offensichtlich kinderlos, adoptierte sie später die Tochter Anna ihres Nördlinger Vetters und setzte diese in ihrem Testament von 1504 als Alleinerbin ihres Nachlasses ein, ein Vorgang, welcher von Kaiser Maximilian bestätigt wurde. Bestandteil dieser Erbschaft war auch das Gebäude D 158 (Obstmarkt 15) neben dem Augsburger St. Martinskloster, vorne an die Reichsstraße anstoßend, welches für die Paller schnell die Funktion eines Familienstammhauses bekam und dem später auch der Charakter eines Fideikommisses beigelegt wurde.[4] In dieser Eigenschaft verblieb das Gebäude bis zum Tod von Matthias Pallers Ururenkel, Wolfgang Leonhard Paller, 1679. Über die Familie Sulzer gelangte das Haus schließlich an die Familie von Stetten, in deren Besitz es bis zur Zerstörung Ende des Zweiten Weltkrieges verblieb.[5] Der umfangreiche Komplex bestand ursprünglich aus mehreren Gebäuden. In der Paller-Zeit wurden die Häuser wiederholt baulich verändert. So hat 1559 Hans Holl, Vater des berühmten Elias Holl, den Bau mit einem Erker versehen. 1637 gab es in dem weitläufigen Anwesen »des alten Herrn Pallers obere Schreibstube, einen Saal, die untere Schreibstube, das alten Herrn Stüblein, eine hintere lange Stube, Tenne, Küche, die neue Stube gegen den Hafnerberg, eine tägliche Wohnstube, Knecht-Stüblein, Speisekammer, Rüstkammer, Gewölb, zwei Kinderstüblein, Stadel« und wenigstens zehn weitere Kammern, die nicht näher bezeichnet wurden. Noch ein anderer Verwandter der Anna Funck hat sich in Augsburg niedergelassen, nämlich ihres Vaters Bruder Melchior, der 1488 Anna Herwart geheiratet hatte. Zehn Jahre später entrichtete dieser Kaufmann im Rahmen seiner Steuerdeklaration bereits eine Abgabe von 64 fl., was je nach Struktur seines Besitzes – Immobilien wurden mit dem halben Steuersatz belegt – einem Vermögen von 12 800 bis 25 600 fl. entsprach.[6]

Dies waren die Grundlagen, auf welche der um 1504 geborene Wolf Paller, der Sohn des Ehepaars Paller-Funck, aufbauen konnte. Bereits 1506 war sein Vater verstorben, die Mutter folgte 1513.[7] Wer sich um die Kinder aus dieser Ehe danach kümmerte – neben Wolf gab es noch den vermutlich älteren Bruder Matthias und eine Schwester Katharina – ist unbekannt. Immerhin scheint es während dieser Phase bis zur Volljährigkeit der Kinder nicht zu einer Verschleuderung des Vermögens der Minderjährigen gekommen zu sein. Ein Ausbau des damals sicherlich noch mittelmäßigen Besitzes fand aber vermutlich genausowenig statt. Diese häuslichen Lebensumstände mögen auch zur Folge gehabt haben, daß der jüngere, Matthias, Augsburg verließ. Beruflich hat er sich dem Bergbau verschrieben, allerdings nicht wie sein Bruder Wolf, der diese Erzeugnisse vermarktete, sondern als Verwalter in den Diensten von Territorialherren oder Verlegern, indem er den Abbau der Erze beaufsichtigte. Um die Mitte des Jahrhunderts läßt er sich als Faktor der Fugger im böhmischen Joachimsthal nachweisen. Später wechselte er in die benachbarte österreichische Bergbauregion über. Hier amtete er als kaiserlicher Bergrichter in dem Alaunbergwerk Drosendorf (Niederösterreich) im Schwaumbachergrund. Anscheinend kam es zwischen den Brüdern aber niemals zu Kontakten als Ausfluß ihrer beruflichen Tätigkeit, was eigentlich naheliegend gewesen wäre, nachdem Wolf ebenfalls in diesem beruflichen Bereich Fuß gefaßt hatte. Spätestens im Rahmen der Erbauseinandersetzung über den Nachlaß der Eltern – gegen eine Ausgleichszahlung von 700 fl. rheinisch in Gold verzichtete Matthias auf seinen Halbteil am Haus D 158 – hat sich dieser dann endgültig von der Augsburger Welt gelöst.[8]

Auch Matthias' zahlreiche Nachkommenschaft hat offensichtlich diese Beziehung nicht erneut belebt. Der gleichnamige Sohn war zeitweise im Neusohler Kupferbergbau tätig, ohne daß jedoch Kontakte zu seinem Augsburger Onkel Wolf Paller belegt werden können, der hier ebenfalls über viele Jahre aktiv gewesen ist. Von der Tochter Sibylla wissen wir, daß sie den Nürnberger Kaufmann Christoph Schnitzer heiratete. Eine Tochter aus dieser Ehe war später mit dem Leipziger Handelsherren Thomas Lebzelter vermählt, zu welchem die Paller lose geschäftliche Kontakte unterhielten.[9] Mehr ist über diesen Familienzweig nicht bekannt. Vermutlich gehören die in den 50er Jahren in den Augsburger Steuerbüchern in Erscheinung tretenden Leonhard und Stephan Paller nicht zu den Nachkommen des Matthias; dies schon auf Grund ihrer geringen Steuerzahlungen, auch wenn dies naheliegt, da sie ansonsten nicht zuzuordnen sind.

Was Wolf Pallers beruflichen Werdegang anbelangt, sind wir für die Frühzeit auf Vermutungen angewiesen. Jedenfalls ist er erst seit Beginn der 40er Jahre als Kaufmann faßbar. Dies bedingte zwangsläufig eine zeitlich vorgeschaltete entsprechende Ausbildung. Seine Verheiratung mit Magdalene Wagner Mitte der 30er Jahre legt dabei gewisse Rückschlüsse nahe.

Es gibt genügend Beispiele im Rahmen der Augsburger Wirtschaftsgeschichte, bei denen eine Tätigkeit als Handelsdiener oder Faktor schließlich in eine familiäre Verbindung und in damit verbundene Kapitalbeteiligung an einem Unternehmen einmündete. Die Mutter seiner Ehefrau war nämlich eine geborene Weiß, Tochter des Leonhard und der Helene Span. Die Weiß lassen sich bereits zu Ende des 15. Jahrhunderts in Augsburg als Kaufleute nachweisen. Bis in die erste Hälfte des 17. Jahrhunderts hinein hatten sie am hiesigen Wirtschaftsleben nachhaltig Anteil, zwar nie an ganz hervorragender Stelle, dafür aber in auffallender Kontinuität. Später waren Zweige der Familie in Wien und Nürnberg ansässig.[10] Über die Span ergeben sich dann wieder familiäre Beziehungen zu den Funck, so daß Wolf Paller mittels dieser Heirat die von seinem Vater angeknüpften Beziehungen erneut aufgriff. Magdalene Wagner war die Tochter des Augsburger Zunftmeisters Franz Wagner. Vermutlich war dieser am Weißschen Handelshaus beteiligt. Ein für spätere Jahre belegbares gemeinsames Auftreten Pallers mit seinen Verwandten Wagner und Weiß legt den Schluß nahe, daß dies auch in der Frühzeit, d.h. in den Jahren vor und nach der Eheschließung, der Fall gewesen sein könnte.

Wolf Pallers Vermögen entwickelte sich langsam, dafür aber um so stetiger. 1528, im Alter von 24 Jahren, zahlte er eine Steuer von 3 fl., was ein Vermögen von 600 bis 1200 fl. errechnen läßt. Bis 1534 hat sich dann sein Besitz vervierfacht. 1540 nennt er bereits das Zehnfache sein Eigen, und bis 1545 ist sein Vermögen auf das Zwanzigfache, jeweils bezogen auf das Ausgangsjahr 1528, angestiegen, was 12000 bis 24000 fl. entsprach. Damit war bereits eine durchaus respektierliche Größe erreicht. Von dieser Zeit an läßt sich Paller dann auch in Verbindung mit Handels- und Finanzgeschäften nachweisen. 1554 kann für Paller mittels seiner Steuerdeklaration ein Vermögen von 26000 bis 52000 fl. ermittelt werden – 1562 waren es dann 68000 bis 136000 fl. und für die Zeit von 1568 bis 1573 war mit 102000 bis 204000 fl. der Zenit erreicht. 1575 wurden dann nur noch 300 fl. Steuer bezahlt, was auf einen Besitz von 60000 bis 120000 fl. schließen läßt. Der Rückgang resultierte sicherlich aus mehreren Faktoren. Ende der 60er Jahre hatte Paller nämlich damit begonnen, Kupfergeschäfte zu tätigen, was sicherlich zu Anfang mit finanziellen Einbußen verbunden war. Im übrigen hatte er im Verein mit seinen Weißschen Verwandten durch den Konkurs des Melchior Manlich im Jahre 1574 Verluste in Höhe von 27982 fl. realisiert.[11] Allerdings sind Rückschlüsse auf Grund der Steuerbücher immer mit einiger Vorsicht zu betrachten, nicht allein wegen der systemimmanenten Toleranzen, sondern vor allem auch, weil zweifelhafte Vermögenswerte und auch Anlagen außerhalb Augsburgs nur sehr bedingt als Basis für die Steuerdeklaration herangezogen wurden. Hier hatte der Steuerpflichtige einen nicht unerheblichen Handlungsspielraum, der in unterschiedlicher Weise für die eigenen Zwecke genutzt wurde.

Die 50er und 60er Jahre sollten dann für Paller zu den wichtigsten seines Lebens werden. Jetzt wurden die Grundlagen gelegt, auf welchen die nächste Generation aufbauen konnte. Dies gilt nicht nur für die Ausrichtung seiner kaufmännischen Aktivitäten auf den Metallhandel, sondern auch auf Vergabe von Darlehen an das Reich, im übrigen eine Politik, die in der fraglichen Zeit von nahezu allen Augsburger Kaufleuten verfolgt wurde. Diese Hinwendung bot sich auch an, war doch die Habsburger-Monarchie ständig in Geldnöten, was Kompensationsgeschäfte mittels Metalllieferungen durch den Landesherrn nahelegte. Neue technische Möglichkeiten bei der Ausbeutung der Gruben kamen dem enorm gewachsenen Finanzbedarf dieser Jahre auf das vortrefflichste entgegen. In dieser Konstellation, die sich bereits zu Beginn des 15. Jahrhunderts abzeichnete, ist allerdings auch die Ursache für die späteren Konkurse fast aller namhaften Augsburger Handelshäuser in der zweiten Hälfte des 16. Jahrhunderts zu suchen. Paller hat diese schwierigen Jahre relativ unbeschadet überstanden, vermutlich deswegen, weil er bereits frühzeitig damit begann, große Teile seines Kapitals in Immobilien zu investieren, was diese Jahre für die Paller auch unter diesem Blickwinkel bedeutsam werden läßt. Schließlich und endlich machte sich der Aufstieg des Geschlechts auch im gesellschaftlichen Bereich bemerkbar.

Beginnen wir mit dem zuletzt genannten Aspekt. 1549 war Wolf Paller in den Großen Rat seiner Heimatstadt berufen worden, eine eher dekorative Funktion als ein Podium, von welchem die Geschicke der Reichsstadt beeinflußt werden konnten. 1552 wurde der protestantische Paller dann als Scholarch und Kirchenpropst eingesetzt.[12] Seit 1555 gehörte er dem Kleinen Rat an, dem engeren Führungszirkel der reichsstädtischen Verwaltung. Bis zu seinem Tod im Jahre 1582 saß Paller als Vertreter der Kaufleute in diesem Gremium, das die oberste Verfassungsinstanz der Stadtrepublik verkörperte. Der Kaufmannsstand entsandte in den 45 Mitglieder umfassenden Rat drei Personen; die Patrizier waren hier durch 31, die Mehrer durch vier und die Gemeinde durch sieben Vertreter repräsentiert.[13] Ausfluß dieses Amtes war dann Pallers zeitweilige Berufung zum Kriegsrat im Jahre 1556, als in Donauwörth Truppen zusammengezogen wurden, die aus Augsburger Sicht als Gefahr empfunden wurden.[14] Von 1558 bis zu seinem Ableben amtierte Paller schließlich noch als Bürgermeister. Diese Stellung war allerdings seit der Verfassungsänderung von 1548 nur noch von untergeordneter Bedeutung und rangierte in ihrer Wichtigkeit hinter den Stadtpflegern und dem Kleinen Rat. Immerhin waren die Bürgermeister erste Instanz für Rechtsstreitigkeiten ohne Schriftverkehr. Gleichzeitig oblag ihnen die Ansage der Ratsversammlungen und die Vollstreckung und Exekution der Ratsbeschlüsse und Dekrete. Gewählt wurden sechs Bürgermeister auf jeweils ein Jahr, die dann paarweise jeweils vier Monate amtierten. In dieser Eigenschaft empfing Paller gemeinsam mit den beiden Stadtpflegern und dem anderen Bürgermeister Konrad Mair im Dezember 1558 Kaiser Ferdinand I. anläßlich eines nach Augsburg einberufenen Reichstages. Offensichtlich wurde auch Pallers wirtschaftlicher Sachverstand geschätzt, denn 1560 wurde sein Rat wegen der Durchführung und Inkraftsetzung der neuen Münzordnung eingeholt. Im Gegensatz zu anderen Kaufleuten hat Wolf Paller diese Ämter offensichtlich sehr bemüht versehen und sich von der Verpflichtung zur Übernahme derartiger Aufgaben auch nicht wie einzelne Zeitgenossen mittels kaiserlichem Privileg befreien lassen, begründet durch die zahlreichen Verpflichtungen, die ihm aus seinem Unternehmen erwuchsen. Denn bei diesen Ämtern handelte es sich durchaus um Tätigkeiten, die mit erheblichem zeitlichen Aufwand verbunden waren, ganz im Gegensatz zu seiner Ernennung zum kaiserlichen Rat durch Ferdinand I. am 27. November 1559, einem Titel, welcher seine Dienste für das Haus Habsburg würdigte und der im übrigen auch von Ferdinands Nachfolgern Maximilian II. und Rudolf II. bestätigt wurde.[15] In dieser Einstellung unterschied sich Paller also von seinen Mitbürgern, und auch dies mag ein Grund dafür gewesen sein, daß sein Unternehmen veränderte Zeitläufe besser überstand. Im übrigen wird auch in den Ehen seiner Kinder die Reputation deutlich, welche Paller in Augsburg genoß. Alle heirateten ein in Familien, die schon lange hier ansässig waren, teilweise sogar dem Patriziat angehörten: Imhof, Rembold, Welser, Hörmann, Regel, Jenisch, Weiß und Sulzer.

Pallers privater Besitz, im Vergleich zum Betriebsvermögen durchaus von respektierlicher Größe, war vorwiegend in Immobilien angelegt.[16] Da er mehrere Kinder auszustatten hatte, war es nur naheliegend, umfangreichen Grundbesitz in Augsburg zu erwerben. Zu den ererbten Liegenschaften, im wesentlichen das Familienstammhaus am Obstmarkt (D 158), traten im Laufe der Jahre weitere Liegenschaften. 1579 kaufte er von Marx und Hans Fugger das Gebäude D 70/71, ebenfalls am Augsburger Obstmarkt, Hausnummer 3, gelegen, das diese aus der Konkursmasse des Melchior Linck übernommen hatten.[17] Bereits 1558 hatte Pallers Schwager Konrad Herbst in dessen Auftrag ein Gebäude in der Augsburger Querchgasse erworben. Allerdings wurde dieses Haus 1565 gegen einen Jahreszins von 60 fl. wieder veräußert. Seit Anfang der 70er Jahre besaß er auch die Sägemühle Edenhausen vor dem Augsburger Jakober Tor. Gemeinsam mit Gütern in Wertingen und Neusäß hatte er diese Liegenschaft von Hans Hofmayr aus Donauwörth erworben. Über den Kauf von Grundrenten versuchte sich Paller gleichzeitig relativ kontinuierliche und vor allem sichere Einkünfte zu verschaffen. Dabei handelte es sich zum Teil um Kleinbeträge, wie 4 fl. Gült aus einem Anger zu Lechhausen, die von Dr. Adolf Occo 1558 erworben wurden. Einträglicher war dann der große und kleine Zehnte zu Zusmarshausen, den Paller im Jahre 1567 kaufte. Diesen Anspruch hinterließ er gegen eine Zahlung von 1250 fl. seinen beiden Söhnen. Wolf Paller der Jüngere hat diese Grundrente dann wieder veräußert. 1568 wurde der Zehnte zu Gabelbach erworben. Auch auf dem Haus und der Hofstatt des Gastgebers Barthlme Scheurlin zu Augsburg hatte Paller ein Ewiggeld liegen.[18] Bei diesen Gült- und Grundstücksgeschäften konzentrierte sich Paller in erster Linie auf das Landgebiet westlich von Augsburg, welches zur Markgrafschaft Burgau gehörte, die in dieser Zeit Habsburger-Besitz war. Wie wir noch sehen werden, wurden von den beiden Paller aus unterschiedlichsten Erwägungen enge Kontakte zum Kaiserhaus unterhalten, und möglicherweise waren die Herrschaftsverhältnisse auch bei den Grundstücksgeschäften ein maßgeblicher Aspekt für die Entscheidungen. Gelegentlich kamen auch Transaktionen im südwestlichen Umland Augsburgs zustande, so im Bereich Schwabmünchen.

Kernstück aller dieser Investitionen war der »Hof zum Hamel« oder auch Hammelhof genannt, welchen Paller am 16. Juni 1550 von Kardinal Otto von Waldburg, dem damaligen Augsburger Bischof, zu Lehen erhielt. Am 1. März 1563 verlieh Kaiser Ferdinand I. Paller für diesen Ansitz den Burgfrieden und die niedere Gerichtsbarkeit. Lehen, Burgfrieden und

Gerichtsbarkeit wurden in unregelmäßigen Abständen Paller und seinen Nachkommen bis zum Aussterben des Geschlechts immer wieder durch die zuständigen Organe bestätigt. 1565 löste Paller dann gegenüber dem Augsburger Bischof die auf dem Hammelhof ruhenden Grundzinsen von jährlich 29 fl. mittels der Übergabe von drei Höfen und einer Sölde, in Täfertingen und Gersthofen gelegen, ab. Das heutige Schloß Hammel stammt weitestgehend aus einer Zeit, als die Paller nicht mehr Eigentümer dieser Liegenschaft gewesen sind. Allein der Kern des Ostflügels, die Wehrtürme und Reste der Umfassungsmauern sind die einzigen erhalten gebliebenen Teile des Gebäudes, welches Wolf Paller am Fuße des Hammelberges hatte errichten lassen.[19]

In den folgenden Jahren legte Paller besonderes Augenmerk auf die Arrondierung Hammels. 1561 erwarb er vom Konvent Maria Stern in Augsburg für 40 fl. zwei Winkel Wiesenmahd, zwischen Hammel und der Schmutter gelegen. Der Vikar der Kirche Zu den Heiligen drei Königen in Augsburg veräußerte an Paller im darauffolgenden Jahr für 200 fl. zwei Jauchert (1 Jauchert = 3450,042 qm) Äcker und zwei Tagwerk (1 Tagwerk = 3407,3 qm) Wiesen, welche an die Hammeler Liegenschaften Pallers angrenzten. 1565 wurde von Paller die sogenannte Stiglmahd zu Hammel für 40 fl. übernommen. 1574 löste er einen Zehnten auf Hammel, welcher zugunsten des Konvents Zum Heiligen Kreuz bestand, ab. Im übrigen wurde diese Grundstückspolitik auch von seinem Besitznachfolger, dem Sohn Wolf, weiter betrieben, der Hammel als Legat erhalten hatte. Dieser erwarb 1592 von Anton Fugger weitere sieben Tagwerk Mahd, gegenüber Hammel gelegen, für 400 fl. Bereits 1587 hatte ihm Erzherzog Ferdinand die Errichtung einer Mahlmühle in Hammel genehmigt.[20]

In Neusäß, an Hammel angrenzend, engagierte sich der ältere Wolf Paller in ähnlicher Weise. Seit 1432 besaß dort die Augsburger Patrizierfamilie Ilsung Grundstücke, genannt das Loh. Diese bestanden aus 14 Jauchert Wiesen und sechs Jauchert

Holz. 1564 gingen diese Liegenschaften von den Ilsung auf Paller über. Am 29. Oktober 1565 setzte das Domstift Augsburg, vertreten durch seinen Erbkämmerer Andreas von Hoheneck, als Lehensherr über die Grundstücke, Paller in seine neuen Rechte ein. Dieses Immobiliengeschäft stand in engem Zusammenhang mit einer weiteren Transaktion, an der die Ilsung in der Person des Reichspfennigmeisters Georg Ilsung beteiligt waren. Bereits 1561 hatte dieser Paller den Vorschlag unterbreitet, ihm seinen Hof zu Walkertshofen, südwestlich von Augsburg gelegen, ein Mannlehen der Erbtruchsesse des Hochstifts Augsburg, der Grafen von Stadion, zu überlassen, wenn Paller ihm im Gegenzug sein 1560 erworbenes Schloß Matzen, im Tiroler Inntal bei Rattenberg gelegen, überlassen würde. Vermutlich verfolgte Ilsung in diesem Gebiet eine ähnliche Politik wie Paller in der Gegend von Neusäß, nämlich einen möglichst geschlossenen Herrschaftsbesitz durch den Zukauf geeigneter Grundstücke zu bilden. Ilsung war bereits seit 1554 Besitzer des Schlosses Tratzberg bei Jenbach, in unmittelbarer Nachbarschaft zu Matzen gelegen. Schließlich stimmte Wolf Paller am 25. September 1564 diesem Angebot zu, obwohl die Wertverhältnisse der beiden Liegenschaften eine Verlustrealisierung von 2.000 fl. auf seiner Seite bewirkten. Möglicherweise war Paller zu diesem Entgegenkommen aus gleichen Überlegungen bereit wie Matthias Manlich Jahre vorher beim Verkauf von Schloß Tratzberg. Die Darlehensgeschäfte mit den Habsburgern, an denen Paller partizipierte und die fast ausschließlich über Ilsung abgewickelt wurden, führten zwangsweise zu Abhängigkeiten, denen man sich nicht immer entziehen konnte.[21]

1561 erwarb Paller noch sechs Jauchert Wald zwischen Ottmarshausen und Neusäß gelegen. Auch in Schlipsheim bei Neusäß besaß er zwei Feuerstellen. Am 9. Januar 1581 verlieh der Augsburger Bischof Marquart von Berg Wolf Paller das sogenannte Feldlehen bei Neusäß, welches 22 Jauchert Äcker umfaßte. Im Gegenzug erhielt er von Paller einen Hof zu

Biburg und 25 1/4 Jauchert Äcker und zwölf Tagwerk Wiesen. Der jüngere Wolf tauschte schließlich 1613 mit dem Stadtpfleger Hans Jakob Rembold ebenfalls Güter zu Neusäß. Bereits 1601 hatte Rembold von Paller ein heute nicht mehr vorhandenes Schlößchen in Neusäß erworben. Dies alles macht deutlich, wie sehr die Paller bemüht waren, sich gerade in dieser Gegend umfassend festzusetzen, und belegt natürlich auch ihre guten Beziehungen zum Bischofshof und anderen einflußreichen Persönlichkeiten. Noch kurz vor seinem Tod hat dann der ältere Wolf Anfang 1582 zehn Jauchert Äcker beim Steinernen Kreuz in Neusäß von den Erbmarschällen von Pappenheim zu Lehen genommen.[22]

Von dieser Politik der Konzentrierung der Grundstückserwerbungen auf einen engen geographischen Bereich wurde dann aber auch immer wieder abgewichen, wie wir es bereits im Falle von Walkertshofen gesehen haben. Aus dem Besitz der Herbst übernahm der ältere Wolf Paller eine Einöde zu Itzlishofen in der Reischenau (westlich von Bobingen), genannt der Vögelinshof. In den 60er Jahren erwarb er wiederholt Wald und Wiesen, die an diesen Besitz angrenzten, hinzu. In Oberhausen bei Augsburg besaß Paller neun Jauchert Äcker und drei Sölden. 1581 erhielt er schließlich von Hieronymus Imhof und dessen Frau Maria Welser die halbe Schwaig zu Hunden in der Haiterau an der Donau geschenkt. Die Eheleute behielten sich allerdings ein lebenslanges Nutzungsrecht vor.[23]

Gegenpol für diese vielschichtigen Immobiliengeschäfte ist das Pallersche Handelsunternehmen gewesen. Spätestens seit Beginn der 40er Jahre war Wolf Paller mit seinen Verwandten Herbst, Wagner und Weiß gesellschaftlich verbunden. Zunächst waren dies der Schwager Konrad Herbst, der mit Margarethe Wagner, einer Schwester von Pallers Ehefrau, verheiratet war, der Schwager Franz Wagner, ebenfalls ein Bruder von Pallers Gattin, und Leonhard Weiß, ein Vetter der Geschwister Wagner. Über die Modalitäten des gesellschaftlichen Zusammenschlusses sind wir nicht informiert, da sich keine Zeugnisse von derartigen Absprachen erhalten haben. Es hat jedoch den Anschein, daß die Verbindung zu Herbst bzw. Wagner den engeren Bereich Pallerschen Handelns einschloß, während der Kontakt zu den Weiß eher punktuelle, einzelne Geschäfte betraf, Darlehensvergaben oder später den Neusohler Kupferverlag. An der Gesellschaft mit Wagner und Herbst war Paller zu zwei Dritteln beteiligt.[24] An Leonhard Weiß' Stelle traten dann nach dessen Tod 1587 seine sieben Söhne, womit auch die personellen Voraussetzungen gegeben waren, verschiedene Faktoreien, so auch in Wien, zu gründen und mit Familienmitgliedern zu besetzen. Innerhalb der Weißschen Gebrüderschar ist dann David wenigstens ab Ende der 70er Jahre die bestimmende Persönlichkeit, nachdem vier der Brüder infolge Tod, wegen Abwanderung – Tobias lebte in Wien – oder auch infolge mangelnden Interesses – wie im Falle des Elias – aus dem Unternehmen ausgeschieden waren. Schließlich verblieben neben David noch Daniel und Josias.[25] Konrad Herbst starb 1559 ohne Hinterlassung von Leibeserben. An die Stelle des Franz Wagner rückte im Verlauf der 80er Jahre dessen gleichnamiger Sohn. Dies war dann auch die Zeit, als der jüngere Wolf Paller seinen Vater beerbte. Um die Jahrhundertwende kam es zu einer Trennung der Gesellschafter. Die Wagner gaben den Handel auf, und das Weißsche Kapital ging schließlich im Unternehmen der Österreicher auf.

Es darf davon ausgegangen werden, daß der ältere Wolf Paller innerhalb der Paller-Wagner-Weiß-Gruppe die dominierende Unternehmerpersönlichkeit gewesen ist. Üblicherweise wurde er im Rahmen von Darlehensgeschäften oder auch bei Metallkontrakten immer an erster Stelle genannt, vor seinen Konsorten, sofern er nicht, was durchaus auch vorkam, allein einzelne Geschäfte abwickelte. Insoweit liegt die Vermutung nahe, daß Paller innerhalb der Familiengesellschaft bzw. bei einzelnen Geschäften immer der kapitalmäßig beherrschende Gesellschafter gewesen ist. Leider haben sich schriftliche Unterlagen, die hier Nachweis geben könnten, nicht erhalten.

Dies hat in nicht unerheblichem Maße damit zu tun, daß die Pallerschen Unternehmungen niemals zum Gegenstand gerichtlicher Auseinandersetzungen wurden. Ganz im Gegensatz zu einer Reihe namhafter Augsburger Handelshäuser, die in der zweiten Hälfte des 16. Jahrhunderts Konkurs anmelden mußten, konnten die Paller ihr Unternehmen unbeschadet erhalten. Damit entfallen als Quelle auch jedwede geschäftlichen Unterlagen, die im Rahmen einer Stadtgerichtsregistratur zum Teil erhalten geblieben sind. Das Aussterben der Paller in der zweiten Hälfte des 17. Jahrhunderts hatte sicherlich die Vernichtung persönlicher Akten zur Folge, und die Verwicklung des Pallerschen Schwiegersohnes und geschäftlichen Nachfolgers Marx Konrad Rehlinger in die Religionswirren des Dreißigjährigen Krieges hat, wie wir noch sehen werden, vermutlich den Verlust fast aller Geschäftspapiere bedingt. Nur Weniges hat sich im Rehlingenschen Familienarchiv erhalten, das aber im übrigen auch nur Ausweis für die Wirtschaftsinteressen der Paller nach 1600, also zu einer Zeit, als der Eidam Rehlinger im Pallerschen Unternehmen bereits aktiv war, ist.

Partner bei den Darlehensgeschäften war bevorzugt die kaiserliche Majestät bzw. in deren Vertretung, solange die österreichischen Länder noch nicht unter den drei Söhnen Kaiser Ferdinands I. aufgeteilt waren, die Tiroler Hofkammer. Daß sich deren Interesse bei der Befriedigung ihrer Anleihewünsche so nachhaltig auf Augsburg richtete, hat nicht allein mit der wirtschaftlichen Bedeutung der dortigen Kaufleute zu tun, sondern in nicht unerheblichem Maße auch mit dem Beauftragten der Habsburger, Georg Ilsung. Als Augsburger war er mit den innerstädtischen Verhältnissen aus eigener Anschauung bestens vertraut und konnte seine Kenntnisse für die Zwecke seines Auftraggebers als auch in Verfolgung eigener Interessen nutzbringend einsetzen. Kreditgeschäfte lassen sich seit den 40er Jahren des 16. Jahrhunderts nachweisen, wobei zum Teil gewaltige Summen zur Diskussion standen. 1549 übergab

Paller der Innsbrucker Kammer gemeinsam mit Konrad Herbst 48 000 fl., 1551 alleine 57 810 fl., 1554 weitere 43 000 fl., 1558: 55 000 fl., 1560: 175 868 fl. und 1566: 60 000 fl., die letzteren gemeinsam mit den Augsburger Meuting. 1558 ist sogar von einem Darlehen über die gewaltige Summe von 415 000 fl. die Rede, welches Paller und Herbst dem Kaiser gegen die stattliche Verzinsung von 10 % gewährt haben sollen. Dieses Darlehen war von Ilsung aus bewilligten Reichshilfen zurückzuzahlen. Dabei handelte es sich vor allem um die von den Ständen zugestandenen Türkensteuern, die allerdings zumeist sehr schleppend eingingen. 1559 hat dann Wolf Paller an Ferdinand I. erneut 86 000 fl. überlassen, die der Befestigung von Raab zur Abwendung der Türkengefahr dienen sollten. Auch die oberösterreichische Regierung gehörte zu den Darlehensnehmern von Paller und Herbst. Bereits 1542 hatte man dieser 6500 fl. geliehen.[26]

Nicht eben selten beschränkte sich Pallers Tätigkeit allerdings auf die Übernahme einer Bürgschaft gegenüber anderen Darlehensgebern des Kaisers. So verpflichteten sich Wolf Paller und Leonhard Weiß 1569 gegenüber Marx und Christoph Fugger wegen eines Kredits über 60 000 fl., welchen diese Maximilian II. gewährt hatten. Später wurden weitere 40 000 fl. unter gleichen Voraussetzungen dem Kaiser überlassen.[27] Häufig konnten Kreditwünsche nur mittels derartiger konzertierter Aktionen befriedigt werden, da nur so das gewaltige Risiko, welches die Geschäfte mit dem Kaiserhaus im Hinblick auf die stark beeinträchtigte Solvenz dieses Schuldners beinhaltete, wenigstens einigermaßen verringert werden konnte. Weder die Fugger noch Paller, der ebenfalls in diesem Jahr in dieser Angelegenheit angegangen worden war, waren bereit gewesen, ohne Bürgschaftsabsicherung weitere Darlehen zu gewähren. Nachdem sich die Rückzahlung des Kredites schließlich tatsächlich verzögerte, mußte Ilsung wiederholt beim Kaiser wegen der ordnungsgemäßen Vertragserfüllung intervenieren. Auch Ilsung selbst trug bei derartigen Geschäften manchmal ein nicht unerhebliches Risiko, verbürgte er sich doch bei den Darlehensgebern häufig selbst für die Rückzahlung. Dies ging durchaus so weit, daß er seine Schlösser Tratzberg und Matzen zum Pfandgegenstand machte. Häufig ging der Reichspfennigmeister auch insoweit in Vorleistung, als er Darlehen für die Habsburger auf seinen Namen aufnahm, im Vorgriff auf die von ihm verwalteten, aber vielleicht noch nicht eingegangenen Reichssteuern.[28]

Die zeitweilige Verpfändung von Matzen mag auch der Grund dafür gewesen sein, daß Unklarheit über die Besitzrechte Pallers an diesem Schloß bestehen. Noch 1574 wird nämlich Paller in Beziehung zu Matzen gebracht, obwohl er den Besitz bereits zehn Jahre vorher Ilsung überlassen hatte, wohingegen die Verpfändung des Schlosses an Paller bis zu diesem Jahr andauerte. Gleiches gilt für die Übergabe des Objekts, möglicherweise als Pfand, die vielleicht schon 1554 erfolgte, also einige Jahre vor dem tatsächlichen Erwerb durch Paller. Im übrigen liegt Matzen in unmittelbarer Nähe zum landesfürstlichen Brixlegger Bergrevier, dessen gesamte Ausbeute einschließlich derjenigen der Hüttenwerke in Kundl an Wolf Paller 1567 für zunächst zwei Jahre zum Preis von 13 fl. pro Zentner verkauft worden war.[29] Insoweit machte es für Paller durchaus Sinn, gerade Matzen eine gewisse Aufmerksamkeit zu schenken. Mit dem Brixlegger Kupfer sollte eine Schuld Erzherzog Ferdinands über 45000 fl. abgegolten werden, während das Kundler Erz von Paller zu bezahlen war. Da Paller das Kupfer in Italien zum Preis von 18 fl. weiterverkaufte, konnte auch unter Einbeziehung von Transportkosten von einem einträglichen Geschäft gesprochen werden. Später sollte sich die Rohgewinnspanne Pallers sogar auf 6,5 fl. pro Zentner erhöhen.

Auf Grund dieser Situation gab es bei der Tiroler Kammer wiederholt Versuche, Paller aus diesem lukrativen Geschäft zu verdrängen, sei es, daß man den Erzhandel in die eigene Verwaltung zu übernehmen versuchte, sei es, daß man Überle-

gungen anstellte, anderen Händlern die Erze zu einem höheren Preis zu verkaufen. Interessierte Kaufleute gab es anscheinend genügend, doch es gelang nicht, die von Paller immer wieder aufs Neue gewährten Darlehen zur Abzahlung zu bringen. Ja, das Kreditvolumen wurde sogar noch erweitert, indem Paller der Kammer bereits 1569 erneut 15000 fl. zukommen ließ. Noch im selben Jahr kreditierte er gemeinsam mit den Fuggern und Hans Dreyling dem Erzherzog weitere 51000 fl. Immerhin empfand man aus Sicht der Tiroler Verwaltung die Situation allmählich als derart unbefriedigend, daß man sich 1575 doch entschloß, das Kupfer an andere Kaufleute abzugeben. 1581 kehrte man dann allerdings reumütig zu Paller zurück. In diesen Jahren fiel der Abgabepreis sogar auf 13 fl. pro Zentner. Im übrigen setzte die Tiroler Kammer ihre Mißwirtschaft in gewohnter Weise fort. Die Erzlieferungen reichten nie zur Deckung der neu eingegangenen Verbindlichkeiten aus, nachdem z. B. auch die wiederholten Reisen des natürlichen Sohnes Erzherzog Ferdinands, des Kardinals Andreas von Österreich, so zum Konklave nach Rom zu finanzieren waren, so daß bis 1593 die Verbindlichkeiten gegenüber Paller auf insgesamt ca. 200000 fl. angewachsen waren. Diese waren üblicherweise mit dem relativ hohen Zinssatz von 8% zu bedienen, was zeigt, wie nachhaltig die Kammer von Paller abhängig geworden war. Diese Entwicklung setzte sich auch unter Wolf Pallers Erben bis zum Tod des Erzherzogs 1595 fort.[30]
Ganz eindeutig war Paller zum maßgeblichsten Finanzier des Habsburgers im Laufe der Jahre geworden, und die Verbindung war nach dem Tod Georg Ilsungs 1580 nur noch intensiver geworden. Dies zeigt sich auch in einer betonten Rücksichtnahme von seiten der erzherzoglichen Verwaltung, als es einen Streit wegen Jagdgerechtigkeiten zwischen den Fugger und Paller im Rauhen Forst bei Augsburg zu schlichten galt.[31] Schließlich waren auch sämtliche anderen Mitbewerber, vor allem auch die Fugger und Manlich, verdrängt, sei es, daß Insolvenz ihrer Tätigkeit ein Ende setzte, sei es, daß man sich

besserer Einsicht folgend, aus diesem risikoreichen Geschäft zurückgezogen hatte.
Was sind nun die Gründe, daß gerade Wolf Paller weit erfolgreicher als seine Mitbewerber gewesen ist? Hier haben sicherlich eine ganze Reihe von Faktoren eine Rolle gespielt. Zunächst war es Paller erspart geblieben, in die französischen, spanischen und portugiesischen Staatsbankrotte verwickelt zu werden und hier Schaden zu nehmen. Überhaupt drängte er immer darauf, daß die von ihm vergebenen Darlehen durch Erzlieferungen mindestens teilweise abgesichert waren, so daß die Außenstände niemals die schwindelerregenden Höhen erklimmen konnten wie im Falle seiner Konkurrenten. Vorteilhaft scheint auch gewesen zu sein, daß sich Paller ausschließlich um die Vermarktung des Erzes kümmerte und Abbau und Verhüttung anderen überließ. Im übrigen beherrschte er den Kupfermarkt in einer Weise, wie vor ihm nur die Fugger und Matthias Manlich, indem er nicht nur einen namhaften Teil der Tiroler Produktion aufkaufte, sondern auch Verleger des ungarischen Kupfers war. Dies mag auch der Grund gewesen sein, daß ihm die Tiroler Kammer nach sechsjähriger Abstinenz wieder die Kupferproduktion von Brixlegg und Kundl antrug, denn mit seinem ungarischen Kupfer hatte er zeitweise den italienischen Markt, das Hauptabsatzgebiet für das Tiroler Erz, mit Dumpingpreisen in Unruhe versetzt. Hier halfen auch keine Solidaritätsappelle Erzherzog Ferdinands an seinen Bruder Karl von Steiermark, der Inhaber der habsburgischen Tertiogenitur war, weiter, den Transport des ungarischen Kupfers durch seine Lande nach Venedig zu unterbinden.
Im übrigen war Wolf Paller für Ferdinand auch in anderer Hinsicht ein überaus wertvoller Partner gewesen. Paller scheint offensichtlich Freude und sachkundiges Interesse am Sammeln von Kunstwerken entwickelt zu haben, was beim kunstbegeisterten Tiroler Landesherren auf Gegenliebe stoßen mußte. Insoweit war es nur naheliegend, wenn Paller auch bei

der Beschaffung von einzelnen Objekten für die Ambraser Kunstkammer Verwendung fand. Zu den vielen über Wolf Paller angekauften Altertümern gehörten auch die Montfortschen Antiquitäten, für welche die stattliche Summe von 7000 fl. bezahlt wurde. Die erzherzogliche Gunst wird deutlich, indem Paller eine goldene Prunkkette im Wert von 391 fl. 24 Kr. verehrt wurde und sein Name im berühmten Ambraser Trinkbuch unter den Gästen des Hauses erscheint. Paller revanchierte sich durch die Übergabe eines »köstlichen Schatzbuechs«.[32]

Bereits zwei Jahre, nachdem Paller mit der erzherzoglichen Verwaltung in Innsbruck wegen der Übernahme der Kupferproduktion von Brixlegg und Kundl handelseinig geworden war, übernahm er 1569, diesmal gemeinsam mit seinen Weißschen Verwandten, von Kaiser Maximilian II. den Neusohler Kupferverlag. Im Gegensatz zum Tiroler Engagement, das Paller auf die Rolle des Einkäufers beschränkte, bedeutete die Verlagsübernahme eine weit stärkere Einbindung des Händlers in das Produktionsgeschehen. Die kaiserliche Verwaltung hatte mit den bisherigen Verlegern, den Augsburgern Melchior Manlich und Mitverwandten, keinen erneuten Vertragsabschluß zustande gebracht, da diese einer Erhöhung des Abgabepreises nicht zustimmen wollten. Die zum Zeitpunkt der Verlagsübernahme bestehenden Forderungen der Paller-Weiß in Höhe von 167 543 fl. gegenüber dem Monarchen sollten zukünftig nicht mehr über Steuern und Zolleinkünfte abgegolten werden, sondern durch Kupferlieferungen. Dabei darf nicht übersehen werden, daß die Rentierlichkeit des Kupferhandels in hohem Maße durch den Zinsdienst beeinträchtigt wurde, welcher als Ausgleich für das eingesetzte Kapital erwirtschaftet werden mußte. Dieser Forderungsbetrag erhöhte sich um weitere 279 000 fl., welche die Paller-Weiß Melchior Manlich und seinen Konsorten als Abfindung zu zahlen hatten, die zum Ausgleich von deren Forderungen an den Kaiser dienten.[33]
Daneben kam es auch immer wieder zu Absatzkrisen, bedingt

durch politische Veränderungen, so z. B. wegen des Ausfalls des Antwerpener Marktes und damit Spaniens infolge der niederländischen Wirren oder auch zu Transportproblemen. Auch der Neusohler Abschluß war unter tatkräftiger Hilfe des Reichspfennigmeisters Ilsung zustande gekommen, dessen Tätigkeit sich natürlich nicht in den Diensten der Tiroler Kammer erschöpfte. Trotz verschiedenen offen gebliebenen Wünschen auf seiten beider Parteien einigten sich diese 1572 auf eine Vertragsverlängerung um drei Jahre. Bis zur erneuten Prolongation im Jahre 1580 stiegen die Schulden des Kaisers – seit 1576 war dies Rudolf II. – auf 233 396 fl. an, ohne daß auf eine Absenkung gehofft werden konnte. Möglicherweise wurden die Neusohler Geschäfte durch den Umstand begünstigt, daß ein Neffe Pallers, Matthias, Sohn seines gleichnamigen Bruders, sich in Neusohl niedergelassen hatte, wo er sich mit der Tochter des kaiserlichen Rats Georg Krabath von Sparendorf vermählt hatte. 1575 hat er sich um die Übertragung des Neusohler Einnehmeramts bemüht – mit welchem Erfolg muß dahingestellt bleiben.[34]

Mit dem Kupferkauf in Tirol bzw. in Oberungarn erschöpfte sich natürlich die Tätigkeit der Händler nicht, sondern jetzt waren sie noch als Vermarkter des Erzes gefordert. Absatzorganisationen waren erforderlich, um das Metall an geeignete Abnehmer zu verteilen. Üblicherweise nahm das Tiroler Kupfer den Weg nach Süden, während die Neusohler Produktion nach Norden verschickt wurde. In Bozen arbeitete Paller in den 70er Jahren mit Johann Baptista Troylo zusammen. 1560 führte das Unternehmen mit Genehmigung Kaiser Ferdinands I. Silber nach Mailand aus. In Amsterdam war Jakob Finckh in dieser Zeit Geschäftspartner der Paller-Weiß, Stephan Orth vertrat die Interessen des Unternehmens in Antwerpen. Kupfer ging auch an die portugiesische und die spanische Krone. In Lissabon besorgten 1580 Jakob Fischer und Kaspar Conradorfer die Geschäfte der Handelsgesellschaft. 1572 fungierte Gilius de Greve als Faktor des Augsburger

Unternehmens in Hamburg. Von hier aus besorgte er den Verkauf der Erze nach England. Auch in Lyon war das Handelshaus in den 70er und 80er Jahren auf den dortigen Messen präsent.[35] In Leipzig waren die Paller-Weiß nacheinander durch die Faktoren Wolf Kirsten, Lukas Beyer und Rochus Franke vertreten. Als hier 1579 im Rahmen einer Revision Unregelmäßigkeiten festgestellt wurden, hatte dies eine gerichtliche Auseinandersetzung zur Folge, welche sich bis in die 90er Jahre hinziehen sollte. In dieser Angelegenheit ließ sich Paller durch das Leipziger Unternehmen Lebzelter vertreten, zu welchem, wie wir bereits gesehen haben, verwandtschaftliche Beziehungen bestanden. Leipzig war für die Augsburger vor allem als Umschlagplatz für das ungarische Kupfer bedeutungsvoll, das von hier weiter nach Nürnberg, Frankfurt/Main und Hamburg verschickt wurde.

Aus dem Jahre 1582 wissen wir, daß von Paller Kupfervorräte in Augsburg, Neusohl, Wien, Breslau, Leipzig, Lyon, Amsterdam, Venedig, Antwerpen, Nürnberg, Danzig und Hamburg unterhalten wurden. Hier wurde allerdings ausschließlich Kupfer aus der Neusohler Produktion im Gesamtwert von 73988 fl. 4 Kr. gelagert. An diesem Besitz, welcher unter der Bezeichnung »alte ungarische Kupferhandlung« zusammengefaßt war, partizipierte der alte Paller zu zwei Dritteln. Daneben wurde im gleichen Jahr noch auf eine »neue ungarische Kupferhandlung« Bezug genommen, an welcher Paller allerdings nur zu 50% beteiligt war. Die hier getroffene Unterscheidung kann eigentlich nur Ausfluß unterschiedlicher Verlagskontrakte sein, welche die Paller-Weiß mit der kaiserlichen Verwaltung geschlossen hatten. Vermutlich ergaben sich aus diesem Umstand jedoch keine Konsequenzen für die Zusammensetzung des Gesellschafterkreises.[36]

Als Paller am 24. Juni 1582 verstarb, hinterließ er neben den beiden Söhnen Wolf und Matthias noch vier Töchter, die mit Augsburgern verheiratet waren und hier lebten. Von einem weiteren Sohn, David, den Anton Werner und Fritz Lilienthal in ihren Stammtafeln nachweisen, war im Rahmen der Erbauseinandersetzung nicht mehr die Rede, sei es, daß er bereits verstorben war, sei es, daß die Filiation in der dargestellten Form so nie bestanden hat. Pallers Gattin Magdalena war ihm bereits 1578 im Tod vorausgegangen. Die Töchter Susanne, verheiratete Hörmann, und Magdalene, verehelichte Sulzer, sollten für die weitere Paller-Geschichte noch von einiger Bedeutung sein, indem sich ihre Nachkommen mit den beiden letzten Paller-Namensträgern verheiraten sollten. Wolfgang Leonhard Paller, der 1679 kinderlos verstarb, war zunächst mit Susanne Hörmann, einer Enkelin der gleichnamigen Großmutter, verheiratet. In zweiter Ehe verband er sich mit Juliane Zöschlin von Zöschlinsweiler, die eine Urenkelin der Susanne Hörmann geb. Paller war, aus deren zweiter Ehe mit Matthias Regel. Im übrigen war das Leben dieser Tochter des Wolf Paller sehr bewegt. Obwohl sie nach dem Tod ihres ersten Gatten von ihrem Schwager Tobias Hörmann geschwängert worden war, gelang es ihr, in Regel einen zweiten Gatten zu finden. Diese Ehe endete 1599 damit, daß Susanne von ihrem Gemahl erstochen wurde.[37] Im Kestner-Museum, Hannover, befindet sich ein rauchfarbenes Stangenglas mit den emaillierten Wappen Hörmann und Paller. Das Glas entstand in Venedig, die Malerei wurde in Nürnberg gefertigt, wohl anläßlich der Eheschließung im Jahre 1570 oder wenigstens vor 1583, dem Todesjahr David Hörmanns. Der Enkel von Wolf Pallers Tochter Magdalene, verehelichter Sulzer, Wolfgang Leonhard Sulzer, heiratete schließlich 1621 Wolf Leonhard Pallers Schwester Rosina. Infolge dieser Ehe fiel später ein Großteil des Pallerschen Nachlasses an diese Familie. Wolf Pallers Tochter Anna war mit Joachim Jenisch verheiratet und die vierte Tochter Maria mit Johann Friedrich Welser.

Am 7. August 1581 hatte Paller sein Testament errichtet, welches die beiden Söhne in Form von Legaten im Vergleich zu ihren Schwestern deutlich begünstigte. Auf diese Weise erhielt der Sohn Wolf als der älteste Hammel einschließlich der Liegenschaft Loh, zwischen Neusäß und der Schmutter gelegen. Gleichzeitig bestimmte der Erblasser Hammel zu einem Fideikommiß zugunsten seiner männlichen Nachkommen.[38] Matthias bekam das Gebäude D 70/71 am Augsburger Obstmarkt. Die Mannlehen zu Täfertingen (1 Hof im Wert von 750 fl.), Walkertshofen (1 Hof im Wert von 1500 fl.), die Sägemühle Edenhausen (Wert 500 fl.) und der Zehnte zu Zusmarshausen (Wert 1250 fl.) wurden den Brüdern für zusammen 3600 fl., also unter dem Marktwert, überlassen. Schließlich hatte der jüngere Wolf Paller für das Familienhaus am Obstmarkt (D 158) zu Augsburg nur 6000 fl. zugunsten der Erbmasse zu erlegen.

Nachdem Matthias Paller bereits 1583 ohne Hinterlassung von Leibeserben verstorben war, wurde sein Bruder Wolf sodann alleiniger Inhaber der Mannlehen. Das von Matthias ererbte Haus D 70/71 fiel jedoch an die Schwester Magdalene Sulzer. Matthias war in erster Ehe seit 1572 mit Katharina Imhof verheiratet gewesen. Eine Hochzeitsschüssel, die aus Anlaß dieser Verehelichung angefertigt worden war, hat sich in den Städtischen Kunstsammlungen Augsburgs erhalten (Inv.-Nr. 10349). Im Spiegel zeigt das bemalte hölzerne Haushaltsgerät ein Turnier. Auf dem Rand ist ein Hochzeitsreigen dargestellt. Auf der Unterseite ist das Allianzwappen der Eheleute abgebildet. In Verbindung mit Matthias Paller hat sich noch ein weiterer Kunstgegenstand bis auf unsere Tage erhalten. Bei seinem Vetter zweiten Grades Lienhart Weiß, der 1571 geboren wurde, übernahm er die Patenschaft. Eine goldene, teilweise emaillierte Taufmedaille, die auf der Rückseite das Paller-Wappen zeigt, ließ Matthias aus diesem Anlaß prägen. 1580, also drei Jahre vor seinem Tod, besaß er ein Vermögen von 1600 bis 3200 fl., errechnet auf Grund einer Steuerzahlung über 80 fl. In zweiter Ehe war Matthias Paller mit Elisabeth, der Schwester des Stadtpflegers Johann Jakob Rembold, verheiratet.

Wolf Pallers Tochter Magdalene Sulzer erhielt von ihrem Vater

OLFGANG PALLER.   ÆTATIS SVÆ 78.
ANNO DNI
1582.

Wolffgangus Paller

Ungerisches Kuepfer
Conto.

Fr. 4 Siebenbürgen.

7 »Ungerisch Kuepfer-Connto« vom 4. Februar 1627, mit dem
  Sackzeichen der Firma Paller. Rehlingen-Archiv Nr. 55
8 »Wolfgangus Paller [der Jüngere] Ae[tatis] LXXIIII Anno 1619«.
  Bildnismedaille. Signatur des jüngeren Paller

Vorhergehende Seite
6 »Wolfgang Paller [der Ältere, um 1504–1582] Aetatis suae 78 Anno
  1582«. Ölgemälde aus dem Sterbejahr des älteren Paller

9 Wappen »Die Herren Paler« mit Wahlspruch: Sola virtus nobilitat.
 (Nur die Tugend adelt.) Sammlung Fromann
 in der Württembergischen Landesbibliothek Stuttgart

eine Behausung mit Garten, »ob dem Kreuz in der langen Gasse gelegen«. Die Hälfte des Hauses hatte Paller von seiner Schwägerin Margarethe Herbst, geborener Wagner, geerbt. Die andere Hälfte hatte er der von Konrad Herbst errichteten Stiftung abgekauft.[39] Magdalene Sulzer hatte für diese Immobilie 6000 fl. an die Erbengemeinschaft zu entrichten. Die Tochter Anna Jenisch erhielt einen Garten beim St. Martinskloster, der bisher mit dem Pallerschen Stammhaus verbunden war und einen Wert von 2400 fl. verkörperte. Am Augsburger Weinmarkt besaß Paller ein weiteres Haus, das seine Erben an Marx Fugger für 9600 fl. verkauften. Daneben hinterließ Paller noch weitere Liegenschaften, so vor allem das Gut Vögelin. Des weiteren besaß er Forderungen an 24 Gläubiger über insgesamt 14884 fl. 58 Kr. 3 Pfg., darunter gegen Erzherzog Ferdinand über 5000 fl. zu 7 % verzinslich, Hausrat u.a.

Diese quasi privaten Besitzteile ihres Vaters verteilten die Erben am 17. September 1582 untereinander. Nach Ausweis des bei dieser Gelegenheit erstellten Vergleiches belief sich dieser Vermögensteil auf 64604 fl. 30 Kr. 3 Pfg. Allerdings konnten verschiedene der Erben aus dieser Summe noch insgesamt 11000 fl. beanspruchen, weil sie geringere Heiratsgüter als ihre Geschwister erhalten hatten. Damit kam jedes der sechs Kinder auf 7000 fl. Heiratsgut, was für sich allein schon eine stattliche Summe darstellte. Addiert man zu den dann verbleibenden 53604 fl. 30 Kr. 3 Pfg. noch den Wert der Legate Hammel, Loh und des Hauses D 70/71 und die Wertdifferenzen aus den unterbewerteten Mannlehen und dem Haus D 158 hinzu, so läßt sich durchaus ein Privatvermögen von ca. 75000 fl. ermitteln.

Das Handelsvermögen Pallers wurde erst am 28. März 1586 verteilt, da Absprachen mit dem Mitgesellschafter Franz Wagner einer früheren Rechnungslegung entgegenstanden. An den jüngeren Wolf Paller fielen weitere 56285 fl. 10 Kr. 10 Pfg. Auf die Gemeinschaft der Erben wurden 37120 fl. 13 Kr. 3 Pfg. verteilt.[40] Dabei kann es sich natürlich nicht um das gesamte

Betriebskapital Pallers handeln, blieben doch sowohl sämtliche Forderungen gegen die Habsburger und verschiedene andere Darlehensnehmer als auch große Teile des Metallgeschäftes außer Ansatz. An Bargeld und Forderungen wurden nur 43 362 fl. 23 Kr. 11 Pfg. nachgewiesen, und auch das Tirol-Geschäft blieb völlig vernachlässigt. Für die »neue ungarische Kupferhandlung« wurden nur 1 011 fl. 16 Kr. 5 Pfg. angesetzt, was natürlich – allein gemessen an den umfangreichen Lagervorräten – niemals den gesamten Wert dieses Geschäftszweiges repräsentieren konnte.[41]

Auf Grund dieser zum Teil äußerst dürftigen und vor allem lückenhaften Informationen kann für den älteren Wolf Paller ein Nachlaß von wenigstens 170 000 fl. errechnet werden. Dieser Betrag steht durchaus im Einklang mit dem für Paller auf Grund seiner Steuerzahlung von 300 fl. für 1582 ermittelten Vermögen von 60 000 bis 120 000 fl., da diesen Deklarationen nur sehr bedingt der komplette Besitz des Steuerpflichtigen zugrunde lag.

Beerdigt wurde Paller bei seiner Ehefrau im Grab seiner Eltern »in der finstern Gräbt« im Schatten des Augsburger Doms.[42] Vermutlich ließen Pallers Erben nach dem Tod des Vaters zu seinem Gedächtnis die Medaille prägen, welche auf der Vorderseite sein Abbild und auf der Rückseite das vermehrte Pallersche Wappen zeigt. Im übrigen haben sich von Wolf Paller noch zwei Porträtdarstellungen erhalten. Alle drei Abbildungen zeigen Paller im Profil, nach rechts gewandt. Die nicht zu übersehende Ähnlichkeit in den Darstellungen läßt vermuten, daß diese entweder parallel entstanden oder nach derselben Vorlage gefertigt worden sind.[43]

Wolf Paller der Jüngere war 37 Jahre alt, als er seinen Vater beerbte. Der Tod seines Bruders Matthias im darauffolgenden Jahr hatte zur Folge, daß Wolf auch dessen Anteil an der väterlichen Handelsgesellschaft erhielt, so daß dem Pallerschen Unternehmen infolge des Generationswechsels kaum Kapital entzogen wurde. Die vier Töchter waren nur in untergeordnetem Umfang an den Handelsaktiva beteiligt, da sich ihr Erbteil im wesentlichen auf den privaten Vermögensnachlaß beschränkte. Wolf Paller der Jüngere hatte 1571 in die Familie Welser eingeheiratet. Seine Frau Rosina und der Gatte seiner Schwester Maria waren Geschwister, Enkel und Enkelin des großen Bartholomäus Welser. Für die Paller waren diese Ehen in zweierlei Hinsicht bedeutungsvoll – das Sozialprestige der Familie innerhalb der Augsburger hierarchischen Ordnung wurde nachhaltig gesteigert, gehörten die Welser doch zu den ältesten und einflußreichsten patrizischen Familien der Stadt, und gleichzeitig konnten diese Verbindungen der eigenen Wirtschaft nur dienlich sein. Zunächst bedeutete die Heirat mit einer Patrizierin für den Zünftigen aus der Kaufleutestube die Aufnahme in die Mehrergesellschaft, eine Standeserhöhung, in deren Genuß auch Wolfs Bruder Matthias infolge seiner zweiten Heirat mit Elisabeth Rembold gekommen war. Die Aufnahme der Paller ins Patriziat wurde allerdings erst der nächsten Generation zuteil. 1632 wurden sie im Rahmen der sogenannten schwedischen Geschlechtermehrung als würdig befunden, hier Zugang zu erhalten. Als Vertreter der Mehrer saß Wolf Paller dann von 1598 bis 1620 im Kleinen Rat seiner Heimatstadt. Im gleichen Jahr resignierte er auch vom Amt eines Baumeisters, einem Organ der Finanzverwaltung, zu welchem er von seiten der Mehrer seit 1606 verordnet war. Dieses städtische Verwaltungsorgan war mit zwei Patriziern und einem Mehrer besetzt. Von 1594 bis 1598 hatte Paller auch als Mitglied des Stadtgerichts fungiert.[44] Insoweit nahm Paller innerhalb des Augsburger Stadtregiments eine Position ein, welche der Stellung seines Vaters durchaus vergleichbar war.

Ein Jahr nach dem Tod seiner ersten Ehefrau vermählte sich Paller 1583 ein zweites Mal. Die Auserwählte, Rosina Weiß, entstammte dem engeren familiären Umfeld des Bräutigams, war sie doch seine Cousine zweiten Grades, Tochter bzw. Nichte der sieben Weiß-Brüder, mit welchen er den Neusohler

Verlag betrieb. Allerdings war Rosinas Vater bereits 1572 verstorben. Ihre Schwester Jakobine sollte 1590 Pallers Neffen Wolfgang Sulzer heiraten, was die verwandtschaftlichen Beziehungen erneut bekräftigen sollte. Paller sicherte seiner Ehefrau als Heiratsgut, Widerlage und Heimsteuer 8 500 fl. zu. Als 1604 die Schwiegermutter Afra Weiß starb, erbte Pallers Frau 16 000 fl. an Bargeld und liegende Güter im Wert von 8 500 fl., darunter Höfe in Bobingen und Oberhausen.[45] Daß es um die Entwicklung des Pallerschen Vermögens nicht schlecht bestellt war, beweisen auch die vermögensabhängigen Steuerzahlungen. 1583 hatte Paller aus einem Besitz von 25 200 bis 50 400 fl. gesteuert. Bis 1590 war sein Vermögen bereits auf einen Wert von 79 600 bis 159 200 fl. angestiegen. Von 1611 bis zu seinem Tod 1622 zahlte er die sogenannte reiche Steuer in Form der maximalen Abgabe von 750 fl., was einem Vermögen von wenigstens 150 000 bis 300 000 fl. entsprach.

Diese insgesamt glänzende Entwicklung spiegelt sich auch in den auf Augsburg konzentrierten Grundstücksgeschäften Pallers wider. Den vom Vater ererbten Liegenschaften fügte er 1601 die Güter Hainhofen und Ottmarshausen bei, welche er von Anton Fugger für 41 000 fl. erworben hatte. 1613 wurde dieser Besitz sogar mit 54 000 fl. bewertet. Siebzehn Jahre später wird Hainhofen alleine, damals allerdings bereits im Eigentum des Schwiegersohns Marx Konrad Rehlinger stehend, mit 28 000 fl. angesetzt. Im übrigen umfaßten die beiden Herrschaften auch jeweils ein dazugehöriges Dorf und im Falle Hainhofens noch ein Schloßgebäude.[46] Die hier heute noch existierenden Häuser stammen allerdings weitestgehend aus dem 18. Jahrhundert. Aus Pallerscher Zeit haben sich nur Mauerreste erhalten, die aber möglicherweise auch aus der Fuggerschen Besitzphase herrühren könnten. Im übrigen war die Herrschaft nur kurze Zeit in Pallerschem Besitz, da sie bereits 1622 über eine früh verstorbene Tochter Pallers an die Rehlinger kam. Jetzt nannte sich Paller stolz Herr zum Hammel, Hainhofen und Ottmarshausen. 1590 hat er dann von

Georg Sulzer das Hofgut Hiltenfingen erworben. Zwei weitere Höfe zu Kriegshaber und einen Hof zu Villenbach, zwischen Zusmarshausen und Dillingen gelegen, kaufte er von der Familie Langnauer. Eine Holzmark bei Stadtbergen wurde von Otto Lauginger übernommen.[47] Auch diese Erwerbungen lagen alle im westlichen Vorland Augsburgs, womit die Politik des alten Paller, sich gerade hier festzusetzen, weiter verfolgt wurde.

Nicht nur der private sondern auch der berufliche Lebensweg Wolf Pallers des Jüngeren war vorbestimmt durch die Familie, in welche er hineingeboren wurde. Vermutlich paarten sich diese Gegebenheiten auch mit entsprechenden Neigungen und Talenten. Insoweit darf angenommen werden, daß er sich seine ersten Sporen im väterlichen Unternehmen verdiente. Für diejenigen Handelshäuser, welche die Krise des Bergbaus, die Finanzschwäche der Märkte und die sich daraus ergebende Insolvenzwelle überstanden hatten, gab es seit Beginn der 80er Jahre wieder deutlich verbesserte Rahmenbedingungen, welche ihrem Wirtschaften zugute kamen. Im übrigen sollte sich bis zur Jahrhundertwende auch unter der neuen Firmenleitung nichts Entscheidendes an der Zielsetzung der Pallerschen ökonomischen Bestrebungen ändern. Tirol und sein Bergbau waren trotz sinkender Produktionsmengen bedeutungsvoll, und auch das damit verbundene Kreditgeschäft war nach wie vor von erheblichem Interesse, vor allem nachdem die fürstlichen Darlehensnehmer größere Pünktlichkeit bei der Rückzahlung walten ließen. Allerdings war der Zenit im Berggeschäft längst überschritten, und der Niedergang war nicht mehr aufzuhalten, vor allem nachdem wiederholt ausbrechende Fleckfieberseuchen die Situation noch zusätzlich erschwerten. Schließlich erlag auch die Hofkammer der latent immer gehegten Vorstellung, den Kupferhandel in die eigene Verwaltung zu nehmen, womit schließlich bürokratische Unzulänglichkeiten an die Stelle unternehmerischer Flexibilität traten. Immerhin haben die Paller die Produktion der landesherrlichen Bergwerke in Kundl und Brixlegg wenigstens bis 1603 in gewohnter Weise abgenommen.[48] Danach gewann vor allem der Neusohler Kupferverlag und neuerdings auch das sächsische Zinngeschäft für das Pallersche Handelshaus eindeutige Priorität.

Diese Entwicklung mag vielleicht auch mit einer veränderten personellen Situation innerhalb des Pallerschen Unternehmens zu tun haben. Von der Familie Wagner ist jetzt nicht mehr die Rede, auch wenn Franz Wagner, Vater und Sohn, erst 1604 bzw. 1617 verstarben. Gleiches gilt für die Weiß. Josias Weiß hatte bereits 1586 der Tod ereilt, sein Bruder Daniel folgte ihm 1596. Beide waren kinderlos gewesen. David Weiß, das Oberhaupt der Familie, mindestens in bezug auf die Verfolgung wirtschaftlicher Interessen, beendete sein Leben 1593. 1602 schieden dann die Weiß aus dem Neusohler Verlag aus. Ihr Firmenvermögen ging schließlich über David Weiß auf dessen Schwiegersohn Daniel Österreicher über. Diese Entwicklung ging einher, wurde vielleicht auch bedingt, durch Veränderungen innerhalb der Familie Paller. 1602 hatte sich nämlich Pallers Tochter Magdalena mit Marx Konrad Rehlinger oder auch von Rehlingen, wie sich dieser später schrieb, verheiratet, einem Mann von hohem Machtbewußtsein, welches mit Energie und wirtschaftlichem Gespür verbunden war. Insoweit war es nur gut, daß Pallers einziger Sohn Leonhard offensichtlich wenig Neigung zu kaufmännischem Tun verspürte und auch der andere Schwiegersohn Hieronymus Rehlinger, ein Vetter des Marx Konrad, hier keine Zeichen setzen wollte.

Marx Konrad entstammte einer altpatrizischen Augsburger Familie, die immer in wirtschaftlicher Solidität lebte, aber niemals in auffallender Weise wirtschaftlich aktiv geworden war. Marx Konrads Vater Marx betrieb Warenhandel, u.a. auch mit Seide und Gewürzen. Am Kupferhandel und an Geldgeschäften, lukrativen, aber auch risikoreichen Wirtschaftszweigen, wo man schnell reussieren konnte, wie ihm in Augsburg hautnah vorgelebt wurde, beteiligte er sich nicht. An dieser Situation änderte sich offensichtlich auch nicht viel, als seine Tochter Maria 1591 den Reichspfennigmeister Zacharias Geizkofler ehelichte, womit sich den Rehlinger eigentlich beste Beziehungen zur Finanzwelt und zum Kaiserhof eröffneten. Allerdings ging diese Phase bereits 1603 zu Ende, als Geizkofler wegen zahlreicher Anfeindungen von seinem Amt zurücktrat und sich auf sein Rittergut Haunsheim bei Dillingen an der Donau zurückzog. Mit Gutachten und Ratschlägen stand er der kaiserlichen Administration auch nachher bis zu seinem Tod 1617 zur Verfügung, immer bemüht, die Gefahr des sich allmählich abzeichnenden Religionskrieges zu bannen. Insoweit war es auch nur naheliegend, daß Marx Konrad von Rehlingen, geboren 1575, seinen Schwager in Verfolgung von dessen beruflichen Interessen zunächst unterstützte.[49] So mag es auch zur Verbindung mit Magdalene Paller gekommen sein, mit deren Vater Geizkofler Darlehensgeschäfte abwickelte.

Rehlingen, der ehemalige Student der Rechte in Pisa und Padua, wird 1602, zum Zeitpunkt seiner Eheschließung, in das Pallersche Unternehmen eingetreten sein. Der Heiratsbrief macht deutlich, welche gute Partie Magdalene Paller war. Ihr Vater gab ihr ein Heiratsgut mit Heimsteuer von 10000 Gulden in die Ehe mit, dem Rehlingen als Morgengabe und Widerlage 7000 fl. entgegensetzte. Zusammen war dies bereits ein beträchtliches Vermögen. Rehlingen konnte hier nur deshalb einigermaßen mithalten, weil er zu diesem Zeitpunkt bereits das Erbe des im Vorjahr verstorbenen Vaters angetreten hatte. Pallers andere Tochter Rosina, die 1601 Hieronymus Rehlinger geheiratet hatte, hatte dagegen nur 8000 fl. an Ehegut erhalten, während ihr Gatte ebenfalls 7000 fl., wie der Schwager, einbrachte. Die Kosten der Hochzeit dieser Ehegatten beliefen sich auf stolze 1249 fl. 17 Kr., was schon als Zahl allein für sich spricht.

Im Rehlingen-Archiv hat sich für die folgenden Jahre ein

umfangreicher Briefwechsel zwischen Wolf Paller und seinem Schwiegersohn Marx Konrad von Rehlingen erhalten. Anscheinend hatten die beiden zu einer sinnvollen Arbeitsteilung untereinander gefunden. Paller, der nun bereits auf die 60 zuging, residierte in Augsburg, wo sich die Zentrale des Unternehmens nach wie vor befand. Höchstens unternahm er kleinere Reisen, z. B. im August 1607 nach Stuttgart und Göppingen, vielleicht wegen Kreditverhandlungen, jedenfalls sind für spätere Jahre sowohl die württembergischen Landstände als auch die Stadt Göppingen als seine Darlehensnehmer belegt, während ansonsten Rehlingen die Verhandlungen vor Ort führte. In den Jahren 1603 bis 1609 hielt er sich zum Teil monatelang in Prag auf, dem Zentrum der Habsburger-Monarchie zur Zeit Kaiser Rudolfs II., gelegentlich auch in Wien. Auch in späteren Jahren wird die Situation wohl ähnlich gewesen sein, doch haben wir für diese Zeit keine Belege. Einmal, 1617, stellte Wolf Paller in seiner Funktion als kaiserlicher Majestät Kupferbergwerkeverleger einen Passierschein aus, der allen Mautnern und Zöllnern zwischen Augsburg und Wien gebot, eine Truhe mit Gold- und Silbermünzen, die von Hans Wild in seinem Auftrag zu Rehlingen nach Wien gebracht wurde, passieren zu lassen.[50] Für die Jahre 1617/18 ist eine Reise des Pallerschen Beauftragten Wolfgang Leonhard Sulzer und des Handelsdieners Vogel wiederum nach Prag und Wien und schließlich auch nach Regensburg belegt. Zwei Monate waren die beiden unterwegs, wobei Spesenzahlungen von 847 fl. 20 Kr. anfielen.[51] Sulzer war, wie wir schon gesehen haben, ein Enkel von Pallers Schwester Magdalene, verehelicht mit David Sulzer, und gleichzeitig Sohn seiner Schwägerin Jakobine Sulzer, geborener Weiß. Auch dies ein Beispiel, in welchem Maße das familiäre Umfeld für die Zwecke eines Unternehmens herangezogen wurde. Zu diesem Verhaltensmuster gehörte dann auch fast zwangsläufig, daß eine derartige Anstellung irgendwann in eine erneute familiäre Verbindung einmündete. 1621 heiratete Sulzer nämlich Rosina Paller, eine

Enkelin des jüngeren Wolf. Aus dieser Allianz sollten in späteren Jahren noch nachhaltige Streitigkeiten um das Pallersche Erbe erwachsen.

Rehlingen wird sich in den beiden kaiserlichen Residenzen vor allem um die Kupfer- und Geldgeschäfte des Familienunternehmens gekümmert und gleichzeitig auch Kontakt zum Neusohler Mitgesellschafter (seit 1603), Lazarus Henckel von Donnersmarck, gehalten haben. Ausfluß dieser Beziehungen waren auch zahlreiche Wechselgeschäfte, die zwischen Henckel und Wolf Paller getätigt wurden. Meist zahlte Paller im Auftrag Henckels an dessen Geschäftspartner in Frankfurt oder auch in Nürnberg Beträge aus.[52]

Rückgrat der Finanzanlagen war das Kreditgeschäft. Zum 31. Dezember 1615 beliefen sich nur die Forderungen gegenüber den kaiserlichen Schuldnern auf 397250 fl. 2 Kr. 10 Pfg. Daneben hatte Paller zu diesem Zeitpunkt auch noch von den Nachlaßverwaltern Erzherzog Ferdinands 10000 fl. zu fordern.[53] Im übrigen wurden in diesen Jahren auch kontinuierlich Kleinbeträge meist zu einem Zinssatz von 5 oder 6% vergeben. Schuldner waren Augsburger Bürger oder auch verschiedene Reichsstände und Körperschaften: Die Stadt Erfurt erhielt 2500 Reichstaler, Göppingen 1000 Taler, die Landstände von Württemberg 10000 fl., die kurpfälzische Landschaft in Amberg 8000 fl., die Reichsstadt Giengen 7000 fl., Augsburg 40000 fl., Nürnberg 48000 fl., Hamburg 60000 fl., das Herzogtum Venedig 24000 fl. usw.[54] Parallel hierzu wurde das Einlagengeschäft vorwiegend mit Augsburger Bürgern bzw. mit verschiedenen auswärtigen Geschäftsfreunden gepflegt, um sich wieder zu refinanzieren, z.B. mit den Nürnbergern Wilhelm und Endres Imhof, die 12000 fl. bei Paller anlegten, oder auch mit Ferdinand Geizkofler, der 17000 fl. übergab. Im übrigen ergeben sich aus Pallers Geheimbuch zum 31. August 1613 Verbindlichkeiten von insgesamt 132999 fl. gegenüber 21 Geldgebern, aufgeteilt auf Einzelbeträge zwischen 200 und 19500 fl. Zum Jahresende 1616 zählten zu seinen Gläubigern auch der Schwiegersohn Marx Konrad von Rehlingen mit 23025 fl. und die Ehefrau Rosina Paller mit 24400 fl. Diese hat für die Jahre 1604 bis 1623 ein Haushaltsbuch geführt, in dem sie genau verzeichnete, wie sich ihr Vermögen entwickelte. Weitere verwandte Geldgeber waren der Schwager und Neffe Wolfgang Sulzer mit 4879 fl. zu 6%, der Neffe Hans Jakob Jenisch mit 7069 fl. zu 5%, der Schwiegersohn Hieronymus Rehlinger mit 14000 fl. zu 5%, die Schwester Maria Welser mit 2000 fl. zu 5% u.a.[55]

Bereits zu Ende des 16. Jahrhunderts war Wien zunehmend zum Dreh- und Angelpunkt für Kupfergeschäfte geworden. Dies hatte sicherlich verschiedene Ursachen; vor allem die weiter im Sinken begriffene Ergiebigkeit der Tiroler Kupfergruben hatte die Neusohler Vorkommen noch wertvoller gemacht und auch die Verlagerung des politischen Zentrums der Habsburger-Monarchie nach Osten – in Innsbruck regierte als Vertreter des Kaisers nur noch einer seiner Verwandten – hatte die Bedeutung Wiens gesteigert. Insoweit war es nur naheliegend, daß Paller sich in Wien durch einen Faktor dauerhaft vertreten ließ. Zu Beginn der 90er Jahre war dies Matthias Stainherr. Zwangsläufig ergaben sich hier auch enge Berührungspunkte zu Tobias Weiß, einem Bruder der Paller-Konsorten, der in Wien als Vertreter des Weißschen Unternehmens oder auch in Eigenverantwortlichkeit seinen Geschäften nachging.

Kennzeichen einer wenig befriedigenden Ertragslage im Neusohler Bergbau mag es gewesen sein, daß 1587 in den neuen Abnahmekontrakt mit dem Kaiserhaus der in Wien ansässige italienische Handelsmann Bartholme Castl aufgenommen wurde. Diese Situation war nicht ganz neu, hatte es doch auch schon früher eine entsprechende vertragliche Absprache mit Jobst Croy gegeben. Man versprach sich von dieser Veränderung Verbesserungen auf organisatorischem Gebiet verbunden mit einer Erhöhung der Produktionsmengen. Dem konnte vielleicht auch der Umstand Rechnung tragen, daß einer der

Gesellschafter nunmehr ständig in Wien ansässig war und damit dem Geschehen weit näher war als die weitab in Augsburg lebenden übrigen Inhaber des Verlages. In dieser Zeit gingen z. B. auch umfangreiche Kupferlieferungen über Hamburg bis nach Portugal und Spanien, wobei die Neusohler Verleger mit dem Lissaboner Handelsmann Thomas Zimens zusammenarbeiteten bzw. in Spanien durch D. Manes Enriquez vertreten waren. Allerdings entstand nun Ungemach von anderer Seite. 1593 war erneut ein Krieg mit der Hohen Pforte ausgebrochen, wovon zwangsläufig auch die Kupferminen in Neusohl bedroht waren. Immerhin konnte die Produktion in diesen Jahren wieder deutlich angehoben werden. Von 1580 bis 1600 wurde die enorme Menge von 231 947 Ztr. Kupfer gefördert, was einem Marktwert zu Einstandspreisen von ca. 2,7 Millionen fl. entsprach. Daraus ergab sich für die Verleger ein Rohgewinn von ca. 35 000 fl. pro Jahr.[56]

Als 1602 die Weiß aus dem Neusohler Verlag ausschieden, wurde in Lazarus Henckel ein neuer Partner gefunden. Der um 1550 in Leutschau in der oberungarischen Zips Geborene war seit 1581 in Wien ansässig, zunächst als Faktor des Ulmer Handelshauses Schermar. Rasch reussierte er dann im Handel mit Wein, Tuch, Häuten und Ochsen. Seit Anfang der 90er Jahre kann er dann auch in Darlehensgeschäften mit dem Herrscherhaus festgestellt werden. Bis 1603 sind seine Forderungen gegenüber der kaiserlichen Hofkammer bereits auf 500 000 fl. angewachsen. 1606 ist die Million fast erreicht.

Henckel beteiligte sich am Neusohler Verlag zu 25 %. Diesen Anteil hatte er von Paller für 106 382 fl. übernommen. Vielleicht sah sich Paller zu diesem Schritt gezwungen, weil er kurz vorher beim Ausscheiden der Weiß diese gemeinsam mit Castl ausgelöst hatte. Paller war trotz dieser Verringerung seines Anteils nach wie vor mit 25 % an dem Geschäft beteiligt, während Castl immerhin 30 % des Grundkapitals von insgesamt 120 000 fl. hielt. Als 1607 Castl infolge Tod aus dem Unternehmen ausschied, erhöhten Henckel und Paller ihre

Beteiligungen auf jeweils 50 %, indem sie das Kapital ihres verstorbenen Mitgesellschafters übernahmen.[57] Ausweislich der 23. Neusohler Kupferraitung, welche den Zeitraum 1. Juli 1602 bis 30. Juni 1603 umfaßte und erstmals der neuen Gesellschafterkonstellation Rechnung trug, war Paller an dem Unternehmen mit 106 424 fl., Henckel mit 97 657 fl. und Castl mit 243 808 fl. beteiligt. Bis zum Ausscheiden Castls zum 28. Februar 1607 stieg sein Anteil auf 391 294 fl., während Paller 165 862 fl. und Henckel 153 009 fl. hielten. Vom 31. Dezember 1607 bis 31. März 1619 erhöhte sich dann Pallers Anteil von 217 711 fl. auf 311 671 fl. und Henckels Portion von 217 068 auf 306 248 fl.[58]

Diese Entwicklung ging mit tiefgreifenden Umwälzungen einher. So gingen die Bergstädte dem Herrscherhaus infolge eines Aufstandes des Stephan Bocskay vorübergehend verloren, und auch die Osmanen machten sich wieder einmal nachhaltig bemerkbar. Schließlich waren sowohl die Türkengefahr wieder einmal vorübergehend gebannt als auch Bocskay in seine Schranken verwiesen, so daß Wolf Paller und Lazarus Henckel 1613 mit Kaiser Matthias einen neuen Vertrag schließen konnten. Im Hinblick auf die Hauptabsatzgebiete für das Neusohler Kupfer, die durch entsprechende Lagerbevorratungen in Augsburg, Breslau, Danzig, Frankfurt/Oder, Hamburg, Krakau, Leipzig, Lübeck, Nürnberg, Ratibor, Regensburg, Rosenberg, Sillein, Teschen, Venedig und Wien markiert sind, wird auch deutlich, wie sehr Augsburg damit an den Rand des eigentlichen Geschehens geschoben wurde. In späteren Jahren wird dann auch über Läger in Magdeburg und natürlich in Neusohl berichtet. Für das Jahr 1612 werden für Paller allein Kupfervorräte im Gesamtwert von 83 614 fl. 22 Kr. nachgewiesen, was ca. 3000 Ztr. entsprach. Bei einem Preis von nahezu 28 fl. pro Ztr., allerdings einschließlich der anteiligen Transportkosten, werden auch erste Auswirkungen der sich abzeichnenden Kipper- und Wipperzeit deutlich, die zu einem Verfall des Geldwertes führte. Allerdings wurde diese Entwicklung durch die gewaltigen Gewinne dieser Jahre, die an die Bergwerkssituation während der ersten Hälfte des 16. Jahrhunderts gemahnte, überkompensiert. Dies hielt die Verleger allerdings nicht davon ab, aus naheliegenden taktischen Gründen, bei der kaiserlichen Verwaltung die schlechte Lage im Kupfergeschäft zu beklagen. Auch die zeitweise Besetzung Neusohls durch den Fürsten von Siebenbürgen Bethlen Gabor von 1619 bis 1622 änderte an diesen Gegebenheiten zum Glück der Verleger nicht viel.

Die diversen Läger wurden zumeist von ortsansässigen selbständigen Kaufleuten verwaltet, die dieser Aufgabe in einem losen Abhängigkeitsverhältnis gegenüber Paller und Henckel nachkamen. In Frankfurt/Main waren dies Antoni Schleicher und Hans Spies, in Nürnberg Esaias Kleeweins Erben, in Regensburg Mathäus Marchtaller, in Teschen Jacob Billoth, in Breslau Andreas Seuffridt, in Frankfurt/Oder Sixt Sandtreutter, in Hamburg Eleßer Emanuel Jenisch und in Ulm Veith Marchtaller. Das Wiener Lager stand wohl in der Eigenverwaltung Henckels.[59]

Ähnlich anhaltend wie im Kupferschieferbergbau waren die Augsburger auch im Zinnbergbau präsent, wobei im 16. Jahrhundert Zinnvorkommen allein in Böhmen, Sachsen und England bekannt waren. Bereits 1549 gab es zwischen den Paller-Herbst und König Ferdinand Verhandlungen wegen der Ausbeutung der böhmischen Gruben, die sich aber schließlich zerschlugen, als der Augsburger Konrad Mair mit diesem Geschäft betraut wurde. Auch im sächsischen Zinnbergbau waren die Augsburger Kaufleute, allerdings mit Unterbrechungen, immer wieder anzutreffen. 1584 erschienen im sächsischen Dippoldiswalde als Gewerke der Augsburger Martin Zobel und seine Mitverwandten. 1588 setzte sich dieser auch in Altenberg fest. Wer unter den Mitgesellschaftern zu verstehen war, ist letztlich nicht bekannt. Wir wissen allerdings, daß Paller in späterer Zeit in Altenberg aktiv war, und daß er auch auf anderen Gebieten mit Zobel zusammenarbeitete, z. B.

beim Getreidehandel. Insoweit ist es durchaus naheliegend, unter den Zobelschen Mitverwandten die Pallerschen zu vermuten. Wie dem auch sei, spätestens 1597 taucht der Name Paller unter den »Gesellschaftern der Augsburgischen, Nürnbergischen und Dresdnischen Gewerken zu Altenberg« auf. Diese Gesellschaft war die weitaus bedeutungsvollste auf dem Gebiet des Zinnhandels. 1607 ließen sich Zobel und Paller vor Ort durch den Leipziger Thomas Lebzelter vertreten. 1613 kaufte Paller gemeinsam mit Melchior Hainhofer, Martin Zobel, David und Hans Ulstätt das Gut Bärenburg bei Altenberg für 20000 fl., welches bedeutende Waldungen aufwies, für den Bergbau unerläßliches Rohmaterial. 1616 wies Paller als Beteiligung am sächsischen Zinnbergbau 15000 fl. in seinen Büchern aus. In diesem Zusammenhang mag auch gesehen werden, daß im Januar 1602 der junge Kurfürst und Herzog von Sachsen Johann Georg I., in dessen Land Altenberg lag, anläßlich eines Besuches in Augsburg drei Wochen lang im Pallerschen Stadthaus Quartier nahm.[60]

Wie lange die Paller ihr Geld in diesem Unternehmen investiert hatten, entzieht sich unserer Kenntnis. Augsburger lassen sich jedenfalls noch bis 1659 im sächsischen Zinnbergbau feststellen. Immerhin war Wolf Paller noch zum Zeitpunkt seines Todes 1622 Gesellschafter in Altenberg. Dies ergibt sich aus den Generalraitungen über »Wolf Pallers Kupfer- und Zinnhandlung«, wo seine Beteiligung über die Jahre hinweg in unveränderter Größe nachgewiesen wird. Seine Erben waren noch bis mindestens Mitte 1624 in Altenberg und am Zinngeschäft am Niklasberg präsent. Ausfluß dieses Engagements waren dann auch Geschäfte mit dem Leipziger Handelshaus Schwendendörfer, zu welchem über die Lebzelter weitere verwandtschaftliche Beziehungen bestanden, und den Nürnberger Kleewein.[61]

Ein Überblick über das Pallersche Vermögen wird dadurch erschwert, daß dieses im Rahmen unterschiedlichster Konstellationen angelegt war. Da war zunächst der im Verein mit wechselnden Konsorten betriebene Neusohler Verlag. Daneben gab es noch, wie wir gesehen haben, die auf Sachsen konzentrierte Zinnhandlung, die ebenfalls gemeinsam mit anderen Kaufleuten betrieben wurde. Schließlich existierte noch als Keimzelle Pallerschen Wirtschaftens eine Handelsgesellschaft im engeren Sinne, eher auf Augsburg konzentriert, die jedoch sicherlich infolge der Ausweitung der Metallgeschäfte erheblich an Bedeutung verloren hatte. Ein Teil der Geldgeschäfte, Darlehen und Einlagen wie auch Teile des Warenhandels wurden hier abgewickelt. Die Grenzen zwischen den einzelnen Sektoren waren fließend, sowohl was den Einsatz der tätigen Personen als auch was die Vergabe der Kredite an die kaiserlichen Schuldner anbelangt. Ergänzend gab es dann noch den rein privaten Sektor, der vor allem den Pallerschen Grundbesitz umfaßte. Die erhalten gebliebenen Statusausweise beschäftigen sich jeweils nur mit einzelnen Aspekten dieser verschiedenen Engagements, so daß eine Gesamtschau immer unter zeitlichen Verschiebungen leidet. Im übrigen erscheinen diese Datenkombinationen zum Teil wenig plausibel, handelt es sich hierbei doch um Geschäfte, die völlig losgelöst voneinander betrieben wurden, und manchmal auch um die Vermengung von privaten und geschäftlichen Belangen.[62]

Mit am aussagekräftigsten sind wohl die fünf erhalten gebliebenen Generalraitungen über Wolf Pallers Kupfer- und Zinnhandlung, die den Zeitraum 1. Januar 1616 bis 31. Dezember 1622 umfassen. Diese Aktiva und Passiva gegenüberstellenden Rechnungen können uns wenigstens annäherungsweise ein Bild vom geschäftlichen Erfolg dieser Jahre vermitteln. Allerdings sind die Zahlen mit einiger Vorsicht zu betrachten, was die Bewertung des Vermögens (Forderungen und Lagervorräte) anbelangt und mit Blick auf die Vollständigkeit dieser Aufstellungen. Konsequent ist, daß der Augsburger Grundbesitz als privater Vermögenswert hier keine Berücksichtigung fand, dagegen ist unverständlich, daß private Debitoren und Kreditoren hier erfaßt wurden, z.B. wurde eine Verbindlichkeit gegenüber Pallers Ehefrau Rosina wegen des Heiratsgutes und der Morgengabe über 24400 fl. ausgewiesen. Dafür fehlen dann die Forderungen gegenüber dem Kaiserhaus.

Grundlage der ersten Generalraitung war eine Rechnung Nr. 8, die zum 31. Dezember 1615 erstellt wurde. Ursache für diese Zäsur wird wohl ein verändertes Beteiligungsverhältnis gewesen sein. Ab 1616 standen nämlich Marx Konrad von Rehlingen 25% des Betriebsergebnisses zu. Zuvor war er am Unternehmenserfolg nur über eine auf kreditorischer Basis verzinsliche Einlage in Höhe von 23025 fl. beteiligt bei einem Jahreslohn von 2000 fl. Die zukünftige wirtschaftliche Entwicklung des Unternehmens macht deutlich, daß sich Rehlingen auf dieser Weise erheblich günstiger stellte. Vermutlich wurde mit dieser Veränderung den tatsächlichen Gegebenheiten innerhalb des Pallerschen Unternehmens Rechnung getragen. Wolf Paller hatte 1615 sein siebzigstes Lebensjahr vollendet, so daß es durchaus naheliegend war, sein Haus zu bestellen. Marx Konrad war im Kreis der potentiellen Nachfolger und Erben sicherlich mit weitem Abstand die dynamischste und die geistig überragende Persönlichkeit, so daß die beiden Schwäger Leonhard Paller und Hieronymus Rehlinger mit mehr oder weniger sanftem Druck ins Abseits gestellt werden konnten. Ob diese Entwicklung vom alten Paller so gewollt oder notgedrungen geduldet wurde, muß dahingestellt bleiben. Jedenfalls hatte er Marx Konrads Engagement bereits in seinem Testament vom 1. Oktober 1612 dahingehend gewürdigt, daß er dessen Sohn Marx, seinem damals sechsjährigen ältesten männlichen Enkel, das Gut Vögelin in der Reischenau im Wert von 13000 fl. als Legat bestimmte, wobei dem Schwiegersohn die Nutznießung bis zur Volljährigkeit des Bedachten zustehen sollte. Am 12. August 1618 räumte Paller Rehlingen noch eine dauerhafte Geschäftsführungsberechtigung ein, solange die Kupferhandlung betrieben werden würde.

Diese Entwicklung hing sicherlich auch damit zusammen,

daß Hieronymus Rehlinger kinderlos war und Leonhard Paller zu diesem Zeitpunkt nur eine Tochter hatte. Zweifellos war Wolf Paller zur fraglichen Zeit bereits altersbedingt in seiner Schaffenskraft beeinträchtigt. Dies beweist ein wenig sicheres Schriftbild, was besonders deutlich wird, als er Anfang 1616 gegenüber seinem Schwiegersohn den Empfang von 5292 fl. 5 Kr. für private Zwecke für die Jahre 1614 und 1615 bescheinigte. Eine derartige Aufstellung hat sich auch schon aus dem Jahre 1612 erhalten, so daß vermutet werden darf, daß Pallers Rückzug aus dem Tagesgeschäft sukzessive über Jahre hinweg erfolgte. Im übrigen wurde ab 1616 nur überdeutlich und institutionalisiert, was längstens für alle Welt offensichtlich und auch seit Jahren praktische Übung war, denn die maßgeblichen Geschäftspapiere, z.B. auch bereits eine Bilanz von 1609, wurden von Marx Konrad erstellt. Es muß dahingestellt bleiben, inwieweit Rehlingen seinen Schwiegervater weit über dessen gesundheitliche oder altersbedingten Beeinträchtigungen hinaus kaltgestellt hatte. Jedenfalls hat er sich als vorsichtiger Taktiker 1623, im Jahr nach des alten Pallers Tod, bescheinigen lassen, daß bei seinem Schwiegervater geschäftliches Unvermögen vorgelegen habe, wozu auch der im Pallerschen Handel als Buchhalter beschäftigte Hans Conrad Manlich als Zeuge aufgerufen wurde.[63]

Am 31. Dezember 1622 wurde für Wolf Pallers Kupfer- und Zinnhandlung folgende Bilanz erstellt: Bei einer Bilanzsumme von 885799 fl. standen den Aktivwerten Kasse 47875 fl., Kupfervorräte 369325 fl., Beteiligung am Altenberger Zinnbergwerk 15000 fl. und Forderungen 453599 fl. Verbindlichkeiten von 146322 fl. gegenüber. Damit hatte Paller in der Differenz 739477 fl. an Eigenkapital im Unternehmen stehen. Insoweit kann der Gesellschaft ein hohes Maß an Solidität bescheinigt werden, war doch das Vermögen zu 83,5 % durch eigene Mittel finanziert. Die Forderungen, welche mehr als 50 % der Aktiva verkörperten, waren derart breit gestreut, daß hiervon keine Gefahr ausging. Im übrigen waren die Darlehen an das Kaiserhaus getreu den Grundsätzen ordnungsgemäßer Buchführung als stark zweifelhaft in diesen Werten nicht enthalten. Die ausgewiesenen Verbindlichkeiten waren zwar weitestgehend kurzfristiger Natur, doch aufgrund des Umstandes, daß ein großer Teil der Darlehensgeber dem Pallerschen Familienkreis angehörte (Rosina Paller 24500 fl., Hieronymus Rehlinger 18000 fl. usw.), kaum mit einem unvorhersehbaren Rückzahlungsrisiko behaftet.

Aus den Generalraitungen der Jahre 1615 bis 1622 lassen sich schließlich folgende positiven Betriebsergebnisse ermitteln: 18497 fl. 15 Kr. (1615), 21043 fl. 11 Kr. 9 Pfg. (1616), 51283 fl. 7 Kr. 3 Pfg. (1617), 159841 fl. 5 Kr. 8 Pfg. (1618/19), 351052 fl. 5 Kr. (1620/21) und 343781 fl. 12 Kr. 1 Pfg. (1622). Ab 1616 sind diese Werte bekanntermaßen jedoch um 25% zu verringern, die an Rehlingen auf Grund des neuen Gesellschaftsvertrages zu fallen hatten. Dieser entnahm bei Rechnungslegung seinen Anteil immer weitestgehend, während der alte Paller den auf ihn entfallenden Betrag grundsätzlich stehen ließ. Auf diese Weise wuchs sein Eigenkapital vom 31. Dezember 1615 bis Ende 1622 von 114703 fl. 36 Kr. auf 739477 fl. 18 Kr. 6 Pfg. an. Dagegen war Rehlingens Anteil nur von 23025 fl. (1615) auf 66000 fl. (1621) gestiegen. Diese überaus glänzende geschäftliche Entwicklung muß allerdings mit Blick auf eine weniger erfreuliche Vorperiode, speziell in den 80er und 90er Jahren des vergangenen Jahrhunderts, und die kommende Zeit, die wenig Gutes versprach, gesehen werden. Sicherlich war Pallers Gewerbekapital 1615 auch deswegen relativ niedrig, weil vor dieser Zeit die großen privaten Grundstückskäufe getätigt wurden, die immer wieder die Kapitalbasis im Unternehmen schmälerten. Nach 1615 lassen sich derartige Geschäfte jedenfalls nicht mehr feststellen.[64]

Dem geschäftlichen Vermögen von 739477 fl. sind dann noch die Forderungen an den Kaiser und der Grundbesitz hinzuzurechnen, um einen totalen Überblick über Pallers Besitzverhältnisse zu bekommen. Die Kredite an das Kaiserhaus können dabei allerdings nur annäherungsweise beziffert werden, da konkrete Angaben per Ende 1622 fehlen. Zum 31. Dezember 1617 haben sie sich jedenfalls auf 812 717 fl. 13 Kr. 10 Pfg. zuzüglich 10 000 fl. für Erzherzog Ferdinand belaufen. Es kann getrost davon ausgegangen werden, daß diese Werte während der folgenden fünf Jahre nicht gesunken sind. So hat Wolf Paller z. B. 1620 für Markgraf Karl von Burgau, einen Habsburger-Abkömmling, den Kaufschillingrest für das Gut Oster-Oettringen an die Pfleger der Augsburger St.-Jakobs-Pfründe bezahlt.

Im Falle der Immobilien liegen zwar Angaben zum Jahresende 1622 vor, doch zeigt sich im Zahlenvergleich, daß diese Nennungen nicht unerheblichen Schwankungen unterlagen, die nur mit unterschiedlichen Bewertungsgrundsätzen erklärbar sind. Jedenfalls ist unwahrscheinlich, daß die Güter Hainhofen und Ottmarshausen, die 1615 noch gemeinsam mit 54 000 fl. veranschlagt waren, 1622 nur noch 46 978 fl. wert sein sollten. Jedenfalls wurden bei Pallers Tod dessen Immobilien, die unter seinen Erben verteilt wurden, mit 67 903 fl. beziffert. Neben Ottmarshausen und Hainhofen waren dies auch Grundstücke in Kriegshaber, Bobingen, Oberhausen, Gersthofen, die Sägemühle Edenhausen und die halbe Schwaig zu Hunden. Schließlich besaß Paller noch die Fideikommißgüter Hammel und das Familienstammhaus (D 158) am Augsburger Obstmarkt, die beide gemeinsam 1615 mit 30 000 fl. veranschlagt worden waren, und das für Marx von Rehlingen bestimmte Gut Vögelin im Wert von 13 000 fl. Numismata über 2 000 fl. und nicht unerheblicher persönlicher Hausrat in drei privat genutzten Immobilien runden das Bild vom reichen Augsburger Kaufmann ab. Somit hat Paller im Besitz von ca. 1 675 000 fl. an Vermögenswerten seine Augen geschlossen. Es ist aber auch nicht auszuschließen, daß seine Hinterlassenschaft noch deutlich größer gewesen ist. Verschiedene Imponderabilien lassen für derartige Spekulationen durchaus Raum. Nach Ausweis des Augsburger Steuerbuches von 1618, was im übrigen auch 1622 so galt, rangierte Wolf Paller unter den Augsburger Reichen auf einer Ebene mit Martin Zobel, Hans Steiniger, Jeremias und Hans Jörg Österreicher und Jörg Honoldt, die alle wie er 750 fl. Steuer zahlten, unmittelbar nach den Fugger, die unverändert die Spitze der Vermögenspyramide einnahmen.[65] Damit ähnelt Paller nicht nur mit Blick auf die Vermögenslage seinem Zeitgenossen Bartholomäus Viatis. Der Nürnberger Kaufmann starb 1624 unter Hinterlassung eines Besitzes von 1229204 fl. Er galt als reichster Mann seiner Zeit, sieht man einmal von adeligen Territorialherren ab, was auf Grund der jetzt für Paller ermittelten Zahlen zu korrigieren ist.[66] Begraben wurde Paller im Gottesacker bei St. Anna. Wohl bereits beim Tod seiner ersten Gattin 1582 hatte er an der Ostwand des Kreuzgangs ein Epitaph anbringen lassen, welches, in Solnhofener Stein gehauen, das Gastmahl des Simon, geschaffen von Paulus Mair, zeigt.[67] Pallers Bildnis ist in Form einer Porträtmedaille erhalten geblieben, die ihn im Alter von 74 Jahren, 1619, zeigt.

Im darauffolgenden Jahr schritten die Erben Pallers, seine Witwe und die drei Kinder, zur Verteilung seines Vermögens. Paller hatte am 1. Oktober 1612 ein Testament errichtet, allerdings während der darauffolgenden Jahre mehrere Nachträge (1616, 1617 und 1618) angefügt. Voraussetzung für die Auseinandersetzung war natürlich auch, daß der zwischenzeitlich zum kaiserlichen, herzoglich württembergischen und königlich schwedischen Rat aufgestiegene Marx Konrad von Rehlingen seinen Verwandten gegenüber Rechenschaft über die Entwicklung des Geschäftsvolumens legte. Am 27. Juli 1623 bestätigten seine beiden Schwäger die Ordnungsmäßigkeit seiner Buchhaltung. Die endgültige Verteilung sollte sich aber noch mehrere Jahre hinziehen. Der Anteil am Neusohler Verlag, der Perle des Pallerschen Handelsvermögens, wurde, wie es wohl auch naheliegend war, von Marx Konrad alleine übernommen unter Auszahlung seiner beiden Schwäger. Die 25%ige Ergebnisbeteiligung während der letzten Jahre hatte ihn in den Stand versetzt, die weniger vermögenden Verwandten entsprechend abzufinden. Der Tod des Lazarus Henckel im darauffolgenden Jahre hätte eigentlich für den machtbewußten Rehlingen nie dagewesene Möglichkeiten eröffnen können, wenn nicht der Religionskrieg diese zunichte gemacht hätte. Das übrige Handelsvermögen wurde unter den drei Berechtigten gleichmäßig verteilt. Dies galt auch für die Forderungen über 453599 fl., welche Wolf Paller hinterlassen hatte. Wie erfolgreich seine Erben bei der Realisierung dieser Ansprüche waren, muß dahingestellt bleiben. Was allerdings die Darlehen an das Kaiserhaus anbelangt, so darf getrost davon ausgegangen werden, daß hier die Pallerschen Erben das gleiche Schicksal erlitten wie viele Augsburger Kaufleute vor ihnen. Was einmal relativ leicht erworben wurde, ging ebenso rasch wieder verloren.

Die Auseinandersetzung über den privaten Besitz erfolgte am 11. April 1623. Die fideikommissarisch gebundenen Liegenschaften, neben dem Landgut Hammel war dies auch das Stadthaus am Obstmarkt (D 158), welches Paller noch zu seinen Lebzeiten, dem Beispiel des Vaters folgend, ebenfalls entsprechend gewidmet hatte, fielen als nicht anzurechnender Voraus an den Sohn Leonhard. Allerdings stand der Witwe Pallers ein lebenslanges Wohnrecht in dem Stadthaus zu. Ebenso wurde mit dem Gut Vögelin zugunsten des Enkels Marx von Rehlingen verfahren. Der restliche Grundbesitz fiel in drei gleichen Teilen an die Kinder, wobei Leonhard das Gut Ottmarshausen, die beiden Schwestern gemeinsam Hainhofen übernahmen. Dabei ließ sich schon absehen, daß der auf die kinderlose Rosina entfallende Anteil über kurz oder lang ihrer Schwester bzw. deren Nachkommen zufließen würde. Hier zeichnete sich auch bereits der Konflikt zwischen den Kindern des Wolf Paller und deren Nachkommen ab, bedingt durch den Umstand, daß Leonhard aus der ersten Ehe seines Vaters entstammte, seine beiden Schwestern aber Kinder der zweiten Gattin waren. Als nämlich mit Leonhards Sohn Wolfgang

Leonhard bereits 1679 die Pallersche Familie im Mannesstamm aussterben sollte, gab es wegen der Frage, wem der Pallersche Fideikommiß nun zufallen sollte, anhaltende Auseinandersetzungen unter den Nachkommen. Seine Ehegattin hat Wolf Paller offensichtlich nicht mehr gesondert bedacht. Ihr mütterliches Erbe und das ihr zustehende Heiratsgut inklusive der Widerlage versetzten sie auch so schon in den Stand einer reichen unabhängigen Frau, die es auch in den folgenden Jahren bis zu ihrem Tod 1628 verstand, ihr Kapital gewinnbringend anzulegen.[68]

Der Vollständigkeit halber sei noch kurz auf den weiteren Lebensweg Marx Konrad von Rehlingens eingegangen. Dieser hat sich fernerhin wenig glückhaft gestaltet. Die kaiserliche Verwaltung, die dringend Finanzmittel benötigte, hat sich u.a. auch an ihren protestantischen Geschäftspartnern schadlos gehalten, von denen man sowieso glaubte, daß sie sich über Jahre hinweg zu Lasten der Staatsfinanzen bereichert hatten. Dies galt vor allem auch für Rehlingen, der noch dazu politisch als wenig zuverlässig galt. 1630 wurde sein Vermögen beschlagnahmt. Damit wurde auch dem ehemals Pallerschen Handel, mehr als 100 Jahre nach seiner Begründung, der Todesstoß versetzt. Bereits 1629 hatte sich Rehlingen durch die Flucht in die Schweiz der drohenden Verhaftung entzogen. Von hier aus versuchte er zu retten, was möglich war. Immerhin konnte er die Augsburger Landgüter seiner Familie erhalten, und auch der protestantischen Sache hat er in diesen Jahren im Exil noch manchen Dienst erwiesen. 1642 ist er in Genf verstorben.[69]

[1] Stetten, Paul von: Geschichte der adelichen Geschlechter in der freyen Reichs-Stadt Augsburg. Augsburg 1762, S. 286f.
[2] Rehlingen-Archiv München: Nr. 474 (Adelsstand und Wappenverbesserung durch Kaiser Rudolf II., Prag 25. 7. 1581) – Wappenbeschreibung: Schild geviertelt, in Feld 1 und 4 das alte Pallersche Wappen (in Gelb ein schwarzer Schrägbalken, darin zwei gelbe Bälle) und in Feld 2 und 3 ein halber gekrönter weißer Bock in Rot. Auf dem gekrönten Bügelhelm ein wachsender gekrönter Bocksrumpf zwischen 2 Flügeln mit dem Pallerschen Stammwappen in Spiegelanordnung.
Da das Rehlingen-Archiv derzeit neu geordnet wird, muß die Numerierung der zitierten Archivalien als vorläufig betrachtet werden.
[3] Wegen der Familie Funck vgl. Eirich, Raimund: Memmingens Wirtschaft und Patriziat von 1347 bis 1551. Weißenhorn 1971, S. 189–203
[4] Werner, Anton: Augsburger Häusergeschichte. Ein Beitrag zur Topographie Alt-Augsburgs. O.O. o.J., S. 85 (Handschrift im Stadtarchiv Augsburg)
[5] Pfaud, Robert: Das Bürgerhaus in Augsburg. Tübingen 1976, T 88a
Stetten-Archiv Hammel: L 67, S. 3
[6] Rehlingen-Archiv München: Nr. 482
Sämtliche Angaben über Steuerzahlungen entstammen den Augsburger Steuerbüchern (Stadtarchiv Augsburg)
[7] Die gelegentliche Behauptung, daß Anna Funck mit einem Moritz Kammermeister von Innsbruck in zweiter Ehe verheiratet gewesen sei, kann nur auf einer Verwechslung beruhen, denn aus der Grabinschrift der Eheleute Paller, beerdigt in der finstern Gräbt beim Augsburger Dom, ergibt sich kein entsprechender Hinweis. Vgl. Prasch, Daniel: Epitaphia Augustana. Augsburg 1624, S. 12
[8] Stetten-Archiv Hammel: L 67, S. 4
Pölnitz, Götz Frhr. von: Anton Fugger. 3. Band, 1. Teil, Tübingen 1971, S. 560f., 620
[9] Stetten-Archiv Hammel: L 67, S. 105
[10] Hagl, Josef: Entwicklung des Augsburger Großkapitals von der Mitte des 16. Jahrhunderts bis zum Beginn des 30jährigen Krieges (1540–1618). Augsburg 1924, S. 139ff. (Dissertation ungedruckt)
[11] Stadtarchiv Konstanz: HX 3414
Seibold, Gerhard: Die Manlich. Sigmaringen 1995, S. 150
[12] Roth, Friedrich: Augsburgs Religionsgeschichte. 4. Band (1547 bis 1555), München 1911, S. 469
[13] Pölnitz, Götz Frhr. von, und Hermann Kellenbenz: Anton Fugger. 3. Band, 2. Teil, Tübingen 1986, S. 585f.
[14] Pölnitz, Götz Frhr. von, und Hermann Kellenbenz: a.a.O. 3. Band, 2. Teil, Tübingen 1986, S. 68
[15] Haemmerle, Albert: Das Hausarchiv derer von Stetten. In: Stetten-Jahrbuch, 1. Band, München 1937, Nr. 238
[16] Rehlingen-Archiv München: Nr. 241

[17] Werner, Anton: a.a.O. S. 87
Pfaud, Robert: a.a.O. T 89b
[18] Stetten-Archiv Hammel: L 67/VII, L 67/VIII, L 67/III, L 67/V, L 67/VI
Puchner, Karl: Die Urkunden des Klosters Oberschönenfeld. Augsburg 1953, S. 211
[19] Stetten-Archiv Hammel: U 4, U 9, U 12
Neu, Wilhelm, und Frank Otten: Landkreis Augsburg. München 1970, S. 157ff.
Rehlingen-Archiv München: Nr. 241
[20] Stetten-Archiv Hammel: U 7, U 8, U 10, U 15, U 16, U 18
[21] Stetten-Archiv Hammel: U 50, U 62, L 67/IV
Dworszak, S.: Georg Ilsung von Tratzberg. Wien 1954, S. 82 (Dissertation ungedruckt)
Seibold, Gerhard: a.a.O. S. 130
Baillie-Grohmann, W. A.: Schloß Matzen im Unterinntal. Innsbruck 1907, S. 34
Enzenberg-Archiv Tratzberg: G VI 18
[22] Stetten-Archiv Hammel: U 73, U 78, L 68/Nr. 62, U 92
Neu, Wilhelm und Frank Otten: a.a.O. S. 221
Pötzl, Walter: Herrschaftsgeschichte. In: Neusäß. Die Geschichte von acht Dörfern auf dem langen Weg zu einer Stadt. Neusäß 1988, S. 133, 139
[23] Stetten-Archiv Hammel: L 67/X, L 67/XI, L 67/XIII, L 67/IX
[24] Rehlingen-Archiv München: Nr. 241
[25] Stadtarchiv Augsburg: Spreng XXIV Nr. 14 (1581), XXVII Nr. 48 (1582), XXI Nr. 73 1/2 (1579)
Genealogische Zusammenhänge wurden vor allem aufgrund der im Augsburger Stadtarchiv liegenden Stammtafeln von Fritz Lilienthal und Anton Werner verdeutlicht.
[26] Dworszak, S.: a.a.O. S. 52f., 69
Pölnitz, Götz Frhr. von: a.a.O. 2. Band, 1. Teil, Tübingen 1971 S. 568
[27] Dworszak, S.: a.a.O. S. 51, 82, 86
Hagl, Josef: a.a.O. S. 108ff.
[28] Dworszak, S.: a.a.O. S. 82, 100
Stetten-Archiv Hammel: U 50, U 62, L 67/IV
[29] Tiroler Landesarchiv Innsbruck: Missiven an Hof 1569, S. 517f.
[30] Hirn, Joseph: Erzherzog Ferdinand II. von Tirol. Geschichte seiner Regierung und seiner Länder. Innsbruck 1885, S. 642ff.
Tiroler Landesarchiv Innsbruck: Gemeine Missiven, Bände 393, 399, 405, 417, 423, 429, 435, 441, 448 und Gutachten an Hof, Band 420
[31] Tiroler Landesarchiv Innsbruck: Missiven an Hof 1572, S. 482
[32] Baillie-Grohmann, W. A.: a.a.O. S. 33f.
[33] Kallbrunner, Josef: Hans Steinberger. Ein Beitrag zu Geschichte der Montanwirtschaft im Zeitalter Rudolfs II. In: VSWG, 27. Band, Stuttgart 1934, S. 17
Seibold, Gerhard: a.a.O. S. 135
[34] Probszt, Günther: Der Neusohler »Kupferkauf«. In: VSWG, Band 40, Wiesbaden 1953, S. 306ff.
[35] Stadtarchiv Augsburg: Spreng XXI Nr. 65 (1579), IX Nr. 42 1/2 (1573), XXIII Nr. 101 1/2 (1580), XIX Nr. 85 (1578), XVIII Nr. 44 (1578), VII Nr. 70 1/2 (1572)
Ver Hees, Karl: Die oberdeut-

schen Kaufleute in Lyon im letzten Viertel des 16. Jahrhunderts. In: VSWG, 27. Band, Stuttgart 1934, S. 242
Pölnitz, Götz Frhr. von: a.a.O. 3. Band, 1. Teil, Tübingen 1971, S. 263, 583

36 Stadtarchiv Augsburg: Spreng XXI Nr. 81 (1579)
Fischer, Gerhard: Aus zwei Jahrhunderten Leipziger Handelsgeschichte. Leipzig 1929, S. 206

37 Eggel, Eberhard: Hörmann von und zu Gutenberg. In: Familiengeschichtliche Blätter, Heft 7/8, Leipzig 1930, S. 163

38 Rehlingen-Archiv München Nr. 482

39 Der 1559 verstorbene Konrad Herbst war kinderlos verstorben. Ein Jahr vor seinem Tod hatte er eine Stiftung errichtet, deren Vermögen 14000 fl. umfaßte und deren Erträge zur Verpflegung von 12 armen protestantischen Kindern im Stiftungshaus verwendet werden sollten. Vgl. auch Werner, Anton: Die örtlichen Stiftungen für die Zwecke des Unterrichts und der Wohlthätigkeit in der Stadt Augsburg. Augsburg 1899, S. 24, 34, 99

40 Rehlingen-Archiv München: Nr. 241

41 Rehlingen-Archiv München: Nr. 241

42 Prasch, Daniel: a.a.O. S. 12

43 Habich, Georg: Die deutschen Schaumünzen des 16. Jahrhunderts. 2. Band, 1. Hälfte, München 1932, Nr. 2927
Die beiden Porträts befinden sich im Besitz von Nachkommen in Augsburg und München.

44 Stadtarchiv Augsburg: Rep. 39

45 Stadtarchiv Augsburg: Rep. 232 (Wesensarchiv), Nr. 306
Rehlingen-Archiv München: Nr. 463, 323
Spreng XXVII Nr. 67 1/2 (1582), XXV Nr. 50 (1581)

46 Schöningh, Franz-Josef: Die Rehlinger von Augsburg. Paderborn 1927, S. 48

47 Rehlingen-Archiv München: Nr. 352, 738, 463
Stetten-Archiv Hammel: L 67/ XVI, L 67/XVII, L 67/XVIII
Haemmerle, Albert: a.a.O. Nr. 99–101

48 Tiroler Landesarchiv Innsbruck: Gemeine Missiven, Bände 393, 399, 417, 423, 429, 435, 441, 448, Gutachten an Hof, Band 420
Rehlingen-Archiv München: Nr. 619

49 Schöningh, Franz-Josef: a.a.O. S. 25ff.
Blendinger, Friedrich: Zacharias Geizkofler von Reiffenberg. In: NDB, 6. Band, Berlin 1964, S. 167

50 Rehlingen-Archiv München Nr. 342, 565, 239, 395, 397, 281, 391, 352, 330

51 Rehlingen-Archiv München Nr. 563, 323, 45

52 Rehlingen-Archiv München Nr. 402

53 Rehlingen-Archiv München Nr. 611, 25

54 Rehlingen-Archiv München Nr. 352, 25

55 Rehlingen-Archiv München Nr. 352, 446
Hildebrandt, Reinhard: Augsburger und Nürnberger Kupferhandel 1500–1619. In: Zeitschrift für Wirtschafts- und Sozialwissenschaften, 92. Jahrgang, Berlin 1972, S. 21f.

[56] Stadtarchiv Augsburg: Spreng XLV Nr. 56 (1591), XXXIV Nr. 26 (1586) XL Nr. 43 (1589)
Probszt, Günther: a.a.O. S. 317 bis 322

[57] Kallbrunner, Josef: Lazarus Henckel von Donnersmarck. In: VSWG, 24. Band, Stuttgart 1931, S. 142–156

[58] Rehlingen-Archiv München Nr. 43

[59] Schöningh, Franz-Josef: a.a.O. S. 35
Rehlingen-Archiv München Nr. 418, 25

[60] Rehlingen-Archiv München Nr. 418, 611
Kellenbenz, Hermann: Sächsisches und böhmisches Zinn auf dem europäischen Markt. In: VSWG, Band 84 (Beihefte), Stuttgart 1987, S. 24
Trautmann, Otto: Die Altenberger Binge. In: Sächsische Geschichte, Band 47, Dresden 1926, S. 223–236
Strieder, Jakob: Studien zur Geschichte kapitalistischer Organisationsformen. München/Leipzig 1914, S. 202f.

[61] Pölnitz, Götz Frhr. von: a.a.O. 3. Band, 1. Teil, Tübingen 1971, S. 83

[61] Rehlingen-Archiv München Nr. 619, 463

[62] Rehlingen-Archiv München Nr. 463

[63] Rehlingen-Archiv München Nr. 463, 25, 418, 482

[64] Rehlingen-Archiv München Nr. 25

[65] Mayr, Anton: Die großen Augsburger Vermögen in der Zeit von 1618 bis 1717. Augsburg 1931, S. 115
Bayerisches Hauptstaatsarchiv München: Vorderösterreich Urk. 1620 I 15

[66] Rehlingen-Archiv München: Nr. 25
Seibold, Gerhard: Die Viatis und Peller. Köln/Wien 1977, S. 237

[67] Prasch, Daniel: a.a.O. S. 188

[68] Rehlingen-Archiv München Nr. 25, 459

[69] Rehlingen-Archiv München Nr. 619, 463
Schöningh, Franz-Josef: a.a.O. S. 41–51

Matthäus Günther 1705–1788
Maler und Freskant

Von Georg Paula

Am 11. Januar 1731 erschien in Augsburg »vor dem Vorgehersitz H. Matheus Gindtner, Kunstmahlersgesell gebirdtig von Bissenberg aus dem Bayerischen« mit der Absicht, »den gerechtigkeitsschein vmb die auff legent gebühr« zu empfangen. Da er versicherte, »H. Fertinandt Mackten seeligen Frau witib« in Kürze heiraten zu wollen, wurde er nach Zahlung von 1 Gulden 8 Kreuzer der »löblich orthnung Ein verleibet«.[1] Wenige Tage später, am 18. Januar, führte er Maria Cleopha Magg, geborene Diebolder, – dem Münchener Archivar und Historiographen Andreas Felix von Oefele (1706–1780) zufolge »une veuve riche et mechante«, eine reiche und boshafte Witwe[2] – zum Traualtar. Der zu diesem Zeitpunkt noch nicht vorliegende, deshalb innerhalb von vier Wochen nachzureichende Geburtsbrief wurde am 31. Januar ausgestellt. Mit ihm bescheinigt der Landsberger Landrichter Max Ignatius Mändl dem frisch Vermählten, daß er »mit der Leibaigenschafft niemandt beygethan seye«. Außerdem hätten sein Vater Jakob Günther und dessen »Eheweib« Maria, geborene Lengelacher, »vor 26. Jahren [d.h. am 10. Juni 1704] ... in dem würdigen Gotthaus Under Peissenberg Cristcatholsch: gebrauchs« geheiratet und »im aldasigen Würthshaus das Ehrenmahl« abgehalten. Danach hätten sie sich »zu Hochenpeissenberg auf dem dermahlen besizenten Viertlhof häusslich nidergelassen, und neben andern khindern auch den Producenten [d.i. Günther] ehelich erzeiget«.[3]

Matthäus Günther[4] kam als erstes von zwölf Kindern in Tritschengreith (heute Tritschenkreut, Gde. Peißenberg, Lkr. Weilheim-Schongau) zur Welt und wurde am 7. September 1705 durch Pater Andreas, Konventuale im nahen Augustinerchorherrenstift Polling und damals Pfarrer zu Unterpeißenberg, getauft. Von seinen Geschwistern – sieben Buben und vier Mädchen, von denen drei im jugendlichen Alter starben – ist bekannt, daß der 1716 geborene Blasius später den »Heißenbauernhof« der Eltern übernahm und daß es sein jüngerer Bruder Bernhard (geb. 1724) bis zum Regens von Polling brachte. Dagegen schlugen Franz Joseph (geb. 1713) und Johann Joachim (geb. 1720) die Künstlerlaufbahn ein, der eine als Faßmaler, der andere als Bildhauer und Stukkator, letzterer mit einer bemerkenswerten Karriere. Nach einem Aufenthalt in Mähren bei seinem Onkel mütterlicherseits, dem Bildhauer Ignaz Lengelacher (1698–um 1780), wird Johann Joachims weitere Ausbildung bei Johann Baptist Straub (1704–1784) in München angenommen. 1749 heiratet er in Zusmarshausen bei Augsburg, läßt sich dort auch nieder und führt einige Arbeiten für Kirchen der Umgebung aus. 1752 in Bruchsal erstmals nachweisbar, ernennt ihn Fürstbischof Franz Christoph von Hutten zu Stolzenberg (1706–1770) drei Jahre später zum Hofbildhauer. 1789 stirbt Johann Joachim Günther in der Residenzstadt und hinterläßt trotz zahlreicher Aufträge eine nahezu mittellose Witwe.

Über die ersten 25 Jahre im Leben Matthäus Günthers, über seine Kindheit und Jugend wie über seine Lehr- und Wanderjahre, wüßte man wohl überhaupt nichts, wären nicht einzelne Details und Stationen aus zeitgenössischen Schriftquellen herauszulesen. So notierte der Rottenbucher Stiftsdekan Pater Joachim Hoffmair anläßlich der Ankunft Günthers 1737 zur Ausmalung der Klosterkirche, daß er als Knabe in der Wallfahrtskirche auf dem Hohenpeißenberg, die von den Augustinerchorherren betreut wurde, Ministrant gewesen sei.[5] Die handwerklichen Grundbegriffe wurden ihm den Eintragungen

Georg Christoph Kilians (1709–1781) im sog. Codex Halder zufolge in Murnau beigebracht, dann »verbeßerte er sich stark bei Damian Asam in München«.[6] Die Frage, welcher Murnauer Lokalmaler Günthers erster Lehrmeister gewesen sein könnte, führte lediglich zu Spekulationen. Jedenfalls ist der gelegentlich genannte Augustin (oder Simon?) Bernhardt (um 1684–1771) bislang in diesem Zusammenhang archivalisch nicht nachweisbar. Als gesichert darf jedoch die Lehrzeit bei Cosmas Damian Asam (1686–1739) gelten, die neben Paul von Stetten (1731–1808),[7] der – das sei einschränkend angemerkt – auf Kilians Manuskript fußt,[8] auch Oefele bestätigt: »fuit quadriennio apud Cosma asam: item Landishuti apud Gretzius«.[9] Ob er freilich, wie seit Hermann Gundersheimers Monographie[10] stillschweigend akzeptiert wird, in den Jahren zwischen 1723 und 1727 ausnahmslos an Asams umfangreichen Freskenzyklen in Fürstenfeld, Innsbruck, Freising, Einsiedeln, Kladrau und Prag beteiligt war, ist ungewiß, zumal der schon erwähnte Pater Hoffmair nur von seiner »schweißtreibenden« Mitarbeit an den epochalen Freisinger Deckenbildern spricht: »... welcher ante paucos Annos in Ausmallung Ecclesiae Cathedralis Frisingensis desudavit«.[11] Rätselhaft, da bisher ohne direkte und indirekte Verbindung, bleibt die Information Oefeles vom Aufenthalt Günthers bei dem Landshuter Wolfgang Simon Graetz (um 1680–1753), einem unbedeutenden Altarbild- und Freskomaler mit regional begrenztem Arbeitsfeld. Sollte dieser Hinweis zutreffend sein, so wäre angesichts der doch sehr unterschiedlichen qualitativen Ausbildungsmöglichkeiten die Zeit bei Graetz wohl vor jener bei Asam anzusetzen.

Auch über die Jahre danach bis zur Ankunft Günthers in Augsburg lassen sich nur Vermutungen anstellen. Den damaligen Gepflogenheiten entsprechend dürfte er auf Wanderschaft gegangen sein, wobei die Spuren ins Schwäbische führen. Laut Ausgabenbuch der kath. Pfarrkirche St. Peter und Paul in Kirchheim (Lkr. Unterallgäu), deren Patronat die Fugger seit

1551 innehatten, erhielt nämlich 1730 ein gewisser Johann (!) Matthäus Günther für die Ausmalung des Langhauses 150 Gulden.[12] Leider ist diese Angabe vor Ort nicht mehr verifizierbar, da die Fresken bei der Umgestaltung des Gotteshauses 1885 zerstört wurden. Möglicherweise war dieser Auftrag aber für ihn der Anlaß, nach Augsburg weiter zu ziehen, also in jene Stadt, die im süddeutschen Raum seit langem Anziehungs- und Kristallisationspunkt für jede Art von Kunst und Kunstschaffenden war.

Schon kurz nach der Übernahme der Maggschen Werkstatt entwickelte Günther eine rege Betriebsamkeit, die sein künftiges Leben bis kurz vor seinem Tod bestimmen sollte. Noch im selben Jahr 1731 zeichnete er einen detaillierten Entwurf mit einer Rundkomposition in der Art Andrea Pozzos (1642–1709), die eine umlaufende, nach oben geöffnete Scheinarchitektur mit kräftigen, eingestellten Säulen und ausladendem, verkröpften Gebälk zeigt.[13] Leichte perspektivische Verzerrungen lassen auf ein Experimentieren Günthers, auf eine gründliche Vorbereitung seines ersten gesicherten Freskos schließen, der weitgespannten Langhauskuppel in der Kirche von Welden, die er 1732 neben den Fresken im nahen Druisheim ausführte. Den Kontrakt dürfte er erneut auf Vermittlung der Fugger erhalten haben, die wie schon in Kirchheim auch hier im Besitz der Herrschaft waren und ihr Wappen an signifikanter Stelle über dem Chorbogen anbringen ließen.

Welden und Druisheim waren für Günther der eigentliche Beginn eines außergewöhnlich reichen Schaffens, das ihn als Freskanten zwischen 1732 und 1787 in nicht weniger als neun Klosterkirchen, etwa 25 Pfarr- und sieben Wallfahrtskirchen sowie in 13 Kapellen, davon drei Schloßkapellen, führte. Darüber hinaus malte er Kongregations-, Studien-, Bibliotheks- und Festsäle, Kabinette sowie einen Gartenpavillon aus und lieferte Gemälde und Altarblätter in über 30 Orte. Nicht zu vergessen sind seine graphischen Werke und jene Nebentätigkeiten, die wie Restaurierungen, Faßarbeiten oder Festdekorationen zum Alltag eines vielbeschäftigten Künstlers gehörten, aber eher unspektakulär waren bzw. aus Materialgründen bald wieder der Vergangenheit angehörten. Günther verteilte in dem genannten Zeitraum die Zeugnisse seines schöpferischen Genius' auf einem Gebiet, das sich zwischen Würzburg im Norden und Abtei im Süden, zwischen Stuttgart im Westen und Fürstenzell im Osten ausdehnt und schon in der Bewältigung der beachtlichen Wegstrecken eine ungeheuere Leistungsfähigkeit und Ausdauer erforderte. Wollte man über all die Jahre hinweg ein genaues Itinerar aufstellen, würde dies wohl zu einem ähnlich unübersichtlichen Liniengewirr wie bei manchem Potentaten des Mittelalters führen.

Besonders Welden war für Günther auch noch in anderer Hinsicht von Bedeutung, denn er arbeitete hier erstmals mit dem Wessobrunner Architekten und Stukkator Joseph Schmuzer (1683–1752) eng zusammen. Mit Sicherheit hatte er schon zuvor Kontakte zu den Baumeistern und Ausstattungskünstlern seiner Heimat gehabt und war bereits im jugendlichen Alter in die Grundbegriffe ihrer Kunst eingeweiht worden, doch stellte gerade die Baugemeinschaft mit dem etablierten Schmuzer und später mit dessen Sohn Franz Xaver (1713–1775) aufgrund ihrer weitreichenden Verbindungen eine nicht zu unterschätzende Quelle künftiger Kontrakte und damit die Sicherung seines Lebensunterhaltes dar.

Wie sah nun jener aufsteigende Stern am schwäbischen Barockhimmel aus? In Günthers Fresken gibt es mehrere Beispiele, die teils mehr, teils weniger als gesicherte Porträts gelten: 1737 sitzt er in der Tölzer Maria-Hilf-Kirche bürgerlich-vornehm gekleidet am unteren Rand des Chorfreskos und verfolgt aufmerksam die Prozession der bei Maria im Himmel um Hilfe Bittenden. 1741/42 ermahnt er im Mittelschiff der Rottenbucher Stiftskirche die vor der altarähnlichen Tumba des hl. Augustinus Versammelten zur Andacht. 1745 schlüpft er im Vierungsfresko der Klosterkirche zu Amorbach in die Gestalt des Evangelisten Matthäus und verewigt sich noch

zwei weitere Male im südlichen Querhaus: zum einen im
»Martyrium der hll. Simplicius und Faustinus« dezent im
Hintergrund, zum anderen in der Darstellung des sel. Tutilo
von St. Gallen als marmorne Porträtbüste, d.h. als Verkörperung der Bildhauerei, an auffälliger Stelle im Vordergrund.
1748 nimmt er zusammen mit seinem Vater in der Gnadenkapelle von Hohenpeißenberg an historischen Ereignissen der
Wallfahrt teil, und zehn Jahre später finden wir ihn als gläubigen Christen mit dem Monogramm MG am Hemdkragen an
der Decke der Indersdorfer Rosenkranzkapelle wieder.
Das einfühlsamste und aussagekräftigste Bildnis entstand erst
1764 anläßlich der Hochzeit mit seiner zweiten Frau Maria
Scholastika. Es befindet sich heute im Bayerischen Nationalmuseum München. Ohne den direkten Blickkontakt mit dem
Betrachter zu suchen, sieht aus dem Bild ein trotz stattlicher
58 Jahre offenbar erstaunlich jung gebliebener, freundlicher
Herr heraus, der sich seiner Stellung als gesuchter Künstler
durchaus bewußt ist. Er sitzt in aufrechter Haltung vor einer
geschwungenen, von Putten bekrönten Brüstung und verweist
mit einer schlichten Geste auf eine Fahne im Hintergrund. Seinen gesellschaftlichen Rang unterstreicht er durch elegante
Kleidung und eine reiche, um die Hüfte geschlungene Stoffdraperie. Günther beschreibt sich hier in mehreren Funktionen
gleichzeitig: als Maler mit Pinsel und Palette, der auf dem
Höhepunkt seiner Laufbahn angelangt ist, als selbstbewußten
Bürger, der es in Augsburg zu Wohlstand und Anerkennung –
er war seit knapp zwei Jahren Direktor der Stadtakademie –
gebracht hat, und schließlich als Offizier der städtischen Bürgerwehr mit Trommel und Fahne, in deren Diensten er 1751,
1753 und 1757 nachweisbar ist. Insgesamt gesehen ist dieses
detailliert ausgearbeitete Standesporträt ein eindrucksvolles
Dokument für das Selbstverständnis eines Künstlers als Bürger an der Schwelle zur Aufklärung, dessen privates und gesellschaftliches Leben maßgeblich von seinen Funktionen in einer
überregional bedeutenden Stadt wie Augsburg geprägt war.

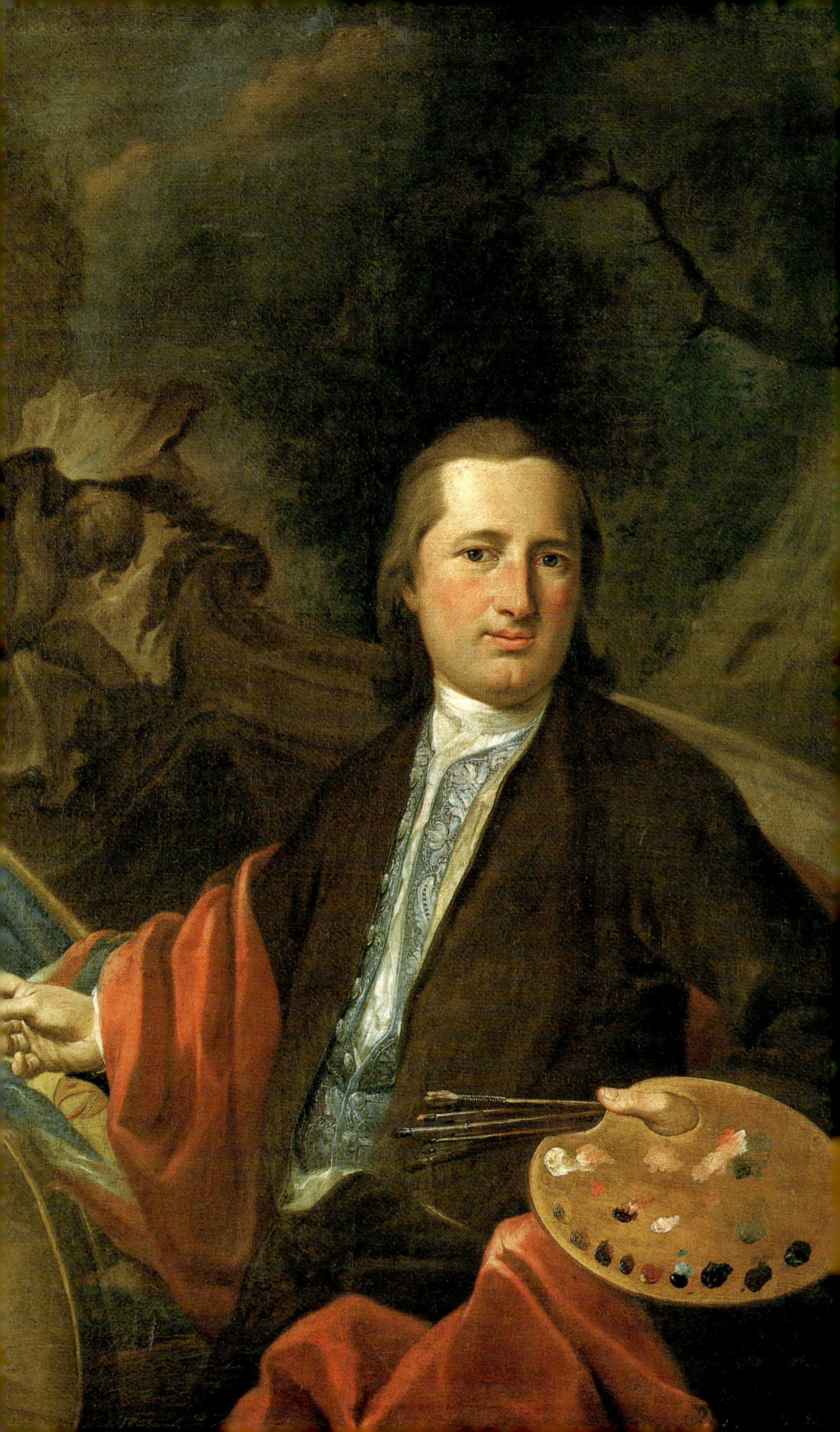

10 Matthäus Günther (1705 Peißenberg–1788 Augsburg).
   Selbstporträt. München, Bayerisches Nationalmuseum

Um so verwunderlicher ist es deshalb, daß nur vergleichsweise wenige Dokumente über die Lebensumstände und Aktivitäten außerhalb der Werkstatt Auskunft geben. Dies gilt in besonderem Maße für seine familiären Verhältnisse. So ist aus seinen frühen Jahren in Augsburg nur bekannt, daß er am 22. Juni 1732 seinen Stiefsohn Franz Xaver Magg als Lehrling bei der Zunft angemeldet[14] und fünf Jahre später, am 23. April 1737, dem Vorgeher das Ende der Ausbildungszeit zu Protokoll gegeben hat.[15] Daraus kann man folgern, daß Magg als Gehilfe an Günthers nächstem, durch Vermittlung von Joseph Schmuzer zustande gekommenen Auftrag, der Ausmalung der neu erbauten Martinskirche in Garmisch, beteiligt gewesen ist. Wie schon in Welden bereitete Günther seine Arbeit sorgfältig vor, formulierte mit den Mitteln des Zeichners seine Vorstellungen von den auszuführenden Szenen, die allein dem Kirchenpatron gewidmet sein sollten, und ließ schließlich am 30. August 1732 durch eine »Pöthin von Oberammergau« dem Ortspfarrer Johann Marquard Schmid ein »modell zur Kuppel« überbringen.[16] Die Darstellung mit dem Tod des hl. Martin muß dem Geistlichen sofort entsprochen haben, denn bereits am 8. November erhielt Günther für das Fresko der Chorkuppel 150 Gulden.

Das folgende Jahr brachte neben der Vollendung der Deckenbilder in Welden und Garmisch eine erstmalige Verpflichtung in Südtirol. Dort hatte Anton Ingenuin Freiherr von Recordin und Nein (1690-1762) auf dem Boden der Komturei Sterzing, die er seit 1728 leitete, durch Joseph Delai eine kleine, der hl. Elisabeth geweihte Kirche erbauen lassen. Günther durfte nun an das Gewölbe des zentralen Oktogons Szenen aus dem Leben der Titelheiligen malen, zusammengefaßt in einer einzigen Rundkomposition und begleitet von prachtvoll stuckierten Kartuschen, in denen Engel die Abzeichen des Deutschen Ordens vorweisen. »Wozu die Kalotte in Welden nur ein leiser Anstoß war, die gesamte räumliche Situation in Sterzing verlangt es mit Konsequenz: die Erweiterung des tektonisch begrenzten Raumes über sich selbst hinaus durch eine gemalte Scheinarchitektur. In Wahrheit sind es dieselben Mittel, die Günther auch früher verwendete. Die sehr stark verkröpfte Säulenhalle, die Nischenfiguren der vier Tugenden, der zentrale Verkürzungspunkt, all das hat anderswo nicht viel mehr als einen Bildeindruck vermittelt, im günstigsten Falle eine Erkenntnis der illusionistischen Absicht, die den Künstlern (Baumeister und Dekorateur) vorschwebte. Hier ist die Erkenntnis der illusionistischen Absicht keine primäre und elementare. Die Hingabe an das, was geschieht, in jener gemalten Sphäre ist die höchste und größte Leistung im Sinne der Verwirklichung der Idee, an deren Formung Bauherr, Baumeister, Stukkator und Maler gemeinsam schaffen. Diese Hingabe geht so weit, daß die gemalte Sphäre nicht mehr als solche, sondern als Raum mit anderem Realitätsgrad (aber nicht als irrealer Raum) empfunden und bewußt wird.«[17]

Obwohl Günther die Aufgabe souverän bewältigt hatte, zögerte der Sterzinger Komtur bei der Vergabe des Gemäldes für den neuen Hochaltar, mit dem er den Stukkator Franz Xaver Feichtmayr d.Ä. (1698–1763) beauftragt hatte, an Günther offenbar noch, vermutlich da er bisher kein einziges Werk in diesem Metier vorweisen konnte. Daß Günther an dem Auftrag sehr viel lag, dokumentieren nicht weniger als fünf Briefe aus Augsburg an den Komtur.[18] Im ersten vom 13. Mai 1734 bittet er, ihm »das zu machen Vorhabende Altar Blatt zu Störzing in der Teutsch Hauß Capellen zu überlassen«. Recordin möge ihm seine »gnedige intention und gedankhen eröffnen, was der Inhalt von sothanem altar Blatt seyn möchte«, damit er dementsprechend »eine Scizze, oder Model formieren« könne. Allerdings sei Eile geboten, da »vermelter Feichtmayr ... den altar biß Jacobi schon aufsezen« wolle. Seinem Anwortschreiben vom 22. Mai legte der Komtur zwei gezeichnete Entwürfe bei, die das künftige Thema des Gemäldes, die hll. Georg und Elisabeth vor der Himmelskönigin Maria, in unterschiedlicher Ausformung zeigen und deren eine keinem geringeren als dem Mannheimer Bildhauer Paul Egell (1691-1752) zugewiesen wird. Günther reagierte hierauf bemerkenswert verständig. Am 7. Juli entschuldigt er sich zunächst für die lange Verzögerung, da er leider durch dringende Arbeiten für die Augsburger Jesuiten verhindert gewesen sei, »nach überschickhten scizgen gleich einen entwurff zu elaborieren«. Er habe sich aber, »nachdeme nun also die Jesuiter arbeith hinweckh, ... über dißes formular gemacht« und sei »eben gestern ... darmit fertig worden, welches (er) als hiemit nebst denen 2^{en} ... eingesandten zeichnungen underthänigst überschickhe nicht zweifflendt Ewer Hochwürden und Gnaden gnädiges contento darab tragen werden«. Und weiter schreibt er: »Ich habe die sciza n°.1 für mich genommen, und in selber großen verstandt gefunden, so habe von selbem nicht gar weith wollen abgehen, doch, wann Ewer Hochwürden und Gnaden eine außstellung dabey finden, bitte mir es in gnaden zu notificieren, will trachten, es möglichst zu verbessern.« Recordin, offenbar immer noch nicht restlos zufrieden, sandte am 17. Juli »beyde schizzo« wieder zurück, worauf Günther fünf Tage später versprach, »allen fleiß darzu« zu verwenden, »damit alles nach gnedigem Contento außfalle«. Nicht nur wegen der sehr genauen und kritischen Vorstellungen des Auftraggebers, auch wegen der Höhe des Honorars ging es bis in den Spätherbst des Jahres hin und her, so daß Günther erst am 14. April 1735 abschließend berichten konnte, daß das »AltarBlath in die Hochlobliche Comenda Störzing richtig überliffert« sei und er »die Veraccordierte Bezahlung Bereithes erhalten habe«. Deshalb erstatte er, »wie hirmit Beschichet, ... den underthänigsten dankh«.

So oder ähnlich hat man sich die Modalitäten von der Bewerbung über die Auftragsvergabe bis zur Fertigstellung des Werkes in vielen Fällen vorzustellen. Aufschlußreich ist hier jedoch, daß der Auftraggeber erste Anregungen nicht im Gedankenaustausch mit dem Künstler selbst suchte, sondern fernab im Kunstkreis des Mannheimer Hofes, wo er seit 1723

Kammerherr und »Intendant der Hofmusik« war. Für Günther hingegen spricht, daß er sich angesichts des offensichtlich mangelnden Vertrauens in seine Fähigkeiten zur Invention nicht verärgert zurückzog, sondern scheinbar mit Verständnis darauf reagierte, die Vorgaben rezipierte und schließlich aus einer Mischung von Fremdem und Eigenem eines seiner schönsten Altarbilder schuf.

Trotz allen diplomatischen Geschicks hat Günther aber auch so manchen herben Rückschlag einstecken müssen. Ausgerechnet in jener Zeit, als er in Sterzing den Grundstein für seine weiteren Tätigkeiten jenseits der Alpen legte, gerade in einer Phase, als er sich für umfangreichere Aufträge empfahl, gaben die Augustinerchorherren von Dießen bei der Ausmalung der neu erbauten Klosterkirche einem Johann Georg Bergmüller (1688–1762), dem zweifelsohne fortschrittlichsten unter den großen süddeutschen Freskanten seiner Generation, den Vorzug. Vielleicht besaß Bergmüller, dessen glatte, ebenmäßige Malweise völlig konträr zu Günthers von Urwüchsigkeit und Kraft geprägtem Stil war, auch nur noch größeres Verhandlungsgeschick, vielleicht wußte er mit den schwierigen Vertretern des Konvents auch nur noch besser umzugehen. Diese hatten mit ihrer Hinhaltetaktik wenige Jahre zuvor sogar den selbstbewußten Franz Georg Hermann (1692–1768), einen der ersten Bewerber, dazu gebracht, daß er kurzentschlossen sein Pferd gesattelt hatte und davongeritten war. Günther jedenfalls gab sich alle nur erdenkliche Mühe, fertigte für das »Vierungsgewölbe« sein bekanntes Kuppelmodell, das heute als eines der letzten seiner Art im Ellwanger Museum aufbewahrt wird – und hatte doch keinen Erfolg. Ob er danach besonders gut auf seinen Konkurrenten zu sprechen war, wissen wir nicht, doch hinderte es diesen nicht daran, am 2. August 1742 mit »seinem Herrn Sohn Candidato« – gemeint ist Johann Baptist Bergmüller (1724–1785) – nach Rottenbuch zu reisen, um Günthers Fresken zu begutachten.[19]

Eine weitere Niederlage erlebte Günther 1747 bei seiner

Bewerbung um die Fresken des Brixener Domes, wo man ihn als Konkurrenten zu dem hochdotierten Paul Troger (1698 bis 1762) in Erwägung zog. Nach Ansicht des fürstbischöflichen Hofrates Leonhard Peisser von Peissenau »würden ja noch mehrers vortreffliche Mahler in Teutsch- oder Welchlandt außer des Trogers anzuträffen sein. Der Günther, Mahler zu Augsburg, hette seinen Pembsl seit der gemahlenen Neustifter Kirchen ohnvergleichlich verbessert und qualificierter gemacht. Dieser würde gar notabiliter umb einen leichteren Preis die Mahlerey ybernehmen.«[20] Gerade der letzte Satz deutet darauf hin, daß Günther nur ins Spiel gebracht wurde, um den stattlichen Preis, den Troger forderte, zu drücken. Der Ausgang ist bekannt: Troger führte den Zyklus 1748–1750 aus, Günther ging in seine bayerische Heimat zurück und arbeitete auf den Gerüsten der Kirchen und Kapellen in Altdorf, Schongau, Hohenpeißenberg (alle 1748), Friedberg (1749) und Druisheim (1750).

Umgekehrt war 1754/55 die Situation in Großaitingen. Hier wurde Günthers kürzlich wiederentdeckter Entwurf für die Pfarrkirche mit der Begründung abgelehnt, sein Mitbewerber Balthasar Riepp (1703–1764) sei »wohlfeiler und künstlicher«.[21] Dies verwundert um so mehr, als Günther bereits um 1740 die am westlichen Ortsrand gelegene Sebastianskapelle mit farbenprächtigen Fresken geziert hatte und seine Honorarforderungen und Arbeitsweise folglich den vor Ort Verantwortlichen hinlänglich bekannt gewesen sind.

Möglicherweise war der entgangene Kontrakt in Dießen Beweggrund für Günther, sich um die anstehende Ausmalung der Klosterkirche in Neustift bei Brixen zu bewerben, möglicherweise hat ihn aber auch Propst Herkulan Karg (1691 bis 1755) dem dortigen Dekan und Leiter des Umbaus Anton Steigenberger weiterempfohlen, der aus Sterzing stammte und den Künstler von seiner Tätigkeit in der Elisabethenkirche her gekannt haben dürfte. Nach den Kapitelprotokollen erschien Günther am 16. August 1735 in dem Südtiroler Stift, um die

Vertragsmodalitäten zu klären. Welche Bedeutung man dem künftigen Freskenschmuck beimaß, verdeutlicht die Tatsache, daß er allein aus der gemeinsamen Klosterkasse bezahlt werden sollte, alle übrigen Kosten jedoch aus einem Sonderfond zu bestreiten waren. Zunächst wurde von Günther ein Probestück verlangt, das er umgehend in Form einer Abendmahlsszene an die Decke der Nikolauskapelle im Konventbau malte. Da es zur vollen Zufriedenheit der Chorherren ausfiel, übertrugen sie ihm am 16. Oktober um 560 Gulden die Gemälde für das Mittelschiff der Basilika, deren Thematik durch Mehrheitsbeschluß auf Episoden aus der Augustinus-Vita festgelegt worden war. Die Ausmalung der übrigen Raumteile vollzog sich in mehreren Etappen: 1736 folgten die Seitenschiffe, deren Darstellungen aus dem Leben der hll. Forerius, Albinus, Frigdianus und Uboldus auf einen Vorschlag Günthers kurz nach der Winterpause zurückgehen, dann 1738 der Chor mit dem Pfingstfest und erst 1743 das Fresko über dem Hochaltar, wo die Trinität die zum Himmel auffahrende Maria erwartet.

Die Unterbrechungen in der Werkfolge erklären sich sowohl aus der Baugeschichte – der Umbau des östlichen Abschnitts der Kirche dauerte wesentlich länger als der des westlichen – als auch durch die Verpflichtung Günthers an anderen Orten. 1736 hatte er auf dem Rückweg von Neustift nach Augsburg sein »Hauskloster« Rottenbuch besucht, um mit Propst Patritius Oswald (1657–1740) erste Besprechungen über das neue Decken- und Wandprogramm der Stiftskirche zu führen, deren Umgestaltung Joseph und Franz Xaver Schmuzer in den kommenden Jahren in Angriff nehmen sollten. Alsbald wurde man handelseinig, und so konnte Günther am 11. August 1737 mit den Arbeiten im Chor beginnen. Obwohl er die Farben und andere Materialien selbst zu beschaffen hatte, also zunächst einige Unkosten auf ihn zukamen, beklagte er sich darüber, daß »allhier so vill Stokathorey gemacht« und »wenig Spatium für die Mallerey yberlassen« sei.[22] Wie Stiftsdekan Hoff-

mair weiter zu berichten weiß, hat Günther trotzdem »vnermüther gemallen, auch ultimis diebus ainige Zeit der nacht, woll diebus festivis aliquot horis, damit Er das Vorgenommene ausmachete, wollete den 19. Novembri für dises jahr beschluß machen«.
Als er fünf Monate später wieder aus Augsburg eintraf, um die Fresken im Querhaus zu vollenden, mußte er zu seinem Entsetzen feststellen, daß während des Winters aus dem Chorfresko ausgerechnet das Gesicht der Muttergottes heruntergefallen war. Da er sich nicht »gethrauete ... hinauf zu staigen zur so nöthiger reparierung« – das Gerüst im Altarraum war bereits entfernt worden – erledigte dies am 5. Mai für ihn über eine Leiter mehr schlecht als recht »ain Zimmermann vom Schönberg, et utcumque zum gefallen das verderbte reparieret mit ainem bempsel, das nit vill mehr vermörkht worden«. Günther behagte das Ergebnis in keiner Weise, denn noch 1742 »wollete [er] 50 fl. geben, wan Er [das] Stuckh auf dem chor khunte anderst machen«.[23] Was offensichtlich geschah.
Nachdem für 1739 mit Ausnahme des schwachen, tiepolesken Altarblattes in der Pförringer Sebastianskapelle kein weiteres Werk bekannt ist, glaubte man mit dieser Zeit eine Italienreise verbinden zu können.[24] Immer wieder wollte die Forschung – selbst Gundersheimer vermutete einen mehrjährigen Aufenthalt, allerdings für die Jahre 1728 bis 1730[25] – eine Vorbildfunktion der venezianischen Malerei, insbesondere der Werke Giovanni Battista Tiepolos (1696–1770) erkennen, doch zeigt sich bei genauerer Überprüfung, daß der Einfluß der Italiener auf Günther letzten Endes nur sekundäre Bedeutung hatte. Keineswegs uneingeschränkt beweiskräftig ist auch die auf den 5. August 1739 bezogene archivalische Notiz, daß in Oberammergau »Herr Paulus Pärtl und N. Plaicher ... die Khürchen propriis expensis wollen ausmahlen lassen *durch ainen, der erst von Rom etc. gekhommen*, als ain bekannter vom Herrn Schmuzer recommendirt ware...«[26] Andererseits aber ist es doch etwas merkwürdig, daß Günther ausgerechnet zu diesem

Zeitpunkt über der Oberammergauer Orgelempore das auch in der Lozierung mehr als ungewöhnliche Fresko mit dem berühmten Baldachinaltar Gianlorenzo Berninis (1598–1680) im Petersdom angebracht hat, ein Motiv, das durch die Detailtreue eine genaue Kenntnis der örtlichen Verhältnisse vorauszusetzen scheint und das er nie mehr wiederholte. Dem widerspricht wiederum die Nähe zu Asams Chorbild von 1728 in der Schloßkirche zu Bruchsal, das Günther ebenso genau gekannt haben könnte.[27] Solange man daher keine eindeutigen Beweise hat, bleibt eine Studienfahrt in südliche Gefilde ebenso Spekulation wie die Frage, ob man anhand der bekannten Fakten auf eine Mitarbeit in Bruchsal schließen darf.

Günther war mittlerweile zu einem vielgefragten Freskanten geworden, was die dichte Werkfolge erschöpfend dokumentiert. Es ist vor allem die Zeit der großen Zyklen. 1741–1746 finden wir ihn immer wieder in Rottenbuch, 1743/44 in den Benediktinerkirchen von Fiecht und Münsterschwarzach, 1745–1747 in Amorbach. Manches stand unter keinem günstigen Stern. Im tirolischen Fiecht mußte er 1751 nach einem Gewölbeeinsturz die Fresken der beiden westlichen Langhausjoche nochmals malen und seine wenigen Arbeiten im fränkischen Münsterschwarzach fielen 1821ff. dem unbegreiflichen Abbruch einer der bedeutendsten Sakralarchitekturen Balthasar Neumanns (1687–1753) zum Opfer. Ähnliche Schicksale ereilten die Deckenbilder in Herrgottsruh bei Friedberg und in Paar unweit davon. Erstere, entstanden 1743 und 1749, hatte er 1764 und 1772 in Teilen, d.h. kuppelweise, zu erneuern, letztere, 1747 ausgeführt, wurden 1858 mit Ausnahme des bescheidenen Deckenbildes im Chor völlig zerstört.

Bedeutendstes Ereignis der vierziger Jahre war Günthers Berufung nach Amorbach, wo er sich laut Werkkontrakt vom 29. Juli 1744 verpflichtete, um 3000 Gulden »alle und jede ... Vresco-Arbeith nach denen Ihme anzugebenden Concepten und selbst aigen guthen Gedanken zierlich undt Kunstrichtig zu verfertigen«.[28] In nur zweieinhalb Jahren schmückte er die

Gewölbe und Emporen in Chor, Querhaus, den drei Langhausschiffen und den beiden Sakristeien mit 22, teilweise großflächigen Fresken, die in ein phantasievolles System meisterlicher Stukkaturen von Johann Michael Feichtmayr (1696 – 1772) und Johann Georg Üblher (1703–1763) eingebunden sind. Fern der schwäbischen Heimat streifte dieses Trio den mittelalterlichen Mauern ein Rokokogewand über, das ohne Frage zu den glücklichsten Schöpfungen augsburgischer Ausstattungskunst gehört. 1749 lieferte Günther noch drei Altarblätter, deren bestes und größtes für den Hochaltar bestimmt war. Inspiriert von Werken Giovanni Battista Piazzettas (1682–1754) und Egid Quirin Asams (1692–1750) schuf er mit der »Himmelfahrt Mariens« sein Meisterstück als Ölmaler, das auch heute noch einen der visuellen Höhepunkte in der Amorbacher Basilika bildet.

Die beiden folgenden Jahrzehnte sehen Günther auf dem Zenit seiner Laufbahn. Sie sollten von drei Begebenheiten maßgeblich bestimmt sein. In Würzburg, wo er 1752 die westliche Querschiffkuppel der Wallfahrtskirche auf dem Nikolausberg, des sog. Käppele, signierte, lernte er den bedeutendsten Maler jener Zeit, Giovanni Battista Tiepolo, kennen, der gerade an seinen epochalen Fresken in der fürstbischöflichen Residenz arbeitete. Obwohl ihm die Begegnung sichtlich neuen Auftrieb gab, wurde er – anders als ein Georg Anton Urlaub (1713 bis 1752) – kein Tiepoloschüler. Auch führte sie zu keinem entscheidenden Richtungswechsel in seinem Schaffen. Zu lange war er ein selbständiger Maler gewesen, zu gefestigt und zu eigen, zu unverwechselbar war inzwischen seine Handschrift, als daß er sich nun von einem solch kurzfristigen Kontakt grundlegend beeinflussen hätte lassen oder gar einen Stilwandel für notwendig erachtet hätte. Außerdem war ihm »Tiepolo … zu allererst Italiener und seine Kunst war ihm eine italienische, wie [er] die eigene als deutsch verstand«.[29] Dies hinderte ihn freilich nicht daran, vereinzelt neue Elemente mit schon öfter verwendeten Motiven zu verbinden, wobei aber immer die spezifisch süddeutschen Eigentümlichkeiten klar erkennbar blieben.

Weitaus prägender war Günthers Aufenthalt in Stuttgart, zumal es in seinem Leben die einzige Berufung an ein höfisches Kunstzentrum sein sollte. Es gehört zu den Merkwürdigkeiten jener Tage, daß man ausgerechnet einen Künstler, der sich bis dahin ausnahmslos mit religiösen Themen auseinandergesetzt hatte, daß man gerade einen der typischsten Vertreter des bayerisch-schwäbischen Rokoko zur Ausstattung profaner Räumlichkeiten an einem Hof heranzog, der unter dem aufgeschlossenen Herzog Carl Eugen (1728–1793) zu einer der Keimzellen des Klassizismus in Deutschland geworden war. So malte er 1753/54 die Deckenbilder im Musiksaal und im Schlafzimmer der Herzogin, vollendete 1757 das langgestreckte, szenenreiche Fresko der Aeneasgalerie, dessen Endzustand er in dem prächtigen riccordo der Augsburger Barockgalerie festhielt, und arbeitete 1758 im »Opernhaus«. Keines der Werke blieb im Original erhalten, die beiden frühen und das letzte zerstörte schon 1762 ein verheerender Brand, die Aeneasgalerie zählt zu den Verlusten des Sommers 1944; erst 1963 wurde das Fresko nach alten Vorlagen rekonstruiert. Damit erinnern heute allein die 1759 entstandenen Supraporten des Ludwigsburger Schlosses mit ihren Putten- und Genreszenen an Günthers erfolgreiche Tätigkeit am württembergischen Hof, die Folgeaufträge in anderen Residenzen wie München oder Wien erhoffen ließ, aber lediglich Auswirkungen auf seine Stellung in Augsburg hatte.

Wohl noch vor seiner Rückkehr von den Arbeiten in der Aeneasgalerie im November 1757 nach Augsburg wurde Günther neben anderen Persönlichkeiten des öffentlichen Lebens mit einem Ehrendiplom zum Eintritt in ein zwölfköpfiges Ratskollegium der Kaiserlich Franciscischen Akademie eingeladen, die seit ihrer Gründung 1755 als Konkurrenzunternehmen zur ehrwürdigen Stadtakademie gedacht war, deren Ansehen aber unter den Umtrieben ihres Initiators Johann Daniel Herz d.J.

(1720-1793), einem »Projektenmacher und Windreißer ärgster Sorte«, litt. Die Einladung erfolgte vermutlich auf Veranlassung des herzoglichen Kammerherrn und Vorsitzenden der Residenzbaudeputation in Stuttgart, Baron von Milkau, den man am 5. November zum neuen Präsidenten wählte. Während mehrere Senatoren ihre Diplome zurückgaben, nahm Günther das Mandat an, nachdem er wie auch Anton Raphael Mengs (1728-1779), Georges Desmarées (1692-1776) und Martin van Meytens (1695?-1770) eine Stimme erhalten hatte. Günthers Rolle in dieser Angelegenheit blieb nur eine zwiespältige Episode und wurde daher von ihm auch nie hervorgehoben, vielmehr unterdrückt.

Weniger problematisch war sein Verhältnis zur Reichsstädtischen Akademie, die ihn – und das ist das dritte Ereignis – am 21. September 1762 zum Nachfolger des verstorbenen Johann Georg Bergmüller als katholischer Direktor ernannte. Günther muß schon früher gelegentlich am praktischen Unterricht teilgenommen haben, da für 1759 eine Zeichnung Bergmüllers mit der Darstellung eines stehenden Mannes überliefert ist, die die Aufschrift »gestellt von Herrn Günther« trägt. Im Gegensatz zu seinem Vorgänger, der seine Funktion stolz durch den Aufdruck »Directeur de l'Academie« auf seiner Visitenkarte kundtat und sich als Verfasser mehrerer theoretischer Schriften auszeichnete, ist Günthers Amtszeit von Zurückhaltung und von einem Wirken mehr im Hintergrund geprägt. So ist nur eine einzige Eingabe an den Rat vom 25. Oktober 1773 bekannt, in der er sich zusammen mit seinem protestantischen Mitdirektor Johann Esaias Nilson (1721 bis 1788) über die finanzielle und räumliche Situation der Akademie im »Metzgerhaus« beklagt. Überhaupt scheint Günther seine administrative Tätigkeit nur sehr bedingt ausgeübt zu haben, denn als 1779 vom Stadtrat die Neuorganisation des Akademiebetriebes genehmigt wurde und deshalb in der Sitzung am 20. Juni neue Statuten beschlossen werden sollten, ist er im Protokoll als »abwesend« verzeichnet. Des öfteren vertreten wurde er von seinem Schüler Ignaz Paur (1723–1801). Paul von Stetten zufolge »dirigierte« dieser »in Abwesenheit des Herrn Günther ... die hiesige Mahler Accademie schon etliche Jahr«.[30] Der Grund für sein häufiges Fernbleiben ist einerseits in den zahlreichen auswärtigen Verpflichtungen zu sehen, andererseits aber hatte er selbst anscheinend wenig Ambitionen, sowohl als Ausbilder als auch als Direktor im Akademiebetrieb Zeichen zu setzen.

Ähnliches gilt für seine Rolle innerhalb der Werkstatt. Von der zu keiner Zeit großen Schar seiner Mitarbeiter, die er nur in begrenztem Umfang an den Aufträgen beteiligt hat, ist lediglich der schon erwähnte Stiefsohn Franz Xaver Magg als Schüler in den Zunftbüchern nachzuweisen. Ein Werk von seiner Hand, das an seine Lehrzeit bei Günther erinnern könnte, ist indes ebensowenig bekannt wie sein weiterer Lebensweg. Alle übrigen – genannt seien nur Franz Joseph Maucher (1729–um 1788), Johann Georg Dieffenbrunner (1718–1785) und Ignaz Paur – wurden zumeist in der Literatur mit Günther in Verbindung gebracht und dies häufiger indirekt als direkt. Maucher wird bei Stetten als Günther-Eleve erwähnt, zeigt aber in seinen wenigen Arbeiten kaum Reminiszenzen. Nur Dieffenbrunner und Paur offenbaren eine eindeutige stilistische Beeinflussung und zwar lebenslang. Beide übernahmen immer wieder ganze Kompositionen Günthers in ihre Freskenzyklen, beide hielten sich eng an seinen Figurentypus und an seine Farbgebung, keiner von beiden war je imstande, sich von den Formulierungen des einstigen Lehrherrn vollständig zu lösen und einen absolut eigenständigen Formenkanon zu entwikkeln. Bis zuletzt war bei jedem klar erkennbar, aus welcher Werkstatt er stammte.

Günthers Beziehung zu diesen talentierten Malern muß in mancher Hinsicht sehr eng und von Vertrauen geprägt gewesen sein. Beispielsweise überließ er es ab 1755 Dieffenbrunner, der gerade im oberschwäbischen Zisterzienserinnen-Reichsstift Gutenzell beschäftigt war, die Ausmalung der Klosterkirche in Indersdorf zu vollenden. Ausschlaggebend hierfür war vermutlich Termindruck, denn er war zu dieser Zeit ja nicht nur dem Stuttgarter Hof verpflichtet, sondern arbeitete parallel dazu auch noch an dem fulminanten Freskenzyklus in der Pfarrkirche zu Wilten bei Innsbruck. Obwohl sein Mitarbeiter im abschließenden Visitationsprotokoll von 1758 gleichrangig aufgeführt ist, nahm allein Günther die Zahlungen der Augustinerchorherren in Empfang. 1761 hingegen quittierte ihnen Dieffenbrunner Beträge für den nicht anwesenden Günther. Auch Paur wird mehrfach bei Aufträgen zusammen mit Günther erwähnt – allerdings in untergeordneter Funktion, eigene Werke durfte er nur nach ihm anbringen.[31] Privat konnte er den Meister 1779 als Trauzeugen bei der Hochzeit seiner Tochter Maria Magdalena mit dem Maler Johann Jakob Mettenleiter (1750–1825) gewinnen.[32] Die gleiche Aufgabe hatte Günther schon einmal, am 7. April 1752, anläßlich der Heirat des Stukkators Jakob Rauch (1718–nach 1785) und der Maria Theresia Feichtmayr, einer Tochter Franz Xaver Feichtmayrs d.Ä., in Augsburg übernommen.

Ende der fünfziger Jahre läßt Günthers Werk eine allmähliche Abkehr vom reinen Rokoko und erste Versuche, klassizistische Strömungen zu verarbeiten, erkennen. Auslösender Faktor dafür, daß er nun zusehends die bisher dynamischen Kompositionselemente und das bislang muntere Spiel warmer Farben reduzierte, war sein mehrjähriger Aufenthalt am Stuttgarter Hof, aber auch sein Kontakt zur Kaiserlich-Franciscischen Akademie. Gleichwohl ordnete er sich den Maximen eines Johann Joachim Winckelmann (1717–1768) oder Anton Raphael Mengs nicht widerspruchslos unter, blieben seine Wurzeln in einer sich langsam überlebenden Stilepoche weiter spürbar, ein Klassizist im strengen Sinn wurde er nie. Dieser Zwiespalt führte unweigerlich zu einem Bruch in seinem Schaffen. Nun wird »die Bilderzählung ... gerafft zugunsten der Konzentration auf ein einziges Hauptthema, die anderen Handlungen werden ihr als gleichzeitige Randereignisse untergeordnet. Jetzt gilt das Gesetz der Einheit von Zeit, Ort und Handlung. An die Stelle ›rauschhafter Unsicherheit im optischen Eindruck‹, wie sie ... Hermann Gundersheimer dem Judithfresko von 1754 in der Pfarrkirche von Wilten attestiert ..., tritt die Forderung nach Symmetrie und Harmonie, Linearität und Plastizität, Helligkeit und Klarheit, oder – um das Kind beim Namen zu nennen – nach ›Aufklärung‹. Nicht mehr Überraschung und Verzauberung ist das Ziel, sondern Belehrung und Andacht. Verschwunden sind die geheimnisvollen Bildräume mit den daherbrausenden oder dahinwehenden Wolkenbänken, den schattigen Gehölzen, den besonnten Fluren, verschwunden aber auch die scheinbaren Ungereimtheiten.«[33]

Erstmals bemerkbar machen sich diese Tendenzen an seinen Arbeiten in Schloß Sünching 1760/61 und nachdrücklicher in der Benediktinerklosterkirche Rott am Inn 1761–1763. Bereits 1759 hatten dort Vorgespräche stattgefunden mit dem Resultat, daß der »Maller Matthäus Günther« am 30. April »43 fl 8 kr ... für verschiedene Modell und anderer vorrängige Arbeit und Mühewaltung« erhielt. Gemeint sind damit die Ölskizzen für die Fresken und Altarblätter, die im Besitz des Klosters blieben, im Laufe der Säkularisation abtransportiert wurden und erst in jüngerer Vergangenheit nach und nach wiederentdeckt werden konnten. Besonders prachtvoll und durch seine Größe herausragend ist der detailliert ausgearbeitete Modello im Bayerischen Nationalmuseum München für das kolossale Fresko der Hauptkuppel mit der Glorie des Benediktinerordens. Vorbild war Johann Evangelist Holzers (1709–1740) themenanaloges Münsterschwarzacher Kuppelfresko von 1737 bzw. jene der beiden zugehörigen Ölskizzen, die Günther 1740 im Nachlaß dieses genialen, allzu früh verstorbenen Künstlers vorgefunden hatte. Wie man nachweisen konnte, hat der Rotter Abt Benedikt Lutz (1720–1777) die für die Münsterschwarzacher Komposition maßgebliche Quelle, Pater Ignaz Brendans 1743 erschienene »Auslegung deren in der neuen Kirche zu

Münster-Schwartzach von einem Kunstreichen Pensel entworffenen Figuren«, gekannt und, schon als er 1759 Günthers Skizze billigte, auf eine Wiederholung des für alle Benediktinerabteien gültigen Konzeptes Wert gelegt.[34] Um das vielfigurige Programm, das Holzer in einer außerordentlich steilen Kuppel untergebracht hatte, auf dem flachen Gewölbe des Rotter Hauptraumes wiederholen zu können, erweiterte Günther im Entwurf die Kuppelzone, indem er auf zwei Seiten die Gruppen der Heiligen über den Rand hinaus malte. Da diese übergreifenden Motive jedoch im Fresko nicht mehr vorgesehen waren, mußte er die im Entwurf außerhalb des Kuppelrandes plazierten Heiligen in der Ausführung in das Gewölbefeld einfügen, was zu einer Enge bzw. Unübersichtlichkeit führte, die jener im mehr als zehn Jahre früher entstandenen Ettaler Kuppelfresko Johann Jakob Zeillers (1708–1783) vergleichbar ist.

Wie der Münchener Modello dokumentiert auch die nicht weniger beeindruckende Ölskizze der Augsburger Barockgalerie für das östliche Kuppelbild mit dem Martyrium des hl. Marinus anschaulich, welche Rolle dieses Medium bei Günther spielte. Beide reihen sich ein in die vergleichsweise erstaunlich hohe Zahl von etwa 70 Entwürfen unterschiedlichster Ausführung und Größe, darunter hauptsächlich angetuschte Bleistiftskizzen auf Papier, reine Pinsel- oder Federzeichnungen und teilaquarellierte Blätter, die zur Übertragung in ein anderes Format meist quadriert oder mit einem Kreisraster bedeckt sind. Nahezu alle erhaltenen Zeichnungen geben Gesamtkompositionen wieder und legen schon in einem bemerkenswert frühen Stadium die Verteilung der Figuren und die Abfolge der Szenen fest. Obwohl durchgehend ohne Approbationsvermerk dürften sie in erster Linie zur Vorlage bei den Auftraggebern gedient haben, wofür auch spricht, daß sie in der Regel bereits eine genaue Vorstellung von der späteren Ausführung vermitteln. Diesen Skizzen, die Günther bezeichnenderweise nur in der frühen Phase seiner selbständigen Tätigkeit signiert und datiert hat, gingen Teilentwürfe voraus, von denen heute nur mehr ein Bruchteil vorhanden ist. Das letzte und ausführlichste Stadium der Werkvorbereitung bildeten dann jene auf Leinwand gemalten Ölskizzen, die Zwitter zwischen Anschauungsobjekt und eigenständigem Galeriebild waren und dessenungeachtet oder vielleicht gerade deswegen bald Ziel allgemeiner Sammlerleidenschaft wurden.

Günthers Terminkalender war auch nach Rott am Inn dicht gedrängt: 1764 finden wir ihn wieder einmal im Friedberger Herrgottsruh sowie in der Dorfkirche des niederbayerischen Sallach. 1765 bemalt er unweit davon die Decken der Pfarrkirche zu Geiselhöring, dazu den riesigen Plafond des Kongregationssaales der Jesuiten in Augsburg und die Gewölbe der Elisabethinerinnenkirche in München, die im Zweiten Weltkrieg zerstört wurden. 1766/67 zieht es ihn erneut nach Niederbayern, wo er nicht nur in Hadersbach Fresken und Altarbilder ausführt, sondern auch von den Zisterziensern in Fürstenzell (Bibliothekssaal) und Aldersbach (Portenkirche) beschäftigt wird. Nach einem Intermezzo im Pollinger Studiensaal (1767) und nochmals in der Münchener Klosterkirche der Elisabethinerinnen (1768) ist er in den beiden folgenden Jahren ein weiteres Mal an mehreren Orten gleichzeitig tätig: 1769 in Sankt Leonhard im Forst bei Wessobrunn, im Augsburger Haus des Bankiers Christian von Münch und im Quirinssaal des Klosters Tegernsee, 1770 in der Elisabethenkapelle von Andechs, in der Münchener Klosterkirche der Barmherzigen Brüder, in der Wallfahrtskirche Maria Trost zu Nesselwang und schließlich in der Schloßkapelle von Mentlberg westlich von Innsbruck.

Wie Günther dieses gewaltige Arbeitspensum gleichsam im Alleingang geschafft hat, ist für heutige Begriffe ein Rätsel, zumal man bedenken muß, daß ihm nur die »warmen Tage« des Jahres, d.h. gewöhnlich die Monate April bis Ende Oktober, zur Verfügung standen. War er daher schlechthin ein »fa presto«, wie einmal sein Augsburger Kollege (und Schüler?), der bischöfliche Hofmaler Ignaz Baldauf (1715–1795), bezeichnet wurde, oder verstand er es einfach, die Arbeiten genauestens zu koordinieren? Beides dürfte zutreffen. Seine Schnelligkeit stellte er unter anderem in der Tölzer Mühlfeldkirche unter Beweis, wo er das gewiß nicht kleine Chorfresko in nur vier Tagen malte. Und für 1744 ist überliefert, daß er in Rottenbuch von Mitte September bis zum 27. Oktober die vier Bilder an den Seitenschiffdecken ausgeführt hat, um dann noch nach Münsterschwarzach zu reisen und dort ein, vielleicht auch zwei Fresken fertigzustellen. Gleichermaßen wußte er den eigenen Werkprozeß präzise einzuteilen und die einzelnen Arbeitsschritte sowohl auf den leitenden Baumeister als auch auf den Stukkator abzustimmen, von dessen Fortschritten er besonders abhängig war. Vergegenwärtigt man sich nun, daß jeder Auftrag mit umfangreichen Vorbereitungen verbunden war, daß vor allem für die großen Zyklen Hunderte von Figuren zu entwerfen und Dutzende von Szenen zusammenzustellen, dabei Wiederholungen unbedingt zu vermeiden waren, wird Günthers außerordentliche schöpferische Leistung erst richtig begreifbar. Nur eingeschränkt ist ihm deshalb anzulasten, daß er in kleineren Gotteshäusern auf dem Lande – sei es nun aus arbeitsökonomischen Gründen, aus schwindendem Inventionsvermögen oder auf Wunsch des Auftraggebers – besonders eindrucksvolle Motive mehrfach wiederverwendet hat. Genannt sei nur die großartige Darstellung der stolzen Judith mit dem abgeschlagenen Haupt des Holophernes 1754 in Wilten, die Günther in seinen letzten Fresken, 1786 in der Gnadenkapelle des Würzburger Käppele und 1787 in Waalhaupten, nochmals, wenn auch in weitaus kühlerer Formulierung eingebracht hat.

In den beiden letzten Jahrzehnten von Günthers Leben ist zunehmend ein Rückgang der Aufträge festzustellen. War er früher manchmal während eines einzigen Jahres an drei, vier Orten beschäftigt gewesen, so reduzierten sich nunmehr seine Verpflichtungen spürbar, und auch die Abstände dazwischen wurden immer größer. Dies lag zum einen daran, daß sich die Auftragslage allgemein mehr und mehr verschlechterte und Großprojekte nahezu völlig zum Stillstand kamen, zum anderen, daß sich der Zeitgeist radikal wandelte – Günthers Münchener Arbeiten wurden inzwischen als »spröd und schlecht gefärbt« empfunden[35] – und zum dritten, daß für die an sich schon wenigen Aufgaben nun vermehrt jüngere, dem »neuen Geschmack« aufgeschlossenere Künstler herangezogen wurden. »In dieser historischen und kunsthistorischen Situation hätte Günther nur dann weiterhin überragenden Erfolg und künstlerischen Einfluß haben können, wenn er sich über die deutliche Anlehnung an das ernstere klassizistische Kunstideal hinaus auch neuen Themen zugewandt und sich neue Kunstgattungen wie das Historienbild oder die nicht allein religiöse Themen reproduzierende Graphik ... zu eigen gemacht hätte. Dazu aber war er offenbar nicht fähig oder nicht willens.«[36] Stattdessen zog er sich in vertraute Regionen zurück, nur wenige liegen außerhalb davon, und – zierte Kirchen mit Fresken religiösen Inhalts: 1771 arbeitete er in der Wessobrunner Kreuzbergkapelle, 1775/76 im oberbayerischen Moorenweis, im tirolischen Götzens und im württembergischen Meßbach sowie in Steinheim bei Dillingen und im Südtiroler Abtei.

Aufschlußreich sind die Signaturen seiner letzten Deckenbilder. Als wollte er ein einziges und letztes Mal auf seine Stellung in der Kunstszene Augsburgs weit weg von der Fuggerstadt hinweisen, setzte er an den unteren Rand des Hauptfreskos in Enneberg den Satz »Mathae: Gündter Director Academia Augustae pinxit. 1782«. Und in der Gnadenkapelle des Würzburger Käppele läßt er sich sogar dazu hinreißen, im Hinblick auf das vollbrachte Werk mit unterschwelligem Stolz – wie sonst gewöhnlicherweise nur auf Porträts üblich – mit seinem hohen Alter zu kokettieren: »MGündter Pinxit 1786 aetatis suae 81«.

Dem Gerüst biographischer Daten sind noch einige wenige

Fakten hinzuzufügen. Nach dem Tod seiner Mutter am 22. Februar 1747 starben sein Vater am 1. April 1760 und seine erste Frau Maria Cleopha Diebolder am 27. Oktober 1761 kurz hintereinander. Fast genau zwei Jahre später, am 19. Oktober 1763, heiratete er die erst 22jährige Maria Scholastika Raffler, Witwe des am 27. April desselben Jahres verstorbenen Stukkators Johann Georg Üblher. Ihr Aussehen ist uns durch das Pendant des Güntherschen Hochzeitsporträts im Bayerischen Nationalmuseum München überliefert. Am 29. November 1765 erwarb Günther in Augsburg auf dem Anwesen B 141/142 (heute Kapuzinergasse 6) das Hinterhaus mit Garten, wo er sich in den beiden nächsten Jahrzehnten zwischen seinen zahlreichen Aufträgen aufhielt. In seiner Wessobrunner Heimat wird er zweimal, am 6. Februar 1770 und am 23. Februar 1771, in den Taufbüchern als Pate eines Sohnes des Stukkators und Glasers Sebastian Schwaiger (1727–1809) erwähnt. Bei der Taufe eines dritten Kindes am 7. September 1775 ließ er sich jedoch durch den Klostergärtner Johann Raffler vertreten.

Im September 1780 noch Mitglied des Ausschusses für die »gemeinnützige Gesellschaft auf Erweckung und Ermunterung des Kunstfleißes« bricht er 1784 plötzlich seine Zelte in Augsburg ab. Am 30. Juli verkauft er sein Haus in der Kapuzinergasse an den Handelsherrn Franz August Seidel. Wenig später veräußert er den Nachlaß Johann Evangelist Holzers, der ihm so oft als Zitatenschatz gedient hatte, an den weitgereisten und nun endlich in Augsburg seßhaft gewordenen Joseph Christ (1732–1788), und am 13. September tritt er von seinem Posten als Direktor der Reichsstädtischen Akademie zurück. Das Demissionsgesuch wurde aber nicht von ihm selbst verfaßt, sondern von seinem Nachfolger Johann Joseph Anton Huber (1737–1815); nur seine Unterschrift setzte Günther selbst mit zittriger Hand darunter. Daraufhin zieht er sich nach Haid in das Haus seiner zweiten Frau zurück. Ein schwerer Schicksalsschlag muß für ihn der Tod seines einzigen Sohnes, des »medicus« Franz Ignaz Günther, am 3. Januar 1786 gewesen sein, ein Verlust, von dem er sich vermutlich nicht mehr erholt hat. Am 30. September 1788 starb der Maler und Freskant Matthäus Günther an einem Gallenleiden; als Todesursache ist im Wessobrunner Seelenbeschrieb »subitus bilosus vomitus« notiert. Beerdigt wurde er auf dem katholischen Friedhof in Augsburg neben seiner ersten Frau. Seine Witwe überlebte ihn mehr als zwei Jahrzehnte; sie starb am 18. August 1813.

Die Biographie Günthers ist weniger die Geschichte seines Lebens als vielmehr die seiner Werke. Sie vor allem sind es, die heute noch zu uns sprechen und von einem Mann erzählen, der gleichsam Tag und Nacht mit seiner und für seine Arbeit lebte, ja von ihr förmlich besessen war. Absolute Priorität kam immer seinen Fresken zu, die zu Anfang unseres Jahrhunderts treffend charakterisiert wurden: »Im Formalen ist er von Asam abhängig; nur ist sein Temperament zarter, seine Natur sensitiver, und so trat er mit anderem Blick an die gleichen Aufgaben heran. Sein Freskenstil hat allerdings an Großzügigkeit bereits verloren. Wo Asam mit dramatischer Kraft gestaltet, da empfindet Günther lyrisch sentimental. Er ist anmutiger, weicher, sucht nicht die bewegten, pointiert zugerichteten Handlungen, sondern harmonische Ruhe im Ausgleich der Kontraste. Seine Gestalten sind gemäßigter in der Bewegung, zierlicher, nervöser erregt, die Gebärden mehr zugespitzt, die Formen eigenwilliger, kapriziöser. Die Eigenschaften des Temperaments machen ihn zum eigentlichen Maler des Rokoko in der süddeutschen Freskenmalerei. Seine frühen Fresken sind ohne die Asams nicht denkbar. In der Erfindung, in der Anwendung des Illusionismus bringt er nichts Neues. Mit großen Figuren füllt er die Fläche, die elastischen Architekturen verwendet er mehr zur Erleichterung der Komposition. Die Farbe hellt sich später auf, sie wird kühler, silberiger, die Figuren sind an den Rand gedrängt, oft als Zuschauer im Zeitkostüm bei einer Handlung gleich dem Zuschauer in der Kirche. Das Visionäre verliert sich mehr, und folglich wurde auch der Illusionismus etwas gemildert. Von selbst stellt sich eine gewisse Auflockerung in der Verteilung der Gruppen ein, inhaltlich drängen sich neben den Szenen mit prunkvoller Aufmachung volkstümliche Motive vor, und nur in einzelnen Werken überwiegt ganz die gelehrte, spitzfindige Allegorie. Die Veränderungen sind typisch für die gesamte Malerei der Rokokozeit, bei Günther treten sie in besonders charakteristischer Weise hervor.«[37]

Günther, ein Maler aus dem Volk, arbeitete sein Leben lang für das Volk. Er trug seine Geschichten stets verständlich vor und machte theologische Inhalte auch für den einfachen Mann begreiflich, indem er seine klar aufgebauten Kompositionen mit expressiven Gestalten füllte, die genau wie der Betrachter verschiedensten äußeren Unwägbarkeiten ausgesetzt und inneren Stimmungen unterworfen waren. Dadurch verringerte sich die Distanz zwischen Erzähler und »Zuhörer«, zwischen Bildraum und realer Sphäre so entscheidend, daß sich der Kirchenbesucher mental von seinen allzu irdischen Problemen leichter lösen und vom Diesseits in jene andere, jenseitige Welt »hinübergleiten« konnte, die scheinbar Besserung versprach. Günthers mehr als ein halbes Jahrhundert dauernde Tätigkeit gewährt Einblick in eine Epoche der Kunstgeschichte, die dem Menschen des folgenden Säkulums fremd war und erst in unseren Tagen wieder erschlossen werden mußte. Sie war aber auch Rückblick auf eine Künstlergeneration, die die Grundlagen dieser Kunst erarbeitet hatte und aus deren Reservoir Günther schöpfen konnte. Schließlich war sie Ausblick auf völlig konträre künstlerische Ausdrucksformen, auf neue Möglichkeiten, Bildinhalte anschaulich zu vermitteln. Ohne die Werke Matthäus Günthers wären in Süddeutschland und Tirol zahlreiche sakrale und einige wenige profane Bauten zweifellos ärmer, ohne sie würde das bayerische Rokoko nicht jenen Stellenwert besitzen, der es zum Inbegriff einer Kulturlandschaft werden ließ.

[1] StA Augsburg, Malerbuch 54, 1717–1861, p. 10
[2] Bayerische Staatsbibliothek München, sog. Oefeleana, Msc. von Andreas Felix von Oefele.
[3] BStA München, Pr 34, Nr. 31, fol. 18f.
[4] Wichtigste Literatur: Gundersheimer, Hermann: Matthäus Günther, Die Freskomalerei im süddeutschen Kirchenbau des 18. Jahrhunderts, Augsburg 1930. – Hamacher, Bärbel: Arbeitssituation und Werkprozeß in der Freskomalerei von Matthäus Günther (= Schriften aus dem Institut für Kunstgeschichte der Universität München, Bd. 29), München 1987. – Matthäus Günther 1705–1788, Festliches Rokoko für Kirchen, Klöster, Residenzen, Ausstellungskatalog Augsburg 1988, München 1988. (Vorzüglich die Lebensbeschreibung von Krämer, Gode: Matthäus Günther: Leben, Kunst, Wirkung, S. 17ff.). – Paula, Georg: Nachträge zum Werk von Matthäus Günther (1705–1788), Eine kritische Zusammenfassung, in: Jahrbuch des Vereins für Augsburger Bistumsgeschichte e.V. 29 (1995), S. 224ff.
Die umfangreiche und sehr verstreute Literatur zu einzelnen Fragen und Werken ist den genannten Publikationen zu entnehmen.
[5] EOA München, Beschreibung deß zum großen nuzen des Closters Rottenbuch ... so lang unnd Khostbar erpauten Neuen Weyer zu Sprenglsbach, Msc. von Joachim Hoffmair.
[6] Staats- und Stadtbibliothek Augsburg, sog. Codex Halder, bibliographische und künstlerische Notizen ..., zweibändiges Msc. von Georg Christoph Halder.
[7] Stetten, Paul von: Kunst-, Gewerbe- und Handwerks-Geschichte der Reichsstadt Augsburg, Bd. 1 Augsburg 1779, Bd. 2 Augsburg 1788.
[8] Codex Halder, op. cit.
[9] Oefeleana, op. cit.
[10] Gundersheimer, op. cit.
[11] Hoffmair, op. cit.
[12] Erwähnt auch 1804 bei Kornmann, P. Grimo: Nachrichten von dem ehemaligen Reichsgottesteshaus Ursberg und seiner Umgebung, Msc. im Archiv des Bistums Augsburg.
[13] Im Stadtmuseum Weilheim; vgl. Abb. in: Katalog Günther, op. cit., S. 183.
[14] StA Augsburg, Malerbuch 59, 1717–1781, p. 129.
[15] Ebda.
[16] Bogenrieder, Franz-Xaver: Die Baugeschichte der neuen Pfarrkirche zu Garmisch (= Wissenschaftliche Veröffentlichungen des Heimatpflegers von Oberbayern, Reihe A, Heft 7a), Schongau 1955.
[17] Gundersheimer, op. cit., S. 14f.
[18] Der vollständige Wortlaut der Briefe abgedruckt in: Katalog Günther, op. cit., S. 386f. Nr. 17–21.
[19] Hoffmair, op. cit.
[20] Diarium über die Erbauung der Domkirchen zu Brixen, In drey Thaill abgethailt v. Hofkammerdirector Leopold von Peisser, 3 Bde. Msc. (1747); zit. nach Gundersheimer, op. cit., S. 85 Anm. 13.
[21] Stiftsrechnung 1754/55 für die

Pfarrkirche Großaitingen; vgl. dazu Steichele, Anton von/Schröder, Alfred: Archiv für die Geschichte des Bistums Augsburg, Bd. 8, S. 33 Anm. 103. Der exzellente, großformatige Modello, der alle stilistischen Merkmale Günthers aufweist, war für das Chorfresko mit der Aufnahme Mariens im Himmel bestimmt. Er befindet sich heute im Allerheiligen-Museum von Schaffhausen (Öl auf Lwd., Maße: 76 x 60 cm, Inv.Nr. 598). und wird dort als Werk von Balthasar Riepp geführt (frdl. Hinweis von Bruno Bushart). Die Umsetzung des Themas mit dem Hl. Geist in Jünglingsgestalt entspricht weitgehend Günthers Komposition im Chor der Pfarrkirche von Altdorf (1758). Vgl. zur Ölskizze Karl Grunder in: Museum zu Allerheiligen Schaffhausen, Katalog der Gemälde und Skulpturen, Schaffhausen 1989, S. 76 Nr. 32 (mit Abb.).

[22] Hoffmair, op. cit.

[23] Ebda.

[24] Stalla, Robert: Matthäus Günthers Deckenbilder im Verhältnis zur Architektur, Ein süddeutscher Freskant am Übergang vom Spätbarock zum Klassizismus, in: Katalog Günther, op. cit., S. 152f.

[25] Gundersheimer, op. cit., S. 76.

[26] Mois, Jakob: Zur Geschichte des Neubaues der Pfarrkirche in Oberammergau, in: das münster 1 (1947/48), S. 148.

[27] Vgl. den bei Paula, op. cit., S. 233ff. (mit Abb. 85) erstmals publizierter Entwurf Günthers für Oberammergau in der Stiftung Ratjen, Vaduz.

[28] Fürstlich Leiningensches Archiv Amorbach 3/50/6.

[29] Gundersheimer, op. cit., S. 45.

[30] Staats- und Stadtbibliothek Augsburg, Konvolut zu Paul von Stettens Kunst- und Handwerksgeschichte, 2° Cod. S. 241, 348.

[31] Vgl. Oberammergau 1761.

[32] KMA Trauungsbuch St. Ulrich und Afra, 1752–1801, Bd. 3, S. 225; nach Wagner, Regina: Ignaz Paur (1723–1801), ungedruckte Magisterarbeit, München 1991.

[33] Bushart, Bruno: Matthäus Günthers Skizze für das Chorfresko in Rott am Inn, in: Alte und moderne Kunst 30 (1985), S. 4.

[34] Bauer, Hermann: Eine wiedergefundene Skizze Matthäus Günthers für Rott am Inn, in: das münster 11 (1958), S. 267ff.

[35] Staats- und Stadtbibliothek Augsburg, 2° cod. S 231, Bd. IV., S. 351f.; zit. nach Krämer, op. cit., S. 29.

[36] Krämer, op.cit., S. 29.

[37] Feulner, Adolf: Süddeutsche Freskomalerei, in: Münchner Jahrbuch der bildenden Kunst 10 (1916–1918), S. 71f.

Philipp Bayrhammer OPraem 1718–1761 und Augustinus Bayrhammer OSB 1729–1782

Thannhauser Brüder in Roggenburg und Ottobeuren

Von Leonhard Rugel

Das Elternhaus

Wir finden im 18. Jahrhundert in zwei Klöstern je einen Pater mit dem Namen Bayrhammer. In der Prämonstratenserabtei Roggenburg ist es P. Philipp Bayrhammer und im Benediktinerkloster Ottobeuren P. Augustinus Bayrhammer. Beide waren Hochschullehrer, und beide taten sich hervor als Chronisten ihrer Klöster. Und beide stammten aus Thannhausen und waren Brüder.

Der Thannhauser Chronist Hans Bronnenmaier erwähnt in seinem Heimatbuch auf Seite 209 nur kurz den Vater dieser Brüder. Es war der Lehrer und Rektor Johann Michael Bayrhammer (auch oft Bayrhamer geschrieben), der 1718–1762 die Thannhauser Volksschule leitete. In den Kirchenbüchern wird er Rektor, Kantor und Mesner genannt. Neben seiner Lehrtätigkeit, deren Vergütung nicht für den Lebensunterhalt ausgereicht hätte, hatte er also alle für ihn möglichen Kirchenämter inne. Bayrhammer brauchte auch ein gutes Einkommen, hatte er doch eine große Familie zu ernähren. Woher Bayrhammer stammte, wann er geboren ist und wann er wen geheiratet hat, ist nicht bekannt. Wir wissen nur, daß seine Frau mit Vornamen Anna Barbara geheißen hat. Zwischen 1718 und 1735 hat sie in Thannhausen zwölf Kinder zur Welt gebracht. Taufpaten waren jeweils der Stadtschreiber Johann Baptist Lachenmayr und Anna Barbara Zöschlinger; getauft wurden die ersten fünf vom Kooperator Anton Brugger, die restlichen von Kooperator Friedrich Ferdinand Kircher. Das fünfte und achte Kind starben im Kindesalter, das sechste Kind mit 28, das elfte Kind mit 25 Jahren; es überlebten also acht Kinder. Das erste und neunte Kind wurden nachgewiesenermaßen die genannten Patres. In Thannhausen setzte die Linie das siebte Kind fort. Es war der am 10. März 1726 geborene Johann Michael, welcher am 6. Mai 1752 die Maria Magdalena Schuler aus Jettingen ehelichte. 1741–1787 gab es im Kloster Wessobrunn einen Pater Maurus Bayrhamer, der am 4. September 1721 in Salzburg geboren worden war; möglicherweise ist das ein Hinweis darauf, woher die Bayrhammer stammen.

Der Lehrer Johann Michael Bayrhammer war im Jahre 1748 lebensgefährlich erkrankt. Das erfahren wir aus dem Bestallungsdekret des Nachfolgelehrers vom 28. Juni 1762. Da bescheinigte der Schulreferent bei der Diözese Augsburg, Generalvikar H. Baron von Hornstein, Johann Ulrich Wagner trete die Nachfolge von Johann Michael Bayrhammer nach dessen Tode an, nachdem er sich schon 1748 beworben hatte, als aber die Stelle doch nicht frei geworden war. Eine Tochter von Wagner heiratete übrigens seinen Nachfolger, den berühmten Lehrer Anton Höfer; Johann Michael Bayrhammer verstarb am 4. Juni 1762.

P. Philipp Bayrhammer

P. Philipp Bayrhammer kam als (erster in Thannhausen geborener) Sohn des Lehrers Johann Michael Bayrhammer und seiner Frau Anna Barbara am 2. August 1718 zur Welt; er erhielt den Taufnamen Johann Baptist nach seinem männlichen Taufpaten, dem Stadtschreiber und Notar Johann Baptist Lachenmayr. Nach dem Totenbuch des ehemaligen Prämonstratenser-Klosters Roggenburg Seite 82 durchlief er folgende Laufbahn:

Seine Schulbildung erhielt der Knabe Johann Baptist Bayrhammer in Augsburg, und er legte offensichtlich eine sehr gute Abschlußprüfung ab. Wahrscheinlich im Jahre 1737, also mit 19 Jahren, trat er ins Kloster zu Roggenburg ein. Fünf Jahre später, also im Jahre 1743, wurde er dort zum Priester geweiht. Sofort nahm er die Lehrtätigkeit als Professor auf; und er hielt offensichtlich Vorlesungen über das Kanonische Recht. Über die Art des Lehrens sagt das Totenbuch folgendes aus: »Ihn zeichnete aus ein umfassender Geist, eine gewinnende Art zu schreiben, ein großer Eifer im Studium der Altertümer und eine große Geschicklichkeit im Erklären. Er war unser Chronist. Er erwarb sich Ämter und Lob. Von stiller Art, schrieb er nicht selten Rühmliches; und er sammelte möglichst viel zusammen. Wenn er dabei auch die Klugheit der Schlange erreichte, so daß er für sich von der Frucht seiner Arbeit den besten Teil errang, so strebte er doch nicht nach Ehre, die irdisch ist, sondern nach einem Lohn, der unzerstörbar ist. Er verrichtete das Amt des Lehrers mit nicht geringer Sorge für die Schwachen. Darin war er allein bedacht auf die Verpflichtung seines Amtes, damit er nichts in der notwendigen, brüderlichen Sorge gegen die Schwachen versäume.«

Als im Jahre 1758 die heute noch bestehende und neu restaurierte herrliche Barockkirche des Klosters in einem achttägigen Fest gefeiert wurde, erschien eine Festschrift mit dem Titel »Wohlriechende ... Lilien«, die auch der Weihe der im gleichen Jahr fertiggestellten Kirche zu Oberwiesenbach gedachte. Der moderne Chronikschreiber des Roggenburger Klosters Franz Tuscher weist Seite 61 und 64 eindeutig nach, daß der Verfasser dieser Festschrift P. Philipp Bayrhamer ist; er stellt fest, die Festschrift enthalte »nicht nur die Roggenburger Kirchweihfestlichkeiten, sondern auch interessante Rückblicke auf Roggenburgs Geschichte«.

Das Hauptwerk von Pater Philipp wurde die 1760 erschienene »Chronik des Reichsstiftes Roggenburg«. Die Überschrift weist darauf hin, daß sich die Klostergeschichte auf alte Akten und Urkunden stütze. Im Vorwort heißt es: »Um das Licht von der Finsternis und das Wahre vom Falschen zu unterscheiden, habe ich lange und schwere Arbeit geleistet. Dies gilt besonders für die Epochen, die nicht selten für uns unglücklich verliefen. Deshalb habe ich bei dem mir Vorgenommenen die Zahl der Jahre öfters vermindert, um nicht gezwungen zu sein, Falsches zu schreiben.

Außerdem kann man über die Klöster St. Luzi (in Chur) und Churwalden in der Schweiz und über Adelberg im Herzogtum Württemberg vieles lesen; denn es ist so, daß man die Töchter nicht von der Mutter trennen kann.«

Im Schlußwort (Conclusio) gibt P. Philipp die Gliederung seines Werkes an, wenn er schreibt: »Schon müde lege ich meine Feder weg, welche eine Chronikgeschichte, nicht eine Fabelgeschichte geschrieben hat. Der erste Teil hat die Pröbste vorgestellt; der zweite Teil umgreift die Äbte.« Im ersten Teil ist auf die im Jahre 1126 erfolgte Gründung des Klosters Roggenburg durch Berthold von Bibereck eingegangen. Im zweiten Abschnitt wird ein Exkurs, das »Epos vom Tode Siegfrieds«, eingeschoben. Dann folgt die Reihe der Pröpste, 1126–1440, mit dem Bau des Klosters und der Gründung der Töchterklöster. Der zweite Teil behandelt die Äbte, 1440–1759, wobei besonders eingegangen wird auf Abtwahl, Persönlichkeit und geschichtliche Ereignisse. Als Exkurs erscheint hier, der »Bauern-Aufstand mit seinem Urheber Thomas Münzer«. Tuscher nennt diese Chronik das »wichtigste Quellenwerk über Roggenburg«.

Im Totenbuch, verfaßt von Abt Georg Lienhardt (1753–1783) und Propst Gilbert Scheyrle, wird das Ende von P. Philipp am 27. Dezember 1761 folgendermaßen geschildert: »Von der Schwindsucht niedergeworfen, leistete er die Lebensbeichte; und er erhielt zur rechten Zeit das Brot der Starken. Nachdem er die heilige Ölung erhalten hatte, bereitete er sich tapfer auf den Todeskampf vor. Schließlich nahte der letzte Augenblick, den der Sterbende klar erahnte. Sich dem göttlichen Willen ergebend, sank er im Kreis der Brüder am Tag des heiligen

Johann Evangelist, wie dieser Lieblingsjünger Christi beim Lamm des Mahles, an des Herrn Brust. Und in den letzten Zügen liegend, hauchte er seinen Geist aus.«

P. Augustinus Bayrhammer

Pater Augustinus Bayrhammer wurde als 9. Kind des Lehrers Johann Michael Bayrhammer und seiner Frau Anna Barbara am 6. September 1729 in Thannhausen geboren; und er erhielt den Taufnamen Johann Georg Magnus. Die Totenrotel, der Totenbericht, der von Ottobeuren ins Kloster Heiligkreuz zu Donauwörth gesandt wurde und heute verwahrt wird in der Universitätsbibliothek Augsburg, gibt folgenden Lebenslauf an: In Dillingen vollendete er die Humaniora, das Gymnasialstudium. Am 13. November 1747 legte er in Ottobeuren die Ewigen Gelübde ab und erhielt den Klosternamen Augustin. Am 30. September 1753 wurde er Priester. Danach schickte ihn der Abt Anselm ins Schweizer Kloster St. Gallen, wo er die orientalischen Sprachen lernte. 1756 kehrte er wieder zurück.

Als Professor lehrte er nun Rhetorik, Poesie, Philosophie und Kirchenrecht. Zwischendurch gab er 1775–1777 am Lyzeum in Freising Logik und Physik. Dann übernahm er in Ottobeuren die Leitung des Kloster-Archivs. Neben den orientalischen Sprachen beherrschte er auch die französische und italienische Sprache. Er schrieb ein klassisches Latein. Für das Kloster legte er auch eine Münzsammlung an. Auch in Irsee half er mit Vorlesungen aus.

Über seine Vorlesungen fertigte P. Augustinus handschriftliche Niederschriften an, so über die Naturlehre, über die Geschichte des Pelagianismus, über die Vorkenntnisse zur geistlichen Rechtslehre, über die Gegenstände der Physik und über andere Wissensgebiete. Er versuchte sich auch in der Lyrik und schrieb lateinische Gedichte und Elegien. Zum Druck kamen offenbar nur drei Schriften: 1770/1777 erschienen die »Thesen zur allgemeinen Philosophie« in lateinischer Sprache. In deutscher Sprache wurde zuerst gedruckt im Jahre 1766 zur Tausendjahrfeier des Klosters Ottobeuren eine Chronik, die Pater Augustin selber eine »kurze Beschreibung« nannte. Sie wurde aber die Grundlage für die ausführliche Chronik von P. Maurus Feyerabend; dieser bedauerte, daß P. Augustinus zu wenig Zeit gehabt habe, um seine Chronik umfassender auszugestalten.

Zur Einweihung der neuen Klosterkirche im Jubiläumsjahr schrieb P. Augustinus Bayrhammer einen lateinischen Operntext, welchen Benedikt Kraus vertonte; die Oper wurde am 23. September 1766 aufgeführt. Ihr Titel lautete »Alkeste, wiederbelebt durch die Wohltat des Phöbus und des Amor«. Der Text ist nur in lateinischer Sprache und in Handschrift erhalten. Im Druck erschien im Jahre 1767 eine Beschreibung der um zwei Jahre verschobenen Feierlichkeiten vom Jahre 1766; vor allem wurden hier die gehaltenen Festreden aufgenommen.

Über die Persönlichkeit und über das Ende von P. Augustinus am 4. Januar 1782 berichtet die Totenrotel folgendes: »Er war in jeder Wissenschaft beschlagen. Sein ganzes Leben lang war er ein unvergleichliches Beispiel von untadeliger Zucht, strengster Armut und äußerstem Gehorsam. Die frohe Erwartung des Todes, zu dessen tapferer Annahme er sich in höchster geistiger Konzentration seit langer Zeit durchgerungen hatte, verheimlichte er, solange er konnte. Erst als ihn eine plötzliche Schwäche befiel, wurde er rechtzeitig mit allen Sterbesakramenten versehen. Unser Mitbruder, welcher den Todeskampf Christi und sein Leiden in mitfühlender und beständiger Anbetung verehrte, gab ergeben seinen Geist auf im Kreis der betenden Mitbrüder um die 11. Mittagsstunde des 4. Januar 1782.«

UNGEDRUCKTE QUELLEN

Pfarrmatrikel von Thannhausen im Archiv des Bistums Augsburg. – Totenbuch des Klosters Roggenburg im dortigen Pfarrarchiv. – Totenrotel über P. Augustin Bayrhammer in der Universitätsbibl. Augsburg. – Staatsarchiv Augsburg, Bezirksamt Krumbach 361.

LITERATUR

Bronnenmaier, Hans: Thannhauser Heimatbuch, Augsburg 1955. – *Lindner, August:* Die Schriftsteller und die um Wissenschaft und Kunst verdienten Mitglieder des Benediktinerordens im heutigen Königreich Bayern vom Jahre 1850 bis zur Gegenwart, 3 Bde. Regensburg, 1880 bis 1884. – *Haisch, Hermann* (Hg.): Landkreis Unterallgäu, Mindelheim, 1987. Darin: (319–350) Josef Mancal, Musik vom Mittelalter bis zur Säkularisation; und (360–384) Hans Pörnbacher, Die Literatur im Unterallgäu. – *Tuscher, Franz:* Das Reichsstift Roggenburg im 18. Jahrhundert, Weißenhorn, ²1991. – *Feyerabend, P. Maurus:* Sämtliche Jahrbücher des ehemaligen Reichsstifts Ottobeuren. Ottobeuren 1813. – *Konrad, Anton u. a.:* Zwischen Donau und Iller. Der Landkreis Neu-Ulm in Geschichte und Kunst. Weißenhorn 1972.

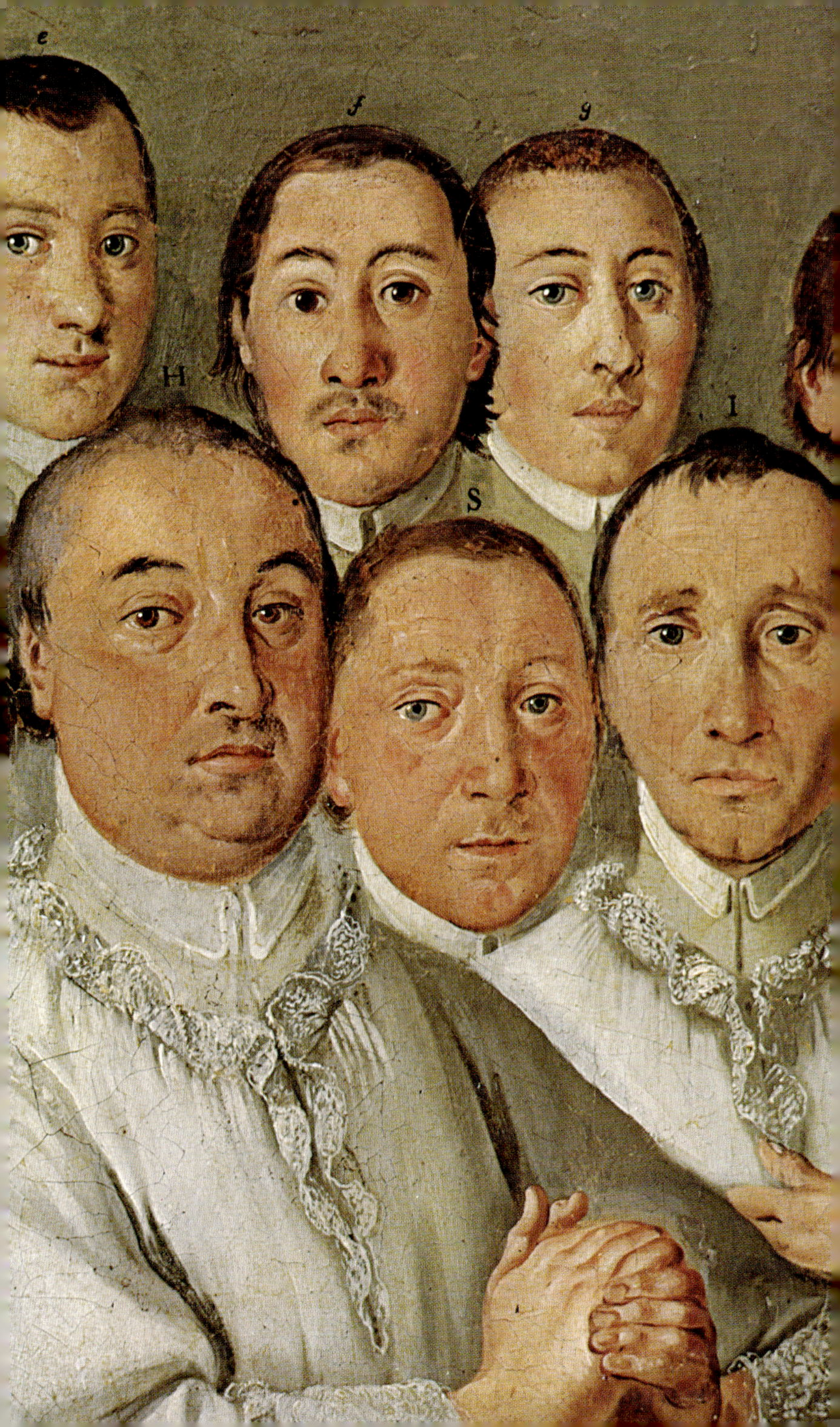
e
f
g
H
I
S

11 Konventbild des vierzigköpfigen Prämonstratenserkonvents der
Reichsabtei Roggenburg unter Abt Georg IV. Lienhardt. Gemalt von
Franz Martin Kuen (1719–1771) aus Anlaß der Vollendung der
Gesamtanlage von Kirche und Kloster im Jahre 1768. Ausschnitt.
München, Bayerisches Nationalmuseum

Johann Georg Henle 1769–1852
Ein Höchstädter als Stifter des
Augsburger Krankenhauses

Von Leonhard Rugel

Am 19. Dezember 1852 verstarb in Augsburg im Alter von fast 84 Jahren der Rotgerbermeister Johann Georg Henle. Er stammte aus Höchstädt an der Donau und hatte dort bis zu seinem Umzug nach Augsburg Ende 1826 das Gerberhandwerk ausgeübt. Kurz vor seinem Tode wurde er von der Stadt Augsburg zum Ehrenbürger ernannt. Wie kam es nun dazu, daß ein einfacher Bürger so geehrt wurde?

Der Augsburger Stadt- und Landbote vom 23. Dezember 1852 druckte die Grabrede ab, welche Domdekan und Dompfarrer Aloys Fischer bei der Beerdigung am 21. Dezember gehalten hatte. Dabei kam noch folgendes aus dem Leben des Johann Georg Henle zur Sprache: »Er lebte von den Früchten seines Fleißes und seiner Arbeitsamkeit, die ihn im Vertrauen auf Gott bei seinen in seinen Wanderjahren durch Bayern, Böhmen, Österreich, Frankreich und die norddeutschen Staaten erworbenen außerordentlichen Kenntnissen und seiner Geschäfts-Gewandtheit, dann bei seiner nüchternen und mäßigen Lebensweise Bedeutendes erübrigen ließ.

Er, der 83 Jahre 6 Monate alt und aus den Lebenserfahrungen weise und klug geworden, gründete die Klosterschule für die Mädchen seines Geburts- und Bürgerortes Höchstädt, bereicherte noch in den letzten Lebensstunden dortiges Spital mit 12 000 fl [Gulden], ohne der Seinigen zu vergessen, indem er auch ihnen zukommen ließ, was Recht und Pflicht gebeut, und indem er dafür sorgte, daß die, welche ihm beistund, leben konnte. Und er machte die bekannte Stiftung von 100000 fl [Gulden] für die Einführung der Barmherzigen Schwestern im hiesigen Krankenhause für die Katholiken; und damit sein Wille gewiß vollzogen würde, bezeichnete er urkundlich als Wächter hiefür den Magistrat und die Gemeindebevollmächtigten. Diese akzeptierten nicht nur mit Dank und Liebe die so edle Gesinnung und die reiche Gabe des frommen Stifters, sondern sie bekundeten ihren Dank dadurch, daß sie dem hochsinnigen Stifter das Ehrenbürgerrecht Augsburgs zuerkannten.«

Dem, der die Nachrichten über Henle bei seinem Tode und beim Begräbnis aufmerksam liest, drängen sich einige tiefergreifende Fragen auf: Da ist einmal die Frage, warum ein einfacher Gerbermeister zu einem solchen Reichtum kommt. Dann fragt man sich, warum Henle gegen Ende des Jahres 1826 im Alter von 57 Jahren sein Geschäft aufgab und nach Augsburg zog. Wissen möchte man auch, wodurch Henle zu so großzügigen Stiftungen veranlaßt wurde. Schließlich ist auch interessant, wie die große Stiftung für Augsburg und deren Barmherzige Schwestern wirksam wurde.

Die erste Frage nach der Wohlhabenheit läßt sich nicht beantworten, ohne daß die Familiengeschichte durchleuchtet wird. Johann Georg Henle war geboren worden am 5. April 1769 in Höchstädt/Donau und hatte den Taufnamen Johann Georg Franz von Paul erhalten. Er war wohnhaft in Höchstädt, Hausnummer 398/485. Und er schloß am 20. Juni 1793 vor der Stadtbehörde einen Ehevertrag mit Maria Anna Guggenberger. Darin wurde festgelegt, daß die Braut 1000 Gulden Heiratsgeld mitbringen wird, wogegen der Bräutigam seinen Besitz im Wert von 700 Gulden 10 Pfennig einsetzte. Wenn das Paar, ohne Kinder zu hinterlassen, sterbe, solle ein Drittel des eingebrachten Heiratsgutes den nächsten Verwandten ausbezahlt werden.

Der Rotgerber Johann Georg Henle, Sohn des gleichnamigen Henle, Rotgerbers, und der Schmiedetochter Maria Häckel, heiratete am 16. September 1793 die Anna Maria Guggenberger. Letztere war die Tochter des Bierbrauers und Greifenwirts Johann Ulrich Guggenberger, der am 10. Oktober 1771 die Anna Maria Mengele geehelicht hatte. Auch dessen Vater Joseph Guggenberger und der Großvater Johannes Guggenberger waren Bierbräuer gewesen.

Wir dürfen annehmen, daß beim Geschäft des Bierbrauens auch damals schon viel Geld angesammelt werden konnte. In dieser Hinsicht ist das Heiratsgut von 1000 Gulden eine recht geringe Summe; vermutlich hängt das damit zusammen, daß noch mehrere Geschwister ausgesteuert werden mußten. Ob Maria Anna Guggenberger später noch Erbgut erhalten hat, ließ sich nicht feststellen.

Das Braugewerbe spielt auch bei der Familie Henle eine große Rolle. Beim frühesten Ahnen, der in den Pfarrbüchern festgehalten ist, war noch kein Beruf angegeben; es war Jakob Hainle, der am 10. November 1637 die Margaretha Karg heiratete. Schon der nächste in der Generationenfolge wurde als »Bierprey« bezeichnet; Martin Hänlen heiratete am 7. Oktober 1659 eine Bentz und am 17. April 1662 die Barbara Schreiner. Der aus zweiter Ehe stammende Sohn, Wilhelm Hänle wurde als Säckler und Flößer bezeichnet; er nahm vor 1689 eine Barbara zur Frau. Erst des Wilhelm Sohn Michael Henle, geboren am 23. September 1695, hatte den Beruf eines Rotgerbers ergriffen. Seine vier Frauen waren alle Töchter von Braumeistern. Vermutlich hat sich durch deren Heiratsgut ein beachtliches Vermögen angesammelt, das sich dann durch Ausleihen und Verzinsung vermehrte. Als erste Frau nahm Michael Henle am 5. August 1720 die Anna Barbara Schafnizel, als zweite Frau am 5. August 1721 Anna Deller, Tochter des Bierbrauers Andreas Deller, als dritte Frau Margaretha Marstaller, Tochter des Bierbrauers Johannes Marstaller, und als vierte Frau Scholastika Deller, Tochter des Bierbrauers Georg Deller. Von den ersten drei Frauen stammt jeweils ein Kind, von der vierten Frau aber elf Kinder. Wieviel dabei wieder als Heiratsgut hinausging, müßte erst festgestellt werden. Zur Heirat kommende Söhne des Michael Henle waren Jakob Henle, aus dessen zwei Ehen nur Mädchen hervorgingen, und der oben genannte Rotgerber Johann Georg Henle, der Vater des Stifters Henle.

Eine Unebenheit, die auch aus den Nachrichten bei Henles Tod zutage tritt, konnte nicht geklärt werden: Bei den Todesnachrichten wird als Frau Henles eine Anna Maria Helena Sator (oder Sutor) angegeben, die am 1. Juni 1832 mit 60 Jahren gestorben sei. Die Höchstädter Matrikel und die oben erwähnte Heiratsabsprache weisen aber eindeutig aus, daß Henle 1793 eine Maria Anna Guggenberger geheiratet hat, die am 16. Juli 1772 geboren worden war. Es ist deshalb wahrscheinlich, daß die Angabe über die Frau Sator falsch ist. Dafür spricht zum einen, daß die Altersangabe mit dem Geburtstag der Guggenberger übereinstimmt, zum andern ist es unwahrscheinlich, daß Henle innerhalb der 6 Jahre zwischen seinem Umzug nach Augsburg (Ende 1826) und dem Tod der Frau ein zweites Mal geheiratet hat, ohne daß dies bei den Todesnachrichten erwähnt worden wäre. Nach dem Tod der Frau hatte Henle eine Betreuerin; möglicherweise wurde bei der Leichenrede deren Name mit dem der Frau verwechselt.
In der Grabrede hat es auch geheißen, daß Henle seit 25 Jahren sich in Augsburg aufgehalten habe; zurückgerechnet von 1852 war Henle dann von 1827 an in Augsburg. Eine Bestätigung erhalten wir durch das Protokoll, das beim Verkauf des Hauses und Gerbergeschäftes in Höchstädt aufgenommen wurde. Das Protokoll wurde abgefaßt vor dem königlichen Landrichter zu Höchstädt am 5. Oktober 1826. Da wurde beurkundet, daß der »hiesige Rothgerbermeister Georg Henle« sein Wohnhaus Nr. 398 mit Garten, das mit 1200 fl versichert war, seine Grundstücke, ferner Handwerksgerechtigkeit, Hausgerätschaft, Werkzeuge, Leder und Lohe an den Rotgerbergesellen

Jakob Deibler aus Thannhausen verkaufte. Der Gesamtpreis betrug 6 700 fl, wovon innerhalb von einem halben Jahr 4 000 fl bezahlt werden mußten und der Rest später, aber mit einem nach einem halben Jahr beginnenden Zinsaufschlag von 5 %. Der Verkäufer behielt sich das Recht vor, noch drei Monate die untere Stube mit Küche benützen zu können. Henle ist also mit Sicherheit in den Monaten Oktober bis Dezember 1826 nach Augsburg umgezogen. Er hat sein Geschäft mit 57 Jahren sicher deshalb aufgegeben, weil er sich zur Ruhe setzen wollte und weil er genügend wohlhabend war, um sich das leisten zu können. Warum er Augsburg zum Ruhesitz wählte, konnte nicht festgestellt werden; sicher spielten gewisse Spannungen mit der Verwandtschaft eine Rolle, wie sie sich nach dem Tode deutlich zeigten.

Johann Georg Henle schenkte den Spitalinsassen zu Höchstädt »einen Krankenstuhl und andere wichtige Gebrauchsgegenstände, schließlich noch ein kostbares Ciborium«. Das geschah vermutlich im Spätherbst 1826, als Henle von Höchstädt wegzog. Als dann im Haus des Spitalverwalters die Mädchenschule unter der Leitung der Dillinger Franziskanerinnen in den Jahren 1842/1843 eingerichtet wurde, spendete Henle »8000 fl zum Unterhaltsfonds der Schulschwestern«. Die Verhandlungen mit Dillingen hatte hauptsächlich der Stadtpfarrer Franz Xaver Guggenberger geführt, der sein Amt in Höchstädt 1823 bis 1841 innehatte. Da die Frau des Henle eine geborene Guggenberger war, ist der Schluß zwingend, daß dieser Stadtpfarrer mit Henle eng verwandt war. Es gibt übrigens drei Pfarrer Guggenberger von Höchstädt. Bei der Heirat der Eltern von Frau Henle am 10. Oktober 1771, zwischen den oben erwähnten Johann Ulrich Guggenberger und Anna Maria Mengele, fungierten folgende Trauzeugen: »Ignaz Guggenberger, parochus [Pfarrer] in Bachhagel, und Joseph Guggenberger, Neomysta [Neupriester]«. Letzterer war ab 1785 Stadtpfarrer in Höchstädt. Dieser Neupriester war der Bruder von Johann Ulrich Guggenberger, also ein Onkel der Frau Maria Anna

Henle. Die Spendenfreudigkeit Henles hat also ihren Grund auch in der religiösen Einstellung der Familie. Sicher kommt dazu auch die Tatsache, daß seine Ehe kinderlos geblieben ist.

Interessant ist es nun, zu verfolgen, wie es zu der großen Stiftung von 100000 Gulden an die Barmherzigen Schwestern in Augsburg gekommen ist. Nach der Auflösung der Klöster 1802/1803 stellte man in Bayern bald fest, daß man ein Vakuum geschaffen hatte, das man nicht oder nicht schnell genug beseitigen konnte. Betroffen war neben der Seelsorge vor allem das Schulwesen und die Krankenbetreuung. Deshalb schloß der König von Bayern mit dem Vatikan am 24. Oktober 1817 ein Konkordat ab, in dem in Artikel 7 festgelegt wurde, daß religiöse Orden wieder eingeführt werden könnten, wenn sie bereit wären, folgende gesellschaftliche Aufgaben zu erfüllen: Mithilfe in der Seelsorge, Unterricht für die Jugend und Krankenpflege. Erst König Ludwig I., im Amt 1825 bis 1848, machte mit der Wiederbelebung der Klöster Ernst. So herrschte zum Beispiel in München akuter Mangel an Krankenpflege-Personal. Dem wollte der König abhelfen. Er empfahl der Residenzstadt von Bad Brückenau aus am 29. Juli 1827, die Elisabethinerinnen zum Krankendienst zu berufen. Ob der König die Wiederbelebung eines alten Ordens dieses Namens oder schon die Grauen Schwestern in Frankreich gemeint hat, steht nicht fest. Vermutlich ist letzteres der Fall, weil der König nachfragte, ob das Münchner Ordinariat schon Antwort von dem französischen Kultusministerium in Sachen der Regeln der Barmherzigen Schwestern vom hl. Vinzenz von Paul erhalten habe. Der Chefarzt des Münchner Krankenhauses Dr. Johann Nepomuk Ringseis nahm die Initiative in die Hand und führte nach einigen Schwierigkeiten, erst 1828, endgültig am 12. Januar 1832 die Grauen Schwestern aus dem Mutterkloster Straßburg in München ein. Ein Schwesternkonvent hatte sich in München schon gebildet. Aus Straßburg kam dann die Oberin und

die Novizenmeisterin. Diese reisten am 5. März 1832 ab und fuhren über Augsburg nach München.
Von Augsburg aus wurde die Entwicklung in München mit Interesse verfolgt. Möglicherweise haben die Beobachtungen der Entwicklung in München den Blick auf die Augsburger Verhältnisse geschärft. Am 19. April 1827 meldete die Kreisregierung an den Magistrat, sie habe bei einer Kontrolle 17 Gebrechen im hiesigen Krankenhaus festgestellt; sie fordere die Abstellung dieser Gebrechen. Im August und Oktober 1827 wurde erstmals der Gedanke im Magistrat geäußert, man könne einen Krankenpflege-Orden ans Krankenhaus berufen. Der damalige Zweite Bürgermeister Philipp Franz Kremer und der rechtskundige Magistratsrat Mayrhofer ergriffen die Initiative und brachten bei der Sitzung des Magistrats (des Stadtrates) Augsburg am 27. Oktober 1827 den Antrag ein, einem Frauenorden die Krankenbetreuung zu übertragen. Diese beiden Vorreiter nahmen, über den Magistratsrat, briefliche Verbindung nach München auf. Im Juni 1833 reisten sie als offizielle Abordnung nach München, um die Einrichtungen der dortigen Schwestern persönlich kennenzulernen. Vorausgegangen war der Besuch der dortigen Führungsschwestern M. Ignatia Jorth und M. Apollonia Schmitt, die am 9. März 1832 auf der Fahrt von Straßburg nach München die klösterlichen Institute in Augsburg besucht hatten. Doch diese und alle weiteren Bemühungen um die Einführung der Klosterfrauen in Augsburg scheiterten an dem wichtigsten Hindernis: Augsburg war konfessionell gespalten; und was man dem einen zugestand, konnte man dem anderen nicht verwehren.
Am Anfang des Jahres 1837 drängte die Regierung von Schwaben den Magistrat, sich wegen der Einführung der Barmherzigen Schwestern zu entscheiden. Der Stadtrat antwortete, die Verhandlungen seien noch nicht abgeschlossen. Auf weiteres Drängen der Regierung beschloß der Magistratsrat unter Bürgermeister Carron du Val am 1. April 1837, von allen betroffenen Stellen Gutachten einzuholen. Befragt wurden: die Kran-

kenhaus-Pflegeverwaltung (Antwort erledigt: 17. 9. 1837), die Oberärzte Hofrat Dr. Franz Reisinger (31. 8. 1837) und Dr. Hegele (16. 6. 1837), der Gerichtsarzt der Stadt Dr. Wieder (10. 10. 1837) und die Stadtdekane, der katholische Aloys Fischer (21. 4. 1837) und der evangelische Dekan Geuder (30. 4. 1837). Nach Auswertung der Gutachten beschloß der Magistrat am 30. Februar 1838 endgültig, die Krankenpflege im Krankenhaus nicht den Barmherzigen Schwestern zu übertragen. Hauptgrund war und blieb die konfessionelle Trennung in Augsburg.

Am 21. März 1837 machte 2. Bürgermeister Heinrich vor dem Magistrat den Vorschlag, doch die in der Säkularisierung aufgehobenen Seelhäuser beider Konfessionen wieder zu beleben und ihre Insassen für die Krankenpflege zu verwenden. Der evangelische Dekan Geuder griff diesen Gedanken in seinem Gutachten vom 30. April 1837 auf. Die Seelhäuser waren ab dem frühen 14. Jahrhundert Stiftungen zur Unterkunft und Verpflegung von armen Frauen; diese betätigten sich später immer mehr mit der ambulanten Krankenpflege. Bei der Säkularisation waren aber die Stiftungen eingezogen und vor allem die Häuser anderen Zwecken zugeführt worden; so war es schwierig, diese wieder ins Leben zu rufen.

Von den katholischen Bürgern von Augsburg wurde am 21. November 1840 ein Komitee gebildet »zur Erörterung über die Restauration des katholischen Bachschen Seelhauses und Einführung der Barmherzigen Schwestern für die Pflege im Lokalkrankenhaus dahier«. Ihm gehörten auch die drei wichtigen Augsburger Ärzte an, der Stadtgerichtsarzt Dr. Wieder, der Chefarzt Dr. Franz Reisinger und der Oberarzt Dr. Hegele. Dem Komitee gehörten 13 Männer an; es tagte bis zum 3. Dezember 1841 sechzehnmal. Das Ergebnis der Beratungen waren die zwei Forderungen: das Bachsche Seelhaus wiederherzustellen und in einem neu zu bauenden Krankenhaus die konfessionelle Trennung (nach Zimmern oder Stockwerken; später: nach Flügeln) einzuführen.

Das Bach'sche Seelhaus konnte 1844 im St. Barbarahof wiederhergestellt werden. Es wurde besetzt von drei führenden Barmherzigen Schwestern und acht Seelschwestern. Ein entsprechender Vertrag zwischen Magistrat und den Barmherzigen Schwestern in München wurde am 24./26. Oktober 1844 geschlossen. Offensichtlich war dies nur ein provisorischer Vertrag; am 14. Juli 1846 wurde er verbessert und am 11. Januar 1847 in einer endgültigen offiziellen Fassung zu Protokoll gebracht. Die Schwestern im Bachschen Seelhaus übten ambulante Krankenpflege aus, was bis dahin bei den Barmherzigen Schwestern verpönt gewesen war. Manche Schenkungen wurden gegeben; meist wurde als Zweck angegeben »für die Einführung« oder »für die Barmherzigen Schwestern«; bei der Stiftung am 11. November 1844 heißt es erstmals »für die Barmherzigen Schwestern im Bachschen Seelhaus«.

Nun mußten auch die evangelischen Bürger aktiv werden. Am 7. Mai 1851 beschloß der Konvent der evangelischen Geistlichen, zur Einführung von Diakonissen in Augsburg 100 Gulden zur Verfügung zu stellen. Am 19. Mai 1851 wählten die Vertreter der evangelischen Bürger Augsburgs einen siebenköpfigen Ausschuß, der eine Denkschrift an den Magistrat verfassen und die Interessen der evangelischen Bürger vertreten sollte. In der Denkschrift vom 2./3. Juni 1851 wurde die Forderung nach zwei getrennten Krankenhäusern aufgestellt. Im Sommer 1853 zeigte sich Pastor Theodor Fliedner von Kaiserswerth bereit, einige Pflegerinnen nach Augsburg zu entsenden. Der Stadtmagistrat zeigte sich am 10. Dezember 1853 damit einverstanden. Ferdinand Freiherr von Schaezler rief 1854 eine Stiftung mit einer Anfangshöhe von 10000 Gulden ins Leben, die dem Unterhalt der Augsburger Diakonissen und ihrer Ausbildung dienen sollte. Als erste Diakonisse kam am 15. Oktober 1855 aus Straßburg Julie Hörner als Oberschwester. Sie begann ihren Dienst mit ambulanter Krankenpflege. Am 17. März 1856 bezogen vier Diakonissen ein Haus in der Klinkertorstraße 4.

Der Magistrat ging nun daran, einen Krankenhausneubau zu erstellen. Von 1850 an liefen die Planungen. Den endgültigen Baubeschluß faßten die Räte am 27. Januar 1853. Ein Platz am Unteren Graben wurde ausgesucht. Er mußte erst aufgefüllt werden; und der vorbeifließende Stadtgraben wurde mit einem auf eingerammten Pfählen ruhenden Rost überbrückt. Am 19. Mai 1856 konnte der Grundstein gelegt werden. Im Jahre 1859 wurde das Haus eröffnet. Es gab eine katholische und eine evangelische Abteilung. Die Schwestern beider Konfessionen konnten einziehen, nachdem mit ihnen am 3. Juli 1858 ein Vertrag geschlossen worden war.

Die Schwestern im Bachschen Seelhaus hatten unterdessen einen schweren Stand gehabt. Trotz mancher Stiftungen war ihr Unterhalt nicht gesichert; und die führenden Barmherzigen Schwestern konnten jederzeit nach München zurückbeordert werden. Da half eine großzügige Spende, ihren Unterhalt auf Dauer zu sichern. Vermittler dieser Stiftung war Domkapitular Casimir König. Dieser schrieb am 10. Juni 1852 an den Superior der Münchner Barmherzigen Schwestern, Dr. Germanus Gradler, es habe sich ihm ein Privatier (Johann Georg Henle) anvertraut, der eine Stiftung von 100000 fl (Gulden) machen wolle, um den Barmherzigen Schwestern den Weg ins Augsburger Krankenhaus zu öffnen. Er bitte deshalb um Unterlagen zur Ausarbeitung eines Stiftungsvertrages und um eine persönliche Aussprache. Die Sache sei sehr dringend, weil der Privatier schon 83 Jahre alt sei. Die Erklärungen an die Stadtkammern (Magistrat und Gemeindebevollmächtigte) seien bereits formuliert. Gradler antwortete am Donnerstag, 14. Juni 1852, wobei er schon einige Dokumente mitschickte. Er lud zu einem Treffen nach Bad Heilbrunn, zwischen Penzberg und Bad Tölz gelegen, am nächsten Samstag oder Sonntag ein, weil er dort die in Kur befindliche Generaloberin besuchen wolle. Das Treffen hat also am 19. oder 10. Juni 1852 stattgefunden. Bald danach, und zwar am 29. Juni 1852, gab Casimir König die Schenkungsurkunde bei der Stadtverwaltung ab.

Die Urkunde enthielt diese Bestimmungen und Bedingungen:
1. *Der Privatier Johann Georg Henle übergibt dem Magistrat aus seinem Vermögen 100000 Gulden und knüpft daran einige Bedingungen.*
2. *Die Barmherzigen Schwestern sollen in Augsburg ein Mutterhaus erhalten und als Korporation etabliert werden.*
3. *Das Eigentumsrecht an der Stiftung bleibt bei den Barmherzigen Schwestern und der Stadtgemeinde katholischen Antheils.*
4. *Die Nutznießung der Zinsen zu 3 1/2 % dient zu 6/7 für den Unterhalt des Ordenspersonals und zu 1/7 dem Hause zur Aufnahme armer Mädchen in den Orden.*
5. *Andersgläubigen wird die Pflege nicht verweigert.*
6. *Der Stadtmagistrat muß geeignete Lokalitäten bereitstellen und unterhalten und dienstunfähig gewordenes Personal versorgen.*
7. *Die Schenkung ist perfekt, wenn die Stadtparlamente sie angenommen haben; andere Zustimmungen sind nicht nötig.*
8. *Die Zinsen sollen noch 14 bis 18 Monate in Höhe von 1500 fl dem Spender zufallen, dann ganz (3500 fl) zur Heranbildung von Schwestern und zur Ausstattung des Mutterhauses verwendet werden.*
9. *Den Schuldnern der vom Stifter ausgeliehenen Gelder sollen die Kapitalien noch auf 10 Jahre zu 3 1/2 % Zins überlassen bleiben.*
10. *Bis zur Etablierung des Augsburger Mutterhauses vertritt die Rechte des Ordens der Superior und die Oberin von München.*
11. *Wenn nach 10 Jahren vom Ableben des Stifters an die Hauptbedingungen – nämlich Einführung der Schwestern ins Krankenhaus, Bau eines Mutterhauses durch die Stadt und Etablierung des Ordens in Augsburg – nicht erfüllt sind, fällt das Kapital an das Domkapitel Augsburg, das dessen Zinsen zu einem guten Zweck verwenden soll.*

Die »unbedingte« Zustimmung durch den Magistrat, das heißt ohne daß der Magistrat Änderungen verlangte, erfolgte am 6. bzw. 10. Juli 1852 mit 10 : 5 Stimmen. Darauf wurde am 17. Juli 1852 das gerichtliche Protokoll angefertigt. Die Gemeindebevollmächtigten stimmten am 4. August 1852, die Regierung von Augsburg (mit ministerieller Genehmigung) am 4. September 1852 zu. Letztere hatte gegen die Formulierung bei Punkt 3 kritisiert, und Änderung verlangt für den Passus »Eigentumsrecht der katholischen Bevölkerung«. Ob eine Änderung erreicht wurde, ist unwahrscheinlich, weil Domkapitular König, nachdem er mit Henle verhandelt hatte, diesen als »Biedermann, aber auch Felsenmann« bezeichnet hatte. Zuletzt stimmte das Ordenshaus München der Stiftung zu, stellte aber folgende Bedingungen: Augsburg darf Kandidatinnen aufnehmen und heranbilden, sein Vermögen selbst verwalten und einen geistlichen Vorstand für interne Angelegenheiten haben. Die Ordensangelegenheiten und die Disziplin regeln der Superior und die Generaloberin in München. Am 19. Juli 1852 berichtete König an Gradler, wie schwierig die letzten Verhandlungen waren. Er sei abgestoßen worden von dem »Krämergeist der Stadt«. Aus Verärgerung habe Henle sogar gedroht, er wolle die Stiftung dem Eichstätter Knabenseminar zuwenden. Aber er, König, habe sich in Zugzwang befunden, weil »bei der heftigen Sommerhitze für den Donator [Spender] Lebensgefahr für nahe erkannt werden mußte; denn er leidet an starker Brustverschleimung und heftigem Drang nach dem Kopfe«.

Am 23. Oktober 1852 sandte der Magistrat an Henle ein Schreiben, in dem er die Annahme der Schenkung bestätigte, den Dank aussprach und mitteilte, daß eine Magistrats-Commission gebildet worden sei, welche die Schuldscheine in Empfang nehmen soll. Offensichtlich hat der Magistrat nach der Übergabe aller zur Stiftung gehörigen Unterlagen den Stifter Johann Georg Henle zum Ehrenbürger der Stadt Augsburg ernannt. Denn bei den Todesanzeigen und bei der Grabrede wurde ihm dieser Ehrentitel schon zuerkannt. Als offizieller Termin der Verleihung dieser Würde erscheint aber der 1. Januar 1853. Möglicherweise hat dann erst das Gemeindegremium zugestimmt. Wie schon gesagt, verstarb Johann Georg Henle am Sonntag, den 19. Dezember 1852, abends 19 Uhr. Manchmal wird als Todestag der 20. Dezember 1852 angegeben.

Nach dem Tode von Henle galt es, die drei Hauptbedingungen des Stifterwillens zu erfüllen. Die erste Bedingung, daß die Barmherzigen Schwestern zum Krankenhausdienst zugelassen werden, konnte bei der Fertigstellung des neuen Krankenhauses im Jahre 1859 erfüllt werden. Im Ostflügel des neuen Hauses führten die Diakonissen, im Westflügel die Barmherzigen Schwestern Haushalt und Pflege. Darüber wurden mit beiden Orden am 3. Juli 1858 Verträge geschlossen. Von katholischer Seite war darüber schon seit mindestens 1853 verhandelt worden. Das Mutterhaus in München hatte sich von Anfang an dagegen gewehrt, daß es in einem Vertrag den Augsburger Schwestern die Selbständigkeit zugestehen solle.

Während der Planungs- und Bauzeit des Krankenhauses geriet die zweite Bedingung der Henleschen Stiftungsurkunde fast in Vergessenheit, nämlich die Verpflichtung an die Stadt, ein Mutterhaus bereitzustellen. Erst mit dem Einzug der Schwestern ins Krankenhaus, der notwendigerweise eine Vermehrung der Schwesternzahl bedingte, wurde die Frage wieder akut. Die Stadt hatte aber gute Argumente, diese Forderung abzulehnen: Nach dem aufwendigen Bau des Krankenhauses habe sie kein Geld mehr für eine solche Aufgabe; und wenn, dann müsse sie auch den Diakonissen ein Haus zur Verfügung stellen. So waren die Forderungen von katholischer Seite zum Scheitern verurteilt. Man mußte einen andern Weg zur Lösung und damit zur Rettung der Henleschen Stiftung finden.

Erschwerend kam hinzu, daß in den endfünfziger Jahren des vorigen Jahrhunderts die politische Lage sich änderte, besonders in Augsburg. Die Liberalen unter Führung von drei Männern, nämlich von 2. Bürgermeister (ab 1862) Ludwig Fischer, von Rechtsanwalt Dr. Joseph Völk und von Verleger Albrecht (Christoph Alexander) Volkhart bekamen in der Stadtgemeinde die Oberhand. Letzterer wurde 1857 als Gemeindebevollmächtigter gewählt; deshalb dürfte man dieses Jahr als Schlüsseljahr für das Übergewicht der Liberalen ansehen. Diese Gruppierung war, aus einer antireligiösen Haltung heraus, antiklerikal eingestellt. Die Liberalen hatten sich zum Ziel gesetzt, die Barmherzigen Schwestern und die Diakonissen wieder aus dem Krankenhaus zu entfernen. Um dies zu erreichen kämpften sie mit allen Mitteln. Die Kampagne begann im Jahre 1860. In diesem Jahre wurden massive Vorwürfe gegen die Barmherzigen Schwestern erhoben: sie leisteten ihren Dienst schlecht und ließen sich Unregelmäßigkeiten zuschulden kommen. Es wurde erreicht, daß der Magistrat einen Untersuchungsausschuß einsetzte. Die Untersuchungen des Ausschusses zogen sich lange hin; erst am 19. Oktober 1861 gab der Ausschuß bekannt, es gebe keinen Anlaß zu Klagen gegen die Barmherzigen Schwestern. Nun wurde von den Liberalen am 8. April 1862 der Antrag eingebracht, die Stadt solle die konfessionelle Trennung im Krankenhaus aufheben, die Verträge mit den beiden Schwestervereinigungen auflösen, weltliche Wart im Krankenhaus einführen und auf das Henlesche Legat verzichten. Die Abstimmung ergab 9 : 9 Stimmen; die Stimme des 1. Bürgermeisters Georg Forndran gab den Ausschlag, daß der Antrag abgelehnt wurde. Nur eine Revision des Vertrages mit den Barmherzigen Schwestern konnte durchgebracht werden. Der geänderte Vertrag wurde am 8. Februar 1862 vom Magistrat angenommen. Aber die Gemeindebevollmächtigten beschlossen am 8. April 1862 die Ablehnung des Vertrages und die Kündigung, die für ein halbes Jahr galt, der Barmherzigen Schwestern und der Diakonissen. Am 3. Mai 1862 schloß sich auch der Magistrat diesem Votum an. Doch die Regierung annullierte beide Beschlüsse. Das Ministerium schloß sich dem Spruch der Regierung an, nachdem sich die Stadt in München beschwert hatte.

Die nächste Attacke gegen die katholischen Schwestern ging offensichtlich von Rechtsanwalt Völk aus. Er schaltete die Henleschen Erben in Höchstädt ein; und er behauptete, diese Erben seien von Henle nicht pflichtgemäß abgegolten worden. Man müsse also die Stiftung den Erben zuteilen. Auch dieses Ansinnen wurde abgewehrt. Über diese Erben berichtete Stadtpfarrer Bernhard Aulinger von Höchstädt (1842–1876) nichts Gutes. Als der Augsburger Bischof ihn zum Nachlaßverwalter von Henle machen wollte, lehnte er ab und begründete das in einem Schreiben vom 17. April 1853 folgendermaßen: »Als Pfarrer in Höchstädt würde ich den dortigen Erben gegenüber eine schwere Stellung bekommen. Sämtliche Erben in Höchstädt, mit Ausnahme der Klosterfrau, sind rohe, habsüchtige, brutale, hochfahrende und doch nothige Leute. Schon jetzt schimpfen sie über mich, wenn ich bisweilen die Klosterfrau, deren Beichtvater ich bin, besuche. Sie ist nämlich sehr alt und kränkelnd; und sie bittet mich deshalb, zu ihr zu kommen. Die hängt, sagen sie, wie der Augsburger, auch an den Pfaffen. Der Stadtpfarrer wird sie schon präparieren, daß wir wieder zu kurz kommen. Umsonst geht er nicht zu ihr etc. Ginge nicht alles nach dem Willen dieser Leute, so müßte ich schuld daran sein; und des Schimpfens und Lästerns wäre kein Ende. Diese Menschen sind zu allem fähig. Ich kenne sie.« Dann schlägt er für dieses Amt Bürgermeister Ertl vor; wer es schließlich ausübte, ist nicht bekannt.

Als nächste Maßnahme gegen die Klosterfrauen beschlossen die Stadtgremien, die Zinsen der Henleschen Stiftung nicht auszubezahlen, weil die Sache noch strittig sei. Wieder wurden Regierung und Ministerium eingeschaltet. Beide zwangen mit Entschließungen vom 22. November 1864, 31. August 1864 und 25. Oktober 1864 die Stadtverwaltung, die Zinsen herauszugeben, was dann bis spätestens 18. Januar 1865 geschah. Dann wurde noch um die Aufteilung der Zinssumme gestritten; 1866 war auch diese Sache beigelegt.

Unterdessen war auf ungewöhnliche Weise auch die zweite Hauptforderung der Henleschen Stiftung einer Lösung zugeführt worden, die Frage nach dem Bau des Mutterhauses. Bis zum 18. Dezember 1862 sollte das erledigt sein. Am 23. Mai 1862 hatte der Kaufmann Franz Xaver Stadler eine Besprechung mit dem damaligen konservativen Oberbürgermeister Georg Forndran; vermutlich wurde dabei der Ausweg gefunden. Am 23. Juli 1862 kaufte Stadler um 10000 Gulden das Haus eines Dr. Anton Hurler, das nahe beim Krankenhaus lag.

Er schenkte es mitsamt dem Garten den Barmherzigen Schwestern. Am gleichen Tag (23. Juli 1862) besichtigte eine bischöfliche Kommission unter Leitung von Domdekan Johann Evangelist Stadler und Domkapitular Geyer das Hurlersche Haus G Nr. 308 und erklärte es als vorläufiges Mutterhaus als durchaus geeignet. Am 10. August 1862 teilte die Oberin M. Angela Riemann dem Augsburger Bischof Pankratius von Dinkel mit, daß sie in Vollmacht des Mutterhauses München die Schenkung F. X. Stadlers angenommen habe, und daß sie die Stadtgemeinde Augsburg von der Verpflichtung entbinde, ein Mutterhaus zu bauen oder bereitzustellen. Zugleich bat sie darum, das Augsburger Mutterhaus der Barmherzigen Schwestern als »etabliert« anzuerkennen. Der Bischof schrieb am 12. August 1862 an die Münchner Generaloberin und teilte ihr mit, er wolle die Angelegenheit am 13. August 1862 in einer Ordinariatssitzung erledigen. Er holte die Erlaubnis ein, Schwester M. Angela Riemann als Mutterhausoberin bestellen zu können. München stimmte am nächsten Tag zu. Am Tag der Sitzung teilte das Domkapitel der Regierung mit, das Haus der Barmherzigen Schwestern sei als Mutterhaus etabliert. Mit diesem Akt war die Henlesche Stiftung gerettet und der Bestand der Barmherzigen Schwestern in Augsburg gesichert. Der Orden kaufte noch zwei Nachbarhäuser. Die drei Häuser wurden 1863 abgebrochen; an ihrer Stelle wurde ein großes Mutterhaus erbaut. Dieses wurde am 31. Oktober 1864, mitsamt der Hauskapelle, von Bischof Pankratius Dinkel (1858 bis 1894) eingeweiht.

Bei der »Etablierung« des Mutterhauses am 13. August 1862 handelte der Bischof so, als seien die Augsburger Schwestern eine selbständige Korporation. Die Oberin konnte sich nun Generaloberin nennen, wie es in den Zeitungsberichten auch geschah; München erkannte das aber nicht an. Augsburg konnte auch eigene Einkleidungen vornehmen. Dabei sollte lediglich vorher die Genehmigung von München eingeholt werden. Das heißt, daß den Münchnern nur eine gewisse Oberaufsicht

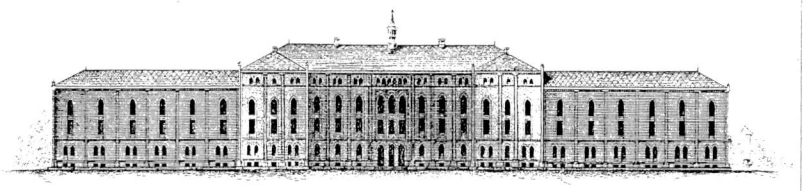

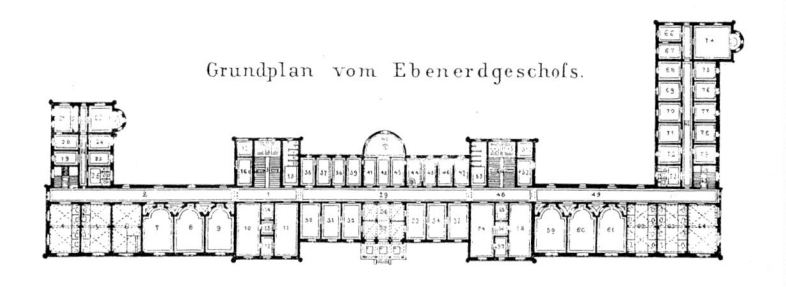

12 Das von Johann Georg Henle gestiftete Augsburger
Stadtkrankenhaus. Plan und Ansicht aus Joseph Sprenglers
Beschreibung »Das Krankenhaus zu Augsburg«, 1879

Gebe Gott Seine Gnade und
Seinen Segen zur Ausführung des
angestrebten Zweckes, zum Gedeihen
der Ordensanstalt und ihrer sämmt-
lichen Mitglieder, und des einzig seligen
Lebens im Himmel Allen, die in
christlicher Theilnahme zur Erreichung
dieses Zweckes mitwirken!

Augsburg am 29. Juni 1852.

In vollkommenster Hochachtung verharrend

hohen Stadt- Magistrates
        des

gehorsamst gehorsamster
    Privatier
  Johan Georg Henle.

13 Signatur von Johann Georg Henle vom 29. Juni 1852

zugestanden wurde. Die endgültige Abtrennung Augsburgs von München erfolgte erst im Jahre 1895. Der Bischof ernannte am 15. August 1862 auch einen eigenen Superior für Augsburg; es war der Bendiktinerpater von St. Stephan P. Hieronymus Gratzmüller, der dieses Amt bis zu seinem Tode am 16. Mai 1892 innehatte.

Als Ehrenbürger von Augsburg hatte offensichtlich Henle das Anrecht auf eine von der Stadt zu errichtende Grabstätte. So beriet der Magistrat zwischen dem 28. April 1853 und dem 30. November 1853 in sieben Sitzungen über die Errichtung eines würdigen Grabmonuments. Skizzen und Kostenvoranschläge wurden vom Baubüro vorgelegt. Offensichtlich kam man aber zu keinem Ergebnis. Denn erst am 7. Oktober 1858 wurden die Beratungen darüber wieder aufgenommen. Das Baubüro war in der Zwischenzeit mit dem Neubau des Krankenhauses voll ausgelastet gewesen. Das letzte Gutachten mit Zeichnung wurde am 31. Juli 1860 dem Magistrat vorgelegt. In welchen Dimensionen die Errichtung des Grabmals geschehen sein könnte, zeigt eine Zusammenstellung der Kostenvoranschläge: 1. Anschlag: 6 fl 2 kr; 2. Anschlag aus Sandstein: 496 fl; 3. Anschlag (vom 20. Mai 1860) in Sandstein 1042 fl 39 kr; 4. Anschlag (vom 20. Mai 1860) in Sandstein 600 fl, in Granitmarmor 1100 fl (Gulden). Ob das Grabmal errichtet worden ist, ließ sich nicht feststellen.

Unter den Akten zur Erstellung eines Grabmonuments gibt es eine interessante Nachricht. Da schrieb der Magistrat am 10. März 1860 an die Pflegeverwaltung der Henleschen Stiftung unter dem Vorsitz von Benno Stadler folgendes: »Der verstorbene Herr Domkapitular [Casimir] König hatte seinerzeit nach dem Tode des seligen Johann Georg Henle eine Portraitzeichnung dieses großen Stifters auf dem Sterbebette durch den Maler Fröschle nehmen lassen, welcher hierfür ein Honorar von 22 fl erhielt.

Das Bild wurde für die [Henlesche] Stiftung [von der Stadt]

erworben. Es soll unter Glas gerahmt und im Mutterhause der Barmherzigen Schwestern geeignet untergebracht werden.« Über das Schicksal dieses Bildes ist nichts bekannt. Verblieb es bei der Stadt? Wurde es für die Gestaltung eines Grabmonuments verwendet? Wurde es den Barmherzigen Schwestern übergeben? Ist es heute noch vorhanden? Diese Fragen bleiben ungeklärt.

Ungedruckte Quellen

Archiv der Barmherzigen Schwestern in Augsburg, Akten über Henle und Stadler. – Staatsarchiv Augsburg, Akten Pfalz-Neuburg und Landgericht Höchstädt/Donau. – Stadtarchiv Augsburg, Bestände über das Krankenhaus. – Matrikelamt Augsburg. – Pfarrarchiv Höchstädt/Donau.

Literatur

Augsburger Stadtlexikon (Redaktion Wilhelm Liebhart und Josef Mancal), Augsburg, 1985. – Mors Hermann, Seit 1832 Vincentinerinnen in München, seit 1862 Mutterhaus in Augsburg. Barmherzige Schwestern, ein Inbegriff der Caritas. In: Ulrichsblatt, Kirchenzeitung für die Diözese Augsburg, Nr. 17 vom 25./26. April 1981. – Krimbacher, Ludwig, Mutterhaus der Barmherzigen Schwestern in Augsburg, 1832–1932. Düsseldorf, 1932. – Scherer, Emil Clemens, Schwester Ignatia Jorth und die Einführung der Barmherzigen Schwestern in Bayern. Köln, 1932. – Werner, Anton, Die örtlichen Stiftungen für die Zwecke des Unterrichts und der Wohltätigkeit in der Stadt Augsburg. Historisch und systematisch dargestellt. Augsburg, 1899. – Kleiber, Manfred, Geschichte der Diakonissenanstalt in Augsburg. Dissertation der Universität München, 1956. – Krug, Eva, Das Hauptkrankenhaus zu Augsburg. Dissertation der TU München, 1975. – Rugel, Leonhard, Franz Xaver Stadler, 1789–1865. Ein schwäbischer Stifter. In: Lebensbilder aus dem Bayerischen Schwaben, Band 14, Weißenhorn, 1993. – Rugel, Leonhard, Die Anfänge der Barmherzigen Schwestern in Augsburg. In: Jahrbuch des Vereins für Augsburger Bistumsgeschichte, 1994. – Layer, Adolf, Höchstädt an der Donau. Eine kleine Stadt mit großem Namen. Höchstädt, 1981.

Daniel Bonifatius von Haneberg 1816–1876
Abt von München St. Bonifaz
und Bischof von Speyer

Von Franz-Rasso Böck

I.

Spätestens mit dem 10. Band der »Lebensbilder« schienen die Kurzbiographien der bedeutendsten Persönlichkeiten Bayerisch-Schwabens so gut wie vollständig erfaßt zu sein. Dennoch fehlen bei einer Durchsicht des biographischen Gesamtregisters bis heute berühmte Namen, von denen man geglaubt hätte, sie wären längst bearbeitet worden. Zu ihnen gehört Daniel Bonifatius von Haneberg, über den auch keine Gesamtdarstellung in Form einer Monographie vorliegt. Ein Grund mag sein, daß es ein mühsames Unterfangen wäre, die stattliche Zahl an Einzelarbeiten zu einem Gesamtbild zu verdichten. Neben Miszellen, Aufsätzen, Studien, Lexikon- und Zeitungsartikeln stellen die breiter angelegten Spezialbeiträge im Jubiläumsband der »Studien und Mitteilungen aus dem Benediktinerorden« zum 100. Todesjahr Hanebergs 1976 das eigentliche wissenschaftliche Grundlagenwerk dar, das am ehesten den Rang eines biographischen Querschnittes für sich in Anspruch nehmen kann. Wollte man freilich eine alle Aspekte des Lebens und Wirkens Hanebergs, das sich in sehr vielschichtigen Dimensionen vollzogen hat, aufgreifende Biographie erarbeiten, so müßte sie wohl mehrbändig ausfallen.
Dieses Lebensbild möchte – von einer knappen Darstellung des äußeren Lebenslaufs abgesehen – keinen ausgetretenen Pfaden folgen, sondern aus der Fülle der Veröffentlichungen über Haneberg eine Summe ziehen: Anhand charakteristischer Zitate wird eine Annäherung an Haneberg möglich.

Ohne Anspruch auf Vollständigkeit geht das Literaturverzeichnis bewußt über den üblichen Rahmen der Lebensbilder hinaus, um mit teilweise entlegenen Titeln ein tiefergehendes Studium zu ermöglichen.

II.

Die Haneberg, ein altes Allgäuer Bauerngeschlecht, sind 1339 mit Heinrich von Hannenberch im Sprengel der Pfarrei Sulzberg erstmals urkundlich erwähnt.
1743 kam Johannes Haneberg durch Heirat und Ankauf auf die »Obere Tanne«, einer Berghöhe bei Lenzfried östlich von Kempten. Der nächste Hoferbe war 1764 Franz Haneberg, dessen Sohn Tobias 1805 Franziska Haibel heiratete. Aus dieser Ehe gingen die vier Söhne Johannes, Franz Sales, DANIEL und Magnus hervor.
Der am 17. Juni 1816 im Hof auf der »oberen Tanne« geborene Daniel wuchs – trotz frühen Todes der Mutter 1825 – in einem intakten Familienumfeld heran, das bis über die Säkularisation hinaus wesentlich von der Verbindung zu den Patres des Franziskanerklosters Lenzfried geprägt war. Bereits sein Großvater hatte die weltliche Verwaltung des Klosters inne, das Bibel- und Literaturstudium wurde der für die damalige Zeit sehr gebildeten Familie zur täglichen Gewohnheit.
Neben der Landarbeit auf dem Hof, den sie mit dem Vater, der nach dem Tod seiner Frau nicht mehr heiratete, allein bewirtschafteten, widmeten sich auch Daniels Brüder wissenschaftlichen Studien. Daniel selbst besuchte 1827–1834 das Gymnasium Kempten – seine überdurchschnittliche Begabung und sein geniales Sprachtalent ließen ihn bald zum Klassenersten werden. Am Ende der 7. Klasse schickten ihn seine Lehrer zwecks besserer Entfaltungsmöglichkeiten auf das Gymnasium nach München (heute Wilhelms-Gymnasium, Thierschstraße 46). Auch hier profilierte sich Haneberg als Klassenbester und konnte sich, zeitweise vom Unterricht befreit, als

Hörer an der Universität weiterbilden. Er beherrschte Latein und Griechisch, Englisch, Französisch, Italienisch und Portugiesisch, Hebräisch, Syro-Chaldäisch, Neugriechisch, Koptisch, Äthiopisch, Armenisch, Persisch, Sanskrit, Russisch, Türkisch und konnte sich auch in Chinesisch verständlich machen.

1835 nahm Haneberg an der Universität München das Studium der Philosophie, 1836 der Theologie auf und wurde bereits am 13. August 1839 mit einer Dissertation in lateinischer Sprache zum Dr. theol. promoviert. Vom 27.–29. August 1839 in Augsburg zum Priester geweiht, folgte am 12. September die feierliche Primiz im Heimatort Lenzfried. Hanebergs Karriere ging im Eiltempo weiter. Noch im gleichen Jahr 1839 habilitierte er sich als Privatdozent für alttestamentliche Exegese und Hebräisch, wurde 1841 zum außerordentlichen Professor berufen und war schließlich 1844–1872 ordentlicher Professor für alttestamentliche Exegese an der Universität München. 1850/51 trat Haneberg unter Beibehaltung seines akademischen Lehramtes in das Benediktinerkloster St. Bonifaz in München ein, das ihm zu einer echten Heimat wurde. 1854 wurde er, der den Ordensnamen Bonifatius angenommen hatte, zum Abt gewählt. 1868 erfolgte zur Vorbereitung des Vatikanischen Konzils der Ruf nach Rom, wo Haneberg der Kommission für orientalische Kirchen angehörte. Schon mehrfach als Bischofskandidat im Gespräch und nach dem Verzicht auf die Bischofsstühle in Trier und Eichstätt 1864/66 wurde Haneberg schließlich am 11. September 1872 als Bischof von Speyer inthronisiert. Lebenslang vor allem psychisch überbeansprucht, erlag er kurz vor seinem 60. Geburtstag einer Lungenentzündung.

III.

»Hanebergs Leben stand in einer ungemein starken Spannung … ein Heroismus der Mitte, der die unvermeidbaren Gegensätze des Lebens und der Gesellschaft aushält und sich ausspannt, um ihre Einheit zu suchen.«[1] In der Tat verlangte der auf Ausgleich und Harmonie bedachte Haneberg zeitlebens zuviel von sich selbst und nicht zuletzt weil ihm ein entschiedenes NEIN so schwer fiel (»Die Pax benedictina war in Abt Haneberg verkörpert, sie war nicht eine Folge von Weichheit und Schwäche, sondern die Wirkung seiner unbegrenzten christlichen Liebe«[2]), wurde auch von außen zuviel von ihm verlangt. In einem Labyrinth von Ansprüchen wurde Haneberg regelrecht erdrückt und aufgerieben, er wollte und konnte kein die psychischen Spannungen und Belastungen ausgleichendes Korrektiv entgegensetzen – sein Leben und seine Hingabe in christlicher Nächstenliebe waren total, Mahnungen von Freunden, einmal Urlaub zu machen, pflegte er in den Wind zu schlagen. Haneberg wurde von seinen Tätigkeiten so beansprucht, daß er seinen Haushalt nicht selbst führen konnte. Mehrere Jahre wohnte er mit dem Dichter Clemens von Brentano zusammen, mit dem er einen gemeinsamen Hausdiener beschäftigte. Zeitweise nahmen ihn Wohltäter bei sich auf und selbst sein Vater – der 1864 mit 81 Jahren starb – führte ihm für einige Zeit den Haushalt.

Abt Odilo Lechner sieht das Leben Hanebergs gleichsam in einem Koordinatensystem mehrerer Spannungsfelder: Zwischen Kontemplation, die er im Orden zu finden hoffte, und unbedingtem Apostolat (»Haneberg hatte vor allem nicht die Fähigkeit, einer Anforderung der Nächsten- und Armenliebe zu widerstehen«[3]), zwischen dem Leben im Orden und der Weiterführung der wissenschaftlichen Laufbahn (1849 schrieb er an seinen Schul- und Lebensfreund Benedikt Weinhart aus Kempten, Dogmatikprofessor in Freising: »Wenn ich das so betrachte, so fällts mir selber ordentlich schwer aufs Herz, daß ich meine eigene Kraft so trostlos zersplittere!«[4]) und zwischen Liberalität und Kirchlichkeit – dem letztlich vielleicht entscheidenden Spannungsfeld, das noch eigens behandelt werden soll.

In der *wissenschaftlichen Arbeit* kommt in vielen Veröffentlichungen Hanebergs die Verbindung zwischen Sprachwissenschaften und Glaube zum Tragen. Er bemühte sich um philologische, historische und theologische Detailkenntnisse, arbeitete aber immer auf eine Darstellung des Gesamtzusammenhangs und eine gläubige Sicht des Ganzen hin.

Seine Tätigkeit als *Abt von St. Bonifaz* war von materiellen Anfangsschwierigkeiten gekennzeichnet, doch konnte Haneberg, den die Verwaltungsarbeit stark belastete, die Position seines Klosters nach und nach festigen. Er plante und realisierte für St. Bonifaz eine nordafrikanische Mission, die allerdings nur zwei Jahre, bis 1864, Bestand hatte. 1856 gründete er in Kloster Andechs ein Asyl für verwahrloste Knaben. Von St. Bonifaz aus war Haneberg seit 1855 auch an der Ebnung der Wege der »Armen Schulschwestern« nach Lenzfried beteiligt, die 1857 ins ehemalige Franziskanerinnen-Kloster St. Anna einziehen konnten und bis heute in Lenzfried wirken.

Die *Stellung* Hanebergs zur Kirche wurde von mehreren Faktoren belastet:

– Zum einen brachte ihn die Freundschaft zu seinem 1871 exkommunizierten Lehrer, dem an die Existenz des Kirchenstaates rührenden Theologen und Historiker Johann Joseph Ignaz von Döllinger (1799–1890), in Schwierigkeiten, mit dem er 1870 selbst brechen sollte.

– Zum anderen veranstaltete Haneberg 1863 in St. Bonifaz ein Symposion katholischer Gelehrter, um Anhänger der »historischen Schule« und Befürworter der »Neuscholastik« einander anzunähern. Dabei attackierte Döllinger die scholastische Theologie Roms als rückständig, was die geplante Fortsetzung derartiger Gelehrtenversammlungen unmöglich machte. Hanebergs vermittelnde Rolle wurde von Rom verkannt und nicht gewürdigt.

– Schließlich hielt Haneberg bei den Vorbereitungen zum Vaticanum die geplante Verkündung des Dogmas von der Unfehlbarkeit des Papstes für verfrüht und fiel in Ungnade.

Seine theoretische Ablehnung des Dogmas, das er schließlich mittrug, stürzte Haneberg in schwere innere Auseinandersetzungen: »Nach der Verkündung des Dogmas mußte er zweifellos innerlich ringen, um zu einer klaren Haltung zu kommen.«[5] Zunächst hatte sich Haneberg in der Frage des Dogmas so geäußert: »Ich will es offen sagen, was ich denke. Je länger ich mich mit der Frage beschäftigte, je genauer ich die Beweise für und gegen die Unfehlbarkeit verglich, desto sicherer glaubte ich zu erkennen, daß die alte Kirche der ersten acht Jahrhunderte von dieser Lehre nichts wußte. Die meisten Bischöfe Deutschlands und Österreichs haben sich der Definition der Unfehlbarkeit widersetzt. Ich habe keinen Grund gefunden, von unseren Bischöfen abzuweichen. Ich habe gehofft, daß Rom in Rücksicht auf die Zahl dieser Bischöfe und die große Zahl der Gläubigen ... innehalten werde. Es ist anders gekommen. Seit dem 18. Juli 1870 ist die Lehre von der päpstlichen Unfehlbarkeit als Dogma proklamiert... Ist es möglich, bis zum 18. Juli etwas für unwahr und von da an für wahr zu halten? Es bleibt nichts anderes übrig als Unterwerfung... Jeder auch noch so bescheidene, auf Grundlage des altkatholischen Glaubens gemachte Versuch, die Gültigkeit dieser Beschlüsse zu prüfen, wird als Empörung, Schisma und Häresie von jener innerhalb der Kirche höchst einflußreichen Partei (!) bezeichnet werden, die in diesem Augenblick voll Siegesbewußtsein ist.«[6]

In einem Brief an Döllinger vom 28. Februar 1871 schreibt König Ludwig II. von Bayern: »Sehr peinlich berührt mich, daß Abt Haneberg seiner inneren richtigen Überzeugung zum Trotz sich blindlings unterworfen hat. Er tat es, wie ich vermuten darf, aus Demut. Das ist meiner Ansicht nach eine sehr falsch verstandene Demut; es ist eine niedrige Heuchelei, offiziell sich zu unterwerfen und nach außen eine andere Überzeugung zur Schau zu tragen als jene, von welcher das Innere erfüllt ist.«[7]

Dieses letztlich oberflächliche Urteil aus staatlicher Sicht

Non abscondi misericordiam Tuam
Et veritatem Tuam a concilio multo
D. B. Haneberg.

14 *Daniel Bonifatius von Haneberg (1816–1876), Abt der Benediktinerabtei St. Bonifaz in München, später Bischof von Speyer. Lithographie von Paul Barfus, 1877*

15 *Geburtshaus Bischof Hanebergs »auf der Tanne« bei Lenzfried. Foto um 1920*

wird dem inneren Kampf Hanebergs, der vor allem von altkatholischer Seite attackiert wurde, nicht gerecht. Pater Rupert Jud erläutert: »Eine erschütternde Tragik fiel in dieses gesegnete Leben... Der Abt und Bischof Haneberg war ein Mann, dessen ganzes Seelenleben eingestellt war auf die Hingabe des eigenen Willens an den Willen Gottes, und aus dieser Grundstimmung ergab sich seine Ehrfurcht vor jeder rechtmäßigen Autorität, deren Träger er freilich gegebenenfalls von der Idee zu trennen verstand; es war ihm zeitlebens *heiliger Ernst mit seiner Treue gegen Kirche und Staat* (Hervorhebung d. Verf.). Und gerade ihn traf von den höchsten Trägern beider Autoritäten tiefes Leid ... daß er nach der Entscheidung des Konzils sich beugte und seinen ganzen Einfluß aufbot, erschütterte Seelen in der Treue zur Kirche zu erhalten, war für *jeden selbstverständlich, der den Abt in seinem innersten Wesen kannte*«[8] (Hervorhebung d. Verf.). Abt Lechner urteilt: »Für Haneberg stand die Verbundenheit mit der Kirche über allen Rücksichten auf die gelehrten Freunde ... für ihn letzten Endes keine Frage, ganz den Weisungen und Winken des Papstes zu gehorchen.«[9]
Vinzenz Hamp charakterisiert Haneberg als einen »von der Unfehlbarkeit der traditionellen Lehre überzeugten Sohn der katholischen Kirche. Von diesem festen Fundament hat er nie etwas aufgegeben, sondern es zeitlebens verteidigt.«[10] Richard Haneberg sieht in der Unterwerfung seines berühmten Vorfahren sowohl den Gehorsam gegenüber der Kirche als auch die Härte gegen sich selbst.[11] Abt Haneberg selbst äußerte zu seinem inneren Konflikt: »Ich kann in dieser martervollen Stimmung nicht fortleben. Ich mache dadurch ein Ende, daß ich mich im Vertrauen auf Gott, der mit der Kirche ist, ergebe.«[12]
Auch als *Bischof von Speyer* hatte Haneberg mit schwierigen Verhältnissen zu kämpfen:
Hier sind zu nennen die Auseinandersetzungen zwischen Staat und Kirche mit den Auswirkungen des Kulturkampfes und die Angriffe der altkatholischen Bewegung auf Haneberg.

Dennoch nahm der Bischof ein seine Kräfte übersteigendes Arbeitspensum wahr. Die Warnung des Domdekans »Wenn Sie so weitermachen, haben wir Sie nur drei Jahre!« sollte sich buchstäblich erfüllen. Von einer Firmungsreise brachte Haneberg eine Lungenentzündung mit, der sein geschwächter Körper am 31. Mai 1876 erlag. Am 2. Juni im Dom zu Speyer beigesetzt, verkündet die Grabinschrift, Haneberg habe sich in nur vierjährigem Hirtenamt wie Weihrauch brennend verzehrt und sei wie eine aufragende Libanon-Zeder Vor- und Leitbild gewesen.

Vinzenz Hamp faßt über Daniel Bonifatius von Haneberg zusammen: »Ein universaler Gelehrter, ein sprachbegabter Forscher, ein scharfer Denker, ein gründlicher Literaturkenner, kurz – ein Humanist, gleichzeitig aber auch ein katholischer Pietist und Spätromantiker, mit mystischer Innerlichkeit, mit unerschöpflicher Güte und besonders mit einem treu kirchlichen Fundament.«[13]

[1] Lechner, Abt Odilo OSB: Zur geistigen Gestalt Hanebergs, in: StMBO 87 (1976), Heft I–II, S. 23.

[2] Jud, P. Rupert OSB: Erinnerungen an Daniel Bonifatius Dr. von Haneberg, Sonderdruck aus der Benediktinischen Monatszeitschrift 4 (1922), S. 9.

[3] Lechner, geistige Gestalt, S. 13.

[4] Zit. n. Lechner, ebd. S. 14.

[5] Ebd., S. 18.

[6] Zit. n. Gatzenmeier, A.: Katholische Würdenträger (Abt Haneberg, Bischof Hefele u. a.) als Zeugen gegen die päpstliche Unfehlbarkeit. Eine Verteidigung und Rechtfertigung der altkatholischen Kirche. Vortrag in Essen 29. 3. 1931, S. 1.

[7] Zit. n. Gatzenmeier, ebd. S. 2.

[8] Jud, Erinnerungen, S. 11.

[9] Lechner, geistige Gestalt, S. 18.

[10] Hamp, Vinzenz: Haneberg als Orientalist und Exeget, in: StMBO 87 (1976), Heft I–II, S. 63.

[11] Vgl. Haneberg, Richard: Abt und Bischof Dr. Daniel Bonifatius von Haneberg, in: Pfarrgemeinderat Sankt Magnus in Lenzfried (Hrsg.): 350 Jahre Pfarrei Sankt Magnus in Lenzfried 1642–1992. Beiträge über Geschichte, Kunst, Kirchliches Leben, Kempten 1992, S. 43.

[12] Zit. n. Lechner, geistige Gestalt, S. 18.

[13] Hamp. Orientalist und Exeget, S. 96.

QUELLEN UND LITERATUR

A. *Quellen*

Stadtarchiv Kempten
Personenarchiv, Box 25
Schriftliche Arbeiten von Daniel Haneberg 1833/34 (Manuskripte-Band)
Haneberg, Josef Daniel: Chronik Familie Haneberg, München 1990, hier: Abt und Bischof Daniel Bonifatius von Haneberg, o. S., einleitende Bemerkungen (Manuskript/PC-Ausdruck)

B. *Literatur*

Böck, Franz-Rasso: Bilder aus der Geschichte Lenzfrieds, in: Allgäuer Geschichtsfreund 93 (1993), S. 113–124, hier S. 118.
Bosl, Erika: Art. Haneberg, in: Bosl, Karl (Hrsg.): Bosls Bayerische Biographie. 8000 Persönlichkeiten aus 15 Jahrhunderten, Regensburg 1983, S. 302.
Buxbaum, Engelbert Maximilian: Daniel Bonifatius Haneberg als Bischofskandidat, in: Studien und Mitteilungen des Benediktinerordens 87 (1976), Heft I–II, S. 97–185.
Dertsch, Richard: Stadt- und Landkreis Kempten (= Historisches Ortsnamenbuch von Bayern, Teil Schwaben, Bd. 5), München 1966, S. 74f. (Nr. 474: Haneberg).
Funk, Philipp: Art. Haneberg, Daniel Bonifatius OSB, in: Lexikon für Theologie und Kirche IV (1932/1961), Sp. 815/16.
Gatzenmeier, A.: Katholische Würdenträger (Abt Haneberg, Bischof Hefele u. a.) als Zeugen gegen die päpstliche Unfehlbarkeit. Eine Verteidigung und Rechtfertigung der altkatholischen Kirche. Vortrag in Essen am 29. 3. 1931.
Geiss, Rudolf: Stolz auf 650jährige Familiengeschichte. Die Hanebergs trafen sich in Lenzfried – Erinnerung an Abt und Bischof beschworen, in: Allgäuer Zeitung 48 vom 26. 2. 1991, S. 15.
Hacker, Friedrich Heinrich: Daniel Bonifatius von Haneberg, in: Altkatholisches Wochenblatt 1916, Nr. 40, S. 314.
Ders.: Bischof Daniel von Haneberg, der berühmte Sprachen- und Schriftgelehrte, in: Allgäuer Zeitung 231 vom 6. 10. 1923, S. 2.
Hamp, Vinzenz: Haneberg als Orientalist und Exeget, in: StMBO 87 (1976), Heft I–II, S. 45–96.
Haneberg, Josef: Ein großer Sohn des Allgäus, in: Unser Allgäu 13 (1959), Nr. 9 (Sept.).
Haneberg, Richard: Abt und Bischof Dr. Daniel Bonifatius von Haneberg, in: Pfarrgemeinderat Sankt Magnus in Lenzfried (Hrsg.): 350 Jahre Pfarrei Sankt Magnus in Lenzfried 1642 bis 1992. Beiträge über Geschichte, Kunst, Kirchliches Leben, Kempten 1992, S. 41–44.
Hartmannsgruber, Friedrich: Im Spannungsfeld von ultramontaner Bewe-

gung und Liberalismus 1864–1890, hier §23: Das Vatikanische Konzil, in: Brandmüller, Walter (Hrsg.): Handbuch der Bayerischen Kirchengeschichte, Bd. III (1802–1965). Vom Reichsdeputationshauptschluß bis zum 2. Vatikanischen Konzil, St. Ottilien 1991, S. 229ff.

»Historicus«: Daniel Bonifatius von Haneberg. Abt von St. Bonifaz in München und Bischof von Speyer, in: Deutsches Volksblatt vom 11., 12. und 14. 4. 1928.

Jocham, Magnus: Daniel Bonifaz von Haneberg, o. O. 1874.

Ders.: Memoiren eines Obskuranten, Kempten 1896.

Jud, P. Rupert OSB: Erinnerungen an Daniel Bonifatius Dr. von Haneberg, Sonderdruck aus der Benediktinischen Monatsschrift 4 (1922), 14 S.

König, Jochen: Die Hanebergs – ein altes Allgäuer Bauerngeschlecht, in: Das schöne Allgäu 54 (1991), Nr. 5, S. 55ff.

Ders.: Dr. Daniel Bonifatius von Haneberg, in: DSA 50 (1987), Nr. 7, S. 21f.

Kolb, P. Aegidius OSB: Daniel Bonifatius von Haneberg. Ein großer Sohn des Allgäus, 1816–1876, in: DSA 39 (1976), Nr. 2, S. 64–67.

Ders.: Daniel Haneberg, Heimat und Familie im Allgäu, in: StMBO 87 (1976), Heft I–II, S. 37–44.

Lang, P. Berthold SJ: Ein Sohn des Allgäus – Abt und Bischof, in: Katholisches Sonntagsblatt für die Diözese Augsburg 1936, Nr. 23, S. 364f.

Lechner, A. Odilo OSB: Zur geistigen Gestalt Hanebergs, in: StMBO 87 (1976), Heft I–II, S. 9–23.

Lindner, P. Pirmin August OSB: Die Schriftsteller und die um Wissenschaft und Kunst verdienten Mönche des Benediktinerordens im heutigen Königreich Bayern vom Jahre 1750 bis zur Gegenwart, Bd. II, Regensburg 1880, S. 261–269 (vollständige Bibliographie der Schriften Hanebergs).

Litzenberger, Ludwig: Eine Speyrer Bischofspromotion am Vorabend des bayerischen Kulturkampfes: Daniel Bonifatius von Haneberg (1872), in: StMBO 87 (1976), Heft I–II, S. 186–205.

Mathäser, P. Willibald OSB: Der Orientalist Daniel Abt Bonifaz von Haneberg, die Malerin Emilie Linder, der Dichter Clemens Brentano und der Philosoph Ernst von Lascaulx, in: StMBO 92 (1981), Heft I–II, S. 227–273.

Müller, Venanz: Dr. Daniel Bonifacius von Haneberg. Ein Charakterbild, in: Deutscher Hausschatz in Wort und Bild 1876, S. 4–6, 22–26.

Reichert, Albert: Der Dienst Gottes macht glücklich. Zum 100. Todestag von Daniel Bonifatius von Haneberg, 4 Folgen, in: Kirchenzeitung für die Diözese Augsburg vom 13. 6.–4. 7. 1976.

Ruf, Martin: Daniel Bonifaz von Haneberg – Verzeichnis seiner gedruckten Schriften, in: StMBO 87 (1976), Heft I–II, S. 206–241.

Schegg, Peter (Hrsg.): Erinnerungen an Dr. Daniel Bonifaz von Haneberg, Bischof von Speyer, München 1877.

Selmeier, Oswald: Bischof Daniel Bonifaz von Haneberg zum 150. Geburtstag, in: Allgäuer Zeitung Nr. 136 vom 16. 6. 1966, S. 15.

Ders.: Bischof Dr. Daniel Bonifatius von Haneberg, Kemptener Gymnasiast 1827/34, in: Humanistisches und Neusprachliches Gymnasium Kempten (Allgäu), Bericht über das Schuljahr 1965/66, S. 45f.

Uhlig, Heinrich: Sankt Mang. Geschichte einer Allgäuer Gemeinde, Kempten 1955, hier S. 183f.: Bischof Daniel Bonifaz Haneberg.

Weigel, Joachim: Vor genau 100 Jahren starb Bischof Dr. Haneberg, in: Allgäuer Zeitung Nr. 112 vom 26. 5. 1976, S. 25.

Ders.: Abt Edelbert Hörhammer: Leben und Wirken Bischof Daniel Hanebergs – ein Beispiel auch für den heutigen Menschen, in: Allgäuer Zeitung Nr. 115 vom 31. 5. 1976, S. 22.

Zollhoefer, Friedrich: Daniel Bonifatius von Haneberg, in: Nachrichten des Vereins ehemaliger Kempter Gymnasiasten 1952, Nr. 17, lfd. Nr. 258.

Er 2/22

Punkte.

über die ich mich mit dem Hochwürdigsten Herrn Abt Bonifaz Wimer,
nicht recht vereinen konnte:

a, Aufnahme der Postulantinnen:
Er nimmt Mädchen u. Kleider sie
ein, ob sie einen Beruf haben oder
nicht, das ist ihm einerlei. Wir haben
bei 30 Schwestern im Hause u. nach
meiner u. auch anderer Schwestern An-
sichten haben kaum 10 einen rechten
Ordensberuf.

b, Einkleidung u. Profess:
Alle Morgens, bevor er den Habit
angezogen, will er auch Profess
machen lassen, ohne daß die Obrin
oder der Convent ein Wort darin

Mother Benedicta Riepp OSB
1825–1862
Klostergründerin in den USA

Von Rasso Ronneburger

Vorwort

Drei Dinge sind es meiner Ansicht nach, die, vor allen anderen, einen Menschen prägen: Die Heimat der Kindheit, das ist der Ort und die Landschaft, in die jemand hineingeboren wird und in der er, wenn alles gutgeht, seine Kindheit durchleben darf; die Abstammung, das sind die Veranlagungen, die von den Eltern und Vorfahren mitgegeben werden; und das ist nicht zuletzt die Zeit, in die sie oder er hineinwächst. Wenn sich dann, wie es im Falle der Priorin, Mutter Benedicta Riepp OSB. (*28. 6. 1825 in Waal/Schwaben, †15. 3. 1862 in St. Cloud, Minnesota/USA) Menschen auf zwei Kontinenten dieser Erde noch 132 Jahre nach dem Sterbetag in Achtung und Dankbarkeit der Verstorbenen erinnern, und, wie im Juli 1994 geschehen, Vertreter der Gemeinde Waal nach Amerika zu den Erbinnen und Nachfolgerinnen in eines der mehr als vierzig Klöster reisen, welche ihren Ursprung auf die Verstorbene zurückführen, dann, so meine ich, hat dieser Mensch nicht nur seine eigene sondern auch unsere Zeit reicher gemacht. Dann sollte diesem Menschen aber auch ein schriftliches Lebensbild gewidmet werden.

15a Niederschrift aus Benedicta Riepps »Punkte«, über die sie sich mit »dem Hochwürdigsten Herrn Abt, Bonifaz Wimmer, nicht recht vereinen konnte«. Siehe auch Text Seite 255–256

Damit die vorliegende Arbeit auf der Basis der in mehr als zwei Jahren zusammengetragenen Dokumente und des umfangreichen, beinahe ausschließlich englischsprachigen Schrifttums publiziert werden konnte, war der gute Wille und die Mithilfe vieler notwendig.

Besonders danken möchte ich an dieser Stelle den Sisters of Saint Benedict, Saint Joseph, Minnesota; H. H. Pfarrer Dr. Reinhold Schwarz, Waal; H. Bürgermeister Pauli und Frau Maria Eberle, beide Waal; dem Benediktinerinnenkonvent St. Walburg, Eichstätt; den Elisabethinerinnen vom Kloster Neuburg/Donau; Pater Paulus vom Benediktinerkloster Ottobeuren; Schwester Paula vom Franziskanerinnenkloster Kaufbeuren; dem Kath. Pfarramt Babenhausen; den Damen und Herren von folgenden kirchlichen und weltlichen Ämtern: Ludwig-Missionsverein München, Bayerische Staatsarchive Augsburg und München, Geheimes Staatsarchiv München, Pfarrarchiv des Bistums Augsburg.

Gedankt sei auch dem Verleger Anton H. Konrad, Weißenhorn, und dem Schriftleiter der Reihe »Lebensbilder aus dem Bayerischen Schwaben«, Herrn Dr. Wolfgang Haberl, Kempten, ohne deren tatkräftige Mithilfe und deren fachlichen Rat alles wohl nur eine Idee geblieben wäre.

Unterdießen, im August 1994   Rasso Ronneburger

Einführung

Drei Dinge sollen es sein, die vor allen anderen den Menschen prägen:
1. Die Heimat der Kindheit,
2. Die Abstammung,
3. Die Zeit, in die jemand hineingeboren wird.

Das »schwäbische Himmelreich«, die Heimat der Maria Sybilla Riepp (Klostername: Benedicta)

Laut Kaufbrief vom 11. September 1824 »erkauft der Glaser Johann Riepp das Söldgut Hausnummer 59 (jetzt St.-Nikolaus-Straße 12) in Waal nebst allen nachfolgenden Grundstücken von Josef Osterrieder um 660 fl. [Gulden]«.[1]
Als Grundstücke sind im Kataster des späteren Polizeibezirks Buchloe genannt: »Wohngebäude, Gras- und Nutzgarten am Haus sowie Gemeinderecht zu einem ganzen Nutzantheile an den noch unverteilten Gemeindebesitzungen, Waldungen, Äcker, Wiesen und Krautgarten«, alles in allem 6 Tagwerk, 82 Dezimalen [0,82 Tagwerk].[2]
Im Kaufbrief ist vereinbart:
»Die im Hause befindliche Pfründe-Wohnung verbleibt dem Verkäufer [d.i. Josef Osterrieder] respektive seinem Eheweibe (Maria Osterrieder) zu lebenslänglicher Benutzung in der Art, daß derselbe sämtliche hieran allenfalls nöthigen Reparationen, mit Ausschluß jener des Daches zu bestreiten hat. Ebenso wird dem Verkäufer [Josef Osterrieder] ein ihm bereits ausgezeigtes Gartenbeet und eine Holzlege vor seiner Pfründewohnung vorbehalten. Von dem in dem vorhandenen Gärtl wachsenden Obst gebührt lebenslänglich dem Verkäufer und respektive seinem Eheweibe ein Drittheil.
Der vorhandene Waschkößel und das Wasch-Geschirr dürfen von den Verkäufern lebenslänglich mit den Käufern benützt werden, wogegen sie auch deren Unterhaltungskösten gemeinschaftlich tragen.«
Bewertet man den Haus- und Grundstückskauf aus damaliger Sicht, so kommt man zu der Überzeugung, daß für die Familie, die der Glaser Johann Riepp in allernächster Zeit zu gründen gedachte, der landwirtschaftliche Grundbesitz nebst Garten und Krautgartenanteil, eine einigermaßen wichtige Rolle spielte. So rechnet Rainer Beck in »Unterfinning, ländliche Welt vor Anbruch der Moderne« noch für das 18. Jahrhundert

vor, daß die zwei-Hektar-Söldner ein Drittel ihrer Lebenshaltungskosten aus dem Grundbesitz abdeckten.[3] Obwohl die Lebenshaltungskosten zu Beginn des 19. Jahrhunderts gestiegen waren, hat sich wohl an diesem Verhältnis nicht allzuviel geändert. Es darf also behauptet werden, daß Johann Riepp, welcher am 10. August 1794 als Sohn des Fürst-Fuggerschen Hofglasers Theodor Riepp in Babenhausen geboren worden war, durch den Erwerb der Hausnummer 59 in Waal, auf der außerdem eine »Glasergerechtigkeit« lag, hoffte, nur noch die restlichen zwei Drittel der Lebensunterhaltungskosten seiner zukünftigen Familie aus seinem eigentlichen Berufe, der Glaserei, verdienen zu müssen, so daß alles in allem, wenn die Geschäfte in der bekannten Markt- und Passionsspielgemeinde Waal gut liefen, jährlich noch eine hübsche Summe Geldes auf die hohe Kante gelegt werden konnte.

Was der junge Johann Riepp sich erträumt hatte, sollte eintreten. Als er sein Besitztum am 28. Juli 1853[4] an seinen Schwiegersohn, den Glaser und Ehemann seiner zweitgeborenen Tochter Johanna, Anton Kolb, übergab, hatten er und seine Frau Katharina, geb. Mayr, geboren am 10. Juli 1793 in Waltenhausen bei Babenhausen, das Besitztum auf 9,07 Tagwerk mehren können.

Zwischen dem Ankauf und der Übergabe des Anwesens Nr. 59 an die nächste Generation lagen 29 – wie zu zeigen sein wird – erfolgreiche Jahre. Bemerkenswert ist auch, daß 1853 jene Maria Osterrieder noch immer in der Pfründewohnung lebte. Sie starb 76jährig am 4. Februar 1860. Sie hatte ihren Ehegatten († 16. 4. 1837) um mehr als 22 Jahre überlebt. Betrachtet man das Bild des Hauses und bedenkt man, daß Johann Riepp samt seiner Frau Katharina 1853 in dieselbe Pfründewohnung ziehen sollte und zwar mit Einwilligung der Maria Osterrieder, in der letztere immer noch lebte, so muß man zu dem Schluß kommen, daß es sehr wohl möglich ist, daß jung und alt, Verwandte und Nichtverwandte friedlich auf engstem Raume zusammenleben können.

Noch wesentlicher aber ist, daß Kinder, die in derartig positiven Verhältnissen aufwachsen, dadurch wohl für ihr ganzes Leben geprägt werden.
Wie der Ehevertrag von 1824 bezeugt, brachte die Hochzeiterin Katharina Mayr zweihundertfünfzig Gulden, die mit die Kaufsumme abdecken halfen, in die am 28. September 1824 in Waal geschlossene Ehe ein. Was aber noch wichtiger war: die junge Frau war umgänglich (wie hätte es sonst mit der fremden Partei im Hause gut gehen können), arbeitsam (es ging stetig bergauf), gesund und eine gute Mutter (wovon vier Kinder, allesamt Töchter und auf verschiedene Weise erfolgreich, sowie ihr Tod mit 85 Jahren (25. 3. 1878)« durch Fall von einer Stiege um 11 3/4 Uhr, nachts«[5] zeugen).
Wie es in christlichen Familien damaliger Zeit recht war, kam die erste Tochter, Maria Sybilla (Benedicta), am 28. Juni 1825 genau neun Monate nach der Eheschließung auf die Welt. Ihr folgte Johanna, geboren 3. 12. 1826 (Ehefrau des Johann Kolb); Sofie, geboren 10. 5. 1829 († 21. 5. 1829) und Juliane, die es – ähnlich bedeutend wie ihre älteste Schwester Benedicta – zur Apothekerin und Generaloberin der Elisabethinerinnen im Kloster Neuburg/Donau bringen sollte.
Das war, kurz beschrieben, die engere Heimat von Mutter Benedicta Riepp, nämlich das Elternhaus. Nicht viel weniger wichtig für ihre Entwicklung war wohl auch die weitere Heimat, nämlich das Dorf, in dem sie aufwuchs und die Volksschule besuchte. Waal, die uralte Grundherrschaft, zuletzt derer von der Leyen, hat in seiner Geschichte fürwahr mehrere bedeutende Persönlichkeiten hervorgebracht und beherbergt, so den Maler Hubert von Herkommer und den Priester und Dichter Dr. Peter Dörfler aus Waalhaupten, nunmehr Pfarrei Waal, oder die Benediktinerpriorin Eduarda Schnitzer vom Kloster St. Walburg, Eichstätt, die dieses Kloster nach der Säkularisation zu einer ersten Blüte führte und wie zu zeigen sein wird, mitentscheidend für den Lebensweg von Mutter Benedicta Riepp war.

Dr. Peter Dörfler (* 29. 4. 1878 in Waalhaupten, † 10. 11. 1955 in München), dessen Eltern, wie er in seinem Erfolgswerk »Als Mutter noch lebte« treffend ausmalt, ebenfalls aus den »fruchtbaren Tiefen« des schwäbischen Raumes zugezogen sind, war es auch, der für die Gegend um das Zentrum Waal den Ausdruck »schwäbisches Himmelreich« geprägt hat. Dabei hatte er wohl in erster Linie die Pfarrkirche und das Kirchlein St. Nikolaus in Waal, die lange Tradition des Passionsspiels, »seine« »Urkirche« St. Michael über dem Dorfe Waalhaupten, aber auch die friedvolle, gesegnete, schwäbische Landschaft, abseits jeglicher Durchgangsstraßen, rund um Waal im Auge. Über der Gletschermoräne, hinter dem Wald im Osten, da lag für ihn die Fremde. Da war die Eisenbahn, die ihn, den Studenten aus der geliebten Heimat wegbrachte. Im Tal aber, an den Quellen der Singold, herüben im Schwäbischen, war Geborgenheit. Da war die Mutter, die ihn zum Gottesdienst und zum Markt mit nach Waal nahm und ihn auf der Wanderung dorthin lehrte, wie billig ein in den Mund genommener Kieselstein den Durst löscht.[6] Angekommen in der Pfarrkirche von Waal bestaunte der »Dörfler«bub die Pracht der Ausstattung und die Prinzessinnen vom Schloß in ihren modischen Gewändern. So war es in den achtziger Jahren des vorigen Jahrhunderts. Nichts spricht dagegen, daß es in den 30er Jahren eben jenes Jahrhunderts anders gewesen wäre. Dies aber war die Zeit der Kindheit von Mutter Benedicta Riepp.

Die Abstammung

Es wäre zu einfach, an dieser Stelle lediglich auf die Abstammungsübersicht der Familie Riepp (hinteres Vorsatzblatt) zu verweisen. In derartigen Übersichten, zusammengestellt anhand von Pfarrbüchern aus früheren Jahrhunderten, dominiert nämlich stets das männliche Geschlecht. Frauen nahmen, wenn sie sich verheirateten, die Familiennamen ihrer

Männer an und verzichteten regelmäßig auf ihr Unterschriftsrecht in Grundstücksgeschäften und sonstigen Rechtssachen. Damit verschwanden ihre Geburtsnamen für die Zukunft aus den Büchern. Hin und wieder sind für die damalige Zeit bedeutende Hinweise auf die Abstammung wie etwa »Rentbeamtenstochter« auf verwitterten Grabsteinen erhalten.

Derartiges läßt sich im Stammbaum der Familie Riepp nicht feststellen. Die Frauen dieses alten schwäbischen Geschlechtes stammten, soweit es sich zurückverfolgen läßt, durchweg aus Familienverhältnissen, die zu denen ihrer jeweiligen Ehegatten paßten. So heiratet Theodor Riepp, der Hofglaser des Fürsten Fugger-Babenhausen und Großvater von Mutter Benedicta Riepp, am 30. September 1792 eine Johanna Birkin. Diese war die Tochter des Schlossermeisters Birk von Babenhausen, welcher zum Zeitpunkt dieser Eheschließung bereits verstorben war. Das wiederum machte es möglich, daß Theodor Riepp, der Mesnersohn aus der bekannten Wallfahrt Eldern[7], westlich von Ottobeuren (das Kloster Eldern wurde 1806 als Folge der Säkularisation abgerissen), im Hause seines verstorbenen Schwiegervaters, welches seine Frau als Heiratsgut einbrachte, seine Hofglaserei einrichten und Bürger von Babenhausen werden konnte.

Des weiteren heiratet der Vater von Mutter Benedicta Johann Riepp Katharina, eine geborene Mayr aus Waltenhausen, über deren Abstammung aus den Büchern der Pfarrei Waltenhausen lediglich hervorgeht, daß sie die Tochter des Josef Anton Mayr ist. Da der Pfarrer bei der Geburtseintragung den Beruf des Vaters nicht erwähnt hat, ist lediglich sicher, daß dieser kein Bauer war und kein erlerntes bodenständiges Handwerk ausgeübt hat. Immerhin aber hat die Familie es ermöglicht, daß die Tochter 250 fl. Heiratsgut mit in die Ehe brachte, welche wie bereits erwähnt die Kaufsumme des Anwesens Hausnummer 59 in Waal abdecken halfen.

Noch eine weitere Besonderheit fällt bei Durchsicht der Dokumente auf. Während sowohl der Großvater als auch der Vater von Mutter Benedicta mit ihrem Namenszug unterschrieben haben, signierten die Großmutter Johanna Riepp, geborene Birkin und auch die Mutter Katharina Riepp, geborene Mayr, mit einem Kreuz. Sie hatten keine Schulbildung genießen dürfen. Es ist wohl müßig zu erwähnen, daß sie auch keinen Beruf hatten erlernen können.

Die männlichen Vorfahren hingegen waren Glasermeister und Mesner. Der Vater von Benedicta Riepp hat sich laut Einschreibbuch der Meister des Vereins der Müller, Bäcker, Schreiner usw. im Markte Waal am 15. März 1825 dort »vor offener Lad« nach Vorweisen seines Meisterstückes eintragen lassen, hat seine »Ladegebühr von 2 fl. 38 kr.« bezahlt und wurde »wegen keiner Gleichheit im Schnitt« zusätzlich mit 9 Kreuzern abgestraft. Der Großvater Theodor Riepp war, wie in den Dokumenten besonders erwähnt ist, »Mesnersohn« aus Eldern und Hofglaser beim Fürsten Fugger-Babenhausen. Der Urgroßvater Johann Leopold Riepp war Mesner in Eldern, ebenfalls war dies der Ururgroßvater Martin Riepp.

Mesner der gutbesuchten, weitum bekannten Wallfahrtskirche von Eldern gewesen zu sein, muß angesichts von deren Bedeutung ein recht erkleckliches Einkommen gebracht haben. Der Mesner hatte Anteil an den zahlreichen »Meßstipendien« und an den »Jahrtagen« und bewirtschaftete daneben wohl auch ein kleines, dem Kloster Ottobeuren als Grundherrn gehörendes Anwesen. Immerhin bringt der Hochzeiter, der Mesnersohn Theodor Riepp, der Hochzeiterin Johanna Birkin »in Gewißheit eines reichsherrschaftlich Ottobeur. Oberamtsvermögens-Attestati ... ein bares Vermögen von 500 fl. nebst einer erlernten Glaserprofession bey«.[8] Das ist sehr viel, wenn man bedenkt, daß sein Vater Johann Leopold aus zwei Ehen sechs Kinder zu versorgen hatte. Mesner in Eldern war demnach eine Stellung, die hohe Rendite und viel Ansehen mit sich brachte. Theodor Riepp wird zum Beispiel beim Abschluß seines Ehevertrages vom Babenhausener Oberjäger »Herr Josef Anton Sibranzyi« als »Beyständer« unterstützt.

Mesnersohn von Eldern zu sein war demnach gleichbedeutend mit »einen guten Start ins Berufsleben« zu haben. Eine Generation vor Theodor Riepp hatte dies schon ein anderer Elderner Mesnersohn bewiesen. Carl Josef Riepp, geboren 24. Januar 1710, war in Frankreich einer der berühmtesten Orgelbauer des Landes geworden, bevor ihn Abt Anselm nach Ottobeuren zurückholte und er dort in dreizehnjähriger Bauzeit in der neuen Basilika jene zwei Orgeln baute, deren Klang die Besucher aus aller Welt dort heute noch begeistert.[9]
Wer wie Mutter Benedicta eine derartige Abstammung vorweisen kann, der, so meine ich, fühlt sich dieser von Kindheit auf verpflichtet. Eltern, Großeltern, Verwandte, sie alle erinnern immer wieder daran, welches Erbe es zu bewahren und in welcher Tradition es zu leben gilt. Dies sind Fakten, die alles in allem den jungen Menschen prägen.

Die Zeit

Gleiches gilt für die Zeitläufe, in die ein Mensch hineingeboren wird.
Mutter Benedicta wurde 1825 geboren. Das war die Zeit nach der Säkularisation. Die Klöster waren in Bayern bis auf ganz wenige aufgehoben, deren Landbesitz verstaatlicht oder an Private verkauft worden. Hinter Klostermauern wurden, so wie in Benedictas späterem Mutterkloster St. Walburg/Eichstätt, ältere Nonnen bis zu deren Hinscheiden lediglich geduldet. Die jüngeren waren zu ihren Eltern nach Hause geschickt worden. Es war verboten, Nachwuchs aufzunehmen. Erst am 7. Juni 1835 erlaubte König Ludwig I. dem Kloster St. Walburg neue Novizinnen aufzunehmen. Heute noch hängt in Dankbarkeit an diesen König sein Bild im Besuchszimmer der Benediktinerinnenabtei St. Walburg. Neun Chorschwestern und vier Laienschwestern hatten diese schwere Periode (1803 bis 1835) im Kloster St. Walburg überlebt.[10]
Ein ähnliches Beispiel ist das Kreszentiakloster der Franziska-

nerinnen in Kaufbeuren. 1806 wurde das Kloster beschlagnahmt, der Gutsbesitz fiel an den Staat. Im Jahre 1830 waren von den 18 Insassinnen des Klosters nur noch 6 am Leben. Hier wurde bereits am 14. Januar 1831 durch König Ludwig I. die Erlaubnis erteilt, neue Novizinnen aufzunehmen. Hier wie in Eichstätt wurde den Nonnen eine neue wirtschaftliche Basis gegeben: das Recht, der katholischen weiblichen Jugend Unterricht in den Elementargegenständen zu erteilen.[11]

Das war die Situation, die Maria Sybilla Riepp, die spätere Mutter Benedicta vorfand, als sie, ausgestattet mit »sehr gut« in den Fächern »Religion, Lesen, Schönschreiben, Rechtschreiben, Rechnen, schriftliche Aufsätze, gemeinnützige Kenntnisse« und »musterhaft« bzw. »sehr fleißig« in den Beurteilungspunkten »sittliches Betragen« und »Schulbesuch« laut Entlaß-Schein Nr. 716 die Werktagsschule Waal verließ, die sie laut ebendiesem Entlaß-Schein vom sechsten bis zum zwölften Lebensjahre besucht hatte. Die im Archiv der Abtei St. Walburg befindliche Abschrift datiert vom 6. Mai 1839. Maria Sybilla Riepp hat sie sich wohl ursprünglich für ihren Antrag auf Aufnahme in die Lehrerinnenausbildung bei den Schwestern des Kreszentiaklosters Kaufbeuren ausstellen lassen und sie dann, als ihr Antrag auf Aufnahme ins dortige Noviziat wegen »schwächlicher Gesundheit«[12] abgelehnt wurde, wieder zurückerhalten. Vergleichbar hat sie sich am 11. November 1843 eine Abschrift von ihrem vom 7. bis 12. November 1842 stattgefundenen »Concours, Prüfung für die wirkliche Anstellung im teutschen Schuldienste« machen lassen. Sie trat am 7. Januar 1844 in das Noviziat des Klosters St. Walburg ein. Bei der obengenannten Anstellungsprüfung für das »teutsche« Schulamt, welche sie nach einer entsprechenden Ausbildung durch die Franziskanerinnen vom Kreszentiakloster Kaufbeuren als dortige »Candidatin« vor der Kommission der Königlichen Regierung von Schwaben und Neuburg, Kammer des Inneren, in Augsburg abgelegt hat, hat sich Mutter Benedicta als »vollkommen befähigt« erwiesen.[13]

16 *Kleinbauernhaus oder Sölde in Waal, das Geburtshaus von M. Benedicta Riepp*

17 »Hier ruht die Ehrwürdige Schwester Benedicta Riepp, erste
Superiorin. Geboren 28. Juni 1825 (in Waal), Profeß am 9. Juli 1846,
Verstorben am 15. März 1862.«
Lebensdaten der ersten amerikanischen Superiorin auf ihrem Grabkreuz auf dem Klosterfriedhof von St. Cloud, Minnesota

Ein Erwachsenenleben im Geiste des heiligen Benedikt

Maria *Sybilla* Riepp trat am 7. Januar 1844 in die Abtei St. Walburg ein. Als ehemalige (Schulamts-)Candidatin der Franziskanerinnen von Kaubeuren wird sie mit einigen Regeln des klösterlichen Zusammenlebens vertraut gewesen sein. Auch die Lesung »erbaulicher« Literatur bei Tisch oder sonst, wird für sie nichts Fremdes dargestellt haben. So wird sie an diesem ihrem ersten Tage, spätestens aber bei der Wiederholung am 7. Januar 1845 (am 1. Jahrestag ihres Eintritts), ohne abgelenkt gewesen zu sein, dem gelauscht haben, was an diesem Tag einem überlieferten Brauche gemäß aus dem Prolog der Regel des heiligen Benedikt heute und damals vorgetragen wird und wurde:

> Wir wollen also eine Schule für den Dienst des Herrn einrichten. Bei der Gründung hoffen wir nichts hartes und nichts schweres festzulegen. Sollte es jedoch aus wohlüberlegtem Grund etwas strenger zugehen, um Fehler zu bessern und die Liebe zu bewahren, dann laß dich nicht sofort von Angst verwirren und fliehe nicht vom Wege des Heils, er kann am Anfang nicht anders sein als eng.
> Wer aber im klösterlichen Leben und im Glauben fortschreitet, dem wird das Herz weit, und er läuft in unsagbarem Glück der Liebe den Weg der Gebote Gottes. Darum wollen wir uns seiner Unterweisung niemals entziehen und in seiner Lehre im Kloster ausharren bis zum Tod ...

Die Chronik von St. Walburg enthält folgenden Eintrag: »Benedikta Riepp kam 1844 im Alter von 19–20 Jahren aus ihrem schwäbischen Elternhaus in Waal [Vater war Glasermeister] nach St. Walburg. Sie war von zarter Gesundheit aber von starkem, kraftvollem Willen. Trotz ihrer jungen Jahre wirkte sie als Lehrerin und Novizenmeisterin.

1851 kam ein Hilferuf von Abt Bonifaz Wimmer um Schwestern für Amerika. Die eifrige und zuversichtliche Schwester Benedikta bot sich freiwillig an. Als Begleiterin fanden sich zunächst Schwester Walburga Dietrich* und Schwester Maura Fieger**. Diese drei Schwestern verließen St. Walburg am

11. Juni 1852. Die erste Gründung in Amerika war St. Mary, Pennsylvania. Wegen der schwierigen Verhältnisse erhielten sie von St. Walburg als Hilfe 1853 noch 4 Schwestern*** und 1855 noch weitere 5 Schwestern****. In St. Mary wurde ein Noviziat eröffnet. Die Schwestern lebten in äußerst schwierigen und ärmlichen Verhältnissen, reich an Mühe und Entbehrung, schließlich aber auch reich an gesegneter Fruchtbarkeit.

Schwester Benedikta Riepp starb am 16. März 1862 [richtig: 15. 3.] in Minnesota. Weit über 30 benediktinische Gründungen in Nordamerika und an anderen Orten nennen St. Walburg ihr Mutterkloster und M. Benedikta Riepp ihre Gründerin.«

Zwischen diesen beiden Daten, nämlich dem 7. Januar 1844 und dem 15. März 1862 fand 18 Jahre das Leben der Mutter Benedikta Riepp nach den Grundsätzen der Regel ihres Ordensoberen des heiligen Benedikt statt; acht Jahre davon in der behüteten, wohlgeordneten Klausur des Mutterklosters St. Walburg und beinahe zehn harte Jahre inmitten der überwiegend deutschen Kolonisten an der ›Front‹ in Nordamerika, dem Auswanderungsland Nummer 1 der damaligen Zeit. An Mutter Benedikta haben sich, soviel sei vorweggenommen, die

* geb. 20. 5. 1804 in Memmingen, gest. 27. 4. 1877 in St. Marys, PA.
** geb. 29. 11. 1822 in Heiligkreuz, Württ.; gest. 2. 11. 1865 in Erie, PA.
*** Mutter Scholastika (Justina) Burkhard, geb. 17. 9. 1832 in Untermässing, Gde. Greding, Lkr. Roth, Bay.; gest. 24. 4. 1881 in Erie, PA. Schwester Alexia (Maria Anna) Lechner, geb. 16. 8. 1827 in Mögesheim; gest. 14. 12. 1891 in Covington, KY. Schwester Lidwina (Theresia) Uhl, geb. 12. 5. 1831 in Hausen; gest. 26. 6. 1859 in St. Marys, PA. Kandidatin Willibalda Kögel, geb. 1828 in Eichstätt, gest. Juni 1855 in St. Marys, PA.
**** Mutter Willibalda (Franziska) Scherbauer, geb. 8. 11. 1828 in Kastl, Lkr. Amberg-Sulzbach, Bay.; gest. 21. 2. 1914 in St. Joseph, MN. Mutter Emmerama (Josepha) Bader, geb. 29. 12. 1829 in Freising, gest. 17. 7. 1902 im Kloster (Frauen-)Chiemsee, Bay. Schwester Philomena (Karolina) Spiegel, geb. 30. 3. 1833 in Eichstätt, gest. 4. 2. 1884 in Newark, NJ. Kandidatin Katharina (spätere Mutter Anselma) Schönhofer, geb. 10. 11. 1830 in Eichstätt, gest. 12. 7. 1863 in Covington, KY. Kandidatin Aloysia (spätere Mutter Frances) Knapp, geb. 25. 8. 1829 in Schwendi, Württ.; gest. 7. 2. 1910 in Covington, KY.

Worte des Prologs letztendlich erfüllt: »Wer aber im klösterlichen Leben und im Glauben fortschreitet, dem wird das Herz weit, und er läuft in unsagbarem Glück der Liebe den Weg der Gebote Gottes«. Als sie, im Kloster St. Cloud, Minnesota, von der Krankheit gezeichnet, ihr nahes Ende erwartete, wurden ihre Mitschwestern und sie am 16. 9. von Bischof Grace, Diözese St. Paul, 1861 besucht. Der Bischof machte über diesen Besuch folgenden Eintrag in sein Tagebuch:

> »Des Bischofs Aufenthalt inmitten dieser guten Schwestern, welche ihm Gelegenheit boten, Zeuge ihrer Menschlichkeit, ihrer Unschuld, ihrer Ausrichtung auf den Himmel und ihrer wirklichen geistigen Glückseligkeit zu sein, war eine der kurzen Perioden, welche dem Menschen garantiert, aber selten widerfährt, in denen ein Vorgeschmack auf und eine Erkenntnis über die Glückseligkeit des Himmels vermittelt wird. Er wird es niemals vergessen.«[14]

Eintritt in St. Walburg, Noviziat, Profeß

Angesichts solcher überzeugender Bischofsworte am Ende eines Lebens erübrigt es sich eigentlich danach zu fragen, was ein junges Mädchen im Jahre 1843 bewegt hat, um Aufnahme in ein Benediktinerinnenkloster nachzusuchen und dort ein Leben nach strengen Regeln in Klausur anzustreben. Der Ruf nach dem Klosterleben wurde sicher im Schoß der echten christlichen Familie vorbereitet. Er wurde weitergeführt durch einen gediegenen religiösen Unterricht mit häufigen Gottesdienstbesuchen in der Werktagsschule konfessioneller Prägung, er wurde vervollständigt durch das Leben mitten im kulturellen Erbe der Vorfahren. Zu denken ist hierbei an das Erleben des Spiels von der Passion, aber auch an solche Dinge wie das kurze Verweilen mit der Mutter vor der kleinen Franz-Xaver-Kapelle aus dem 17. Jahrhundert. Diese befindet sich ganz in der Nähe der Waaler Krautgärten und damit nächst der St.-Nikolaus-Straße.
Brotgetreide und Kraut waren in der ersten Hälfte des vorigen Jahrhunderts die Hauptnahrungsmittel dieser bäuerlichen

Gegend. 1853 bedingten sich die Eltern von Mutter Benedikta bei der Übergabe des Anwesens an den Schwiegersohn neben jährlich 18 bayerischen Pfund (= 18 x 0,56 kg) Schmalz und »50 Krautköpf« sowie wöchentlich 1 1/2 Maß Milch (= 1,5 x 1,07 l) auch jährlich 1/2 Scheffel Kern (= ca. 120 l Dinkel) und 2 Metzen Roggen (= ca. 60 l), aber auch 1/2 Scheffel Erdäpfel aus. Sollten letztere nicht geraten sein, waren an ihrer Stelle 2 fl. zu zahlen. Diese Naturalien sicherten ihre Ernährung im Austrag. Es darf vermutet werden, daß solche weltlichen Sachen wie eine diesseitige gesicherte Existenz der Tochter, neben der Sicherung der jenseitigen Existenz, Mutter Benedictas Eltern bewogen hat, die Zukunftspläne der Tochter in Form einer ›Mitgift‹ und auch durch Zureden kräftig zu unterstützen. ›Chorfrau‹ in einer alten, angesehenen Benediktinerinnenabtei, was konnte man sich für ein geistig hellwaches, aber körperlich zartes Kind Besseres wünschen, zumal eine andere Waalerin, die spätere Oberin Eduarda Schnitzer,[15] Fürsprecherin sein konnte.

Der Eintritt war, wie sich schnell herausstellen sollte, die richtige Entscheidung gewesen. Der weitere Lebenslauf liest sich denn auch wie ein Ausschnitt aus einem Lehrbuch: Eintritt ins Noviziat 7. Januar 1844, Chorschwester ab August 1844, zeitliche Profeß 9. Juli 1846, ewige Profeß 9. Juli 1848, wahrscheinlich noch 1848 Novizenmeisterin.

Wie geschätzt Mutter Benedicta bei ihren Oberen war, geht aus ihrem Brief vom 27. September 1852 an den Münchner Erzbischof v. Reisach,[16] der gleichzeitig Präsident des Ludwig-Missionsvereines war, hervor. Sie nennt als ihre Adresse:

	Miß Benedicta Riepp
	in
via Liverpool	*St. Marytown*
pr. Steamer	*Benzinger Postoffice*[17]
	Elk Co. [= County] Pa. [= Pennsylvania]
	Nordamerika

Sie schreibt:

> »... Von diesem väterlichen Wohlwollen genoß damals meine geringe Person, wo ich noch Novicin war, einen nicht geringen Antheil. Öfters wurde mir die Gnade Eure Excellenz persönlich zu sprechen; höchstselben empfingen mich gewöhnlich mit den Worten ›Jetzt kommt die Schwäbin‹, auf die noch der Zusatz folgte: ›dieselben sind aufrichtig‹.«

Der Brief, der in die Bitte um Unterstützung finanzieller Art des jungen Konvents St. Mary's mündet, enthält im folgenden noch eine weitere diesbezüglich aufschlußreiche Passage. Mutter Benedikta schreibt:

> »Gewiß haben Euer Excellenz schon gehört, daß auch St. Walburg einigen Antheil am Missionsgeschäft nimmt, und deshalb auf die Bitte des Hochwürdigen Pater Superior, Bonifazius Wimmer, einige ihrer Glieder nach Amerika in die Elk County St. Marystown gesandt hat um daselbst die doppelte Aufgabe zu lösen, nämlich die weibliche Jugend zu unterrichten und den Orden in diesem Erdtheile auch unter den Benediktinerinnen zu verbreiten. Unter den Glücklichen, die für diese Mission gewählt wurden befinde nun auch ich mich, obgleich dieser großen Gnaden ganz unwürdig. Doch bei dieser meiner Schwachheit ermuthigt mich der Gedanke, daß Gott gerade die Schwachen zu seinen Werkzeugen benützt, damit seine Majestät und Größe desto heller an das Licht kommt.«

Wenn man das liest, so übersieht man leicht, daß diese Frau gerade eine mehrwöchige, äußerst strapaziöse Schiffs- und Landreise, mit für unsere Zeit primitivsten Fortbewegungsmitteln, hinter sich gebracht hatte. Sie war am 11. oder 12. Juni aufgebrochen und wie sie im selben Brief schreibt am 24. Juli »gesund und glücklich in St. Mary's« angekommen.

Gründung von St. Mary's – Herrschaft von Pater Wimmer OSB

Die Überfahrt war vom Ludwig-Missionsverein mit 900 fl. Reisegeld unterstützt worden.[18] Sie führte von Pleinfeld mit dem Zug nach Bremen, von dort auf dem Dampfer Washington über Southampton nach New York. Bei der Überfahrt kam ein starker Sturm auf. Nach mündlicher Überlieferung legte er sich jedoch sofort, als eine von Eichstätt mitgebrachte 800 Jahre alte hölzerne Statue der Muttergottes und des Jesuskindes an einem Seil auf die Wasseroberfläche hinabgelassen worden war.[19]

Der Dampfer legte am 3. Juli 1852 in New York an. Die Ausschiffung war am 4. Juli. Nach vier Tagen Aufenthalt ging es samt hölzernen Reisetransportkisten mit dem Zug in Richtung St. Vincent, Diözese Pittsburgh, weiter. Die Bahnstrecke führte seinerzeit vier Tagesmärsche von diesem Zwischenziel entfernt vorbei. Der Rest des Weges mußte daher samt Kisten auf einem bespannten Bauernwagen zurückgelegt werden. In St. Vincent trafen Mutter Benedicta und ihre beiden Begleiterinnen am 15. Juli 1852 auf P. Wimmer und die seinen. Am 24. Juli 1852 kamen sie endlich in St. Mary's, Pennsylvania, an. St. Mary's in Elk County wird von Mutter Benedicta im Überschwang der Freude über eine glückliche Ankunft in ihrem Brief vom 27. September 1852 wie folgt beschrieben:

> »Die Gemeinde verdient mit Recht gelobt zu werden hinsichtlich ihrer Religiosität. Mit großem Eifer besucht sie den Gottesdienst und bietet dabei den beschwerlichen Wegen und jedem Unwetter Trotz, obwohl der größte Teil viele Meilen weit in die Kirche hat.«

Weiter oben findet sich folgende Stelle:

> »Das erste, was für uns hier notwendig ist, ist ein kleines Kloster, damit wir darin gemäß unserer Regel die Klausur genau halten[20] und beobachten können und zugleich auch Platz bekommen werden, andere Jungfrauen, die sich zum Klosterleben berufen fühlen aufzunehmen.« Wir haben hier gegenwärtig noch ein kleines Gebäude [Anmerkung: Es war ein rohgezimmertes Holzhaus aus Balken geschichtet bzw. mit Brettern verschalt und kaum abgedichtet, geschweige denn im Inneren verputzt], allein kaum für uns groß genug und von einer Klausur, was für uns die Hauptsache ist, kann hier schon gar nicht die Rede sein, besonders was den Einlaß verschiedener Personen betrifft; denn sobald man den Fuß über die Türschwelle des Hauses setzt, steht man schon in dem Zentrum desselben.«

An dieser Stelle folgt im Brief die Bitte an den Ludwig-Missionsverein um einen Zuschuß zu den voraussichtlichen Bau-

kosten für ein neues Klostergebäude. Diese sollten sich auf 7500 fl. belaufen.
An dieser Stelle soll kurz auf die Rolle eingegangen werden, die dem Ludwig-Missionsverein von seinem Gründer König Ludwig I. von Bayern zugedacht worden war. Der Verein wurde 1838 gegründet, damit – wie der König es 1844 artikulierte – »auf so lange ich nichts anderes verfüge von der Sammlung des Ludwigsvereines nichts mehr nach Lyon geschickt werde«.[21]
An das 1822 in Lyon gegründete »Oeuvre de la Propagation de la Foi« waren bis dahin die in Bayern gesammelten Missionsspenden gesandt und von dort nach eigenem Gutdünken verteilt worden. Man kann sich vorstellen, daß dabei rein deutsche Klostergründungen in überwiegend von Deutschen besiedelten Gebieten Nordamerikas etwas zu kurz kamen. Dazumalen flossen die Spenden aus Bayern reichlich. Das war auch nötig, wenn man – wie erwähnt – bedenkt, daß für die Reisekosten einer Person nach Amerika bis zu 300 fl. Gulden aufgebracht werden mußten. Ziele, ließen sich, wie man sieht, auch im vorigen Jahrhundert ohne Geld nicht verwirklichen. Ziele, die so hoch gesteckt sind wie das von Mutter Benedicta, verlangen eine ungeheure Leidensfähigkeit, dazu sehr viel Durchsetzungskraft, aber auch eine Menge Geld. Gerade die Durchsetzungskraft aber verträgt sich nur schwer mit dem klösterlichen Ideal vom absoluten Gehorsam.
Zuvörderst jedoch war es Mutter Benedictas und der ihren Ziel, die altbayerische und oberpfälzische Jugend von St. Mary's in der katholischen Religion, in den handarbeitlichen Fächern sowie im Schreiben, Lesen und Rechnen auszubilden. Um dies so gut wie möglich bewerkstelligen zu können, wurden bereits 1852 Novizinnen aufgenommen. Dies war der Wunsch von Pater Wimmer[22]; dies entsprach aber auch der Einsicht, die Mutter Benedicta vor Ort gewonnen hatte. Gleichzeitig war es ein erster Schritt hin zur Trennung vom Mutterkloster in Eichstätt, denn nach der Regel des heiligen Benedikt (Nr. 58) gelobt der Novize in Anwesenheit seines

Abtes (seiner Äbtissin). Über die Differenzen mit St. Walburg berichtet Pater Wimmer in seinem Brief vom 4. 7. 1853 an Ludwig I.[23] Dort steht zu lesen:

>»Man ist in S. Wallburg, wie es scheint, nicht sehr zufrieden darüber, daß die Oberin [Mutter Benedicta] auf meinen Antrieb hier schon ein Novitiat angefangen, indem man dort die Ansicht hatte, das hiesige Kloster nur als eine Filiale von S. Wallburg anzusehen und von dort aus zu regieren. Allein das wäre gerade so praktisch, wie die Österreichische Einrichtung, einen im Kriege kommandierenden General in seinen Manövers vom Hofkriegsrathe in Wien abhängig zu machen. Selbst auf die Gefahr hin, von S. Wallburg aus ganz aufgegeben zu werden, drang ich auf die Errichtung eines eigenen Novitiates und die Behauptung der Selbstregierung.«

Mutter Benedicta saß zwischen den Stühlen. Was Pater Wimmer von ihr verlangte, wäre hinzunehmen und vor Eichstätt zu verantworten gewesen, wenn es von einer Stelle ganz oben in der Kirchenhierarchie gekommen wäre. Diese Stelle aber war Pater Wimmer nicht und diese sollte er auch nie werden.

Mit päpstlichem Dekret vom 6. Dezember 1859 wurden die amerikanischen Benediktinerinnen für selbständig erklärt und nur der Aufsicht der jeweiligen Bischöfe unterstellt. Vier Jahre zuvor wurde mit apostolischem Schreiben vom 24. August 1855 das Priorat St. Vincent in den Rang einer Abtei erhoben und Pater Wimmer zum Präses der amerikanischen Benediktiner der Cassinensischen Congregation (Cassinensische, nach dem Urkloster auf dem Monte Cassino) ernannt. Als solcher war er jedoch nicht Oberer der Nonnen.

Mutter Benedicta war eine kluge Frau. Was also bewog sie, den ersten, den entscheidenden Schritt, zu tun und Novizinnen aufzunehmen? Mehrere Gründe sind vorstellbar:

1. Sie sah ein, daß Novizinnen nicht über das Meer hin- und zurückgeschifft werden konnten, nur um den Vorschriften gerecht zu werden.
2. Sie sah nicht in ihrer Oberin, sondern in Pater Wimmer die absolute kirchliche Obrigkeit.

Das zweite scheidet meines Erachtens aus, denn wie jede andere Ordensangehörige auch, wußte sie, wem zu allererst sie Gehorsam gelobt hatte. Es bleibt daher nur festzustellen, daß sie wohl ihre Aufgabe, nämlich die Betreuung der ihr anvertrauten katholischen Mädchen, über all das andere stellte. Die Missionsaufgabe war ihr ein und alles. Sie gut zu erfüllen aber bedingte Nachwuchs im Novitiat. Daß sie dabei eine Strecke Weges zusammen mit Pater Wimmer[24] gehen konnte, bevor weitere Entscheidungen anstanden, ließ ihr ein wenig Zeit sich im neuen Lande einzugewöhnen. Sein unbestrittener Einfluß bei den Bischöfen vor Ort und am Münchner Hofe schirmten sie ab und machten sie unangreifbar, solange er ihr zur Seite stand. Beide waren starke, von ihrer Aufgabe überzeugte Persönlichkeiten und beiden lagen die ihnen anvertrauten Personen am Herzen; Mutter Benedicta wohl etwas mehr als Pater Wimmer. Festzustellen aber bleibt, daß auch er von den Seinen nichts verlangte, was er für das gesteckte Ziel nicht selbst gegeben hätte. Mutter Benedicta wiederum war von Anfang an ihm gegenüber in einer etwas schwächeren Position. Der Ludwig-Missionsverein schickte das den Schwestern zugedachte Geld an Pater Wimmer, der damit, wohl überlegt und in jedem Falle gut begründet, Löcher stopfte, von denen die Schwestern nicht einmal wußten, daß es sie gab. Mutter Benedicta und die ihren gerieten deswegen einige Male in äußerste Not. Dies war mehr als momentaner Mangel, an den die Menschen in jenen Tagen ohnehin gewöhnt waren. Sie waren nicht verwöhnt, wie in bezug auf die Nahrung dargestellt werden konnte. Daß diese noch etwas schlechter war, als von Kindheit auf erlebt, wäre zu verkraften gewesen. Daß das Brot portioniert werden mußte, daß es daneben nur Kartoffeln und Buchweizenkekse gab[25], wäre sicher ebenfalls hinzunehmen gewesen. Auch daß der Tag um 3 Uhr 45 begann und erst um 20 Uhr 30 endete, war die gewohnte Regel. Was Schwester Benedicta wohl mehr als alles andere Sorgen machte, war, daß da jemand mit dem für die Schwestern zugedachten Geld schaltete und waltete, ohne überhaupt den Schwestern gegenüber zu erklären, warum er es gerade für diesen Zweck und nicht für einen anderen ausgab. Dabei hatte Pater Wimmer von Schwester Benedicta durchaus eine hohe Meinung. So schreibt er in seinem Brief vom 6. Juli 1853 über sie: »Die Oberin ist eine sehr kluge und fromme Frau, energisch und doch gefällig und sanft gegen ihre Untergebenen. Die Kinder in der Schule wie die Ordenskandidatinnen im Haus hängen mit größter Anhänglichkeit an ihr.«[26] Tatsache war, daß Pater Wimmer – um sein Ziel zu erreichen – in gewissem Maße rücksichtslos sein mußte. Mit Recht handelte er nach der Devise: Viele Köche verderben den Brei. Die späteren persönlichen Ehren zeigen im Nachhinein, daß er konsequent gut gehandelt hat. Für ihn gilt: er war der rechte Mann, zur rechten Zeit, am rechten Platz. Dabei war von Anfang an klar, daß dieser Thalmassinger Wirtssohn[27] es zu etwas bringen konnte. Schon dem zwölfjährigen Lateinschüler wird bescheinigt:

> »Die Natur hat ihn mit vorzüglichen Geistesanlagen ausgestattet. Ein lebhaftes Temperament, eine gute Fassungskraft und ein schnelles und richtiges Urteil sind diesem Schüler in hohem Maße eigen. Sein Fleiß war unermüdet und beharrlich ...«

1845 formuliert Pater Wimmer seine Ziele:[28]

> »Es handelt sich darum [in Amerika] Klöster unseres Ordens, kirchliche Institute zu gründen, die 1. Sammelplatz sein sollen für die neuen Ankömmlinge, daß sie sich nicht zu sehr zerstreuen und ihre Nationalität und auch ihren alten Glauben verlieren. 2. ... 3. der amerikanischen Kirche durch Erwerb von Grund und Boden und die dadurch gewordene Möglichkeit, den Klerus aus eignen Mitteln zu unterhalten ...«

Genau in diesen »Grund und Boden« flossen auch die Gelder, die Pater Wimmer den Schwestern zeitweise vorenthielt, oder letztendlich zum Teil nur als Naturalleistungen weitergab. Hinzu kamen im Laufe der Jahre 1853 bis 1858 weitere Punkte, die zu Differenzen zwischen ihm und den Schwestern führten, ja führen mußten.

WACHSTUM[29]

Unterricht

Als Datum des Unterrichtsbeginnes ist der Herbst 1852 überliefert. Schon zu Anfang werden 80 Mädchen[30] aus der Gemeinde St. Mary's unterrichtet. Über die Bedingungen, unter denen der Unterricht stattfindet, schreibt Mutter Benedicta:[31]

> »Unsere deutschen Landsleute sind sehr zufrieden und vergnügt, daß ihre Töchter von Ordensschwestern Unterricht und Erziehung erhalten und ohngeachtet überallherum Freischulen sind, so schicken sie ihre Mädchen dennoch 5–6 Meilen [1 Meile = 1,609 km] Weges zu uns. Da kommen dann die Kleinen, ganze Gruppen aus dem Busch von allen Seiten daher, im Winter oft ganz erstarrt und nur halb angekleidet in die Schule, wo sie dann auch zugleich in kleinen Säckchen ihr Morgen- und Mittagessen mit sich tragen.«

Neben dem reinen Schulunterricht nehmen die Schwestern noch im selben Jahr weibliche Waisenkinder auf, was die Enge in der Klosterbaracke noch mehr vergrößerte.

Aufnahme von Novizinnen

Es sind folgende Daten der feierlichen Einkleidung, denen jeweils eine Vorbereitungsphase inmitten der Schwestern vorangegangen war, gesichert:

16. 10. 1853	12 Novizinnen (11 dieser Gruppe legen am 30. 12. 1854 die Gelübde ab)
10. 02. 1854	5 Novizinnen (4 dieser Gruppe legen am 10. 2. 1855 die Gelübde ab)
15. 10. 1854	5 Novizinnen
10. 02. 1855	5 Novizinnen
24. 05. 1855	2 Novizinnen

Aus den Aufnahmezahlen sieht man, welches Echo die Schwestern durch ihr Vorbild auslösten.

Weitere Verstärkung aus Eichstätt

Die zweite Gruppe Eichstätter Schwestern erreichte New York am 6. Januar 1854 und wurde dort von Mutter Benedicta und von Pater Benedict Heindl OSB, dem Superior der Mönche von St. Mary's, in Empfang genommen. Die Gruppe bestand aus drei Schwestern sowie drei Kandidatinnen. Zwischenzeitlich hatte das Kloster unter Mithilfe der Brüder um einen Anbau vergrößert werden können.

Die dritte Gruppe Eichstätter Schwestern ging in Begleitung von Pater Wimmer, welcher sich ihnen – aus Rom kommend – in Eichstätt angeschlossen hatte, am 28. November 1855 in New York an Land und traf am 16. Dezember 1855 in St. Mary's ein. In dieser Gruppe, aus fünf Schwestern, war die Chorfrau Mutter Willibald Scherbauer (* 18. 10. 1828 in Kastl), welche schließlich im Jahre 1858 – wie noch zu zeigen sein wird – Mutter Benedicta im Amt der Priorin nachfolgen sollte.

Über die rasche Zunahme des Konvents schreibt Mutter Benedicta im Brief vom 14. Februar 1856:[32]

> »Unverhehlt getraue ich mir es zu sagen, daß es unter allen Missionen in Amerika kein ärmeres Institut gibt, als es unser Institut wirklich ist...
> Ich würde soviele nicht aufgenommen haben, wenn ich nicht das Bedürfnis von Schulen und Instituten für die weibliche Jugend täglich mehr und mehr einsehen würde. So fiel es mir aber schwer, solche Jungfrauen, die einen Beruf zum Ordensleben zeigten und bei denen ich auch Anlagen für das Schulfach bemerkte, die Aufnahme in unseren Orden abzuschlagen ...«

Das durchschnittliche Alter der Klosterfrauen von St. Mary's war zu Ende des Jahres 1855 vierundzwanzig Jahre. Bemerkenswert ist ferner, daß Mutter Eduarda Schnitzer trotz der Antipathie von Bischof v. Oettl gegenüber dem amerikanischen Tochterkloster und trotz der Tatsache, daß dort entgegen ihren ursprünglichen Absichten ein Noviziat eröffnet worden war, zweimal Verstärkung sandte.

Idee von der Gründung neuer Klöster

In ihrem Brief vom 14. Februar 1856[33] erklärt Mutter Benedicta:

>»Darauf habe ich bei der Aufnahme [der Novizinnen] auch gerechnet, daß wir uns so schnell als möglich weiterverbreiten. Für St. Mary's würden 10–15 Klosterfrauen, ..., hingereicht haben.«

Diese Worte bezeugen, daß in ihren Augen die Gründung neuer Frauenklöster von St. Mary's aus spätestens seit 1854 nur eine Frage der Zeit, des entsprechenden Wunsches einer Gemeinde und des Geldes war. In diese Absichten ist Mutter Eduarda Schnitzer meines Erachtens eingeweiht gewesen. Sie hätte sonst wohl angesichts der Zahl der dortigen Novizinnen 1855 kaum eine weitere Gruppe Schwestern nach Amerika entsandt.

Die Idee von der Gründung weiterer Klöster wurde von Mutter Benedicta schrittweise in die Tat umgesetzt. Betrachtet man die Umstände, die zu den einzelnen Neugründungen geführt haben, so wird klar, daß Mutter Benedicta dabei soweit möglich ihren eigenen, von Pater Wimmer teilweise unabhängigen Weg ging. Ihr kam es darauf an, schnell zu helfen, wann immer Bedarf auftrat. Pater Wimmer aber hatte daneben stets auch die Führungsrolle des Gesamtordens im Auge. Das bedeutete, daß er dem Wunsch des örtlichen Bischofs nach einer Niederlassung zwar begeistert entsprach, daß er aber gleichzeitig versuchte, den Zeitpunkt, an dem dies geschehen sollte, selbst festzulegen.

Mutter Benedicta OSB gründete von St. Mary's aus folgende Klöster:

Konvent St. Bendict in Erie, Pennsylvania
Auf einen Wunsch des dortigen Bischofs Young, ausgesprochen im Jahre 1854, reiste sie zusammen mit fünf Mitschwestern im Juni 1856 nach Erie, um durch ihre Begleiterinnen in der dortigen St. Mary's-Gemeinde den Schulunterricht für

Mädchen übernehmen zu lassen. Pater Wimmer war erbost. Über die Wahl des Zeitpunkts schreibt er am 9. April 1859, also Jahre später, an König Ludwig I.:[34] »Ohne auf meine Gegenvorstellungen zu achten, ... reiste sie mit 5 Frauen und Schwestern dahin ab.« Mutter Benedicta blieb in Erie, bis die Schwestern ihr Konventgebäude bezogen hatten; dann erst kehrte sie im August 1856 nach St. Mary's zurück. Man sollte nicht vergessen, daß bei allen diesen Reisen der Ochsenkarren und, wo es ging, das Flußschiff oder die Eisenbahn die üblichen Fortbewegungsmittel waren.

New-Ark, New Jersey und St. Cloud, Minnesota
Im Juni 1857 brach Mutter Benedicta zusammen mit 13 Schwestern nach St. Cloud auf. Zur selben Zeit führte Pater Wimmer die Benediktinerinnen in New-Ark ein. Über beide Gründungen schreibt er in seinem Brief vom 10. August 1857 an König Ludwig I.:[35]

> »Auch führte ich in New-Ark, auf den Wunsch des Bischofs und der Gemeinde, die Benediktinerinnen ein... Fünf Frauen [Novizinnen] und zwei Schwestern gingen von S. Mary's aus Ende Juni dahin ab. Eine andere Kolonie unserer Ordensschwestern ging um dieselbe Zeit nach Minnesota...«

Die Anstrengungen der vorangangenen Jahre fordern von Mutter Benedicta ihren Tribut

Mutter Benedicta war infolge von Querelen unter ihren Mitschwestern und infolge der jahrelangen Strapazen, vor allem aber auch wegen der Unsicherheiten in bezug auf die Verteilung der Zuständigkeiten in eine zutiefst depressive Stimmung gekommen. Sie vertraute sich darüber in ihrem Brief vom 3. März 1857[36] Pater Wimmer an. Sie sandte ihm den Brief nach New-Ark nach und bat ihn in diesem zu verstehen, daß sie selbst von St. Mary's weg und nach dem gesünderen St. Cloud möchte. Sie schrieb:

»... Hier ist es mir nicht mehr möglich zu bleiben, da mir die Zufriedenheit und innere Ruhe fehlt, somit auch jede Freude. Ich wollte mich selbst in jeder Art schon zwingen, doch sehe ich, daß es unnütz und nicht möglich ist und ich in dieser Weise nicht mehr viel Gutes ausrichte. Sie werden vielleicht lachen, wenn ich sage, daß ich ganz menschenscheu werde und vor meinen eigenen untergebenen Schwestern mich nicht mehr sehen lassen mag. Ich fühle mich für Alles abgestumpft, ungeachtet ich denn sonst so vieles Leben und Eifer in mir hatte. Im Westen hoffe ich, daß dasselbe wiederkommt ...«

Europareise: Juli 1857 bis Juni 1858
mit Stationen in Eichstätt, Waal und München

Liest man den oben auszugsweise wiedergegebenen Brief, so wird klar, warum Mutter Benedicta sich auf der Reise nach St. Cloud in Erie, nach Rücksprache mit dem dortigen Bischof Young und mit dessen Schutzbrief in der Tasche,[37] entschied, ihre Gefährtinnen allein nach St. Cloud weiterziehen und stattdessen ein für allemal in Eichstätt, München und letztendlich sogar in Rom die Zuständigkeitsfrage klären zu lassen. Es hatte sich zuviel an Problemen angesammelt. Die »Punkte« (Abbildung Seite 230), die sie für Bischof v. Oettl auf dessen Weisung und, nachdem er sie nicht persönlich empfing, für ihn zusammenstellte, sind, wie ich meine, zwar ein wesentlicher Teil davon, aber längst nicht alles. Damals hätte kein Mensch begriffen, daß irgend jemand Hals über Kopf auf Zeit in die »Heimat« zurückkehren möchte, nur weil er verzweifelt ist. Wahrscheinlich hat letzteres Mutter Benedicta nicht einmal sich selbst gegenüber eingestanden. Sie schob vor, eine Sache, die durchaus auch schriftlich von Amerika aus hätte erledigt werden können,[38] persönlich vor Ort erledigen zu müssen. Meines Erachtens war dies angesichts ihrer damaligen persönlichen Verfassung mehr als berechtigt. Rückblickend gesehen steht aber auch fest, daß, obwohl Mutter Benedicta in Europa nur schriftlichen Kontakt zu den entscheidenden Personen

(Bischof v. Oettl, Erzbischof Gregor Scherr, München; König Ludwig I. über Hofkaplan Müller; Kardinal Barnabo, Rom) aufnehmen konnte, sie allein durch ihr Erscheinen vor deren Türen ihre Sache beschleunigte. So gesehen, tat sie mit ihrer Reise das richtige. Daß sie zur Reise die Erlaubnis des örtlichen Bischofs Young eingeholt hatte, war konsequent gedacht und daher ebenfalls richtig. Sie war in der Tradition des Benediktinerinnenkonvents St. Walburg verwurzelt, welcher Weisungen von außen stets durch den Bischof von Eichstätt und nicht durch eine übergeordnete Congregation, wie Pater Wimmer sie beanspruchte, empfing.

Aus der Niederschrift ergeben sich die Punkte, die sie geklärt haben wollte. Sie formulierte: »Punkte, über die ich mich mit dem Hochwürdigsten Herrn Abt, Bonifaz Wimmer, nicht recht vereinen konnte« und listet auf:

a) Aufnahme von Postulantinnen,
b) Einkleidung und Profeß,
c) Versetzungen und Veränderungen,
d) Geldangelegenheiten,
e) Klausur,
f) Beichtväter.

Sie schließt mit den Worten: »Möge der liebe Gott es mir zum Besten des Ordens leiten und eure hochbischöflichen Gnaden glücklich auf dem Wege hin- und herführen. Auch unsere gute Frau Mutter Priorin uns jetzt noch nicht entreißen.« (Anmerkung: Man hatte sie mit Hinweis auf deren schwere Erkrankung nicht zu Mutter Eduarda Schnitzer vorgelassen.)

Leider liegen über Mutter Benedictas Aufenthalt in ihrer Heimatgemeinde Waal keine Unterlagen vor. Sicher dürfte sein, daß sie und ihre Begleiterin Schwester Augustina Short, eine gebürtige Amerikanerin, dort Mutter Benedictas Elternhaus aufsuchten und daß beide entweder bei den Eltern im »Austragsstübchen« oder in der angrenzenden Wohnung ihrer Schwester und ihres Schwagers, Johanna und Anton Kolb, logierten. Sicher dürfte weiter sein, daß Mutter Benedicta in der Pfründewohnung ihrer Eltern auf eine Bekannte aus ihrer Kindheit, nämlich die Witwe Maria Osterrieder traf, denn dieselbe verstarb erst im Jahre 1860.

Mutter Benedicta wird angesichts ihres körperlichen und seelischen Zustandes geahnt haben, daß dieser Aufenthalt in Waal der letzte in ihrem diesseitigen Leben sein würde. Man kann sich gut vorstellen, mit welchen Gefühlen sie über die vertrauten Wege ihrer Kindheit ging, oder in der im Vergleich zur Kirche in St. Mary's so viel herrlicher ausgestatteten Pfarrkirche St. Anna betete. Wie wird ihre Begleiterin, Schwester Augustina Short, über diese Pracht gestaunt haben! Wie aber werden die Waaler die Ohren gespitzt haben, als sie, wohl zum erstenmal in ihrem Leben, englische Laute zu hören bekamen! Dabei ist klar, daß diese nicht von Mutter Benedicta kamen, denn in St. Mary's unterhielten sich die deutschstämmigen Schwestern, und das war die Mehrzahl, untereinander in ihrer Muttersprache. Die Waaler werden getuschelt haben: So a Junge, und sie isch scho so ebbas Hoachs. Sie roast in Begleitung. Nobel, nobel, des Mädla vom obera Glaser. – Oder ka'sch du dir voarstella, daß a Kloasterfrau mir nix dir nix hoamroasa derf. Sie isch gau gar Äbtissin oder gar no mehr!

Als es ans Abschiednehmen ging, wird Mutter Benedicta auf dem Weg zur Bahnstation Buchloe, von wo sie über Augsburg weiter nach München fuhr, kurz vor Hausen ein letztes Mal mit den Augen den Zwiebelturm der Pfarrkirche gesucht haben, bevor der Wald die Gruppe aufnahm. Sicher werden die ihren sie bis Buchloe begleitet haben, denn vergleicht man deren Lebensdaten, so waren sie allesamt noch gesund und rüstig. Vielleicht hat Mutter Benedicta mit ihrer Schwester sogar darüber gesprochen, daß, auch nach fünfjährigem vergeblichen Warten auf Nachwuchs, der liebe Gott – wie die Bibel es zeigt – ein Einsehen haben kann. Auf dem Bahnsteig aber hieß es endgültig Abschied zu nehmen; es wird ein sehr, sehr schwerer gewesen sein.

Rückkehr nach Amerika – Entscheidung aus Rom

Die Frucht von Mutter Benedictas Europareise ist das von Cardinal della Genga (Kardinalpräfekt der Bischöfe und Religiosen) unterzeichnete Dekret vom 6. Dezember 1859.[39] Sein Inhalt lautet auszugsweise und sinngemäß übersetzt:

»Der Priester Bonifazius Wimmer, Abt der amerikanischen Benediktinerkongregation, hat unserem Heiligen Vater, Papst Pius IX., demütig erklärt, daß durch ihn drei Schwesternkonvente in den Orten Erie, Newark und Marystown, ... errichtet wurden. Seine Heiligkeit, welche den gesamten Vorschlag erwogen hat, hat ... ihre Einrichtung gestattet und gleichzeitig den zuständigen Bischöfen, in deren Diözesen die Orte liegen, das Recht zugestanden, den dortigen Angehörigen die einfachen Gelübde zu genehmigen. Er hat sie unter die Jurisdiktion des örtlichen Bischofs gestellt, welcher durch seine besondere apostolische Erlaubnis in die Lage versetzt wird, die Dienste des Vertreters des Abtes als Urheber bei der Wahl ihrer Ordensregel in Anspruch zu nehmen und als Beichtväter Mönche der genannten Kongregation zu entsenden; vorausgesetzt, es bestehen keine gegenteiligen Hindernisse.«

Damit waren Mutter Benedictas Gründungen, die Abt Wimmer als die seinen ausgegeben hatte, unabhängig von ihm und von Eichstätt geworden. Entscheidend dazu beigetragen hatte wohl die Tatsache, daß Bischof v. Oettl Mutter Benedictas oben genannte »Punkte, über die ich ...« nicht verdammt, sondern, versehen mit einem objektiven Kommentar, auf den Instanzenweg gegeben hatte.[40]

Mutter Benedicta hatte in der Sache recht bekommen. An die vierzig Ordenshäuser, die im Laufe der Zeit, aus der »Urzelle« St. Mary's heraus, gegründet worden sind, verehren sie zu Recht noch heute als ihre Gründerin. Dafür aber, daß sie, die ›kleine‹ Superiorin, hohe und höchste Instanzen zwang, zu einem bestimmten Zeitpunkt zu handeln, bestrafte man sie. Im Begleitschreiben zum obigen Dekret wurde nämlich verfügt, daß Mutter Benedicta in »ihr eigenes Kloster Eichstätt« zurückkehrt. Bischof Young wurde sogar angewiesen, die Durchführung der päpstlichen Forderung voranzutreiben.

Das alles datiert rund eineinhalb Jahre nach Mutter Benedictas Rückkehr aus Europa. Zwischenzeitlich hatte sich ihr Gesundheitszustand weiter verschlechtert. Eine Lungentuberkulose war ausgebrochen. – Und noch während ihres Europaaufenthaltes hatte Abt Wimmer sie für abgesetzt erklärt und an ihrer Stelle Mutter Willibalda Scherbauer zur Priorin von St. Cloud berufen. Auch die anderen drei Niederlassungen waren von ihm entsprechend besetzt worden. Gleichzeitig hatte er den Konventen in Erie, New-Ark und St. Mary's verboten, Mutter Benedicta zu beherbergen. Sie war daher gezwungen, nach ihrem Eintreffen in Erie unverzüglich nach St. Cloud, in das einzige Priorat, dessen Gründung Abt Wimmer Rom gegenüber nicht als die seinige ausgegeben hatte, weiterzureisen.

Die dortigen Schwestern, allen voran Mutter Willibalda, nahmen sie liebevoll auf. Dabei war gerade dieses Kloster besonders arm, da die Schwestern keinerlei Unterricht in staatlichem Auftrag geben konnten und deshalb keinerlei öffentlichen Gelder erhielten. Die fünf Nonnen und fünf Novizinnen mußten mit dem Geld, welches mehr als spärlich aus dem Privatunterricht floß, über die Runden kommen. Abt Wimmer sperrte für sie auch sämtliche Zuwendungen des Ludwig-Missionsvereins.

Pater Wimmer hatte Mutter Benedicta im Sommer 1858 abgesetzt. In seinem Brief vom 9. April 1859 an König Ludwig I.[41] gibt er jedoch bemerkenswerte Hinweise:

> »Es sind in S. Cloud sieben Benediktinerinnen und eine Waise. Die Oberin de facto ist Frau Benedicta Riepp, dem Rechte nach aber ist es Fr. Willibalda Scherbauer.«

Die Textstelle zeigt, wie groß Mutter Benedictas Ansehen bei den ihren war und wie sich dieses Ansehen nach außen mitteilte.

Der Kreis beginnt sich zu schließen. Entgegen der päpstlichen Meinung reagierten die Bischöfe Young, Diözese Erie, und Grace, Diözese St. Paul, in deren Bereich St. Cloud liegt, erst im Jahre 1861 auf die Weisung aus Rom, Mutter Benedicta nach Eichstätt zurückzubeordern. Beide Bischöfe ersuchten, statt auszuweisen, die Kongregation der Bischöfe und Regularen in Rom, Mutter Benedicta die Erlaubnis zu erteilen, ihre Tage in St. Cloud beschließen zu lassen. Ausschlaggebend für Bischof Grace, sich für Mutter Benedicta zu verwenden, dürfte sein oben beschriebener Besuch (siehe Tagebuchnotiz) in St. Cloud am 16. und 17. September 1861 gewesen zu sein. Etwa zur selben Zeit erschien im St. Cloud Democrat ein Artikel, in dem vermerkt ist, daß die Menschen in diesem Ort nach vier Jahren nunmehr die Schwestern aufgrund deren Vorbildfunktion zu akzeptieren beginnen.

Drei Monate vor ihrem Tod schrieb Mutter Benedicta am 20. Dezember 1861 folgenden letzten Brief, wahrscheinlich an ihren Beichtvater in St. Cloud:

> »... Ich kann nur überrascht und Gott und der heiligsten Jungfrau dankbar sein, daß Sie mir soviel Gnade erwiesen. Ich schrieb sofort nach Rom und zog nicht nur meine Opposition zurück, sondern bat, daß die Konvente der Benediktinerinnen in die Kongregation aufgenommen würden. Ich betrachte mich als glücklich, und der liebe Gott mag mich nunmehr leben oder sterben lassen. Ich bin in der Lage, mit Frieden in die Zukunft zu blicken. Ich bitte Sie um einen großen Gefallen, nämlich, daß Sie so freundlich wären und an meiner Stelle den verehrten Abt Wimmer bitten wollten, daß er mir den Verdruß verzeiht, den ich ihm verursacht habe. Nun muß ich schließen. Ich fühle mich zu schwach um mehr zu schreiben. Gedenken Sie meiner in Ihren guten Gebeten.«

Mutter Benedicta starb am 15. März 1862 in St. Cloud. Der St. Cloud Democrat brachte diesbezüglich am 20. März 1862 folgenden Nachruf:

> »Die Mutter Superiorin der Schwestern vom Orden der Benediktinerinnen starb im Konvent hier am Ort letzten Samstagmorgen. Sie wurde am nächsten Vormittag mit den üblichen Diensten und Riten der römisch-katholischen Kirche beerdigt. Das Begräbnis war stark besucht.«

1884 wurden ihre Gebeine auf den Klosterfriedhof des neuen
Mutterhauses in St. Joseph, Minnesota, übertragen. Auf dem
dortigen Grabmal steht zu lesen:

>»Hier ruht die bewundernswerte, ehrwürdige
Schwester Benedicta Riepp, 1. Superiorin
geboren 28. 6. 1825
Profess 9. 7. 46
gestorben 15. 3. 1862
R.I.P.«

SCHLUSSWORT

In der Einleitung ist von mehr als vierzig Klöstern die Rede, die
ihren Ursprung auf Mutter Benedicta zurückführen. Unter diesen befindet sich in vorderster Reihe das der Sisters of Saint
Benedict in St. Joseph, Minnesota. Hinter dieser Adresse verbirgt sich der Konvent von St. Cloud, der im November 1863
sein Mutterhaus nach St. Joseph verlegt hat. St. Joseph ist, wie
Pfarrer Dr. Reinhold Schwarz in den Kaufbeurer Geschichtsblättern[42] feststellt, »das größte Frauenkloster der Welt. Dort
leben an die 400 Schwestern, die (›unter anderem‹ muß man
hinzufügen) ein College für derzeit 1 700 Mädchen betreiben«.
Dieser Konvent war es, der 1982 unvermutet Mitschwestern
nach Waal schickte. Die Schwestern suchten nach Spuren
ihrer Gründerin Benedicta Riepp und fanden niemand, der
über sie Bescheid gewußt hätte. Dank der Nachforschungen
der verstorbenen Hauptlehrerin i. R. Theresia Graf (1903 bis
1991) kristallisierte sich heraus, daß Mutter Benedicta Riepp
drei leibliche Schwestern hatte, über deren Lebensdaten
jedoch so gut wie gar nichts festgestellt wurde. Diese Arbeit ist
die erste, die sich auch mit den Wurzeln der Glaserfamilie
Riepp befaßt (siehe Genealogie auf dem Vorsatzblatt) und die
Kindheit von Mutter Benedicta Riepp anhand von Zeugnissen
(Verträge über Grund- und Bodenveränderungen, Schulzeugnissen etc.) zu rekonstruieren versucht.

Dessenungeachtet sind die Kontakte zwischen den Benediktinerinnen von St. Joseph, Minnesota, und der Gemeinde Waal inniger denn je. Das beweist das Aufstellen eines Gedenksteines im Jahre 1992 vor der St. Nikolaus-Kirche in Waal und die Reise von Vertretern der Gemeinde Waal unter Bürgermeister Pauli im Juli 1994 nach St. Joseph. Ich finde, daß dies ganz im Sinne von Mutter Benedicta, der Missionarin, ist, die auszog, um zusammen mit ihren Mitschwestern den Glauben ihrer Eltern im damals ›fernen‹ Amerika bewahren zu helfen. Daß diese Fürsorge- und Lehrtätigkeit der Benediktinerinnen im heutigen Amerika nicht mehr den »Deutschen« zugutekommt, ist selbstverständlich, daß aber, ausgehend von Europa, an vielen Orten und in unzähligen Familien Amerikas heutzutage eine Vorstellung von benediktinischer Lebensart vorhanden ist, ist bemerkenswert. Das ist das wahre Verdienst von Mutter Benedicta Riepp OSB, und – er darf an dieser Stelle nicht ungenannt bleiben – von Pater Bonifaz Wimmer OSB, den seine Mettener Mitbrüder den ›Planmacher‹ nannten. Es ist nicht bei den Plänen geblieben. Mutter Benedicta und Pater Wimmer haben nicht nur geredet, sie haben gehandelt.
Mutter Benedictas ›neue Heimat‹ hat dies längst anerkannt. Das bezeugt nicht zuletzt die Aufnahme ihrer Person und ihres Werkes in Band III von »A Biographical Dictionary about Notable American Women, Cambridge MA, 1971«. Dieses Lebensbild möge dazu beitragen, daß, über die Grenzen ›des schwäbischen Himmelreiches‹ hinaus, sich auch ihre ›alte Heimat‹ ihrer erinnert.

Anmerkungen

1. Staatsarchiv Augsburg, Grundsteuer-Kataster Buchloe 529, Hausnr. 59 Waal, und Staatsarchiv Augsburg »Adel: von der Leyen 9«.
2. Seit Beginn des 19. Jahrhunderts ist das Tagwerk von 40000 Quadratschuh, umgerechnet 0,341 Hektar allgemein verbindliches Flächenmaß.
3. Rainer Beck, »Unterfinning, ländliche Welt vor Anbruch der Moderne«, C.H. Beck-Verlag, München 1993, S. 341ff.
4. Staatsarchiv Augsburg, Grundsteuer-Kataster Buchloe, Hausnr. 59 Waal.
5. Pfarrmatrikel Waal im Archiv des Bistums Augsburg.
6. Erzählung »Ihr Fest« in Peter Dörfler/Dämmerstunden, Verlag Herder und Co., Freiburg 1931.
7. Vgl. Hertha Egle-Barbato: »Die Entstehung der Wallfahrt zu Eldern 1466« in Ottobeuren, Schicksal einer schwäbischen Reichsabtei, Allgäuer-Zeitungsverlag Kempten 1986.
8. StA Neuburg Fugger-Babenhausen, Nr. 188, Ehevertrag vom 30. 9. 1792, S. 193ff.
9. Vgl. Herbert Krainhofer: »Haus Gottes und Himmelsporten« in Ottobeuren (vgl. zu 7).
10. Vgl. »Die Abtei St. Walburg (1035–1935): 900 Jahre in Wort und Bild. Eichstätt Abtei St. Walburg, 1934. – Hinweis: Das feierliche Gelübde erhob eine Schwester in den Rang einer Chorfrau, während Laienschwestern nur die einfachen Gelübde ablegten. Die feierlichen Gelübde brachten das Recht mit sich, in bestimmten Angelegenheiten der Gemeinschaft mitzubestimmen. Chorschwestern waren zum feierlichen Chorgebet in lateinischer Sprache verpflichtet. Laienschwestern hingegen hatten kaum Mitspracherecht bei Entscheidungen und beteten, nicht zuletzt wegen ihrer mangelnden Vorbildung, anstatt des Chorgebetes den Rosenkranz. Ausgebildete Lehrerinnen wie Mutter Benedicta waren daher für gewöhnlich im Rang einer Chorfrau, siehe »The reshaping of a tradition, American Benedictine Women, 1852 to 1881 by Sister Ephrem Hollermann OSB; A Dissertation Submitted to the Marquetta University Graduate School, Milwaukee, Wisconsin, March 1991, S. 105; Ordernr. 913i 37i 95.
11. Vgl. zu 10 und »Leben der seligen Creszentia von Kaufbeuren von P. Johannes Gatz Ofm, 3. Auflage, Maristendruck und Verlag, Furth 1978.
12. Pfarrer Dr. Reinhold Schwarz, Waal, in: »Kaufbeurer Geschichtsblätter«, Band 13, Nr. 2, Juni 93, S. 63ff.
13. Sowohl die Abschrift des Entlaßscheines Nr. 716 als auch die Abschrift über das Lehrerinnenexamen befinden sich im Archiv der Abtei St. Walburg/Eichstätt. Die Franziskanerinnen von Kaufbeuren haben über Mutter Benedicta Riepp in ihren Archiven keinerlei Unterlagen (Auskunft von Schwester Paula vom dortigen Kloster). Mutter Benedicta erhielt bei der Anstellungsprüfung (Abschluß der zweijährigen

Seminarausbildung) die Note ›hinlänglich‹. Das seinerzeitige Notenschema war:

Ite Notenklasse: 1. Stufe (vorzüglich)
                     2. Stufe (sehr gut)
IIte Notenklasse: 3. Stufe (gut)
                     4. Stufe (hinlänglich)
IIIte Notenklasse: 5. Stufe (gering)
                     6. Stufe (schlecht)

Zur seinerzeitigen Lehrerinnenausbildung in Bayern, vgl. Ministerialanordnung v. 31. 1. 1836 u. Bek. v. 5. 3. 1836 (Intelligenzblatt v. Schwaben/Neuburg S. 283ff. v. 1836).
Demnach hat Mutter Benedicta vor Eintritt ins Seminar der Franziskanerinnen ihre 3jährige Präparandinnenzeit sehr wahrscheinlich unter Aufsicht des Lokal-Schulinspektors, Pfarrer von Langenmantel, bei Lehrer Sträuble an der Volksschule Waal absolviert.

[14] Vgl. Sister M. I. Girgen OSB: »Behind the Beginnings« S. 164/165, Saint Benedicts Convent, Saint Joseph, Minnesota, 1981.

[15] Priorin Eduarda wurde als Maria Schnitzer am 23. Juni 1815 in Waal, Hs.Nr.34 (jetzt Singoldstraße 27), den Färberseheleuten Xaver Schnitzer und Kreszenz, geb. Degenhard geboren. Sie legte bei den Dominikanerinnen in Augsburg das Lehrerinnenexamen ab und trat 1835 in St. Walburg zu Eichstätt ein. Von 1849 bis 1892 leitete sie das Kloster als Priorin. Sie starb am 11. Januar 1802 (siehe Pfarrer Dr. Reinhold Schwarz in: Kaufbeurer Geschichtsblätter, vgl. Anm. 12).

[16] Karl August von Reisach war von 1836–1846 Bischof von Eichstätt. Auf ihn folgte Georg von Oettl. Erzbischof von München und Freising war er bis 1856. In diesem Amte wiederum folgte auf ihn Gregor Scherr, ein früherer Mitbruder P. Wimmers im Kloster Metten. Erzbischof Scherr stand Wimmers Unternehmungen jedoch eher skeptisch gegenüber.

[17] H. Benzinger war einer der Mitbegründer von St. Mary's. Er bot P. Wimmer 1848 dort 1000 acres Land an, vorausgesetzt die Benediktiner würden dort die Seelsorge übernehmen, vgl. Jahrbuch 1937 des Priester-Missionsbuches, S. 30.

[18] Ludwig-Missionsverein, Akte Erie 2/2 (Stellungnahme zum Reiseantrag der Priorin Eduarda Schnitzer v. 29. 5. 1852).

[19] Doktorarbeit v. Sister Ephrem Hollermann OSB, Marquette University S. 112ff, vgl. Anm. 10.

[20] Klausur halten, das hieß nach den Gepflogenheiten von St. Walburg und den dortigen Konstitutionen von 1846, die bis in die 80er Jahre des vorigen Jahrhunderts für die amerikanischen Benediktinerinnen bestimmend und von da an zumindest stark richtunggebend waren folgendes: Das eigentliche Kloster ist vom Besucherteil durch ein Gitter abgetrennt. Besucher werden durch die Schwester Pförtnerin in Empfang genommen und in das Besuchszimmer verwiesen. Die gewünschte Schwester, tritt nach Genehmigung durch die Oberin, dort mit ihnen in Kontakt. Zum Außenbereich des Klosters gehören neben dem Besu-

cherzimmer noch die Kirche, sowie die Klass- und Musikräume. Allerdings war zu dem dortigen Verweilen keine Zustimmung der Oberin im Einzelfall einzuholen. Bezüglich der Kontakte im Unterricht, der Haupteinnahmequelle von St. Walburg nach 1935 war somit im Rahmen des Stundenplanes generelle Erlaubnis erteilt.

[21] Jahrbuch 1937 des Priester-Missionsbundes, hier: Einleitung.
[22] Brief vom 4. September 1851 an König Ludwig I., Jahrbuch 1937 des Priester-Missionsvereines.
[23] Jahrbuch 1937 des Priester-Missionsvereines.
[24] Pater Wimmer wurde am 14. Januar 1809 als Wirtssohn zu Thalmassing bei Regensburg geboren. Nach der Lateinschule in Regensburg studierte er in München Theologie und wurde am 1. August 1831 zum Priester geweiht. Im September 1832 trat er als einer der ersten Novizen in das wiedererrichtete Kloster Metten ein. Wegen seines ökonomischen Geschicks wurde er 1839 Vermögensverwalter des neuerrichteten Klosters Scheyern. Von 1840 bis 1846 war er Präfekt im Albertinum München. 1846 gelang es ihm nach mehreren vergeblichen Versuchen von seinem Abt die Erlaubnis zu bekommen, nach Amerika in die Mission zu gehen. Er gründete St. Vincenz in der Nähe von Latrop, Pennsylvania, welches 1852 zum Priorat und 1858 zur Abtei erhoben wurde. Die Zahl der Folgegründungen ist ähnlich derjenigen von Mutter Benedicta. 1866 wurde er durch päpstliches Dekret zum Abt und Präsidenten der amerikanischen Cassinensischen (Urkloster auf dem Monte Cassino) Benediktinerkongregation (männlicher Zweig) ernannt. (Die amerikanischen Benediktinerinnen sind nicht vergleichbar organisiert.) 1883 wurde er durch Papst Leo XIII. zum Erzabt ernannt. Er starb am 8. Dezember 1887; vgl. Biographie in Jahrbuch 1937 des Priester-Missionsbundes.
[25] Sister M. Grace Mc Donald OSB: »With Lamps Burning« Sisters of St. Benedict, St. Joseph, Minnesota in »American Benedictine Academy, Historical Studies«, S. 11.
[26] Jahrbuch 1937 des Priester-Missionsbundes.
[27] siehe Anm. 24.
[28] Jahrbuch 1937 des Priester-Missionsbundes, Einleitung.
[29] Nach den Daten in der Doktorarbeit von Sr. Ephrem Hollermann OSB, vgl. Anm. 19.
[30] Schreiben vom 20. Dezember 1853 an den Ludwig-Missionsverein, Akte Erie 2/8.
[31] Schreiben vom 4. Januar 1855 an den Ludwig-Missionsverein, Akte Erie 2/10.
[32] Ludwig-Missionsverein, Akte Erie 2/18.
[33] ebd.
[34] Jahrbuch 1937 des Priester-Missionsbundes.
[35] ebd.
[36] Ludwig-Missionsverein, Akte Erie 2/21.
[37] Auszug: »We, Josue Mary Young ... attest that We approve of the decision by the present Superior, Benedicta Riepp, ... to travel to Europe in

order to mediate personally in the affairs of the above Order which we are of concern to us ...« Datum 25. Juni 1857, siehe Dissertation Sr. Ephrem Hollermann, S. 219 (vgl. Anm. 19).

[38] Siehe Verbot Bischof v. Oettls an Mutter Benedicta Riepp zur Europareise im Jahre 1856 (Quelle: Ludwig-Missionsverein, Akte Erie 2/23, Schreiben Bischof v. Oettls an Hofkaplan Müller).

[39] Jahrbuch 1937 des Priester-Missionsbundes, S. 137.

[40] Ludwig-Missionsverein, Akte Erie 2/24. Auszug aus Schreiben vom 31. August 1857 von Oettl an Hofkaplan Müller: »Ich stimme völlig mit der Meinung der örtlichen Superiorin [Benedicta] überein und wünsche, daß das Problem der Zuständigkeit und Jurisdiktion höchstinstanzlich geklärt und bestätigt wird. Ich werde seiner Exzellenz [dem Erzbischof von München und Freising] Mutter Benedictas Klagepunkte für seine Betrachtung empfehlen. Sie sind in den Berichten des Abtes [Wimmer] sehr gut erklärt.«

[41] Jahrbuch 1937 des Priester-Missionsbundes.

[42] Pfarrer Dr. Reinhold Schwarz, Waal, in »Kaufbeurer Geschichtsblätter«, Band 13, Nr. 2, Juni 93, S. 63ff.

Pfarrer Joseph Schelbert 1834–1887
Pionier des Allgäus

Von Otto Schelbert

Über ihn und seine Familie

Pfarrer Joseph Schelbert wurde am 30. August 1834 in Sigishofen nahe Sonthofen (Gde. Ofterschwang, Lkr. Oberallgäu) geboren. Über seinen Vater und Großvater berichtet er 1882: »Im Jahre 1810 entstand eine Rundkäserei nach Schweizer Art durch meinen Großvater Franz Schelbert aus dem Muotathal bei Schwyz auf dem alten Klostergut Wagegg bei Kempten, das er gepachtet hatte. Im Jahre 1817 wurde von meinem Vater Franz Joseph Schelbert aus Steine [heute Steinen] bei Schwyz die erste Schweizerkäserei in Immenstadt im Allgäu errichtet.« Seine Mutter Creszentia geb. Bär ist eine echte Allgäuerin; sie kommt aus Wielenberg nahe Sigishofen. Die lange Reihe seiner Vorfahren reicht nachweisbar lückenlos bis in das Jahr 1388 zurück. Am 2. September 1806 ereignete sich am Roßkopf bei Goldau am Lowerzersee (heute Lauerzersee) im Kanton Schwyz eine Naturkatastrophe, von der die Schelberts direkt betroffen waren. An diesem Tage löste sich vom Roßkopf gegenüber dem Rigi ein gewaltiger Bergsturz, der drei Dörfer mit 457 Menschen, 111 Wohnhäuser, 2 Kirchen sowie 220 Scheunen und Ställe unter sich begrub. Eine durch diesen Bergsturz ausgelöste Flutwelle ging über den Lowerzersee und zerstörte sogar das Dörfchen Lowerz. Für sich und die Allgäuer insgesamt stellt er in seinem Buch ›Das Landvolk des Allgäus in seinem Thun und Treiben‹ 1873 fest: »Wissen sich ja die Allgäuer mit den Schweizern stammverwandt! Glauben sie doch, daß ihre Väter in grauer Vorzeit aus den helvetischen Bergen in diese Alpengebirge gezogen seien, und von dorther nicht nur Sprache, Sitten und Lebensweise, sondern auch ihr Vieh und sogar ihre Heiligen, wie den hl. Mauritius, nach Stein bei Immenstadt und die hl. Verena nach Fischen, im Oberillerthale, mitgebracht haben!«

Von seinen Geschwistern – Carolina (1833–1882), Alois (1835–1872), Josepha (1836–1919) und Johann Baptist (1840 bis 1919) – war ihm sicherlich Carolina besonders ans Herz gewachsen; sie führte ihm den Haushalt bis zu ihrem Tod. Aber auch für die Familie seines Bruders Alois, der 37jährig starb, setzte er sich zeitlebens ein.

Nach dem Tod seines Vaters 1841 kommt der junge Joseph als Hirtenbub mit zehn Jahren vom Allgäu herunter bis ins oberschwäbische Aulendorf in die Wolfeggsche Domäne. Die Ermahnungen, welche ihm seine sorgsame Mutter überhaupt, und insbesondere ›unter die fremden Leut‹ mitgab, scheinen stets tief in seiner Seele gehaftet zu haben. Längst nach ihrem Tod und noch in späteren Jahren gedachte er ihrer mit besonderer Vorliebe und Aufmerksamkeit. Über sich selbst schreibt er in seiner Anleitung ›Das Allgäuer Vieh‹: »Bis zum 20. Lebensjahre habe ich mich in meiner Heimath bei Sonthofen und in mehreren Diensten nur mit Viehzucht, und was damit zusammenhängt, beschäftiget. Schon deshalb habe ich in den folgenden Studien- und Berufsjahren manche freie Stunde dem fleißigen Landmanne, seiner schönen Habe gewidmet, und wäre es auch oft nur gewesen, all das bunte Thun und Treiben im Landleben zu betrachten. Denn in der That, nicht nur die Rührigkeit meines heimathlichen Bergvolkes durchs ganze Jahr ist mir ein stetes Vergnügen, nicht nur der Anblick unserer blumigen Matten und duftigen Alpen eine liebe Erholung, sondern auch schöne Heerden, die auf denselben weiden, ein immer neuer Gegenstand großer Freude.« Über Kempten, wo er 1854 die Lateinschule besuchte, schreibt er 1869: »In der lieben Musenstadt des Allgäus, mit ihren wohnlichen Häusern, mit ihrer reizenden Umgebung und malerischen Fernsicht ...«, auch unter dem Gesichtspunkt, daß die Kemptner Stadtväter 1834 »zum Wohle der Allgemeinheit den Käsehandel in der Stadt tunlichst einschränken, denn durch Käse wird die Luft verpestet und die Mitmenschen belästigt«. Dort war unter den vielen damaligen Studenten auch der Landwirtssohn. Mehrere seiner Studiengenossen lobten an ihm schon hier »seinen eisernen Fleiß, seine große Verträglichkeit und Ordnungsliebe, seine beständige Offenheit und Geradheit« und insbesondere »seinen strengen Ernst, mit dem er in eigenthümlicher Weise eine fast muthwillige Heiterkeit zu mischen wußte«, ohne je einmal »schlüpfrig und unsauber« zu sein. Nach Vollendung seiner Studien in Kempten im Jahre 1858 entschloß sich der Student Schelbert, die Ludwig-Maximilians-Universität in München zu beziehen um dort, wie es damals Vorschrift war, zwei Jahre Philosophie zu studieren. Anschließend studierte er vier Jahre Theologie mit allem Fleiße. Nach vollkommen freier Wahl und mit aller Entschlossenheit, wollte er sich dem geistlichen Stande widmen. Die Festigkeit der echt katholischen und patriotischen Gesinnung Schelberts, sowie sein offener Blick in das Gewirre der Zeitverhältnisse, lassen sich wohl am Besten aus seinem Studium und Umgange erklären. Seine Studien vollendete er dann zur größten Zufriedenheit seiner Lehrer und zur höchsten Freude seiner Mutter und Geschwister, Freunde und Wohltäter.

Am 26. Juli 1862 fand im Georgianum in München die feierliche Priesterweihe von Joseph Schelbert statt, so daß er, wenige Wochen später, am 11. August, sein erstes heiliges Meßopfer in der Pfarrkirche in Seifriedsberg im Allgäu halten konnte.

In den folgenden Jahren war er Pfarrvikar bzw. Kaplan in Stein bei Immenstadt, Aschering und Pöcking am Starnberger See, Altusried im Allgäu, Kaplanei-Benefiziat in Fischen, Kaplan in Schöllang bei Fischen, Pfarrkurat in Lengenwang, bis er schließlich 1880 Pfarrer und Landwirt in Maria Rain bei Nesselwang im Allgäu wurde, nachdem Maria Rain erst 1852 zur selbständigen Pfarrei erhoben worden war. Von einem feierlichen Einzug dort kann sicher nicht die Rede sein. Im Verkündungsbuch der Pfarrei ist am 8. Februar 1880 zu lesen: »NB. Installation des Hochwürdigen Herrn Pfarrer Joseph Schelbert«, nachdem unter dem 4. Januar vermerkt ist: »Schelbert angekommen 3. 1. 80.«

An sich selbst war Pfarrer Schelbert nicht bloß, wie erwähnt, in Bezug auf Arbeit und Ruhe, sondern auch in Rücksicht auf Nahrung und Vergnügen sehr strenge. Nie hat er ein Frühstück genommen, sondern stets dasselbe mit einem einfachen Mittagsmahle verbunden. Wie er hierin als armer Student es geübt, hat er auch noch als Pfarrer getan. Sein Vergnügen war an Werktagen gewöhnlich ein Spaziergang, den er hinauslenkte zu den Kranken in der Pfarrei, oder auf jene Höhen in der Nähe, welche eine Aussicht gewährten zu den Bergen des Allgäus, nach welchen stets voll seliger Erinnerung sein Auge gerichtet war. – An Sonn- und Festtagen jedoch oder bei sonstigen Feierlichkeiten, wie Hochzeiten und dergleichen, war er sehr gerne bei den Leuten, um sich und andere zu unterhalten, ohne zu sündigen. Daß Pfarrer Schelbert ferner in Spendung der hl. Sakramente sowohl in der Kirche als außerhalb derselben stets unermüdlich war, wird jeder bestätigen, der ihn hierin beobachtete. Er stand überhaupt früh auf, regelmäßig um 5 Uhr durchs ganze Jahr. Er mußte ja oft auch nach Berlin. An Sonn- und Festtagen aber zum Beichthören noch früher sich zu erheben, war ihm eine besondere Angelegenheit; »je früher, desto lieber« war hierbei sein Sprichwort. Ein Sonntags- oder Festtagsgottesdienst sollte nach seiner Meinung im Vormittage gewöhnlich nicht oder doch nicht viel über eineinhalb Stunden, im Nachmittage nicht über eine Stunde dauern, damit die Pfarrkinder, und zumal diejenigen, die weite Wege zu machen hätten, nicht mißmutig würden. – Im Haushalte mit der Zeit war er, um einen Ausdruck Goethes zu gebrauchen, stets geizig. Vom frühesten Morgen bis nachts 10 – 11 Uhr füllte er alle freien Stunden mit Studien aus, außer den eigentlichen Fachwissenschaften eines Geistlichen, am liebsten mit Geschichte sowohl in religiöser als in politischer Beziehung. Von allem, was er las und was ihm wichtig schien, machte er sich schriftliche Auszüge. – In der Pfarrei Maria Rain hatte er in der Seelsorge nicht soviel zu tun, als daß er mit seiner Schwester Caroline, die ihm hier die Haushaltung führte, nebenbei auf den Betrieb seiner Ökonomie Wert legte. Hierbei war es ein besonderes Vergnügen für ihn, als ehemaliger Hirte, endlich einmal auch einen eigenen Viehstand zu besitzen. Auch oder gerade deshalb vergaß er seine Landwirtschaft selbst bei seinen Reichstagsreden nicht. – Was das Seelsorgerleben und Wirken von Pfarrer Schelbert anlangt, so war es so, wie es vor Gott und guten Christen recht ist. Er war ein sittenreicher Priester, eifriger Seelsorger und tüchtiger Gelehrter.

Mit und für seine Allgäuer

Während seiner Tätigkeit als Pfarr-Vikar in Pöcking gründete Joseph Schelbert bereits 1866 einen ›Verein zur Hebung der Viehzucht‹, 1868 als Kaplanei-Benefiziat in Fischen eine ›landwirtschaftliche Fortbildungsschule mit Fachbibliothek‹. Diese Bibliothek umfaßte mindestens 115 Bücher. So wurde auch die ›Zeitschrift des landwirthschaftlichen Vereins in Bayern‹ zu Bänden zusammengefaßt. Im Jahrgang 1868 finden wir im Oktober einen ›Rückblick auf die letzten 6 Monate‹ vom damaligen Kaplan Schelbert: »Das alte Sprüchwort: ›In den Bergen wächst im Frühlinge das Gras schon unter dem Schnee‹ hat sich heuer wieder in seiner ganzen Wichtigkeit behauptet. Denn kaum hatte Ende April der Winter Abschied genommen, so standen schon Anfangs Mai die Viehherden auf den sogenannten Vorweiden – in den Einöden im Thale nämlich – in fußhohem Grase. Und Ende Mai, sowie den ganzen Sommer hindurch, war in den meisten Alpen Weide in Ueberfluß. In den Thälern aber hatte sich zugleich eine solche Schönheit und Fruchtbarkeit entwickelt, daß es selbst die ältesten Männer nie so wissen. Überdies ging Handel und Verkehr in diesen herrlichen Monaten mit Witterung und Fruchtbarkeit ganz gleichen Schritt. Schon in den Monaten März und April waren ›die Fremden‹ – aus Altbayern und Preußen – ins Thal gekommen, und hatten reichliche Vieheinkäufe gemacht und ›gut bezahlt‹.« Nun berichtet er von einer Überraschung in Sonthofen: »Und ging auch der Viehhandel auf den Septembermärkten noch ziemlich flau, weil nur einzelne Einkäufe nach Württemberg und Sachsen, Preußen und Rußland usw. gemacht wurden, so brachte der 14. Oktober als der Vorabend des Gallusmarktes in Sonthofen, eine sehr günstige Wendung. Plötzlich hieß es Nachmittags 4 Uhr: ›Es sind sehr viele Fremde da, sogar Franzosen‹; und wie im Meere Well' auf Well', so gings von Mund zu Munde schnell dieses Wort: ›Wirklich! Franzosen waren da‹ –, Männer aus dem Elsaß, die mit der Behendigkeit einer Gazelle ›über alle Häg‹ setzten, und mit hier noch nie gesehener Eile in ordentlichem Mittelschlage zahlreiche Einkäufe machten.« Zum Schluß immer wieder mahnend: »Wohl ist der Markt der ganzen bewohnten Erde jetzt dem Landmanne geöffnet; wohl ist Erfahrung und Belehrung für ihn und seine Kinder jetzt wahrlich um geringen Preis zu haben! Aber was soll all das und noch mehr nützen, wenn er am alten, durch Jahrhunderte verrotteten Schlendrian hängt, dagegen das Bewährte und Erprobte der Neuzeit nicht beachtet, nicht kennen lernt, nicht anwendet; wie dies thatsächlich noch bei gar Manchem der Fall ist! Mögen sich deshalb alle Männer in jeder, zumal jeder Landgemeinde, schaaren in landwirthschaftlichen Versammlungen und Lesevereinen! Mögen sie ihre Kenntnisse bereichern durch Hören und Lehren, durch Erfahren und Ueben! Und mögen endlich Alle, die je noch Liebe zu unserer allzeit liebenden Mutter, der allnährenden Erde, insbesondere zu dem Zwecke sich vereinen, das nachwachsende Geschlecht von Jugend auf anzuhalten zu einer möglichst guten Pflege des Bodens, dieser allzeit schönen segensreichen Beschäftigung.«

Albert Tanner Nesselwang

*18 Pfarrer Josef Schelbert 1834–1887, der Pionier des Allgäus.
Foto von Albert Tanner, Nesselwang*

Und schon kommt der Hinweis auf diese Schulen, denn in den ›Landwirtschaftlichen Blättern für Schwaben und Neuburg‹ vom 28. Juli 1870 befindet sich eine Übersicht der ›landwirtschaftlichen Fortbildungsschulen im Winter 1869/70‹, in welcher für Fischen 23 Schüler und als Unterrichtender u.a. Kaplan Schelbert genannt wird. 1870 verfaßte Pfarrer Josef Schelbert dann seine Abhandlung über ›Das Allgäuer Vieh‹ und erklärt dies seinen Allgäuern so: »Der Grund zur Veröffentlichung dieser Blätter liegt theils in meiner früheren Thätigkeit, theils in meinen späteren Studien freier Stunden. Mögen deshalb auch alle Viehbesitzer des Allgäus bei ihrer Viehzucht sich dieses Spiegels fleißig bedienen!« Er beschreibt nun »die Notwendigkeit der Viehzucht im Oberallgäu‹, die körperliche Beschaffenheit des Allgäuer Viehs, vergleicht das ›Montafoner‹, das ›ächte Schwyzer- oder Braunvieh‹, das ›Wäldler Vieh‹ (Bregenzer Wald) und das ›Lechtalervieh‹ mit seinen Ausführungen über ›sein Allgäuer Vieh‹ und weiß natürlich von etlichen Unterschieden, wie dem ›Nesselwanger Schlag‹ oder dem ›Dietmannsrieder Schlag‹ zu berichten. Einige Seiten widmet er den ›Hauptvorzügen‹ und natürlich auch den ›Haupthindernissen in der Zucht des Allgäuer Viehs‹. Ja, er wird sogar heftig in seinem Kapitel über ›die wichtigsten Mittel zur Hebung der Zucht‹, wenn er ausführt: »Selbstgezüchtete oder gekaufte Krüppel, die in so manchen Ställen des Allgäus noch immer zu finden sind, sollten wahrlich durch gesetzliche Strafen entfernt werden.« Im Schlußwort kommt dann die Erläuterung zu seiner allgemein-verständlichen Schreibweise, »damit nämlich der Bauersmann, der diese Blätter etwa liest, nicht erst nöthig habe, sich nach einem Verdeutschungsbuche umzusehen, um vielleicht daraus zu errathen, was ich ihm da über sein Vieh sagen wollte. Mit einem Worte, ich huldige dem Grundsatze: für den unstudirten Landmann muß man möglichst kurz und deutlich schreiben.« In seinem 1873 veröffentlichten Buch über das Allgäuer Landvolk geht er sogar so weit, daß er ›sein Allgäuer Vieh‹ »nicht als

Hausthiere, sondern als Hausfreunde« bezeichnet. Und so kommt er auch zu der Aussage: »Ein wahres Schauspiel für alle Viehliebhaber, das jedoch den ächten Allgäuer zur Wehmuth stimmt. Denn er weiß, wie herb es ihn selbst ankäme, wenn er seine heimathlichen Berge verlassen müßte. Und deshalb bedauert er diese Thiere, daß sie weit hinweg von der Heimath genommen werden. Schon manche standen mit thränenden Augen an so einem ›Buindhag‹ – Pointzaun –, und nur Eines konnte sie trösten, nämlich die Versicherung der Fremden, daß das Vieh gewiß einen sehr guten Platz bekomme.« Mit einem Appell beendet er seine umfangreichen Ausführungen: »So viel aber ist jetzt schon gewiß: wenn die Viehbesitzer des Allgäus in allen Thälern, in allen Gemeinden, Dörfern und Häusern, von den Quellen der Iller bis zu ihrer vollen Strömung, und den wilden Fluthen des Lechs bis zu den rebenbekränzten Geländen des Bodensee, unser berühmtes Allgäuer Vieh immermehr erkennen und schätzen lernen, möglichst rein, schön, gut und zahlreich züchten, dann, und namentlich dann, wird auch der gegenwärtige, landwirtschaftliche Ruhm des Allgäus stets höher und fester werden, Wohlstand und Reichthum aber immermehr das sicherste Eigenthum der Allgäuer selbst sein und bleiben.« Pfarrer Joseph Schelbert mag seine Allgäuer, sein Landvolk. Das hört man immer wieder. Sei es bei seinen Reichstagsreden, in seinen Broschüren und nicht zuletzt in seinem 1873 erschienenen Buch ›Das Landvolk des Allgäus in seinem Thun und Treiben‹. Hier einige Auszüge: »Im Allgemeinen ist das Allgäuer Volk sehr gesund und schön. Es gibt in ihm unter beiden Geschlechtern zahlreiche Prachtgestalten mit interessanten Gesichtern, in welchen sich die Klarheit des Verstandes und Entschiedenheit des Willens, sowie das frohe Gefühl der Wohlhabenheit und Unabhängigkeit abspiegelt. – Der beharrliche Eifer, die Schlauheit und Geschliffenheit der Allgäuer Männer beim Spiele ist wirklich beachtenswert und läßt einen tiefen Einblick thun auch in ihr anderwärtiges Benehmen, namentlich in Handel und Wan-

del. – Und wer je einmal einige Dutzend Allgäuer beim Abschlusse einer Alprechnung sah, der wird den Eindruck empfangen haben, nicht unter einem Haufen einfacher Bauern, sondern in dem Kreise feingebildeter und hochgelehrter Männer gewesen zu sein.« Er spricht in diesem, seinem umfangreichen Buch alles an, was er sich im Laufe der Jahre über sein Allgäuer Landvolk zusammengetragen hat. Er war ein guter Beobachter, nicht nur beim Kartenspiel: »Dieses Vergnügen des Spielens und Rauchens hebt dem ächten Allgäuer allen Verdruß, lindert den Schmerz, heilt Krankheiten und erleichtert namentlich die Last des Alters und der Schlaflosigkeit.« – Oder wenn er auf den Wechsel der Mode eingeht: »Möge es aber dann noch mehr als bisher, wo sich doch manche Eitelkeit eingeschlichen hat, alle Narrenpossen bei Seite lassen, das Schutztüchtige und Bequeme aber, das Schöne, Gute und Sittliche, wie es einem katholischen Bergvolke geziemt, in der Kleidung wählen und behalten!« Auch die Jugend, die ihm stets am Herzen lag, beschreibt er trefflich so: »Und aus alledem ist es wohl erklärlich, daß man unter großen Volksmassen, wie bei den verschiedenen Kirchgängen, oder auf Jahrmärkten so unzählig viel ›dolls und schis jungs Volk sieht‹, daß es eine wahre Pracht ist, – lauter Leute, welche an Schönheit, Kraft und Lebensfülle und klugem, verständigem Aussehen in buchstäblichem Sinne des Wortes mit einander wetteifern.« Er selbst ist als Allgäuer von seinem Land mehr als begeistert: »Da scheint die Sonne heller und klarer, als drunten im Thale, weil die Luft reiner fächelt im tiefen Blau. Die ganze Natur ist ringsum so einfach, und dennoch so groß und so wunderbar. Die seltensten Alpenkräuter verbreiten ringsum ihren balsamischen Duft. Das Auge schwimmt in einem Meere von Wonne; Berge und nichts als Berge, Thäler und wieder Thäler mit all ihrer Mannigfaltigkeit bis in weite Fernen, wo der Himmel mit der Erde zusammenrinnt!«
Wer seine Schriften aufmerksam liest, wird sich immer wieder über seinen Humor freuen: »Jenseits des Lechs, namentlich im

Ammer- und Illerthale usw. gibt es noch immer bei den Weiblichen so wackere Pelzkappen, daß in Bezug auf Größe und Form am Besten die ›Bärenhäuter‹ der alten Grenadiere damit verglichen werden können.« Über die Kopfbedeckung der Mädchen witzelt er: »Der ›Miesbächer‹ steht den Dirnen in den oberbayerischen Bergen sehr gut, ist schutztüchtig, und mag unseretwegen auch für festlich gelten. Sammt dem dazu gehörenden Wettermantel gewinnen jedoch die damit Bedeckten ungefähr die Gestalt von verwitterten Bergtännelein. Wer ferner die verschiedenen Hauben mit Spitz-, Bändel- und Gitterwerk in der Schweiz, Unterschwaben, um Dachau usw. gesehen, der erinnert sich leicht an die Gestalt fliegender Schmetterlinge, deren Flügel übrigens schlechten Schutz gegen Schneegestöber bieten sollen.« Und wenn es gar um Feiertagskleidung geht, weiß er zu berichten: »Zum Festschmuck hatten jüngere Weiber gleichzeitig ›Schnellkappen‹ von Samt, Seide, Silber oder Gold von Pflugsrädern; während 's Ahle, – die Großmutter – eine Zugkappe trug, d. i. eine Kopfbedeckung mit weiten, unregelmäßig aus- und eingebogenen Flügeln, aus Spitzen, die ungefähr einem umgestülpten Storchennest glich.« Auch wenn er die Nahrung, namentlich die typischen Kässpatzen beschreibt, kann man nicht nur schmunzeln: »Diese sind um so geschätzter, je mehr sie von Schmalz triefen, und je höher sich die Käsfäden beim Essen ziehen lassen. Fremde können bei solchem Essen kaum zusehen, geschweige denn mitmachen; denn sie werden unwillkürlich an eine gewisse Feuchtigkeit der Nase erinnert. Daher ging es einmal dem M. B. v. M. am Würmsee auf einer Marktreise ins Allgäu durchaus gut, bis er beim Dreikönigswirt in I. Kässpätzen essen sah. Darob wurde der bodenfeste Altbayer sterbenskrank und nur einem Schluck Enzianer verdankt er sein ferneres Leben.« Im ›Allgäuer Geschichtsfreund‹ zitiert Dr. Hanns Dorn noch 1903 in seiner ›Vereinödung in Oberschwaben‹ dieses Buch von Pfarrer Joseph Schelbert, das dieser wie folgt beschließt: »Möge der kluge Fleiß und die natur- und zeitgemäße Thätigkeit den Allgäuern auch ferner eine reiche Quelle des Segens und Wohlstandes sein und bleiben!«

Pfarrer Schelbert und die damalige Zeit

Schon während seiner Kaplanstätigkeit in Altusried von Oktober 1867 bis März 1868 trat er bei den Zollparlamentswahlen mit größter Entschiedenheit gegen das terroristische Treiben der dortigen ›Liberalen‹ auf. – »Ein Festtag im Algäu« schreibt die Kemptner Zeitung am 19. Mai 1868: »Die Wahlmänner des Algäus zur Landtagswahl in Bayern waren heute vollzählig in Immenstadt erschienen... Nachdem der Beifall, welchen die Mittheilung der Kandidatenliste hervorgerufen hatte, verklungen war, ward nach billigem Vorschlage einem Führer der in ungefährer Anzahl von 20–25 Mann auf dem Wahlplatz erschienenen politischen Gegner das Wort angeboten. Dasselbe ergriff sofort Herr Kaplan Joseph Schelbert von Fischen a. d. Iller. Der Redner begann nach einer Reihe ganz überflüssiger persönlicher Lebensnotizen (daß er aus dem Volkes stamme, früher Hirte, dann Unterschweizer und Oberschweizer gewesen sei und sich erst später dem Studium, ohne die Absicht Geistlicher zu werden, gewidmet habe) damit, daß er uns versicherte, wie er sich ›seines schwarzen Rockes‹ nicht schäme, übrigens nicht als Geistlicher, sondern eigentlich ›als Bauernbub‹ zu der Versammlung reden wolle. Ob Redner diesem Entschlusse untreu wurde, mögen seine stummgebliebenen Partheigenossen entscheiden. ›Schon Solon sagte‹ – meinte Redner hierauf – ›in kritischen Zeiten sollte niemand neutral bleiben‹. Dennoch sei es nach seiner Ansicht im Jahre 1849 (›als ich noch Untersenne war‹ – Untersennen müssen sich also damals mit Politik befaßt haben) gewesen, wo sich links und rechts noch nicht in so schroffer Weise getrennt hätten wie heutzutage! Heutzutage nenne man mit Vorliebe den Klerus ›dumm‹. ›Möglich‹, fügte Redner wörtlich an, ›daß wir dumm sind, weil wir uns zum ledigen Stande entschließen und für einen Spottlohn Dienste thun.‹ Als ›Obersenne‹ wäre ihm der Vorwurf der Dummheit begreiflich erschienen; nach absolviertem Gymnasium – abgesehen davon – mache er aber doch ›Anspruch auf einen halben Grad Bildung‹. – Der Vorsitzende unterbricht hier den Redner mit der wahrheitsgemäßen Erinnerung, daß er weder von Dummheit des Klerus gesprochen, noch auf eine solche angespielt habe. ›Die Klerikalen seien keine Dummköpfe – im Gegentheil!‹ (Anhaltendes Gelächter.) Die von dem Herrn Redner gegebene Skizze über Erziehungswesen und deutsche Politik muß noch schließlich Erwähnung finden. ›Wegen einiger Silben‹ (wörtlich!!), worin die beiden Kammern von einander abwichen, sei das Schulgesetz vereitelt worden! Dies und einiges weitere, womit wir den Leser verschonen, sprach Redner zur mehreren Abwechslung im ›Namen des christlichen Volkes‹. Herrn Kaplan Schelbert, welchen, wie wir nochmal und ein für allemal bemerken, seine im Saale anwesenden Confratres schmählich im Stiche ließen, antwortete zunächst mit gebührendem Ernste, wenn auch mit Maß Herr Advokat Beckh von Lindau…« Die Kemptner Zeitung schließt ihren sich über zwei Ausgaben erstreckenden Bericht »Ein Festtag im Algäu«: »Wir konnten im Verlaufe dieser Darlegung dem Leser die uninteressanten Einzelheiten des gegnerischen Auftretens nicht ersparen. Wenn von Seite der Mehrheit bei manchen Stellen des Herrn Schelbert Zeichen der Mißstimmung und abweichenden Ansicht laut wurden, so wird das jedem mit dem parlamentarischen Leben irgend Vertrauten, sowie nach dem im Wesentlichen getreu wiedergegebenen Inhalte der Schelbertschen Worte ungemein begreiflich erscheinen. Ein ungebührlicher Eingriff in die freie Meinungsäußerung des Herrn Schelbert fand jedoch so wenig statt, daß demselben – man urtheile selbst – jetzt sogar noch ein Drittesmal das Wort ertheilt wurde, wenn auch mit der gewissermaßen vom Selbsterhaltungstriebe der Versammlung gebotenen Einschränkung, sich diesmal auf die Zeit von 10 Minuten zu beschränken. Dieser Umstände thun wir ausdrückliche

Erwähnung, weil wir wissen, daß in gedruckter Lüge erscheinen wird, man habe die Gegner seitens der Fortschrittler nicht zu Worte kommen, nicht ausreden lassen, vielleicht gar ›niedergebrüllt‹. Wenn die Gegner ihre geistige und oratorische Armuth, zugleich aber auch ihren Mangel an schuldiger Rücksicht für einen sich muthig für die aussetzenden Wortführer in dem Grade bekundeten, daß niemand weiter dem sich dreimal bloßstellenden Wortführer zu Hilfe kam, so fällt davon die Schuld doch wahrlich nicht auf die überwiegende Mehrheit der Versammlung.«

Emil Waibel schreibt nach den Urwahlen am 22. Mai 1869 u. a.: »Der Sieg der gegnerischen Parthei gelang durch deren straffe Organisation, in welcher sie seit Wochen auf das Ziel hinarbeitete, das Mißtrauen gegen Regierung und Liberalismus nährte, die Kirche und den Glauben als gefährdet darstellte und durch Predigten die Bauern gegen die ›hoffärtigen und stolzen Fortschrittler‹ einnahm, die an keinen Teufel glauben und hundsgemeine, lügnerische Blätter lesen, welche die Kirche und ihre Priester verfolgen, dem Volke die Religion mit Gewalt aus dem Herzen reißen wollen... Es fand daher Herr Kaplan Schelbert ein wohlvorbereitetes Feld für seine auf ländliche Zuhörer klug berechnete Wahlrede, welche durch Wiederholung in allerdings wesentlich modificierter Form bei der großen Versammlung am 19. d. M. in Immenstadt allgemeiner bekannt wurde. – Leider stand ihm dort kein Herr Pfarrer Heim mit der Empfehlung zur Seite, Herr Schelbert habe ihm ganz aus dem Herzen gesprochen, als er vermocht hätte.«

Die Hetze geht weiter. Am 25. Mai 1869 schreibt die Kemptner Zeitung in einem Bericht von Altstätten: »So organisierte er [der Kaplan von Altstätten] und seine Helfershelfer die Wahl in unserer Gemeinde. (Unser Gewährsmann bemerkt, daß der uns eingesandte Wahlzettel wahrscheinlich vom Kaplan in Fischen, das wäre also der uns schon bekannte Herr Schelbert, geschrieben sein dürfte.) Er lautet so: ›Die Freunde für Gott, König und Vaterland wählen Mittwoch folgende Männer:

1) Jos. Schelbert, Benefiziat in Fischen,
2) Georg Keller, Eisenhändler in Fischen,
3) Anton Ruepp, Vorsteher in Fischen,
4) Jos. Hieber, Pfarrer in Altstätten.
Dienstag den 11. Mai abends 8 Uhr Wahlversammlung im Kreuz in Fischen, wozu jeder Uhrwähler eingeladen ist.‹ – Daß Urwähler von Herrn Kaplan mit ›h‹ geschrieben wird, mag wohl den ›Freunden für König und Vaterland usw.‹ entgangen sein. Vielleicht ist dem Herrn Schelbert beim Schreiben der Zettel, worauf er an erster Stelle steht, der ›Unterschweizer‹, ins Genick gefahren. Brauchen wir wirklich kein Schulgesetz, Herr Kaplan Schelbert!?« – Hier wird aus einem Schreibfehler, den Kaplan Schelbert vielleicht gar nicht zu vertreten hatte, eine Affäre gemacht. Noch am 29. Mai 1869, in ihrem ›Rückblicke zu den Landtagswahlen‹ zitiert die Kemptner Zeitung Kaplan Schelbert: »Den hermetischen Verschluß dieser an hohen Gebirkswänden hineingebetteten Gemeinden [von Wertach und Hindelang ist die Rede] hat bis jetzt kein fortschrittliches Zauberwort zu lösen vermocht. Auch reichen die Mittel der Fortschrittler, welche nach Kaplan's von Fischen Vermuthung, unerschöpfliche sind, trotzdem nicht aus, eigene fortschrittliche Missionsstationen in jenen mächtigen Hochthälern aufzurichten: eine Arbeit für kommende Generationen. Einen anderen, ja einen unvermutheten Verlust erlitt unsere Sache diesmal ferner an dem zwischen Immenstadt und Oberstdorf an der Iller lieblich gelegenen Fabrikorte Fischen, wo die jetzt auch weiteren Kreisen bekannt gewordene Beredsamkeit und Thätigkeit des Herrn Kaplan Schelbert von unseren Freunden zu lange ungewürdigt geblieben zu sein scheint.« Auch andersgesinnte Zeitungen verschont die Kemptner Zeitung keineswegs. Immer wieder Kaplan Schelbert zum Vorwand nehmend, schreibt sie unter dem 28. Mai 1869: »Die Mutterlügnerin in der bayer. Presse, die ›Postzeitung‹ bringt ihren Lesern die Lüge, daß in Immenstadt ein ›patriotischer‹ Redner verhöhnt und mit Hohn überschüttet

worden wäre. – Der Überschüttete sprach dreimal! Diese eine Thatsache genügt auch für Nichtteilnehmer, um die plumpe Lüge der Postzeitung aufzudecken. Gelacht wurde allerdings bei mehreren Stellen der Schelbert'schen Rede. Wer müßte auch da nicht lachen? Groß sind die ultramontanen Redner nur vor den Bäumen des Waldes, vor den stummen Bauern in der Kirche und in der – Postzeitung. Bei freier Diskussion wirft jedes Kind das hohle Zeug um, das sie zu Tage fördern. Unter diesem Umstande litt natürlich der Herr Schelbert ganz besonders, womit nicht gesagt werden soll, daß er nicht doch vielleicht das Zeug zu einem künftigen Bischof in sich hat.«
Über Baltasar Waibel, der am 1. März 1848 die Schriftleitung der ›Kemptner Zeitung‹ übernahm, schreibt Rottenkolber in seiner ›Geschichte des Allgäu's‹ u.a.: »In seinem Programm kündigte er dem ›Sonderbund der Rückschrittler und Finsterlinge‹ den Kampf bis aufs Messer an. Seine Artikel – in Wirklichkeit bezog er sie größtenteils aus dem ›Freien Staatsbürger‹ und dem ›Stuttgarter Beobachter‹ – waren bekannt wegen ihrer leichten und flüssigen Sprache, aber auch gefürchtet wegen ihrer Schärfe und des beißenden Spottes, den er über seine politischen Gegner ausgoß.« – Vermutete Waibel gar in dem schneidigen Kaplan Schelbert einen Rivalen? Entsprechend fügt Rottenkolber hinzu, daß Waibel »einen besonders ungeschlachten Ton und sachliche Leichtfertigkeit in seine Artikel hineingetragen hat; da wurden die ärgsten Vorwürfe erhoben und politische Schauermärchen aufgetischt, die sich anderntags als haltlos erwiesen. Erwiderungen und Richtigstellungen wurden gar nicht aufgenommen oder verdreht und von Hohn begleitet«.
1869 wurde Pfarrer Schelbert Mitbegründer der Katholischen Volkspartei im Allgäu, weshalb ihn Rottenkolbers ›Geschichte des Allgäus‹ unter die ›hervorgetretenen Politiker des Allgäus im 19. Jahrhundert‹ einreiht.

Seine Predigt über das Lesen schlechter Zeitungen

Wir schreiben das Jahr 1871. Joseph Schelbert ist Kaplan in Fischen und noch nicht ganz 37 Jahre alt. Da steigt er am 3. Sonntag nach Ostern, am 30. April, auf die Kanzel der Pfarrkirche St. Verena und geht nicht nur mit seinen Gläubigen ins Gericht: »Wie ist es möglich und erklärlich, daß in fast durchaus katholischen Gegenden, wie z.B. in den meisten Thälern unsers Allgäus, Tausende und Tausende, welche zwar beten, in die Kirche gehen, die hl. Sakramente empfangen, in Wort und That unsern heiligen Glauben verläugnen, indem sie die ärgsten Feinde desselben auf alle mögliche Weise unterstützen, und jetzt sogar mit denselben Adressen zur Lostrennung von der römisch-katholischen Kirche unterschreiben?« – »Gewöhnlich wird unter dem Vorwande, kirchliche Mißbräuche zu rügen, gegen heilige Gebräuche, Feste, Lehren, ja gegen die ganze Offenbarung Gottes durch Christus angestürmt, dieselbe verspottet, entstellt, geläugnet. Gegenwärtig endlich fordert man uns römisch-katholische Christen frech und offen zum Abfalle von unserer hl. Kirche auf. ›Trennt euch los von Rom‹ ist jetzt das Loosungswort der Kirchenfeinde.« Es ist noch nicht einmal ein Jahr vergangen, als das Vatikanische Konzil die Unfehlbarkeit des Papstes in Glaubens- und Sittenfragen beschloß, obwohl dies auch damals nichts grundlegend Neues war. Nun nimmt er die kirchenfeindliche Zeitungen aufs Korn, indem er sie direkt beim Namen nennt: »Damit nun Niemand im Zweifel sei, welche Giftblätter ich hier meine, seien unter andern die hierum am meisten verbreiteten kirchenfeindlichen Blätter bezeichnet, nämlich: die ›Augsburger Abendzeitung‹, die ›Kemptner Zeitung‹ und das ›Kemptner Tag- und Anzeigblatt‹«, – denn – »offen gestanden, noch nie habe ich z.B. in der ›Kemptner Zeitung‹ seit Jahren einen Bericht gefunden, über dessen Inhalt ich als Augen- oder Ohrenzeuge selbst urtheilen konnte und der völlig richtig gewesen wäre. Müßte daraus ein Schluß gezogen werden, so könnte es nur der sein, daß dort in Kempten eine förmliche Lügenfabrik besteht. Da gibt es einen Beamten, der noch keine oder doch nicht genug kirchenfeindliche Gesinnung an den Tag gelegt hat, und deßhalb in den Zeitungen abkapitelt wird. Dann wird über eine Regierung, ein Ministerium hergefallen, weil sie mit den Ultramontanen liebäugelt, d.h. weil sie nicht sofort alle Katholiken für vogelfrei erklären und dem Hasse der Kirchenfeinde völlig preisgeben. Ein anderes Mal hat man über mißliebige Leute im Volke, fast täglich über katholische Geistliche etwas zu bringen. Ob das Vorgebrachte wahr oder falsch sei, darauf kommt es nicht an; es wird berichtet, gelesen, geglaubt, weiter verbreitet«, führt er weiter aus. Hier prangert er an, was andere – z. B. Rottenkolber – über den Herausgeber der ›Kemptner Zeitung‹, Waibel, festgestellt hatten. »Die größte Feindseligkeit jener Blätter gegen die katholische Kirche, ihre Lehren, Einrichtungen zeigt sich erst recht in ihren Leitartikeln. Da sind es vor Allem immer wieder die Jesuiten, die an allem Bösen schuldig sein müssen.« Ahnte er bereits 1871, daß am 4. Juli 1872 durch das erste Kampfgesetz des verschärften Kulturkampfes, das Jesuitengesetz, es diesem Orden verboten würde, Niederlassungen auf deutschem Boden zu unterhalten? – »Im Jahre 1864 erschien der sogenannte Syllabus mit Encyclika, worin der hl. Vater in 80 Sätzen die schlimmsten gefährlichsten Lehren der Gegenwart als ketzerisch bezeichnete«, so geht seine Predigt weiter. Es ist der Standpunkt des katholischen Glaubens, die damaligen Grundsätze des politischen, kulturellen und wirtschaftlichen Liberalismus zu verwerfen. »Dagegen erhob sich die ganze Rotte der kirchenfeindlichen Blätter und ihre Freunde mit einer Wuth, als gelte es, die ganze Menschheit vor jähem Untergange zu retten.« *Er* weiß, daß der Syllabus und das neue Dogma der Abschluß einer jahrhundertelangen Entwicklung sind. Doch die Liberalen sehen es als Herausforderung an den modernen Nationalstaat. Dies um so mehr, als sie die katholische Kirche nur mangelhaft kannten. – Und was er sagt, das meint er auch:

»Die Skandalsucht wird zur Leidenschaft, indem die Zeitungen alsbald nicht mehr für unterhaltend gelten, wenn sie nicht solche Lügenberichte bringen. Liest man täglich die bezeichneten Leitartikel, so ist die Wirkung davon in der Regel auf den Geist dieselbe, wie starker und täglicher Genuß von geistigen Getränken auf den Körper. Wer zu viel trinkt, wird betrunken, und wer dieß oft thut, zum Trunkenbold.« – Oder – »denn es ist noch keineswegs das Schlimmste, den Inhalt dieser Zeitungen zu lesen, zu glauben und verbreiten, sondern das Hauptübel besteht darin, daß man all' dieß nicht einmal für Sünde hält, damit noch prahlt, und so nicht aus Schwachheit, sondern mit Absicht in Bosheit und Sünden hinlebt.« Mit einem Appell beendet er diese eindrucksvolle Mahnung an seine Zuhörer: »Entfernt doch endlich dieses Seelengift aus allen Dörfern, aus allen Häusern! Als kluge Hausväter und vorsichtige Familienmütter duldet ihr unnöthiger Weise nicht Rattengift in euren Häusern, aus Furcht, es möchten Hausthiere, geschweige eure Kinder davon bekommen und Schaden leiden. Und diese Giftblätter, die schlechten Zeitungen solltet ihr ferner in eueren Familien dulden, zur größten Gefahr für euer und der eurigen Seelenheil!« Mit Sicherheit sah er voraus, welchen Einfluß die Presse, namentlich die kirchenfeindliche, auf seine Gläubigen hatte.

Mit Genugtuung jedoch stellt er 1873 in seinem Buch über sein Landvolk fest: »Sollte man nun jetzt – i. J. 1873 – die ganze Haltung des Allgäuer Landvolkes in ein kurzes Programm fassen, so müßte es offenbar so lauten: ›Treue dem gesammten deutschen Vaterlande, als Förderativstaat – Bundesstaat –, unter der Obhut des Kaisers, Treue unserm Könige von Bayern, aber auch Treue unserer hl. römisch-katholischen Religion!‹ Wer die Geschichte kennt, der weiß, daß die Gefahr, vom hl. Glauben abzufallen, für die Allgäuer von den Städten: Kempten, Lindau, Memmingen, Augsburg aus sehr nahe war; aber ebenso, daß sie diese Gefahr siegreich überstanden. Und wer in der jüngsten Vergangenheit um sich blickte, der konnte leicht finden, daß diejenigen, welche unter Anderem auch die Lostrennung des katholischen Allgäus von der römischen Kirche sich zur Lebensaufgabe gemacht haben, keineswegs in fernen Ländern zu suchen sind. Doch in diesem Punkte, nämlich in der religiösen Frage, haben sich diese Kirchenfeinde arg am Allgäuer Volke verrechnet. Weil dasselbe sich willig in die neuen politischen Zustände fügte, rückten sie sofort i. J. 1871 mit der Zumuthung heraus: ›Das katholische Deutschland los von Rom!‹ Sie konnten aber gar nichts ausrichten. Vielmehr ist ihre ganze Blamasch vollendet, und sie mußten nach jahrelangen, vergeblichen Anstrengungen am römisch-katholischen Sinne des Allgäuer Volkes zurückprallen, und von jenen schönen Höhen hinabpurzeln bis in die sumpfigen Gräben alter Städtezwietracht.«

Als Reichstagsabgeordneter

Die Centrumspartei, im Dezember 1870 gegründet, mußte sich besonders gegenüber Bismarck und dem regierenden protestantischen Fürstenhaus behaupten, zumal Bismarck den Katholizismus im Kulturkampf zum ›Reichsfeind‹ erklärt hatte. Durch seinen herausragenden Wahlsieg am 28. Oktober 1884 erhielt Pfarrer Schelbert als Kandidat der Centrumspartei (die Ultramontanen genannt) im Wahlkampf 8994 Stimmen, während für seinen Gegenspieler von den Liberalen, Dr. v. Schauß, lediglich 6991 stimmten. Zuvor attackierte die ›Kemptner Zeitung‹ Pfarrer Schelbert ständig. Am 27. Oktober 1884 noch schreibt sie: »Die zweite Versammlung [es ist von Kempten die Rede], welche im ›Fäßle‹ stattfand, hatten die Ultramontanen einberufen. Der durch seine Sonthofener Candidaten-Rede gewissermaßen berühmt [!] gewordene Pfarrer Schelbert von Maria Rain entwickelte vor seinen Parteigenossen sein Programm. Es hatten sich aber auch viele Andere eingefunden, um den Friedensprediger vom Lande, der mit Blitz und Donner um sich warf, kennen zu lernen und sich an seinen mitunter höchst drolligen Auslassungen zu ergötzen. Der Neugierigen gab es so viele, daß der Saal zum Erdrücken voll war.«

Kaplan Alois Gwerder zitiert in seinen Liegenschaftsgeschichten den ›Boten der Urschweiz‹ vom 18. Oktober 1884: »Dieser Tage predigte hier in Schwyz ein im Königreich Bayern als Priester wirkender Herr Pfarrer Schelbert; er stammt aus dem Muotathal. Nun wird derselbe im Wahlkreis Immenstadt-Kempten von der Centrumspartei als Mitglied des Deutschen Reichstages vorgeschlagen und fast sicher gewählt werden, da er ein volkstümlicher und schneidiger Mann sei. Ja, die Schelbert haben eben nicht nur das Zeug zu Pfarrherren an sich.« Am 5. November liest man dann: »Ein Muotathaler im Deutschen Reichstag. Herr Pfarrer Schelbert von Maria Rain ist also mit über 2000 Stimmen Mehrheit als Reichstagsabgeordneter von Kempten-Immenstadt gewählt worden. Wir gratulieren!« – Der Bote hatte das Heu nicht auf der gleichen Bühne wie das Centrum, fügt Kaplan Gwerder hinzu.

Seine Tätigkeit im Reichstag war ausgefüllt von der Sorge um seine Landsleute. Im Verkündbuch der Pfarrei Maria Rain sind seine Reisen nach Berlin mit ›N. B. Reichstag‹ vermerkt. In seiner am 16. Februar 1885 unmittelbar nach Reichskanzler Bismarck gehaltenen Reichstagsrede setzte er sich überzeugend für die Einführung bzw. Erhaltung der Getreidezölle ein, obwohl er wußte, daß er damit dem Reichskanzler mehr Unabhängigkeit vom Reichstag verschaffen sollte. Diese Rede spiegelt seine gewachsene Verbundenheit zu seiner Heimat, den Bewohnern und der Situation der Landwirtschaft im Allgäu. Er erklärt auch ausführlich, weshalb diese Schutzzölle für seine Landsleute lebensnotwendig sind, auch wenn sie 1878/79 auf Drängen der Großagrarier eingeführt worden waren. – Hier Ausschnitte aus seiner Rede: »Also wenn es sich nur um Getreidezölle handelte, könnte ich als papierner Bauer, wie ich einer bin oder als kleiner Besitzer, wie die meisten Allgäuer sind, wir könnten uns schrecken lassen; wir lassen uns aber nicht schrecken! Denn so verschieden wir auch in mancher Beziehung sind, im Allgäu in Bezug auf religiöses, politisches oder soziales Denken, und so mannigfach die Parteien, in dieser Beziehung sind wir alle eins, nämlich darin, daß man uns Butter und Käse geschützt hat, und daß wir deßhalb den Andern auch den Schutz ihrer Produkte gönnen, und dies um so mehr, als man Korn nicht etwa in den Bergen bauen kann, wie man Käse und Butter fabriziert, sondern weil Deutschland ganz und gar in der größten Mehrheit ein kornbautreibender Staat durch Jahrhunderte gewesen ist.« Er sorgt für Heiterkeit, wenn er zwischendurch auf andere Zölle zu sprechen kommt: »Der Zoll auf Käse und Butter, die wir ungefähr im Betrage von 20 bis 30 Millionen in unserem Wahlkreise jährlich exportieren, nämlich in die anderen deutschen Provinzen, weniger in das Ausland, – ist für uns ein wahrer Segen, ein wahrer Schutzzoll, und ich habe Gelegenheit, den Herren von Herzen zu danken, und ich spreche im Namen aller meiner Wähler im Allgäu den Dank aus, daß Sie damals den Zoll so hoch angenommen haben. (Bravo! rechts).« Und nun liegt ihm wieder sein Allgäuer Landvolk am Herzen, wenn er weiter ausführt: »Seit den sechziger Jahren, d.h. seitdem man die Industrie so sehr in den Vordergrund gestellt, den Import vom Auslande so sehr durch die Aufhebung der Schutzzölle gefördert hat, seitdem werden die Schulden bei den Bauern immer mehr, die Vergantungen immer massenhafter, die Klagen, die begründeten und berechtigten, von Seiten der Bauern werden immer allgemeiner und immer größer. Und was am schlimmsten ist: die Liebe zum heimatlichen Boden und das Vertrauen in die Rente des Bodens ist ganz und gar gewichen. Es mag Einer ein gutes Tagebuch führen oder ein schlechtes oder gar keins; aber die Rechnung kann der Landmann sich leicht machen, der kleine Besitzer wie der große: jede Ökonomie rentirt nicht 4 Prozent. Das ist meine feste Überzeugung. Der Mann, die Frau, die Kinder, Alles, was Hände und Füße hat, arbeitet mit; auch der Pfarrer von Maria-Rain. Und auf Grund vierzigjähriger Erfahrung behaupte ich, daß der Boden sich nicht höher als 3 Prozent rentirt, wenn man die eigene Arbeit gar nicht hinzurechnet. Was ist die Folge davon, bei uns in Bayern wenigstens? Jeder, der ein Vermögen von 20- bis 40000 Mark auf seinem Boden hat, verkauft sein Anwesen, er bietet es wenigstens feil; denn er sieht, daß er umsonst arbeitet. Das ist das Schlimmste, das ist das Elend in der ganzen Sache, darin besteht das ökonomische Elend.« Noch einmal begründet er voll Überzeugung die Erhöhung der Roggen- und Weizenzölle und erntet ›lebhaften, anhaltenden Beifall von rechts und im Centrum, andererseits Zischen links‹: »nicht *obgleich* wir Geistliche sind, sondern *weil* wir Geistliche sind, sind wir mehr als ein Dutzend hierher gekommen und zwar nicht bloß aus Südbayern, sondern aus anderen Bundesstaaten des deutschen Reiches; wir kennen die Bedürfnisse des Volkes, nicht etwa bloß in Bezug auf seine religiösen Angelegenheiten, sondern auch in wirtschaftlichen Fragen, deßhalb haben uns die Wähler hierher geschickt, um das ungefähr bei Gelegenheit zu sagen, was ich gesagt habe: für diese Zölle zu stimmen!«

Nach seinem Einzug in den 6. Deutschen Reichstag berichtete Pfarrer Schelbert regelmäßig den Lesern der ›Allgäuer Zeitung‹ von den Geschehnissen in Berlin durch seine Reichstagsbriefe. Der erste erschien Anfang 1885, der 51. und damit letzte am 21. Dezember 1886. Mit peinlicher Genauigkeit schrieb er über alles, was im Reichstag behandelt und beschlossen wurde. Die ›Allgäuer Zeitung‹ würdigte dies auch dadurch, daß sie diese Reichstagsbriefe stets auf der ersten Seite abdruckte. Aus allen Berichten ist die Sorge um sein Allgäuer Landvolk herauszulesen; ja, mit besonderer Hingabe betont er die Petitionen und Entscheidungen, die sich auf die Landwirtschaft beziehen. Es wäre zu umfangreich, die einzelnen Briefe zu zitieren. Hier ein Ausschnitt aus dem 43. (XLIII.) Reichstagsbrief über die Unterdrückung und Abwehr von Viehseuchen: »Mehrere nord- und ostdeutsche Abgeordnete waren sehr für diese Regierungsvorlage, als eine wesentliche Verbesserung des Gesetzes zur Abwehr und Unterdrückung der Lungenseuche, sowohl in der ersten Lesung der Commission in mehreren Sitzungen vor Neujahr, als auch neulich in zweiter Lesung, die gestern, also am 20. Januar 1886, beendigt wurde. Die Mitglieder der Commission aus Süd- und Westdeutschland, darunter Freiherr von Aretin und Pfarrer Schelbert aus Bayern, Graf v. Adelmann und Baron v. Wöllwarth aus Württemberg, waren von Anfang an entschieden gegen eine Zwangsimpfung des Viehes bei Seuchengefahr und gegen eine Brandmarkung der in einem verseuchten Stalle am Leben gebliebenen Thiere. Namentlich betonte Schelbert auf Grund seiner Erfahrungen und Erkundigungen im Allgäu selbst, wie in Oesterreich und in der Schweiz, durch eine solche Brandmarkung würde zwar weniger Mastvieh, dagegen Zucht- und Melkvieh sehr geschädigt, auf mindestens die Hälfte seines vorigen preiswürdigen Werthes herabgedrückt. Was die Impfung anlange, hob derselbe hervor, so werde sie zwar in der Schweiz mit sehr guten Erfolgen bereits angewendet; in Süddeutschland jedoch erst in seltenen Fällen, und in Norddeutschland, wie die Herren Regierungs-Commissäre selbst mittheilten, oft mit ziemlichen Mißerfolgen... Kommt diese Vorlage alsbald in den Reichstag selbst zur 2. und 3. Berathung, so hat sie dort sicherlich kein anderes Loos zu erwarten. Hinter der Mehrheit der Mitglieder in der Commission steht auch in der Regel die Mehrheit im Reichstage und hier speciell gilt hoffentlich der Mehrheit eine Zwangsimpfung und Zwangsbrandmarkung ohne Entschädigung der Viehbesitzer als keine Verbesserung des vorhandenen Viehseuchengesetzes. Sollte es, namentlich zum Schaden des Allgäus, wo beständig das Vieh ein wichtiger Handelsartikel ist, gegen alles Erwarten anders kommen, so werde ich seiner Zeit weiter über diesen Gegenstand berichten.« – Der Wahlkampf zum 7. Deutschen Reichstag Ende 1886/Anfang 1887 wurde mit geradezu deprimierenden Mitteln geführt, die heute kaum vorstellbar sind. Die Zeitungen ergriffen Stellung für bestimmte Parteien und beschimpften sich auf das Äußerste. Durch seine Krankheit konnte Pfarrer Schelbert an den Wahlversammlungen persönlich nicht teilnehmen, was ihm viele Wählerstimmen kostete. Dadurch kam die liberale Partei unter dem Kandidaten Keller 1887 zu einem Wahlsieg mit 10300 gegenüber 9153 Stimmen für Pfarrer Schelbert.

Pfarrer Schelberts Tod

Wie es oft bei den ländlichen Arbeiten ergeht, daß nämlich nach einem hellen Morgen und klaren Mittage ein frühes Abendgewitter plötzlich alle Tätigkeit auf dem Felde einstellt, so geschieht es häufig auch im menschlichen Leben – und so ist es denn auch bei Pfarrer Joseph Schelbert gekommen. Auf seine heiteren Knaben- und Studentenjahre und auf sein eifriges Wirken im Priesterstande durch nahezu 25 Jahre, folgten für ihn, wie in den vorigen Kapiteln erwähnt, noch heftige Kämpfe für Recht und Wahrheit und ein plötzliches Ende all seiner Tätigkeit: Pfarrer Joseph Schelbert stirbt am 1. März 1887 in Maria Rain. Pfarrer Rosenberger aus Maria Rain berichtet von einer Überlieferung, die sich seit Jahrzehnten in und um Maria Rain hartnäckig halte: Pfarrer Schelbert sei seinerzeit nicht eines natürlichen Todes gestorben! ›Er sei in Berlin vergiftet worden!‹ Wie könne es sonst sein, daß Pfarrer Schelbert im Wahlkampf Anfang 1887 so lange Zeit krank gewesen sei. Er, der doch während seiner Tätigkeit als Reichstagsabgeordneter nur so von Gesundheit gestrotzt habe, soll nun so leidend geworden sein? – »Eine eigenthümliche Fügung des Schicksals ist es, daß gestern fast um dieselbe Zeit, da in Berlin der neugewählte Reichstag eröffnet wurde, in Maria-Rain die Leiche unseres bisherigen Vertreters im deutschen Parlament, des hochw. Herrn Pfarrers Schelbert, der Erde übergeben wurde«, schreibt die ›Allgäuer Zeitung‹ in ihrem Bericht über die Begräbnisfeier vom 4. März 1887: »Es war eine würdige Leichenfeier, die die Pfarrgemeinde Maria-Rain ihrem verstorbenen Seelsorger bereitete. Alle, die von nah und fern, zum Theil auf fast ungangbaren Wegen in dem abseits vom Verkehre liegenden Dörfchen zusammenströmten, waren nicht gekommen, um müssige Gaffer zum Zeitpunkt einem prunkvollen Schauspiele anzuwohnen, nein, sie hatten sich von zu Hause aufgemacht, um durch ihr Erscheinen ihre aufrichtige Theilnahme an dem herben Schicksale eines verdienten Mannes zu bekunden und ihm auf seinem letzten Lebenswege das Ehrengeleite zu geben. – Als der Sarg in die Grube gesenkt wurde, hörte man ringsum aus der wohl 1200 Köpfe zählenden Volksmenge Schluchzen, Weinen und Ausrufe des Schmerzes und des Jammers. Namentlich war es die Kinderschaar, welche ihrem Leid um den Verlust ihres väterlichen Freundes und Lehrers freien Lauf ließ. Wir haben noch nie bei der Leiche eines Priesters die Schuljugend so trauern gesehen, wie hier am Grabe dieses Kinderfreundes; so laut klang ihr Weinen und Wehklagen, daß es die Stimme des amtierenden Geistlichen übertönte. – Auf dem herrlich gelegenen Friedhofe von Maria-Rain, angesichts der Berge, die er so sehr geliebt und zu denen er so oft wonnetrunkenen Auges hinaufgeschaut, liegt nunmehr Herr Pfarrer Schelbert zur ewigen Ruhe gebettet. Fürwahr, eine schönere und passendere Begräbnisstätte inmitten einer majestätischen Gebirgswelt hätte dieser ächte und treue Sohn des Allgäus kaum finden können! Der Mann, dessen ganzes Leben nur der Arbeit und einem ruhelosen Streben gewidmet war, hat jetzt ausgelitten und ausgerungen und die Ruhe im Grab gefunden, die ihm diese Welt nicht bieten konnte. Möge ihm die Erde leicht sein. Wir aber, die wir mit seinem Hinscheiden der Wackersten und Tapfersten einen verloren haben, wollen sein Andenken in Ehren halten. Sein Wirken wird uns unvergessen bleiben, und werden einst die Braven alle aufgezählt, die für unsere Sache mit Mannesmuth gekämpft und treu bis zum letzten Augenblicke gestritten, dann wird auch der Name Joseph Schelbert genannt werden!« Aus der Vielzahl von Nachrufen und Zeitungsstimmen zum

Tode von Pfarrer Joseph Schelbert seien nur diese genannt: ›Deutsche Reichszeitung‹, Bonn: »Der 1. März ist für das katholische Allgäu ein Trauertag geworden. Der bisherige Reichstagsabgeordnete des Wahlkreises Immenstadt-Kempten, Pf. Schelbert, ist plötzlich weggerafft worden. Das heute öffentliche Leben mit seinen Aufregungen und Enttäuschungen ist für Persönlichkeiten, welche ein tiefes Gemüth haben, geradezu mörderisch. Schelbert ist sozusagen auf dem politischen Schlachtfelde gestorben. Das katholische Allgäu wird Schelbert schwer vermissen, denn kein Geistlicher dieses Wahlkreises war so populär, wie er. Auch im Reichstage läßt Schelbert eine Lücke zurück; er gehörte dort zu den Persönlichkeiten, deren selbständiges Auftreten eine bestimmte Originalität des Charakters zeigte. Schelbert trug das ausgesprochene Gepräge des Gebirgsstammes, welchem er entsprossen war und welchen er würdig vertrat.« Sogar ein Schweizer Blatt, der ›Appenzeller Volksfreund‹ widmete einen Nachruf: »Pfarrer Schelbert gehörte der Zentrumspartei des deutschen Reichstags an und war ein angesehenes Mitglied derselben. Namentlich that er sich als ländlicher Abgeordneter in volkswirtschaftlichen Fragen hervor, wie auch seine ›Reichstagsbriefe‹ in der ›Allgäuer Zeitung‹ bekunden. R.I.P.« Aber nicht nur die gesamte katholische Presse, sondern auch die gegnerischen Blätter erkannten nach dem Tode seinen offenen, ehrlichen Charakter und dessen unwandelbare Überzeugungstreue rückhaltlos an. So schrieb das nationalliberale ›Tag- und Anzeigeblatt‹ in Kempten: »Der Verstorbene war als Politiker zwar ein Eiferer von derber Form, aber ein ehrlicher, überzeugungstreuer und in seiner Art hochbegabter Mann.« Die demokratische ›Frankfurter Zeitung‹ schloß ihren Nekrolog mit den Worten: »Durch seinen ehrlichen, offenen und überzeugungstreuen Charakter können ihm selbst seine Gegner nicht die gebührende Achtung versagen. Die Centrumspartei im Allgäu verliert mit dem Verblichenen einen der tüchtigsten Kämpfer.«

QUELLEN

Pfarrer Joseph Schelbert, Das Landvolk des Allgäu's in seinem Thun und Treiben, 1873. – Ders., Ueber das Lesen schlechter Zeitungen, 1871. – Ders., Das Allgäuer Vieh, 1870. – Ders., Erinnerungen aus dem Leben des hochwürdigen Herrn Joh. Bapt. Mayer, Pfarrer in Altusried, 1869. – Hans Bader, 1. Bürgermeister der Gemeinde Ofterschwang. – Ortschronist Günter Glocker, Fischen im Allgäu. – Kaplan Alois Gwerder, Ried-Muotathal, Schweiz. – Monsignore Alois Haas, Fischen im Allgäu. – Dr. Wolfgang Haberl, Kempten. – Aegidius Kolb – Ewald Kohler, »Das Landvolk des Allgäus in seinem Thun und Treiben von Joseph Schelbert«. Neuauflage. Allgäuer Zeitungsverlag Kempten, 1983. – Pfarrer Friedrich Rosenberger, Maria Rain (Allgäu). – Anton Schelbert, Zimmern ob Rottweil.

Pfarrer Jakob Zwiebel 1837–1918

Von Leonhard Rugel

Um die letzte Jahrhundertwende wirkte als Seelsorger und Organisator in Oberhausen bei Weißenhorn und in Thannhausen Pfarrer Jakob Zwiebel. Er war geboren worden am 25. Juli 1837 in Autenried bei Ichenhausen. Seine Eltern waren der Kleinbauer Donat Zwiebel auf Haus Nummer 36 und Theresia Kolb aus Behlingen. Das Geschlecht Zwiebel, auch Zwiefel und Zwiffel geschrieben, reicht in Autenried über Jakob Zwiefel (mit seiner Frau Maria Anna Müller), Martin Zwiffel (mit Anna Maria Wolf von Kleinkissendorf) bis Josef Zwiffel (mit Barbara, Heirat ca. 1740) zurück.

Jakob Zwiebel studierte in Dillingen Theologie. Er wurde am 5. August 1880 zum Priester geweiht. Dann leistete er vom 20. September 1880 an Dienst als Hilfspriester in Rieden an der Kötz. Im Jahre 1883/84 versah er kurz die unbesetzte Pfarrei seines Heimatortes Autenried. Ab 23. Februar 1884 war er Kaplan in Roggenburg. Am 15. Juli 1886 wurde er zum Pfarrer von Oberhausen bestellt, von wo aus er auch die Pfarrei, damals nur Kaplanei, Beuren betreute. Es ist nichts darüber veröffentlicht, was Zwiebel in und für die Pfarrei Oberhausen gewirkt hat. Seine Tätigkeiten für Beuren sind in der Chronik von Matzke und Hiller gewürdigt worden. In Beuren kaufte Zwiebel zwei Häuser, um den Friedhof erweitern zu können. Da die Friedrichskapelle in den Krautgärten nördlich von Beu-

ren fast verfallen war, ließ er sie neu aufbauen und richtete in ihr eine Lourdes-Grotte ein, so daß sie von da an Lourdeskapelle genannt wurde. Am 11. August 1893 erteilte ihm das Ordinariat Augsburg die Erlaubnis, »die in der Kapelle bei Beuren errichtete Lourdesgrotte bzw. Madonna de Lourdes« kirchlich zu weihen. Die Madonnenstatue war 1892 von Paul Dietrich, kgl. bayerischem Eisenbahninspektor in München, und seiner Frau Franziska gestiftet worden.
Bei einer Versammlung am 6. März 1892 gründete Zwiebel, wie sein mittelbarer Nachfolger im Amt des Kaplans August Görler, geboren zu Thannhausen, berichtet, »in hiesiger Gemeinde einen Darlehenskassenverein nach System Raiffeisen, der in materieller und sittlicher Beziehung eine große Wohltat ist«. Dann wird noch hinzugefügt: In seltener Weise verbanden sich bei ihm Weitblick und Organisationsgabe. Zwiebel wurde, vermutlich in seiner Thannhauser Zeit, Kreisanwalt für alle Darlehenskassenvereine Schwabens.
Als die Gemeinde Beuren, deren Pflichtaufgabe dies war, wegen der Unbespielbarkeit der alten eine neue Orgel anschaffte, ging die Initiative sicher von Pfarrer Zwiebel aus. Denn schon am 6. Mai 1884 hatte die Kirchenverwaltung die Gemeinde um Reparatur der von Joseph Anton Dreher aus Illereichen im Jahre 1839 gebauten Orgel gebeten. Jetzt wurde am 8. April 1894 ein Orgelbau-Vertrag mit der Firma Gebrüder Hindelang in Ebenhofen bei Kaufbeuren abgeschlossen. Nach Bürgermeister Anton Kling unterzeichnete den Vertrag Pfarrer Jakob Zwiebel. Als in den Folgejahren das Benefiziatenhaus in Beuren restauriert werden sollte, wurde Pfarrer Zwiebel in einen Prozeß um die jahrhundertelang strittige Baulast verwickelt. Dieser Konflikt mit der Gemeinde bewog ihn sicher dazu, sich um eine andere Pfarrstelle umzusehen.

Nachdem der seit 1880 in Thannhausen tätige Pfarrer Franz Xaver Hafner wegen Kränklichkeit am 23. September 1895 an die Pfarrei St. Peter und Paul in Ecknach im Bezirksamt

GEISTLICHER RAT
JACOB ZWIEBEL
GEBOREN 25. JULI 1857
GESTORBEN 9. OKT. 1918

19 »Geistlicher Rat Jacob Zwiebel. Geboren 25. Juli 1857.
Gestorben 9. Okt. 1918«. Grabmal an der Westseite des Kirchturms
der Stadtpfarrkirche Mariä Himmelfahrt in Thannhausen

Aichach versetzt worden war, wurde die Thannhauser Pfarrstelle im Kreisamtsblatt ausgeschrieben. In der Pfarreibeschreibung wurde folgendes festgehalten: Die Pfarrei hat 1635 Seelen, 2 Schulen, 1 Filiale, 1 Hilfspriester, 83 Jahrtage und ein Gesamteinkommen von 2495,71 Mark. Am 4. Januar 1896 meldete die Augsburger Regierung an das Kultusministerium in München, es hätten sich 10 Bewerber für die ausgeschriebene Pfarrstelle gemeldet, und zwar: 1. Michael Stückle, Pfarrer in Mindelzell, 2. Eduard Moog, Pfarrer in Senden, 3. Jacob Zwiebel, Pfarrer in Oberhausen, 4. Karl Baur, Pfarrer in Laub, 5. Matthäus Schmucker, Pfarrer in Kaufering, 6. Johann Nepomuk Sauter, Pfarrvikar in Schongau, 7. Franz Xaver Zuckermaier, Pfarrer in Siegertshofen, 8. Albert Alberstötter, Benefiziat aus Friedberg, 9. Johann Wiedemann, Pfarrer in Mosbach und 10. Joseph Döllgast, Vikar in Weiler. Die Regierung schlug vor, die drei Dienstältesten in die engere Wahl zu nehmen. Davon schieden zwei wegen »bestimmter Vorkommnisse« aus, so daß nur Jakob Zwiebel als aussichtsreichster Bewerber übrig blieb. Zwiebel hatte sich gleichzeitig für die Pfarrei Legau beworben, stand in der dortigen Kandidatenliste aber an 11. Stelle. Am 14. Januar 1896 wurde die Thannhauser Pfarrstelle von Prinzregent Luitpold von Bayern an Zwiebel verliehen.

Am 6. Februar 1896 reiste Zwiebel nach Thannhausen. Offiziell trat er am 29. Februar die Pfarrstelle an. Und am 19. April 1896 wurde er feierlich installiert. Hans Bronnenmaier schwärmt in seinem Thannhauser Heimatbuch: »Mit Jakob Zwiebel erhielt Thannhausen einen Mann, der mit Leib und Seele Thannhauser wurde und der die Geschicke des Marktes während mehr als zwei Jahrzehnten aufs fortschrittlichste und erfolgreichste mitbestimmte.«

Da in Thannhausen vor jeder Predigt ein dem Kirchenjahr angepaßtes Predigtlied von Christoph von Schmid gesungen wurde, lag es nahe, daß der erste Blick des neuen Pfarrers auf diesen berühmten geistlichen Mitbruder gerichtet wurde. So erfahren wir als erste öffentliche Bemühung, daß Pfarrer Zwiebel im Juli 1896 anregte, ein Christoph-von-Schmid-Denkmal zu errichten; sofort wurde ein entsprechendes Komitee gegründet. Da man finanzielle und beratende Hilfe von München erwartete, reiste Zwiebel in die bayerische Hauptstadt; und er wurde von Prinzregent Luitpold zur Audienz »überaus gnädig« empfangen. Damals war in Thannhausen der Platz vor, d. h. nördlich der Kirche noch mit Gräbern belegt und gegen die Straße zu bebaut. Deshalb kaufte das Denkmal-Komitee am 6. April 1897 das an der nördlichen Friedhofsmauer gelegene Haus Nr. 143 von Postoffizial Eisele zum Abbruch. Von 1897 an plante die Gemeinde die Ausweitung des Friedhofes nach Süden und den Bau eines Leichenhauses auf dem neu zu erwerbenden Platz. Schon in diesem Jahr sparte die Gemeinde 1000 Mark für dieses Vorhaben an. Im Jahre 1904 wurde ein Teil des Sternwirtgartens gekauft, der Friedhof dorthin erweitert und das neue, heute noch stehende Leichenhaus errichtet.

Unterdessen war der Platz vor der Kirche und dem Mesnerhaus im Jahre 1900 abgeräumt und eingeebnet worden. Die stehende Figur Christoph von Schmids, mit dem aufgeschlagenen Buch in der linken Hand, war beim Erzgießer Oskar von Miller in München bestellt worden. Die Kostenrechnung für die Errichtung von Sockel und Figur belief sich auf 30000 Mark. Davon gab der Markt Thannhausen 13000 Mark. Den Rest von 17000 Mark mußte Pfarrer Zwiebel zusammenbetteln. In seinem Tagebuch notierte er nach der Einweihung: »Nach vielen Jahren mühsamer Arbeit gelang es, die Kosten hiefür zusammenzubetteln; wahrlich ein interessantes Buch könnte ich hier über Menschen-Sinn und Menschen-Dank schreiben. Das Christoph-von-Schmid-Denkmal steht; was es Mühe, Arbeit und Tränen gekostet hat, steht im Buche des Lebens geschrieben.«

Von Dienstag, dem 2., bis Donnerstag, dem 4. September 1901 wurde ein großes Fest gefeiert und am Dienstag, 3. September 1901, das Christoph-von-Schmid-Denkmal feierlich enthüllt. Am Montag wurden die Gäste feierlich empfangen. Am Mittwoch wurde ein Trauergottesdienst für Christoph von Schmid gehalten; dann traf man sich zu einem abschließenden Frühschoppen. Der eigentliche Festtag war der Dienstag. Nach dem Weckruf wurde der Augsburger Regierungspräsident Ritter von Lermann feierlich empfangen. Nach dem Festgottesdienst begann um 11 Uhr die Enthüllungsfeier. Es begrüßte Bürgermeister Albert Waltenberger; die Festrede hielt Pfarrer Jakob Zwiebel. Es folgten Gedichtvorträge und Kranzniederlegungen. Mittags war Festmahl im Hotel »Post«, abends Festabend im Gasthof zum Stern.

Ähnlich wie in Beuren gründete Zwiebel auch in Thannhausen am 17. Januar 1897 einen Raiffeisen-Verein. Gegen die Errichtung einer solchen gemeinnützigen Darlehenskasse opponierten mehrere Bürger. Das drückte sich dann darin aus, daß die Oppositionellen am 13. Februar 1910 einen »Gemeinnützigen Rabatt- und Sparverein« gründeten. Aber dem Pfarrer gelang es, die Gemeinden Thannhausen, Nettershausen und Burg für die Errichtung dieses Geldinstituts zu gewinnen. Heute ist die Raiffeisenkasse ein modern geführtes, ein hilfreiches und angesehenes Bankhaus.

Um im Sinne von Adolf Kolping für die jungen, aufstrebenden Leute zu sorgen, gründete Jakob Zwiebel in Thannhausen am 24. Oktober 1897 den Katholischen Gesellenverein. Am 5. Juni 1898 ließ der Verein feierlich seine neu beschaffte Fahne weihen. Zum Bildungsprogramm des Vereins gehörte auch das Theaterspiel; so wurde im Juli 1902 im neuen Sternsaal das Spiel »Die Heldin von Transvaal« von den jungen Leuten aufgeführt. Jahrzehntelang wirkte der Verein segensreich; erst im Dritten Reich endete diese nützliche Einrichtung.

Am 5. November 1897 erbot sich die Elektrofirma Erwin Bubeck aus München, in Thannhausen ein Elektrizitätswerk zu errichten. Das Gemeindegremium lehnte aber den Antrag ab. Als im Herbst 1902 die Obere Mühle zum Verkauf angeboten wurde, griff Pfarrer Zwiebel den Gedanken zum Bau eines Werks zur Stromerzeugung auf. Er gründete am 23. Mai 1903, zusammen mit dem Fleischwarenfabrikanten Edmund Zimmermann, der auch zum bayerischen Hoflieferanten ernannt wurde, und mit anderen interessierten Bürgern, eine Gesellschaft mit beschränkter Haftung zur Schaffung eines »Elektrowerkes«. Die Mitglieder sammelten ein Kapital von 42.000 Mark an. Der Kauf der Mühle mit 9 Tagwerk Grund kam auf 23.000 Mark. Die Firma Lahmayer in Nürnberg wurde beauftragt, das »Elektrowerk« in den alten Mühlraum einzubauen. Die Einbau-Arbeiten sowie die Errichtung von Stromleitungen schritten rasch voran. Die Marktgemeinde bestellte am 16. November 1903 von der Firma 50 Straßenlampen zu je 80 Mark. Am 25. November 1903 wurde im »Elektrowerk« Eröffnung gefeiert mit der Inbetriebnahme der Hausbeleuchtung. Am 20. Dezember 1903 erstrahlten die Straßen des Marktes mit elektrischem Licht. Thannhausen hatte als einer der ersten Orte dieser Größe der modernen Zukunft das Tor geöffnet. Sarkastisch bemerkte Pfarrer Zwiebel in seinem Tagebuch: »Es ist in Thannhausen scheinbar Sitte: erst wird über eine Neuerung geschimpft; und schließlich ist man der modernen Errungenschaft recht froh.« Am 5. September 1909 ging das »Elektrowerk« durch Kauf von der Gesellschaft auf den Markt über. Erst nach dem Zweiten Weltkrieg reichte die Kapazität des Werkes nicht mehr zur Versorgung aus; man schloß sich den Lech-Elektrizitätswerken in Augsburg an.

Vom 17. bis 24. Juli 1898 ließ Pfarrer Zwiebel von Kapuzinerpatres eine sehr gut besuchte Volksmission durchführen. Am Silvestersonntag 1899 hielt er eine denkwürdige und eindringliche Neujahrspredigt mit dem Thema »Transierunt« (Sie sind vorübergegangen). Der Prediger gab dabei einen religiösgeschichtlichen Rückblick auf das vergangene Jahrhundert. Für das kommende Jahrhundert stellte er Thannhausen unter den besonderen Schutz der Kirchenpatronin, der himmelfahrenden Muttergottes; er schloß mit dem Wunsch für die Gemeinde, den er in eine Bitte an den Herrgott einbettete: »Friede, Gnade und Heil«. Am 26. Juni 1900 besichtigte der

Augsburger Regierungspräsident Ritter von Lermann den Markt Thannhausen; die hauptsächliche Führung übernahm Pfarrer Zwiebel. Der Pfarrer konnte am 21. Juli 1905 sein Silbernes Priesterjubiläum feiern; es wurde unter Anteilnahme der ganzen Bevölkerung großartig durchgeführt.

In der Pfarrkirche wurde am 12. März 1900 eine Gedenktafel der Veteranen vom Krieg 1870/1871 enthüllt. Sie war gefertigt worden vom Thannhauser Steinmetzmeister Philipp Prestele zum Preis von 300 Mark. Im gleichen Jahr wurde der südliche hintere Seitenaltar dem neuen Zeitgeschmack angeglichen. Der alte barocke Kreuzaltar wurde abgebrochen; ein neuer Herz-Jesu-Altar trat an seine Stelle. Seine Errichtung lag in den Händen einheimischer Meister, der Altarbauer Brüder Trappendreher und des Faßmalers Xaver Abele. Am 24. Oktober 1907 wurde das neue Leichenhaus feierlich eingeweiht. An Pfingsten, 27. und 28. Mai 1912, fand hier der Diözesan-Cäcilientag statt. Eine feierliche Maiandacht am Pfingstmontag leitet die Festlichkeiten ein. Das Hochamt am Pfingstdienstag wurde verschönt mit der Raphaelsmesse von Witt.

Am 2. Februar 1906 gründete Pfarrer Jakob Zwiebel den Verein für ambulante Krankenpflege. Die Voraussetzungen dafür waren schon gegeben. Denn in den Jahren 1862–1873 war in Thannhausen das Stadler-Spital gegründet und gebaut worden. Die Betreuung hatten die Barmherzigen Schwestern aus Augsburg übernommen. Sie standen auch jetzt für den ambulanten Krankendienst zur Verfügung. Wahrscheinlich steht damit im Zusammenhang auch der Bau eines Krankenhauses. Im Jahre 1910 überlegte man sich, ob man nicht für den östlichen Teil des Bezirksamtes Krumbach ein Krankenhaus errichten könnte. Für diesen Gedanken begeisterte sich Pfarrer Zwiebel; und er setzte sich für dessen Verwirklichung ein. Schon 1911 wurde der Rohbau erstellt. Den Plan hatte Architekt Horle aus Augsburg geliefert. Am 9. Januar 1913 wurde das neue Kreiskrankenhaus eingeweiht und seiner Bestimmung übergeben. Die Betreuung hatten wieder drei Barmherzige Schwestern aus

Augsburg übernommen. Die Schwesternzahl wurde bis in die 1930er Jahre auf 6 erhöht. Erst in den letzten Jahren wurde dieses Krankenhaus in ein Altenheim umgewandelt.

Am 31. Mai 1909 wurde an seinem Geburtshaus Nr. 2 eine Gedenktafel für den nach Christoph von Schmid bedeutendsten Jugendschriftsteller des vorigen Jahrhunderts Dr. Wilhelm Bauberger (1809–1883) enthüllt. Die Anregung war von Pfarrer Zwiebel ausgegangen. Er hielt auch die Festrede, bei der er »Bauberger als Arzt, Theaterdirektor und Schriftsteller« würdigte. Zwiebel kümmerte sich auch um das von Bauberger 1862 auf dem Schloßberg erbaute und künstlerisch ausgestaltete Haus, welches nach dem Tod des Schriftstellers in mehrere Privathände übergegangen war. Er erreichte es, daß das Haus am 15. Juli 1910 vom Verein für Ferienkolonien in Augsburg erworben wurde. Diese erweiterte das Haus zu einem Ferien- und Erholungsheim für Augsburger Kinder. Nachdem dieser Verein im Jahre 1922 das Haus an den Markt verkauft hatte, wußte dieser nichts damit anzufangen, bis in den 1930er Jahren der Reichsarbeitsdienst einzog. Nach dessen Auflösung wurde das Haus 1945 von Polen und Russen verwüstet.

Inwieweit Pfarrer Jakob Zwiebel beim Bau der (Ursberger) Lourdes-Kapelle im Jahre 1904, bei dem Bemühen, die Eisenbahn nach Kirchheim und Mindelheim weiterzuführen, bei der Einrichtung einer Volksbibliothek 1910 und bei anderen Vorhaben mitgewirkt hat, konnte nicht ermittelt werden. Mit ziemlicher Sicherheit hat er den Bau der Lourdeskapelle angeregt. Gestiftet wurde die auf dem Fußweg nach Ursberg errichtete Kapelle vom Thannhauser Buchbinder-Ehepaar Josef und Kreszentia Pfalner. Im Nordwandgiebel hat sich aber Pfarrer Zwiebel mit einem Vers verewigt; da lesen wir:

> *Erhabne, hehre Himmelsbraut,*
> *lohne dem, der Dir vertraut;*
> *Erhöhe Deines Ruhmes Glanz,*
> *Zeig Deine Mutterliebe ganz;*
> *Tu Deines Sohnes Allmacht kund,*

Mach Kranke durch Dein Wort gesund;
Beschütze unser Mindeltal
Und spende Segen überall!
Zur Erinnerung an das 50jährige Jubiläum
des Glaubenssatzes von der Unbefleckten Empfängnis:
8. September 1904.

Zwiebel war an allen Dingen interessiert und beteiligt, wie seine Mitwirkung durch eine Begrüßungsansprache am Propagandaspiel der Augsburger Fußballer am 14. September 1910 beweist.

Auch staatliche Ehrungen für den verdienstvollen Pfarrer blieben nicht aus. Sie sind aufgezählt in dem Sterbebericht, den die Augsburger Regierung am 15. Oktober 1918 an das Münchner Kultusministerium sandte. Darin wird folgendes mitgeteilt: »Der katholische Pfarrer und Königliche Distriktsschulinspektor Jakob Zwiebel von Thannhausen, Kgl. Geistlicher Rat, Inhaber des Verdienstordens vom Hl. Michael IV. Klasse und des König-Ludwig-Kreuzes, ist am 9. ds. Mts. [9. Oktober 1918] auf einer Reise in Kaufbeuren gestorben.« Zwiebel wollte in Kaufbeuren einen Vortrag halten. Dort ereilte ihn nach einem Schlaganfall der Tod. Er wurde nach Thannhausen überführt und am 12. Oktober 1918 unter großer Anteilnahme beerdigt. Im Jahre 1920 wurde ihm ein Grabdenkmal errichtet. Das lebensgroße, in Stein gehauene Porträtbild grüßt heute noch von der Südwand der Kirche. Für die Thannhauser war Zwiebel lange Zeit in Erinnerung als »unser Jakob«.

UNGEDRUCKTE QUELLEN

Pfarrmatrikel von Autenried und Thannhausen, im Archiv des Bistums Augsburg. – Hauptstaatsarchiv München, MK. 28165.

LITERATUR

Josef Matzke und Josepha Hiller, Beuren an der Biber, Geschichte eines schwäbischen Dorfes. Weißenhorn 1985. – Hans Bronnenmaier, Thannhauser Heimatbuch, Augsburg 1955. – Leonhard Rugel, 25 Jahre Stadt Thannhausen 1953–1978. Thannhausen 1978. – Leonhard Rugel, Franz Xaver Stadler 1789–1865. Ein schwäbischer Stifter. In: Lebensbilder aus dem Bayerischen Schwaben, Band 14, Weißenhorn 1993, S. 269–287.

Celida Sesselmann 1883–1937
Leben und Werke der Lindauer Dichterin

Von Karl Bachmann

Geht man von der Insel Lindau über die Landtorbrücke hinaus auf das Festland und ein paar Schritte den Aeschacher Berg hinauf, so kommt man in der Laubeggengasse an ein Landhaus, die Villa Trost genannt. Sie liegt etwas unterhalb der altehrwürdigen Krölkapelle und sozusagen auf einem historischen Platz dieses Villenvororts von Lindau. In dieser idyllisch gelegenen Villa wohnte Celida Sesselmann mit ihrer Familie.
Die Dichterin hatte hier aber auch zugleich ihr Tusculum, ihr Dichter-Kabinett, nämlich das Turmzimmer der Villa. »Ich wohne im Turm. Zeitweise verlasse ich meine herkömmliche Wohnung und steige hinauf in die Turmstube. Sie hat rundbogige Fenster und ist ein viereckiger Raum, darin bin ich wie die Schwalbe, die ins Nest trug, was ihr lieb ist... Mein Alleinsein im Turm liebe ich... Da sind Sonne und Wolken nah und nachts die Sterne.«[1]
Hier haben wir nun Mensch und Dichterin Celida Sesselmann mit kurzen Worten symbolisiert. Sie gründet fest in ihrer Familie. Bei ihren Mitmenschen findet sie die Motive für ihr Dichten. Sie fühlt sich auch wohl in ihrem literarischen Kreis, auf den wir weiter unten noch zurückkommen werden. Aber zum Dichten möchte sie sich über die Alltagswelt erheben und allein mit sich und der Natur sein, die zum Fenster hereingrüßt. Hier ist sie auch mit der Unendlichkeit des Kosmos verbunden, der ihr die dichterische Inspiration gibt.

Das Leben der Dichterin Celida Sesselmann

Celida Sesselmann ist auf der Insel Lindau geboren und stets innerlich mit diesem Eiland verbunden geblieben. »Es wogt ein silberner See, darin liegt eine goldene Insel«,[2] schreibt sie über ihren Geburtsort und umgibt ihn mit einem Glorienschein des besonders Wertvollen.

Die Dichterin ist am 22. Juni 1883 in ihrem Elternhaus direkt gegenüber der alten Heidenmauer geboren. Sie war das einzige Kind des Uhrmachermeisters Gottlieb Trost und seiner Ehefrau Johanna. Während die Familie des Vaters von der Schwäbischen Alb stammt, kommt die Familie Hechelmann der Mutter aus einem sehr alten Lindauer Geschlecht. Obwohl die Familie sowohl vom Vater als auch von der Mutter her streng evangelisch eingestellt war, wurde Celida auf Geheiß ihrer Eltern nach dem Besuch der Grundschule in das katholische Englische Institut, die heutige Maria-Ward-Schule, geschickt.

Zur Vervollständigung ihrer Ausbildung kam dann Celida in ein Internat nach Montreux in der französischen Schweiz, wo ihre Liebe zu Fremdsprachen, wie Französisch und Italienisch und auch etwas Latein, gefördert wurde. Hier entstanden auch ihre ersten Jugendgedichte. Nach Lindau zurückgekehrt, heiratete sie im Jahre 1907 den Baumeister und Architekten Heinrich Sesselmann und verzog für einige Jahre nach Göppingen. Dort wurde 1911 auch die erste Tochter Herta geboren. Da zu Beginn des Ersten Weltkriegs ihr Mann als Soldat eingezogen wurde, verbrachte Celida Sesselmann mit ihrer Tochter die meiste Zeit wieder in Lindau, obwohl sie die Wohnung in Göppingen bis zum Kriegsende beibehielt. Erst dann kehrte sie endgültig mit ihrem Mann nach Lindau zurück und bezog die schon eingangs geschilderte Villa Trost in Aeschach. Über die Zeit des Krieges hat die Dichterin ein Tagebuch geschrieben, in dem erste literarische Motive zu finden sind.

Im Jahre 1920 wurde die zweite Tochter Erika geboren, und

Celida Sesselmann mußte sich nun auch intensiver der Familie widmen. Trotzdem hat sie um 1925 einen literarischen Kreis gegründet, der jeden Dienstag zwanglos in der Villa Trost in Aeschach zusammenkam. Viele kulturell interessierte Persönlichkeiten aus Lindau und Umgebung gehörten dazu. Als Teilnehmer besonders hervorzuheben sind der Dichter Wilhelm von Scholz, Gustav Weng, ein weiterer Lindauer Dichter, der Baron von Gleichen-Rußwurm, ein Urenkel Schillers, der Graf Strachwitz und Mali Lingg, die Tochter des Lindauer Dichters Hermann Lingg. Celida Sesselmann war auch in dem Lindauer Verein für Fraueninteressen tätig.

Die Dichterin unternahm jetzt auch häufig wieder Reisen. Mehrfach besuchte sie die Passionsspiele in Oberammergau, die sie besonders beeindruckten. Ab und zu kommt sie in die nahe liegende Schweiz. Als weitere Reiseziele sind noch zu erwähnen Jugoslawien und Italien. Hier konnte sie über sechs Wochen lang die Landschaft und Natur, aber auch die Kunst und Kultur genießen (1928). Besonders beeindruckt hat sie eine Audienz beim Papst. Die Früchte dieser Reise sind in dem Buch »Italienfahrt« zusammengestellt.

Am Ende der zwanziger und zu Beginn der dreißiger Jahre widmet sich Celida Sesselmann noch einmal intensiv der dichterischen Arbeit. Im zweiten Teil dieses Aufsatzes werden wir darauf zu sprechen kommen. Den Höhepunkt ihres Schaffens erreicht sie 1931 mit dem Roman »Die Frau von Gottes Gnaden« und 1933 mit den Gedichtbänden »Haltestellen« und »Grünes Allgäu in Gloria«.

Doch dann läßt ihre dichterische Schaffenskraft nach. Ein schweres Leiden hatte nach ihr gegriffen. Die letzten Lebensjahre wurden ihr zum Martyrium, von dem sie am 12. Oktober 1937 erlöst wurde. Eine Dichterin war dahingegangen, »deren Bücher zwischen den zwanziger und dreißiger Jahren kaum weniger gefragt waren wie dem Horst Wolfram Geißler sein Lieber Augustin«.[3]

Das dichterische Werk der Celida Sesselmann

Wir kennen schon die ersten Versuche der Dichterin von ihrer Lebensbeschreibung her, nämlich die ersten Gedichte aus ihrer Zeit in Montreux und das Tagebuch aus der Zeit des Ersten Weltkriegs. Kurz danach beginnt sie, ihre ersten Erzählungen zu schreiben, die sie u. a. auch Noveletten nennt. Es handelt sich dabei um eine epische Kurzform, die noch nicht den umfassenden Horizont des Romans hat. Oft handelt es sich bei Celida Sesselmann um einen historischen Kern, den sie phantasievoll und mit großem Einfühlungsvermögen ausgestaltet. Die Phasen der Erzählung werden bei der Dichterin meist schlicht aneinandergereiht, wenn nicht zeitliche Sprünge die Handlung unterbrechen. Von der Novelle unterscheidet sich die Novellette bei Celida Sesselmann dadurch, daß sie nicht einen dramatischen Aufbau aufweist, der auf einen Höhepunkt zu konzipiert ist.

Die ersten Erzählungen

Die erste Erzählung dieser Art ist uns nicht erhalten geblieben. Sie trug den Titel »Maigel« und ist uns aus einem Brief eines literarisch interessierten Pfarrers namens Dr. Josef Eisele aus Kirchheim bekannt, dem die Dichterin diese Erzählung zur Beurteilung zugeschickt hatte.[4] Es geht dabei um ein Dorfmädchen, das nach verschiedenen Irrungen seinen Frieden im Kloster findet. Dr. Eisele rühmt die Erzählung »Maigel« in seinem Brief als Kabinettstück der Erzählkunst und lobt besonders die spannende Darstellung, die edle Sprache und die lebenswarme Schilderung der Personen. Der Grund, warum diese Erzählung hier besonders angeführt wird, ist der, daß die Figur der Maigel im Kern bereits die Fürstäbtissin Anna Margaretha von Gemmingen in Sesselmanns bestem Roman »Der Frau von Gottes Gnaden« im literarischen Motiv vorwegnimmt, nämlich das Motiv der irrenden und suchenden Frau, die im Kloster Frieden findet.

Die Dichterin war in dieser ersten Hälfte der zwanziger Jahre sehr eifrig am Schreiben. 1922 erschien die erste Sammlung von Erzählungen im Trutzeiche-Verlag in Lindau, die zweite Auflage dieser Sammlung kam im Veitsburg-Verlag in Ravensburg heraus. Der Titel der Sammlung war »Altmodische Herzen«. Es handelt sich um sechs Erzählungen und vier sog. Skizzen, alle durch das Motiv des verlassenen liebenden Mädchens verbunden. Die Heldinnen liebten jeweils nur einmal und zehrten ihr ganzes Leben hindurch von dieser Illusion der Liebe.

Für den Werdegang der Dichterin ist die erste Erzählung »So herzig wie mei Liesel« interessant. Hier wird das einfache Bürgermädchen Liesel von dem Sohn aus gutem Patrizierhause Rudolph Curtabatt geliebt und schließlich mit einem unehelichen Kind sitzen gelassen. Zwar etwas verändert, aber doch ähnlich taucht dieses Motiv dann in dem Roman »Die Moorhexe« zwei Jahre später wieder auf.

Der Eindruck dieses Erstlings der Dichterin auf die Zeitgenossen war erstaunlich. Der Literaturkritiker Dr. T. Lindner der Kemptner Zeitung schreibt in »Hochvogels Bücherstube«: »Ein glücklicher Zufall spielte mir das liebliche Buch »Altmodische Herzen«, der schwäbischen Dichterin Celida Sesselmann in die Hand, und ich las und las bis zum Ende in einem Atem sozusagen. Ein klassisches Heimatbuch ist mir da begegnet, das weit hinaus Interesse und Anklang finden muß, weil es köstliche Poesie ist, geschöpft aus vergangenen Tagen.«[5]
Die Augsburger Abendzeitung schreibt im gleichen Jahr: »Die geruhsame Biedermeierzeit steigt vor uns auf, man riecht Lavendelduft und liest bei Kerzenschein. Alle die Herzensgeschichten und Skizzen erklingen aus der Resonanz des Herzens, aus dem Gemüte einer feingestimmten Frauenseele einer Dichterin, die gekämpft und gerungen hat und geläutert zum Aufstieg ihres Schaffens bereit ist.«

In diesen Jahren schreibt die Dichterin auch an der nächsten Sammlung von Erzählungen, die etwas breiter angelegt sind. Die Sammlung erschien unter dem Titel »Kinder der Sehnsucht« 1925 im Parcus Verlag in München und in zweiter Auflage im Verlag Heinrich Blömler in Leipzig. Celida Sesselmann zeigt die Tragik zweier Frauen, deren seelischer Mikrokosmos von der feindlichen Macht der Welt und der Gesellschaft erbarmungslos vernichtet wird. In der ersten Novelle vollzieht sich der Leidensprozeß in der Seele einer Krankenschwester, in der zweiten trägt das aus der besseren Gesellschaft stammende Mädchen durch seine tiefe Besinnlichkeit selbst zum Untergang bei. »In beiden Geschichten schlägt der metaphysische Sturm des Innern über die vom Körperlichen einer banalen Umwelt gezogenen Schranken hinaus, und die weh klingende Brandung dieses Aufruhrs und Seelenkampfes ist hier wie dort das wunderbare Lied, das die Dichterin Sehnsucht nennt.«[6]

Die Moorhexe, ein Roman aus dem reichsstädtischen Lindau

Dieser Roman aus dem Jahre 1925, zuerst im Parcus Verlag in München (2. Auflage 1984 im Antiqua-Verlag Lindau) erschienen, machte die Dichterin in weiten Kreisen literarischen Lebens bekannt. Die fesselnde, dramatisch bewegte Handlung führt uns zurück in das reichsstädtische Lindau der Reformationszeit. Mit unverkennbarem Sinn für Historik zeichnet die Dichterin ein lebendiges Bild des späten Mittelalters und gibt zugleich erschütternde Einblicke in die Düsterkeit dieser Zeit.
Mit lebendigen Farben wird die alte Reichsstadt Lindau geschildert, wie sie in ihren Grundfesten erschüttert wird. Die Gassen und Gäßchen, die Häuser und Türme füllen sich mit lebendigen Gestalten. Die Fischer ziehen ihre Netze ins Boot, die Schmiede hämmern an glutroten Essen. Wir begleiten die Ratsherren zu den Reichstagen nach Speyer und Augsburg; wir kehren ein in das Herrenhaus des Landedelmanns, in die Bau-

ernstube und in die Moorhütte. Die Handlung des Romans: Die Halbwaise Guta von Gerwig war mit ihrem Gespielen Egli Lau auf dem Landgut ihres Vaters erzogen worden. Da sich der Gesundheitszustand des Vaters sehr verschlechtert, wird die 17jährige Tochter dem Onkel, dem Patrizier Max von Kirchen, in Lindau zur weiteren Erziehung anvertraut. Guta darf sich nur in den engen Grenzen der Standesgesetze der Patrizier bewegen. So ist die einzige Freundschaft, die sie knüpfen kann, die zu dem wohlsituierten Patrizier Hans Varnbühler. Diese Freundschaft wird im Laufe der Zeit zu einer innigen Seelenverwandtschaft. Der Hochzeit stünde nichts im Wege, wenn nicht plötzlich der ehemalige »Milchbruder« Gutas, Egli Lau, auftauchen würde. Er war zum Rädelsführer einer mordenden und sengenden Räuberbande geworden und nach seiner Gefangennahme im Lindauer Diebsturm inhaftiert worden. Er soll hingerichtet werden. Guta erinnert sich an die schönen Jugenderlebnisse mit Egli; sie hintergeht ihren Bräutigam, indem sie ihm die Schlüssel zum Diebsturm entwendet, die ihm anvertraut waren, und Egli Lau freiläßt. Varnbühler verstößt sie nach ihrem Geständnis. Er fühlt sich in seiner Ehre so gekränkt, daß er zuerst alle ihre Versuche, sein Vertrauen wieder zu gewinnen, von sich weist. Insgeheim aber hadert er mit seiner starrsinnigen Haltung und beschließt, Guta aufzusuchen, um ihr zu verzeihen. Als er sie aber in den Armen Eglis findet, stößt er sie für immer von sich. Guta, die kurzzeitig im »Grauen Haus« in Lindau als »Hübscherin« ein Unterkommen findet, verläßt dann bald die alte Reichsstadt. Sie bringt ein Kind namens Irmelind zur Welt, das aus der Verbindung mit Egli Lau hervorgegangen ist. Die alte Frau Waldburg, die Großmutter von Egli Lau, unterstützt sie während dieser schwierigen Zeit. Dann zieht sich Guta in eine Moorhütte bei Hergensweiler zurück. Dort pflanzt sie Heilkräuter an und kommt in den zweifelhaften Ruf einer Wunderheilerin. Als aber nach einer länger dauernden Dürre ein alles vernichtendes Hagelwetter herniedergeht, hängen die abergläubischen

Bauern der Umgegend ihr einen Pakt mit dem Teufel an. Sie wird von ihnen vor das reichsstädtische Gericht in Lindau geführt. Unter fürchterlicher Folter gesteht sie den Pakt mit dem Teufel. In dem Scheinprozeß sagt auch Hans Varnbühler gegen sie aus. Sie wird zum Tode auf dem Scheiterhaufen verurteilt. In der letzten Nacht vor der Hinrichtung spricht ihr ein Pater die ersehnte göttliche Gnade zu. Am Morgen nach Katharinentag wird sie auf einer Insel im See vor Lindau auf dem Scheiterhaufen verbrannt. Varnbühler, der der Hinrichtung beiwohnt, bricht in Tränen zusammen. Den Patrizier verfolgt bis an sein Lebensende das Bild der in den Flammen umkommenden Guta von Gerwig.

Daß ein Roman, der mit den Motiven eines Paktes mit dem Teufel und einer Art Gretchenmotiv (uneheliches Kind) auch an Goethes Faust erinnert, starke dramatische Elemente enthält, beweist die Tatsache, daß er 1974 von dem Feldkircher Professor Eugen Andergassen unter dem Titel »Die Vernichtung« dramatisiert worden ist.

In der literarischen Welt erhielt der Roman gute Kritiken. Der Herder-Verlag schrieb in seinem Jahresbericht über die Erscheinungen der schönen Literatur: »Das Ganze ist auf ein starkes, inneres Erleben eingestellt, mehr gefühls- als verstandesbetont, was in Verbindung mit der kräftigen Zeichnung von Landschaft, Naturvorgängen und Menschen das Buch über das Mittelmaß der Frauenromane stellt.«[7] Und die Münchner Abendzeitung schrieb im gleichen Jahr: »Erschüttert legt man das Buch aus der Hand, dessen Inhalt alle Empfindungen in Dur und Moll ablaufen läßt, um zu einer erlösenden Harmonie des Ewigbestehenden sich zu vereinen. Vom historischen Hintergrund heben sich plastisch zwei wundervolle Gestalten ab: Sie, Gretchen und Bajardere, Maria Magdalena und Moorhexe, die den Flammentod erleidet. Er, ein Cato von Eisen, dem Ehre und Ehrbegriff über alles gehen, an dessen stahlharter Auffassung das Schicksal Gutas und sein eigenes Herz zerbrechen.«[8]

20 Celida Sesselmann (1883–1937), Foto aus den zwanziger Jahren

Das Reisebuch »Italienfahrt« und die Novelletten
»Die Fröstelnden«

In das Jahr 1928 fällt die Italienreise der Dichterin. Diese Reise wurde bereits im Abschnitt über das Leben der Dichterin besprochen. Schon bald nach der Rückkehr von ihrer Reise erschien im Verlag Kösel und Pustet in München ihr Buch Italienfahrt. Die überwältigende natürliche Schönheit Italiens, die Jahrtausende alte Kultur, sein kunstgeschichtlicher Reichtum werden hier in dichterisch gesehene Reisebilder gegossen. Dabei kommen der Dichterin ihre kultur- und kunsthistorischen Kenntnisse, ihre intuitive Einfühlungskraft, ihre außergewöhnliche Beobachtungsgabe und ihr feiner Sinn für Schönheit und Kunst besonders zugute. In lebendigen Beschreibungen entstehen die Einzelheiten der oberitalienischen Städte mit ihren Sehenswürdigkeiten und Kunstschätzen vor unseren Augen. Besonders gelungen ist die Romschilderung, plastisch tritt das Erlebnis der Papstaudienz hervor. Die Ruinenstadt Pompeji erfüllt die Dichterin phantasievoll mit Leben. Zur Bedeutung dieses Italienbuches schreibt der Regensburger Anzeiger 1928: »Darum ist dieses kleine Italienbüchlein etwas ganz Eigenes, ganz Feines und Köstliches. Jede Schilderung ist gefüllt mit Leben, Liebe, Gemüt, Anschauung, Geist. Und was endlich diesem schlichten, feinen Büchlein seine letzte, hohe und zugleich intime Bedeutsamkeit verleiht – Celida Sesselmann sucht hinter der Erscheinung das Wesen, und sie kommt ihm auch nahe.«
Wie fruchtbar im dichterischen Schaffen in diesen Jahren Celida Sesselmann war, davon zeugt ein weiterer Band Erzählungen, betitelt »Die Fröstelnden«, der ebenfalls 1928 im Verlag »Der Schriftsteller« in Hamburg erschien. Die sieben, manchmal etwas fragmentarischen Skizzen behandeln Themen wie Einsamkeit, Ignoramus, Krankheit, Masken, Mystik, Kraft und Freitod. Die Dichterin greift hier tief in den lebensphilosophischen Fundus des modernen Menschen ein und blickt auf

den Grund seelischen Erlebens. Sie fühlt sich in die Rätsel des Lebens ein und versucht, sie zu »demaskieren«. Das Reichenhaller Tagblatt schreibt 1928: »Alle diese Menschen [in den sieben Skizzen, d. Verf.] haben ein starkes Erlebnis, das sie durchdringt, sie erschauern läßt und beinahe erdrückt, so daß ihr Leben ein Bruchstück bleibt: Kraft und Tiefe der Nachempfindung sind es, die Celida Sesselmanns Dichtung besonders auszeichnen und über manche vielgelesenen Oberflächlichkeiten weit hinausheben.« Und im gleichen Jahr schreibt die Münchner Abendzeitung: »Die in der Seele Fröstelnden sind die Helden und Heldinnen, die einen leichten Unterton der vierten Dimension haben – oft trotz Gottgläubigkeit und scheinbaren Glückes. Jedes der Fragmente hat seine eigene Note. Plastisch ist die Gestaltungskraft und von eigener Prägung die Sprache Celidas Sesselmanns.« Zum Schluß noch ein Zitat aus der Lindauer Volkszeitung des gleichen Jahres: »In sieben Fragmenten offenbart Celida Sesselmann eine Reife ihres Schaffens, die den Ausfluß seelischen Erkennens des Gefühlslebens mit dichterischer Schöpferkraft widerspiegelt. Was die Verfasserin in diesen wuchtig gezeichneten und doch in Feinheit der Sprache, der ganzen Nutzung des Wortes überragenden Skizzen geschaffen hat, wäre wert, Gesamtgut des Erkennens suchender Menschen zu werden.«

Der Roman »Die Frau von Gottes Gnaden«

Wir nähern uns dem Höhepunkt im dichterischen Schaffen von Celida Sesselmann. Es ist der historische Roman »Die Frau von Gottes Gnaden«, 1931 im Parcus-Verlag in München erschienen und 1982 im Antiqua-Verlag Lindau nochmals neu aufgelegt. Es ist im doppelten Sinne ein historischer Roman: einerseits wird ein Stück historischer Vergangenheit der alten Reichsstadt Lindau wieder zum Leben erweckt; es handelt sich dabei um die erste Hälfte des 18. Jahrhunderts. Andererseits aber hat die Dichterin auch die Epoche des Rokoko und der beginnenden Aufklärung mit in das Geschehen einbezogen. Klopstock und Wieland, Lessing und Kant finden in den Gesprächen im fürstlichen Damenstift zu Lindau genauso ihren Widerhall wie die Auffindung des Nibelungenliedes auf der Burg Hohenems im Vorarlberger Rheintal durch den Lindauer Arzt Oberreit. Die Heimatgeschichte ist in diesem Roman eine geglückte Synthese mit der europäischen Geistesgeschichte um die Mitte des 18. Jahrhunderts eingegangen. Wir erleben den Kampf der alten Zeit mit der neuen Weltanschauung der Aufklärung und erahnen den nahen Untergang des beschaulichen Lebens im fürstlichen Stift, der tatsächlich 1802 eintritt.

Beschäftigen wir uns nun mit dem Inhalt des Romans. Im Mittelpunkt der Handlung steht das Schicksal der Anna Margaretha von Gemmingen, die schon mit 19 Jahren zur Äbtissin des freiweltlich adeligen Damenstifts zu Lindau gewählt wird. Schon zu Beginn ihrer Laufbahn wird sie erschüttert durch den Brand der Stiftskirche, von Teilen der Stiftsgebäude und des angrenzenden Stadtviertels. Die Szene ist ein Meisterwerk packender Schilderung: »Die Wehrmänner faßten Strick und Leiter, Kommandorufe hackten: eins, zwei, los ... die Sturmglocke gellte: rote Not, das Feuer jauchzte: Not ist Tod, Funken stoben, brennende Dachschindeln flogen ringsum und zündeten. Hilf Herrgott! Die Kirchenglocken läuteten. Kanonenschüsse brüllten die Angst ins Land. In Purpur war die Nacht getaucht.«[9] Die junge Äbtissin muß nun ihre Kräfte einsetzen, um die Stiftsgebäude wieder aufzubauen. Sie fühlt die Schwere ihres Amtes, das äußerste Selbstbeherrschung erfordert. Diese ist schwer in Einklang zu bringen mit ihrem jugendlich lebhaften, schwärmerischen Naturell. Sie faßt eine tiefe Zuneigung zu Ambros Wagner, einem Bekannten aus der Jugendzeit und jetzigen Chorherrn des Stifts. Er erwidert ihre Zuneigung nicht. Auch fällt es der jungen Äbtissin schwer, in der Öffentlichkeit würdevoll aufzutreten und für Ordnung im Stiftsbereich zu sorgen. Ihr Stoßseufzer zeigt diese Stimmung:

»Bin Fürstäbtissin, bin eingesperrt. Meine Jugend geht dahin.«[10]
Als die herrschsüchtige Gräfin Pohlheim-Winkelhausen in das Stift eintritt, entwickelt sich bald eine Aversion zwischen ihr und Anna Margaretha von Gemmingen. Die Gräfin Pohlheim bietet den Stiftsdamen ihr ganzes Vermögen an, um das Liebfrauenmünster wieder aufzubauen. Der Vorschlag wird erfreut angenommen, und die Stifterin wird zur neuen Äbtissin gewählt. Anna Margaretha von Gemmingen ist zutiefst gekränkt, verläßt das Stift und kehrt für einige Zeit zu ihrer Familie in den Kraichgau zurück. Dort gibt sie nach einiger Zeit vor, in das Kloster Meckingen einzutreten (die historische Anna Margaretha von Gemmingen verbrachte die folgende Zeit im Kloster Möggingen). In Wirklichkeit aber tritt die Romanfigur eine Stelle als Gouvernante bei dem verwitweten Freiburger Kaufmann Elisäus Woleb an. Mit ihm und seiner Tochter zieht sie nach Mailand, wo sie als Hausherrin in einem Renaissancepalast lebt und am weltlichen Leben großen Anteil nimmt. Doch als Woleb ihr einen Heiratsantrag macht, wird sie vor eine schwere innere Entscheidung gestellt. Um diese leichter fällen zu können, unternimmt sie eine strapaziöse Pilgerreise nach Rom. Sie erkrankt aber auf dem Wege schwer und wird im Kloster Santa Annunziata von den Nonnen wieder gesundgepflegt. »Todtraurig machten mich die gotteslästerlichen Zweifel«,[11] muß sie sich sagen. Doch ein Gespräch mit einem Pater macht ihr auch ihre eigene Schuld an ihrem bisherigen Schicksal klar, und sie beschließt, in Rom in ein Kloster einzutreten.
Doch in dieser Phase ihres Lebens bringt ein Brief der Äbtissin des Lindauer Stifts eine neue Wendung. Gräfin Pohlheim fühlt ihr Ende nahen und äußert den dringenden Wunsch, Anna Margaretha von Gemmingen möge ihre Nachfolgerin werden. Nach einiger Überlegung folgt diese schließlich dem Angebot und wird bei ihrer Rückkehr in Lindau begeistert empfangen. Durch ihre Lebenserfahrungen geläutert, läßt sie nun alle ihre

ehemaligen Wünsche und Träume hinter sich und tritt ihre erneute Herrschaft ganz im Sinne einer Hingabe an Gott an. In einer Stunde des Nachdenkens sagt sie: »Eine Frau von Gottes Gnaden bin ich... Demütig will ich sein. Klein sein.«[12] Ihre Grabinschrift nennt sie »einen Spiegel der Milde, der Frömmigkeit, der Demut, der Sanftmut«.[13]

Mit hineingewoben in dieses Schicksal der Äbtissin Anna Margaretha von Gemmingen ist die Geschichte der Lindauer Handwerkerfamilie Frey. Der Vater Konrad Frey hat sich mit der Alchemie beschäftigt und wahrscheinlich den Stadtbrand von 1728 verursacht, worauf er dem Wahnsinn verfällt. Seine Witwe Sabina, die sechs Kinder zu erziehen hat, heiratet einen Gesellen ihres Mannes. Als dieser aber der Trunksucht verfällt, geht es mit der Familie ganz bergab. Da nimmt sich aber Anna Margaretha von Gemmingen wenigstens der Kinder an und bewirkt, daß sie eine ordentliche Ausbildung erfahren. Einer der Söhne wird sogar Pfarrer.

So einfach die Handlung nach dieser Darstellung erscheinen mag, so ist sie doch im Roman komplizierter strukturiert. Es herrscht zwar die auktorielle Erzählhaltung vor, wenn es darum geht, das Schicksal der Anna Margaretha von Gemmingen in drei Zeitabschnitten darzustellen: der erste, etwa von 1720 bis 1743, behandelt die »Jugendjahre« der jungen Äbtissin im Stift, der zweite ihre Flucht in die Weltlichkeit im Kraichgau, in Mailand, in Rom und der dritte dann ihre erneute Herrschaft als Äbtissin im Lindauer Stift bis zu ihrem Tod. Durch diese auktorielle Erzählhaltung schafft die Dichterin einen gewissen Abstand zwischen sich und dem Stoff. Besonders interessant ist bei dieser Erzählhaltung auch noch die Einschaltung der erlebten Rede, d.h. die Erzählerin denkt sich in die Figur hinein, und läßt diese sich in einem stummen Selbstgespräch äußern. So einmal über ihr schwärmerisches Verhältnis zum Chorherrn Ambros Wagner, den sie in Gedanken liebevoll Brosl nannte: »Ihr war, als miede er ihren Blick. Einbildung ... er wird Spaß und Ernst scheiden können. Spaß? ...

maulte ihr Gewissen.«[14] Auch der Nachtwächter Hans Rüger sinnt etwas unzufrieden über sein Amt in Lindau nach: »Ein langweilig Handwerk, das seine. Nacht um Nacht lief er gaßauf, gaßab, jagte eine Katze vom Fenstersims, schleppte einen trunkenen Gesellen in die Wachtstube.«[15]
Die auktorielle Erzählhaltung ist aber häufig unterbrochen durch den Einschub von Tagebuchaufzeichnungen der Äbtissin, wobei die Erzählerin die geheimsten Gefühle ihrer Romanheldin preisgeben kann. Das führt zu Lebendigkeit und Unmittelbarkeit im Roman. So als sie nach der Zurechtweisung des Stiftsfräuleins Marie-Theres wegen eines Liebesverhältnisses über ihre eigene geheime Liebe nachdachte: »Ihr war, als sei der Mond das Antlitz Gottes und als leuchte es in ihre Seele. Fand es mehr Reinheit hier als bei der unglücklichen, liebebetörten Marie-Theres? Waren es nicht Eifersucht, Enttäuschung, Zorn, die sie mit der Armen hart sein ließen?, sie grollend ohne Barmherzigkeit verurteilten? ... Liebe oder Scham oder gekränkte Eitelkeit?«[16]
In dieser Strukturierung des Romans ist die Dichterin durchaus modern zu nennen. Denn kein geringerer als Thomas Mann, der ja zur gleichen Zeit schrieb, hat solche Strukturen z.B. in seinem Roman »Dr. Faustus« (Lebensgeschichte der spätmittelalterlichen Figur des Adrian Leverkühn, Einstreuung von Kriegsnachrichten aus dem zweiten Weltkrieg) verwendet. Noch mehr solcher Zusammenhänge mit modernen Erzählern entdecken wir, wenn wir den Sprachstil, vielleicht sogar die Sprachmischung des Romans »Die Frau von Gottes Gnaden« untersuchen.
Selbst das Deutsch der einzelnen Personen hört sich je nach dem Stand verschieden an. Die Äbtissin Anna Margaretha von Gemmingen gebraucht das Hochdeutsch perfekt, verwendet manchmal auch schwäbische Verkleinerungsformen wie bisle, Herrgöttle oder Klösterle. Die Familie Frey unterhält sich in breitem Lindauer Dialekt, so als Konrad Frey seine Frau Sabine nach ihrem Stiefbruder fragt: »Der goht hit an hoamlige Gang.

Ane b'hütes, den derf i beileib etzt net berede.«[17] Unter den Klerikern und den Stiftsfräulein spielen auch in der Unterhaltung archaische deutsche Ausdrücke eine Rolle. Sie gebrauchen z.B. Ausdrücke wie jetzund oder solchemnach.
Die Sprache des Rokoko war Französisch. Es ist deshalb kein Wunder, daß wir viele französische Ausdrücke im Roman finden: Chemise de nuit, calmez vous, sans doute. Es werden aber auch Hybridbildungen versucht, indem die Dichterin deutsche Endungen an französische Stämme anhängt: refüsieren, fatiguieren. Bei dem Aufenthalt der Anna Margaretha von Gemmingen in Italien spielt natürlich auch das Italienische im Roman eine Rolle: »Il messagiere di Lindo va e viene, quando el puo.«[18] Den Pater spricht Anna Margaretha von Gemmingen mit »Reverende Padre« an. Das Lateinische spielte in Kirchenkreisen immer eine wichtige Rolle und darf auch im Roman nicht fehlen: privatissime, Scholar, Utilität.
Untersucht man den Stil der deutschen Sprache des Romans, so werden die Bezüge zur Literatur der zwanziger und dreißiger Jahre besonders deutlich. Teilweise schafft die Dichterin auch deutsche Worte neu: »Die Stiftsfräulein ... wolkten durch die schmale Tür.«[19] Oder wenn eine Steintreppe »eisengeländert« beschrieben wird, zeigt sich dieser Gesichtspunkt genauso wie in starken Abstrahierungen, die an den Expressionismus erinnern: »Der Sommer reift blau.«[20] Auch eine starke Verlebendigung gehört in diesen Abschnitt: »Schon lange tritt die Ungeduld von einem Fuß auf den anderen... Die Ungeduld tut einen Hopser.«[21] Auch viele Metaphern und Vergleiche machen die Sprache farbig und lebendig. So wird das Feuer nicht nur mit dem üblichen Bild des roten Hahns bezeichnet, sondern auch als rote Schlange und als gefräßiger Feuerdrache.
Wenn Celida Sesselmann Sinnsprüche und auch lyrische Dichtungen in den Romantext einstreut, hat sie ganz am modernen Literaturstil Anteil. Zum Vergleich möge wieder Thomas Mann herangezogen werden, der in seinem Roman Dr. Faustus Sprüche aus der mittelalterlichen Dichtung »Frei-

danks Bescheidenheit« zitieren läßt. Zwei Sinnsprüche aus Celida Sesselmanns Roman sollen hier als Beispiel dienen:

> »*L'amitie et l'amour*
> *Se resemblement toujours*«[22]

Und der deutsche Sinnspruch:

> »*Was gilt das Buch im hölzern Spind?*
> *Bei Gott die ewgen Worte sind.*«[23]

Die eingestreuten Gedichte sind eher volksliedhaft oder gleichen Kirchenliedern. Als Beispiele für volksliedhafte Dichtungen mögen dienen:

> »*Herr Michel von der Vogelweid.*
> *Herr Sänger, heideldu,*
> *Jagd und Minn der Jugend leit,*
> *Die Schnupfdos' ist pour vous.*«[24]

Oder das bekannte Lied Ännchen von Tharau, zwar von Simon Dach gedichtet, gilt heute als Volkslied, es taucht ebenfalls im Roman leicht abgewandelt auf:

> »*Ännchen von Tharau ist, die mir gefällt;*
> *Sie ist mein Leben, mein Gut und mein Geld.*
> *Ännchen von Tharau hat wieder ihr Herz*
> *Auf mich gerichtet in Freud und in Schmerz,*
> *Ännchen von Tharau, mein Reichtum, mein Gut,*
> *Du meine Seele, mein Fleisch und mein Blut.*«

Celida Sesselmann dichtet nun die zweite Strophe im Hinblick auf das Verhältnis der Anna Margaretha von Gemmingen zu Ambros Wagner ganz neu:

> »*Recht als ein Palmenbaum über sich steigt,*
> *Je mehr ihn Regen und Hagel anficht,*
> *So wird die Lieb in uns mächtig und groß*
> *Durch Kreuz, durch Leiden, durch mancherlei Not.*
> *Ännchen von Tharau, mein Reichtum, mein Gut,*
> *Du meine Seele, mein Fleisch und mein Blut!*«[25]

Als Kirchenlieder mögen zwei Weihnachtslieder erwähnt werden:

»Sause, sause Kindelein,
Hertz-geliebtes JEsulein!
Dich hat mein Seel erkohren,
Ruh in meines Hertzens Schrein,
Bleibe stets mein JEsulein,
Weil Du bist für mich gebohren.«[26]

Das zweite Beispiel ist »In dulci jubilo«:

In dulci jubilo,
Nun singet und seyd froh
Unsers Herzens Wonne
Liegt in praesepio,
Und leuchtet als die Sonne
Matris in gremio,
Alpha es & O, Alpha es & O.«[27]

Der Roman fand bei seinem Erscheinen ein breites Echo. Die Schweizer Zeitung »Der Berner Bund« schrieb 1931: »Das Buch ist mit tiefem Ernst und außerdem voll Anmut geschrieben. Es vertieft die Menschen- und Weltkenntnis des Lesers und seinen Sinn für den Zusammenhang aller Dinge.« Im gleichen Jahr schrieb die Konstanzer Zeitung: »Es ist das siecle de la grace et de la voupte, das den Hintergrund für einen Roman abgibt, der in einem reizvollen Einzelschicksal Geist und Charakter einer Zeit einfügt, die mit dem Charme des Rokoko schon die geistige Weite und Toleranz der beginnenden Aufklärung verband.« Auch in ihrer Heimatstadt fand die Dichterin Anerkennung. Das Lindauer Tagblatt schrieb: »Das ist mal wieder feine und doch kräftige Kost. Nicht bloß geistreiches Phantasieprodukt wird serviert. Vor einem historischen Hintergrund spielt die Handlung des Romans... Die Dichterin ... verfügt über einen schier unerschöpflichen Fond feiner Satirik, macht kurze philosophische Exkursionen und streut Sentenzen in die Erzählung. Und alles in einem verblüffend schönen Stil. Die Sprache ist kristallklar und melodisch... Summa summarum: ein köstlicher Roman.«

Die Lyrikbände »Haltestellen« und »Grünes Allgäu in Gloria«

In den Folgejahren wandte sich Celida Sesselmann mehr und mehr auch der Lyrik zu. 1933 erschienen im kulturpolitischen Verlag Berlin/Leipzig zwei Bändchen mit lyrischen Dichtungen von ihr: »Haltestellen« und »Grünes Allgäu in Gloria«. Was mit dem Titel »Haltestellen« gemeint ist, zeigen die vier Gedichtzeilen:

> *»Die Jahre ziehn, die schnellen,*
> *sie kreisen ihre Erdenbahn.*
> *Die kleinen Haltestellen*
> *dem Ewigen sind aufgetan.«*[28]

Ihre Gedichte sollen also jene Augenblicke sein, die die Dichterin von der Erde weg in den überirdischen Bereich blicken lassen. Die Themen der Gedichte kreisen um den Jahresablauf von Neujahr bis Weihnachten, um ihre Heimat am Bodensee und um das Familienleben. Manchmal spielen auch soziale Themen eine Rolle, wenn sie z.B. die schlimme Lage des Kleinrentners schildert. Einige Gedichte erinnern noch an kleinere Reisen nach Norditalien (Venedig und Terlan), nach Österreich (Landeck und Bregenzer Wald) und ins Elsaß (Odilienberg). Besonders gern hielt sie sich zu kurzem Urlaub im Allgäu, nämlich in Oberstaufen und Weiler, auf. Hier besingt sie die Berge und Wiesenhänge, freut sich am »Herdenschellen« und fühlt sich wie im Mutterarm, wie es in dem Gedicht »Du grünes Land« heißt. Die Form der Gedichte erinnert eher an die Art der Romantiker. Meist bestehen die Strophen aus vier oder sechs Zeilen und sind im Paar- oder Kreuzreim abgefaßt. Das besondere lyrische, musikalische Wesen der Gedichte von Celida Sesselmann kommt auch in der Tatsache zum Ausdruck, daß mehrere Gedichte vertont worden sind, nämlich der ›Abend‹ und das ›Schlummerlied‹ von Humbert Geyer, Wien, ›Nebel‹ von Georg Ebner, München, und ›Blasse Hände‹ von Viktor Frey, Wien.

Die Collage »Insulinde«, Poetisches und Prosa aus Alt-Lindau

Celida Sesselmann blieb trotz des schweren Leidens in den letzten vier Jahren ihres Lebens nicht müßig. Sie schrieb noch eine größere Anzahl von Gedichten, Geschichten und Novelletten, die thematisch alle um ihre Heimatstadt Lindau kreisen. Sie hatte den Plan, Poetisches und Prosa aus Alt-Lindau in einem Buch zusammenzufassen. Doch der Tod nahm ihr die Feder aus der Hand. So konnte erst zu ihrem hundertsten Geburtstag 1983 aus ihrem Nachlaß diese Sammlung geordnet und herausgegeben werden.[29]

Der Titel Insulinde erinnert an den Wassergeist des Buches. Er ist zusammengesetzt aus dem Wort Insel (früher insul) und dem Namen Lindau. Von der Struktur her ist es ein modernes Werk, eine Art Collage. Gedichte und Geschichten kreisen um einzelne Themen der Lindauer Geschichte und des Lebens auf der Insel im Bodensee. Dazwischen taucht dann immer wieder der Erzähler, der Wassergeist Insulinde, aus dem See auf und reflektiert das Geschehen, um den Leser aus seinen Gefühlen und Träumen herauszureißen. Insulinde, aus der natürlich die Dichterin spricht, macht sich Gedanken über ihr Leben und das ihrer Mitmenschen, über das vorangegangene oder nachfolgende Kapitel. So kommt es in der Collage zu einer vielseitigen Schichtverschränkung. Geschickt ist auch ein Rahmen um dieses farbenprächtige Bild Lindaus gelegt: Beim ersten Auftauchen stellt Insulinde die Schutzgöttin Lindaus, nämlich die Lindavia vor. Diese befiehlt ihr: »Pflanzt grüne Linden!«[30] In übertragenem Sinn leistet dies dann auch die Dichterin mit ihrem Werk. Am Ende taucht die Insulinde wieder aus den Wellen auf und ist ein wenig stolz auf ihr Werk. »Manchmal kommt sie (die Stadt Lindau) mir vor wie aus einem Märchenbuch.«[31] Da begegnet sie wieder der Schutzpatronin Lindavia, die zufrieden ist mit dem Werk der Dichterin und »weiter segnend über die Insel schreitet«.

Der Inhalt des Buches ist sehr vielseitig. Da finden wir Gedichte und Geschichten aus der Geschichte Lindaus. So stellt Celida Sesselmann z.B. die Erlebnisse der alten Heidenmauer von den Römern und Alemannen bis auf unsere Zeit dar, sie beschreibt den Rienolt-Aufstand und die Belagerung durch die Schweden im dreißigjährigen Krieg, sie behandelt das sog. Scherenrecht der Äbtissin und die Besetzung Lindaus durch die Franzosen 1799. Die Revolution von 1848 und der Besuch der Lola Montez in Lindau werden nicht vergessen. Auch prominente Persönlichkeiten der Lindauer Geschichte spielen eine Rolle: die Ärzte Caspar Stromayr und Jakob Hermann Oberreit, der Syndikus Valentin Heyder und die Dichter Marquard von Lindau und Hermann Lingg.
Die andere große Thematik aber ist das Leben der einfachen Menschen in der Inselstadt. Da pflegen die Beghinen arme Menschen, da lehrt die ärmliche Mägdleinschulmeisterin Emerentia Seydenstickerin den Kindern das Einmaleins, da sind lebhafter Handel und Wandel auf der Lindauer Schranne und auf dem Lindauer Jahrmarkt, da vergnügen sich die Menschen in der Rädlestube beim Wein, beim Tanz auf dem Tanzschiff und auf der Eisbahn. Soziale Themen klingen wieder an in den Gedichten ›Spitaler‹, ›Kriegerfrau‹, ›Lied der Pfründner‹ und ›Wäscherin am Kleinen See‹. Auch Unglück und Elend werden geschildert beim Brand der Stiftskirche, im Gedicht ›Die Eisgänger‹, wo Kinder auf einer abgebrochenen Eisscholle in den Tod treiben, oder wenn arme Salzburger Emigranten in Lindau einziehen. So bleibt auch hier Celida Sesselmann ihrer Devise treu, die sie einmal in einer Rezension über Natalie Beers Gedichtsammlung ›Frühlicht‹ so beschrieb: »Nicht ein bedeutsamer Stoff macht den Dichter, aber Empfindung und Gestaltung, die Art, im Kleinen Unendliches zu erkennen. Geheimnis und Wirklichkeit ahnend zu erschauen.«[32]
Überblickt man das so vielseitige und vielschichtige Gesamtwerk der Dichterin, so wird man sicherlich auch zu dem Schluß des Literaturkritikers Dr. T. Lindner kommen, der am

14. Juni 1933 in der Zeitschrift »Hochvogel« schrieb: »An den Urteilen gemessen, die unparteiisch und kühl ins Werk gehende Literaturhistoriker von Ruf über ihre Werke gefällt haben, steht Celida Sesselmann in der vorderen Reihe der zeitgenössischen deutschen Dichterinnen.« Eines der letzten Gedichte von Celida Sesselmann möge diese Betrachtung über ihr Leben und Werk abschließen:

Frucht der Jahre

Ist dies die Frucht, von Zeit und Leid gereift,
Daß nimmer ungebärdig heischt der Wille.
Und sich in einer friedensvollen Stille
Der Wunsch versagt, der nach dem Höchsten greift?

Wie weise gesegnet sich das heiße Herz,
Wenn auf ersehntes Glück es mag verzichten,
Und still die Freuden anderer belichten;
Wenn wie Geschmeide Glanz ausstrahlt der Schmerz.

Dann kehrt die große Ruhe derer ein,
Die Leere und Erwartung überwunden.
Sie haben tief in sich den Schatz gefunden
Und Leid gekeltert zu ganz edlem Wein.[33]

[1] Sesselmann, Insulinde, S. 136.
[2] ebenda S. 36.
[3] Walter Götzger, in: Lindauer Zeitung vom 25. Juni 1983.
[4] Josef Eisele, Brief an Celida Sesselmann vom 20. August 1923.
[5] C. T. Lindner, Hochvogels Bücherstube, 1922.
[6] C. T. Lindner, Celida Sesselmann, die schwäbische Dichterin, in: Hochvogel vom 14. Juni 1933.
[7] Herder-Verlag, Freiburg, Jahresbericht über die Erscheinungen der schönen Literatur, 1925.
[8] Münchner Abendzeitung, aus einer Literaturseite 1925.
[9] Sesselmann, Die Frau von Gottes Gnaden, S. 12/13.
[10] ebenda S. 67.
[11] ebenda S. 161.
[12] ebenda S. 161.
[13] ebenda S. 272.
[14] ebenda S. 83.
[15] ebenda S. 11.
[16] ebenda S. 86/87.
[17] ebenda S. 10.
[18] ebenda S. 136.
[19] ebenda S. 8.
[20] ebenda S. 112.
[21] ebenda S. 203.
[22] ebenda S. 76.
[23] ebenda S. 252.
[24] ebenda S. 80.
[25] ebenda S. 232.
[26] ebenda S. 58.
[27] ebenda S. 160.
[28] Sesselmann, Haltestellen, S. 4.
[29] Celida Sesselmann, Insulinde, Poetisches und Prosa aus Alt-Lindau, herausgegeben von Dr. Karl Bachmann im Antiqua-Verlag Lindau 1983.
[30] ebenda S. 15.
[31] ebenda S. 201.
[32] Vorarlberger Zeitung 1930.
[33] Sesselmann, Insulinde, S. 200.

Christian Wallenreiter 1900–1980
Förderer schwäbischer Kultur- und Heimatpflege

Von Georg Simnacher und Albert Scharf

Heimatpflege hat in Schwaben reiche Tradition; auch als ganz besondere Bezirksaufgabe. Seit 1851 fördert der Bezirk Schwaben, der seinerzeitige Kreis Schwaben und Neuburg, die Kultur. Insbesondere gehörte in Bayern schon kurz nach Begründung der Kreise, heute Bezirke, die Förderung von Denkmälern und der Geschichtsforschung zu den Bezirksanliegen. Gerade für Schwaben wurde im 19. und 20. Jahrhundert die Heimatbewegung besonders kennzeichnend. Schon vor der Begründung der amtlichen Bezirksheimatpflege 1929 gab es bedeutende schwäbische Persönlichkeiten, die ihren Lebensinhalt mit der Heimatpflege verbanden. Warum gingen gerade von bayerisch-schwäbischen Persönlichkeiten so entscheidende Impulse für die Heimatbewegung aus? War es die sinnierende bedächtige Art der Schwaben, die einen stärkeren Zugang zum Thema Heimat erlaubte? War es das Gefühl der Minderheit als dritter Stamm in Bayern oder ein besonders ausgeprägtes Gespür dafür, daß die Heimatlichkeit im Einheitsgedanken der bayerischen Heimatbewegung nicht ausreichend geborgen ist?
Zu den verdienstvollen Persönlichkeiten um die schwäbische Heimatpflege im 20. Jahrhundert gehört auch Christian Wallenreiter. Er wurde am 25. Juli 1900 im damals noch oberbayerischen Friedberg als Apothekerssohn geboren. Nach dem Besuch des Gymnasiums St. Stephan in Augsburg, *das er mit »sehr gut« absolvierte* und einem Studium der Rechte und

Nationalökonomie an den Universitäten Marburg und München führte ihn seine juristische Laufbahn in den Dienst der bayerischen inneren Verwaltung. Seine Anstellung erfolgte zunächst im Jahre 1927 als Assessor bei der Regierung der Pfalz. 1929 war er als Regierungsrat an das Bezirksamt Krumbach – das Herz Schwabens – gekommen, wo er bis 1943, seit 1939 kriegsbedingt an das Landratsamt Neu-Ulm abgeordnet, tätig blieb. 1929 war außerdem das Jahr des Beginns seiner Zusammenarbeit mit der schwäbischen Heimatpflege, wie er in seinem Aufsatz »Heimatpflege und Öffentlichkeit« in der Festschrift »50 Jahre Heimatpflege in Schwaben« schrieb. Sie habe ihm Hilfe, Gewinn und Freude bis zur Gegenwart gebracht – und weiter: Er empfinde ein lebhaftes Gefühl der Dankbarkeit für die durch ein starkes geistiges Band gebildete Gemeinschaft. In dieser Zeit am Bezirks-, später Landratsamt Krumbach galt von Anfang an seine besondere Aufmerksamkeit der Förderung der Heimatpflege und der Erhaltung heimischen Kulturgutes. Er gehörte zu den Mitbegründern des am 23. November 1931 ins Leben gerufenen Krumbacher Heimatvereins, zu dessen Ehrenmitglied er im Jahre 1949 ernannt wurde. 1938 mußte der Heimatverein in einen ›Heimatdienst‹ überführt werden, dem mehr als der museale Auftrag zukam, nämlich Geschichtsforschung, Volksbildung und Heimatpflege. Statt eines Vorsitzenden gab es von nun an einen ›Heimatdienstführer‹, der zugleich der Heimatpfleger sein sollte. In dieses Amt wurde Christian Wallenreiter gewählt. Für das geplante Museum, das den Auftrag des Heimathauses erfüllen sollte, rief der neue Heimatpfleger die Bürger auf, die Bestände zu mehren. Auch an der Errichtung des Heimatmuseums in der Heinrich-Sinz-Straße in Krumbach wirkte er maßgeblich mit. Vorwiegend als Heimatdienstführer, aber auch als Jurist am Landratsamt, führte er die Verhandlungen mit Fräulein Berta Neuburger, die schließlich zum Erwerb eines Anwesens für das Heimatmuseum führten. Den Aufrufen und Ausführungen Wallenreiters im »Heimatspiegel« sind keinerlei nazi-

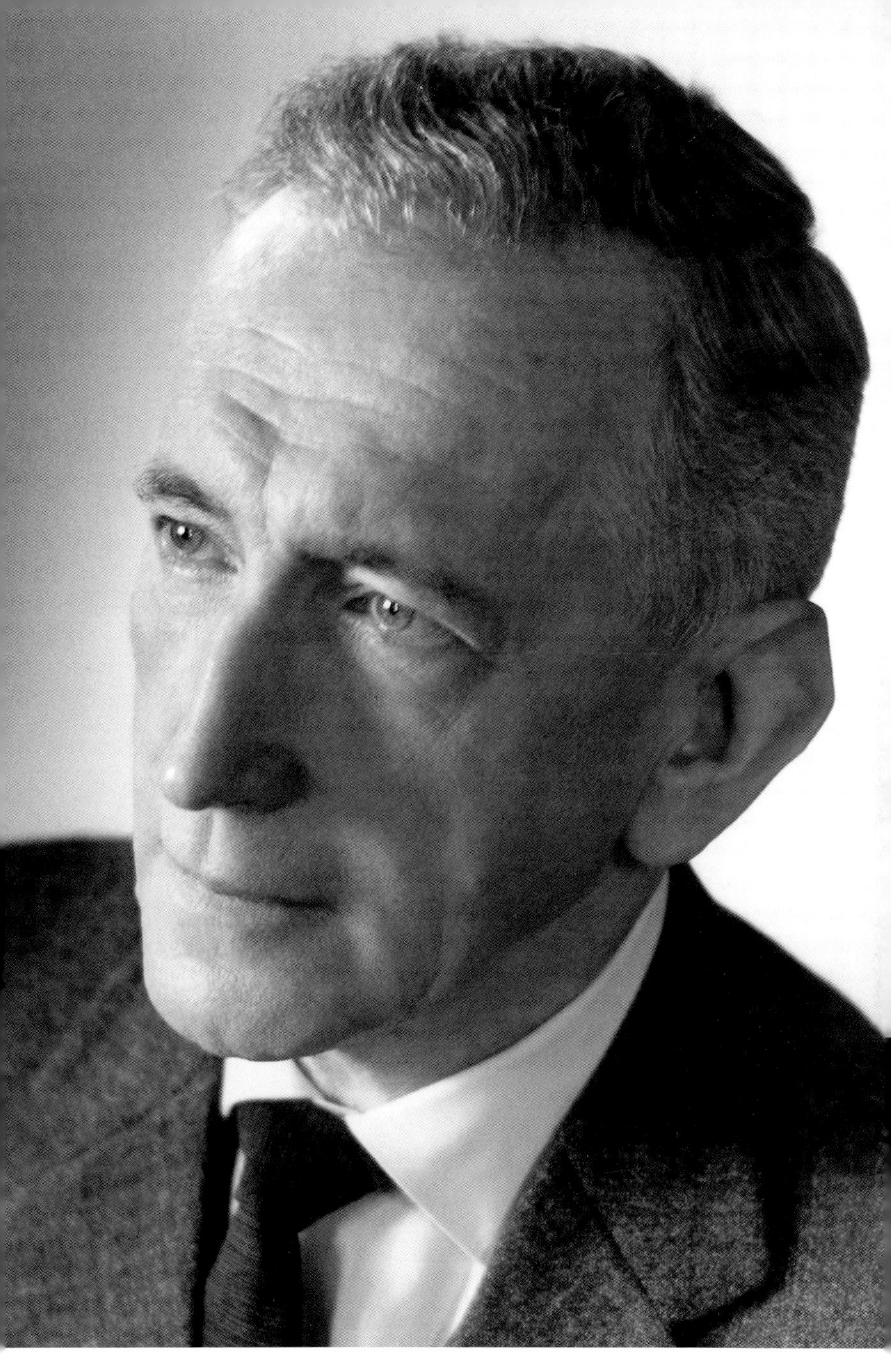

21 Christian Wallenreiter (1900 Friedberg–1980 München), Landrat von Krumbach, Oberregierungsrat in Augsburg, dann Intendant des Bayerischen Rundfunks
22 Christian Wallenreiter in Studio 1, anläßlich der Zwanzig-Jahr-Feier des Bayerischen Rundfunks im Juni 1969

stische Ideologien zu entnehmen. Am 9. November 1938 wurden die Museumsgegenstände in das inzwischen erworbene Heimathaus, einem ehemaligen Judenhaus, verbracht, wo sie in Kisten verpackt Krieg und Nachkriegszeit überstanden haben. Allein schon in dieser Tätigkeit beschreibt sich die Hauptaufgabe der damaligen Heimatpflege, nämlich die Rettung und Bewahrung des Kulturgutes vor seiner Zerstörung in den Wirren des Krieges. Wallenreiter betrieb auch die Drucklegung der von Geistlichem Rat Heinrich Sinz verfaßten Beiträge zur Geschichte der Stadt Krumbach. Trotz großer Materialschwierigkeiten, insbesondere Papiermangels, konnte im Jahre 1940 diese Lokalgeschichtsforschung erscheinen. Gleichzeitig legte er unter Mithilfe seiner Schwester ein vorläufiges Inventar der Museumsgegenstände an, ließ die Markgrafschaft Burgau graphisch für das Museum darstellen. Mit seiner Initiative, die wichtigsten Kirchen im Landkreis Krumbach fotografisch zu erfassen und zu dokumentieren, betrat Christian Wallenreiter Neuland. Mit überlegtem System sammelte er Museumsgegenstände. Zur Zeit steht das Krumbacher Museum, heute von einem Zweckverband aus Landkreis Günzburg, Stadt Krumbach und Heimatverein getragen, vor einer entscheidenden Erweiterung. Eine zukunftsweisende Frucht von Christian Wallenreiters Initiative.

Besonders erwähnenswert ist aus jener Zeit auch die Hilfe Wallenreiters für den ins Exil nach Krumbad verstoßenen Rottenburger Bischof Johannes Baptist Sproll. Wallenreiter half ihm, von dort aus seine Diözese zu leiten, eine hochbrisante Aufgabe, denn die Briefe an Sproll sollten vom politischen Apparat des NS-Staates kontrolliert werden. Deswegen mußte die gesamte Post des Bischofs nach Anweisung der geheimen Staatspolizei in das Postfach des Landratsamtes Krumbach gelegt werden. Wallenreiter ordnete an, daß die Bischofspost unmittelbar im Chefzimmer des Landratsamtes ungeöffnet abgegeben werde. Er selbst trug sie unkontrolliert zum Bischof im Exil. 1972 schrieb Christian Wallenreiter an seinen Nach-

folger im Heimatverein Krumbach: »Dankbar gedenke ich der gemeinsamen Zeit und Arbeit. Aus ihr erhielt ich die Anschauung, in der Nähe zu den Menschen und Dingen. Heute noch gründet sich mein Tun auf diese erfüllten Jahre.«
1943 wurde Wallenreiter an die Regierung von Schwaben versetzt, wo er die Zweigstelle des Wohnungs- und Siedlungsamtes, eine besonders wichtige Tätigkeit in der Kriegszeit, leitete. Gleichzeitig hatte er das Referat für Kulturpflege, Naturschutz und Fürsorge, war sozusagen der Bezirksreferent der Regierung, denn die Selbstverwaltung des Bezirks war nach und nach eingestellt worden. Im November 1945 wurde Wallenreiter aus dem Staatsdienst entlassen. Er durfte bei der Caritas sein karges Brot verdienen. Erst nach dem günstigen Spruchkammerentscheid wurde er ab 1. August 1947 wieder bei der Regierung von Schwaben angestellt. Am 1. Januar 1949 wurde er zum Oberregierungsrat befördert, am 1. Januar 1952 erfolgte seine Ernennung zum Regierungsdirektor, verbunden mit seiner Versetzung ins Kultusministerium nach München, wo er hauptsächlich für das allgemeine Kulturleben zuständig war, zuletzt war er von 1958 an bis zu seiner Wahl zum Rundfunkintendanten im Jahre 1960 Leiter der Abteilung Volks-, Mittel- und Berufsschulen sowie der Erwachsenenbildung. *Gerade weil er in Krumbach als nichtnationalsozialistisch galt, schlug ihn der amtierende Krumbacher Bürgermeister Bader im Juli 1945 der Militärregierung als neuen demokratischen Landrat vor, die aber den anschließend berühmt werdenden Fridolin Rothermel bevorzugte.*
In den Nachkriegsjahren, in denen die Bezirkstätigkeit bis zum Erlaß der neuen Bezirksordnung im Jahre 1954 im Grunde vom Staat erfüllt wurde, war es ein außerordentlicher Glücksfall, daß Oberregierungsrat Christian Wallenreiter angesichts der aufgehobenen Selbstverwaltung des schwäbischen Bezirks der für die Heimatpflege in Schwaben aufgeschlossene und sich durch vielfältige Initiativen auszeichnende zuständige Regierungsbeamte für unsere schwäbische Heimatpflege war.

Zwar gab es noch den weiter amtierenden, in Kempten tätigen Heimatpfleger Dr. Dr. Alfred Weitnauer, der unter Wallenreiters Aufsicht außerordentlich selbständig seine Arbeit durchführen durfte, eine Weisheit Wallenreiters, die Schwaben zum enormen Vorteil gereichte. Eine Vielzahl von Initiativen zeichneten Christian Wallenreiter aus. Er wirkte mit bei der Gründung der Schwäbischen Forschungsgemeinschaft, die heute noch renommiert für die schwäbische Geschichtsforschung Außerordentliches leistet: ein Kind mit Erfolg und Wirkung. Außerdem gab er zusammen mit anderen die Zeitschrift »Schwäbische Blätter für Volksbildung und Heimatpflege« heraus. Bereits im März 1951 veröffentlichte er als Sonderheft dieser Blätter die »Öffentliche Ordnung der Heimatpflege«, eine heute noch beachtliche Zusammenstellung des umfangreichen, aus ganzheitlicher Sicht dargelegten Aufgabengebietes echter Heimatpflege, die nach seiner Auffassung das Kernstück der öffentlichen Verwaltung ist. Von ihrem Geiste müsse die ganze Verwaltung erfüllt sein. Nicht die dem Augenblick verhaftete Verwaltung sei wirklichkeitsnah; auf der Höhe der Zeit stehe sie nur dort, wo sie die heimatlichen Zusammenhänge in Raum und Zeit übernehme. Ohne Heimatpflege, ohne Kenntnis und Beachtung der Naturgesetze des Volkslebens bleibe die Verwaltung seelenloses Stückwerk, der mit Recht gescholtene starre, bürokratische Apparat. Diese Auffassung könnte auch heute noch Programmsatz für den geforderten schlanken Staat sein. Alle wichtigen Verwaltungsaufgaben wie Raumordnung, Baurecht, Denkmal- und Naturschutz, Pflege der Kulturdenkmäler, der Heimatgeschichte, der Volkskunde, des Volkstums und der Volksbildung werden rechtlich praktikabel und mit einem frühen Weitblick untersucht. Diese Publikation des engagierten Verwaltungsmannes [eine phänomenale Früharbeit auf den Trümmern des Krieges] bedürfte heute der Fortschreibung. Ihr praktischer Nutzen ist heute noch in Schwaben spürbar.

Besonders hervorgehoben wird eine Dienstreise Wallenreiters

in den Kanton Bern im Dezember 1951, wo er über die schwäbische Heimatpflege referierte. Wallenreiter gehörte seit 1949 dem Beirat des Bayerischen Landesvereines für Heimatpflege an. Das Thema Denkmalschutz war ihm besonders wertvoll. Übrigens schrieb er noch 1980 in dem von Gebessler/Eberl herausgegebenen Band »Schutz und Pflege von Baudenkmälern in der Bundesrepublik Deutschland« wichtige Beiträge über den Sinn der Baudenkmalpflege und die Mitwirkungsbereitschaft der Öffentlichkeit.

Bei den Landratsämtern regte er die Bestellung von Kreisheimatpflegern gegen angemessene Aufwandsentschädigung an.

»*Ein Heimatpfleger muß vor allem Zivilcourage haben*«, so schrieb der damalige Bezirksheimatpfleger Dr. Alfred Weitnauer. Christian Wallenreiter hatte diese Zivilcourage in hohem Maße. Was waren die Schwerpunkte der Kriegs- und Nachkriegsheimatpflege? Sie lassen sich dem Rechenschaftsbericht des Heimatpflegers Dr. Weitnauer entnehmen, den dieser 1947 erstellt hat:

> »Der Heimatpfleger ist aber nicht nur Schützer und Bewahrer der heimatlichen Boden-, Bau-, Kultur- und Kunstdenkmale, der heimatlichen Urkunden, der Sprache, Lieder, Sitten und Bräuche, ihn geht alles an, was zusammenhängt mit Schutz, Erforschung und Pflege der heimatlichen Kultur.
>
> Heimatpfleger ist kein kultureller Luxus; sie ist eine Lebensnotwendigkeit, ein Gebot kultureller, seelischer und geistiger Selbsterhaltung.«

Es ist ein Verdienst der Weitsicht und Klugheit Wallenreiters, den Bezirksheimatpfleger Dr. Weitnauer nur am sehr langen Zügel geführt zu haben, während er selbst stets ratend wie aktiv das Wachsen wie Schwinden des Heimatgedankens begleitete und mit viel Energie gegensteuerte, um den drohenden Verlust der Heimat in Grenzen zu halten.

Er selbst nahm sich auch als späterer erfolgreicher Intendant des Bayerischen Rundfunks der Heimatpflege durch Öffentlichkeitsarbeit an. In seinem Aufsatz in der Broschüre »50 Jahre Heimatpflege in Schwaben 1929–1979« schrieb er:

»Heimatpflege gelingt nur, wenn der Bürger weiß, daß das, was im Namen der Heimat angeboten und gefordert wird, die für sein Leben notwendigen Elemente enthält. Die Frage nach der funktionalen, der sozialen Bedeutung, dem wirtschaftlichen Nutzen muß ebenso gestellt und beantwortet werden, wie die nach den nicht meßbaren Werten.
Öffentliche Aufmerksamkeit findet, wer nicht nur am Ergebnis, sondern auch an dem Prozeß, auf dem dieses beruht, teilnehmen läßt.
Klagen über Verluste der Heimat bewegen nur wenige, denn Vergangenes ist bald vergessen.
Heimatpflege muß die Gesamtschau über die vielfältigen Probleme bieten, wenn die große Zahl der Bürger den Zugang gewinnen soll.«

Christian Wallenreiter starb am 18. August 1980. Schwabens Reichtum ist seine kulturelle Vielfalt. Wenn das Schwabentum gestärkt werden soll, ist diese Pluralität zu beachten. Das reiche Kulturleben ist in diesem Bezirk durch Dezentralisierung und nicht durch Zentralismus und Gleichmacherei entstanden. Heimat und Heimatpflege kommt aus dem ländlichen, christlich geprägten Raum, aus dem Wallenreiter in seiner weltanschaulichen Einstellung herkam. Auch heutige Heimat- und Kulturpflege darf die rechte Mitte zwischen Tradition und gegenwartsbezogenen Kulturformen nicht verlieren. Wallenreiter hat dies nicht anders gesehen.
Im Vordergrund steht nach seiner Auffassung die eigene Aktivität der einzelnen Bürger und das ehrenamtliche Engagement, besonders in Vereinen. Nur wo es notwendig ist, sollen Staat und Kommunen im kulturellen Bereich nach dem Prinzip der Subsidiarität (Nachrangigkeit) Aufgaben übernehmen. Wenn heute der Verlust der Nachbarschaft, der Heimat, das Abreißen der Denkmäler, das Planieren, der Untergang der Dorfwirtshäuser und der Läden genauso bedauert wird wie der seelenlose Bau- und Konzentrationsboom, dann sollten wir diese Sorgen heimatnah durch kulturelles Engagement beantworten. Damit bauen wir Vertrauen im Staate auf. Gibt es keine Identifikation mit der schwäbischen Ebene, dann haben wir immer weniger Bürger und immer mehr bloße Bewohner in unserem Staat. Im Sinne dieser Identifikation sollten wir alles fördern,

was den Bürgergeist stärkt, vor allem, wo er sich ehrenamtlich vollziehen kann. Dieser moderne Zukunftsauftrag ist auch das Erbe Christian Wallenreiters.

Die Heimatpflege, für die der Bezirk Schwaben in diesem Jahrhundert schon mehrfach Pionierleistungen für Bayern und Deutschland erbracht hat, bedarf heute einer geistigen Erneuerung, gewissermaßen einer Verjüngung und einer neuen Inhaltsbestimmung. Vergleichbar mit dem Auftreten der Volkskundepioniere Riehl und unseres schwäbischen Landsmanns Christian Frank und, in der Nachkriegszeit, mit dem Wirken Christian Wallenreiters müßten von Schwaben aus wieder neue Impulse für die bewußte Heimatpflege im Jahre 2000 ausgehen. Schwaben hat eine verpflichtende Tradition. Der Funke muß auf die junge Generation überspringen. Gerade sie ist auf der Suche nach neuen Werten, die es heimatlich zu definieren gilt. Wenn dies möglich wird, dann verdanken wir es auch der Weitsicht von Männern wie Christian Wallenreiter, die in trostloser Zeit und trotz der nationalsozialistischen Verführung des Begriffs Heimat im Dritten Reich am unverfälschten Heimatbegriff festhielten und einen Bruch in der Heimatpflege vermieden. Die Heimatpflege umfaßt auch die kleinen »Heimaten«. Der Bezirk Schwaben erkennt den Wert der kulturellen Dezentralisierung durchaus als wichtig an. In deren Addition liegt aber zugleich auch schwäbische Stärke.

Christian Wallenreiter war ein Mann von Welt und von Heimat: deswegen ein wahrer Schwabe und Europäer zugleich.

QUELLEN UND LITERATUR

Akten des Kreisarchives des Landkreises Günzburg in Ichenhausen. – Unterlagen und Akten des Heimatvereins für den Landkreis Krumbach. – Privatnotizen von Dr. Dr. Viktor Sprandel. – Privatarchiv von Georg Hofmeister, Krumbach. – Personalakt Christian Wallenreiter bei der Regierung von Schwaben und dem Bayer. Staatsministerium für Unterricht und Kultus, Wissenschaft und Kunst. – Christian Wallenreiter, Heimatpflege und Öffentlichkeit, in: 50 Jahre Heimatpflege in Schwaben, Augsburg 1979. – Zwanzig Jahre Schwäbische Forschungsgemeinschaft, in: Schwäbische Blätter, 21/1970. – Bosls Bayerische Biographie, Ergänzungsband Regensburg 1988, Stichwort Wallenreiter. – Schwäbische Heimatpflege – Ein Rechenschaftsbericht über den gegenwärtigen Stand der Heimatpflege von Dr. Dr. Alfred Weitnauer, Kempten 1947. – Hofmeister Gottfried, Heimatverein, Heimatpflege und Heimatmuseum in Krumbach, in: Krumbacher Blätter 7 (1989). – Wallenreiter Christian, Die öffentliche Ordnung der Heimatpflege, in: Wegweiser zur Heimatpflege, Augsburg 1950. – Wallenreiter Christian, Mit den Zeugnissen der Geschichte geht Freiheit verloren. Anmerkungen zum Denkmalschutz, SZ am Wochenende vom 23./24. 8. 1975. – Protokollbuch des Heimatvereines e.V. für den Bezirk Krumbach 1932 bis 1952. – Brennspiegel Rundfunk, Festschrift für Christian Wallenreiter, hrsg. von Albert Scharf, München 1980.

Christian Wallenreiter 1900–1980
Der Intendant des Bayerischen Rundfunks

Der 15. Juli 1960 war ein bedeutsamer, ein spannender, ein aufregender Tag für den Bayerischen Rundfunk. Die Wahl eines neuen Intendanten stand an, des dritten in der Nachkriegsgeschichte nach Rudolf von Scholtz und Franz Stadelmayer. Drei Kandidaten stellten sich dem Rundfunkrat: ein leibhaftiger Staatssekretär, Heinrich Junker, sodann Walter von Cube, der schon 12 Jahre als Chefredakteur und Programmdirektor dem Haus Gepräge und Rang verliehen hatte. Der dritte Kandidat, vornehmlich von den Vertretern der gesellschaftlichen Gruppen und Institutionen ins Feld geführt, hieß Christian Wallenreiter.

Gegenüber dem Wunschkandidaten der CSU einerseits und dem gewichtigen Cube andererseits galt Wallenreiter als der schiere Außenseiter: parteilos und in den Gefilden der Politik wie der Publizistik ein unbeschriebenes Blatt, der breiten Öffentlichkeit unbekannt. Doch das weithin Unerwartete geschah: Wallenreiter gewann! In einer Stichwahl gegen Heinrich Junker erhielt er schließlich 23 von 43 Stimmen und war damit Intendant des Bayerischen Rundfunks, 10 Tage vor seinem 60. Geburtstag. Vier Jahre später wurde er mit 35 von 40 Stimmen wiedergewählt und schließlich – 1968 – mit ähnlich breiter Zustimmung ein drittes Mal für vier Jahre in dieses Amt berufen.

Zunächst aber war die Verblüffung groß. Zumal die geschlossene Gesellschaft des Rundfunks runzelte die Stirn, rümpfte die Nase: Wer war Wallenreiter? Ein Beamter in einer mehr als dreißigjährigen, eher unauffälligen Karriere in der inneren Verwaltung, durchaus nicht spektakulär auf dem üblichen Weg über Kreisverwaltungsbehörden und Bezirksregierung allmählich zum Ministerialdirigenten und Leiter der Schulabteilung des Bayerischen Staatsministeriums für Unterricht und Kultus aufgestiegen und dem Alter nach sich dem Ende einer zwar respektablen, aber ziemlich durchschnittlich erscheinenden beruflichen Laufbahn nähernd. Und nun war er plötzlich Chef eines Funkhauses, verantwortlich für eines der großen Rundfunkunternehmen in Deutschland und Europa.

Gewiß, bei näherer Betrachtung seines beruflichen Wirkens entdeckte man Felder einer immerhin kulturbezogenen Erfahrung und Bewährung: Heimatpflege, Denkmalpflege, Naturschutz, Museen, bildende Kunst, Erwachsenenbildung waren als Bereich seines Wirkens auszumachen; am Wiederaufbau der Museen in Bayern war er offenbar maßgeblich ebenso beteiligt wie an der Errichtung der Fachschulen und Volkshochschulen. Alte Pinakothek, Deutsches Museum, Germanisches Nationalmuseum, Coburg tauchten als Beispiele seines Wirkens auf. Ein in allen Künsten ministerialer Verwaltung und Kameralistik wohl erfahrener, aber offenbar auch ein musischer Mensch, ein in Augsburg in benediktinischer Tradition erzogener Humanist, Mitglied des Werkbundes, dem klassischen Prinzip der Kalokagateia, dem Inbegriff des Guten und Schönen ideal zugeneigt, korrekt und untadelig, diskret, integer. Die Neugierde wuchs.

Wie würde sich dieser anscheinend gut ausgewiesene Ministerialbeamte in der farbigen, ungebärdigen Welt der Rundfunkleute fühlen und bewegen, an einer wichtigen Nahtstelle zwischen Politik und Kultur, auf dem Feld der Publizistik, voll von Minen, Fallen und Stolpersteinen, im Geflecht von Macht, Mächtigkeiten und Interessen, das man Rundfunkpolitik nennt?

Skeptische Recherche förderte zutage, daß dieser schlanke, aufrechte, noble Schwabe mit dem Gestus eines englischen Gentleman, Muster des ebenso gebildeten wie pragmatischen Juristen, »über musische und geistige Fähigkeiten hinaus auch über Energie, Härte und politischen Instinkt verfüge und sich auf die Kunst des Ausgleichs verstehe« (Rheinischer Merkur, 22. 7. 1960).

Dennoch: die Skepsis blieb. Zu ungewöhnlich schien der Mann. Und er war es auch. Gerade deswegen wurde er in zwölfjähriger Amtszeit einer der großen Intendanten des deutschen Rundfunks. Manche, die ihn und die anderen kannten, sind überzeugt, daß er die größte Figur des Rundfunks in Deutschland in dieser Zeit war. Ich bekenne freimütig, daß ich diese Einschätzung teile, in respektvoller und dankbarer Erinnerung an lange Jahre enger täglicher Zusammenarbeit.

Christian Wallenreiter hat wie wenige Auftrag und Ziel des öffentlich-rechtlich verfaßten Rundfunks spontan erkannt, geformt, bestimmt und verteidigt. Ein freier Rundfunk in einer freien Gesellschaft muß es sein, so lautete eine von ihm oft verwendete Definition, ein Rundfunk, der einen uneigennützigen Dienst an der Gesellschaft leistet, an der Gesellschaft in all ihrer vielschichtigen Pluralität der Interessen, Meinungen und Bedürfnisse. Medium und Faktor der öffentlichen Meinungsbildung und der Kultur, Instrument gesellschaftlicher Integration, Anreger und Former einer aus Vielfalt geborenen kulturellen Einheit – diese Leitlinien bestimmten die Vorstellung Wallenreiters von der Funktion des ihm anvertrauten Rundfunks. Aufgabe des Mediums war für ihn, Gesellschaft zu bilden, Orientierung anzubieten, zu Verständigung und gegenseitigem Verständnis beizutragen. Nicht von ungefähr taucht in all seinen Reden und Äußerungen immer wieder das Wort »Gespräch« auf.

Er vertraute auf die Kraft des Gesprächs, des Dialogs, zur Auflösung polarer Gegensätze und Spaltungen. In einem Beitrag für die »Stimmen der Zeit« schrieb er 1973: »Die Zukunft wird von der Kraft bestimmt, durch die Kunst des Gesprächs Gesellschaft zu bilden. Gute Gesellschaft gewinnt, wer den anderen nicht zwingt, sich zu rechtfertigen, sondern ermutigt, sich eine eigene Meinung zu bilden und ein begründetes Wort zu sagen.«

Wer Wallenreiter kannte und damit vertraut war, daß er oft sehr Grundsätzliches in kurze, scheinbar einfache Sätze und

Bilder zu fassen pflegte, wird allein in diesen Sätzen die Vision finden, die Wallenreiters Arbeit für den Rundfunk zugrunde lag: Gesellschaft, gute Gesellschaft, bildet sich durch unbefangenen, offenen Dialog – im Großen wie im Kleinen. Dazu soll der Rundfunk beitragen, ermutigen, befähigen. Dies setzt Kenntnis voraus, die sich durch Information gewinnen läßt, durch Information im weitesten Sinn, die einschließt, was er »elementare Information« nannte und im Konzept eines »Studienprogramms« in die Tat umsetzen ließ, eines Programms, das sich nicht, wie gemeinhin mißverstanden wurde, in Schul- und Ausbildungsprogrammen erschöpfte, sondern eine musische Integration von Basiswissen, qualifiziertem Meinungsangebot und gehaltvoller Zerstreuung anstrebte.

Wallenreiter nannte es »einen methodisch gegliederten Organismus von Kursen, Informations- und Dokumentationsreihen, wissenschaftlichen, politischen, kulturellen, musischen Studienfeldern und Repetitorien«. In solchen Programmen sah er jenen Beitrag zur »Vergeistigung der Welt«, den er dem Rundfunk abforderte.

Wallenreiters Ziele und Visionen waren ganzheitlich angelegt, auch wenn sich dies gelegentlich in metaphernhafter Abstraktion einem vordergründigen Verständnis zunächst nicht enthüllte. Wallenreiters eigene Worte, gesprochen anläßlich der Verleihung des Adolf-Grimme-Preises am 27. 2. 1967, mögen Zeugnis geben für sein Grundverständnis von der Aufgabe und Rolle des Rundfunks:

An den Rundfunk, den großen Zivilisator, ist die Frage zu stellen, wie er der Verantwortung gerecht werden will, gerade an ihn, der so sehr die Stille vertreibt, ohne die sich keine Form geistigen Lebens, keine sinnvolle Freizeit denken läßt. Diese Frage kann der Rundfunk nur dann bejahen, wenn er den oft beklagten Erscheinungen entgegenwirkt: der Verwirrung durch die Überfülle der Eindrücke, die das Wissen oberflächlich ausweitet, aber den geistigen Grundbesitz verarmen läßt.

Der Rundfunk, der durch sein Angebot zum flachen und ungenauen Denken verführen kann, hat wie kein anderer die Macht, dem entgegenzuwirken, Vorurteile zu beseitigen, zum eigenen Urteil aufzufordern, das stumpfe Auge zu schärfen, sehen zu lehren, zum Verweilen einzuladen. Er kann den Menschen zwingen, ein Bild minutenlang anzusehen, kurz die Faszination zur Konzentration werden zu lassen, die Passivität zur Aktivität. Er kann den Hörer und Zuschauer zum Gesprächspartner machen, indem er selbst die Kunst des Gesprächs, der Frage übt.

Unerläßliche Voraussetzung für diesen Dienst des Rundfunks als Träger des gesellschaftsstiftenden Dialogs, als Forum und Rahmen der öffentlichen Meinungs- und Standortfindung, waren für Wallenreiter Prinzipien wie Sachkunde, Redlichkeit, Sorgfalt, Genauigkeit, Unbefangenheit und Wahrhaftigkeit. Daraus spätestens wird deutlich, daß seine Vision sich nicht im Visionären, in einem von Unkundigen und Unbedarften gelegentlich belächelten und spöttisch apostrophierten volksbildnerischen Impetus erschöpfte, sondern in eine sehr bodennahe, praxisbezogene Konsequenz für die publizistische Alltagsarbeit mündete. Die Realitäten dieser Welt und des politischen wie journalistischen Alltags waren ihm durchaus vertraut. Er nahm sie an, wie sie kamen und machte sie sich und seinen Zielen und Absichten zur rechten Zeit auch zunutze.

Er kannte die Welt, die Menschen und ihre Verhaltens- und Verfahrensweisen aus vielfältiger, gewiß oft auch ärgerlicher oder gar leidvoller Erfahrung und schlug sie nicht selten mit ihren eigenen Mitteln, wenn es die Sache erforderte. Hartnäckig und beweglich konnte er sein, hartnäckig in der Sache, beweglich auf dem Weg zum Ziel. Mit einem fast untrüglichen Gespür für die Entwicklung der Dinge war er ein Meister von Strategie und Taktik, wenn es ihm darum ging, eine nach sorgfältiger, oft auf langen Spaziergängen gepflegter Überlegung gewonnene Überzeugung in die Tat umzusetzen und zum Erfolg zu führen. Seine Diktion wechselte nach Anlaß und Absicht – zumeist knapp und magistral auf den entscheidenden Punkt konzentriert; er hat in seinem ganzen Leben kaum einen Brief selbst geschrieben, der länger als eine Seite war, meist genügten ihm wenige Zeilen. Was man in solchen Äußerungen vermißte, war zumeist auch unerheblich und daher überflüssig. Zuweilen sprach und schrieb er aber auch seltsam unbestimmt und verschlüsselt, in scheinbar Unzusammenhängendes ausweichend, wenn er – der auch dann immer genau wußte, was er wollte – von direkter Klarheit keinen Gewinn erhoffte.

Ernst Müller-Meiningen jr., wortgewaltiger Opponent und – wie es gerade kam – Mitstreiter im Rundfunkrat, meinte einmal anerkennend, Wallenreiter, »der aus der Ministeriallaufbahn kommende Kulturpolitiker, ein Mann des pädagogischen Eros, verstand im Umgang mit den Gremien vorzüglich zu taktieren, notfalls auch mit erstaunlicher Eloquenz klar ins Auge gefaßte Ziele listig zu vernebeln ...«.

Es gab aber auch den Wallenreiter, der Grundsätzliches mit präziser Sprachgewalt vorzutragen wußte, gelegentlich nicht frei von einem, ganz seiner Persönlichkeit und Erscheinung entsprechenden altväterlichen, »gotischen« Pathos, das man ihm indes respektvoll und beeindruckt abnahm, weil es aus der Seele gesprochen war. Darin unterschied er sich zum Beispiel von Konrad Adenauer, dem er sonst gelegentlich im wohlüberlegt kargen Gebrauch der Sprache als Mittel kluger Taktik und unnachgiebiger Beschränkung auf das Wesentliche auffallend ähnelte. Wie Adenauer wußte Wallenreiter zu unterscheiden. Er war über die Zeit hinaus, in der man alles gleich wichtig nimmt. Er war sich und seines Urteils sicher, zu wissen, worauf es ankam und wofür es sich lohnte, mit aller Kraft einzutreten.

In einer Würdigung zum 80. Geburtstag war zu lesen (Funk-Korrespondenz Nr. 30 vom 23. 7. 1980), Wallenreiters Denkens- und Handlungsmethodik sei womöglich durch Max Weber und Gustav Radbruch geprägt, die er als Student noch erlebt hatte: Max Webers auf Idealtypen reduzierte Denkmodelle hätten ihn dazu geführt, »sich beim Handeln stets das Prinzip bewußt zu halten«, und Gustav Radbruch hätte ihn gelehrt, zuerst zu entscheiden, was sein soll und erst dann den Weg zu dem erkannten Ziel zu erkunden.

Sicher ist, daß Wallenreiter alles Handeln darauf ausrichtete, den Rundfunk in seiner kulturellen, gesellschaftlichen Verantwortung zu halten. Bezeichnenderweise kam er des öfteren in seinen Reden auf ein Wort des schwäbischen Landsmanns Joseph Bernhart zurück, der die weitreichende, nachdenkliche, besorgte Frage formulierte:

> »Ahnen wir, wieviel Kultur es braucht, um die Dinge der Zivilisation ohne Schaden für den Menschen zu gebrauchen, daß man Herr seiner Seele bleibe, in der Sintflut von Bild und Wort?«

Wallenreiter hatte diese Ahnung und Sorge und versuchte, ihr zu entsprechen. Tagtäglich, wenn er – wie er einmal sagte – mit stets neuer »distanzierter Neugier« das Funkhaus betrat, handelte er danach bis in die oft vergleichsweise kleinen Entscheidungen des Alltags eines Intendanten hinein. Er maß das Kleine am Großen und richtete das Alltägliche an einer Zukunft aus, die er mit ziemlicher Klarheit voraussah. 1973 wies er auf eine neue Phase der Entwicklung des Hörfunks und Fernsehens hin, wie sie sich mittlerweile technisch mittels Kabel und Satelliten eingestellt hat, und er fügte hinzu: »Es kann sein, daß die Gesellschaft, wenn sie nicht wachsam ist, diesen Fortschritt der Technik mit einem allzu hohen Preis bezahlen muß.« Es würde Wallenreiter nicht freuen, heute erleben zu müssen, daß er auch darin recht hatte.

Vom ersten Tag an war Wallenreiters Bestreben, den ihm anvertrauten Bayerischen Rundfunk einzurichten auf diese Zukunft und auszurichten an der Funktion eines der ganzen

Gesellschaft verpflichteten freien Rundfunks in einer freien Gesellschaft. Dem dienten die neuen Programme, die in seiner Zeit entwickelt wurden, ebenso wie, als Voraussetzung, eine solide und moderne Ordnung der Finanzen, die noch heute beispielhaft ist für ein so komplexes Medienunternehmen in öffentlicher Verantwortung.

Mit erstaunlicher unternehmerischer Perspektive verband dieser Intendant jene haushälterische Strenge und Bescheidenheit, die man den Schwaben als Stammestugend rühmend nachsagt. Wir haben auch dies von Christian Wallenreiter gelernt und auch dieses Vermächtnis nach besten Kräften bewahrt.

Christian Wallenreiter hat den Bayerischen Rundfunk nicht nur verläßlich verwaltet und überzeugend repräsentiert, sondern entscheidende Impulse gegeben, Innovationen ausgelöst und durchgesetzt, die ihn immer wieder zum Vorreiter der Rundfunkentwicklung machten. Studienprogramm, Schulfernsehen und Telekolleg, die frühe Entwicklung beispielhafter Kinderprogramme, die verstärkte Berichterstattung aus dem ganzen Land und eine landesgemäße Regionalisierung der Programme gehören ebenso dazu wie die deutsche Novität eines populären Service-Programms, das sich als »B3« trotz mancher Nachahmung und kommerzieller Konkurrenz nach wie vor behauptet.

Ob es um die Berufung von Dirigenten oder Journalisten ging, stets nahm er Maß an einem Rang, der den Bayerischen Rundfunk weit über die bayerischen Grenzen hinaus auszeichnete. Wie Walter von Cube es bei der Verleihung der Ehrenbürgerschaft der Stadt Friedberg an Christian Wallenreiter ausdrückte: »Wallenreiter schloß nicht die Welt in die Grenzen der Heimat, er öffnete der Heimat die Grenzen zur Welt.«

Die Investitionspolitik war klug zurückhaltend angelegt und vermied so manches Übermaß, das andere viel später oder erst jetzt mühsam wieder beseitigen müssen. Ziel aller wirtschaftlichen Überlegungen war immer das Programm. Partnerschaft war ein wichtiges Leitmotiv Wallenreiterscher Unternehmenspolitik: Partnerschaft mit privaten Produzenten und Dienstleistern (»Outsourcing« nennt man dies heute – der BR hat derlei unter Wallenreiter schon vor 30 Jahren produziert); Partnerschaft mit Verlagen (TR-Verlagsunion); Partnerschaft im internationalen Verbund, insbesondere im Rahmen der alpenländischen Nachbarschaft, mit der Schweiz und Österreich. Tochtergesellschaften waren die Instrumente solcher Kooperationen, die sich bis heute bewährt haben. Auch die internationale Geltung und Wirkung des Bayerischen Rundfunks lag Wallenreiter sehr am Herzen. Dazu gehörte sein tatkräftiges Interesse an der europäischen Zusammenarbeit des Rundfunks ebenso wie die Gründung der »Stiftung Prix Jeunesse zur Förderung des Jugend- und Kinderfernsehens«, verknüpft mit einem internationalen Zentralinstitut für das Jugend- und Bildungsfernsehen, jeweils getragen wiederum in Partnerschaft vom Freistaat Bayern, der Landeshauptstadt München und dem Zweiten Deutschen Fernsehen.

Vieles andere wäre zu erwähnen, was zur Summe des Intendanten Wallenreiter füglich gehörte. Dazu ist nicht Platz genug. Nicht vergessen werden darf indes die maßgebliche Rolle, die Christian Wallenreiter alsbald in der ARD spielte, im Konzert der Landesrundfunkanstalten und ihrer Intendanten – ein vielstimmiges, zuweilen disharmonisches, schwierig zu koordinierendes oder gar zu leitendes Konzert. Der neue bayerische Intendant erwarb, erkämpfte sich dort rasch Achtung und Ansehen – nicht, weil er sich gut einfügte, bequem war Wallenreiter nie, er konnte sperrig sein und querköpfig, wenn die Interessen des Bayerischen Rundfunks und des föderativen Rundfunksystems ihm dies geboten erscheinen ließen. Aber er sah auch die übergreifenden Interessen einer aufeinander angewiesenen Gemeinschaft. Dreimal hintereinander wurde er zum Vorsitzenden der ARD gewählt, und dies in einer medien- und rundfunkpolitisch außerordentlich schwierigen Zeit, als nicht nur eine vehemente Wettbewerbsauseinandersetzung zwischen Presse und Rundfunk ausgetragen wurde und erste Anzeichen einer Privatisierung, sprich Kommerzialisierung des Rundfunks abzuwehren waren, sondern insbesondere eine Konsolidierung der Finanzen der Rundfunkanstalten dringend anstand – die erste Anhebung der Rundfunkgebühren in der Geschichte des deutschen Rundfunks mußte erreicht werden. Es wäre ein eigener Aufsatz, darüber, über die zahlreichen und damals gänzlich neuen Probleme und Hindernisse finanztechnischer, betriebswirtschaftlicher und, vor allem, politischer Art zu berichten. Christian Wallenreiter und sein Bayerischer Rundfunk standen dabei in der Verantwortung des ARD-Vorsitzes in vorderster Front. Am Ende gelang es, allen Schwierigkeiten zum Trotz, und der Name Christian Wallenreiters bleibt allein schon deswegen in die Rundfunkgeschichte eingeschrieben. Der Südfunk-Intendant Hans Bausch, selbst einer der Großen der ARD seiner Zeit, berichtet darüber neidlos anerkennend in der Festschrift, die ich zum 80. Geburtstag Wallenreiters herausgeben durfte. Die Leistung Wallenreiters für die ARD angemessen zu würdigen, fällt einem schwer, wenn man in dieser Zeit sein engster Mitarbeiter war. Lassen Sie mich daher zitieren, was der durchaus kritische Nestor der Rundfunk-Fachjournalisten, Dr. Kurt Wagenführ, 1972 in einem Fachdienst schrieb:

Er hat die ARD so energisch geleitet, daß sie Profil bekam. Sein Engagement, seine Unermüdlichkeit in der Kontaktnahme nach allen Seiten, sein diplomatisches Geschick verbunden mit vorbildlichem Auftreten und überzeugender Repräsentation, verbanden sich in den Augen der Öffentlichkeit mit dem Begriff ARD, der bis dahin weitgehend ein leeres Kürzel gewesen war.
Für Wallenreiter selbst bedeutete ARD zielstrebige Aktivität und planvolle Vernunft; er ließ sich auch hier durch Rückschläge und Enttäuschungen aller Art nicht entmutigen. So wurde München in diesen drei Jahren zum Zentrum der Rund-

funkarbeit und Wallenreiter zum Begriff des »Vorsitzenden« wie nie zuvor seit 1950. Er zeigte, was selbst ein so loser Zusammenschluß, wie es die ARD ist, unter weitsichtiger, bestimmter Führung zu erreichen vermag. Damit hat Wallenreiter einen neuen Stil eingeführt, der den heutigen Notwendigkeiten entspricht, ohne den föderalistischen Charakter der deutschen Rundfunkorganisation zu gefährden. Wallenreiter erwarb sich das Vertrauen aller Verhandlungspartner, weil er nicht für seine Anstalt, den Bayerischen Rundfunk, sprach und warb, sondern sich immer für alle Anstalten, für die übergreifenden Interessen, einsetzte.

Das zentrale Thema, das sich durch alles Handeln des Intendanten Wallenreiter zog, war die Freiheit und Unabhängigkeit des Rundfunks. Ihr galt seine erste Sorge, sein ganzes Engagement. In zutiefst überzeugter Übereinstimmung mit der Rechtsprechung des Bundesverfassungsgerichts vertrat er, ob gelegen oder ungelegen, kompromißlos die Auffassung, daß es ohne einen freien Rundfunk, ohne freie und unabhängige Informationsmedien keine Freiheit des Bürgers gibt. Der Rundfunk war für ihn – wie für das Bundesverfassungsgericht – eine Sache der Allgemeinheit. Er müsse in voller Unabhängigkeit überparteilich betrieben und von jeder Beeinflussung freigehalten werden.

Ebenso selbstverständlich respektierte Wallenreiter die am Gesetz und an der Verfassung orientierte Kontrolle durch die Aufsichtsorgane, die repräsentativ für die Gesellschaft die Interessen der Allgemeinheit überwachend wahrnehmen, wobei er freilich pflichtgemäß auch sorgsam darauf achtete, daß die partnerschaftliche Funktionsverteilung der einzelnen Organe sich im gesetzlich vorgegebenen Rahmen hielt. Angriffen auf diese Unabhängigkeit widerstand er streitbar und selbstbewußt. Und wenn er es für unvermeidlich hielt, scheute er auch nicht davor zurück, die Gerichte anzurufen, um Rechtsklarheit zu schaffen.

So manches Mal während seiner Amtszeit mußte er erleben, daß dieser unabdingbaren Unabhängigkeit des Rundfunks Ungemach drohte. Und stets setzte er einfallsreich und unbeirrbar alles in Bewegung, um solche Übergriffe abzuwehren. Er verstand das Amt des Intendanten vor allem als das eines »Wahrers der Freiheit eines redlichen Journalismus«, wie er es einmal lapidar formulierte. Wo immer diese Freiheit ihm gefährdet erschien, war er auf dem Plan und vertrat nachgerade leidenschaftlich und unbeugsam die Sache, von der für ihn letztlich alles abhing. Er wußte aber auch, und wußte dies nach innen und außen zu vermitteln, daß – wie der von ihm hochgeschätzte Sir Hugh Greene es einmal ausdrückte – »Freiheit nicht getrennt werden kann von Verantwortung, und Verantwortung nur in Freiheit ausgeübt werden kann«. In diesem Spannungsfeld sah er das Arcanum seiner Pflicht. Als Pflicht verstand er dieses Amt, als Pflicht gegenüber dem Rundfunk und gegenüber der Gesellschaft. Sie mag auch ihm zuweilen schwergefallen sein, lästig und so manches Mal eigentlich unerträglich – in der Einsamkeit letzter Verantwortung und Entscheidung, wie sie die Last eines Intendanten ist, dort, wie der amerikanische Präsident Harry Truman einmal sagte, dort, wo der Schwarze Peter am Ende unausweichlich landet.

Sollte ihn doch gelegentlich Überdruß oder Kleinmut befallen haben, so zeigte er es nie. Derlei Persönliches, Privates, Intimes verschloß er vor anderen. Was er nicht mochte, war Mediokrität, deren Betriebsamkeit sich in Quisquilien erschöpft. Doch selbst ihr begegnete er mit verbindlicher, altmodischer Höflichkeit.

Am 18. August 1980 starb Wallenreiter in München. Hans Heigert schrieb in einem Nachruf, Wallenreiter habe sich nie gestattet, verzagt zu sein. Eine gute Beobachtung, die etwas mit Würde zu tun hat, jener Würde, die Christian Wallenreiter so sehr kennzeichnete, die Würde eines noblen Herrn.

Albert Scharf

Arthur Maximilian Miller
1901–1992

Von Erwin Holzbaur

»Es leit a Städtla z'mittlascht imma Tal,
Heißt Mindelhoi.
Luag rum, luag num, es lächlat iberal.
Der Himl staut als wia a liaber Saal
So blank und hell und fiar si sell alloi.
Im sella Städtla, dau bin i dahoi.«

So schreibt frohen Herzens Arthur Maximilian Miller über seine Heimatstadt Mindelheim, wo den glücklichen Eltern an einem Sonntag, es war der 16. Juni 1901, das zweite Kind geboren wurde. Es erhielt in der Taufe den Namen Arthur Maximilian, der in viel späteren Zeiten zu mancherlei Verwechslungen führen sollte, wie er humorvoll in seinem Buch »Das Haus meiner Kindheit« bemerkt. Die Eltern, der angesehene Kaufmann Robert Miller und seine Frau Katharina, hatten ein Halbhaus an der Maximilianstraße direkt gegenüber dem Rathaus, wo die Bevölkerung aus Stadt und Land gerne zum Einkaufen kam, und die Familie mit Onkeln und Tanten freute sich mit den Eltern genau so wie der kleine ältere Bruder Robert, der später in Memmingen als Rechtsanwalt eine Kanzlei leitete. Die Stadt feierte um die Zeit von Arthur Maximilians Geburt eben das zweihundertjährige Bestehen des 1701 gegründeten Englischen Instituts. Die Kindheit in dieser schwäbischen Kleinstadt hat den späteren Schriftsteller und Dichter nachdrücklich geprägt, ob es die im Kern spätgotische Stadtgestaltung unter den Herzögen von Teck war oder die Erinnerung an den kaiserlichen Feldhauptmann Georg von Frundsberg (1473–1528), dem die Stadt 1903, als Arthur noch ein kleines Büble war und das Ereignis natürlich noch gar nicht mitbekommen hat, ein Standbild am Rathauseck durch den Münchener Bildhauer Jakob Bradl errichten ließ. Später, als Volksschüler, sollte er dann selbst beim mittlerweilen traditionell gewordenen Frundsberg-Kinderfest einen wackeren Landsknechtsobristen darstellen und spielen, zusammen mit seinem jüngeren Bruder Robert Maximilian, dem späteren Lehrer, Maler und Musiker, Komponisten und Laienschauspieler in Füssen, der 1991 A. M. Miller im Tod vorausgegangen ist.

Die Heimatstadt Mindelheim, deren reiche und vielgestaltige Geschichte, die anschaulichen Zeugen in Kirchen, Klöstern und Bürgerhäusern, die mitunter reizvollen Winkel und Stimmungen von biedermeierlicher, fast spitzwegischer Idylle und nicht weniger die Dörfer rings um das Städtchen im gleichmäßigen Rhythmus von Säen und Ernten, dies und noch viel mehr an bester Tradition, im Erleben von Alltag und Feiertag müssen sich tief ins Herz des in Frieden und bescheidenem Wohlstand heranwachsenden Buben eingeprägt haben. Die noble und feinsinnige Mutter, begabt mit dem guten Gespür für alles Wahre, Schöne und Gute, und der rechtschaffene Geist des Vaters, der im besten Wortsinn die Tugenden eines Bildungsbürgertums seinen Kindern weitergegeben hat, die Liebe zur Geschichte, zur Musik und Literatur zumal, sie fielen bei seinem Sohn Arthur wie bei den beiden Geschwistern gleichermaßen auf fruchtbaren Boden.

Die Volksschulzeit in der Heimatstadt gestaltete sich bei dem empfindsamen Arthur, der früh bereits öfters kränkelte – und diese Anfälligkeit für mancherlei Krankheit sollte ihn ein

Leben lang begleiten – machten die ersten Schuljahre auch nicht gerade zu einem »Honiglecken«. Doch sichtlich begabt und wissensdurstig, genau so gesellig und ein guter Spielkamerad mit den gleichaltrigen Schülern seiner Altersstufe, weitete die Schule und die guten Lehrkräfte seine geistigen Horizonte. Freilich gab es dann auch bereits einige ernsthaftere Probleme, wie er selbst im »Haus meiner Kindheit« berichtet, etwa beim Beichtunterricht, und auch ihm blieb es nicht erspart, sich mit mancherlei Zweifeln um Gott und die Menschheit herumzuschlagen. Da erlebte er aber als junger Schüler dann auch die wieder seinem Wesen tief einprägende Begegnung mit dem damals jungen Benefiziaten Dr. Peter Dörfler und später die mit dem Hausgeistlichen am St.-Joseph-Stift Dr. Friedrich Zoepfl. Besonders aber war es ein dritter junger Priester, der spätere Stadtpfarrer von Lindenberg im Allgäu, Matthäus Preckle, der als Religionslehrer wie als Präses des Katholischen Gesellenvereins auf die Seele und den Geist des kleinen Arthur so stark eingewirkt hat, daß dieser noch im hohen Alter sich an Predigten Preckles erinnern konnte, die durch ihre Lebendigkeit und Anschaulichkeit ihn begeistert haben und ihm auch über mancherlei Krisen hinweghalfen.

Die Kenntnisse über seine Heimatstadt wie über das Schwabenland, Bayern, das deutsche Vaterland, ja das ganze Abendland, geformt vom Geist des Christentums wie der Antike, sie blieben bei Arthur Maximilian Miller nicht nur lexikalisches Wissen, sie beflügelten seine Phantasie, und dazu kam die Freude am Musizieren im Kreis der Verwandtschaft und ein sicherlich väterliches Erbe vom Chorregenten und Türmer Miller her, dem er in dem Roman aus der Biedermeierzeit »Der glückliche Hannibal« ein köstliches Denkmal gesetzt hat. Der Onkel Theo Miller und andere aus dem Familienkreis waren ja aktiv im Musikleben und pflegten enge Kontakte nach München und Augsburg, was sicher zur späteren Freundschaft Arthur M. Millers mit den Babenhausener Brüdern Otto, Eugen und Georg Ludwig Jochum oder mit Ludwig Hahn in

Kaufbeuren und nicht zuletzt zum musikalischen Wirken seines Bruders Robert Maximilian wesentlich beigetragen hat. Im kleinbürgerlichen Mindelheim war, wie überall in den schwäbischen Landstädten, ob man an die Theater in Memmingen, Kaufbeuren oder Weißenhorn denkt, um nur die nähere Nachbarschaft anzudeuten, ein lebhaftes kulturelles Leben festzustellen mit Konzerten und allerlei Theatern von Schauspieltruppen oder auch dem heimischen Laienspiel. Dies und manches andere kulturelle Ereignis und vor allem auch ein vielgestaltiges kirchliches Leben mit festlichen Gottesdiensten, Prozessionen und den weihnachtlichen Krippen, regten das geistige Wachsen von Arthur M. Miller ungewöhnlich an, worüber er beispielsweise in Büchern wie »Das Christkind im Glasschrein«, in der sicher weithin autobiographischen Erzählung »Der Sternenbaum« oder in den Novellen »Das Dorf ohne Kirchturm« später höchst anschauliche Schilderungen und Deutungen geschaffen hat. Es wurde mir von meinem Vater Ernst Holzbaur berichtet, der später mit dem Junglehrer A. M. Miller bei manchem Mindelheimer Laienspiel zusammengearbeitet hat, etwa in dem Gleichnisspiel »Gevatter Tod«, daß Millers guter wie gestrenger Vater seine Buben vom Spiel auf dem Marktplatz öfters weggerufen habe, sie sollen zur »Lesung« kommen, und dann war es ihre Aufgabe, vom Vater vorgelegte klassische deutsche Literatur aus Goethes oder Schillers Werken laut zu lesen. Wundert es einen da, daß Arthur M. Miller früh durch diese Schulung ein Wertgefühl für gute Sprache, für echte Dichtung, Disziplin im Sprechen wie im Schreiben erhalten hat? Bei der Begabung aller Millerschen Kinder war somit bald der Weg ihrer Ausbildung vorgezeichnet, ein entsprechendes Studium. Robert widmete sich den juristischen Laufbahnmöglichkeiten, die beiden Jüngeren dem Beruf eines Volksschullehrers. Auch waren die drei Geschwister gleichermaßen an Literatur, Musik und Bildender Kunst interessiert. Arthur bekam durch die Mindelheimer Malerin Josephine Huith in der Frundsbergstraße 16 einen hervorra-

genden zusätzlichen Zeichen- und Malunterricht. Eine Bleistiftzeichnung vom Bauernhof bei der Liebfrauenkapelle, auf Pappe gefertigt vom Fünfzehnjährigen, heute im Miller-Stüble des Mindelheimer Heimatmuseums, beweist das bereits stilsichere Können. Arthur M. Miller hat ein umfangreiches graphisches Werk neben dem literarischen hinterlassen, denkt man an seine sensiblen Bleistift- und Federzeichnungen, an Aquarelle und Pastellzeichnungen, an humorvolle Karikaturen und vor allem an die wie am ersten Tag heute genau so frisch und formschlüssig gestalteten Scherenschnitte, wobei er mit Bruder Robert Maximilian – einem später im Füssener Raum nicht weniger hoch angesehenen Landschaftsmaler – die Liebe zum Schattentheater entdeckte und dies bis zur Perfektion gesteigert hat. Die zugehörigen Spieltexte gehören sicher zum schönsten Erbe aus dieser überströmenden Schaffenswelt, dokumentiert in dem Buch »Mein Schattentheater«. Hier wie in dem Büchlein »Silberglanz« und »Spiel der Schatten« zeigt sich nicht nur der Erfindungsreichtum an Gestalten, sondern die Konzentration auf den sprechenden Umriß ließ das Thema »Scherenschnitt – Kunst der Silhouette«, ob aus dem Geist der Spätromantik, des Jugendstils oder eines mit Bedacht benutzten Vokabulars auch des Expressionismus, eine eigene Formensprache entstehen, die über modische Erscheinungen weit hinausreicht, wie die Blätter der Gedenkmappe anläßlich des 70. Geburtstages von A. M. Miller von Freunden herausgegeben, unter Beweis gestellt haben.
So erscheint es kaum als ein Wunder, wenn Arthur Maximilian Miller auch ein Leben lang Freundschaften und Begegnungen mit bildenden Künstlern gesucht, gefunden und gepflegt hat. Es mögen in der Hauptsache geistesverwandte Naturen gewesen sein, die auch ihn und sein literarisches Werk gleichermaßen schätzten. Sicher war es nicht einfach, zu Millers Werken adäquate Illustrationen zu schaffen, obwohl die Erzählungen, Gedichte, Spiele, Romane so bilderreich sind, so anschaulich in der Schilderung von Menschen und Landschaf-

ten, von Ereignissen und Hintergründen. Es wäre eine umfangreiche Künstlerliste zu erstellen, doch scheint es nach dem Zweiten Weltkrieg vor allem dem Kemptener Heinz Schubert ganz vorzüglich gelungen zu sein, der Spiritualität der mannigfachen Themen in dem umfangreichen Werk Millers bildhaft entgegenzukommen, dem Leser optische Perspektiven zur eigenen Deutung der Texte zu eröffnen. So seien Schuberts Illustrationen stellvertretend für alle anderen Beispiele aus diesem Bereich genannt, und A. M. Miller bestätigte mir selbst mehrfach, wie beglückt er von der Begegnung mit Heinz Schubert gewesen war. Miller widmete einer ganzen Reihe von Künstlern seine Hochschätzung, ob dies nun die Bildhauer Fidelis Bentele oder Georg Bayer waren, Maler und Zeichner wie Adolf Adamer, Restauratoren wie Toni Mayer, wo er in dessen Werkstatt sich praktisch in die Welt mittelalterlicher Tafelmalerei eingesehen und eingearbeitet hat, und ich selbst durfte aus Millers Feder eine Deutung des Hochaltarretabels in Mindelheims Pfarrkirche St. Stephan erhalten, die in den Erinnerungsband »Mein altes Mindelheim« Aufnahme gefunden hat. Die ganze Liebe zu seiner Heimat ist darin wie in einem Brennspiegel zusammengefaßt und sollte den nachkommenden Generationen auch zur Gewissensbildung dienen bei all den komplexen Fragen der Erhaltung überkommener Werte in Bau- und Bildwerken, damit diese Heimat hier und wo auch immer ihr unverwechselbares Antlitz nicht verlöre.

Die Zeit zu Beginn des Ersten Weltkrieges veränderte hart den bisherigen Lebenslauf von Arthur M. Miller. Im September 1914 trat er in die sog. 3. Klasse der Präparandenschule in Mindelheim ein. Der Beruf des Lehrers war damit vorgezeichnet, 1917 wechselte er nach Lauingen, um an der dortigen Lehrerbildungsanstalt 1920 mit gutem Erfolg seine Studien zu beenden. Doch dazwischen lag nicht nur das bittere Kriegsende, auch der Tod des geliebten Vaters 1918 und die schwere Erkrankung der lieben Mutter, die gemütsleidend wurde, schließlich die Aufgabe des elterlichen Geschäftes und die

Räumung der vertrauten Stätten einer scheinbar unbeschwerten Kindheit. In der Novelle vom »Fünfwundenbrunnen« klingen jene schweren Stunden nach, doch über dem Schmerz des Abschiednehmens von der Kindheit und Jugend verdichten sich buchstäblich die Gestalten der Vergangenheit zu Sinnbildern in einer Vielzahl von literarischen Werken und Veröffentlichungen. 1921, also mit nur zwanzig Jahren, schrieb er den Text zum »Mindelheimer Weihnachtsspiel«, zu dem später Otto Jochum eine große Komposition schuf und zu dem vor wenigen Jahren Maria Hahn eine neue Szenenmusik komponierte. Die große Hirtenszene mit dem alten Hirten Hannes war nach Millers eigener Sicht die Gestalt des alten schwäbischen Menschenschlages, gläubig, zuversichtlich und den Zeitläuften nachsinnend in einem.

Arthur M. Miller nahm seinen Beruf als Lehrer und Erzieher sehr ernst und ging seinen schulischen Verpflichtungen mit äußerster Gewissenhaftigkeit nach, wie mir zahlreiche Weggefährten und Berufskollegen bei Gesprächen immer wieder versichert haben, wie die Schulräte Josef Brunnhuber und Sepp Müller, die Volksschullehrkräfte Hermann Marte oder Ulrich Trinkler, Thea Marte oder Maria Hefele. Die Praktikantenzeit an Mindelheims Volksschule und Tagesfortbildungsschule, dann in Wiggensbach, Ettringen oder Haselbach bei Neuburg bis zur Absolvierung der Anstellungsprüfung 1924 mit einem ersten Fortgangsplatz unter 55 Teilnehmern und endlich seine Arbeit an der Volksschule in Immenstadt mit der 1926 erfolgten Ernennung zum Lehrer brachten ihm eine Fülle von Erfahrung fürs ganze Leben, ja buchstäblich mehr als ein »Jahr der Reife«, nicht zuletzt die Freundschaft und Liebe zu seiner späteren Gattin Magdalena Kleiner, die er 1930 an den Traualtar führen konnte. Mit dieser Eheschließung kam ein ganz neuer Inhalt und eine dauerhafte Beziehung in sein Leben, sie wurde nicht nur seine tüchtige Hausfrau und verständnisvolle Lebensgefährtin bis ins hohe Alter. Magdalena Kleiner, eine hochgebildete Altphilologin, wurde Millers kritische Begleiterin durch dessen literarisches Schaffen, gleichsam sein »literarisches Gewissen«, konstruktive Kritikerin, zugleich versierte Sekretärin, wo nötig auch eine mutige und kluge Verteidigerin ihres Mannes, treue Mitstreiterin und eine Frau von großem Wissen, tiefem Gemüt, fromm, doch keineswegs eine Frömmlerin. Die »Unterscheidung der Geister« war ihr ein Herzensanliegen in Zeiten, als es »dunkel zu werden begann« und Menschen, wie A. M. Miller, mit ihrer ungeheuchelten Liebe zur Heimat, zur deutschen Geschichte und zum Volkstum von nationalsozialistischer Kulturpolitik gerne »gleichgeschaltet« und vereinnahmt worden wären. Mancherlei Gefahren mögen ihn dabei bedroht haben, doch er, der sich kaum je einmal um Tages- oder Parteipolitik wirklich gekümmert hat, schien froh zu sein, daß 1938 die einteilige Schule in Kornau bei Oberstdorf zu besetzen war und er hier im zauberhaften Haus des Stuttgarter Architekten Paul Bonatz später ein Heim für seine Frau und sich und für die Arbeit an seinem schriftstellerischen Werk gefunden hatte, ein Heim, das dafür wie geschaffen, gut abseits gelegen, wo man ungestört studieren und schreiben konnte und wo zuvor bereits die kleine örtliche Volksschule Arthur und Magdalena Miller ein ebenso trautes Zuhause bot. Für mich bleibt nach dem Zweiten Weltkrieg ein Besuch in dieser Schule unvergessen, als ich selbst eben am Maristenkolleg Kunstunterricht geben durfte: wie mir A. M. Miller die Arbeiten seiner Schülerinnen und Schüler gezeigt hat, die während und nach dem Zweiten Weltkrieg in dieser idyllischen Schulstube unter seiner Anregung von den Buben und Mädchen in herzerfrischender Stimmigkeit gezeichnet und gemalt worden sind. Einige der schönsten Stücke davon sind in dem Buch »Allgäuer Dorf im Jahreskreis« später veröffentlicht worden, und die Kommentare dazu offenbaren das gute Herz, den Sinn für das Kindgemäße in A. M. Miller durch all die Jahre, unbeirrt von den verschiedenen Modetorheiten und oft willkürlichen Experimenten auf den verschiedensten Erziehungsfeldern.

23 *Arthur Maximilian Miller im Alter von 22 Jahren.*
   Foto Sepp Hartmann

24 Arthur Maximilian Miller (um 1964) malend, in der Werkstatt Toni Mayer in Mindelheim. Foto Eugen Bauer

Hier, wie in seinem ganzen schriftstellerischen Werk und in den vielfältigsten sonstigen Bemühungen, kann guten Gewissens ein Wort von seinem väterlichen Freund Dr. Joseph Bernhart als gültige Überschrift gesetzt werden: »Was den Zeiten nottut, ist das Unzeitgemäße.«

Die Schuljahre in den Kriegsjahren, zumal in der Zeit der Evakuierung von Kindern aus den bombenbedrohten Großstädten des Ruhrgebietes, die im Allgäu Schutz vor den Angriffen suchten, waren dort oben im kleinen Kornau zwar erträglich, brachten aber ebenso zahlreiche Belastungen und Erschwernisse, die der ohnehin stets labilen Gesundheit Millers nicht gut bekamen. Die Schulleitung selbst mit mancherlei bürokratischem Kram und natürlich die immer bedrohlichere Situation, durch die Ereignisse des Zweiten Weltkrieges sich ins kaum noch Überschaubare steigernd, belasteten Millers innere Welt sehr. Ohne Glauben – wie er mir einmal gegenüber sinngemäß äußerte nach seinem 50. Geburtstag, den er in Ottobeurens Bibliothekssaal stilvoll feiern konnte und wo ich ihm erstmals persönlich begegnet bin – an Gottes Güte und Treue, wären diese Zeiten kaum zu überstehen gewesen. Menschen wie Peter Dörfler oder Joseph Bernhart und dann in diesem großen Kreis eine Gertrud von le Fort und manche Ungenannte mögen es gewesen sein, die ihm Hilfe, Rat, Stütze in diesen Jahren geschenkt haben und denen er sich stets dankbar gezeigt hat, wie es in seinem Buch »Die Vorausgegangenen« ausführlich durch ihn selbst und authentisch nachgewiesen ist. Nach einer fast zweijährigen Unterbrechung konnte er 1947 seinen Schuldienst in Kornau wieder voll aufnehmen und wurde 1955 zum Oberlehrer befördert, doch bereits 1959 kam er wegen erneuter Erkrankung und Schwächung seines Gesundheitszustandes in den vorzeitigen Ruhestand.

Die Jahre von 1959 bis zur Übersiedlung 1989 in das Ruhestandsappartementhaus »am Sonnenbühl« in Ottobeuren, wo er und seine Frau, die ihm am 13. Januar 1990 im Tode vorausgegangen ist, bis zu seinem Tod am 18. Februar 1992 waren trotz wiederholter leichterer und schwererer Erkrankungen und trotz Schwächezuständen dennoch bis zum Rand erfüllt mit dem »Einbringen der Ernte«, wie er öfters selbst sagte. »Ich habe noch so viel zu tun, zu ordnen, zu sichten, zu schreiben« sagte er zu Museumsdirektor Dr. Hans Frei und mir bei dem wohl letzten Besuch in seinem Haus in Kornau, das er ja dank der weitsichtigen Initiative von Bezirkstagspräsident Dr. Georg Simnacher in eine Stiftung des Bezirks Schwaben eingebracht hat. Die Jahre nach 1951 brachten A. M. Miller kontinuierlich zahlreiche Ehrungen, so die Prämierung seiner Novelle »Die Poggermühle«, die 1956 durch das Bundesinnenministerium mit dem Deutschen Jugendbuchpreis ausgezeichnet und auch ins Japanische übersetzt worden ist, das Bundesverdienstkreuz, den Ehrenring des Landkreises Sonthofen, den Münchener Poetentaler, die Ehrenbürgerschaften Mindelheims und Oberstdorfs, den Kaufbeurer Peter-Dörfler-Preis, die Goldene Ehrennadel des Freundeskreises Alt-Mindelheim, die Schwäbische Bezirksverdienstmedaille in Gold, den Preis der Bayerischen Volksstiftung, den päpstlichen Silvesterorden, den Sieben-Schwaben-Preis des Bezirks Schwaben und der Augsburger Allgemeinen für das Volksstück »Der Baumnarr« und nicht zuletzt den Bayerischen Verdienstorden, sie mögen stellvertretend genannt sein für zahlreiche Würdigungen seines Schaffens. Dazu kamen die Feierstunden etwa in Ottobeuren 1951 zum 50. Geburtstag und 1976 sowie 1991 in der Basilika von Ottobeuren, veranstaltet von der Diözese Augsburg und der Katholischen Akademie zusammen mit Mindelheim, Ottobeuren, Oberstdorf sowie den Landkreisen Oberallgäu und Unterallgäu, Gedenkfeiern in Krumbach, in Mindelheims Silvestersaal und im Stadttheater und zahlreiche weitere Festlichkeiten. Miller selbst freute sich ehrlich bei jeder Würdigung, doch blieb er bescheiden und auf sein Werk weisend, das auch über seinen Heimgang einmal einen Wert darstellen und vermitteln sollte: Heimat und Frömmigkeit. Diesen Titel trägt auch die Festschrift, welche Lothar Bossle 1981 herausgegeben hat, wobei im Geleitwort Erzbischof Dr. Josef Stimpfle, der mit dem Dichter wie viele Männer und Frauen der Kirche in herzlicher Freundschaft verbunden war, zusammenfassend schrieb: »Schließlich mündet bei Arthur Maximilian Miller das Humanum und Christianum ein in ein höchstes Theologicum, in Wort und Antwort um Gott, als Urgrund und Ziel des Daseins und der Schöpfung. Davon zeugt zum Beispiel seine anspruchsvolle, leider zu wenig bekannte Dichtung »Der Gral«, die mit den Worten schließt:

»*Es segne uns der Geist,*
des Reich die Fülle ist,
des Fülle niemals endet. Amen.«

Bis diese Reife und Vollendung geschehen konnte, mußte der Dichter und Schriftsteller A. M. Miller freilich viele Berge erklimmen, Täler und Tiefen durchwandern mit mancherlei Durststrecken, und es mag ihm wie Jörg von Frundsberg ergangen sein, dem er das Gleichnisspiel »Ritter, Tod und Teufel« widmete, wo er jene Gestalt am Ende des Mittelalters und zu Beginn der Neuzeit buchstäblich zwischen Tod und Teufel umrungen sieht und der aus dem Geist christlicher Ritterschaft nach dem rechten Weg suchte, wie Dürers Ritter auf dem Schluchtweg, der hinauf zur Gralsburg von den Mächten der Dunkelheit und des Zerfalls umringt ist. Große Wegstrecken im Schaffen Millers waren dennoch eigentlich hell und freundlich bei aller Mühe der Arbeit, und seine Gedanken kreisten oft um zentrale Gestalten und Stätten, wie Memmingen und Augsburg, Mindelheim und Kaufbeuren, das Allgäu mit Kempten, Immenstadt, Sonthofen und Füssen, oder eben einen Jörg von Frundsberg, dem er bereits 1928 einen vielbeachteten historischen Roman widmete, um eine selige Creszentia von Kaufbeuren oder um jenen Burkhart Zink oder um den Abt Rupert Neß von Ottobeuren. Gerade dieses barocke Ottobeuren inspirierte A. M. Miller, freilich mit jahrelanger gewissenhafter Quellenarbeit im unermüdlichen Zusammenwirken mit seiner Gattin Magdalena wie mit dem Ottobeurer Stiftsarchivar Pater Aegidius Kolb OSB, mehr als wohlwollend, wirklich freundschaftlich gefördert und unterstützt durch Abt Vitalis Maier OSB und weiteren Ottobeurer Freunden, zu Werken von sicher bleibender Bedeutung. Da sind die herrlichen »Hymnen an Ottobeuren« oder eines der letzten großen Betrachtungswerke Millers »Das Ottobeurer Chorgestühl«, »Der Fuhrmann Jeremias« und insbesondere »Der Herr mit den drei Ringen«, wo der Dichter dem Typus eines barocken geistlichen souveränen Bauherrn, eben dem Abt Rupert Neß, ein literarisches Denkmal gesetzt hat, das den Vergleich mit dem gleichfalls über Zeit und Raum bedeutsamen Roman »Die Wessobrunner« von Peter Dörfler wohl aushält, wo dieser den Bauleuten und Künstlern ein solches Denkmal geschaffen hat und wo in beiden Büchern Gottes Geist und Atem zu spüren ist. Die Szene zwischen Abt Rupert Neß und dem venezianischen Maler Giacomo Amigoni aber gehört sicher mit zu den besten Beispielen, wie im echten Kunstwerk »Dichtung und Wahrheit« eine Synthese eingehen und darin etwas deutlich werden kann, was eine noch so notwendige und unumgängliche streng wissenschaftliche Deutung kaum vermag, wie mir so große Historiker wie Friedrich Zoepfl oder Norbert Lieb in Gesprächen über dieses Buch unabhängig voneinander bestätigt haben. In einer Feierstunde zu Ehren A. M. Millers im Kaisersaal der Abtei Ottobeuren, veranstaltet vom Bayerischen Rundfunk, wurde in Lesungen von Franz R. Miller dies in der Kunst der Rezitation ebenso anschaulich, wie Millers innige Beziehung zu Ottobeuren in der Ausstellung über sein Werk bei dem Künstlerfreund Erich Schickling in der »Eremitage« von Eggisried 1971. Hier begegneten sich wiederum zwei ausgeprägte Künstlernaturen, und bei aller Polarität zog es A. M. Miller in diese zauberhafte Umgebung, wo er in Erich Schicklings farbstarken Hinterglasbildern genau die gleiche oder ähnliche Vision über Ottobeuren spürte, die ihn beseelte und beflügelte, nicht zuletzt in dem bildmächtigen Mundartepos »Maria in den Eldern«. Der Blick auf die Basilika von Ottobeuren und den riesigen Klosterkomplex vergoldeten auch die letzten paar Jahre im Seniorenheim. Ihm schien es, umsorgt von treuen Freunden, zu denen vor Ort Kurdirektor Reinald Scheule oder Familie Franz Epple mit Heimleitung und Personal ebenso gehörten wie Ärzte und Schwestern im Kreiskrankenhaus Ottobeuren, Pater Winfried und Abt Vitalis Altthaler von Pfarrei und Abtei, die Lehrerin Kreszenz Fickler oder aus Krumbach Familie Karl Kling und sicher all die Mindelheimer und Oberstdorfer Freunde und Bekannten. Bei aller Liebe auch der Angehörigen und Freunde, so wurden doch die »Schatten« immer länger und länger. Zu den mehrfachen Krankenhausaufenthalten kam schließlich eine Reihe von Untersuchungen und Behandlungen am Universitätsklinikum Ulm, wobei der so rasche Abschied von der Gattin Magdalena, kaum nach dem Umzug nach Ottobeuren, seinen schon in dem Gleichnisspiel »Gevatter Tod« ausgesprochenen Seelenkampf zwischen Todesfurcht und Todessehnsucht immer realere Züge angenommen hat. Der friedliche Heimgang und schließlich die Beerdigung auf dem stimmungsvollen Friedhof von Oberstdorf in einem Ehrengrab der Gemeinde an der Seite seiner Gemahlin Magdalena Miller und der begnadeten Dichter-Freundin Gertrud von le Fort beschlossen den Lebenskreis eines Mannes, der sowohl »Mutter Suevia« für all das Gute gedankt hat, das sie ihm gab, der aber gerade in seiner Heimatstadt Mindelheim die Wurzeln wußte, woraus dieses Lebenswerk gewachsen ist:

> *»Und wenn i heit oi Liad ums ander weiß,*
> *wo haunis hear?*
> *Dött bini g'laufa ibers Pflaschtereis,*
> *Und glomsat hauts in meina Auga heiß*
> *Und bumprat in der Bruscht – wear weiß es, wear?*
> *Bi'still und schreib und gib'm Herrgott d'Eahr!«*

Der Lauf seines Lebens, scheinbar so ruhig und bedächtig dahinlaufend wie der eines der schwäbischen Bäche oder Flüsse, mal gemächlich, mal unruhiger sich durch die Wiesen und

Felder windend, wie er es selbst oft geschildert hat, brachte doch mancherlei Probleme und Irritationen, Anerkennung wie Verkennung, begeisterten Beifall oder eher abschätzige Einstufungen, zu denen zwar oftmals gut gemeint, doch meist arg mißverstanden die Etikettierung »Heimatdichter« ihn mehr verletzt als geehrt hat. Er wollte kein »Heimattümler« sein oder einer, der ein paar Nettigkeiten schreibt für diesen oder jenen mehr oder minder freundlichen Anlaß. Er wollte zumal in seinen Mundartdichtungen, die ein Spezifikum in seinem literarischen Werk darstellen, vor allem den Sprachschatz des heimatlichen Raumes bewahren und zugleich am Leben erhalten. Joseph Bernhart und Peter Dörfler, denen er die Gesamtausgabe der »Schwäbischen Gedichte« widmete, erkannten aus tiefer Übereinstimmung den Wert von Millers Art in der Mundart zu denken und zu schreiben. »Jedes Tal scheint zu warten, bis ihm sein Dichter kommt. Denn kein zweites ist ihm gleich auf aller Welt, und seine Bäume und Wässer, seine Glocken, Herden und Menschen schweigen und reden auf ihre nirgend sonst vorhandene Weise«, so urteilt Joseph Bernhart zutreffend im Geleitwort der ersten Auflage, und Peter Dörfler charakterisiert diese Summe schwäbischer Köstlichkeiten: »Aber es bedeutet eine Lampe voll Öl, und ihr Licht tut Augen und Gemüt wohl.« Miller selbst, der voll Dankbarkeit 1980 die Gesamtausgabe im Maximilian Dietrich Verlag in Memmingen betreut hat, meint: »Schwaben und sein Mutterlaut hat sie mir geschenkt, an Schwaben reiche ich sie dankbar zurück.«

Schwäbische Mundart beflügelte Miller zu vielerlei heiteren, launischen, witzigen und hintersinnigen wie tieffrommen Empfindungen und Gedanken. »Das schwäbische Jahr«, eine Kalenderblattfolge voller Lebensweisheiten und mit originellen Aspekten zur Astrologie, und vor allem »Die schwäbische Bauernbibel« mit der Auslegung der Genesis durch den Prototyp eines schwäbischen Landpfarrers »Honorat Würstle«, dem er auch eine Lebensbeschreibung »Mei Pilgerfahrt durchs

Schwaubaländle« gewidmet hat, sie sind so voller Vitalität und Lebenswärme, voll Klugheit und Weisheit, ja wirklich voll solider Theologie, daß bei Lesungen das Publikum förmlich spürt, was da für Einsichten und Ausblicke geboten sind in Zeit und Ewigkeit, daß man darüber von einem Staunen ins andere gerät. Da fabuliert ein Dichter und versetzt sich in die Rolle des wortgewaltigen Predigers, der nicht den Vergleich zu einem Abraham a Sancta Clara zu scheuen braucht, und unvermittelt spürt man ganz griffige Zeitkritik, wenn es da um Eheprobleme oder die Kindererziehung gehen mag. Zu Millers sicher bedeutsamster Mundartdichtung aber zählt neben vielen weiteren »Die schwäbische Weihnacht« und in ihrem Umkreis eine ganze Reihe von Weihnachtsspielen. Wie in dieser »Weihnacht in Schwaben« das Lukasevangelium in das Denken und Fühlen, in das Sprechen und Handeln schwäbischer Menschen übersetzt und nie die Würde der heiligen Texte verletzt wird, gehört zum Segen, der von diesem Werk ausgeht, wahrlich ein Beispiel, wie Heimat und Frömmigkeit eines in das andere übergehen, wie die irdische Heimat zum Gleichnis der ewigen Heimat wird. Miller hat auch in der Betrachtung etwa des Isenheimer Altares von Mathis Gothart Nithart–Mathias Grünewald, solche exemplarischen Deutungen der großen Heilsmysterien gewagt und gefunden, wobei der Vermittler in der bildenden Kunst ihm oftmals besonders wichtig war.

Dieses mundartliche Schaffen, so ganz im Dienst der schwäbischen Heimat stehend, wäre aber nicht der ganze Miller. Allein zahlenmäßig überragt das Werk in der Hochsprache die Mundartdichtungen, die zum Ganzen natürlich unverzichtbar gehören. Auch die zahlreichen Gesichtspunkte in der Thematik der Romane, Erzählungen, Schauspiel- oder Liedtexte bis hin zum Text für das Oratorium »Der jüngste Tag«, wofür er zusammen mit Otto Jochum 1931 bereits den preußischen Staatspreis erhalten hat, lassen die Spannweite dieses Schaffens erkennen.

Diese Linie setzt sich fort bis zur großen »Schwäbischen Bläsermesse« von 1984/85, in einer Fassung komponiert von Heinz Benker aus München, in einer zweiten von Georg Stich aus Ollarzried, in Auftrag gegeben vom Allgäu-Schwäbischen Musikbund und dessen Präsidenten Karl Kling.
Ein Grundton ist bei A. M. Miller die Lyrik, und Joseph Othmar Zöller hat anläßlich des 85. Geburtstages bei der Feier in Mindelheims Stadttheater in seiner Laudatio zum Verständnis von A. M. Miller dafür ein treffendes Beispiel ausgesucht und interpretiert:

> »*Die goldnen Abendbäche wallen.*
> *Die langen breiten Schatten fallen.*
> *Die nahen Dinge werden fern.*
> *Schon blinkt ein Stern.*«

Zöller bemerkt dazu: »Achtzehn Worte Poesie, vier Zeilen Alter, Weisheit, Trost, Zuversicht, Hoffnung, Credo – und ich glaube an das Leben der zukünftigen Welt.
Mit diesem Hauch von Poesie und Schicksal dankte Arthur Maximilian Miller jenen, die seiner zum 80. Geburtstag gedachten.
Allein diese vier Zeilen wären es wert, eine Stunde lang zu meditieren und zu interpretieren.« Was Joseph Othmar Zöller in seiner Laudatio weiter zur Charakteristik von Person und Schaffen Millers präzisiert hat, gehört sicher zum Besten und blieb gültig über den offiziellen Anlaß hinaus.
Unter vielerlei Gesichtspunkten setzte sich Miller mit Schwaben und den Schwaben, dem schwäbischen Menschenschlag, auseinander, doch darin allein erschöpft er sich keineswegs. So wie ihn das Nahe bannte, so auch die Ferne und die Weite. Ägypten wäre da zu nennen, wo er mit Kurt Lange auf Studienfahrten ging und das ihn besonders faszinierte: die Frage, wenn er zur Zeit Jesu gelebt hätte und vielleicht ein pharisäischer Gelehrter geworden wäre, hätte er, A. M. Miller, diesen Jesus von Nazareth wohl als den Messias, den Christus erkannt, den Sohn Gottes? Aus dieser Nachdenklichkeit entstand eines sei-

ner wohl wichtigsten Bücher der Nachkriegsjahre, der Roman eines Pharisäers »Bist Du es?«, der auch ins Holländische übertragen wurde. Kaum in einem anderen seiner zahlreichen Bücher ging es ihm um solch grundlegende Fragen des Glaubens, dem freilich in anderem Gewand »Der Gral«, welches er selbst als sein entscheidenderes Buch angesehen hat, an die Seite stellt. Pfarrer Hans Stiefenhofer berichtet in seinem Beitrag »Die ältesten Freundschaften sind die angenehmsten«, in dem Sammelband »Heimat und Frömmigkeit«, wie er als junger Kaplan in Oberstdorf wöchentlich einmal nach Kornau gekommen sei zum Gottesdienst und zum Religionsunterricht und wie er damals den Dichter nicht nur als Mensch und Lehrer kennenlernte, sondern als Lektor bei der Eucharistiefeier: »Wie ein Bildhauer mit dem Meißel den harten Stein bearbeitet oder der Schnitzer aus dem Holzstamm seine Figuren formt, so geht Arthur M. Miller mit der Sprache um. Wenn er las, war er wie ein von der Sprache Besessener, selbst ein Verzauberter, der andere verzaubern konnte.« Ich selbst erlebte dies, als der Dichter die »Hymnen an Ottobeuren« zu seinem 50. Geburtstag vortrug im Bibliothekssaal von Ottobeuren, und ich fühlte mich in der Tat wie verwandelt: plötzlich sah ich so vertraute Dinge wie ein Treppenhaus mit der Konventsuhr oder die Landschaft um Ottobeuren mit den daherwallenden Höhenzügen oder das romanische Kruzifix über dem Sakramentsaltar inmitten all der barocken Pracht mit ganz anderen Augen. Noch oft hatte ich das Glück, A. M. Miller seine eigenen Schriften vortragen zu hören. Eines der nachhaltigsten Erlebnisse war 1961 in der Werkstatt des gemeinsamen Freundes Toni Mayer an der Georgenstraße zu Mindelheim, wie A. M. Miller die »Schwäbische Weihnacht« gelesen hat, umgeben von lauter Heiligenfiguren, Bildern und Rahmenwerk, ringsum ein paar der Mindelheimer Freunde. Oft durfte ich sie selbst lesend interpretieren, aber die Innigkeit des Autors gelang mir wohl kaum jemals und im gleichen Maße. Schon hochbetagt las der Dichter auf Tonband alle seine schwäbischen Gedichte. Dieses kostbare Klangdokument schenkte Toni Mayer dem Archiv des Bayerischen Rundfunks, mit dem A. M. Miller so viele wertvolle Sendungen zumal für den »Schwabenspiegel« geschaffen hat und dem er wie dem Süddeutschen Rundfunk in Stuttgart stets treu verbunden blieb, auch wenn er mit den Funkleuten mitunter mancherlei Diskussionen führte, er der ältere, sie die damals Jungen, ein Hans Breinlinger, Joseph Othmar Zöller, Franz R. Miller, Helmuth Scherer oder Kurt Hogl, später Ernst Vogt und viele andere Leute aus der Medienwelt. Dazu gehörte sein engagiertes Verhältnis zur Presse, ob Tageszeitungen und deren Redakteure, wie der gebürtige Memminger Martin Moest an der »Mindelheimer Zeitung« zum Beispiel, oder auf ganz hoher Ebene seine Zusammenarbeit schon in den dreißiger Jahren mit der Zeitschrift »Hochland« und dem Verlag Kösel Kempten etwa, wo »Die Kelter Gottes« erschien; wo das Edle in eine Welt der Roheit, Gewalt und Entehrung gestellt wird. Miller war alles andere als ein Schönfärber, und was ihm die Zeit der Bauernkriege und der Söldnerheere gelehrt hat, was er im Buch »Die Brüder« darstellte, in »Herr Jörg von Frundsberg«, das bewegte seinen Geist immer wieder an mancherlei »Fallbeispielen«. Hier gehört die Familiengeschichte »Die Hammerschmiede« genau so herein wie jener Augsburger Chronist »Burkard Zink«, den er Otto Jochum und Frau Maja gewidmet hat, oder jene beispielhafte Novelle »Abschied von Sirmio«, dem Miller den Satz von Catull als Motto voranstellte: »Hassen und Lieben zugleich muß ich. Wie das? – Wenn ichs wüßte! Aber ich fühls, und das Herz möchte zerreißen in mir.«

Auch er selbst fühlte sich oft als ein buchstäblich »Zerrissener« in seinen Gefühlen und Ängsten, seinen Sorgen und Bedrängnissen. Dies galt nicht nur um gelegentliche Unstimmigkeiten ob mit Freunden oder Verwandten, darunter litt er sehr, denn er wollte mit allen Menschen guten Willens gut und in Frieden auskommen. Doch gab es gelegentlich und bis in sein hohes Alter immer wieder solche Phasen, wo er oder seine

Frau enttäuscht wurden oder sich zumindest so fühlten, gab es Mißverständnisse mannigfacher Art, die ihn niederdrückten, oftmals mutlos gemacht haben, wo ihm das Verständnis für anderweitige Belange oder Zusammenhänge nicht mehr möglich schien, wie ich selbst aus etlichen Gesprächen oder Telephonaten mitbekommen habe, und es war nicht einfach, ihn zu beruhigen und zu trösten. Zunehmende Schwerhörigkeit und wohl altersbedingte Schwächen und immer wiederkehrende Erkrankungen, oftmals fiebriger Art, steigerten diese Ängste und Besorgnisse. Grundsätzlich von heiterer Natur und stets zu Scherz, Ironie und »tieferer Bedeutung« aufgelegt, konnte sein Stimmungsbarometer jäh umschlagen bis hin zu Depressionen und großer Einsamkeit, wo ihn auch noch so gut gemeinte kritische Ratschläge mancher Freunde und Bekannten tief treffen konnten. Wenn dann wieder »die Sonne« schien, faßte er aber alsbald Mut und Vertrauen und ging mit einer Unbeirrtheit und Gewissenhaftigkeit erneut an seine Arbeit, daß des Staunens kein Ende zu sein schien. Wie oft versicherte er mir in den letzten zwei Jahrzehnten seines Schaffens, daß dies wohl seine letzte Arbeit sein würde und, kaum war dies geschehen, sah man ihn neue Pläne schmieden. Nach etlichen Kuraufenthalten, so in Bad Wörishofen oder auf der Engelburg, wirkte er wie »zehn Jahre jünger«, war zuversichtlich und schaffensfroh wie in früheren Jahren. In seiner Stube im Bonatz-Haus über Kornau schaute er dann freundlich und versonnen durch die Fenster, auf deren Simsen so allerhand lag, was ihm bedeutend war, eine Kugel aus Bergkristall geschliffen, die er meiner Frau und mir in einer solchen Stunde verehrt hat oder ein Amethyst, sonst ein Edel- oder Halbedelgestein, worüber er immer neue Betrachtungen anstellen konnte. Die warme Holztäfelung und der formschöne Kachelofen, an den Wänden ein paar Bilder, in der Ecke ringsum liebgewordene Bücher, darunter natürlich Adalbert Stifter, oder in der Ecke die Kopie eines gotischen Muttergottesbildes, Holz geschnitzt und kostbar in Gold und Farben gefaßt, auf dem

Tisch vielerlei Korrespondenz, und irgendwo der Lehnstuhl, so habe ich diese Stube in Erinnerung. Seine Frau bereitete derweilen Tee oder Kaffee, und etwas Gutes gab es natürlich immer zum Essen, denn die beiden waren keine Kostverächter. Mit Pater Aegid Kolb schätzten sie die schwäbische Küche besonders.
Sonst war alles von einer fast spartanischen Einfachheit, aber gediegen, wie diese »stille« Architektur dieser »Dichterei«.
Der Schriftstellerarzt Anton Heberger untersuchte in einem Essay neben Hans Carossas Schilderung vom Sterben des Vaters auch A. M. Millers Sterbeszenen, so die von Abt Rupert Neß. Der Tod, das Heimgehen, war ja von Anfang bis zum Ende jene große Frage bei ihm selbst. Anton Heberger brachte seine Sicht auf die kurze und zutreffende Formel: »Arthur Maximilian Millers gläubige, urwüchsige Kraft kommt auch in seinen Sterbeszenen besonders zum Ausdruck, Sterben ist für ihn Vollendung, die sich betend erfüllt. In seinem Roman über das dramatische Leben des Abtes von Ottobeuren gestaltet er den Sterbevorgang zu einer großartigen, fast feierlichen Messe.« Noch eine ganze Reihe von Beispielen ließen sich hier anmerken, etwa das Ende des Landsknechtsführers Georg von Frundsberg sowohl wie es im Roman als auch wie es im Gleichnisspiel vom Ritter, dem Tod und dem Teufel geschildert wird. Das »Christianum« bleibt dabei stets durchwoben und geformt von einem unverfälschten »Humanum« und mag darum dem Leser immer glaubwürdiger werden. Da gab und gibt es auch provokante Texte von A. M. Miller, so zum Beispiel, wenn er grübelnd über das Schicksal in »Die wachen Stunden der Nacht« folgende Gedankenwelt zusammenfügt:
»Was aber ist das Schicksal?
Es ist ein Gedicht, meist ein sehr herbes und großes, es dichtet in prosaischen, oft wüsten und innerlich doch klaren Worten, und es dichtet fast immer eine Tragödie. Und diese verworren klare Dichtung, die nur der versteht, dessen Herzensauge auf-

getan ist, hat dich zum Inhalt. Dein ganzes inneres Bild wird auf die Tafel hingeschrieben. Es wird geschrieben, wer du bist, und wer du noch nicht bist. Es wird geschrieben dein Fernsein von dir selbst und deine Sehnsucht nach dir. Es wird geschrieben dein Abirren von dir und dein Zurückkehren zu dir. Es wird geschrieben dein Träumen von dir und Dein Wissen um dich. Es wird geschrieben deine Not mit dir, dein Schmerz um dich und deine Freude in dir. Es wird geschrieben deine Täuschung über dich und die Erkenntnis deiner Reife.
Wenn du nun mit deinem Finger all diese Schriftzeichen wieder glattstreichst? Wenn du nach der unbeschriebenen oder kaum gefüllten Tafel zurückverlangst?
Denen die ein blankes Täfelchen sehen wollen, mag es gefallen. Was gibst du aber denen, die lesen können und lesen wollen? Denen, die bereit sind, sich dir und deinem Schicksal zu verbinden? Die dich lieben, weil du krank bist und weil du in deiner Krankheit wahr bist? Die dich ehren, weil das Alter deine Züge zeichnet?
›Gottes Wohnung pflegt nicht in einem gesunden Leibe zu sein‹, sagt die heilige Hildegard von Bingen!«
Diese Stelle stimmte mich merkwürdig, und ich meinte beim immer wieder erfolgten Nachlesen, wie sich darin Miller gleichsam ein Selbstbildnis geformt hätte. So wie hier mutet mancherlei Einsicht bei A. M. Miller als vom Geist der Mystik inspiriert an, ob man an »Das Büchlein vom reinen Leben« erinnert, wo er am Schluß dem auferstandenen Herrn und Heiland einen Hymnus anstimmt: »Das ist die Erfüllung aller Reinheit, daß Du nach Deinem Tode am Kreuze auferstanden bist in dem neuen Leibe, in der Klarheit, in der Herrlichkeit, in der Unverweslichkeit. – Und daß Du dieses Leben uns, den Menschen, geben willst, wenn wir an Dich glauben, und durch uns der ganzen Welt zur Rettung aus dem Tode und zum ewigen Bleiben.« Diese Gläubigkeit war für ihn Gnade letztlich, wie alles, worum er aber redlich gerungen hat ein Leben lang, ohne darüber all das Schöne und Wahre und Gute in der Zeit

und in den Spuren der Geschichte eines jeden Menschen zu vergessen oder zu übersehen. Aus all den tausend Begegnungen und Erfahrungen mit jungen und alten Menschen, mit Erfolgreichen und Gescheiterten, mit armen oder reichen, hilfsbedürftigen oder wissenden und wagenden, mit Menschen, die kunstvolle Hände hatten und ebensolche Herzen und Sinne, wie mit ganz alltäglich gestimmten Naturen, setzte er sich auseinander, und daraus erwuchs eine solche Fülle an Lebenswahrheit und Weisheit in den vielfältigsten Facetten seiner lyrischen, epischen oder dramatischen Werke, manche vertont von seinen Freunden, wo sie nochmals eine neue Dimension der Sangbarkeit und des Lobpreises der Schöpfung erfuhren. Da war Ulrich Trinkler, der das Mundartgedicht vom »Maumöndle« einfühlsam und reizend komponierte, sein Bruder Robert Maximilian mit der Vertonung zu den Weisen der »Schwäbischen Weihnacht« oder der Augsburger Karl Kraft und vor allem Otto Jochum. Es wäre eine eigene Aufgabe dies darzustellen und zu untersuchen, was die beiden seelisch, menschlich und künstlerisch so ähnlich gestimmten Schwaben geschaffen haben, ob es sich um eine Brautmesse oder ein Marienlob handelt, um kräftige Männerchöre oder ein heiteres »Musikantenbrevier«, geistliche Motetten oder eine Karfreitagskantate, Hirtenweisen, einen Jahresreigen, ob die »Geheimnisse des Weins« besungen werden oder einem ein »Liebesspiegel« vorgehalten wird. Das gemeinsame Schaffen umfaßt etwa 55 meist zyklische Werke mit rund 300 Einzelnummern, wobei die Sangbarkeit der Texte für Otto Jochum über Jahrzehnte hinweg immer wieder Quelle froher und ernster Inspiration geblieben ist.

Das Schreiben für szenische Gestaltungen faszinierte Miller stets neu, auch wenn er gerade hier öfters herbe Kritik hinnehmen mußte. Das war bereits so, als »Ritter, Tod und Teufel« unter Walter Oehmichen in Augsburg eine Inszenierung dieses Gleichnisspieles wagte, das nicht dem Geschmack der NS-Machthaber entsprochen habe. Eine Neufassung des gleichen

Themas kam beim Schwäbischen Landesschauspiel in Memmingen und Mindelheim 1967 in der Regie von Intendant Bernd Hellmann zur Aufführung. Auch damals gab es mancherlei kritische Anmerkungen. Die Zeiten hatten sich geändert, und etliche verkannten offenbar den tieferen Sinn von Millers Werk, obwohl Hellmann sich große Mühe gegeben hat, das Anliegen »herüber« zu bringen: Der Mensch in der Verantwortung zwischen Tod und Teufel, der Kriegsmann Frundsberg, der den Weg zu Frieden und Versöhnung suchte. Auch sein »Mindelheimer Weihnachtsspiel«, vor dem Hintergrund eines »gotischen Mindelheim« vom gerade zwanzigjährigen Miller geschrieben, wesentlich später bei Haas und Grabherr in Augsburg im Druck erschienen, kam in seinem Heimatort Mindelheim erst 1951 zur Aufführung, welche von A. M. Miller wie eine Art »Heimkehr« empfunden wurde, nachdem mit seinem beruflichen Wegzug und sonst mancherlei Mißverständnissen im Laufe der Jahre so etwas wie eine »Entfremdung« entstanden war. Doch alle die Jahre und Jahrzehnte danach wandelten dieses Verhältnis grundlegend, auch wenn er natürlich nicht allein eben auf diese Stadt sich fixiert fühlte, sondern das ganze Schwaben als Heimat ansah, ja letztlich überall dort sich zu Hause fühlte, wo Menschen wie er dem Guten, dem Wahren und dem Schönen Raum gegeben haben, wo Natur als Schöpfung geehrt, geschützt und bewundert wurde, wo Menschen sich mit allen Kräften ihres Daseins dieser Aufgabe in Vergangenheit und Gegenwart gewidmet haben. Miller war deshalb genau so begeistert von der historischen Arbeit seines priesterlichen Freundes Friedrich Zoepfl als Bibliothekar in Maihingen wie an der philosophisch-theologischen Hochschule in Dillingen bis zu seinem Tode, ihn faszinierte eine Dichterin wie Clara Nordström, die ihre letzte Zeit in Mindelheim verbrachte nicht weniger wie ein Schriftkünstler Melchior Mittl, der ihm das »Geigenspiel am Abend« in einem ersten Privatdruck veröffentlichte nicht weniger als ein Schulrat Sepp Müller, dem unermüdlichen Förderer von

Millers Wirken und Schaffen, ob im Bereich der Städtischen Sing- und Musikschule wie im Unterrichtsgeschehen der Volksschulen. Miller fühlte sich verstanden bei Pater Aegid Kolb nicht weniger wie bei Frater Otto Miß von den Mindelheimer Maristenschulbrüdern, der ähnlich wie Schulrat Müller die Jugend, auch in Realschule und Gymnasium immer wieder auf Millers reiches und von christlichem Geist durchdrungenes Schaffen hingewiesen hat. Die Reihe all dieser Freunde und Förderer wäre noch lange. Die Beispiele mögen als Hinweise genügen, und in dieser Reihe dürfen Millers Verleger nicht vergessen werden, die es nicht immer leicht mit ihm hatten. Ein Dr. Maximilian Dietrich ist hier ebenso hervorzuheben wie ein Hermann Volkheimer aus Kempten, die ohne Rücksicht, was gerade »Bestseller« sind, dem Werk von A. M. Miller zur Geltung verhalfen. Der Winfried-Verlag in Augsburg, der Herder Verlag in Freiburg, Auer in Donauwörth, Rainer Wunderlich in Tübingen/Stuttgart, Kösel in Kempten und München, um nur einige herauszugreifen aus einem guten Dutzend weiterer verdienter Verlagsanstalten, sollen deutlich machen, daß es nicht immer einfach gewesen ist, Millers so gar nicht spektakuläre Dichtung unters Volk zu bringen.

Bei den zuvor angesprochenen dramatischen Werken gab es in Millers letzten Lebensjahren noch ein ganz großes Anliegen. 1975 verfaßte A. M. Miller ein Passionsspiel für den schwäbischen Passionsspielort Waal. Otto Kobel hatte das absolute Vertrauen in den Dichter, dem er wie sonst keinem im schwäbischen Raum die Aufgabe zugetraut hat, eben für Waal einen Passionsspieltext neu zu gestalten, worin drei gewaltige Ebenen des großen heiligen Spiels von der Erlösung in nahezu barocker Manier, jedoch in Formen unserer Zeit, zu einer bildmächtigen Aussage gebracht werden sollten, das »Paradies«, die »Schöpfung« und die »Unterwelt«. In mühevoller und mit großer Verantwortung getragener »Passion« ging Miller ans Werk. Die Umstände, weshalb Dichter wie Spielleiter einen Stimmungsumschwung in der Passionsspielgemeinde Waal zu verkraften hatten, kann hier nicht näher untersucht werden. Jedenfalls kam die Textfassung nicht zur geplanten Aufführung, doch endlich kam es an Ostern 1992 dann zu einer tief beeindruckenden Aufführung unter der meisterhaften Spielleitung von Otto Kobel, der seinerzeit den Gedanken hatte, wie es durch Miller dann schließlich eine überzeugende Form angenommen hat. Beim Trauergottesdienst in der Oberstdorfer Pfarrkirche am 24. Februar 1992 dankte in aller Öffentlichkeit Otto Kobel dem Dichter Arthur Maximilian Miller und dem Komponisten, seinem Bruder Robert Maximilian Miller. Auch er konnte das Werk nicht mehr erleben, da er dem Bruder bereits am 5. November 1991 im Tode vorausgegangen ist.

Auch bei einer Reihe weiterer für die Bühne geschaffener Texte hatte Miller trotz aller Bemühungen der Regisseure mitunter nur bescheidene Erfolge, ob dies nun in seiner Heimat Mindelheim mit »Georg von Frundsberg vor Heilbronn« gewesen ist oder mit »Die Heimkehr von Bicocca«, doch bei anderen, etwa dem »Füssener Dreikönigsspiel«, bei dem Fasnachtsspiel »Die Jungfrau und der Teufel« und natürlich bei den Mundartstükken »Agath«, »Das Bachtelmännle«, »D'r Doosoahrig«, »Jösses, dr Herrgott isch gstohle« fand Miller ein begeistertes Publikum, und ein Leonhard Bröll und zahlreiche weitere Laienschauspieler mit ihren Gruppen trafen den richtigen Ton zu Millers Volksschauspielen, wobei ich selbst dankbar mich erinnere vor allem an die verschiedenen Aufführungen des »Mindelheimer Weihnachtsspiels von Unseres Herren Christi Geburt« mit der musikalischen Leitung unter Sepp Müller, Andreas Herb oder Maria Hahn, in eigener Regie oder unter Wolfgang Dreher.

Erinnerungen, Begegnungen, Gespräche, mancher Briefwechsel und viele Menschen, die sich von Millers Dichtung angesprochen fühlten, sammelten sich über Jahre hin. Es mögen nun sehr subjektive »Rückblenden« sein, die ich für die »Lebensbilder aus Bayerisch Schwaben« ausgesucht und darzustellen versucht habe. Die Freundschaft, die mich mit

Arthur Maximilian Miller und seiner Gattin Magdalena verband und die wieder viele andere Freundschaften zustande gebracht hat oder bestehende in besonderer Weise vertiefte, erweiterte und bereicherte, sind kaum noch zu zählen. Beeindruckend war dabei stets, wie sein geschriebenes Wort, wenn es in Lesungen vorgetragen wurde, mit Volksmusik oder Kammermusik zusammen eine Einheit gebildet hat, wie die Hörerinnen und Hörer unvermittelt meinten, der Schöpfer all der kostbaren Texte sei wirklich unter ihnen, er würde selbst zu ihnen sprechen, sie waren immer wieder dankbar, wenn da so scheinbar einfache Zeilen gelesen wurden, wie zum Beispiel

Letzte Auskunft

Wenn d'deina Jährla, wo no sind,
zählscht an da Finger a,
wenn dr so g'späßig ischt im Grind
und trumsalascht so na,

wenn d'Grilla numma geiga dund
und d'Vögel numma singa,
und wenn du aus'm Wasagrund
koi Wässerla hearscht springa:

nau mach dei 'Diarla no vollds zua,
dr Welt laß iahra Sacha.
Si haut scho an si selber gnua.
Bi still und laß sa macha!

Horch na' und los so in di nei',
es will di öbber spraucha.
Ja sag mir doch, wer könnt dös sei'?
Bi still – du merksch es naucha!

Wie der »Becher der Gestirne« oder nicht minder der poetische »Besuch auf der Meersburg« etwas von Millers »Seelenplanetarium« aufscheinen läßt, den Kosmos der Sterne, die die Nacht kostbar erleuchten mit ihrem Aufgehen und Erlöschen, so waren es große Gestalten, sicher auch der Dichtkunst wie eine Annette von Droste-Hülshoff, eben solche Seelenverwandtschaften, die Arthur Maximilian Miller so unnachahmlich fein, bescheiden und stilvoll gepflegt hat, daß einem beim Lesen eben auch eine Sehnsucht nach dem »Bleibenden«, dem »Wertvollen«, dem »Beständigen« überkommt und aller Lärm literarischer Fehden einem ganz nebensächlich erscheinen mag. Bei solchem Studium dieses uns als großes Erbe überkommenen Werkes wird deutlich, wie zutreffend Joseph Bernhart von der Notwendigkeit des Unzeitgemäßen gedacht, gesprochen und geschrieben hat, worin sein Freund A. M. Miller ein treuer Vollstrecker dieses Auftrages in einem langen Leben geworden ist.

LITERATUR IN AUSWAHL

Arthur Maximilian Miller zum 85. Geburtstag. Reden, hrsg. Bezirk Schwaben, Redaktion Peter Klimm, Augsburg 1986. – Nachrufe auf Arthur Maximilian Miller, hrsg. Bezirk Schwaben, Redaktion Hermann Wächter, Memmingen 1992. – Pfarrblatt St. Mang Füssen, Weihnachten 1991, Nachruf Robert Maximilian Miller. – Pfarrbrief der kath. Pfarrgemeinde St. Stephan Mindelheim Ostern 1992: Zum Gedenken an Arthur Maximilian Miller. – Erwin Holzbaur, Arthur Maximilian Miller zum Gedächtnis, in: Kleine Studien aus dem Maristenkolleg XXVI, Jahresbericht 1992/93. – Erwin Holzbaur, Arthur Maximilian Miller. Zum 85. Geburtstag, in: Ebbes Heft 3, Juni/Juli 1986. – Heimat und Frömmigkeit. Festschrift für A. M. Miller, hrsg. Lothar Bossle, Würzburg 1981 (mit zahlreichen Beiträgen von 20 Autoren). – Arthur Maximilian Miller, Das Haus meiner Kindheit, Memmingen 1972. – Arthur Maximilian Miller, Der Sternenbaum, Memmingen 1977. – Arthur Maximilian Miller, Die Vorausgegangenen. Peter Dörfler und Joseph Bernhart. Begegnungen im Zeichen der Freundschaft, Memmingen 1973. – Arthur Maximilian Miller, Briefe der Freundschaft mit Gertrud von le Fort, Memmingen 1976. – Arthur Maximilian Miller, Mein altes Mindelheim, Kempten 1981.

Weitere Werke von Arthur Maximilian Miller, die z. T. zitiert sind:

Die Brüder, Bremen 1938 – Burkard Zink, Donauwörth 1948 – Herr Jörg von Frundsberg, Freiburg 1928 – Das Jahr der Reife, Bremen 1936 und Kempten 1984 – Die Hammerschmiede, Bremen 1938 – Das Dorf ohne Kirchturm, Freiburg 1955 und Kempten 1983 – Die Poggermühle, Freiburg 1957 – Das Christkind im Glasschrein, Freiburg 1965 und Kempten 1979 – Die wachen Stunden der Nacht, Memmingen 1976 – Der glückliche Hannibal, Freiburg 1960 und 1976 – Crescentia von Kaufbeuren, Augsburg

1968 – Bist Du es? Freiburg 1963 – Der Gral, Kempten 1976 und Dillingen 1994 – Das Schwäbische Jahr, Augsburg 1970 und Kempten 1978 – Schwäbische Bauernbibel, Augsburg 1969 und Kempten 1976 – Schwäbische Gedichte, Memmingen 1951 und 1980 – Schwäbische Bläsermesse, Krumbach 1985 – Der Becher der Gestirne, Memmingen 1959 – Geigenspiel am Abend, Mindelheim 1971 und Kempten 1982 – Das Büchlein vom reinen Leben, Kinsau 1986 – Schwäbische Weihnacht, Memmingen o.J. und Kempten 1983 – Besuch auf der Meersburg, Kempten 1983 – Adolf Adamer 1904–1963, Kleine Kostbarkeiten im Allgäu, Kempten 1981 – Aus meinem Skizzenbuch, Kempten 1977 – Spiel der Schatten, Ruit b. Stuttgart 1974 – Silberglanz, Ruit b. Stuttgart 1973 – Ottobeurer Chorgestühl, Kempten 1980 – Hymnen an Ottobeuren, Memmingen o.J. – Mein Schattentheater, Kempten 1985 – Allgäuer Dorf im Jahresreigen, Kempten 1979.

Gerhard Frank   1912–1944
Bezirksrabbiner

Von Gernot Römer

»Der Vorstand führte aus, welche wertvollen Dienste Herr Rabbiner Schwab während seiner dreijährigen Tätigkeit der Gemeinde geboten hat und daß die Kultusverwaltung beschlossen habe, der Gemeindeversammlung die Wiederbesetzung des Rabbinats in Vorschlag zu bringen. Nach eingehender Diskussion erfolgt über diesen Punkt eine geheime schriftliche Abstimmung mit diesem Resultat: von 72 abgegebenen Stimmen lauten 63 auf ja, 9 Stimmen auf nein. Sohin ist die Wiederbesetzung mit überwältigender Mehrheit beschloßen.«
Diese Sätze stammen nicht etwa aus dem Sitzungsprotokoll der Israelitischen Cultusgemeinde zu Ichenhausen. Überliefert ist der Beschluß vielmehr durch die Schutzmannschaft Ichenhausen. Denn wenn die jüdischen Gemeindemitglieder sich nach Hitlers Machtantritt versammelten, waren sie keine Minute unbeobachtet. Ein Polizist war als ungebetener Gast dabei, hörte mit, schrieb mit. So auch an jenem 16. Oktober 1936, an dem beschlossen wurde, trotz der für die Juden schwer gewordenen Zeiten einen Nachfolger zu suchen für Simon Schwab (1908–1995), der den braunen Terror nicht mehr ertrug und mit seiner Familie in die Vereinigten Staaten auswanderte.
Die Wahl fiel auf Gerhard Frank. Im Mai 1937 trat er bei der orthodoxen jüdischen Gemeinde in Ichenhausen sein neues

Amt als Bezirksrabbiner und Lehrer an – der Schwabe kehrte nach Schwaben zurück. Mehr noch: Zu seinem Seelsorgebereich gehörte fortan auch das Dorf, in dem er am 25. November 1912 zur Welt gekommen war und in dem er seine Kindheit verbrachte hatte: Buttenwiesen. Salomon Frank, sein wiederum aus Ichenhausen stammender Vater, wirkte dort von 1910 bis 1917 als Lehrer und Kantor der Jüdischen Gemeinde, dann übte er die gleichen Tätigkeiten viele Jahre in Fischach aus. Die Mutter, Johanna geborene Einstein, war eine Fellheimerin.
Gerhard Frank muß ein ungewöhnlich fleißiger und tatkräftiger Mensch gewesen sein. Um Rabbiner zu werden, besuchte er in Frankfurt/Main die berühmte Breuersche Jeschiwa (talmudische Hochschule) und in Berlin das Hildesheimer-Rabbiner-Seminar – gleichzeitig aber studierte er noch an den Universitäten beider Städte. Im Oktober 1935 wurde er zweiter Rabbiner im preußischen Königsberg, ab Mai 1937 – als Vierundzwanzigjähriger – nach Ichenhausen berufen. Außer Buttenwiesen gehörten Fischach, Kempten, Krumbach, Nördlingen, Oettingen und Wallerstein zu seinem Amtsbezirk – vor allem aber natürlich die Stadt Ichenhausen, in der einmal die weit und breit größte und bedeutendste jüdische Landgemeinde Bayerns bestanden hatte. Frank trat sein Amt zu einer Zeit an, als die Gemeinden seines Rabbinatsbezirks immer kleiner, die Bedrängnis durch die Nationalsozialisten größer wurde. Sein Leben und Wirken wurden geprägt durch den Untergang des deutschen Judentums.
Die Leute, die den Rabbiner beim Pogrom am 10. November 1938 in Ichenhausen verhaften wollten, trafen ihn nicht an. Die Schändung seiner Synagoge, die Demütigungen seiner Gemeindemitglieder erlebte er nicht mit – er war unterwegs. Als er erfuhr, was die braunen Mordbrenner anrichteten und daß bis ins Rheinland nach ihm gefahndet wurde, stellte er sich freiwillig in Krumbach der Polizei. Nächste Station für ihn wie für viele seiner Gemeindemitglieder: das Schreckenslager KZ Dachau.

Gerhard Frank hatte in jenen Tagen in Köln heiraten wollen. Der Termin der Trauung mit der aus Elberfeld (heute Wuppertal) stammenden Privatlehrerin Bertha geborene Frank stand bereits fest. Die Braut mußte den Termin absagen. »Mein Verlobter befindet sich im Konzentrationslager«, teilte sie dem Standesbeamten als Begründung mit.
Bertha Frank war nicht bereit, sich tatenlos mit der Situation abzufinden. Ein Kölner Rabbiner, Dr. Kober, sicherte ihr zu, sich für Gerhard Frank um eine Einreiseerlaubnis nach Holland zu bemühen. In der Hoffnung, mit diesem Versprechen die Freilassung des Verlobten erreichen zu können, reiste sie nach Augsburg und wagte sich ins Gebäude der gefürchteten Geheimen Staatspolizei. Sie erreichte nichts. Als einige Wochen später die Einreiseerlaubnis vorlag, suchte sie erneut die Gestapo in Augsburg auf. Diesmal hatte sie Erfolg. Ende Dezember 1938 wurde Gerhard Frank aus Dachau entlassen. Was er dort mitgemacht hatte, verfolgte ihn für den Rest seines Lebens.
Ein letztes Mal reiste er nach Ichenhausen. Hitler-Deutschland setzte zu jener Zeit zwar alles daran, die Juden aus dem Land zu vertreiben, dennoch ging der Auswanderung ein Papierkrieg voraus. Der Bürgermeister von Ichenhausen mußte Frank bescheinigen, daß er alle gemeindlichen Steuern und Abgaben bezahlt habe; das Finanzamt bestätigte, daß der Rabbiner keinerlei Steuerschulden habe; die Polizei mußte ein Führungszeugnis ausstellen: Strafen und sonstige Vermerke sind hier nicht bekannt usw. usw. Als alles erledigt und alles geordnet war, verließ Frank die Stadt und seine Gemeinde. »Er ging ganz schweren Herzens«, erinnert Bertha Frank sich, und auch seine Gemeinde sah ihn ungern scheiden. Im Zeugnis, das der Cultusvorstand dem Rabbiner mit auf den Weg gab, heißt es u.a.: »Auf seelsorgerischem Gebiet fand Herr Rabbiner Frank durch sein ruhiges, besonnenes Wesen rasch das Vertrauen der Gemeindemitglieder, die in Freud und Leid gern seinen Rat und seine Hilfe suchten… Abschließend erklären wir,

daß sowohl das Wesen wie auch die Leistungen unseren vollen Beifall fanden und wir sehen Herrn Rabbiner Frank mit großem Bedauern von uns scheiden.«

Bevor Gerhard Frank Deutschland hinter sich ließ, heiratete er Anfang Februar 1939 in Köln. Bertha Frank besaß keine Erlaubnis, nach Holland einzuwandern. An der Landesgrenze mußten die beiden wenige Tage später wieder Abschied nehmen. Zum Glück nur für einige Wochen. Dann durfte auch Bertha Frank nach Holland einreisen. In Zeeburgerdyk, einem Lager für jüdische Flüchtlinge aus Deutschland, sah das Ehepaar sich wieder.

Es gab damals viele solche Lager in Holland und noch viel mehr Menschen, die in ihrer verzweifelten Lage des Zuspruchs und der Hilfe durch einen Rabbiner bedurften. Gerhard Frank hatte deshalb vom ersten Tag in der Emigration an alle Hände voll zu tun. Er betreute nicht nur Zeeburgerdyk seelsorgerisch, sondern auch Lager in Hoek van Holland und in Hellevoetsluis. Er unterrichtete in Heimen untergebrachte jüdische Kinder aus Deutschland, war zudem für die Oberrabbinate Amsterdam und Rotterdam tätig; und alles, was er leistete, leistete er ehrenamtlich.

Holland sollte für die Franks letztlich nur eine Zwischenstation auf dem Weg in die neue Welt sein. War Gerhard Frank doch inzwischen eine Stellung als Rabbiner in Amerikas Hauptstadt Washington zugesagt worden. Die anderen Hürden, mit denen die Vereinigten Staaten verfolgten wie nicht verfolgten Menschen die Einwanderung erschwerten, hätten ohnehin für Gerhard und Bertha Frank keine Hindernisse sein dürfen. Die US-Behörden genehmigten damals jährlich nur einer bestimmten Anzahl von Einwanderern je Land die Einreise; ein System, das für viele Menschen jahrelange Wartezeiten zur Folge hatte. Aber für Rabbiner galt diese Quotierung nicht; und außerdem lebten in USA Verwandte der Franks, die – dies die zweite Einwanderungs-Voraussetzung – dafür bürgten, daß sie die Ankömmlinge in Notsituationen finanziell unterstüt-

Rabbiner Gerhard Fauth

25 *Gerhard Frank (1912 Buttenwiesen–1944 Auschwitz), Bezirksrabbiner des schwäbischen Amtsbezirks mit Sitz in Ichenhausen*

zen und diese nicht der öffentlichen Fürsorge zur Last fallen würden. Die Weiterreise nach Amerika schien also greifbar nahe – doch am 13. Juli 1939 teilte das Konsulat in Rotterdam den Franks mit, daß sie nicht in die USA einreisen dürften, sondern zu warten hätten wie alle anderen auch. Eine Begründung wurde nicht gegeben. Bertha Frank: »Es war wie unser Todesurteil.«
Auch nach diesem Rückschlag gab Gerhard Frank nicht die Hoffnung auf, ein vor Hitler sicheres Land zu finden, das ihn aufnähme. 1940 bewarb er sich um eine Stelle bei der Israelitischen Gemeinde in Stockholm. »Aus persönlicher Erfahrung kann er bescheinigen, daß Herr Rabbiner Frank seit zwei Jahren in vorbildlicher Weise als Seelsorger in holländischen Flüchtlingslagern tätig ist. Sowohl die zuständigen Rabbinate, mit denen er in angenehmster Form zusammenarbeitet, als die Lagerinsassen, denen er in ihren schwierigen Verhältnissen seelischen Halt bietet, sind mit seinem Wirken äusserst zufrieden«, lobte der Oberrabbiner der Hofsynagoge zu Amsterdam Frank in einem Empfehlungsbrief nach Stockholm. Und Anfang 1944 erreichte die Familie im Lager Westerbork über das Genfer Rote Kreuz noch ein Schreiben der Jewish Agency aus Jerusalem, sie sei auf der Einwanderungsliste nach Palästina registriert. Doch letztlich blieben sämtliche Bemühungen vergeblich.
1939 richtete die holländische Regierung in der Heide nahe der Grenze zu Deutschland ein zentrales Internierungslager für die vielen deutschen jüdischen Flüchtlinge ein: Westerbork. Es unterstand dem Justizministerium und hatte einen Holländer als Lagerleiter. Es spricht für die Wertschätzung, die sich Gerhard Frank mittlerweile in Holland erworben hatte, daß ihm vom Jüdischen Rat angetragen wurde, als Rabbiner in diesem Lager eine religiöse, soziale und erzieherische Betreuung für die entwurzelten Menschen aufzubauen und sicherzustellen. Frank nahm diese Herausforderung an. Einziger Wermutstropfen: Er mußte vorerst allein dorthin gehen. Frau Bertha erwar-

tete ein Baby. In Assen, nicht weit entfernt von Westerbork, brachte sie es am 22. November 1939 zur Welt. Drei Monate später übersiedelte sie mit dem kleinen Rafael in eine der primitiven Baracken Westerborks.

In der Nacht vom 9./10. Mai 1940 weckte der Lärm von Flugzeugmotoren Gerhard Frank aus dem Schlaf. Der Westfeldzug mit dem Überfall Deutschlands auf die neutralen Länder Holland und Belgien sowie dem Einmarsch nach Frankreich hatte begonnen. Das Lager Westerbork wurde evakuiert. Eineinhalb Stunden lang liefen die Menschen zum Bahnhof in Hoghalen. Dort befand sich ein Zug. Was damals geschah, beschreibt Bertha Frank so: »Ich erinnere mich, wie Gerhard die gesamte Evakuierung organisiert hat, wie er die verunsicherten Menschen auf die verschiedenen Abteile des Zugs verteilte. Er ordnete an, daß die Türen und Fenster nicht blockiert werden dürften, damit die Leute bei einem plötzlichen Bombenangriff den Zug verlassen könnten. Er dachte an alles... Der Zug setzte sich langsam in Bewegung; es war der einzige Zug, der in Holland noch fuhr. Der Zug überquerte Brücken ganz langsam – sie waren wegen der Invasion vermint. Wir wußten das. Nach einigen Stunden hielt der Zug an. Unser Ziel – das Zentrum Rotterdams – war nicht erreichbar. Die Stadt war von der deutschen Luftwaffe zerbombt worden. Wir konnten nicht dorthin – wir konnten auch nicht zurück, einige der Brücken waren in die Luft gejagt worden... Doch wohin nun?« Der Zug rollte schließlich nach Leuwarden.

Holland ist ein kleines Land. Am 10. Mai 1940 hatten die deutschen Truppen es überfallen. Vier Tage später bereits, unter dem Eindruck des Bombardements von Rotterdam, kapitulierte es. Königin Wilhelmina und die Regierung flohen nach London. Auch Gerhard Frank und einige andere Männer versuchten, nach England zu entkommen, um nicht wieder Deutschen in die Hände zu fallen und ein zweites Mal so menschenunwürdig behandelt zu werden wie im KZ Dachau. Doch die Männer fanden kein rettendes Schiff, das sie auf die englische Insel hätte bringen können. Sie mußten umkehren. Ein paar Wochen später wurde der gesamte Transport aus Leuwarden ins Lager Westerbork zurückgeführt.

Gerhard Frank nahm seine Tätigkeit wieder auf: Er wirkte als Seelsorger, traute Menschen miteinander, feierte das Bar Mizwa-Fest der religiösen Mündigkeit mit den Dreizehnjährigen, beerdigte Verstorbene. An die 600 Kinder lebten zeitweise im Lager. Also kümmerte er sich um den Kindergarten und das Waisenhaus; baute das Schulwesen immer weiter aus; sorgte für eine theoretische und praktische handwerkliche Ausbildung der Heranwachsenden. Kompetente Lehrmeister suchte er sich unter den Leidensgefährten. Für die Erwachsenen organisierte er Konzerte, Vorträge und dergleichen kulturelle Veranstaltungen mehr – und fand dennoch die Zeit, um auch selbst zu unterrichten, Abendkurse abzuhalten. Obwohl es inzwischen mehrere Rabbiner in Westerbork gab – Gerhard Frank war die Vertrauensperson des ganzen Lagers und zugleich der Verbindungsmann zum holländischen Kommandanten.

Im Sommer 1942 eine schicksalhafte Veränderung: Die deutsche Besatzungsmacht übernahm das Kommando in Westerbork. Aus dem Flüchtlings- wurde in kurzer Zeit das berüchtigte Sammellager, in dem für ungezählte Männer, Frauen, Kinder die Reise in den Tod begann: nach Bergen-Belsen, Auschwitz, Theresienstadt... Der deutsche Kommandant, der nun das Sagen hatte, teilte zehn Dienstbereiche ein. Krippe, Kindergarten, Volksschule, Waisenhaus, handwerkliche Ausbildung, Rabbinat, Beerdigungswesen bildeten den Dienstbereich 10. Verantwortlich: Gerhard Frank. Ein Mann wie er war nun noch wichtiger als zuvor: Denn zu den Flüchtlingen, die schon im Lager lebten, kamen nun holländische Juden, teils bei Razzien von der Straße weg verhaftet und dann nach Westerbork verschleppt – um deportiert zu werden. Bertha Frank: »Das Lager war zeitweise sehr groß, Tausende von Juden. Aber jeder wußte den Weg zum Rabbiner Frank.«

Bertha Frank war in Westerbork nicht nur die »Frau Rabbiner«. Auch sie übernahm eine wichtige Aufgabe. Ihr oblag der Bereich Fürsorge. In ihren Erinnerungen findet sich ein Satz, der ohne Zweifel auch für Gerhard Frank Gültigkeit hat: »Selbst im Konzentrationslager arbeitete ich niemals für die Deutschen. Ich arbeitete mit ganzem Herzen für das Wohlergehen meines Volkes – des jüdischen Volkes.«

Der Sommer 1944 ist da. In Westerbork kursieren Gerüchte, daß amerikanische Truppen bereits in Belgien kämpfen. Doch die Hoffnungen, bald befreit zu werden, schmelzen dahin wie der Schnee im Frühling. In einem der Viehwaggons des Zuges, der Anfang September Westerbork mit Ziel Theresienstadt verläßt, befinden sich auch Gerhard, Bertha und der kleine Rafael Frank. Sie sitzen auf ihren Koffern. Als Toilette dient ein Eimer. Der Zug hält oft an, doch die Türen bleiben verriegelt: es wird kein Bissen Verpflegung hereingereicht, wahrscheinlich – Bertha Frank weiß das nicht mehr so genau – nicht einmal ein Gefäß mit Wasser, um den brennenden Durst zu stillen.

Im Protokoll der Wannseekonferenz am 20. Januar 1942, auf der die »Endlösung der Judenfrage« beschlossen wurde, heißt es: »Es ist beabsichtigt, Juden im Alter von über 65 Jahren nicht zu evakuieren, sondern sie einem Altersghetto – vorgesehen ist Theresienstadt – zu überstellen...« In Wahrheit ist die Festungsstadt aus der Zeit der habsburgischen Kaiserin Maria Theresia für ungezählte Menschen nichts anderes als die Durchgangsstation in ein Vernichtungslager gewesen. Auch Gerhard Frank bleibt nur kurze Zeit dort. Bereits Ende September muß er weiter. Der Männer-Transport, mit dem er fortgebracht wird, endet in – Auschwitz.

Gerhard Franks Gedanken vor dem Abschied in den letzten Stunden, die er in Theresienstadt verbrachte, galten nicht seinem eigenen Schicksal, sondern seiner Familie. Bertha Frank: »Er war allein mit Rafael, als er ihm ›Auf Wiedersehen‹ sagte und ihn nochmals segnete. Ich konnte das nicht mit ansehen.

Gerhard war so tapfer. Er gab mir bis in die letzte Minute Ratschläge. Als letztes warnte er mich, ihm freiwillig zu folgen. Dann ging ich mit ihm zum Bahnhof und er mußte fort. Er war so tapfer – ruhig – so gefaßt. Ich war es nicht. Ich sah ihn nie wieder.«

Für das Ende des Rabbiners gibt es einen Zeugen. Am 26. April 1946 erklärte der Überlebende Schaja Weisbeker an Eides statt vor dem Notar Spier in Amsterdam, daß der Transport nach der Ankunft in Auschwitz in zwei Gruppen geteilt wurde und daß die Gruppe, zu der Gerhard Frank gehörte, durch Vergasen ums Leben gebracht wurde.

Normalen Menschen dürfte es undenkbar erscheinen, daß in Theresienstadt Angehörigen angeboten worden sein könnte, ihren deportierten Lieben nachzureisen. Doch Gerhard Frank wußte, wovon er sprach, als er seiner Frau den Rat gab, ihm keinesfalls freiwillig zu folgen. Schon bald nach der Abfahrt des Transports, so berichtet Bertha Frank, habe es tatsächlich geheißen, daß Frauen und Kinder ihren abtransportierten Männern folgen könnten. Bertha Frank wußte, was sie zu tun hatte, sie warnte auch Leidensgefährtinnen, nicht in diese Falle zu gehen. Doch schon wenige Tage nach dem zynischen Angebot erreichte sie und den inzwischen schwer erkrankten Rafael ein Befehl. Er besagte, daß Mutter und Kind (!) sich in Kürze zum »Arbeitseinsatz im Osten« auf dem Bahnhof einzufinden hatten.

In ihrer Sorge, daß das Kind diese Reise nicht überleben werde, wandte Bertha Frank sich an einen Bekannten mit guten Verbindungen zur Kommandantur des Lagers. Und in der Tat: diesem Mann, einem Notar, gelang es, eine Art Wunder zu bewirken: Die beiden wurden, obwohl sie sich schon auf dem Bahnsteig befanden, gerettet. Der kleine Rafael wurde von holländischen Häftlingen über einen hohen und deshalb unbewachten Holzzaun geworfen und auf der anderen Seite, außerhalb des Bahnhofs, von anderen Freunden aufgefangen. Bertha erhielt im letzten Augenblick einen Hinweis, den Zug nicht zu besteigen und sich unter das Hilfspersonal zu mischen. Mit diesem verließ sie, unbemerkt von Bewachern, die Station. Von Dank für diese Rettungstat wollten die Beteiligten anschließend nichts wissen: Bertha Frank habe in Westerbork soviel für sie getan, daß sie alle in ihrer Schuld stünden. Doch gewiß war diese Rettungstat auch der Versuch, Dank an Gerhard Frank abzustatten.

Im Mai 1945 befreiten sowjetische Truppen die Überlebenden von Theresienstadt, darunter Bertha Frank und den kleinen Rafael, der – von den ersten Monaten seines Lebens abgesehen – bis dahin in Lagern aufgewachsen war: Zuerst in Westerbork, dann in Theresienstadt. Mutter und Sohn leben heute in Amerika. An Jom Kippur, dem jüdischen Versöhnungs-Festtag, hatten sie in Theresienstadt Abschied von Mann und Vater genommen. An Jom Kippur begehen sie seitdem stets den Jahrtag zur Erinnerung an Gerhard Frank.

Es gibt noch mehr Menschen, die sich dankbar an den Rabbiner aus Schwaben erinnern. Das sind diejenigen, denen er durch die handwerkliche Ausbildung, die er in Westerbork für junge Leute organisierte, das Leben gerettet hat. Eine Anzahl Männer hat nach Kriegsende bezeugt, daß sie wegen ihrer handwerklichen Fertigkeiten in Auschwitz nicht ins Gas geschickt, sondern in Arbeitslager eingewiesen worden sind und dort überleben konnten. Für sein Wirken in Westerbork, das später Leben rettete, ist der Name des früheren Ichenhauser Rabbiners auch in einem Ehrenbuch verzeichnet. Es trägt den Titel »Bewährung im Untergang«. Und wahrhaftig: Gerhard Frank hat sich bewährt. Er hat seinen Glauben gelebt und praktiziert.

*

Es wäre ungerecht, nicht wenigstens zu erwähnen, daß von der Buttenwiesener Lehrer-Familie Frank niemand das Dritte Reich überlebt hat. Justin, der jüngere Bruder, hatte ebenfalls Rabbiner werden wollen. Er studierte an einer Talmud-Hochschule in Polen und starb auf der Flucht vor den deutschen Truppen in Kowno (Litauen) an Hungertyphus. Vater Salomon Frank kehrte, nachdem er seine Tätigkeit als Oberlehrer und Kantor 1936 in Fischach beendet hatte, in seinen Geburtsort Ichenhausen zurück. Als Sohn Gerhard 1939 die Stadt verlassen mußte, übernahm der Vater die religiöse Betreuung der durch Auswanderung, Tod und Deportation immer kleiner werdenden jüdischen Gemeinde. Auch dieser Mann also hat sich im Untergang des deutschen Judentums bewährt. Im April 1942 ist er zusammen mit seiner Frau und vielen anderen jüdischen Schwaben nach Piaski in Polen deportiert worden. Niemand ist von dort lebend zurückgekehrt.

Quellen

»My Memoirs«, Lebenserinnerungen von Bertha Frank Zimmer, 1985. – Dokumente aus dem Besitz von Bertha Frank Zimmer. – Korrespondenz des Autors mit Bertha Frank Zimmer; Lowenthal, A. G. (Herausgeber): »Bewährung im Untergang« Stuttgart 1965. – Römer, G. »Der Leidensweg der Juden in Schwaben«. – Niederländisches Staatsinstitut für Kriegsdokumentation, Amsterdam.

Literatur

»Gerhard Frank aus Ichenhausen – Der Rabbiner der Bedrängten« in Römer, G.: »Schwäbische Juden«, Augsburg, 1990.

Hans Mors 1912–1941
Der Winter vor Moskau als Schicksal
einer vergessenen Generation

Von Hermann Mors †

Zum zweiten Adventsonntag 1990 hatte ein Freizeit- und Fernseh-Magazin von mir eine besinnliche Betrachtung mit dem Titel »Ein Licht brennt für jeden« veröffentlicht: Beginnend mit einer Erinnerung an den Vortag des Heiligen Abends 1944, an dem ich nach einer langwierigen Reise meine Eltern mit einem kurzen Besuch überraschen wollte, damit wenigstens eines von ihren einst acht Kindern für ein paar Stunden mit ihnen ein Licht entzünden konnte. Wir hatten damals nicht ahnen können, daß am selben Abend unser jüngster Bruder kaum achtzehnjährig, in einem Lazarett seinen schweren Kriegsverwundungen erlag. Er war der dritte unter uns fünf Söhnen. Bereits im Juni 1940 hatte ich durch Kriegsverwundung in Frankreich meinen linken Arm verloren.
An jenem Adventsonntag 1990 rief mich ein Herr Müller aus Augsburg an und begann mit folgenden Worten: Jedesmal, wenn er meinen Namen in der Zeitung lese, müsse er an einen Kriegskameraden namens Hans Mors denken. Bei dieser Adventsgeschichte sei dies besonders der Fall gewesen. Er wolle mich fragen, ob da eine Beziehung bestehe, zumal dieser Name in Bayern nicht häufig sei.
Innerlich bewegt antwortete ich, dies sei mein Bruder, im Rußlandkrieg im Dezember 1941 vor Moskau gefallen. Darauf er ganz spontan: Ja, am 18. Dezember 1941. Ich ergänzte, da er es vier Tage zuvor abgelehnt hatte, zum Abschluß einer forstwis-

senschaftlichen Studie, gleichzeitig seiner Doktorarbeit, einen bereits genehmigten Sonderurlaub anzutreten, weil er als Zugführer seine Leute in dieser trostlosen Situation nicht allein lassen wollte.

Wachsende Arbeitslosenzahlen 1932

Mein Gesprächspartner war tief ergriffen. Ich habe ihm dann noch mit ein paar Sätzen die Biographie meines Bruders zu skizzieren versucht: wie er im April 1932 als knapp zwanzigjähriger arbeitsloser Elektrogeselle daheim in Weiler, Westallgäu Abschied nahm, nachdem ihm die Mutter ein Kreuz auf die Stirn gezeichnet und er den langen und schweren Weg aus der wirtschaftlichen Aussichtslosigkeit jener Jahre begonnen hat. Zu Fuß den Bodensee und den Rhein hinab, quer an der Nordsee und Ostsee entlang bis Pommern, wo er in einer Gruppe eines freiwilligen Arbeitsdienstes Aufnahme fand. Diese Arbeitsmänner (nicht zu verwechseln mit dem späteren NS-Reichsarbeitsdienst) hatten unter Leitung des Forstmeisters Gustav Wellenstein manuelle Vorarbeiten einer umfangreichen Schädlingsbekämpfung zu leisten, wobei dieser Forstmeister in dem jungen Hans Mors einen Menschen mit ungewöhnlicher geistiger Neugier und hoher Begabung erkannt hatte und ihm den Weg wies, auf dem er seine Fähigkeiten so großartig entfalten konnte.
Für meinen Telefonpartner, Jahrgang 1913, also ein Jahr jünger als mein Bruder, war dies völlig neu. Offenbar war unser Hans erst seit ein paar Monaten bei dieser Einheit, auch gab es an vorderster Front kaum Gelegenheit, persönliche Gedanken auszutauschen und sich über das Tagesgeschehen hinaus mitzuteilen. Mein Bruder sei aber für ihn in dieser kurzen Zeit, so hörte ich jetzt, eine so starke Persönlichkeit geworden, daß er immer noch an ihn denke. Er habe damals, also am 18. Dezember 1941, seinen Tod mit Bleistift in seinen Taschenkalender notiert und diesen Tag seither nie vergessen. Und er charakteri-

sierte ihn mit wenigen Sätzen, aber schon so griffig formuliert, daß ich es hätte treffender nicht tun können. Eher unauffällig fügte er hinzu, er sei ein sehr religiöser Mensch gewesen.
Das sagte ein halbes Jahrhundert später ein 77jähriger Direktor eines angesehenen Wirtschaftsunternehmens, das er nach den Zerstörungen des Krieges mit aufgebaut und bis vor kurzem geleitet hatte. Er sprach von jenen Dezembertagen 1941 vor Moskau, als ob es erst vor einer Woche gewesen wäre.
Für mich war dieses Telefongespräch nicht nur eine große Überraschung, sondern auch eines der schönsten Weihnachtsgeschenke: die erste Begegnung mit jemandem, der in der Bedrängnis des Todes meines Bruders mit dabei war.
Zutiefst gerührt von diesen persönlichen Mitteilungen gingen meine Gedanken zurück in die Geschichte unserer großen Familie in einer bewegten Zeit. Beginnend noch vor dem Ersten Weltkrieg mit mehreren Umzügen einer Arbeiterfamilie, je nach der Notwendigkeit eines Arbeitsplatzes unseres Vaters bis zu einem das ganze Leben dieser Familie prägenden Höhepunkt und dem Ende des Zweiten Weltkrieges. Wer kann in einer so geschichtsuninteressierten und religiös so wenig sensibilisierten Welt sich solche Einzelheiten noch vergegenwärtigen und vorstellen?

Heile Familie und die Not der Zeit

In einer Epoche, da das psychologisierende und analysierende Hinterfragen menschlicher Schicksale hoch im Schwange ist, fällt mir als Erklärung, wie ein arbeitsloser Handwerksgeselle in neun Jahren eine solche Persönlichkeitsentwicklung und Reifung erfahren kann, kein besseres Wort ein als das von der heilen Welt der Familie, in der wir aufgewachsen sind. Heil aber nicht in dem Sinne, daß wir alles hatten, was wir uns wünschten oder vielleicht forderten, sondern was wir brauchten. Und das war ein in Gott geborgenes Daheim bei Vater und Mutter und den Geschwistern.

Im Mai 1912 als ältester Sohn einer Brauerfamilie geboren, war die junge Familie je nach Arbeitsmöglichkeit des Vaters ab 1914 mehrmals umgezogen: nach Bayersried und Blöcktach (damals Bezirksamt Marktoberdorf), wo er 1918 in die einklassige Landschule eintrat. Zur Entlastung der immer größer werdenden Familie war Hans ab seinem siebten Lebensjahr bei den im Nachbarsdorf Eggenthal lebenden Großeltern mütterlicherseits aufgewachsen, hatte dort eine dreigeteilte Landschule und danach die sonntägliche Volksfortbildungsschule besucht, weil er bei einem Bauern Hütebub war – das fast Selbstverständliche in einer Arbeiterfamilie, da die Kinder ab acht, neun Jahren »vom Tisch weg waren«.

Die Schulzeugnisse trugen durchwegs Bemerkungen, wie: hervorragend talentiert, ordentlich und fleißig. Im Frühjahr 1926 begann Hans beim Eggenthaler Onkel eine Elektrolehre, die nach dessen Unfalltod 1927 in Irsee fortgesetzt und abgeschlossen wurde. Die Zugehörigkeit zum örtlichen Katholischen Burschenverein, das schon früh von seinen Ersparnissen erworbene Selbstbildungswerk »Oskar Schellbachs Erfolgssystem« hatten seine Neigung zum persönlichen Lernen unterstützt. Während der Lehre war er wöchentlich einmal in die Berufsschule der etwa zehn Kilometer entfernten Kreisstadt Kaufbeuren geradelt. Zu all dem hinzu kam die heile Welt der Familie, ob abwesend oder nicht.

Mit 14 hatte mein Bruder bei dem etwa zwölf Jahre älteren Onkel, ebenfalls im Haus der Großeltern lebend, eine Lehre begonnen. Schon ein Jahr darauf war dieser Onkel auf dem Weg zu einer Baustelle bei einem Motorradunfall ums Leben gekommen – ein einschneidendes Ereignis in der Ausbildung meines Bruders, auch in meiner eigenen Erinnerung. Dieser Onkel war ein junger, tüchtiger Elektromeister gewesen, damals in einem Bauerndorf eine beachtliche Position. Er war Mitglied vieler örtlicher Vereine, auch des Kath. Burschenvereins. In wenigen Monaten hätte er heiraten wollen. Es hat mich tief ergriffen, was der Pfarrer in seiner Leichenrede sagte, ohne daß ich als Zehnjähriger die ganze Schwere dieses jähen Schicksalsschlages erfaßt hätte. Diese Ansprache war dann gedruckt worden und hing eingerahmt als Tafel unter dem Wandschrank in der Stube meiner Großeltern. Ich habe diesen Text später noch oft und oft gelesen und gedacht: das ist dein Onkel, der hier als Vorbild eines tüchtigen und religiösen Mannes geehrt wurde.

Dies alles wurde wieder lebendig in Verbindung mit der Bemerkung des Kriegskameraden vor Moskau 1941: Hans sei ein sehr religiöser Mensch gewesen. Was dieser Herr Müller damit wohl gemeint haben mag, zumal unser Hans gar nichts von einer landläufigen Bigotterie an sich hatte. Ich überlegte, welchem meiner seinerzeitigen Kriegskameraden ich dieses Attribut geben könnte. Sicher dem einen oder anderen. Aber die hatte ich alle länger und besser gekannt. Und dann ist wieder hellwach das Dorf meiner Großeltern vor mir gestanden mit dem kraftvollen kirchlichen Gemeindeleben der zwanziger Jahre, an dem mir deutlich geworden ist, wie das in der ländlich-familiären Atmosphäre an hohen christlichen Grundwerten orientierte Lebensgefühl auch auf andere in dieser unmittelbaren Frische ausgestrahlt hat.

Jugendzeit im Dorf als tragendes Fundament

Wie ich dies so niederschreibe, denke ich daran, wie einfach das Leben der jungen Leute in jenem Dorfe war, wie mein Bruder dann die Lehre bei einem Freund des Onkels fortsetzte, weiterhin bei den Großeltern wohnte, einmal wöchentlich mit dem Fahrrad in die Berufsschule der zehn Kilometer entfernten Kreisstadt Kaufbeuren fuhr und sich nach der Gesellenprüfung in der Schweiz Arbeitsmöglichkeiten suchte, bis auch dies in den Jahren 1931 und 1932 ein Ende fand. Lautlos war schon vorher für den Siebzehnjährigen das zu Ende gegangen, was man pädagogisch die Jugendzeit nannte. Nicht zu reden, wie heutigen jungen Menschen ähnlichen Alters das zu veranschaulichen wäre, was die in Millionen wachsenden Arbeitslosenzahlen bedeuteten, schon gar nicht, wie man, ohne eine höhere Schule besucht zu haben, den Doktortitel der Naturwissenschaften erwerben konnte, als noch niemand das Wort vom zweiten oder dritten Bildungsweg kannte oder die Idee von Stipendien oder Zuschüssen. Diese Bezeichnungen waren uns in der Familie fremd. Wir haben auch nie herabsetzende Ausdrücke über den Arbeitgeber gehört, nie etwas vom »Sozialabbau«, einer Eiseskälte des »Sozialstaates«.

Im Frühjahr 1933 erhielt der Forstreferendar Gustav Wellenstein den Auftrag, im Forstamt Pütt bei Stettin 8 Millionen Eiparasiten zur biologischen Bekämpfung einer Raupenplage auszusetzen. Eine Voraussetzung für diesen richtungsweisenden Versuch war die Ermittlung der Stärke des Ei-Belags in den bedrohten Kiefernbeständen. Dazu mußten viele Bäume gefällt und die auf den Nadeln abgelegten Schmetterlingseier ausgezählt werden. Zur Hilfeleistung bei dieser mühsamen Arbeit wurden Angehörige des freiwilligen Arbeitsdienstes eingestellt. Unter diesen war auch der arbeitslose Elektrogeselle Hans Mors. Er erwies sich als sehr zuverlässiger und lernbegieriger Helfer; er wurde deshalb auch bei den wissenschaftlichen Versuchen zugezogen. Als die Arbeit im Frühsommer beendet war und der Forstreferendar Wellenstein im Herbst 1933 seine Staatsprüfung abgelegt hatte, wurde er zum Forstassessor ernannt und sogleich zur Bekämpfung und Erforschung einer ausgedehnten Raupenplage nach Ostpreußen entsandt. Da erinnerte er sich seines tüchtigen Gehilfen Hans Mors und lud ihn zur Mitarbeit ein. Hans Mors kündigte seine Stellung als Elektrogeselle in Pommern und kam sofort nach Ostpreußen. Vom Frühjahr 1934 bis zum Herbst 1936 entwikkelte sich Hans Mors zum anerkannten Wissenschaftler: Während der Vegetationszeit arbeitete er als Leiter der biologischen Waldstation in der Rominter Heide*, in den Wintermonaten studierte er Biologie an der Universität Königsberg/Pr., machte das Begabten-Abitur in Berlin und begann mit der Niederschrift seiner Freilandbeobachtungen.

Im Frühjahr 1934 hatte ihn der Forstmeister in das Jagd- und Naturschutzgebiet der berühmten Rominter Heide in Ostpreußen zur Bekämpfung der gefährlichen Massenvermehrung eines Waldschädlings geholt. Überraschend hatte er in einer ebenso zielstrebigen wie fröhlichen Arbeitsgemeinschaft junger Forstleute und Naturwissenschaftler eine weitere Formung gefunden und ist eifrig, stets selbstkritisch und bescheiden, seinen seltenen Weg gegangen.

War er Mitte der zwanziger Jahre auf das Selbstbildungswerk »Oskar Schellbachs Erfolgssystem« aufmerksam geworden, so versäumte er jetzt keine sich bietende Weiterbildung, sei es in Volkshochschulen oder in Abendkursen wahrzunehmen. Er hospitierte an Forstinstituten in Hannoversch-Münden und den Universitäten Freiburg/Br., München und Königsberg, wo seine Lehrer den frischen und von seiner Aufgabe begeisterten Studenten schätzten und ihm eine große Zukunft voraussagten. Nie hatte er von seinen Eltern eine Mark gebraucht.

Ein Jahr freiwillig Soldat

Als erfolgreicher Sportsmann und Sohn der Berge, denen sein ganzes Herz gehörte, diente er 1936/37 ein Jahr freiwillig bei den Füssener Gebirgsjägern, um anschließend vierzehn Tage mit dem Fahrrad die Orte seiner Vorfahren in Schwaben, Altbayern und Hohenzollern aufzusuchen und deren Lebensdaten nachzuspüren. Dies alles gehörte auch zu seinen Vorstellungen eines umfassenden Lebensbildes.

1939 tauschte er die Ausbildung in Königsberg mit Freiburg im

---

* »Heide«: Mit diesem Wort bezeichnet man in Nord- und Ostdeutschland ein großes, dünnbesiedeltes Waldgebiet. Die Johannisburger Heide (95 000 ha), die Borkerer Heide (21 000 ha) und die Rominter Heide (25 000 ha). In Ostpreußen sind Reste der »Großen Wildnis«, die der Deutsche Ritterorden vor 700 Jahren als natürlichen Grenzwall ungerodet ließ.

Breisgau und zeitweise auch mit München, wo er unter Einfluß von Geheimrat Escherich und Professor Zwölfer sein entomologisches Wissen vervollständigen wollte. Auch hier schätzten seine Lehrer den frischen, von seiner Aufgabe begeisterten Studenten und sagten ihm eine große Zukunft voraus. Bis dann der Zweite Weltkrieg begann. Noch vor dem Abschluß seiner Studien rief ihn der Krieg. Als Angehöriger einer Vorausabteilung erwarb er sich die beiden Eisernen Kreuze. Einen längeren Aufenthalt im Lazarett benutzte Hans zur Korrektur seiner großen Arbeiten über seine Erfahrungs- und Forschungsergebnisse, die dann in einem fachlich wichtigen Sammelband Aufnahme fanden. Noch nicht ganz ausgeheilt, fuhr er auf eigene Faust seiner Truppe nach Rußland hinein nach, um wieder seinen Zug zu übernehmen. Einen bereits genehmigten Sonderurlaub zum Abschluß seiner wissenschaftlichen Arbeit und Ablegung seines Doktorexamens schlug er aus, um seine Leute in der verschlimmerten Situation nicht zu verlassen. Vier Tage darauf fiel er in den Kämpfen um Moskau.
Von den 30 Mitarbeitern der Waldstation Rominten hat nahezu die Hälfte den Krieg nicht überlebt.

Früh vollendet hatte er viele Jahre erreicht

Als in Fachkreisen sein Tod bekannt wurde, betrauerten alle den allzu frühen Verlust eines jungen, hoffnungsvollen Talents, von dem noch so viel erwartet werden durfte. Man bedauerte in den Reihen des wissenschaftlichen Nachwuchses eine Lücke, die schwer zu schließen sei. Professor Gustav Wellenstein, sein Freund und Förderer aus der Rominter Heide, hatte 1942 ihm einen ehrenvollen Nachruf gewidmet und noch nach fünf Jahrzehnten die Gewißheit ausgesprochen, er wäre einmal Universitätsprofessor geworden. Sein strahlender, mitreisender Idealismus werde allen unvergessen bleiben, die ihn einmal kannten.

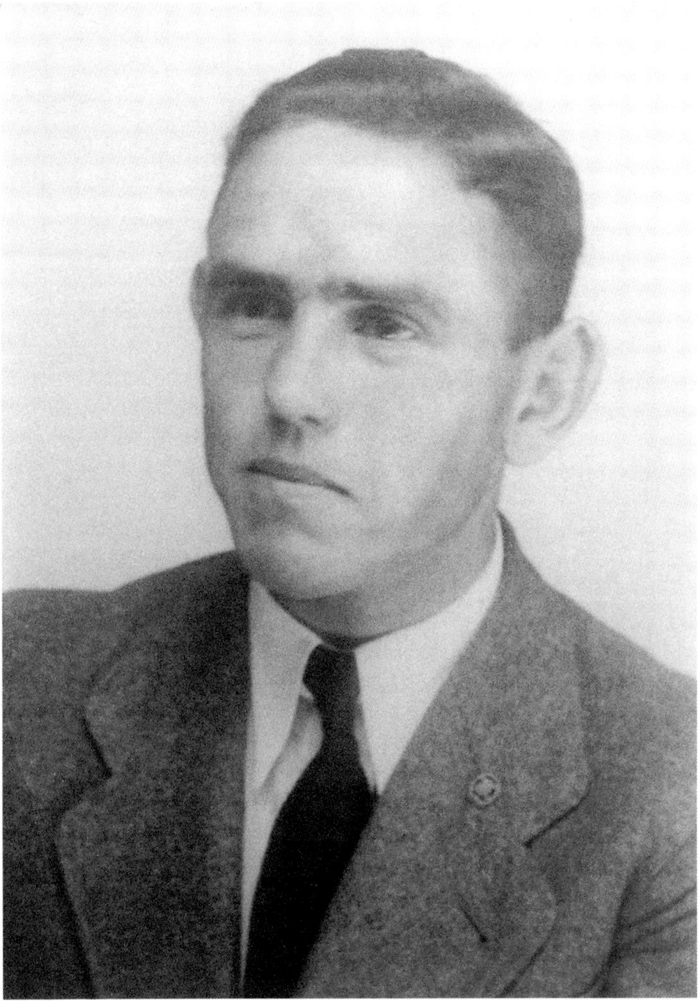

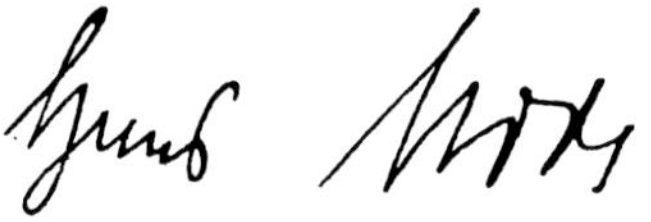

26 Hans Mors (1912 Memmingen–1944 vor Moskau)

Schon im Januar 1942, als uns die Todesnachricht aufwühlte, war mir stets der Satz durch den Kopf gegangen: »Früh vollendet, hat er viele Jahre erreicht«. Und noch ein anderes Wort aus der Bibel: »Eine größere Liebe hat keiner als wer sein Leben gibt für seine Freunde«.

Dieses hier geschilderte Leben möge stellvertretend verstanden werden für noch viele aus jener Generation zwischen 1910 und 1945, die in diesem unseligen und unsinnigen Krieg geopfert werden mußten.

In Scham und Trauer über den Mißbrauch ihrer Ideale und ihrer Bereitschaft des Dienens und der Treue sollen wir wieder im Gedenken an sie und ihre Angehörigen ein Licht entzünden. Und dies nicht nur zur Advents- und Weihnachtszeit.

Für Forschungsarbeit begeistert

Die Begegnung meines Bruders mit dem Forstwissenschaftler Gustav Wellenstein hat beide sehr beeindruckt, ja begeistert und für die weitere Arbeit so motiviert, daß es wie ein Glücksfall war. Was diese Gruppe junger Leute – auch Wellenstein war nur fünf Jahre älter als mein Bruder – auszeichnete, war ein gegenseitiges Vertrauen und von hoher gegenseitiger Achtung getragene Zuversicht im Blick auf das Zusammenarbeiten mit der Grundhaltung einer gewissenhaften Redlichkeit. Welchem hohen Verantwortungsgefühl sich diese jungen Menschen verpflichtet fühlten, ist auch in einer Selbstdarstellung von Wellenstein zu lesen, die er 1940 an die Mitglieder dieser Arbeitsgemeinschaft gerichtet hatte.

»Wir müssen uns«, so schrieb er, »dabei im klaren sein, welche Aufgabe diese Zeit für den Wissenschaftler in sich birgt. Als mitten im Leben stehende Menschen sind wir den vielseitigen Beanspruchungen ausgesetzt, die aus dem allgemeinen Schaffensdrang und aus der Verantwortung für das Gemeinwohl erwachsen. Unser Beruf verlangt ruhige Sammlung und völliges Ausreifen der Gedanken.

Andernfalls läuft unsere Wissenschaft Gefahr, zu verflachen. Die Leistung des Forschers darf deshalb auch nicht gemessen werden an der Zahl seiner Veröffentlichungen, sondern nur an ihrem Wert. Legen Sie also strengen Maßstab an ihre Arbeit. Die Natur gibt ihre Geheimnisse nicht billig preis. Es bedarf außer einer scharfen Beobachtungsauffassung einer Vielzahl sinnreicher Versuche, um Erkenntnisse zu gewinnen. Je weniger junge Wissenschaftler woanders gelesen haben, desto unvoreingenommener treten sie an ihre Aufgaben heran, desto größer ist auch die Freude erstmaliger eigener Entdeckungen. Verlassen Sie sich, junge Freunde, deshalb ganz auf sich selbst und schöpfen Sie aus ihrer inneren Naturverbundenheit, aber studieren Sie das einschlägige Schrifttum, bevor Sie Ihre Arbeit niederschreiben. Seien Sie nicht enttäuscht, wenn Sie dabei feststellen, daß vor Ihnen schon ein anderer dasselbe herausgefunden hat. Der Wert Ihrer Veröffentlichung wird durch eine unabhängige Erkenntnis nicht geschmälert, wohl aber durch eine Unterschlagung früherer Leistungen. Nennen Sie deshalb den Autor und beweisen Sie damit, daß Ehrlichkeit und gegenseitige Achtung auch in der Wissenschaft ein wichtiges Charakterkennzeichen ist. Der Aufbau Ihrer Arbeit sei klar, in der Darstellung knapp, im Stil einfach. Vermeiden Sie Fremdworte. Behaupten Sie nur, was Sie auch belegen können. Unbewiesene und nicht nachprüfbare Vermutungen gehören in keine wissenschaftliche Arbeit. Sie vermeiden damit den Vorwurf der Oberflächlichkeit oder, was noch schlimmer ist, den Eindruck, im Trüben fischen zu wollen. Vergessen Sie nie: Die Studie, die Sie heute mit Ihrem Namen zeichnen, wird vielleicht nach Jahrzehnten wieder gelesen. Dann fragt keiner: »War dies das Werk eines Anfängers oder eines reifen Menschen, wurde daran drei Monate oder drei Jahre gearbeitet, entstand die Veröffentlichung aus innerer Freude am Forschen oder um ein paar Geldscheine zu kassieren?« Alle prüfen mit den kritischen Augen der Nachwelt. Ist die Studie eine wissenschaftliche Leistung oder nicht?«

Die wissenschaftliche Seite der Waldstation Rominter Heide

Noch ehe die Kameraden von Hans Mors ihren Zugführer in ein Soldatengrab gelegt hatten, war eine Buchveröffentlichung über sein Haupttätigkeitsfeld, die Schädlingsbekämpfung in der Rominter Heide, in Vorbereitung und deren Erscheinen für Herbst 1942 in Aussicht gestellt. Auf Veranlassung kanadischer Forstwissenschaftler war das Buch noch während des Krieges ins Englische übersetzt worden.

Zu diesem rund 600 Seiten starken Band »Die Nonne in Ostpreußen (1933–1937). Die Freilandstudien der Waldstation für Schädlingsbekämpfung im Jagdhaus Rominten« unter der redaktionellen Leitung des Forstmeisters Gustav Wellenstein war vom Altmeister dieses Wissenschaftszweiges, Universitätsprofessor Geheimrat Dr. Dr. Karl Escherich, ein Geleitwort geschrieben worden. Aus der Münchner Schule hervorgegangen, habe sich Wellenstein durch eine Reihe wertvoller Forstentomologischer Arbeiten als ausgezeichneter Beobachter, Experimentator und auch Organisator erwiesen. Von seinen zahlreichen Arbeiten nannte Geheimrat Escherich auch die Untersuchungen des Verlaufs seiner Nonnengradation bei Coburg, die während eines mehrmonatigen Aufenthaltes an Ort und Stelle durchgeführt wurden und eine gute Vorbereitung für die große Rominter Aufgabe darstellt.

An dieser Waldstation war Hans Mors Biologischer Abteilungsleiter. In dieser Monographie ist er mit vier Beiträgen von insgesamt 154 Seiten vertreten. Diese behandeln die Untersuchungen über die Entwicklung der Nonne im Freiland unter besonderer Berücksichtigung des Klimas und der Fraßpflanze. In einem zweiten Beitrag ist die Aktivität und der Fraß der Nonnenraupe in den verschiedenen Jahren ihrer Massenvermehrung behandelt. Ein drittes Kapitel ist der Untersuchung des Nonnenfalters während der einer Massenvermehrung gewidmet; ein vierter untersucht die Nonnenprognose Wellensteins und die Bedeutung gradologischer Merkmale.

Dr. Wellenstein, der bekanntlich 1933 Hans Mors entdeckt und 1935 in das Jagdhaus Rominten geholt hatte, nannte ihn einen herausragenden Mitarbeiter, der, wäre nicht der unselige Krieg gewesen, mit Sicherheit seinen seltenen Lebensweg vom Elektrogesellen zum Universitätsprofessor gegangen wäre. Zwischen damals und heute liegen mehr als fünfzig Jahre. Vieles hat sich in diesem halben Jahrhundert geändert. Geblieben ist, so schreibt Wellenstein, die Ehrfurcht vor einem großen Leben.

An dieser Stelle interessiert gewiß noch das Schicksal dieses Gebietes in Ostpreußen. Die Rominter Heide ist zu gleichen Teilen jetzt Eigentum der Sieger: Im Nordteil der Heide herrschen die Russen, im Südteil die Polen. Während die Russen vieles verkommen lassen, haben die Polen gute Ordnung. Das Forsthaus in der Johannesburger Heide (Breiten/Heide) ist Gästehaus des polnischen Landwirtschaftsministers für seine Jagdfreunde. Im nördlichen Ostpreußen siedeln die Russen, die von Stalin nach Sibirien deportierten Wolgadeutschen. Es ist zu hoffen, daß diese das fruchtbare Land wieder in Ordnung bringen. Aber das wird noch lange dauern.

Vorsichtig gibt Dr. Wellenstein, von dem wir diese Informationen haben, zu bedenken: »Das werden wir nicht mehr erleben« (Wellenstein zählt heute über 90 Jahre).

Irmgard Seefried 1919–1988
Kammersängerin

Von Alfred Böswald

Wer die Redensart von den »Herzen, die man im Sturm erobert«, ganz begreifen will, der muß der Sopranistin Irmgard Seefried begegnet sein. Sie war in der Welt zu Hause, aber in Schwaben daheim. Schon früh feierte man sie als den »Inbegriff von Schönheit und Erfolg«. Aber sie hatte auch etwas an sich, was man nur schwer in Worte fassen kann: eine einmalige Art, sich zu kleiden und zu geben, eine geradezu metallisch leuchtende Stimme, eine die Menschen umarmende Gestik, eine Spontaneität der Sprache, die sie ganz im Wort sein ließ, ein sprühendes Temperament, dem zu entfliehen fast unmöglich war, eine ziselierte Anmut, die die Götter nur denen geben, die sie wirklich lieben. An ihr war nichts von der spröden Zurückgezogenheit und der bedächtigen Art, die man üblicherweise den Schwaben nachsagt. Sinnieren freilich – auch dies ist ja ein schwäbischer Wesenszug – konnte sie durchaus. Aber nicht um der Sache selbst willen, sondern um ihre überschäumende Herzlichkeit zu bändigen. Und eine eigenbrötlerische Praktikerin – die Schwaben haben dieses Etikett – konnte sie durchaus auch sein! Hinter all diesen einzelnen Wesenskräften, die sich nur schwer zu einer Einheit formen lassen, aber steckten ungeachtet von der Anerkennung des eigenen Könnens und abseits vom Glanz des »Weltkindes«, der sich darin spiegelte, angeborene und ungespielte Bescheidenheit, die die Wurzeln schwäbischer Kindheit nicht verbiegen oder gar abbrechen ließ, entschiedener Ernst vor allen Rätseln der Kunst, nicht zuletzt vor der Leistung als Opernstar, als Oratorien- oder Liedersängerin. Man hat ja Irmgard Seefried nicht ohne Grund »als vokales Ideal deutscher Innigkeit« gepriesen. Für sie war das alles freilich nicht nur Begabung, sondern Ergebnis harter und zielstrebiger Arbeit. Sie war überzeugt davon, daß menschliches oder berufliches Glück keinem Menschen einfach zufällt. Man müsse dafür schon auch selbst etwas tun. Und immer wieder zitierte sie in diesem Zusammenhang das alte Sprichwort, das in Schwaben erfunden sein könnte, daß es »ohne Fleiß keinen Preis« gebe. Und diese Zielstrebigkeit, von deren Impetus der Dichter Friedrich Rückert einmal meinte, daß vor jedem Menschen ein Bild stehe »des', was er werden soll. Bevor er das nicht ist, ist nicht sein Friede voll!«, zeichnete sie signifikant aus. Tränen glänzten in ihren Augen, wenn sie programmierte, daß sie mit ganzer Kraft und unverstellter Verantwortung ihren Kindern das Gesetz weiterreichen wolle, das ihr vom Vater mitgegeben worden war. Als sie 16 Jahre alt war, habe er zu ihr gesagt: »Entschließe Dich, was Du werden willst. Was Du immer werden willst, ist mir recht. Aber es muß Spitze sein. Denke daran, mache niemals mittelmäßige Arbeit!« Diese Natürlichkeit der Seele war es auch, die ihr auf allen Stationen ihres Lebens Sicherheit schenkte. Man wird unwillkürlich an die Thesen des Heinrich von Kleist in seiner Abhandlung »Über das Marionettentheater« erinnert, in denen der Dichter die Schwerpunkte der Harmonie der Bewegung auslotet. Wer darin orientiert ist, findet »Ebenmaß, Beweglichkeit, Leichtigkeit – nur alles in einem höheren Grade«. Und weil sie ihr »Haus des Lebens« auf ein derart solides Fundament gebaut hatte, konnte sie unnachahmlich und unwiederholbar den Menschen spontan und ohne Falsch entgegengehen. Ihrem Charme Widerstand entgegenzusetzen, war sinnlos. Noch einmal Kleist: »Der Vorteil ..., daß sie sich niemals zierte.« Dies gab auch ihrer theatralischen Substanz, die sie auslebte wie wohl nur wenige vor oder nach ihr, ungeahnte Wärme und Ausstrahlung. Werner Egk, der große Opernkomponist, der unbestritten zusammen mit Carl Orff das Musikleben der ersten Nachkriegsjahrzehnte bestimmte, hat sie einmal einen »Paradiesvogel« genannt. »Sie tragen die Musik von Generation zu Generation weiter, erfüllen sie erst mit Leben.« Seine »Italienischen Lieder«, die er ihr handschriftlich gewidmet hat, waren ihr geradezu auf den Leib geschrieben. Ihr facettenreiches Leben hat sie nie übermütig oder leichtsinnig gemacht. Im Gegenteil: Ohne den leisesten Anflug von Arroganz konnte sie beispielsweise berichten, daß ihr Name oft in ein und demselben Jahr auf dem Programm der sechs bedeutendsten Opernhäuser der Welt gestanden habe: der Staatsoper Wien, der Metropolitan Opera New York, der Mailänder Scala, der Covent Garden Opera London und der Festspielhäuser Salzburg und Edinburgh. Ihr sei das Glück zugefallen, unter den berühmtesten Dirigenten ihrer Zeit zu singen: Herbert von Karajan und Karl Böhm, Wilhelm Furtwängler, Bruno Walter, Otto Klemperer, Rafael Kubelik, Georg Solti, Ferenc Fricsay. Sie suchte nicht den Glanz als Selbstzweck. Immer wieder stand dahinter die unerhörte Anstrengung, mit der »die Götter vor den Erfolg den Schweiß gesetzt haben«. Wer nur brillieren will, so ihre Maxime, wird schnell versanden. »Du mußt bereit sein, Strapazen auf Dich zu nehmen, wenn Du als Künstlerin ernst genommen werden willst«, erzählte sie. Kein Kontinent blieb ausgespart: Europa, Nord- und Südamerika, Asien, hier vor allem Japan, und Australien lagen ihr zu Füßen. Kein Ort war ihr zu weit, kein Programm zu anstrengend. Der Grund dafür war ihre »feste Überzeugung, daß ein Künstler, der die Menschen zu bewegen vermag, die Verpflichtung hat, zu seinem Publikum zu reisen. Wir alle sind von der Zivilisation eingeschnürt und werden täglich von ihren Sensationen überrascht. Mein Ziel ist es, auf den Reisen Mozart, Schubert oder Hugo Wolf für einige Menschen zu einer Sensation zu machen.« Und das – nein viel mehr als das – ist ihr gelungen!

Sie sich als Interpretin etwa in den Liedern von Wolfgang Amadeus Mozart, Franz Schubert, Hugo Wolf, Robert Schumann oder Richard Strauss vorzustellen, die einfach kalt ohne persönliche Anteilnahme Noten in Töne umsetzt, ist für jeden, der sie kennenlernen durfte, unvorstellbar. Von den »Gurre-Liedern« eines Arnold Schönberg oder den »Dorfszenen« von Béla Bartók gar nicht zu reden. Gleiches gilt auch für ihre Rollen auf der Opernbühne. Ob als ideale »Susanna« in Mozarts »Hochzeit des Figaro«, oder als »Fiordiligi« in »Cosi fan tutte«, ob als Webers »Agathe« im »Freischütz«, ob als »Marcelline« in Beethovens »Fidelio«, ob als »Oktavian« im »Rosenkavalier« von Richard Strauss, als »Marie« im »Wozzeck« von Alban Berg, ob als »Butterfly« bei Giacomo Puccini, Intensität und Hingabe blieben sich gleich. Insgesamt sang sie übrigens 33 verschiedene Partien, weitgefächert über die Musikliteratur. Und keinesfalls vergessen werden darf ihr Dazwischenstehen zwischen Natur und Kunst, zwischen Kultur und Zivilisation, zwischen Urkraft und verfeinertem Geschmack, zwischen Sensibilität und Temperament als Oratoriensängerin. Hier kommt Johann Sebastian Bach mit seiner »Hochzeitskantate«, seiner »Messe in h-Moll« oder seinen beiden großen Passionen ins Rampenlicht. Joseph Haydn schließt sich an mit seiner »Schöpfung« und den »Jahreszeiten«. Mozarts »Requiem« bekommt Klang. Händels »Messias« taucht auf und Beethoven mit seiner »Missa solemnis« oder der »Ode an die Freude« in der Neunten Symphonie, Gustav Mahlers »Vierte Symphonie« mit seinen Liedern aus »Des Knaben Wunderhorn« und das »Deutsche Requiem« von Johannes Brahms nicht weniger. Aber mag noch so sehr in allem die »göttliche Diktion« des »Singe, wem Gesang gegeben«, gelten, Irmgard Seefried setzte sich in kluger Selbstbeobachtung ihre Grenzen. Kaum hatte sie ihren 50. Geburtstag gefeiert, sang sie immer seltener, mit 60 überhaupt nicht mehr. »Alles zu seiner Zeit«, war ihre lapidare Antwort auf bedrängende Fragen, doch noch hier und da ein Konzert zu geben. Auch als sie 1979 den damals schon renommierten

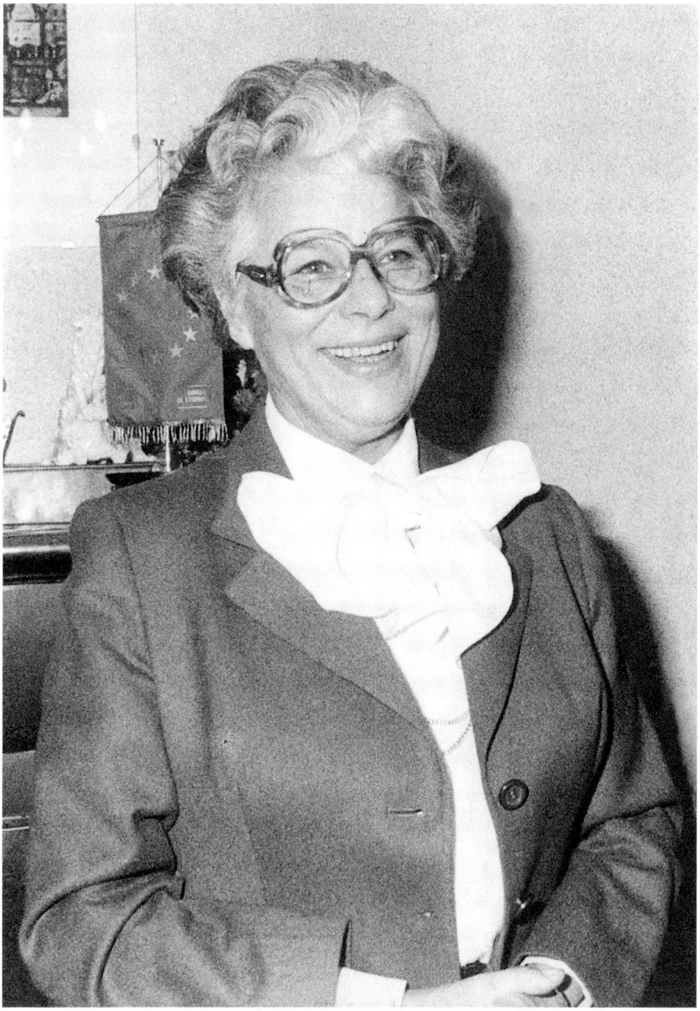

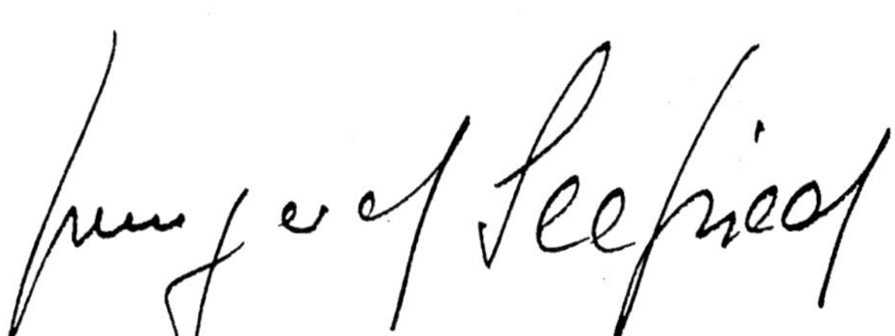

27 *Irmgard Seefried (1919 Köngetried – 1988 Grinzing),
    Opernsängerin*

Donauwörther »Werner-Egk-Preis« als »Wunderkind aus Schwaben« bekam, ließ sie sich durch nichts und niemanden – auch nicht durch Werner Egk selbst – erweichen, die selbst gezogene Grenze noch einmal zu überspringen. Sie weigerte sich ja bereits in der »Vollkraft ihrer Töne« dagegen. Da gibt es beispielsweise von der »Matthäus-Passion« Bachs und ihrem fulminanten Dirigenten Wilhelm Furtwängler eine bezeichnende Geschichte: Er sagte sie dem Wiener Konzerthaus an vier aufeinanderfolgenden Abenden zu. Seefried schrieb kurz, aber bündig an ihn: »Viermal hintereinander bringe ich nicht die Seelenkraft auf, die Sopransoli Bachs zu singen.« Furtwängler gab zurück: »Ich kann es, warum Sie nicht auch?« Und Seefried: »Ich singe, und da reichen zwei Vorstellungen durchaus.« Und dabei blieb es.

Grinzing bei Wien, wo das Weltstadtkind naturverbunden mit seinem Mann, dem nicht minder weltberühmten Violinvirtuosen Professor Wolfgang Schneiderhan, dem profunden Mozart-Interpreten mit dem absoluten Gehör, mit dem sie seit 1948 verheiratet war, und ihren beiden Töchtern, Barbara und Mona, lebte, war ihre Wahlheimat. Dennoch vergaß sie nie als »echtes Schwäble« (Egk) ihre Herkunft. Als sie einmal gefragt wurde, was in den Jahren, in denen die Welt ihre Herberge war, wichtig wurde, sagte sie als erstes: »Schwaben«. Als ich einmal in gelöster Runde ihr Leben auf ähnliche Weise hinterfragen wollte, meinte sie: »Meine schwäbische Geburtsheimat ist mir immer Fundament geblieben. In ihrer Denkart, in ihrem gesunden Sinn für alle Realitäten des Lebens, in ihrem Fleiß.« Dies, und ihre Disziplin, »auf die innere Stimme zu hören«, sich selbst und den Menschen, die es ehrlich und gut mit ihr meinen, treu zu bleiben, habe ihr den Antrieb gegeben, das zu werden, was sie sei, und das zu bleiben, was ihr geschenkt wurde. Daraus habe sie sich die Kraft geholt, »alles abzustoßen, was dem eigenen Wesen menschlich oder künstlerisch zuwiderläuft« und auch, Distanz zu Geschwätzigkeit und Neid, kurz zu den Erscheinungsbildern des Bösen, das den

»Mimen nicht nur Kränze flicht«, zu gewinnen. Die »Nachtigall von Wörishofen«, wie weltweit ihr beliebtestes Epitheton war, die »vollendete Sängerin«, die Egk lobte, hat vielfältige und große Ehrungen aus aller Herren Länder erfahren. Als sie 1979 den Donauwörther »Werner-Egk-Preis« erhielt, versprach sie: »Glück und Freude werden mich immer an Donauwörth binden!« Was Wunder, daß Eugen Jochum, der große Dirigent, das »Genie mit Herz«, noch am Tag der Preisverleihung in einem Telegramm seine besondere Verbundenheit mit der Sängerin, die ja auch unter seiner Stabführung brillierte und Ovationsstürme sammelte, sich begeisterte: »Wem soll ich am meisten gratulieren: Dem Herrn Bürgermeister zur Wahl des bedeutendsten und liebenswürdigsten Schwabenmädels für den Preis unseres gemeinsamen Freundes Werner Egk? – Sicherlich Dir, liebe Irmgard, in großer Mitfreude. Dein alter Eugen Jochum.« Ihr äußeres Leben war geradlinig. Zumindest soweit man es von außen messen kann. »Wie's drinnen aussieht, geht niemand was an!« Auch diesen Satz kannte sie nicht nur aus dem Bühnenrepertoire, sondern aus eigenem Erleben. Am 9. Oktober 1919 wurde sie in dem kleinen Unterallgäuer Dorf Köngetried geboren. Der Vater Heinrich war dort Lehrer, und zwar einer, der zehn Instrumente spielte, eine durchdringende Tenorstimme hatte und das ländliche Musikleben entscheidend bestimmte, so wie es sich für einen Dorfschullehrer nach dem Ersten Weltkrieg nun einmal gehörte. Irmgard Seefried plauderte nicht ohne Stolz darüber, daß dieser »außergewöhnliche Mann« – wie übrigens ihr Großvater auch – durch Schul- und Internatsjahre, die auf den Beruf vorbereiteten, zu Donauwörth besondere Beziehung hatten. Sie hatten in dem von Ludwig Auer gegründeten Cassianeum nach den Wirren des Kulturkampfes und der Revolution ebenso kindlich offen wie jugendlich vorwärtsdrängend den »katholischen Geist dieses Hauses« geradezu eingesogen. Das Internat aber brachte sie zugleich mit dem urbanen Charakter der alten Reichsstadt in Berührung. Dörfliche Geborgenheit

und städtische Offenheit vermischten sich zu einem tragenden Grundgerüst für das »Wachsen am Wunder«. Erzählungen ihrer Kindheit hätten reichlich auch auf sie abgefärbt. »Donauwörth hatte in unserer Familie einen guten Klang.« Die Mutter, eine geborene Maria Scharpf aus Buchloe, bei der Geburt der Tochter erst 19 Jahre alt, war eine Schafferin, die von Kindesbeinen an ihrer Ältesten den Haushalt beigebracht hatte, »daß einem Hören und Sehen vergangen ist«. Irmgard Seefried hat sich übrigens nie geschämt, Hausfrauenpflichten als Lebenselixier zu akzeptieren und auszugestalten. Thea Lethmair meint in einem »Geburtstagsgruß« zum 65.: »Durch die Scharpf-Familie kommt noch eine tirolerische Komponente in Irmgard Seefrieds mittelschwäbische Abstammung. Ein Urahne der Scharpf-Dynastie fungierte als Verwalter der Herren von Frundsberg auf Schloß Petersberg in Tirol, später als Untermarschall von Herzog Sigismund in Innsbruck. Dieser unterschwellige austriakische Zug verdichtet sich im ferneren Leben, bis aus der echten Schwäbin auch noch eine Österreicherin wird, kraft Beruf, Staatsbürgerschaft und Ehe.« Ihr musikalisches Talent zu entdecken, blieb allerdings dem Vater vorbehalten. Obwohl gebürtiger Schwabmünchner, zog er mit seiner Familie bald in das nahe Wörishofen. Jetzt gab es für das Schwabenmädchen unmittelbar »Stadtluft«. Die Ideen des Pfarrers Sebastian Kneipp und seine Gesundheitsregeln hatten ja aus dem verschlafenen Städtchen bereits den Kurort mit überregionaler Ausstrahlung »auferweckt«. Pfarrer Kneipp und seine kernigen, moderner Schulmedizin oft so widersprechenden Ge- und Verbote hatten es übrigens ein Leben lang auch der Frau Kammersängerin angetan. Wann immer es ging, kam sie zur Kur nach Wörishofen, und zwar mit ihrer ganzen Familie, um sich fit zu halten. Und auch im Wohnhaus in Grinzing ließ sie sich alles, was ein überzeugter Kneippianer braucht, einrichten.
Die »schwäbische Strähne«, von der sie so gerne und mit Augenzwinkern sprach, hat sich in eben diesen Wörishofener

Jugendjahren markant herausgebildet: »Wenn ich aufgeregt bin und etwas besonders Ernstes sagen will, komme ich unweigerlich ins Schwäbische hinein, und wenn ich in Bad Wörishofen bin, wird g'schwäblet, daß die Fetzen fliegen«, meinte sie dazu humorvoll. Mit acht Jahren war sie Chorsolistin, mit neun sang das Schulmädel im Landesstudio Augsburg bravourös die »Forelle« von Franz Schubert vor und mit zwölf die »Gretel« in Humperdincks Märchenoper »Hänsel und Gretel«. Thea Lethmair, die langjährige Kulturkolumnistin der »Augsburger Allgemeine«, weiß in diesem Zusammenhang, daß der Vater dennoch keine Starallüren aufkommen ließ. »Damit Dir des net in Kopf schteigt, putzsch Du jetzt vor alle Leit' d'Schtieg 'nunter«, soll er nach der glänzenden Aufführung der Wörishofener Musikschule abgewiegelt haben. Aber: Der reale und seelische Sparsinn kommt ihr zugute. Nach dem Abitur nahm sie das Gesangsstudium am Augsburger Konservatorium auf. (Sein Direktor war der feinsinnige Otto Jochum, der Bruder des Welt-Dirigenten Eugen, beide ebenfalls Lehrerkinder aus dem schwäbischen Babenhausen.) Ein Jahr später starb ihr Vater, erst 48 Jahre alt, bei einem Verkehrsunfall. Die Mutter mußte hart anpacken, um mit ihren drei Kindern einigermaßen »über die Runden zu kommen«. Sie legte nicht nur Irmgard nichts in den Weg, in der Karriere des Gesangs weiterzukommen, sondern sparte nach Kräften mit, die einzelnen Sprossen der Leiter nach oben zu bauen. Sie selbst versuchte mit ihren 17 Jahren, durch Singen bei passenden Gelegenheiten schon ein wenig zum Unterhalt der Familie beizutragen. 1939 absolvierte die Gesangsschülerin mit der glockenreinen Stimme das Konservatorium als Lieder- und Oratoriensängerin. Aber auch als Solistin großer Messen war man bereits auf sie aufmerksam geworden. Das spätere Leben entfaltete seinen frühen Kern. Einmal ließ sie Ruprecht Huth, der Oberspielleiter am Augsburger Theater und Lehrer fürs Dramatische am Konservatorium, um ihr Theaterblut zu testen, gar als eine der acht Walküren bei Richard Wagner auftreten. Sie bestand ihre

»Feuerprobe« bravourös. Mit 20 Jahren machte sie ihr Staatsexamen an der Münchner Akademie der Tonkunst. Dessen Direktor und ihr Examinator war damals übrigens der Rieser Joseph Haas, ein Mann, dessen Frömmigkeit in seinen zum Volksgesang gewordenen großen Messen, etwa der »Speyrer Domfestmesse«, der »Christkönigsmesse« oder der »Münchner Liebfrauenmesse«, die Jugendbewegung lange mitriß. Ihren eigentlichen Entdecker und Förderer aber fand Seefried in Herbert von Karajan. Der später so berühmte Majestro war damals noch Chefdirigent der Oper in Aachen. Das erste Vorsingen trat sie mit 25 studierten Partien – in der Regel genügt weit weniger als die Hälfte – an. Nach diesem Engagement erklärte er kategorisch: »Die kann singen wie sie will, denn die kann singen!« Schon nach zwei Jahren, zu Beginn der vierziger Jahre, also mitten im Zweiten Weltkrieg, folgte für die 23jährige die Wiener Staatsoper. Ihr Debüt gab sie übrigens unter Karl Böhm in Richard Wagners »Die Meistersinger«. Daß man bereits mit 28 Jahren »Kammersängerin« wird, kommt bestimmt nicht jeden Tag vor, schon gar nicht nach den schlimmen Grundlagen des Kriegsendes, das die Russen als Besatzung nach Wien brachte und die Oper als Trümmerhaufen sah. Irmgard Seefried schaffte es. Am 30. März 1945 sang sie – ein Sinnbild von Resignation und Aufbruch – die Sopranpartie im »Deutschen Requiem« von Brahms: »Ihr habt nun Traurigkeit. Aber ich will Euch wiedersehn, und Eure Freude soll niemand von Euch nehmen. Sehet mich an: Ich habe eine kleine Weile Mühe und Arbeit gehabt und habe großen Trost gefunden.« Und bald wurde sie überall, wohin sie kam, gefeiert und umjubelt. Und die Karriere ging steil nach oben: von der Ehrenmitgliedschaft bei den Bostoner und Wiener Philharmonikern, vom Ehrenring der Wiener Staatsoper bis zur Mozart- und Hugo-Wolf-Medaille. Neben Egk widmeten ihr berühmte zeitgenössische Komponisten ein Werk: Boris Blacher, Werner Henze oder Rolf Liebermann. Die Kritiken überschütteten sie mit Lob, die Opernbühnen rissen sich um sie, aber sie blieb

immer die, die sie gewesen war; denn – und auch dies maß sie schwäbischem Urgrund zu – »Wer seine Mitte nicht verliert, der dauert.« Mit 69 Jahren hat sich das Leben dieser einmaligen Persönlichkeit als Künstlerin und Mensch vollendet. Bevor sie am 24. November 1988 starb, lagen hinter ihr qualvolle Monate bitteren Leidens einer heimtückischen Krankheit. Sie nahm ihr vieles, was das Leben ihr zuvor in so reichem Maße geschenkt hatte. Ihr Mann, Wolfgang Schneiderhan, dessen Violine neben ihrem Gesang viele Jahre getreu seinem Motto: »Wir wollen doch nichts anderes als schöne Musik machen« das Haus in Grinzing ausgefüllt hatte, drückte in seinem »Nachruf« herzhaft aus, was viele nur ahnen konnten: »Es war immer unser seliger Wunsch, ein ruhiges, gemeinsames Alter, Hand in Hand, zu erleben. Es sollte nicht sein. Nach qualvollen Monaten ist meine geliebte Frau, den Töchtern eine vorbildliche, warmherzige Mutter und Freundin, die in der Welt geliebte, große Künstlerin und Pädagogin, Kammersängerin Irmgard Seefried, nicht mehr in unserer Mitte. Ein tiefer Schmerz begleitet uns, und unsere Dankbarkeit an sie bleibt grenzenlos.«
Sie war in der Welt bekannt und geliebt. Sie war in der Musik, in der sie immer auch die Bindung an den Schöpfer erkannte, geborgen. Gerade aus dieser Quelle hat sie für Körper, Geist und Seele viel getrunken. Denn: »Ich bin sehr religiös, ich brauch's, habe es mir errungen, vom Kinder- bis zum wissenden Glaubenden und wieder zurück.« Unverwechselbar hat sie im Schnittpunkt der Koordination des künstlerischen und familiären Alltags als »Weltkind« den Fixpunkt ihres Lebens geortet und gepflegt. Ein »durchaus tonales, geordnetes, aber dabei phantasievolles Leben«, wie Professor Dr. Erik Werba, der sie als Pianist bei vielen Liederabenden begleitet hat, einmal feststellte, hatte seine Reife gefunden. Ihre »ästhetische Wirkung und aussagende ethische Kraft bleiben ungebrochen eins« und mit den Jahren und dem Maßstab der Zeit nicht zu messen. »Lichtjahre« kann man nun einmal nicht mit der

»Schublehre« erfassen. Sie rührt an kein Geheimnis. Und dennoch ist es gegenwärtig. Nicht nur im Liede von Franz Schubert: »An die Musik«:

> Du holde Kunst, in wieviel grauen Stunden,
> Wo mich des Lebens wilder Kreis umstrickt.
> Hast Du mein Herz zu warmer Lieb' entzunden.
> Hast mich in eine bessre Welt entrückt!
> ... Du holde Kunst, ich danke Dir dafür!

QUELLEN UND LITERATUR

Wesentliche Grundlage vorliegender Abhandlung sind Begegnungen und Gespräche des Verf. mit der Donauwörther Kulturpreisträgerin Irmgard Seefried. Ein ausgedehnter Briefwechsel, Gespräche mit und Laudationes von Professor Dr. Erik Werba, Wien, der die Liedersängerin viele Jahre bei ihren Konzerten auf dem Klavier begleitete, kommen dazu.
Die literarische Erfassung von Persönlichkeit und Lebenswerk von Irmgard Seefried ist nach Kenntnis des Verf. dürftig: Franz Faßbind, Wolfgang Schneiderhan – Irmgard Seefried. Eine Künstler- und Lebensgemeinschaft, Bern und Stuttgart 1960; Thea Lethmair, Irmgard Seefried – ein Geburtstagsgruß in »Ebbes«, Jahrgang 6, Heft 6, Dezember/Januar 1984/85, Seite 27ff.; Alfred Böswald, »Die Seele suchen«, Donauwörth 1994, Seite 100ff.: »Wunderkind aus Schwaben: Irmgard Seefried«.

Abbildungen

nach Seite

1 »*St. Ulrichs Mutter Thietburga*«. *Gemälde, erste Hälfte 18. Jahrhundert im Stil des 15. Jahrhunderts. Pfarrkirche SS. Ulrich und Martin, Wittislingen, Lkr. Dillingen* 8

2 *Grab Dietbirgs, der Mutter des Heiligen Ulrich, vor der Chorstufe in der kath. Pfarrkirche Wittislingen anläßlich der Kirchenerneuerung unter dem Augsburger Bischof Joseph Landgraf von Hessen, 1752* ... 8

3 *Prämonstratenserabt Wilhelm Sartor (um 1380–1448), aus Thannhausen, reg. 1407–1447, erster infulierter Abt von Kloster Ursberg, Salzburger Marmor, um 1430. Ehemals im Kapitelsaal aufgestellt, heute im Bayerischen Nationalmuseum München* 24

4 *Loy Hering (um 1485/86–1554): Der Liebesgarten. Relieftäfelchen (23,4 x 20,8 cm) im Stil der Kunstkammerstücke, monogrammiert LH mit Fischmotiv. Um 1525. Staatliche Museen zu Berlin Preußischer Kulturbesitz, Skulpturensammlung* 40

5 *Jakob Herbrots Handschrift auf einer Quittung des Jahres 1542. Stadtarchiv Augsburg, Literaliensammlung, 1542, S. 102* 72

6 »*Wolfgang Paller [der Ältere, um 1504–1582] Aetatis suae 78 Anno 1582*«. *Ölgemälde aus dem Sterbejahr des älteren Paller* 136

7 »*Ungerisch Kuepfer-Connto*« *vom 4. Februar 1627, mit dem Sackzeichen der Firma Paller. Rehlingen-Archiv Nr. 55* 136

8 »*Wolfgangus Paller [der Jüngere] Ae[tatis] LXXIIII Anno 1619*«. *Bildnismedaille. Signatur des jüngeren Paller* 136

9 *Wappen* »*Die Herren Paler*« *mit Wahlspruch: Sola virtus nobilitat. (Nur die Tugend adelt.) Sammlung Fromann in der Württembergischen Landesbibliothek Stuttgart* 136

Namenszug »*Wolfgangus Paller*« 158

10 *Matthäus Günther (1705 Peißenberg–1788 Augsburg). Selbstporträt. München, Bayerisches Nationalmuseum* 168

11	Konventbild des vierzigköpfigen Prämonstratenserkonvents der Reichsabtei Roggenburg unter Abt Georg IV. Lienhardt. Gemalt von Franz Martin Kuen (1719–1771) aus Anlaß der Vollendung der Gesamtanlage von Kirche und Kloster im Jahre 1768. Ausschnitt. München, Bayerisches Nationalmuseum	200
12	Das von Johann Georg Henle gestiftete Augsburger Stadtkrankenhaus. Plan und Ansicht aus Joseph Sprenglers Beschreibung »Das Krankenhaus zu Augsburg«, 1879	216
13	Signatur von Johann Georg Henle vom 29. Juni 1852	216
14	Daniel Bonifatius von Haneberg (1816–1876), Abt der Benediktinerabtei St. Bonifaz in München, später Bischof von Speyer. Lithographie von Paul Barfus, 1877	224
15	Geburtshaus Bischof Hanebergs »auf der Tanne« bei Lenzfried. Foto um 1920	224
15a	Niederschrift aus Benedicta Riepps »Punkte«, über die sie sich mit »dem Hochwürdigsten Herrn Abt, Bonifaz Wimmer, nicht recht vereinen konnte«. Siehe auch Text Seite 255–256	230
16	Kleinbauernhaus oder Sölde in Waal, das Geburtshaus von M. Benedicta Riepp	240
17	»Hier ruht die Ehrwürdige Schwester Benedicta Riepp, erste Superiorin. Geboren 28. Juni 1825 (in Waal), Profeß am 9. Juli 1846, Verstorben am 15. März 1862.« Lebensdaten der ersten amerikanischen Superiorin auf ihrem Grabkreuz auf dem Klosterfriedhof von St. Cloud, Minnesota	240
18	Pfarrer Josef Schelbert 1834–1887, der Pionier des Allgäus. Foto von Albert Tanner, Nesselwang	272
19	»Geistlicher Rat Jacob Zwiebel. Geboren 25. Juli 1857. Gestorben 9. Okt. 1918«. Grabmal an der Westseite des Kirchturms der Stadtpfarrkirche Mariä Himmelfahrt in Thannhausen	296
20	Celida Sesselmann (1883–1937), Foto aus den zwanziger Jahren	312
21	Christian Wallenreiter (1900 Friedberg – 1980 München), Landrat von Krumbach, Oberregierungsrat in Augsburg, dann Intendant des Bayerischen Rundfunks	328
22	Christian Wallenreiter in Studio 1, anläßlich der Zwanzig-Jahr-Feier des Bayerischen Rundfunks im Juni 1969	328
23	Arthur Maximilian Miller im Alter von 22 Jahren. Foto Sepp Hartmann	344
24	Arthur Maximilian Miller (um 1964) malend, in der Werkstatt Toni Mayer in Mindelheim. Foto Eugen Bauer	344

25 *Gerhard Frank (1912 Buttenwiesen–1944 Auschwitz), Bezirksrabbiner des schwäbischen Amtsbezirks mit Sitz in Ichenhausen* ... 368

26 *Hans Mors (1912 Memmingen–1944 vor Moskau)* 384

27 *Irmgard Seefried (1919 Köngetried – 1988 Grinzing), Kammersängerin* 392

Verzeichnis der Mitarbeiter

Albrecht Georg, Mühlgasse 8, 86720 Nördlingen
Bachmann Dr. Karl, Schweizerhofweg 18, 88131 Lindau
Böck Dr. Franz-Rasso, Richolfsstraße 20, 87463 Dietmannsried
Böswald Dr. Alfred, Bürgermeister, dann Oberbürgermeister, Ziegelhausstraße 3, 86609 Donauwörth
Gantner Dr. Benno C., Würmstraße 7, 82319 Starnberg
Häberlein Dr. Mark, Johann-von-Weerth-Straße 11, 79100 Freiburg
Holzbaur Erwin, Frundsbergstraße 12, 87719 Mindelheim
Mors Hermann †, Lauinger Straße 15, 89407 Dillingen
Römer Gernot, Karlsbader Straße 12, 86356 Neusäß
Ronneburger Rasso, Schloßberg 16, 86944 Unterdießen
Rugel Leonhard, Hochwaldstraße 9, 97769 Bad Brückenau
Paula Dr. Georg, Permanederstraße 2a, 80937 München
Schelbert Otto, Sonnenhau 6, 88480 Achstetten
Seibold Dr. Gerhard Albert, Oettinger Weg 2, 74564 Crailsheim
Simnacher Dr. Georg, Bezirkstagspräsident, Hafnerberg 10, 86152 Augsburg
Scharf Albert, Professor, Intendant des Bayerischen Rundfunks, München

Register

Von Kreszentia Fickler

Das Register möchte in einer sinnvollen Weise vollständig sein, ohne allzuviel Ballast zu enthalten. Deshalb sind Personen, Ereignisse und geographische Begriffe aus allgemeinen historischen Erörterungen, die zur Abrundung des Zeitbildes dienen, nicht einbezogen. Unerwähnt bleiben auch Ortsnamen zur Bezeichnung einer Wegstrecke, ferner Personen, deren Tätigkeit und Wirkung nicht zutage treten. Es entfallen auch die Namen der im Text zitierten Autoren und die Verfasser der in den Literaturverzeichnissen angegebenen Werke.
Namensformen sind im Register in moderner Schreibweise wiedergegeben. Standespersonen, insbesondere aus regierenden Häusern, werden sowohl unter dem Vornamen als auch unter dem Namen des Adelsgeschlechtes oder des Territoriums aufgeführt. Bei Mitgliedern der regierenden Häuser sind wegen der häufigen Namenswiederholungen die Lebensdaten angegeben. Dies empfahl sich auch bei den Fuggern.
Orte der Tätigkeit werden nur genannt, wenn sie nicht wechseln oder wenn das Wirken einer Person sich im wesentlichen auf sie beschränkt. Dies gilt vor allem bei Künstlern und Theologen. Die Angabe von Verwandtschaftsgraden bezieht sich bei Bürgerlichen lediglich auf die Person des hier Dargestellten.
Die Kenntnis allgemeiner geographischer Begriffe und bedeutender Orte wird vorausgesetzt, deshalb entfällt eine nähere Bezeichnung. Bei kleineren Dörfern, insbesondere bei Dörfern in Bayerisch Schwaben, ist der Landkreis angegeben, zu dem sie gehören, oder es ist die ihnen nahe gelegene größere bekannte Stadt genannt. Für die Ortsnamen ist die amtliche Form gewählt.

Abkürzungen

Br.	Bruder	Ldgf.	Landgraf	S.	Sohn
Gf.	Graf	Lkr.	Landkreis	Schw.	Schwester
Gymn.	Gymnasium	M.	Mutter	T.	Tochter
Hz.	Herzog	Ndb.	Niederbayern	V.	Vater
Kf.	Kurfürst	Obb.	Oberbayern	∞	verheiratet mit
Kg.	König	Pfgf.	Pfalzgraf		
Kr.	Kreis	Pr.	Prinz		

Aachen 397
Abele Xaver, Faßmaler 301
Abtei, Südtirol 167. 186
Adalbero, s. Augsburg, Bischöfe
Adalbero, S. der Luitgard und des Gf. Peiere von Sulmetingen 11
Adamer Adolf, Restaurator 342
Adelberg, ehem. Prämonstratenserkloster, Lkr. Göppingen 196
Adelinde, Äbtissin in Stift Buchau im Federsee 11
Adelmann, Gf. von 289
Aeschach, Stadtteil von Lindau 306. 307
Aichelberg, Ritter Diepold von 18
Alba, Herzog von 85. 88
Alberstötter Albert, Benefiziat aus Friedberg 297
Albert, S. des Diepold von Aichelberg 18
Albrecht, Gf. 89
Albrecht V., Hz. von Bayern 94
Albrecht, Kardinal in Halle 73
Albrecht Mang 70
Aldegrever Heinrich, Kupferstecher 60. 64
Aldersbach, Lkr. Passau 184
Alemannien, Herzöge und Grafen von 9
Altdorf, Gde. Biessenhofen, Lkr. Ostallgäu 173
Altdorfer Albrecht, Maler, Kupferstecher 62
Altdorfer Georg, Suffraganbischof von Chiemsee 51
Altenberg bei Dresden 149. 150. 153
Gut Bärenburg 150
Zinnbergwerk 153
Altenmuhr (Muhr am See), Lkr. Weißenburg-Gunzenhausen 48
Altstädten (Altstätten), Lkr. Oberallgäu 279
Altthaler, Abt Vitalis OSB, Ottobeuren 349
Altusried, Lkr. Oberallgäu 269. 277

Amberg/Oberpfalz 99. 145
Ambras (Schloß und Herrschaft in Tirol), Kunstkammer 132
Amigoni Jacopo, venezianischer Maler 348
Amorbach, Lkr. Miltenberg 176
Basilika, Klosterkirche 167. 177
Amsterdam, Niederlande 133. 134. 368
Hofsynagoge 369
Andechs, Elisabethenkapelle 184
Kloster 222
Andreas, Kardinal von Österreich, S. Erzherzog Ferdinands 130
Andreas P(ater), Konventuale in Polling, Pfarrer in Unterpeißenberg 164
Anselm (Erb), Abt des Reichsstiftes Ottobeuren 197
Antwerpen 74. 84. 94. 133. 134
Fuggerfaktorei 87
Aretin, Freiherr von 289
Arnold Christoph, pfalz-neuburgischer Beamter 73. 94. 95. 98
Arnold Gabriel, Rentmeister des Pfalzgrafen Ottheinrich 73
Arzt Bernhard, Kanoniker in Eichstätt 47
Asam Cosmas Damian, Barockmaler 165. 176. 188
Asam Egid Quirin, Bildhauer und Stukkator 177
Aschering, Gde. Pöcking, Lkr. Starnberg 269
Assen bei Westerbork, Holland 370
Auer Ludwig, Gründer des Cassianeums in Donauwörth 394
Augsburg 19. 24. 25. 29. 33. 35. 36. 38. 39. 46. 55. 57. 70. 75. 79. 80. 83. 85. 86. 90–95. 97. 100. 102. 114. 115. 116. 118. 120. 121. 122. 124. 127. 130. 134. 141. 142. 144. 145. 147. 148. 150. 163. 165. 166. 168. 169. 170. 173. 195. 201. 202. 204.–207. 213. 217. 257. 284. 302. 310. 339. 347. 359. 367. 390

Augsburg
Bachsches Seelhaus 208. 209. 210
Barmherzige Schwestern 174. 175. 178. 181. 186. 187. 188. 206. 207–214. 216. 301. 302
Bischof 123. 214
Bischöfe (chronologisch):
  Adalbero (887–909) 12
  Hiltin(e) (909–923) 9. 12
  Heiliger Ulrich (923–973) 9. 10. 13. 14. 15. *Abb. 1–2*
  Gebehard (996–1001) 9. 10
  Anshelm von Nenningen (1413–1423) 19
  Peter I. von Schaumburg (1424–1469) 22. 23. 24
  Otto Truchseß von Waldburg, Kardinal (1543–1573) 122
  Marquart II. von Berg (1575 bis 1591) 124
  Joseph I., Landgraf von Hessen-Darmstadt (1740–1768) 15 *Abb. 2*
  Pankratius von Dinkel (1858 bis 1894) 216
Bischofsstuhl 9. 10. 12
Börse 90
Bürgerrecht 69. 70
Bürgerschaft 69
Diakonissen 209
Diözese 17. 194. 346
Dom 138
Domkapitel 23. 29. 211. 216
Domkreuzgang 31. 53
Domstift 124
Fuggerkapelle bei St. Anna 31
Fuggersches Unternehmen 73
Fuggerzentrale 74. 87
Großbürgertum 65
Handelshäuser 119
Hochstift 124
Jesuiten 171
Kaufleute 101
Krankenhaus 210
Kongregationssaal der Jesuiten 184

Augsburg
Konservatorium 396
Kunststadt 30
Lechelektrizitätswerke 300
Maria Stern 123
Maximiliansmuseum 32
Reformation 77. 102
Regierung 211. 297. 303
Regierung von Schwaben und Neuburg 240
Reichsstadt 76. 114
Reichstag 54. 73. 88. 89
Stadt 69. 82. 86
Stadtgemeinde 216
Stadtgericht 72
Städtische Kunstslg. 136
St. Anna 28. 44
St. Georg 21. 32
St. Jakobs-Pfründe 155
St. Martinskloster 115
St. Moritz 31
St. Stephan 11. 217. 327
Täuferbewegung 72
Universitätsbibliothek 197
Winfried-Verlag 360
Augsburger Rat 94
Auhausen, Lkr. Donau-Ries 48
Aulendorf, Lkr. Ravensburg 268
Aulinger Bernhard, Stadtpfarrer von Höchstädt 214
Auschwitz, Konzentrationslager in Polen 371–374
Autenried bei Ichenhausen, Lkr. Günzburg 295

Babenhausen, Lkr. Unterallgäu 234. 237. 238. 339. 396
Bachhagel, Lkr. Dillingen 205
Bad Brückenau, Lkr. Bad Kissingen 206
Baden, Markgraf Karl von 98
Bader, Bürgermeister von Krumbach 330
Bad Heilbrunn, Lkr. Wolfratshausen-Bad Tölz 210
Bad Tölz/Obb. 210

Bad Wörishofen, Lkr. Unterallgäu 355. 395. 396
Baldauf Ignaz, bischöflicher Hofmaler 185
Bamberg/Ofr. 43. 44
  Bischöfe 65
  Dom 43
  Heinrichsgrab 46
Barfus Paul, Lithograph *Abb. 14*
Barnabo, Kardinal in Rom 256
Bartok Bela, ungar. Komponist 392
Basel, Konzil (1431–1443) 23. 24. 26
  Universität 90
Bassi Johann v., Geheimsekretär des Augsburger Fürstbischofs Joseph Ldgf. von Hessen-Darmstadt 14
Bauberger Dr. Wilhelm, Jugendschriftsteller 308
Baumgartner Christoph, Patrizier 100
Baumgartner David 97. 98
Baur Karl, Pfarrer in Laub 297
Bayer Georg, Bildhauer in Mindelheim 342
Bayer Lukas, Faktor der Paller-Weiß in Leipzig 134
Bayern 327
Bayern:
  Albrecht V., Hz. von 94
  Stephan, Hz. von 18
  Ludwig I., Kg. von 206. 212
  Ludwig II., Kg. von 224
  Luitpold, Prinzregent von 297. 298
Bayersried, Gde. Eggenthal, Lkr. Ostallgäu 380
Bayrhamer P. Maurus (Salzburg) 194
Bayrhammer Anna Barbara, M. des P. Augustinus und Philipp Bayrhammer 193. 194
Bayrhammer P. Augustinus, Benediktiner des Reichsstiftes Ottobeuren 193–199
Bayrhammer Johann Baptist (Taufname des P. Philipp Bayrhammer) 194
Bayrhammer Johann Georg Magnus (Taufname des P. Augustinus Bayrhammer) 197
Bayrhammer Johann Michael, Br. des P. Augustinus und P. Philipp Bayrhammer, ∞ Maria Magdalena Schuler 194
Bayrhammer Johann Michael, Lehrer, V. des P. Augustinus und P. Philipp Bayrhammer 193. 194. 197
Bayrhammer Philipp OPraem. in Roggenburg 193–199
Beckh, Advokat in Lindau 278
Beck von Beckstein, Leonhard 83. 87
Beethoven Ludwig van, Komponist 392
Behlingen, Gde. Kammeltal, Lkr. Günzburg 295
Benker Heinz, München 352
Bentele Fidelis, Bildhauer 342
Berg Alban, österr. Komponist 392
Bergen-Belsen, Lkr. Celle, ehemaliges Konzentrationslager 371
Berg Marquart v., s. Augsburg Bischöfe
Berlin, Hildesheimer-Rabbiner-Seminar 366
Bernhard, Propst von Schlägl 21
Bernhart Dr. Joseph, Theologe und Kulturphilosoph 345. 350. 363
Bergmüller Johann Georg, Maler und Freskant 172. 179
Bergmüller Johann Baptist, S. des Johann Georg Bergmüller 172
Berthold, Hz. von Bibereck, Gründer des Klosters Roggenburg 196
Beuren, Lkr. Neu-Ulm 295. 296
Biberach, Oberschwaben 11
Bibra, Lorenz von, Bischof von Würzburg 45
Biburg bei Diedorf, Lkr. Augsburg 125

Billenhausen, Lkr. Günzburg 24
St.-Leonhards-Kapelle 24
Billoth Jakob, Kaufmann in Teschen 149
Birkin Johanna ⚭ Theodor Riepp 237. 238
Bismarck, Reichskanzler 285. 286
Bissenberg 163
Blacher Boris, Komponist 397
Blarer Ambrosius, Theologe 98
Blarer Gerwig, Abt von Ochsenhausen und Weingarten 88. 89. 92. 94. 97
Blöcktach, Gde. Friesenried, Lkr. Ostallgäu 380
Bobingen, Lkr. Augsburg 140. 155
Bocskay Stephan 148
Böhm Karl, Dirigent 391. 397
Boldstetter Ulrich, Priester 24
Bonatz Paul, Architekt in Stuttgart 344
Boppard a. Rhein 65
Bossle Lothar, Professor 346
Bozen, Südtirol 133
Fuggerfaktorei 74
Bradl Jakob, Bildhauer in München 338
Brahms Johannes, Komponist 392. 397
Brandenburg, Albrecht von, Erzbischof von Mainz 73
Brandenburg, Markgf. Georg v. 65
Markgraf Joachim von 82. 83
Braun Anton, Professor in Ingolstadt 53
Breinlinger Hans, Schriftsteller 354
Bremen 245
Brendans P. Ignaz, Münsterschwarzach 182
Brentano Clemens von, Dichter 222
Breslau, Schlesien 69. 70. 90. 134. 148. 149
Breu Jörg, Maler 44
Brixen, Südtirol 99
Dom 173

Brixlegg bei Kufstein 131. 142
Bergrevier 129. 131. 132
Bröll Leonhard, Sonthofen 361
Bruchsal, Baden-Württemberg 164
Schloßkirche 176
Brugger Anton, Kooperator in Thannhausen 194
Brunnhuber Josef, Schulrat 343
Bruschius Kaspar 26
Bubeck Erwin, Elektrofirma aus München 299
Bucer Martin 79
Buchau, Stift im Federsee 11
Buchloe, Lkr. Ostallgäu 233. 257. 395
Burchard I., Hz. v. Schwaben 9. 10
Burchard, Markgraf 10
Burchardinger, Geschlecht der 10
Burgau, Lkr. Günzburg 329
Markgraf Karl von, Habsburger Abkömmling 155
Markgrafschaft 78. 122. 329
Burgauer Petrus, Ursberger Profeß-Kleriker 21
Burglengenfeld, Lkr. Schwandorf/Opf. 47
Burkhard, S. des Diepold von Aichelberg 19
Buttenwiesen, Lkr. Dillingen 366. 374

Carl Eugen, Hz. von Württemberg 178
Carlowitz Christoph von, kursächsischer Geheimer Rat 98
Carossa Hans, Arzt und Dichter 356
Castl Bartholme, italien. Handelsmann 146. 147. 148
Christ Joseph, Maler 187
Chur, Kloster St. Luzi 196
Churwalden, Schweiz 196
Conradorfer Kaspar 133
Cralon, Abt von St. Gallen (942 bis 958) 13
Croy Jobst 146

Dachau/Obb. 367
ehemaliges Konzentrationslager 366. 370
Danzig 134. 148
Daucher Adolf, Bildhauer 31
Hans, Bildhauer 34. 38. 42. 44. 46. 53
Deibler Jakob, Thannhausen 205
Delai Joseph 169
della Genga, Kardinal, Rom 258
Deller Andreas, Bierbrauer, V. der Anna Deller 203
Deller Anna, T. des Andreas Deller, ∞ Michael Henle 203
Deller Georg, Bierbrauer, V. der Scholastika Deller 203
Deller Scholastika, T. des Georg Deller ∞ Michael Henle 203
Desmarées Georges, Maler 179
Diathild, Nonne 13
Diebolder Maria Cleopha ∞ Matthäus Günther 187
Dieffenbrunner Johann Georg, Maler 180. 181
Diepurgis, Sancta 15
Dießen am Ammersee/Obb. 173
Augustinerchorherren 172
Klosterkirche 172
Dietbirg (Dietpirch) um (840 bis 924?), Mutter des heiligen Ulrich 9–16 *Abb. 1–2*
Dietpald, S. der Dietbirg und des Hupald 10. 11
Dietrich Franziska ∞ Paul Dietrich 296
Dietrich Dr. Maximilian, Verleger 360
Dietrich Paul, kgl. bayer. Eisenbahninspektor 296
Dietrich Walburga OSB 241
Dilger Georg d. Ä., Kaufmann in München 97
Dinkelsbühl, Lkr. Ansbach/Mfr. 33
Dippoldiswalde (Sachsen) 149
Dillingen/Donau 10. 20. 21. 141. 197. 205. 295

Dillinger Franziskanerinnen 205
Dinkel Pankratius v., s. Augsburg Bischöfe
Döllgast Joseph, Vikar in Weiler 297
Döllinger Johann Joseph Ignaz von, Theologe in München 223. 224
Dörfler Peter, Priester und Schriftsteller 235. 236. 339. 348. 350
Donauwörth 82. 84. 120. 122. 394. 395
Kloster Heiligkreuz 197
Reichsstadt 78
Werner-Egk-Preis 393
Donnersmarck Lazarus Henckel von 145. 147. 148. 149. 157
Drackenstein, Pfarrei, Diözese Konstanz 22
Dreher Joseph Anton, Orgelbauer in Illereichen 296
Dreher Wolfgang 361
Dreyling Hans 130
Drosendorf, Niederösterreich 117
Druisheim, Gde. Mertingen, Lkr. Donau-Ries 166. 173
Dürer Albrecht, Maler und Graphiker in Nürnberg 36. 44. 54. 64

Ebenhofen, Gde. Biessenhofen, Lkr. Ostallgäu 296
Ebner Georg, München 322
Eck Leonhard von, bayer. Kanzler 98
Eck Oswald von, S. des bayer. Kanzlers Leonhard von Eck 98
Ecknach bei Aichach, Lkr. Aichach-Friedberg 296
Edinburgh (Schottland), Festspielhaus 391
Egell Paul, Bildhauer in Mannheim 171
Eggenthal, Lkr. Ostallgäu 380
Eggisried, Marktgemeinde Ottobeuren 348
Egk Werner, Opernkomponist 391. 393. 394. 397

409

Eichstätt 12. 28. 29. 30. 40. 42. 45. 47. 48. 50. 53. 57. 221. 246. 247. 248. 255. 258. 260
  Archiv der Abtei St. Walburg 240
  Benediktinerinnenabtei St. Walburg 235. 239. 241. 242. 243. 252. 256
  Bischof 39
  Bischöfe 65
  Bistum 65
  Dom 33. 50. 53. 54. 59. 62
  Domkapitel 39. 65
  Kloster 258
  Knabenseminar 212
  Mortuarium 56
  Ostfriedhof 53
  Sakramentskapelle 34
  Universität 28
  Willibaldsdenkmal 28. 43
Einsiedeln (Schweiz), Freskenzyklen 165
Eisele Dr. Josef, Pfarrer in Kirchheim 308
Eiselin Sibilla, Schwägerin des Jakob Herbrot 99
Eiselin Stephan, Zunftmeister der Kramer in Augsburg 71
Ekkehard IV., Geschichtsschreiber des Klosters St. Gallen 11. 13
Elberfeld (Wuppertal) 367
Eldern bei Ottobeuren, Lkr. Unterallgäu 237. 238. 239
Ellerbach, Heinrich von, Herr von Neuburg/Kammel, Schutzvogt des Klosters Ursberg 22. 24
Ellerbach, Puppelin von 24
Eltz Georg, Hochmeister des Deutschen Ordens 54
Eltz Margarete, M. des Georg Eltz 54
Ellwangen, Ostalbkreis 172
Epple Franz, Ottobeuren 349
(Erb)Anselm, Abt des Reichsstiftes Ottobeuren 239
Erdwein Ludwig ∞ Barbara Funck 115

Erfurt, Thüringen 145
Erhart Gregor, Bildhauer 28. 31. 33. 34. 35. 37. 39. 46. 53. 56. 65
Erhart Michel, Bildhauer 36. 45
Erie, Pennsylvania USA 253. 254. 255. 258. 259
  Konvent St. Benedict 253
Ertl, Bürgermeister (Höchstädt) 215
Escherich Karl, Universitätsprofessor 384. 387. 388
Ettal, Lkr. Garmisch-Partenkirchen 183
Ettringen, Lkr. Unterallgäu 343
Eugen IV., Papst 22
Eyb Gabriel von, Fürstbischof von Eichstätt 35. 37. 42. 46. 50. 65

Feichtmayr Franz Xaver d. Ä., Stukkator 170
Feichtmayr Johann Michael, Stukkator 177
Feichtmayr Maria Theresia, T. des Franz Xaver Feichtmayr d. Ä. 181
Felb Konrad, Kirchherr in Krumbach 24
Fellheim, Lkr. Unterallgäu 366
Ferdinand, Erzherzog von Tirol 123. 129. 130. 137. 145. 155
Ferdinand I., Römisch-Deutscher Kaiser 96. 98. 120. 121. 122. 127. 128. 133
Ferdinand I., Römisch-Deutscher König 85. 86. 88. 92. 97
Ferdinand II., Römisch-Deutscher König 149
Ferler Konrad, Stadthauptmann 80
Feuchtweck Georg, Diener des Jakob Herbrot 83. 94. 99
Feyerabend P. Maurus, Prior des ehemaligen Reichsstiftes Ottobeuren 198
Fickler Kreszentia, Lehrerin 349
Fiecht bei Schwaz, Tirol, Benediktinerkirche 176
Fieger Maura OSB 241

Finckh Jakob, Geschäftspartner der Paller-Weiß 133
Fischach, Lkr. Augsburg 366. 375
Fischen, Lkr. Oberallgäu 268. 269. 271. 273. 277. 280. 282
Fischer Aloys, Domdekan und Dompfarrer 201. 208
Fischer Jakob 133
Fischer Ludwig, 2. Bürgermeister in Augsburg 213
Fliedner Theodor, Pastor in Kaiserswerth 209
Forndran Georg, Oberbürgermeister in Augsburg 214. 215
Frank Anna, geb. Einstein, M. des Gerhard Frank 366
Frank Bertha ∞ Gerhard Frank 367. 368. 369. 372. 373. 374
Frank Christian, Priester und Heimatforscher 334
Frank Gerhard (1912–1944), Bezirksrabbiner 365–375 Abb. 25
Frank, Lehrerfamilie in Buttenwiesen 374
Frank Rafael, S. des Gerhard Frank 370. 372. 373. 374
Frank Salomon, V. des Gerhard Frank, Lehrer und Kantor der Jüdischen Gemeinde in Fischach und Ichenhausen 366. 375
Franke Rochus, Faktor der Paller-Weiß in Leipzig 134
Frankfurt/Main 11. 73. 74. 83. 94. 134. 145. 149
talmudsche Hochschule 366
Frankfurt/Oder 148. 149
Frei, Dr. Hans, Museumsdirektor 346
Freiburg/Br., Herder-Verlag 360
Universität 383
Freising/Obb. 23. 165
Lyzeum 197
Frey Konrad, Lindau 317. 318.
Frey Viktor, Wien 322
Freyberg, Herren von 19. 20
Freyberg zu Angelberg, Johann von 22

Freyberg, Wilhelm von 19
Fricsay Ferenc, Dirigent 391
Friedberg (Aichach-Friedberg) 173. 297. 327
Wallfahrtskirche Herrgottsruh 176. 184
Friedmann Sebald, Nürnberg 73
Fröhlich Georg 94. 95
Fröhlich Georg, Stadtschreiber von Augsburg 79. 80
Fröhlich Katharina ∞ Konrad Ferler, Stadthauptmann 80
Fröschel Benedikt d. Ä., Stadtarzt in Augsburg 83
Fröschel Stephan, S. des Augsburger Stadtarztes Benedikt Fröschel 83
Fröschle, Maler 217
Frundsberg Georg (Jörg) von 338. 347. 356
Frundsberg, Herren von 395
Fürstenfeld (Stadtteil von Fürstenfeldbruck), Freskenzyklen des Cosmas Damian Asam 165
Fürstenzell, Lkr. Passau/Ndb. 167
Zisterzienserinnen 184
Füssen, Lkr. Ostallgäu 338. 341. 347
Fugger Anton, Augsburger Bürger 72. 73. 78. 84. 85. 123. 140
Fugger Christoph, Handelsherr 128
Fugger, Handelsgeschlecht 38. 73. 75. 78. 130. 131
Fugger Hans, Augsburger Bürger 121
Fugger Marx, Augsburger Bürger 121. 128. 137
Fugger Jakob, Augsburger Handelsherr 44
Fugger, Patronat von Kirchheim, Lkr. Unterallgäu 165
Funck Anna, T. des Caspar Funck 115. 116
Funck Caspar, Kaufmann ∞ Barbara von Brandenburg 115
Funck Melchior ∞ Anna Herwart 116

411

Furtwängler Wilhelm, Dirigent 391. 393
Fuxhart, Barbara, Cousine des Caspar Funck 115
Fuxhart Lucia, Nördlingen 115

Gabelbach, Gde. Zusmarshausen, Lkr. Augsburg 122
Garmisch-Partenkirchen/Obb. Martinskirche 169
Gebehard, s. Augsburg Bischöfe
Geiselhöring, Lkr. Straubing-Bogen 184
Geißler Horst Wolfram, Schriftsteller 307
Geizkofler Ferdinand, Nürnberg 145
Geizkofler Zacharias, Reichspfennigmeister ∞ Maria Rehlingen 143
Gemmingen Anna Maria von, Fürstäbtissin 308. 315. 316. 317. 318. 320
Genf, Schweiz 158
Gerhard, Propst, Biograph des hl. Ulrich 9. 12
Gersthofen, Lkr. Augsburg 123. 155
Geuder, ev. Stadtdekan in Augsburg 208
Geyer, Domkapitular 216
Geyer Humbert, Wien 322
Giengen/Brenz, Lkr. Heidenheim 145
Gleichen-Rußwurm, Baron von, Dichter 307
Göppingen, Baden-Württemberg 144. 145. 306
Görler August, Kaplan 296
Götzens, Tirol 186
Goldau am Lauerzersee, Kanton Schwyz 267
Gotefried, Hz. von Alemannien 10
Gozmann Martin 57. 58
Grace (Thomas Langdon OP), Bischof der Diözese St. Paul in Minnesota, USA 243. 259. 260

Gradler Dr. German, Superior der Barmherzigen Schwestern in München 210. 212
Graetz Wolfgang Simon, Landshut 165
Grafeneck, Friedrich von, Gegenbischof 19
Graf Theresia, Hauptlehrerin 261
Gratzmüller P. Hieronymus OSB 217
Greve Gilius de, Faktor der Paller in Hamburg 133
Grien Hans Baldung 64
Grinzing bei Wien 393. 395
Großaitingen, Lkr. Augsburg 173
Gruibingen, Diözese Konstanz 22
Günther Bernhard, Br. des Matthäus Günther, Propst von Stift Polling 164
Günther Blasius, Br. des Matthäus Günther 164
Günther Franz Ignaz, Medicus, S. des Matthäus Günther 187
Günther Franz Joseph, Faßmaler, Br. des Matthäus Günther 164
Günther Jakob, V. des Matthäus Günther ∞ Maria Lengelacher 163
Günther Johann Joachim, Bildhauer und Stukkator, Br. des Matthäus Günther 164
Günther Maria, geb. Lengelacher, M. des Matthäus Günther 163
Günther Matthäus, Maler und Freskant 163–191 *Abb. 10*
Guggenberger Anna Maria ∞ Johann Georg Henle, T. des Johann Ulrich Guggenberger und der Anna Maria Mengele 202. 203. 204
Guggenberger Franz Xaver, Pfarrer in Höchstädt 205
Guggenberger Ignaz, Pfarrer in Bachhagel 205
Guggenberger Johannes, V. des Joseph Guggenberger 203

Guggenberger Johann Ulrich, V. der Anna Maria Guggenberger 203. 205
Guggenberger Joseph, Stadtpfarrer in Höchstädt 205
Guggenberger Joseph, V. des Johann Ulrich Guggenberger 203
Gundersheimer Hermann 182
Gutenzell, Lkr. Biberach, Zisterzienserinnen-Reichsstift 180
Gwerder Alois, Kaplan 286

Haas Joseph, Komponist 397
Habsburg, Herrscherhaus 89
Habsburg, Monarchie 119. 144. 146
Habsburger, Herrschergeschlecht 101. 121. 122. 129. 138
Händel Georg Friedrich, Komponist 392
Hänle Wilhelm, S. des Martin Hänlen, Säckler und Flößer 203
Hänlen Martin ⚭ (I.) Bentz; ⚭ (II.) Barbara Schreiner 203
Hafner Franz Xaver, Pfarrer in Thannhausen 296
Hahn Maria 343. 361
Hahn Ludwig, Kaufbeuren 339
Haibel Franziska ⚭ Tobias Haneberg 220
Haid bei Wessobrunn, Lkr. Weilheim-Schongau 187
Hainhofen bei Neusäß, Lkr. Augsburg 140. 155. 157
Hainhofer Melchior, Kaufmann 83. 150
Hainle Jakob ⚭ Margaretha Karg 203
Haiterau/Donau 125
Hamburg 134. 145. 147. 148. 149
Halle/Saale 73
Hammel, Schloß bei Neusäß, Lkr. Augsburg 123. 135. 137. 140. 157
Haneberg Daniel Bonifatius von, Abt von St. Bonifaz in München und späterer Bischof von Speyer 219–229 Abb. 14–15
Haneberg Franz, Großv. des Daniel Bonifatius Haneberg 220
Haneberg Franz Sales, Br. des Daniel Bonifatius Haneberg 220
Haneberg Johannes, Br. des Daniel Bonifatius Haneberg 220
Haneberg Johannes, Obere Tanne bei Lenzfried, Kempten 220
Haneberg Magnus, Br. des Daniel Bonifatius Haneberg 220
Haneberg Tobias, V. des Daniel Bonifatius Haneberg ⚭ Franziska Haibel 220
Hannenberch Heinrich von, Pfarrei Sulzberg 220
Hannover, Kestner-Museum 135
Hannoversch-Münden 48. 65. 383
Haselbach, Gde. Ehekirchen, Lkr. Neuburg-Schrobenhausen 343
Haug, Augsburger Handelsfamilie 75. 93
Haug-Langnauer-Linck-Gesellschaft 82
Haunsheim, Lkr. Dillingen 143
Haydn Joseph, Komponist 392
Heberger Anton, Schriftsteller und Arzt 356
Hechelmann, Lindauer Geschlecht 306
Hefele Maria, Lehrerin 343
Hegele Dr. 208
Heidelberg 17
 Universität 21
Heidenheim/Brenz 98
Heilbronn/Neckar 39
Heilsbronn, Lkr. Ansbach 47. 65
Heim, Pfarrer 279
Heindl Benedict OSB, Superior der Mönche von St. Mary's 252
Heinrich VII., Römisch-Deutscher Kaiser 22
Heinrich, König 9
Hellevoetsluis, Holland 368
Henckel von Donnersmarck, Lazarus 145. 147. 148. 149. 157
Henle Jakob, S. des Michael Henle 204

Henle Johann Georg, S. des Michael Henle 204
Henle Johann Georg, Stifter des Augsburger Krankenhauses 201–218 *Abb. 12–13*
Henle Johann Georg ∞ Maria Häkkel, Eltern des Johann Georg Henle 203
Henle Michael, S. des Wilhelm Hänle ∞ (I.) Anna Barbara Schafnizel, ∞ (II.) Anna Deller, ∞ (III.) Margaretha Marstaller, ∞ (IV.) Scholastika Deller
Henze Werner, Komponist 397
Herb Andreas, Lehrer 361
Herbrot Christoph, S. des Jakob Herbrot 90. 95. 96
Herbrot Euphrosina geb. Sitzinger 90. 99
Herbrot Hans, S. des Jakob Herbrot ∞ Aurelia Rehlinger 90. 93. 95. 99. 101
Herbrot Hieronymus, S. des Jakob Herbrot ∞ Sidonia von Hornberg 89. 90. 95. 96. 97. 98
Herbrot Jakob, Großkaufmann und Stadtpolitiker 69–111 *Abb. 5*
Herbrot Jakob d. J. ∞ Euphrosina Sitzinger 90. 93. 95. 96. 97
Herbrot Judith, T. des Jakob Herbrot ∞ Georg Mülich 90. 96
Herbrot Katharina, T. des Jakob Herbrot ∞ Ulrich Zasius 90
Herbrot Magdalena, T. des Jakob Herbrot ∞ Christoph Tiefstetter 90. 96
Herbrot Marina, T. des Jakob Herbrot ∞ Simon Manlich 80. 81. 96
Herbrot Matthäus, S. des Jakob Herbrot ∞ Magdalena von Hieburg 90. 95. 96. 99
Herbrot Regina, T. des Jakob Herbrot ∞ Nikolaus Ridinger 90. 96
Herbrot Sabina, T. des Jakob Herbrot ∞ Konrad Schleicher 90. 96. 99

Herbst Konrad ∞ Margarethe Wagner 121. 125. 126. 128. 136
Herbst Margarethe, geb. Wagner 137
Herbst, Verwandte des Wolf Paller 125
Hergensweiler, Lkr. Lindau 311
Hering Anna ∞ Loy Hering 28
Hering Georg, S. des Loy Hering 29
Hering Loy, Bildhauer in Eichstätt 27–68, *Abb. 4*, ∞ (I.) Anna (?) 28; ∞ (II.) Magdalena (?) 29
Hering Magdalena ∞ Loy Hering 29
Hering Magdalena, T. des Loy Hering 29
Hering Martin, S. des Loy Hering, Bildhauer 28. 29. 42. 57. 62
Hering Michael, V. des Loy Hering 28
Hering Ottilia, M. des Loy Hering 28
Hering Thomas, S. des Loy Hering 28. 29. 42
Hering Walburga, T. des Loy Hering 29
Hering Wilbolt 29
Herkommer Hubert von, 235
Hermann Franz Georg, Barockmaler 172
Herwart Anna ∞ Melchior Funck 116
Herwart Georg, Bürgermeister in Augsburg 77. 79. 80. 84
Herz Johann Daniel d. J. 177
Hessen-Darmstadt, Ldgf. Joseph I., s. Augsburg Bischöfe
Hessen, Landgraf Philipp von 78. 79. 84
Heyder Valentin, Syndikus 324
Hieber Josef, Pfarrer in Altstädten 280
Hiltenfingen, Lkr. Augsburg 141
Hiltin(e), s. Augsburg Bischöfe
Hiltpoltstein, Lkr. Roth/Mfr. 48
Hindelang Gebr., Orgelbauer in Ebenhofen 296

Höchstädt/Donau, Lkr. Dillingen 201. 202. 204. 205. 214. 215
Höchstetter, Augsburger Handelsfamilie 75
Hoek van Holland 368
Höfer Anton, Lehrer von Thannhausen 194
Hörmann, Augsburger Bürger 121
Hörmann David ∞ Susanne Paller 135
Hörmann Tobias, Schwager der Susanne Paller 135
Hörner Julie, Diakonisse aus Augsburg 209
Hoffmair P. Joachim, Stiftsdekan in Rottenbuch 164. 165. 175
Hofmayr Hans, Donauwörth 122
Hoghalen, Holland 370
Hogl Kurt 354
Hoheneck, Andreas von, Erbkämmerer des Domstiftes Augsburg 124
Hohenems, Vorarlberg 316
Hohenpeißenberg, Lkr. Weilheim-Schongau 163. 168. 173
Honoldt, Jörg, Handelsherr in Augsburg 156
Holbein Hans d. Ä., Maler 31
Holl Elias, Baumeister in Augsburg 116
Holl Hans, V. des Elias Holl 116
Holzbaur Ernst, Maler und Museumsleiter 340
Holzer Johann Ev., Barockmaler 182. 183. 187
Horle, Architekt in Augsburg 301
Hornberg Sidonia von ∞ Hieronymus Herbrot 90
Hornstein, H. Baron von, Generalvikar in Augsburg 194
Hornstein Sigmund von, Landkomtur 97
Hoser Simprecht, Bürgermeister in Augsburg 71. 77
Huber Johann Joseph Anton, Direktor der Reichsstädtischen Akademie in Augsburg 187

Huber Wolf, Maler und Zeichner 62
Hülshoff Annette von, Dichterin 362
Hürben bei Krumbach, Lkr. Günzburg 23
Huith Josephine, Malerin 340
Hummel Hans, Schwiegervater des Jakob Herbrot 70
Hummel Margarethe ∞ Jakob Herbrot 69
Hupald, Neffe des hl. Ulrich 14
Hupald, V. des hl. Ulrich 9. 10. 11. 12
Hupaldinger, Geschlecht der 10
Hurler Dr. Anton 215
Huth Ruprecht, Augsburg 396
Hutten Moritz von, Bischof von Eichstätt 39. 49. 50. 59. 61
Hutten Philipp von, kaiserl. Obrist und Rat 59
Hutten zu Stolzenberg, Franz Christoph von, Fürstbischof 164

Ichenhausen, Lkr. Günzburg 295. 365. 366. 367. 375
Israelitische Cultusgemeinde 365
Illereichen (Illereichen-Altenstadt), Lkr. Neu-Ulm 296
Ilsung, Augsburger Patrizierfamilie 123. 124
Ilsung Georg, Beauftragter der Habsburger 127. 128. 130
Ilsung Georg, Reichspfennigmeister 124
Ilsung Georg, schwäbischer Landvogt 98
Imhof, Augsburger Bürger 121
Imhof Endres, Nürnberg 145
Imhof Hieronymus ∞ Maria Welser 125
Imhof Katharina ∞ Matthias Paller 136
Imhof Wilhelm, Nürnberg 145
Immenstadt im Allgäu 267. 279. 280. 343. 347

415

Immenstadt-Kempten, Wahlkreis 286
Indersdorf, Lkr. Dachau, Klosterkirche 181
Ingolstadt/Obb. 48. 57
Innsbruck, Tirol 146. 165
Irsee, Lkr. Ostallgäu 197. 380
Itzlishofen in der Reischenau, Gde. Fischach, Lkr. Augsburg 125
Jenisch Anna, T. des Wolf Paller, ∞ Joachim Jenisch 137
Jenisch, Augsburger Bürger 121
Jenisch Emanuel, Kaufmann in Hamburg 149
Jenisch Hans, Kürschner 70. 71
Jenisch Hans Jakob 146
Jenisch Joachim ∞ Anna Paller 96. 135
Jerusalem, Jewish Agency 369
Jettingen, Lkr. Günzburg 194
Joachimsthal, Böhmen 117
Jochum Eugen, Dirigent 339. 394. 396
Jochum Georg Ludwig, Generalmusikdirektor 339
Jochum Otto, Komponist, Dirigent 339. 343. 351. 354. 358. 396
Jorth M. Ignatia 207
Jodocus, Kanoniker von Ursberg 18
Johann, Abt des Prämonstratenserklosters Rot an der Rot 18
Johann Friedrich, Kf. von Sachsen 84. 87. 88
Johann XXII., Gegenpapst 19. 21
Jülich-Kleve, Hz. von 98

Kais[ers]heim, ehem. Zisterzienserreichsabtei 31
Kaiserswerth bei Düsseldorf 209
Kant Immanuel, Philosoph 315
Karajan Herbert von, Dirigent 391. 397
Karg Margaretha ∞ Jakob Hainle 203

Karg Herkulan, Propst des Augustinerchorherrenstiftes Dießen 173
Karl IV., Römisch-Deutscher Kaiser 22
Karl V., Römisch-Deutscher Kaiser 82. 85. 88. 91
Kastl, Lkr. Amberg-Sulzbach 252
Kaufbeuren, Schwaben 28. 29. 240. 296. 303. 340. 347. 380. 381
Kreszentiakloster der Franziskanerinnen 239. 240. 241
Selige Creszentia von 347
Kaufering, Lkr. Landsberg 297
Keller Georg, Eisenhändler in Fischen 280
Keller (Johann Evangelist, Bürgermeister von Goßholz) 290
Kempten 268. 269. 284. 331. 342. 347. 354. 366
Gymnasium 220
Kempten-München, Kösel Verlag 360
Kilian Georg Christoph, Augsburger Kupferstecher 165
Kircher Friedrich Ferdinand, Kooperator in Thannhausen 194
Kirchheim, Lkr. Unterallgäu 302. 308
Pfarrkirche 165
Kirsten Wolf, Faktor der Paller-Weiß in Leipzig 134
Kladrau bei Pilsen (Böhmen), Freskenzyklen v. Cosmas Damian Asam 165
Kleewein Esaias' Erben in Nürnberg 149
Kleewein, Nürnberger Handelshaus 150
Kleiner Magdalena ∞ Arthur M. Miller 343
Kleinkissendorf, Gde. Bibertal, Lkr. Günzburg 295
Kleist Heinrich von, Dichter 390
Klemperer Otto, Dirigent 391
Kling Anton, Bürgermeister in Beuren 296

Kling Karl, Präsident des Allgäu-Schwäbischen Musikbundes 349. 352
Klopstock Friedrich, Dichter 315
Knoller Martin, Barockmaler 15
Kobel Otto, Waal 360. 361
Kober Dr., Rabbiner in Köln 367
Köln 98. 367. 368
Köngetried, Gde. Apfeltrach, Lkr. Unterallgäu 394
König Casimir, Domkapitular 210. 219
Königsberg 366
Universität 382. 383
Kolb P. Aegidius OSB, Archivar der Abtei Ottobeuren 348. 356. 360
Kolb Anton ∞ Riepp Johanna 234. 257
Kolb Johanna, T. des Johann Riepp 234. 257
Kolb Theresia aus Behlingen ∞ Donat Zwiebel, M. des Jakob Zwiebel 295
Kolping Adolf, Gesellenvater 299
Konrad, S. des Diepold von Aichelberg 18
Konrad III. von Thüngen, Fürstbischof von Würzburg 51
Kornau, Gde. Oberstdorf, Lkr. Oberallgäu 344. 345. 346. 355
Kornmann Grimo, Chronist des Klosters Ursberg 25
Konstanz, Baden-Württemberg, 23. 98
Diözese 22
Konzil 21
Kowno, Litauen 375
Krabath von Sparendorf, Georg, kaiserlicher Rat 133
Kraffter Christoph, Schwager des Jakob Herbrot 97. 99
Kraffter Hieronymus, S. des Lorenz Kraffter 71. 96
Kraffter Lorenz, Kürschner in Augsburg 71
Kraffter Maria ∞ Jakob Herbrot 71. 95

Kraft Karl, Komponist 358
Krakau, Polen 148
Kraus Benedikt, Musiklehrer und Komponist in Ottobeuren 197
Kremer Philipp Franz, 2. Bürgermeister in Augsburg 207
Kriegshaber (Stadtteil von Augsburg) 141. 155
Krumbach, Lkr. Günzburg 24. 301. 328. 329. 330. 346. 366
Heimatverein 328. 330
Landratsamt 328
Krumbad bei Krumbach, Lkr. Günzburg 18. 329
Kubelik Rafael, Dirigent 391
Kuen Franz Martin, Maler von Weißenhorn *Abb. 11*
Kundl bei Kufstein (Tirol) 129. 131. 132. 142

Lachenmayr Johann Baptist, Stadtschreiber und Notar 193. 194
Landeck, Tirol 322
Landshut/Ndb. 30. 35. 62. 83
Langenhaslach, Lkr. Günzburg 18
Langenmantel Johann, Ursberger Profeß-Kleriker 21
Laub bei Munningen, Lkr. Donau-Ries 297
Lauberer Veit, Handelsdiener der Herbrot 94. 99
Lauginger Otto 141
Lauingen, Lkr. Dillingen 19. 95. 98. 99. 342
Lebzelter Thomas, Handelsherr aus Leipzig 117. 150
Lechhausen (Stadtteil von Augsburg) 122
Lechsenried bei Krumbach 18
Le Fort Gertrud von, Dichterin 345. 349
Leinberger Hans, Bildschnitzer 62
Leipzig, Sachsen 99. 117. 134. 148. 150. 310
Lengelacher Ignaz, Bildhauer in Mähren 164

Lengelacher Maria ⚭ Jakob Günther, V. des Matthäus Günther 163
Lengenwang, Lkr. Ostallgäu 269
Lenzfried, Stadt Kempten 221. 223 *Abb. 15*
  Arme Schulschwestern 223
  Franziskanerkloster 220
  Franziskanerinnenkloster St. Anna 223
Lermann, Ritter von, Regierungspräsident in Augsburg 299. 301
Lessing Gotthold Ephraim, Dichter und Philosoph 315
Lethmair Thea, Kulturredakteurin 396
Leutschau/Zips 65. 147
Leuwarden, Holland 370. 371
Leyen, von der, Grundherrschaft in Waal 235
Lichtenau Georg von 22
Lichtenau Sophie von 22
Lieb Norbert, Universitätsprofessor 345
Liebermann Rolf, Komponist 397
Liebert, Augsburger Bürger 113
Lienhardt Georg IV., Abt von Roggenburg 196 *Abb. 11*
Limburg, Gregor III., Bischof von Bamberg 43. 45. 54
Linck Melchior 121
Lindau im Bodensee 284. 305. 306. 307. 309. 310. 312. 314. 317. 318. 321. 322. 324
  fürstliches Damenstift 315
  Marquard von, Dichter 324
  Reichsstadt 314
Lindenberg/Allgäu, Lkr. Lindau 339
Lindner, Dr. T., Literaturkritiker 309
Lingg Hermann, Dichter in Lindau 307. 324
Lingg Mali, Lindau 307
Lissabon, Portugal 133
Loh, Liegenschaft bei Neusäß 136

London, England 60. 370
  Covent Garden Opera 391
  Victoria and Albert Museum 60
Ludwig der Bayer, Kaiser 22
Ludwig I., König von Bayern 59. 239. 240. 247. 254. 256
Ludwig II., König von Bayern 224
Lübeck, Schleswig-Holstein 148
Luitgart, T. der Dietbirg und des Hupald ⚭ Peiere von Sulmetingen 11
Luitpold, Prinzregent von Bayern 297
Lutz Benedikt, Abt von Rott am Inn 182
Lyon, Frankreich 134

Magg Ferdinand, Schwiegervater Matthäus Günthers 163
Mändl Max Ignatius, Landrichter aus Landsberg 163
Magdeburg, Sachsen-Anhalt 148
Magg Maria Cleopha, geb. Diebolder ⚭ Matthäus Günther 163
Magg Franz Xaver, Stiefsohn des Matthäus Günther 169. 180
Mahler Gustav, Komponist 392
Maier Vitalis OSB, Abt der Benediktinerabtei Ottobeuren 348
Maihingen, Lkr. Donau-Ries 359
Mailand 133. 317
  Scala (Opernhaus) 391
Mair Konrad, (Bürgermeister) in Augsburg 120. 149
Mair Paul Hektor, Ratsdiener und Chronist 80. 88. 94. 97. 98. 99
Mair Paulus, Bildhauer 156
Manegold 10
Manegolde, Geschlecht der, Donauwörth 10
Manlich, Augsburger Handelsfamilie 75
Manlich Hans Conrad, Buchhalter im Pallerschen Handel 153
Manlich Matthias 131
Manlich Melchior, Augsburger Bürger 119. 132

Manlich Simon, Schwiegersohn d. Jakob Herbrot 80. 81
Mannheim 171
Mann Thomas, Schriftsteller 319
Marburg, Universität 328
Marchtaller, Mathäus, Kaufmann in Regensburg 149
Marchtaller Veith, Kaufmann in Ulm 149
Margaretha, Heilige 23
Maria Rain, Gde. Mittelberg, Lkr. Oberallgäu 269. 271. 285. 286. 287. 290
Maria Trost, Wallfahrtskirche bei Nesselwang, Lkr. Ostallgäu 184
Markt Einersheim, Lkr. Kitzingen Ufr. 47
Marstaller Johannes, Bierbrauer, V. der Margarethe Marstaller 203
Marstaller Margarethe ∞ Michael Henle 203
Marte Hermann, Lehrer 343
Marte Maria, Lehrerin 343
Martin, Abt von Rot an der Rot 18
Martin V., Papst 21
Matthias, Kaiser 148
Matzen, Schloß im Tiroler Inntal bei Rattenberg 124. 129
Maucher Franz Josef, Maler 180
Maximilian I., Kaiser 44. 114. 115
Maximilian II., Römisch-Deutscher Kaiser 121. 128. 132
Maximilian II., Deutscher König 89
Mayer Toni, Restaurator 342. 353 *Abb. 24*
Mayr Katharina ∞ Johann Riepp 234. 235
Mayrhofer, Magistratsrat in Augsburg 207
Memmingen, Schwaben 94. 115. 284. 337. 340. 347. 350
  Maximilian Dietrich Verlag 350
  Schwäbisches Landesschauspiel 359
Mengele Anna Maria ∞ Ulrich Guggenberger 203

Mengs Anton Raphael 179. 181
Mentlberg bei Innsbruck, Schloßkapelle 184
Merz Esther, Witwe des Lorenz Kraffter 71
Merz Wilhelm, Angehöriger der Kürschnerzunft 73
Meßbach bei Dörzbach, Hohenlohekreis 186
Mettenleiter Johann Jakob, Maler ∞ Maria Magdalena Paur 181
Meuching Heinrich von, Vorsteher in Mindelheim 22
Meuting, Augsburger Bürger 128
Meytens Martin van 179
Milkau, Baron von, herzoglicher Kammerherr, Stuttgart 179
Miller Arthur Maximilian, Dichter und Schriftsteller 337–364 *Abb. 23–24*
Miller Franz R. 348. 354
Miller Katharina, M. des Arthur Maximilian Miller 337
Miller Magdalena ∞ Arthur Maximilian Miller 344. 347. 349. 362
Miller Oskar von, Erzgießer in München 298
Miller Robert Maximilian, Br. des Arthur M. Miller 338. 340. 341. 358. 361
Miller Robert, V. des Arthur M. Miller 337
Miller Theo, Onkel des Arthur M. Miller 339
Mindelheim, Schwaben 22. 302. 337. 338. 340. 342. 346. 347. 349. 352. 353. 359
  Maristenkolleg 344
Mindelzell, Gde. Bayersried-Ursberg, Lkr. Günzburg 297
Minnesota USA 242. 243
  Benediktinerinnen in St. Joseph 261. 262
Miß Fr. Otto, Mindelheimer Maristenschulbruder 360
Mittl Melchior, Schriftkünstler 359

Möggingen bei Radolfzell, Lkr. Konstanz 316
Moest Martin 354
Monheim, Lkr. Donau-Ries 12
Montbéliard (Mömpelgard) Frankreich 99
Montez Lola, Tänzerin 324
Montreux, franz. Schweiz 306. 308
Moog Eduard, Pfarrer in Senden 297
Moorenweis, Lkr. Fürstenfeldbruck 186
Morauer Hans, Diener des Jakob Herbrot 83. 99
Morauer Leonhard 99
Moritzbrunn bei Adelschlag, Lkr. Eichstätt 61
Moritz, Kf. von Sachsen 89. 91
Moritz, Hz. von Sachsen 83
Morsbrunn s. Moritzbrunn
Mors Hans 377–388 *Abb. 26*
Mosbach bei Feuchtwangen 297
Moskau 377. 379. 381. 384
Mozart Wolfgang Amadeus, Komponist 391. 392
Mülich Georg, Schwiegersohn d. Jakob Herbrot 90. 99
Müller Lukas, Schwager d. Jakob Herbrot 72. 99
Müller (Josef Ferdinand), Hofkaplan Ludwig I. 256
Müller Sepp, Schulrat 343. 359. 360. 361
Münch, Augsburger Bürger 113
Münch Christian von, Bankier in Augsburg 184
München 29. 48. 165. 178. 206. 207. 209. 210. 212. 214. 216. 217. 255. 257. 296. 299. 322. 339. 352
 Abendzeitung 312
 Akademie der Tonkunst 397
 Bayerisches Nationalmuseum 58. 168. 182. 187
 Elisabethinnenkirche 184
 Georgianum 269
 Klosterkirche der Barmherzigen

München
 Brüder 184
 Kultusministerium 297. 303
 Mutterhaus der Barmherzigen Schwestern 213
 Parcus Verlag 310. 314
 Prähistorische Staatsslg. 10
 Pustet Verlag 313
 St. Bonifaz, Benediktinerabtei 223 *Abb. 14*
 Ludwig-Maximilians-Universität 269. 328. 383
 Wilhelms-Gymnasium 220
Münsterhausen, Lkr. Günzburg 24
Münsterschwarzach, Lkr. Kitzingen, Klosterkirche 176. 182. 183. 185
Münzer Thomas, »Urheber« des Bauernaufstandes in Roggenburg 196
Mundt Dr. Christoph, politischer Agent 98
Muotathal, Kanton Schwyz 267. 286
Murmann Jakob, Bildhauer 31
Murnau, Lkr. Garmisch-Partenkirchen 165

Nellenburg, Gf. Christoph Ludwig von, Oberpfleger von Heidenheim 98
Nenningen Anshelm von, s. Augsburg Bischöfe
Neresheim, Ostalbkreis 11
 Abteikirche 15
Neß Rupert OSB, Reichsabt von Ottobeuren 346. 348. 356
Nesselwang, Lkr. Ostallgäu 184
Nettershausen, Gde. Thannhausen, Lkr. Günzburg 299
Neuburg/Donau 98. 235
 Rathaus 100
 Schloß 29
Neuburg/Kammel, Lkr. Günzburg 22. 23
Neuburger Berta, Krumbach 328
Neuhauser Thomas, Apotheker 99

Neumann Balthasar, Barockbaumeister 176
Neusäß, Lkr. Augsburg 122. 125
Neusohl, Ungarn 133. 134. 139. 148. 149
Neustift bei Brixen 174
　Klosterkirche 173
Neu-Ulm, Landratsamt 328
New Ark (Newark) USA 254. 258. 259
New Jersey USA 254
New York USA 245. 246. 252
New York, Metropolitan Opera 391
Nilson Johann Esaias, protest. Akademiedirektor in Augsburg 179
Nithard Dr. 23
Nördlingen, Donau-Ries 115. 366
Nordström Clara, Dichterin 359
Nürnberg/Mfr. 39. 48. 49. 65. 78. 94. 99. 117. 118. 134. 135. 145. 148. 149. 300
　Karmelitenkirche 55
　Reichstag 78
　Vischerwerkstätte 36. 45

Oberammergau, Lkr. Garmisch-Partenkirchen 169. 175
　Passionsspiele 307
Oberhausen (Stadtteil von Augsburg) 125. 140. 155
Oberhausen bei Weißenhorn, Lkr. Neu-Ulm 295. 297
Oberreit Jakob Hermann, Arzt in Lindau 315. 324
Oberrohr, Gde. Bayersried-Ursberg, Lkr. Günzburg 19
Oberstaufen, Lkr. Oberallgäu 322
Oberstdorf, Lkr. Oberallgäu 280. 346. 349. 353. 361
Oberwiesenbach, Lkr. Günzburg 195
Occo Dr. Adolf, Lechhausen 122
Ochsenhausen, Lkr. Biberach 92
Oehmichen Walter, Augsburg 358

Österreicher Daniel, Schwiegersohn des David Weiß 142
Österreicher Georg, Augsburger Bürgermeister 91. 93. 94
Österreicher Hans Jörg, Handelsherr in Augsburg 156
Österreicher Jeremias, Handelsherr in Augsburg 156
Oettl Georg von, Bischof von Eichstätt 252. 255. 256. 258
Oettingen in Bayern, Donau-Ries 366
Offingen, Lkr. Günzburg 24
Ollarzried, Gde. Ottobeuren 352
Omphilius, Dr. Jakob, Rat des Hz. von Jülich-Kleve 98
Orff Carl, Komponist 391
Orth Stephan 133
Oster-Oettringen, Gut 155
Osterrieder Maria ∞ Josef Osterrieder, Waal 234. 257
Osterrieder Josef, Waal 233
Ostheim 47. 48. 57
Oswald Patritius, Propst in Rottenbuch 174
Ottheinrich, Pfalzgraf bei Rhein, Kurfürst 73. 95
Ottmarshausen bei Neusäß, Lkr. Augsburg 140. 155. 157
Ott Michael 72
Ott Jörg, Augsburger Geschlachtgewander 72
Ottobeuren, Lkr. Unterallgäu 193. 237. 238. 239. 345. 346. 347. 348. 349. 353. 356
　Benediktinerkloster 193. 197. 198

Paar, Lkr. Aichach-Friedberg 176
Padua, Italien 143
Paller Anna, T. des Wolf Paller ∞ Joachim Jenisch 135
Paller David, S. des Wolf Paller 134
Paller Leonhard 117
Paller Katharina, Schw. des Wolf Paller d. Ä. 116

Paller Leonhard, V. des Wolfgang Leonhard Paller 142. 152. 153. 157
Paller Magdalena geb. Wagner ∞ Wolfgang Paller d. Ä. 117. 135
Paller Magdalena ∞ Marx Konrad von Rehlingen 142. 143
Paller Magdalene ∞ David Sulzer 135. 143. 144
Paller Maria ∞ Johann Friedrich Welser 135. 139
Paller Matthias, Br. des Wolf Paller d.J. ∞ (I.) Katharina Imhof, ∞ (II.) Elisabeth Rembold 134. 136. 138. 139
Paller Matthias, Br. des Wolf Paller d. Ä. 114.–117
Paller Matthias, Neffe des Wolf Paller 133
Paller Rosina ∞ Hieronymus Rehlinger 143. 154
Paller Sibylla, T. des Wolf Paller d. Ä. ∞ Christoph Schnitzer 117 *Abb. 6*
Paller Stephan 117
Paller Susanne ∞ (I.) David Hörmann, (II.) Matthias Regel 135
Paller Wolf d. Ä., Kupferhändler in Augsburg 113–162
Paller Wolf d.J., Kupferhändler in Augsburg ∞ Rosina Welser 113 bis 162 *Abb. 8*
Paller Wolfgang Leonhard ∞ (I). Susanne Hörmann, (II.) Juliane Zöschlin von Zöschlinsweiler 115. 135. 157
Pappenheim Christoph von, Bischof von Eichstätt 50
Pappenheim, Erbmarschälle von 125
Passau/Ndb. 35. 62
Pauli, Bürgermeister in Waal 262
Paur Ignaz, Maler 180. 181
Peisser von Peißenau, Leonhard, fürstbischöflicher Hofrat 173
Peißenberg, Lkr. Weilheim-Schongau 163 *Abb. 10*

Penzberg, Lkr. Weilheim-Schongau 208
Petersberg in Tirol 395
Petrus, Generalabt von Premontré 21
Peurlin Hans, Bildhauer 28. 29. 30. 31. 51. 53
Peutinger Claudius Pius, Ratskonsulent 86
Pfalner Kreszentia, Thannhausen 302
Pfalner Josef, Buchbinder in Thannhausen 302
Pfalz, Regierung der 328
Pförring, Lkr. Regensburg, Sebastianskapelle 175
Philipp Lgf. von Hessen 78. 79. 84
Piaski, Polen 375
Pisa, Italien 143
Pius IX., Papst 258
Pleinfeld, Lkr. Weißenburg-Gunzenhausen/Mfr. 245
Pöcking, Lkr. Starnberg 269. 271
Polling, Lkr. Weilheim-Schongau, Augustinerchorherrenstift 164
Poschinger Anton, Antwerpen 84
Poschinger Wolf, Antwerpen 84
Pozzo Andrea, Maler und Architekt des Spätbarock 166
Prag, Tschechien 99. 144. 165
Prechter Wilhelm, Kaufmann in Straßburg 98. 99
Preckle Matthias, Stadtpfarrer in Lindenberg 339
Premontré, Frankreich 21
Prestele Philipp, Steinmetzmeister in Thannhausen 301
Puccini Giacomo, Opernkomponist 392
Pütt bei Stettin 382

Raab, Ungarn 128
Rad, Augsburger Bürger 113
Raffler Johann, Klostergärtner (Wessobrunn) 187
Raffler Maria Scholastika ∞ Matthäus Günther (II. Ehe) 187

Ratibor, Schlesien 148
Rattenberg, Tirol 124
Rauch Jakob, Stukkator ∞ Maria Theresia Feichtmayr 181
Raunau (Niederraunau), Lkr. Günzburg 25
Ravensburg, BW 309
Rechberg Jörg von 101
Recordin und Nein, Anton Ingenuin, Freiherr von 169
Regel, Augsburger Bürger 121
Regel Matthias ∞ Susanne Hörmann (∞ II.) 135
Regensburg/Opf. 35. 62. 144. 148. 149
Reichstag 78. 79
Regensburger Anzeiger 313
Reginbald, S. der Luitgard und des Gf. Peiere von Sulmetingen 11
Rehlingen Eidam 127
Rehlingen(r) Marx Konrad von ∞ Magdalene Paller 127. 140. 142. 143. 144. 145. 146. 152. 153. 155. 156. 157. 158
Rehlinger Heinrich, Stadtpfleger in Augsburg 92
Rehlinger Hieronymus 142. 143. 146. 152. 153. 154
Rehlinger Wolfgang, Bürgermeister in Augsburg 76. 82
Reisach Karl August von, Erzbischof von München und Freising 244
Reischenau bei Dinkelscherben, Lkr. Augsburg 152
Reichertshofen, Lkr. Pfaffenhofen a. d. Ilm 84
Reisinger Dr. Franz, Hofrat 208
Rembold, Augsburger Bürger 121
Rembold Hans (Johann) Jakob, Stadtpfleger 125. 136
Rensdorff Johann von, Adeliger 100
Retz, Herrschaft in Österreich 90
Rhea Silva, M. des Romulus und Remus 60
Richard, Eichstätter Heiliger 50

Richarz Peter II. von, s. Augsburg Bischöfe
Ridinger Nikolaus, Ratsherr in Breslau 90
Rieden/Kötz bei Ichenhausen, Lkr. Günzburg 295
Riehl Wilhelm Heinrich, Volkskundler 334
Riemann Maria Angela, Oberin der Barmherzigen Schwestern 216
Riemenschneider Tilman, Bildhauer in Franken 36. 46
Riepp Balthasar, Barockmaler 173
Riepp Carl Josef, Orgelbauer in Frankreich 239
Riepp Katharina, M. der Benedicta Riepp 234. 237. 238
Riepp Maria Sybilla (Taufname der Mother Benedicta Riepp) 233
Riepp Martin, Mesner in Eldern 238
Riepp Mother Benedicta OSB, Klostergründerin in den USA 231–266 *Abb. 16–17*
Riepp Johann, Glaser, V. der Benedicta Riepp 233. 234. 237
Riepp Johanna, Schw. der Benedicta Riepp ∞ Johann Kolb 234. 235
Riepp Johann Leopold, Mesner in Eldern 238
Riepp Juliane, Generaloberin der Elisabethinnen, Neuburg/Do., Schw. der Benedicta Riepp 235
Riepp Sophie, Schw. der Benedicta Riepp 235
Riepp Theodor, Fürst-Fuggerscher Hofglaser in Babenhausen ∞ Johanna Birklin 234. 238. 239
Ringseis Dr. Johann Nepomuk, München 206
Riwin, Neffe des hl. Ulrich 14
Roggenburg, Lkr. Neu-Ulm 193. 295
  Chronik des Reichsstiftes 195
  Prämonstratenserabtei 193. 194. 195 *Abb. 11*

Rom 22. 47. 130. 175. 221. 223. 224. 252. 256. 259. 260. 282. 318
Romulus und Remus, Gründer Roms 60
Rosenberg (Sulzbach-Rosenberg) 148
Rosenberger (Friedrich), Pfarrer in Maria Rain 290
Rosenberger Hans, Kaufmann 88
Rot an der Rot, Prämonstratenserkloster 18
Roth Hans 78
Rothermel Fridolin, Landrat, Politiker 330
Rot Hans, Ritter von 19
Rott am Inn, Lkr. Rosenheim 184
Benediktinerklosterkirche 182
Rottenbuch, Lkr. Weilheim-Schongau 164. 172. 174. 176. 185
Stiftskirche 167
Rotterdam, Holland 368. 369. 370
Rudolf II. Römisch-Deutscher Kaiser 121. 133. 144
Ruepp Anton, Vorsteher in Fischen 280
Rückert Friedrich, Dichter 390
Rüling Johann zu Wiesensteig 24

Sachsen, Hz. Moritz von 83. 93
Sachsen, Kf. Moritz von 89. 91
Sachsen, Kf. Johann Friedrich von 73. 84. 87. 88
Sachsen, Kf. u. Hz. Johann Georg I. von 150
Sailer Dr. Gereon, Stadtarzt in Augsburg 79. 80. 84
Saint Mary's, Pennsylvania, Diözese Erie, USA 242. 245. 246. 251. 252. 254. 257. 258. 259
Saint Marytown, Pennsylvania USA 244. 258
Saint Vincent, Diözese Pittsburgh USA 246. 248
Sallach, Lkr. Straubing-Bogen 184
Salzburg 25. 391
Sandtreuter Sixt, Kaufmann in Frankfurt/Oder 149

Sankt Cloud, Minnesota USA 231. 243. 254. 255. 259–261 *Abb. 17*
Sankt Gallen, Schweiz 10. 11. 13. 197
Sankt Leonhard im Forst, Lkr. Weilheim-Schongau 184
Sator (Sutor) Anna Maria Helena (∞ ? Johann Georg Henle) 204
Sartor Georg 17
Sartor Johann 17
Sartor Konrad, Vogt, V. des Abtes Wilhelm Sartor 17
Sartor Stephan, S. des Konrad Sartor 17
Sartor Wilhelm, Abt von Ursberg 17–26 *Abb. 3*
Sartrix Adelheid, M. des Abtes Wilhelm Sartor 17
Sauter Johann Nepomuk, Pfarrvikar in Schongau 297
Schaezler, Augsburger Bürger 113
Schaezler Ferdinand, Freih. von 209
Schafnizel Anna Barbara ∞ Michael Henle 203
Scharpf Maria ∞ Heinrich Seefried, M. der Irmgard Seefried 395
Schaumburg Peter I. v., s. Augsburg Bischöfe
Schelbert Caroline, Schw. des Joseph Schelbert 268. 271
Schelbert, Alois, Johann Bapt., Josepha – Geschw. des Joseph Schelbert 268
Schelbert Creszentia, geb. Bär, M. des Joseph Schelbert 267
Schelbert Franz, Großv. des Joseph Schelbert 267
Schelbert Franz Josef, V. des Joseph Schelbert 267
Schelbert Joseph, Pfarrer, Pionier des Allgäus 267-293 *Abb. 18*
Schelklingen, Alb-Donau-Kreis 15
Scherbauer Willibalda OSB, Priorin von St. Cloud 252. 259
Scherenberg Rudolf von, Bischof von Würzburg 45. 46

Scherer Helmut 354
Schermar, Ulmer Handelshaus 147
Scherr Gregor, Erzbischof von München 256
Schertlin von Burtenbach Sebastian, Stadthauptmann, Söldnerführer 80. 84. 85
Scheule Reinald, Kurdirektor 349
Scheurlin Barthlme, Augsburg 122
Scheyrle Gilbert, Propst von Regensburg 196
Schickling Erich, Eggisried 348
Schlägl, Kloster im österr. Mühlviertel 21
Schleicher Anton, Kaufmann in Frankfurt/Main 149
Schleicher Konrad, Edelsteinschleifer aus Ulm 90. 91
Schlipsheim, Gde. Neusäß, Lkr. Augsburg 124
Schmid Christoph von, Theologe, Jugendschriftsteller 297. 298. 299. 302
Schmid Johann Marquard, Pfarrer in Oberammergau 169
Schmitt M. Apollonia 207
Schmucker Matthäus, Pfarrer in Kaufering 297
Schmuzer Franz Xaver, S. des Joseph Schmuzer, Stukkator in Wessobrunn 167. 174
Schmuzer Joseph, Barockbaumeister und Stukkator in Wessobrunn 167. 169. 174. 175
(Schneiderhan) Barbara, T. der Irmgard Seefried 393
(Schneiderhan) Mona, T. der Irmgard Seefried 393
Schneiderhan Wolfgang, Violinvirtuose ∞ Irmgard Seefried 393. 398
Schnitzer Christoph, Kaufmann in Nürnberg 117
Schnitzer Eduarda OSB, Priorin in St. Walburg, Eichstätt 235. 244. 252. 253. 256

Schnurbein, Augsburger Bürger 113
Schnuttenbach, Gde. Offingen, Lkr. Günzburg 24
Schoch Balthasar 87
Schöllang, Gde. Oberstdorf, Lkr. Oberallgäu 269
Schönberg Arnold, Komponist 392
Schöneberg, Gde. Pfaffenhausen, Lkr. Unterallgäu 22
Scholz Wilhelm von, Dichter 307
Schongau/Obb. 173. 297
Schongauer Martin, Maler und Kupferstecher 54. 64
Schubert Franz, Komponist 391. 392
Schubert Heinz, akad. Maler in Kempten 342
Schumann Robert, Musiker 392
Schwab Simon, Rabbiner 365
Schwabmünchen, Lkr. Augsburg 395
Schwaben, Bezirk 327. 334. 346
Regierung von 207. 330
Schwaben und Neuburg, Kreis 327
Schwäbische Forschungsgemeinschaft 331
Schwäbisch Gmünd, BW 115
Schwaiger Sebastian, Stukkator und Glaser 187
Schwaz, Tirol 28. 33
Schweigger Regina, Schwägerin des Jakob Herbrot 99
Schwendörfer, Leipziger Handelshaus 150
Schwenkreis Jodok von Langenhaslach 18
Seebach Balthasar von, Abt von Ursberg 23. 24. 25
Seefried Heinrich, Lehrer, V. der Irmgard Seefried 394
Seefried Irmgard, Kammersängerin 389–399 Abb. 27
Seidel Franz August 187
Seifriedsberg, Lkr. Oberallgäu 269
Seitz Mang, Bürgermeister in Augsburg 77. 79. 80

Senden, Lkr. Neu-Ulm 297
Sesselmann Celida, Dichterin 305–326 *Abb. 20*
Sesselmann Erika, T. der Celida Sesselmann 306
Sesselmann Heinrich, Baumeister und Architekt 306
Sesselmann Herta, T. der Celida Sesselmann 306
Seuffridt Andreas, Kaufmann in Breslau 149
Short Augustina OSB 256. 257
Sibranzyi Josef, Oberjäger in Babenhausen 238
Siegertshofen, Gde. Fischach, Lkr. Augsburg 297
Sigishofen, Gde. Ofterschwang, Lkr. Oberallgäu 267
Sigismund, Deutscher König 22
Sigismund, Hz. von Tirol 395
Sigismund, Römisch-Deutscher Kaiser 19
Sillein 148
Sinz Heinrich, Geistl. Rat in Krumbach 329
Sitzinger Euphrosina, T. des Wilhelm Sitzinger ∞ Jakob Herbrot d. J. 90. 100
Sitzinger Wilhelm ∞ Euphrosina Böcklin 90
Solti Georg, Dirigent 391
Sondheim bei Arnstein, Lkr. Rhön-Grabfeld, Marienwallfahrtskirche 59
Sonthofen 267. 346. 347
Southampton, England 245
Span Helene 118
Span Leonhard 118
Speyer 221. 225. 226. 310
 Dom 226
 Reichstag 78. 79
Spier, Notar in Amsterdam 373
Spies Hans, Kaufmann in Frankfurt a. Main 149
Sproll Johann Bapt., Bischof von Rottenburg 329
Stadingen Hans Ritter von 19

Stadion, Grafen von, Erbtruchsesse 124
Stadler Benno, Pflegeverwaltung der Henleschen Stiftung 217
Stadler Franz Xaver, Kaufmann 215. 216
Stadler Johann Evangelist, Domdekan 216
Stadtbergen (Stadtteil von Augsburg) 141
Stain, Berchtold Ritter vom, Hauptmann der Gesellschaft vom St. Jörgen Schild 19
Stainherr Matthias, Faktor der Paller in Wien 146
Steigenberger Anton, Sterzing 173
Stein, Stadt Immenstadt 268. 269
Steinberger Simon 100
Steinen, Kanton Schwyz 267
Steinheim, Lkr. Dillingen 186
Steininger Hans, Handelsherr in Augsburg 156
Stenke P. Winfried OSB, Ottobeuren 349
Stephan, Hz. von Bayern 18
Stetten, Familie von, Augsburger Bürger 115
Stetten Georg von, Augsburger Patrizier 99
Stetten Paul von, Geschichtsschreiber 114
Stetten Paul d.J., Historiker und Stadtpfleger 180
Sterzing, Südtirol 172. 173
 Komturei 169. 170. 171
Stich Georg, Ollarzried 352
Stiefenhofer Hans, Pfarrer 353
Stimpfle Dr. Joseph, Erzbischof 347
Stockholm, Israelitische Gemeinde 369
Stöpfel Johann, Pfleger der St.-Leonhards-Kapelle in Billenhausen 24
Stoß Veit, Bildhauer 55
Strachwitz, Gf. (Dichter) 307

Straßburg, Elsaß 39. 81. 98. 99. 207. 209
Straßburg, Mutterkloster der Grauen Schwestern 206
Straub Johann Baptist, Bildhauer in München 164
Straubing/Ndb. 94
Strauß Richard, Komponist 392
Strigel Thomas, Handelsdiener der Herbrot 94. 99
Stromayr Caspar, Arzt in Lindau 324
Stückle Michael, Pfarrer in Mindelzell 297
Stuttgart 144. 167. 178. 179. 181
Sünching, Lkr. Regensburg, Schloß 182
Sulzberg, Lkr. Oberallgäu 220
Sulzer, Augsburger Bürger 121
Sulzer David 144
Sulzer Georg, Hiltenfingen 141
Sulzer Jakobine, geb. Weiß 144
Sulzer Magdalena 136. 137
Sulzer Wolfgang Leonhard ∞ Rosina Paller 144. 135
Sulzer Wolfgang ∞ Jakobine Weiß 140

Täfertingen, Gde. Neusäß, Lkr. Augsburg 123. 136
Taynhausen s. Thannhausen
Teck, Herzöge von 338
Teck, Hz. Ulrich von 22
Tegernsee, Lkr. Miesbach 184
Terlan, Südtirol 322
Teschen, Böhmen 148. 149
Thalmassing, Lkr. Regensburg 250
Thannhausen, Lkr. Günzburg 17. 193. 194. 197. 205. 295–303. *Abb. 3* 19
Stadler-Spital 301
Theresienstadt in Böhmen 371. 372. 373. 374
Thurzo I., Alexander 65
Tiefstetter Christoph, Schwiegersohn des Jakob Herbrot 90. 96. 99

Tiepolo Giovanni Battista, italien. Maler, Zeichner und Radierer 175. 177
Tietburga s. Dietbirg
Tölz, Bad Tölz/Obb., Maria-Hilf-Kirche 167
Mühlfeldkirche 185
Trappendreher (Brüder), Altarbauer 301
Tratzberg bei Jenbach, Tirol 124
Schloß 124. 129
Traut Wolf, Maler 55. 64
Trient, Italien 74
Trier 221
Trinkler Ulrich, Lehrer 343. 358
Tritschenkreut, Gde. Peißenberg, Lkr. Weilheim-Schongau 164
Troger Paul, Barockmaler 173
Trost Gottlieb, V. der Celida Sesselmann 306
Trost Johanna, M. der Celida Sesselmann 306
Troylo Johann Baptista, Bozen 133
Tübingen 90
Tübingen–Stuttgart, Rainer Wunderlich Verlag 360

Üb(e)lher Johann Georg, Stukkator 177. 187
Ulm/Donau 20. 25. 39. 78. 179. 349
Ulrich, Heiliger, s. Augsburg Bischöfe
Ulstätt David, Handelsherr 150
Ulstätt Hans, Handelsherr 150
Unterpeißenberg, Lkr. Weilheim-Schongau 164
Urlaub Georg Anton 177
Ursberg, Lkr. Günzburg 17. 23. 24. 25. 302
Archiv 17
Kloster 18. 22. 24 *Abb. 3*
Klostergut 21
Prämonstratenserkloster 17

Ursprung bei Schelklingen, Alb-Donau-Kreis, Benediktinerinnenkloster 15

Val, Carron du, Bürgermeister 207
Venedig 38. 134. 135. 148. 322
 Herzogtum 145
Venezuela 59
Viatis Bartholomäus, Nürnberger Kaufmann 156
Villenbach, Lkr. Dillingen 141
Vischel Dr. Melchior, Bürgermeister 99
Völk Dr. Joseph, Rechtsanwalt 213. 214
Vogel, Handesdiener 144
Vogt Ernst 354
Volkhart Albrecht Christoph Alexander, Verleger 213
Volkheimer Hermann, Kempten 360

Waal, Lkr. Ostallgäu 231. 233. 235. 236. 237. 255. 257. 261. 262 *Abb. 16*
Waalhaupten, Gde. Waal, Lkr. Ostallgäu 185. 235. 236
Wagegg, Gde. Haldenwang, Lkr. Oberallgäu 267
Wagner Franz, Zunftmeister in Augsburg 118
Wagner Franz, Mitgesellschafter der Paller 125. 126. 137
Wagner Johann Ulrich, Lehrer in Thannhausen 194
Wagner Magdalene ∞ Wolf Paller 117. 118
Wagner Margarethe ∞ Konrad Herbst 125
Wagner Richard, Komponist 396. 397
Wagner, Verwandte des Wolf Paller 125
Waibel Balthasar 281
Walkertshofen, Lkr. Augsburg 124. 125. 136
Walburga, Eichstätter Heilige 12

Waldburg, Kardinal Otto von, s. Augsburg Bischöfe
Wallenreiter Christian, Förderer schwäbischer Kultur und Heimatpflege 327–335 *Abb. 21–22*
Wallerstein, Lkr. Donau-Ries 366
Waltenberger Albert, Bürgermeister von Thannhausen 299
Waltenhausen, Lkr. Günzburg 234
Walter Bruno, Dirigent 391
Washington USA 245
Weber Karl Maria von, Komponist 392
Weckmann, Bildhauer in Ulm 35
Weiler 297
Weiler (Weiler-Simmerberg), Lkr. Lindau 322. 378
Weingarten, Lkr. Ravensburg 88. 92. 94. 97. 101
Weinhart Benedikt, Dogmatikprofessor in Freising 222
Weisbeker Schaja 373
Weiß Afra, Schwiegermutter des Wolfgang Sulzer 140
Weiß, Augsburger Bürger 118. 121
Weiß Daniel 126. 142
Weiß David 126. 142
Weiß Jakobine ∞ (?) Wolfgang Sulzer 140
Weiß Josias 142
Weiß Leonhard, Vetter der Geschwister Wagner 125. 126. 128
Weiß Lienhart, Verwandter des Matthis Paller 136
Weiß Rosina ∞ Wolf Paller d.J. 139. 140
Weiß Thomas, Vertreter des Weißschen Unternehmens in Wien 146. 147
Weißenhorn, Lkr. Neu-Ulm 340
Weitnauer Dr. Alfred, Bezirksheimatpfleger 331. 332
Welden, Lkr. Augsburg 166. 167. 169
Wellenstein Gustav, Forstmeister, Professor 378. 382. 385. 387
Welser, Augsburger Bürger 121

Welser, Augsburger Handelsfirma 59
Welser Bartholomäus, Kauf- und Handelsherr in Augsburg 139
Welser Hans, Bürgermeister in Augsburg 77. 79. 84
Welser Maria ∞ Hieronymus Imhof 125. 146
Welser Rosina, Enkelin des Bartholomäus Welser ∞ Wolf Paller d.J. 139. 152
Welser Ulrich, Patrizier, Handelsherr in Augsburg 73
Weng Gustav, Dichter 307
Werba Dr. Erik, Professor 398
Werder Andreas, Stadtvogt von Lauingen 99
Wertingen, Lkr. Dillingen 122
Wessobrunn, Lkr. Weilheim-Schongau 184. 186. 187. 194
Westerbork, Holland 369. 370. 371. 372. 374
Westernach Hans von 19
Wetzhausen Georg von, Abt des Benediktinerklosters Auhausen 48
Wetzhausen Jobst von, Landkomptur in Wien 48. 49
Wiedemann Johann, Pfarrer in Mosbach 297
Wieder Dr., Stadtgerichtsarzt in Augsburg 208
Wieland Christoph Martin, Dichter 315
Wielenberg, Gde. Ofterschwang, Lkr. Oberallgäu 267
Wien 55. 58. 65. 74. 114. 118. 126. 134. 144. 146. 147. 148. 178. 382. 397
  Deutschorden 48
  Reichshofrat 94
  Staatsoper 391. 397
Wiggensbach, Lkr. Oberallgäu 343
Wild Hans 144
Wilhelmina, Königin von Holland 370

Willibald, Eichstätter Heiliger 12. 45. 46. 50
Wilten bei Innsbruck, Tirol 181. 182. 185
Wimmer P. Bonifazius OSB, Benediktiner der Abtei Metten, späterer Abt der amerikanischen Benediktinerkongregation 241. 245. 246. 248. 249. 250. 252. 253. 254. 256. 258. 259. 260. 262
Winckelmann Johann Joachim, Kunstschriftsteller 181
Wittenberg bei Halle, Sachsen-Anhalt 99
Wittislingen, Lkr. Dillingen 10. 11. 12 *Abb. 1–2*
Wolf Hugo, Komponist 391. 392
Wolgadeutsche 388
Wöllwarth, Baron von 289
Wulfhard, Priester 12
Worms/Rhein 78
Württemberg, Hz. Christoph von 94
Würzburg/Ufr. 45. 50. 52. 167
  Bischöfe 65
  Dom 44
  Wallfahrtskirche Käppele 177. 185. 186
Wunibald, Eichstätter Heiliger 12. 50

Young (Josue Mary), Bischof der Diözese Erie USA 253. 255. 256. 259

Zasius Dr. Ulrich, Jurist 90
Zeeburgerdyk, Holland 368
Zeiller Johann Jakob, Barockmaler 183
Zimens Thomas, Handelsherr in Lissabon 147
Zimmermann Edmund, Thannhausen 300
Zink Burkhart, Augsburger Chronist 347. 354

Zobel Martin, Handelsherr in Augsburg 149. 150. 156
Zoepfl Friedrich, Priester und Kirchenhistoriker 339. 348. 359
Zöllner Joseph Othmar 352. 354
Zöschlinger Anna Barbara 193
Zorn, Gf. Jost von 92
Zuckermaier Franz Xaver, Pfarrer in Siegertshofen 297
Zum Goldenen Schwan Joseph, Frankfurter Jude 100
Zusmarshausen, Lkr. Augsburg 122. 136. 141. 164

Zwiebel (Zwiefel, Zwiffel) Donat, V. des Jakob Zwiebel 295
Zwiebel Jakob, Pfarrer 295–304 *Abb. 19*
Zwiefel Jakob ⚭ Anna Maria Müller 295
Zwiffel Barbara 295
Zwiffel Martin ⚭ Anna Maria Wolf 295
Zwiffel Josef 295
Zwölfer, Professor in München 384

Nachtrag zum Beitrag von Gerhard Seibold (Seiten 113–162):
Wolf Paller der Ältere   c. 1504–1582
Wolf Paller der Jüngere   1545?–1624
Kupferhändler in Augsburg

Während der Drucklegung erschien:
Quellen und Regesten zu den Augsburger Handelshäusern
Paler und Rehlinger 1539–1642. Wirtschaft und Politik
im 16./17. Jahrhundert. Teil I: 1539–1623. Herausgegeben
und eingeleitet von Reinhard Hildebrandt.
= Deutsche Handelsakten des Mittelalters und
der Neuzeit, hrsg. durch die Historische Kommission bei der
Bayerischen Akademie der Wissenschaften. Band XIX.
Stuttgart, [Franz Steiner], 1996

Alphabetisches Register zu Band 1 bis 15 der »Lebensbilder aus dem Bayerischen Schwaben«

(Verfasser in Klammern, rechts Band- und Seitenzahl)

Adelmann von Adelmannsfelden, Bernhard, Humanist, Kanonikus, Domherr in Augsburg, 1459-1523 (Friedrich Zoepfl)	11,39
Adelmann von Adelmannsfelden, Hans, Landkomtur des Deutschen Ritterordens, 1454-1515 (Friedrich Zoepfl)	11,39
Adelmann von Adelmannsfelden, Konrad, Humanist, Kanonikus in Augsburg und Eichstätt, 1462-1547 (Friedrich Zoepfl)	11,40
Afra, hl., römische Märtyrerin, Bistumsheilige, 3. Jh. - um 304 (Andreas Bigelmair)	1,1
Agricola, Rudolfus jun., Humanist, um 1493-1521 (Eduard Gebele)	3,212
Aichinger, Gregor, Kirchenmusiker und Komponist, 1564-1628 (Ernst F. Schmid)	1,246
Albertus Magnus, Theologe und Naturforscher, 1193-1280 (Joseph Bernhart)	1,57
Andreas von Österreich (Burgau), Kardinal und Markgraf, 1558-1600 (Eduard Widmoser)	4,249
Artzt, Ulrich, Bürgermeister und Bundeshauptmann, um 1460 bis 1527 (Friedrich Blendinger)	6,88
Auer, Ludwig, pädagogischer Schriftsteller, Gründer und Stifter, 1839-1914 (Ludwig Auer jun.)	1,431
Baudrexel, Philipp Jakob, Kirchenmusiker und Komponist, 1627-1691 (Ernst F. Schmid)	2,269
Bauer, Wilhelm Sebastian Valentin, Ingenieur, Erfinder von Tauchbooten, 1822-1875 (Adolf Layer)	10,258
v. Baumann, Dr. Franz Ludwig, Historiker und Archivar, 1846 bis 1915 (Bernhard Zittel)	6,468
Bayrhammer, Augustinus OSB, Chronist in Ottobeuren, 1729 bis 1782 (Leonhard Rugel)	15,193

Bayrhammer, Philipp OPraem, Chronist der Prämonstratenserabtei Roggenburg, 1718-1761 (Leonhard Rugel) 15,193
Beck, Verlegerfamilie, seit 1733 (Hermann Keßler) 9,250
Beck, Carl, Verleger, 1817-1852 (Hermann Keßler) 9,254
Beck, Carl Heinrich, Verleger, 1767-1834 (Hermann Keßler) ... 9,252
Beck, Karl Gottlob, Verleger, 1733-1802 (Hermann Keßler) 9,250
Beck, Dr. Heinrich, Verleger, geb. 1889 (Hermann Keßler) 9,263
Beck, Dr. Oskar, Verleger, 1850-1924 (Hermann Keßler) 9,258
Beckler, Hermann, Arzt, Expeditionsleiter in Australien, 1828 bis 1914 (Josef Heider) 3,419
v. Beecke, Ignaz, Komponist, 1733-1803 (Ernst F. Schmid) 1,343
v. Berg, Marquard, Bischof von Augsburg, 1528-1591 (Otto Bucher) 7,173
Bergmüller, Johann Georg, Maler und Freskant, 1688-1762 (Bruno Bushart) 13,174
Bernauer, Agnes, Gemahlin Herzog Albrechts III. von Bayern, um 1411-1435 (Heinz F. Deininger) 1,131
Bernhart, Joseph, Theologe, Kulturphilosoph, Schriftsteller, 1881-1969 (Max Rößler) 12,311
Besemfelder, Oskar, Sänger und Lautenist, 1893-1965 (Uli Braun 11,415
Bidermann, Jacob, Barockdichter, Vertreter des latein. Jesuitendramas, 1578-1639 (Hans Pörnbacher) 10,128
Böhm, Dominikus, Architekt, Kirchenbauer, 1880-1955 (Hugo Schnell) 9,452
Boos, Martin, Theologe, Gründer der Allgäuer Erweckungsbewegung, 1762-1825 (P. Hildebrand Dussler) 6,406
Boos, Roman Anton, Bildhauer, 1733-1810 (P. Hildebrand Dussler) 8,277
Brander, Georg Friedrich, Physiker und Instrumentenbauer, 1713-1783 (Maximilian Bobinger) 4,299
Braun, Isabella, Jugendschriftstellerin, 1815-1886 (Alfred Baader) 5,371
Braun, P. Placidus, Bistumshistoriker, 1756-1829 (Friedrich Zoepfl) 8,349
Brecht, Bertolt, Dichter, Regisseur, 1898-1956 (Max Högel) 8,389
Bronner, Franz Xaver, Idyllendichter, 1758-1850 (Eduard Gebele) 4,338
Brucker, Jakob, Philosophiehistoriker, 1696-1770 (Franz Herre) 6,372
Bruno, Bischof von Augsburg, um 975-1029 (Friedrich Zoepfl) .. 2,47
Burchard von Ursberg, Geschichtsschreiber, Chronist, um 1177 bis um 1231 (Eduard Gebele) 10,1
Burgau, Markgraf Karl von, 1560-1618 (Eduard Widmoser) 3,269
Burgkmair, Malerfamilie, 15. und 16. Jh. (Hannelore Müller) ... 4,44
Burgkmair, Hans d. Ä., Maler, um 1473-um 1531 (Hannelore Müller) 4,44

Burgkmair, Hans d. J., Maler, um 1506-um 1562 (Hannelore Müller) 4,54
Burtenbach, Sebastian Schertlin von, Feldhauptmann, 1496 bis 1577 (Friedrich Blendinger) 2,197
v. Buz, Heinrich, Ritter, Industrieller, 1833-1918 (Erich von Kurzel-Runtscheiner) 10,319

Calentin, Heinrich v., Reichsmarschall, um 1145-1214 (Wilhelm Kraft) 9,1
de Caprariis, Petrus Mitte, Antoniterpräzeptor in Memmingen, um 1415-1479 (Adalbert Mischlewski) 12,28
Cron, Ferdinand, Handelsherr in Ostindien, 1559-1637 (Hermann Kellenbenz) 9,194
Curtius, Ludwig, Archäologe, 1874-1954 (Kurt Bittel) 12,282

Daucher, Künstlerfamilie, um 1460-1635 (Hannelore Müller) .. 6,131
Daucher, Adolf d. Ä., Bildhauer, um 1460 - um 1524 (Hannelore Müller) 6,131
Daucher, Adolf d. J., Bildhauer, um 1485-1558 (Hannelore Müller) 6,134
Daucher, Hans, Bildhauer, um 1486-1538 (Hannelore Müller) .. 6,134
David von Augsburg, mystischer Prediger und Schriftsteller, um 1205-1272 (P. Engelbert Grau) 4,1
Demeter, Ignaz Anton, Theologe, Pädagoge, Erzbischof von Freiburg, 1773-1842 (Ferdinand Löffler) 11,187
Dernschwam, Hans, Humanist, Orientreisender und Fuggerfaktor, 1494 - um 1568 (Kurt Oberdorffer) 1,229
Diesel, Rudolf, Ingenieur, Erfinder, 1858-1913 (Jürgen R. Diesel) 2,416
Dietbirg (Dietpirch), Mutter des Heiligen Ulrich, um 870-924? (Georg Albrecht) 15,9
Dinkelsbühl, Nikolaus von, Theologe und Schriftsteller, um 1360-1433 (Ludwig Schnurrer) 8,64
Dirr, Dr. Pius, Historiker und Archivar, 1875-1943 (Heinrich Geidel) 1,445
Dörfler, Peter, Schriftsteller, Erzähler, 1878-1955 (Joseph Bernhart) 7,406
Dossenberger, Hans Adam, Baumeister, 1716-1759 (Karl Heinrich Koepf) 11,140
Dossenberger, Joseph, Baumeister, 1721-1785 (Karl Heinrich Koepf) 11,140
Drexel, Jeremias, kath. Prediger und Schriftsteller, 1581-1638 (Karl Pörnbacher) 8,228

Eberlin, Johann von Günzburg, Reformator, Schriftsteller, um 1470-1533 (Ernst Deuerlein) 5,70; 6,495
Eberlin, Johann Ernst, Domkapellmeister, Komponist, 1702 bis 1762 (Adolf Layer) 6,388

Ebner(in), Margareta, Mystikerin, Seherin, um 1291-1351
(Friedrich Zoepfl) 2,60
Eck, Dr. Johannes, Theologe, Gegner Luthers, 1486-1543
(Friedrich Zoepfl) 6,186
Ellenbog, Nikolaus, klösterlicher Gelehrter, 1481-1543
(Andreas Bigelmair) 5,112
Engelberg, Burkhard, Steinmetz und Baumeister der Gotik, um
1447 - um 1512 (Norbert Lieb) 3,117
Engelbirn von Augsburg, Mystikerin, Dichterin, um 1230
(Eduard Gebele) 8,52
Englert P. Sebastian, Missionar, Sprachforscher und Ethnologe
von der Osterinsel, 1888-1969 (Alois J. Weichslgartner) 12,351
Erhart, Gregor, Bildhauer, um 1470-1540 (Hannelore Müller) .. 5,16
Erhart, Bruder Jörg von Pfronten, Kapuzinerbruder, Seligsprechung in Vorbereitung, 1696-1762 (P. Hildebrand Dussler) ... 11,125
Erhart, Michel, Bildhauer, um 1443-um 1523 (Hannelore
Müller) 5,16

Faber, Johannes, Dominikanerprior, Humanist, theolog. Disputant, um 1470-1530 (P. Thomas Aquinas Dillis) 5,93
Feneberg, Johann Michael, religiöser Erneuerer, 1751-1812
(P. Hildebrand Dussler) 8,328
Feyerabend, P. Maurus OSB, Prior des ehemaligen Reichsstiftes
Ottobeuren, 1754–1818 (Aegidius Kolb OSB) 14,199
Fischer, Anton (Friedrich), Komponist, 1778-1808 (Karl Maria
Pisarowitz) 7,369
Fischer, Johann Georg, Architekt, Kirchenbauer, 1673-1747
(Martin Dömling) 8,256
Fischer, Josef (Hyazinth Wäckerle), Lehrer und Mundartdichter,
1836-1896 (Adolf Layer) 13,251
Franck, Sebastian, Reformationstheologe, Schriftsteller, 1499
bis 1542 (Maria Zelzer) 6,217
Frank, Christian, Priester, Kulturhistoriker, Heimatforscher,
1867-1942 (Georg Simnacher) 13,309
Frank, Gerhard, Bezirksrabbiner, 1912-1944 (Gernot Römer) .. 15,365
Freyberger, Joseph, Revolutionär zwischen den Fronten des
30jährigen Krieges, 1587-1633 (Arthur Maximilian Miller) 6,335
v. Frölich, Alois, Arzt, Naturforscher, 1766-1841 (P. Hildebrand Dussler) 7,351
Frosch, Johann, luth. Reformator, um 1480-1533 (Matthias
Simon) 2,181
v. Frundsberg, Georg, Landsknechtsführer, kaiserlicher Feldhauptmann, um 1473-1528 (Friedrich Zoepfl) 1,188
Fugger, Anton, Handelsherr, Reichsgraf, 1493-1560 (Hermann
Kellenbenz) 11,46
Fugger, Hans Jakob, Handelsherr, Humanist, Diplomat,
1516-1575 (Hermann Kellenbenz) 12,48

Fugger, Jakob der Reiche, Handelsherr, 1459-1525 (Hermann
  Kellenbenz) 10,35
Fugger-Babenhausen, Fürst Anselm Maria, Politiker, 1766 bis
  1821 (Wolfgang Zorn) 2,329
Furtenbach, Abt Burkard, zu Lambach, 1544-1599 (P. Hilde-
  brand Dussler) 8,139

Ganghofer, Ludwig, Schriftsteller, Erzähler, 1855-1920 (Karl
  Pörnbacher) 11,289
Gasser, Achilles Pirminius, gelehrter Arzt, 1505-1577 (Josef
  Fleischmann) 6,259
Geiger, Nikolaus, Bildhauer und Maler, 1849-1897 (Ludwig
  Zenetti +) 12,236
Geizkofler, Dr. Lukas, Fuggeradvokat, 1550-1620 (Friedrich
  Blendinger) 8,118
Geizkofler, Michael, Fuggerscher Güterverwalter, 1527-1614
  (Friedrich Blendinger) 8,108
Geizkofler, Zacharias, Reichspfennigmeister, 1560-1617
  (Friedrich Blendinger) 8,163
Goehl, Honorat, Abt von Ottobeuren, 1733–1802 (Aegidius Kolb
  OSB) 14,149
Goßner, Johannes, Prediger der Erweckungsbewegung, Gründer,
  1773-1858 (Matthias Simon) 3,389
Gratz, Peter Alois, Theologe und Schulrat, 1769-1849 (Richard
  Dertsch) 10,191
Günther, Matthäus, Maler und Freskant, 1705-1788 (Georg
  Paula) 15,163

Haas, Joseph, Komponist und Musikpädagoge, 1879-1960
  (Wilhelm Zentner) 10,361
Hätzlerin, Clara, Schreiberin, um 1430-um 1476 (Eduard Ge-
  bele) 6,26
Haggenmüller, Johann Baptist, Geschichtsschreiber, 1792 bis
  1862 (Josef Rottenkolber) 1,365
Haindl, Georg, d. Ä., Industrieller, 1816-1878 (Karl Alexander
  v. Müller) 1,371
Haindl, Industriellenfamilie, 19. u. 20. Jh. (Karl Alexander v.
  Müller) 1,371
v. Haneberg, Daniel Bonifatius, Abt von München St. Bonifaz
  und Bischof von Speyer, 1816-1876 (Franz-Rasso Böck) 15,219
Hartmann I., Graf von Dillingen, Territorialherr, Klostergrün-
  der, um 1040-1121 (Adolf Layer) 11,1
Hartmann, P. Maurus, Missionar, 1865-1905 (P. Leander Bopp) 5,399
Haßler, Theodor, Ritter von, Industrieller, 1828-1901 (Friedrich
  Haßler) 9,352
Hauber, Josef, Maler, 1766-1834 (Josef Rottenkolber) 2,326

Hauser, Anton, »Großpapa der Katholischen Arbeitervereine«, 1840–1913 (Hermann Mors) 14,307
Heimesfurt, Konrad v., Dichter, um 1190-nach 1230 (Eduard Gebele) 8,42
Heinrich v. Kalentin-Pappenheim, Reichsmarschall, um 1145 bis 1214 (Wilhelm Kraft) 9,1
Heinrich VII. von Montfort-Rothenfels, Graf, Domherr zu Augsburg und Konstanz, 1456–1512 (Karl Heinz Burmeister) 14,9
Heinzelmann, Christoph Friedrich, Bürger, Unternehmer, Politiker, 1786–1847 (Walter Pache) 14,229
Henisch, Georg, Arzt, Mathematiker, Gräzist, 1549-1618 (Siegfried Spring) 13,90
v. Henle, Franz Anton, Theologe, Bischof von Passau und Regensburg, 1851-1927 (Peter Rummel) 11,263
Henle, Johann Georg, ein Höchstädter als Stifter des Augsburger Krankenhauses, 1769-1852 (Leonhard Rugel) 15,201
Herbrot, Jakob, Großkaufmann und Stadtpolitiker, 1490/95 bis 1564 (Mark Häberlein) 15,69
Hering, Loy, ein schwäbischer Bildhauer in Eichstätt, um 1485/1486-1554 (Benno Gantner) 15,27
Herkom(m)er, Johann Jakob, Kirchenbauer, 1652-1717 (P. Hildebrand Dussler) 5,239
Hermann, Bischof von Augsburg, um 1060-reg. 1096-1133 (Wilhelm Volkert) 6,1
v. Hessen-Darmstadt, Joseph (I.) Ignaz Philipp, Landgraf, 1699 bis 1768 (Wolfgang Wüst) 14,123
v. Hessing, Friedrich, Orthopäde und Gründer einer Heilanstalt, 1838-1918 (Gerhard Grosch) 11,250
Hieber, Plazidus, Abt von Lambach, 1615-1678 (P. Hildebrand Dussler) 8,146
Hiltbold von Schwangau, mhd. Lyriker, um 1195 - nach 1254 (Hans Pörnbacher) 7,12
Hiltgard von Hürnheim, klösterliche Übersetzerin, um 1250 bis nach 1299 (Eduard Gebele) 7,23
Hirnbein, Carl, Käsereiunternehmer, 1807-1871 (Klaus v. Andrian-Werburg) 9,308
Hoeschel, David, Rektor am Gymnasium bei St. Anna in Augsburg und Gräzist, 1556–1617 (Siegfried Spring) 14,85
Höfer, Albert, Kirchenmusiker, 1802–1857 (Leonhard Rugel) ... 14,211
Höfer, Anton, Kirchenmusiker, 1764–1837 (Leonhard Rugel) ... 14,211
v. Höfler, Constantin, Historiker und Politiker, 1811-1897 (Josef Hemmerle) 2,376
Höß, Crescentia, von Kaufbeuren, seliggesprochene Nonne, 1682-1744 (M. Alfonsa Wanner) 4,283
Hofmiller, Josef, Kunstkritiker und Essayist, 1872-1933 (Karl Pörnbacher) 12,258
Holbein, Hans d. Ä., Maler, um 1465-1524 (Norbert Lieb) 1,161

Holbein, Hans d. J., Maler, um 1497-1543 (Norbert Lieb) 1,165
Holl, Elias, Baumeister, 1573-1646 (Norbert Lieb) 2,246
Holzer, Fridolin, Redakteur, Bürgermeister von Weiler im Allgäu, Mundartdichter, 1876-1939 (Hermann Mors) 12,298
Holzhauser, Bartholomäus, Religiose, Gründer, 1613-1658 (Karl Böck) 5,221
Holzhey, Johann Nepomuk, Schwabens »Berühmtester Orgelmacher«, 1741–1809 (Ulrich Höflacher) 14,173
Huber, Franz, schwäbischer Lehrerbildner und Landschulpädagoge, 1887-1979 (Georg Albrecht) 13,333
Huber, Konrad, Maler, 1752-1830 (Norbert Lieb) 5,281
Hübner, Jacob, Zeichner, Kupferstecher, Entomologe, 1761 bis 1826 (Heinz Fischer) 11,163
Hürnheim, Hiltgard von, klösterliche Übersetzerin, um 1250 bis nach 1299 (Eduard Gebele) 7,23

Jocham, Magnus, Theologe, Schriftsteller, 1808-1893 (P. Hildebrand Dussler) 9,330
Jochum, Otto, Komponist, Stimmbildner und Chorerzieher, 1898-1969 (Tosso Troll) 11,423
Jörg, Josef Edmund, Archivar, Historiker, politischer Schriftsteller, 1819-1901 (Bernhard Zittel) 4,395
Joseph (I.) Ignaz Philipp, Landgraf von Hessen-Darmstadt, 1699 bis 1768 (Wolfgang Wüst)................................ 14,123
Jung, Dr. Ambrosius, gelehrter Arzt, 1471-1548 (Josef Fleischmann) 4,14
Jung, Dr. Ulrich, gelehrter Arzt, 1478-1539 (Josef Fleischmann) 4,22

Kalentin, Heinrich von K.-Pappenheim, Reichsmarschall, um 1145-1214 (Wilhelm Kraft) 9,1
Kantz, Caspar, Reformator, um 1483-1544 (Gustav Wulz) 4,100
Karl, Markgraf von Burgau, 1560-1618 (Eduard Widmoser) 3,269
Kaspar, Johann, Maler, 1822-1885 (Josef Rottenkolber) 5,395
Keller, Michael, Reformator, vor 1500-1548 (Wolfgang Zorn) ... 7,161
Kemnat, Volkmar der Weise von, Förderer von Dichtern, um 1205-um 1283 (Eduard Gebele) 1,89
Kistler, Cyrill, Komponist, 1848-1907 (Adolf Layer) 13,281
Kleinheinz, Franz Xaver, Komponist, Pianist und Kapellmeister, 1765-1832 (Arthur Maximilian Miller) 12,152
Klemens Wenzeslaus, Kurfürst und Fürstbischof von Augsburg, 1739-1812 (Hildebrand Troll) 2,302
Klopper, Fritz, Komponist, 1889-1929 (Willi Leininger) 8,377
Kneipp, Sebastian, Begründer des modernen Wasserheilverfahrens, 1821-1897 (Wendelin Waibel) 1,395
Knöringen, Johann Egolf von, Bischof von Augsburg, 1537 bis reg. 1573-1575 (Otto Bucher) 6,323
Köhl, Hermann, Ozeanflieger, 1888-1938 (Ernst Kapp) 5,416

Kolb, Gustav Eduard, Redakteur, Politiker, 1798-1865 (Thea Lethmair) 7,390
Konrad von Heimesfurt, mhd. Dichter, um 1190-nach 1230 (Eduard Gebele) 8,42
Kraemer, Simpert, Baumeister, 1679-1753 (Norbert Lieb) 4,260
Krumbacher, Dr. Karl, Byzantinist, 1856-1909 (Josef Rottenkolber) 3,445
Kurz, Sebastian, Fuggerscher Faktor, um 1500-1568 (Hermann Kellenbenz) 13,34

Lachner, Ignaz, Kapellmeister und Komponist, 1807-1895 (Harald Müller) 12,178
Lang, Apollonia, Frauengestalt der Renaissancezeit, 1475-1520 (Eduard Gebele) 1,218
Lang, Matthäus, Diplomat, Kardinal, königlicher Sekretär, um 1468-1540 (Hans Wagner) 5,45
Langenmantel, Eitelhans, Wiedertäufer, um 1485-1528 (Friedrich Westermayer) 5,140
Laroche, Sophie von, Schriftstellerin, 1730-1807 (Eduard Gebele) 7,276
Laucher, Joseph Anton, Musiker und Komponist, 1737-1813 (Adolf Layer) 8,301
Lederer, Jörg, Bildschnitzer, um 1470-um 1549 (P. Hildebrand Dussler) 9,154
Lindau, Markwart von, mystischer Prediger und Schriftsteller, um 1325-1391 (Eduard Gebele) 7,81
Lingg, Hermann von, Dichter, 1820-1905 (Bernhard Zittel) 2,396
Luitold, Bischof von Augsburg, reg. 989-996 (Wilhelm Volkert) 5,1
Loscher, Sebastian, Bildhauer, um 1482-1551 (Hannelore Müller) 3,153
Lutz, Dr. Wilhelm Friedrich, Superintendent in Nördlingen, 1551-1597 (Gustav Wulz) 5,198

Magnus, hl., Apostel des Allgäus, um 699-772 (Andreas Bigelmair) 2,1
Margareta von Schwangau, Gemahlin des spätmittelalterlichen Liederdichters und -komponisten Oswald von Wolkenstein, um 1392-nach 1451 (Hans Pörnbacher) 12,1
Markwart von Lindau, mystischer Prediger und Schriftsteller, um 1325-1391 (Eduard Gebele) 7,81
Marpeck, Pilgram, Wiedertäufer, um 1495-1556 (Eduard Widmoser) 5,155
Mayer, Sebald, Drucker, um 1520-um 1576 (Otto Bucher) 5,165
Mechthild von Diessen, sel. Äbtissin von Edelstetten, um 1125 bis 1160 (Hans Pörnbacher) 11,16
Meichelbeck, P. Karl, Geschichtsschreiber, 1669-1734 (Josef Rottenkolber) 1,277

Meinloh von Sevelingen, mhd. Lyriker, um 1155-um 1240 (Hans Pörnbacher) 7,1
Merkt, Dr. Otto, Förderer der Heimatforschung im Allgäu, 1877-1951 (Alfred Weitnauer) 9,426
Mettlinger, Dr. Bartholomäus, gelehrter Kinderarzt, um 1440 bis 1492 (Josef Fleischmann) 2,122
Metzger, Max Josef, Priester, Vorkämpfer der Una-Sancta-Bewegung, Opfer des Nationalsozialismus, 1887-1943 (Elisabeth Emmerich) 10,380
Meyr, Melchior, Schriftsteller, 1810-1871 (Hans Pörnbacher) 11,221
Miller, Arthur Maximilian, 1901-1992 (Erwin Holzbaur) 15,337
Mitte, Petrus de Capraiis, Antoniterpräzeptor in Memmingen, um 1415-1479 (Adalbert Mischlewski) 12,28
v. Montfort-Rothenfels, Heinrich VII., Graf, Domherr zu Augsburg und Konstanz, 1456–1512 (Karl Heinz Burmeister) 14,9
Mors, Hans, 1912-1941 (Hermann Mors†) 15,377
Mozart, Leopold, Musiker und Komponist, 1719-1787 (Ernst F. Schmid) 3,346
Müller, Dr. Friedrich von, Internist, 1858-1941 (Ludwig Robert Müller) 2,432

Nagel, Franz, Monumentalmaler, 1907-1976 (Martin Achter) 13,377
Neher, Caspar, Bühnenbildner, 1897-1962 (Max Högel) 10,397
Neß, Rupert, Abt von Ottobeuren, 1670-1740 (Norbert Lieb) 1,284
Neusiedler, Melchior, Lautenist, um 1531-um 1590 (Adolf Layer) 5,180
Nikolaus von Dinkelsbühl, Theologe und Schriftsteller, um 1360-1433 (Ludwig Schnurrer) 8,64

Obereit, Jakob Hermann, Arzt, Literat, Mystiker, 1725-1798 (Werner Dobras) 13,199
Obwexer, Josef Anton von, Industrieller, 1730-1795 (Wolfgang Zorn) 5,270
Obwexer, Peter Paul von, Industrieller, 1739-1817 (Wolfgang Zorn) 5,271
Occo, Adolph I., Arzt und Humanist, 1447-1503 (Otto Nübel) 10,77
Occo, Adolph II., Arzt und Wissenschaftler, 1494-1572 (Otto Nübel) 10,97
Occo, Adolph III., Arzt und Humanist, 1524-1606 (Otto Nübel) 10,100
Occo, Pompejus, Handelsherr und Politiker, 1483-1537 (Otto Nübel) 10,84
Occo, Sybrand Pompejusz, Kaufmann und Humanist, 1514-1588 (Otto Nübel) 10,91
Oettingen-Wallerstein, Ludwig Kraft von, Fürst, Regierungspräsident in Augsburg, bayer. Staatsminister, 1791-1870 (Ernst Deuerlein) 2,349
Ottheinrich, Pfalzgraf, Kurfürst, 1502-1559 (Barbara Kurze) 3,244

Paller, Wolf d. Ä., Kupferhändler in Augsburg, ca. 1504-1582 (Gerhard Seibold) 15,113
Paller, Wolf d. J., Kupferhändler in Augsburg, 1545?-1624 (Gerhard Seibold) 15,113
Pappenheim, Heinrich von Kalentin-P., Reichsmarschall, um 1145-1214 (Wilhelm Kraft) 9,1
v. Pappenheim-Biberbach, Matthäus Marschalk, Historiker, Chronist, 1458-1541 (Friedrich Zoepfl) 10,15
Petel, Georg, Bildhauer, 1602-1634 (Norbert Lieb) 13,118
Peutinger, Conrad, Humanist und Stadtschreiber, 1465-1547 (Heinrich Lutz) 2,129
Philipp Ludwig von Neuburg, Pfalzgraf, 1547-1614 (Wilhelm Hauser) 13,61
Prüntzlin, Nikolaus von Dinkelsbühl, Theologe und Schriftsteller, um 1360-1433 (Ludwig Schnurrer) 8,64

Raben Truchseß von Wilburgstetten, Bischof von Eichstätt, 1295-reg. 1365-1383 (Eduard Gebele) 7,37
Ratdolt, Erhard, Drucker und Verleger, um 1447-um 1528 (Paul Geissler) 9,97
Reichenbach, Carl, Handwerker und Maschinenbauer, 1801 bis 1883 (Horst Hesse) 13,218
Reindl, Magnus Anton, Priester und Politiker, 1832–1896 (Georg Simnacher) 14,289
Reiser, Friedrich, Waldenser, um 1401-1458 (Eduard Gebele) 1,113
Reißner, Adam, Reformator, Schriftsteller, um 1496-um 1582 (Otto Bucher) 4,170
Rem, Lukas (III.), Kaufmann im Überseehandel, 1481-1541 (Hubert Frhr. v. Welser) 6,166
Renftle, Joseph, altkatholischer Pfarrer in Mering, 1823-1881 (Peter Rummel) 12,199
Rheineck, Christoph, Musiker und Komponist, 1748-1797 (Ernst F. Schmid) 7,324
Richarz, Peter, Bischof von Augsburg, 1783-reg. 1837-1855 (Josef Bellot) 9,276
Rieder, Malerfamilie, 1472-1611 (Othmar Metzger) 6,238
Rieder, Jörg I., Maler, um 1472-um 1550 (Othmar Metzger) 6,238
Rieder, Laux, Maler, um 1510-um 1555 (Othmar Metzger) 6,240
Rieder, Jörg II., Maler, +1564 (Othmar Metzger) 6,240
Rieder, Jörg III., Maler, +1575 (Othmar Metzger) 6,241
Rieder, Moritz, Maler, +1611 (Othmar Metzger) 6,250
Riedinger, August, Industrieller, 1845-1919 (Wolfgang Zorn) 4,387
Riedinger, Ludwig August, Industrieller, 1809-1879 (Wolfgang Zorn) 4,381
Riepp, Karl Joseph, Orgelbauer, 1710-1775 (Adolf Layer) 7,260
Riepp, Mother Benedicta OSB, Klostergründerin in den USA, 1825-1862 (Rasso Ronneburger) 15,231

Ringeisen, Dominikus, Wohltäter und Gründer, 1835-1904 (M. Alberta Ruderer)	1,414
Röls, Johann Georg, Krämer und Bürgermeister in Donauwörth, 1652-1719 (Alfred Böswald)	12,124
Röls, Johann Kasimir, Weihbischof in Augsburg, 1646-1715 (Alfred Böswald)	12,122
Röls, Johann Leonhard, P. Amandus, Abt des Klosters Hlg. Kreuz in Donauwörth, 1663-1748 (Alfred Böswald)	12,124
Röls, Johann Philipp, Abt Rogerius XXXVIII. in Kaisheim, um 1659-1723 (Alfred Böswald)	12,124
Roll, Georg, Kunstuhrmacher, Mechaniker, um 1546-1592 (Maximilian Bobinger)	10,114
Rosinus, Stephanus, Humanist, um 1470-1548 (Eduard Gebele)	2,162
Roth, P. Heinrich, Missionar und Forscher in Indien, 1620-1668 (Adalbert Vogel)	7,239
Rothermel, Fridolin, Bauernführer, Landrat, Politiker, 1895 bis 1955 (Georg Simnacher)	12,375
Rottenkolber, Josef, Historiker des Allgäus, 1890-1970 (Wolfgang Haberl)	12,368
Rugendas, Johann Moritz, Maler, Lithograph, 1802-1858 (Lydia L. Dewiel)	11,206
Rupert I. von Ottobeuren, Abt, 1102-1145 (P. Aegidius Kolb)	13,11
Sailer, Hieronymus, Faktor der Welser, 1495–1559 (Hermann Kellenbenz)	14,33
Sailer, Sebastian, schwäbischer Mundartdichter, 1714-1777 (Josef Kunstmann)	2,291
Sartor, Wilhelm, Abt von Ursberg, 1404-1448 (Leonhard Rugel)	15,17
Satzger, Alphons, Jugendseelsorger, Kriegspfarrer, Wallfahrtspriester in der Wies, 1899-1978 (Hermann Mors)	13,349
Schaezler, Ferdinand Benedikt von, Bankier, 1795-1856 (Wolfgang Zorn)	3,379
Schaezler, Johann Lorenz von, Bankier, 1762-1826 (Wolfgang Zorn)	3,369
Schaumberg, Peter von, Kardinal und Bischof von Augsburg, 1388-reg. 1424-1469 (Anton Uhl)	3,37
Scheiner, P. Christoph, Mathematiker, Astronom, 1575-1650 (Herbert Rösch)	7,183
Schelbert, Joseph, Pfarrer, Pionier des Allgäus, 1834-1887 (Otto Schelbert)	15,267
Schertlin von Burtenbach, Sebastian, Feldhauptmann, 1496 bis 1577 (Friedrich Blendinger)	2,197
Schmelzle, Hans, Jurist, bayer. Staatsrat und Finanzminister, 1874-1955 (Franz Menges)	11,348
Schmid, Christoph von, Theologe, Jugendschriftsteller, 1768 bis 1854 (Joseph Bernhart)	5,307
Schmid, Jakob Friedrich, Bankier, 1777-1853 (Friedrich Schmid)	4,360

Schmid, Paul, Bankier und Unternehmer, 1842-1928 (Friedrich Schmid) 4,371
Schmid von Leubas, Jörg, Bauernkriegsführer, um 1480-1525 (Arthur M. Miller) 4,67
Schmidbauer, Richard, Stadtbibliothekar in Augsburg, 1881 bis 1975 (Paul Geissler) 12,337
Schneller, Joseph Anton, Pädagoge, 1738-1811 (Georg Albrecht) 7,301
v. Schnurbein, Gottfried Freiherr, Diplomat, 1700-1749 (Wolfgang Zorn) 10,177
Schönfeld, Johann Heinrich, Maler des Spätbarocks, 1609 bis um 1684 (Bruno Bushart) 10,151
Schorer, Dr. Christoph, gelehrter Arzt, 1618-1671 (Arthur M. Miller) 7,212
Schubaur, Johann Lukas, Stadtphysikus, Hofarzt, Komponist, 1749-1815 (Adolf Layer) 12,135
Schüle, Johann Heinrich von, Industrieller, 1720-1811 (Jacques J. Whitfield) 9,211
Schwangau, Hiltbold von, mhd. Lyriker, um 1195-nach 1254 (Hans Pörnbacher) 7,12
Schwangau, Margareta von, Gemahlin des spätmittelalterlichen Liederdichters und -komponisten Oswald von Wolkenstein, um 1392-nach 1451 (Hans Pörnbacher) 12,1
Schwarz Ulrich, Bürgermeister von Augsburg, um 1422-1478 (Ernst Deuerlein) 2,94
Seefried, Irmgard, Kammersängerin, 1918-1988 (Alfred Böswald) 15,389
Seelos, Franz Xaver, Missionar, 1819-1867 (Hildebrand Dussler) 10,217
Seld, Künstlerfamilie in Augsburg, um 1454-1565 (Norbert Lieb) 6,38
Seld, Jörg II., Goldschmied, um 1454-1527 (Norbert Lieb) 6,41
Seld, Nikolaus I., Goldschmied, +1514 (Norbert Lieb) 6,41
Seld, Georg Sigmund, Dr. jur., Reichsvizekanzler (Norbert Lieb) 6,72
Seld, Nikolaus II., Dr. jur., +1582 (Norbert Lieb) 6,69
Sesselmann, Celida, Leben und Werk der Lindauer Bildhauerin, 1883-1937 (Karl Bachmann) 15,305
Sevelingen, Meinloh von, Dichter, um 1155-um 1240 (Hans Pörnbacher) 7,1
Sick, Wilhelm, Apotheker und Bürgermeister von Neu-Ulm, 1837-1899 (Wilhelm Kohlhaas) 12,225
Sintpert, hl., Bischof von Augsburg, um 787-um 807 (Andreas Bigelmair) 3,1
Spieß, P. Meinrad, Komponist, 1683-1761 (Alfred Goldmann) 3,285
Spizel, Gottlieb, Evangelischer Theologe und Polyhistor,1639 bis 1691 (Dietrich Blaufuß) 13,144
Stadion, Christoph von, Bischof von Augsburg, 1478-reg. 1517 bis 1543 (Friedrich Zoepfl) 7,125
Stadler, Franz Xaver, Ein schwäbischer Stifter, 1789–1865 (Leonhard Rugel) 14,269

Stauffenberg, Claus Graf Schenk von, Offizier, Widerstandskämpfer, 1907-1944 (Alexander Graf Schenk v. Stauffenberg) 3,449
Steichele, Antonius von, Erzbischof von Freising, Historiker, 1816-reg. 1878-1889 (Friedrich Zoepfl) 3,406
Stein, Johann Andreas, Klavierbauer, 1728-1792 (Ludwig Wegele) 9,231
Steinmeyer, Georg Friedrich, Orgelbauer, 1819-1901 (Hermann Fischer und Theodor Wohnhaas) 10,235
Stetten, Anna Barbara von, Stifterin, 1754-1805 (Albrecht Schmid) 4,314
Stetten, Paul d. Ä. von, Historiker, 1705-1786 (Franz Herre) 3,314
Stetten, Paul d. J. von, Historiker, Stadtpfleger, Schriftsteller, 1731-1808 (Franz Herre) 3,326
Strigel, Malerfamilie, 15. und 16. Jh. (Gertrud Otto) 2,71
Strigel, Bernhard, Maler, 1460/61-1528 (Gertrud Otto) 2,84
Strigel, Ivo, Bildhauer, Maler, 1430-1516 (Gertrud Otto) 2,76
Strigel, Victorin, Protestantischer Gelehrter, Theologe, Bekenner, 1524–1569 (Thomas Pfundner) 14,55

Tannstetter, Georg (Collimitius), Astronom und Mathematiker, 1482-1535 (Franz Stuhlhofer) 13,18
Tieffenbrugger, Kaspar, Musikinstrumentenbauer, um 1514 bis 1571 (Adolf Layer) 4,184
Troeltsch, Dr. Ernst, Philosoph und Theologe, 1865-1923 (Georg Wünsch) 9,384
Türheim, Ulrich von, mhd. Epiker, um 1180-nach 1250 (Eduard Gebele) 9,38

Udalrich (Ulrich), hl., Bischof von Augsburg, Bistumsheiliger, 890-reg. 923-973 (Friedrich Zoepfl) 1,30
Ulrich von Türheim, mhd. Epiker um 1180-nach 1250 (Eduard Gebele) 9,38
Urlsperger, Johann August, pietistischer Prediger, 1728-1806 (Wolfgang Zorn) 1,334
Urlsperger, Samuel, evangelischer Theologe, 1685-1773 (Wolfgang Zorn) 1,322

Veit, Friedrich, evangel. Kirchenpräsident, 1861-1948 (Friedrich Wilhelm Kantzenbach) 12,244
Volkmar der Weise von Kemnat, Förderer von Dichtern, um 1205-um 1283 (Eduard Gebele) 1,89

Wagner, Johannes Evangelist, Gründer von Wohltätigkeitsanstalten, 1807-1886 (Martin Achter) 6,446
Waldburg, Otto Truchseß von, Kardinal und Bischof von Augsburg, 1514-reg. 1543-1573 (Friedrich Zoepfl) 4,204

Wallenreiter, Christian, Förderer schwäbischer Kultur- und Heimatpflege, 1900-1980 (Georg Simnacher und Albert Scharf) . 15,327
Weber, Norbert, Erzabt von St. Ottilien, Missionar, 1870-1956 (P. Frumentius Renner) 11,327
Weber-Brenner, Genoveva von, Sängerin, Mutter C. M. v. Webers, 1764-1798 (Karl M. Pisarowitz) 6,422
Wechs, Thomas, sen., Architekt, 1893–1970 (Annesusanne Fackler)... 14,353
Welf VI., Herzog von Schwaben, um 1115-1191 (Hans Pörnbacher) 8,1
Welser, Bartholomäus V., Großkaufmann im Überseehandel, 1484-1561 (Hubert Frh. v. Welser) 4,120
Welser, Philippine, Gemahlin Erzherzog Ferdinands II. von Österreich, 1527-1580 (Eduard Widmoser) 2,227
Wenzeslaus, Klemens, Kurfürst, Fürstbischof von Augsburg, 1739-reg. 1768-1812 (Hildebrand Troll) 2,302
von Westernach, Johann Egolph, Deutschordensritter, 1606 bis 1653 (Klaus Frhr. v. Adrian-Werburg) 12,105
Wilburgstetten, Raben Truchseß von, Bischof von Eichstätt, 1295-1383 (Eduard Gebele) 7,37
Wilm, Hubert, Künstler, Sammler, Kunsthistoriker, 1887–1953 (Ulrich Müller).. 14,325
Wolf, Hieronymus, Humanist und Byzantinist, 1516-1580 (Hans-Georg Beck) 9,169
Wolfgang, Pfalzgraf von Neuburg, 1526-1569 (Barbara Kurze) 6,292
Wolfgang Wilhelm, Pfalzgraf von Neuburg, 1578-1653 (Barbara Fries-Kurze) 8,198

Zenetti, Johann Baptist von, Staatsmann, 1785-1856 (Ludwig Zenetti) 5,344
Zink, Burkhard, Chronist, um 1396-um 1474 (Arthur M. Miller) 3,81
Zoepfl, Friedrich, Kultur- und Kirchenhistoriker, 1885-1973 (Peter Rummel) 11,380
Zwiebel, Jakob, Pfarrer, 1837-1918 (Leonhard Rugel) 15,295
Zwitzel, Baumeisterfamilie, 15.-17. Jh. (Norbert Lieb) 8,84
Zwitzel, Bernhard, Steinmetz, Baumeister und Stadtwerkmeister, um 1496-1570 (Norbert Lieb) 8,87
Zwitzel, Jakob I., Steinmetz und Werkmeister, um 1472-1540 (Norbert Lieb) 8,84
Zwitzel, Simon, Steinmetz und Stadtwerkmeister, +1593 (Norbert Lieb) 8,98

Inhalt der ersten vierzehn Bände

Band 1 (erschienen 1952) VIII, 479 Seiten und 10 Abbildungen
St. Afra (3./4. Jhd.) - Bischof Udalrich von Augsburg (890-973) - Albertus Magnus (1193-1280) - Volkmar der Weise von Kemnat (um 1205 bis um 1283) - Friedrich Reiser (um 1401-1458) - Agnes Bernauer (um 1411-1435) - Die Holbein (d. Ä. um 1465-1524, d. J. um 1497-1543) - Georg von Frundsberg (um 1473 bis 1528) - Apollonia Lang (1475-1520) - Hans Dernschwam (1494 bis um 1568) - Gregor Aichinger (1564-1628) - P. Karl Meichelbeck (1669-1734) - Abt Rupert Neß von Ottobeuren (1670-1740) - Samuel (1685-1773) und Johann August (1728-1806) Urlsperger - Ignaz von Beecke (1733-1803) - Johann Baptist Haggenmüller (1792-1862) - Die Industriellenfamilie Haindl (19. u. 20. Jhd.) - Sebastian Kneipp (1821-1897) - Dominikus Ringeisen (1835 bis 1904) - Ludwig Auer (1839-1914) - Pius Dirr (1875-1943)

Band 2 (erschienen 1953) XII, 467 Seiten und 14 Abbildungen
St. Magnus (etwa 699-772) - Bischof Bruno von Augsburg (um 975-1029) - Margareta Ebnerin (um 1291-1351) - Die Künstlerfamilie Strigel (15. und 16. Jhd.) - Ulrich Schwarz (um 1422 bis 1478) - Bartholomäus Mettlinger (um 1440-1492) - Conrad Peutinger (1465-1547) - Stephanus Rosinus (um 1470 bis 1548) - Johann Frosch (um 1480-1533) - Sebastian Schertlin von Burtenbach (1496-1577) - Philippine Welser (1527-1580) - Elias Holl (1573-1646) - Philipp Jakob Baudrexel (1627-1691) - Sebastian Sailer (1714-1777) - Kurfürst Klemens Wenzeslaus (1739-1812) - Josef Hauber (1766-1834) - Fürst Anselm Maria Fugger-Babenhausen (1766-1821) - Ludwig Kraft Fürst von Oettingen-Wallerstein (1791-1870) - Constantin von Höfler (1811-1897) - Hermann von Lingg (1820-1905) - Rudolf Diesel (1858-1913) - Friedrich von Müller (1858-1941)

Band 3 (erschienen 1954) XII, 483 Seiten, 16 Abbildungen und 1 Stammtafel
St. Sintpert (um 787 bis um 807) - Kardinal Peter von Schaumberg (1388-1469) - Burkhard Zink (um 1396 bis um 1474) - Burkhard Engelberg (um 1447 bis um 1512) - Sebastian Loscher (um 1482-1551) - Rudolf Agricola jun. (um 1493-1521) - Pfalzgraf Ottheinrich (1502-1559) - Markgraf Karl von Burgau (1560 bis 1618) - P. Meinrad Spieß (1683-1761) - Paul d. Ä. (1705-1786) und d. J. (1731-1808) von Stetten - Leopold Mozart (1719 bis 1787) - Johann Lorenz (1762-1826) und Ferdinand Benedikt (1795-1856) von Schaezler - Johann Goßner (1773-1858) - Erzbischof Antonius von Steichele (1816-1889) - Hermann Beckler (1828-1914) - Karl Krumbacher (1856-1909) - Claus Graf Schenk von Stauffenberg (1907-1944)

Band 4 (erschienen 1955) XII, 449 Seiten, 15 Abbildungen und 2 Stammtafeln
David von Augsburg (um 1205-1272) - Die Ärztefamilie Jung (15. und 16. Jhd.) - Hans Burgkmair (um 1473 bis um 1531) - Jörg Schmid von Leubas (um 1480-1525) - Caspar Kantz (um 1483 bis 1544) - Bartholomäus Welser (1484-1561) - Adam Reißner (um 1496 bis um 1582) - Kaspar Tieffenbrugger (um 1514-1571) - Kardinal Otto Truchseß von Waldburg (1514-1573) - Kardinal Andreas von Österreich (1558-1600) - Simpert Kraemer (1679-1753) - Crescentia Höß von Kaufbeuren (1682-1744) - Georg Friedrich Brander (1713-1783) - Anna Barbara von Stetten (1754-1805) - Franz Xaver Bronner (1758-1850) - Jakob Friedrich (1777-1853) und Paul (1842-1928) von Schmid - Ludwig August (1809-1879) und August (1845-1919) Riedinger - Josef Edmund Jörg (1819-1901)

Band 5 (erschienen 1956) XII, 451 Seiten, 12 Abbildungen und 1 Stammtafel
Bischof Luitold von Augsburg (reg. 989-996) - Michel (um 1443 bis um 1523) und Gregor (um 1470-1540) Erhart - Kardinal Matthäus Lang (um 1468 bis 1540) - Johann Eberlin von Günzburg (um 1470-1533) - Johannes Faber (um 1470-1530) - Nikolaus Ellenbog (1481-1543) - Eitelhans Langenmantel (um 1485 bis 1528) - Pilgram Marpeck (um 1495-1556) - Sebald Mayer (um 1520 bis um 1576) - Melchior Neusiedler (um 1531 bis um 1590) - Wilhelm Friedrich Lutz (1551-1597) - Bartholomäus Holzhauser (1613-1658) - Johann Jakob Herkom(m)er (1652-1717) - Josef Anton (1730-1795) und Peter Paul (1739-1817) von Obwexer - Konrad Huber (1752-1830) - Christoph von Schmid (1768-1854) - Johann Baptist Ritter von Zenetti (1785-1856) - Isabella Braun (1815-1886) - Johann Kaspar (1822-1885) - P. Maurus Hartmann (1865-1905) - Hermann Köhl (1888-1938)

Band 6 (erschienen 1958) XII, 524 Seiten, 14 Abbildungen und 2 Stammtafeln
Hermann, Bischof von Augsburg (reg. 1096-1133) - Clara Hätzlerin (um 1430 bis um 1476) - Die Augsburger Familie Seld (15. und 16. Jhd.) - Ulrich Artzt (um 1460-1527) - Die Künstlerfamilie Daucher (15. - 17. Jhd.) - Lukas (III.) Rem (1481-1541) - Johannes Eck (1486-1543) - Sebastian Franck (1499-1542) - Die Malerfamilie Rieder (15. und 16. Jhd.) - Achilles Pirminius Gasser (1505-1577) - Pfalzgraf Wolfgang von Neuburg (1526-1569) - Bischof Johann Egolf von Knöringen (1537-1575) - Joseph Freyberger (1587-1633) - Jakob Brucker (1696-1770) - Johann Ernst Eberlin (1702-1762) - Martin Boos (1762-1825) - Genoveva von Weber-Brenner (1764-1798) - Johannes Evangelist Wagner (1807-1886) - Franz Ludwig von Baumann (1846-1915) - Nachträge zu Johann Eberlin von Günzburg (Band 5)

Band 7 (erschienen 1959) XI, 484 Seiten, 24 Abbildungen
Meinloh von Sevelingen (um 1155 bis um 1240) - Hiltbolt von Schwangau (um 1195 bis nach 1254) - Hiltgart von Hürnheim (um 1250 bis nach 1299) - Raben Truchseß von Wilburgstetten (1295-1383) - Markwart von Lindau (um 1325-1391) - Bischof Christoph von Stadion (1478-1543) - Michael Keller (vor 1500 bis 1548) - Bischof Marquard von Berg (1528-1591) - Christoph Scheiner (1575-1650) - Christoph Schorer (1618-1671) - Heinrich Roth (1620-1668) - Karl Joseph Riepp (1710-1775) - Sophie von Laroche (1730-1807) - Joseph Anton Schneller (1738-1811) - Christoph Rheineck (1748-1797) - Alois von Frölich (1766-1841) - Anton (Friedrich) Fischer (1778-1808) - Gustav Eduard Kolb (1798-1865) - Peter Dörfler (1878-1955)

Band 8 (erschienen 1961) XII, 516 Seiten, 16 Abbildungen und 2 Stammtafeln
Herzog Welf VI. (um 1115-1191) - Konrad von Heimesfurt (um 1190 bis nach 1230) - Engelbirn von Augsburg (um 1230) - Nikolaus von Dinkelsbühl (um 1360-1433) - Die Augsburger Familie Zwitzel (seit 1470 bis 17. Jhd.) - Michael und Dr. Lukas Geizkofler (1527-1614 und 1550-1620) - Die Äbte Burkard Furtenbach und Plazidus Hieber von Lambach (1544-1599 und 1615-1678) - Zacharias Geizkofler (1560-1617) - Pfalzgraf Wolfgang Wilhelm von Neuburg (1578-1653) - Jeremias Drexel (1581-1638) - Johann Georg Fischer (1673-1747) - Roman Anton Boos (1733-1810) - Joseph Anton Laucher (1737-1813) - Johann Michael Feneberg (1751-1812) - P. Placidus Braun (1756-1829) - Fritz Klopper (1889-1929) - Bertolt Brecht (1898-1956)

Band 9 (erschienen 1966) XI,. 500 Seiten, 13 Abbildungen
Marschall Heinrich von Kalentin-Pappenheim (um 1145-1214) - Ulrich von Türheim (um 1180 bis nach 1250) - Erhard Ratdolt (um 1447 bis um 1528) - Jörg Lederer (um 1470 bis um 1549) - Hieronymus Wolf (1516-1580) - Ferdinand Cron (1559-1637) - Johann Heinrich von Schüle (1720-1811) - Johann Andreas Stein (1728-1792) - Die Nördlinger Verlegerfamilie Beck (seit 1733) - Peter Richarz, Bischof von Augsburg (1783-1855) - Carl Hirnbein (1807-1871) - Magnus Jocham (1808-1893) - Theodor Ritter von Haßler (1828-1901) - Ernst Troeltsch (1865-1923) - Otto Merkt (1877-1951) - Dominikus Böhm (1880-1955)

Band 10 (erschienen 1973) X, 506 Seiten, 13 Abbildungen
Burchard von Ursberg (um 1177-um 1231) - Matthäus Marschalk von Pappenheim-Biberbach (1458-1541) - Jakob Fugger der Reiche (1459-1525) - Das Geschlecht Occo (1447-1606) - Georg Roll (um 1546-1592) - Jacob Bidermann (1578-1639) - Johann Heinrich Schönfeld (1609-um 1684) - Gottfried Freiherr von Schnurbein (1700-1749) - Peter Alois Gratz (1769-1849) - Franz Xaver Seelos (1819-1867) - Georg Friedrich Steinmeyer (1819 bis 1901) - Wilhelm Bauer (1822-1875) - Heinrich Ritter von Buz (1833-1918) - Joseph Haas (1879-1960) - Max Josef Metzger (1887-1943) - Caspar Neher (1897-1962)

Band 11 (erschienen 1976) X, 491 Seiten, 17 Abbildungen
Hartmann I. Graf von Dillingen und Kyburg (um 1040-1121) - Mechthild von Diessen, Äbtissin von Edelstetten (um 1125 bis 1160) - Bernhard Adelmann von Adelmannsfelden und seine Brüder Hans und Konrad (1454-1547) - Anton Fugger (1493 bis 1560) - Bruder Jörg Erhart von Pfronten (1696-1762) - Die schwäbischen Baumeister Dossenberger (1716-1785) - Jacob Hübner (1761-1826) - Ignaz Anton Demeter (1773-1842) - Johann Moritz Rugendas (1802-1858) - Melchior Meyr (1810-1871) - Friedrich von Hessing (1838-1918) - Franz Anton von Henle (1851-1927) - Ludwig Ganghofer (1855-1920) - P. Norbert Weber (1870 bis 1956) - Hans Schmelzle (1874-1955) - Friedrich Zoepfl (1885 bis 1973) - Oskar Besemfelder (1893-1965) - Otto Jochum (1898 bis 1969)

Band 12 (erschienen 1980) X, 460 Seiten, 19 Abbildungen
Margareta von Schwangau (um 1392-nach 1451) - Petrus Mitte de Caprariis (um 1415-1479) - Hans Jakob Fugger (1516-1575) - Johann Egolph von Westernach (1606-1653) - Die Gebrüder Röls (Johann Kasimir 1646-1715, Johann Georg 1652-1719, Johannes Philipp um 1659-1723, Johann Leonhard 1663-1748) - Johann Lukas Schubaur (1749-1815) - Franz Xaver Kleinheinz (1765-1832) - Ignaz Lachner (1807-1895) - Joseph Renftle (1823-1881) - Wilhelm Sick (1837-1899) - Nikolaus Geiger (1849-1897) - Friedrich Veit (1861 bis 1948) - Josef Hofmiller (1872-1933) - Ludwig Curtius (1874-1954) - Fridolin Holzer (1876-1939) - Josepf Bernhart (1881-1969) - Richard Schmidbauer (1881-1975) - Pater Sebastian Englert (1888-1969) - Josef Rottenkolber (1890-1970) - Fridolin Rothermel (1895-1955)

Band 13 (erschienen 1986) 448 Seiten, 16 Abbildungen
Rupert I. von Ottobeuren (Abt 1102-1145) - Georg Tannstetter (Collimitius) (1482-1535) - Sebastian Kurz (um 1500-1568) - Pfalzgraf Philipp Ludwig von Neuburg (1547-1614) - Georg Henisch (1549-1618) - Georg Petel (1602-1634) - Gottlieb Spizel (1639-1691) - Johann Georg Bergmüller (1688-1762) - Jakob Hermann Obereit (1725-1798) - Karl (August) Reichenbach (1801-1883) - Josef Fischer (Hyazinth Wäckerle) (1836-1896) - Cyrill Kistler (1848-1907) - Christian Frank (1867-1942) - Franz Huber (1887-1979) - Alphons Satzger (1899-1978) - Franz Nagel (1907-1976)

Band 14 (erschienen 1993) 424 Seiten, 19 Abbildungen
Graf Heinrich VII. von Montfort-Rothenfels (1456-1512) - Hieronymus Sailer (1495-1559) - Victorin Strigel (1524-1569) - David Hoeschel (1556-1617) - Joseph (I.) Ignaz Philipp Landgraf von Hessen-Darmstadt, Fürstbischof von Augsburg (1699-1768) - Abt Honorat Goehl von Ottobeuren (1733-1802) - Johann Nepomuk Holzhey (1741-1809) - P. Maurus Feyerabend OSB (1754-1818) - Anton und Albert Höfer (1764-1837 und 1802-1857) - Christoph Friedrich Heinzelmann (1786-1847) - Franz Xaver Stadler (1789-1865) - Magnus Anton Reindl (1832-1896) - Anton Hauser (1840-1913) - Hubert Wilm (1887-1953) - Thomas Wechs sen. (1893-1970)

Reisen und Reisende in Bayerisch-Schwaben

Reiseberichte aus elf Jahrhunderten

Herausgegeben von Hildebrand Dussler OSB

Reisende aus vielen Jahrhunderten, vom Fürsten bis zum Wandergesellen, vom Kardinal bis zum Kapuzinerbruder, vom Palästinapilger bis zum Ferienstudenten, Mediziner, Juristen, Künstler werden in diesem Werk vor dem Leser über das bayerische Schwaben, das Land zwischen Iller und Lech, zwischen Ries und Allgäu, gesprächig. Während alte Reiseberichte früher wegen ihrer Abhängigkeit von häufig nur flüchtigen, stimmungsgeladenen und nicht immer vorurteilsfreien Eindrücken oft in Zweifel gezogen wurden, weiß man sie heute gerade wegen ihrer persönlichkeitsnahen und augenblicksfrischen Unmittelbarkeit sehr zu schätzen. Nur sie können uns zeigen, was frühere Besucher einer Landschaft oder einer Stadt beachtenswert fanden, welche Erfahrungen ihnen mitteilenswert erschienen.

Fast alle bedeutenden Orte Bayerisch-Schwabens, allen voran das »Goldene Augsburg«, sind geschildert, dazu viele Orte im angrenzenden Oberbayern und in Tirol (an den Straßen Augsburg–Innsbruck–Brenner), in Vorarlberg (Bregenz–Feldkirch), in Württemberg (vor allem Ulm) und in Franken.

Jedem der Reiseberichte hat der Bearbeiter einen Lebensabriß des Reisenden und seiner Begleiter und Angaben über den weiteren Reiseweg und das Reiseziel beigegeben. Die meisten der Berichte sind unveröffentlicht oder nur in seltenen fremdsprachigen Ausgaben greifbar.

Band 1
384 Seiten Text, 5 Farbtafeln, 58 Schwarzweiß-Abbildungen
im Text und auf Tafeln.
Leinen mit Schutzumschlag. ²1980

Literatur in Bayerisch Schwaben

Von der althochdeutschen Zeit bis zur Gegenwart

Text von Hans Pörnbacher, unter Mitarbeit von
Josef Bellot, Hans Frei, Josef Heinle

Eine erste Gesamtschau des literarischen Schaffens in Augsburg und in Ostschwaben (Bayerisch Schwaben), vom Wessobrunner Codex und dem »Augsburger Gebet« des neunten Jahrhunderts über Albertus Magnus aus Lauingen und die frühen Bibeldrucker und Liedersammler bis zum Humanismus eines Conrad Peutinger, von den Reformationsschriften Johann Eberlins und Sebastian Francks bis zu den großen Jesuiten Jeremias Drexel und Johannes Bissel, von Christoph von Schmid und Sophie la Roche bis hin zu Joseph Bernhart und Bert Brecht.

284 Katalognummern auf XVI und 208 Seiten,
mit 174 Tafelabbildungen, davon
31 vierfarbig und 12 zweifarbig. Kartoniert.
Erschienen als Band 6 der
Beiträge zur Landeskunde von Schwaben

Anton H. Konrad Verlag

Historischer Atlas
von Bayerisch Schwaben

Völlige Neubearbeitung der 1955 erschienenen, von Wolfgang Zorn edierten Ausgabe. Im Auftrag der Schwäbischen Forschungsgemeinschaft unter Mitwirkung der Kommission für Bayerische Landesgeschichte herausgegeben von Hans Frei, Pankraz Fried, Franz Schaffer.

Redaktion Karl Ludwig Ay

Erscheint als Mappenwerk in zehn Lieferungen zu je zehn gefalteten, mehrfarbigen Karten.

Gesamtprogramm

I. Altkarten II. Grundkarten und allgemeine Karten zur Landesnatur III. Vor- und Frühgeschichte IV. Entwicklung der Kulturlandschaft und Siedlung V. Politische Geschichte: Früh- und Hochmittelalter VI. Politische Geschichte: Vom Hochmittelalter bis 1800 VII. Politische Geschichte im 19. und 20. Jahrhundert VIII. Kirchengeschichte IX. Kultur-, Bildungs- und Rechtsgeschichte X. Verkehrsgeschichte XI. Wirtschaftsgeschichte XII. Bevölkerungs- und Sozialgeschichte XIII. Mundart-, Stammes- und Volkskunde XIV. Kunstgeschichte und Denkmalpflege XV. Kriegsgeschichte

Die Lieferungen enthalten jeweils Karten aus mehreren der fünfzehn Programmabschnitte. Jede Karte ist in sich abgeschlossen und wird kommentiert. Jede Karte kann als Einzelkarte für Studium und Unterricht, für Vorträge und zur Demonstration in Ausstellungen verwendet werden. Die Lieferungen erscheinen im Turnus von rund ein bis zwei Jahren.

Auslieferung durch den
Anton H. Konrad Verlag

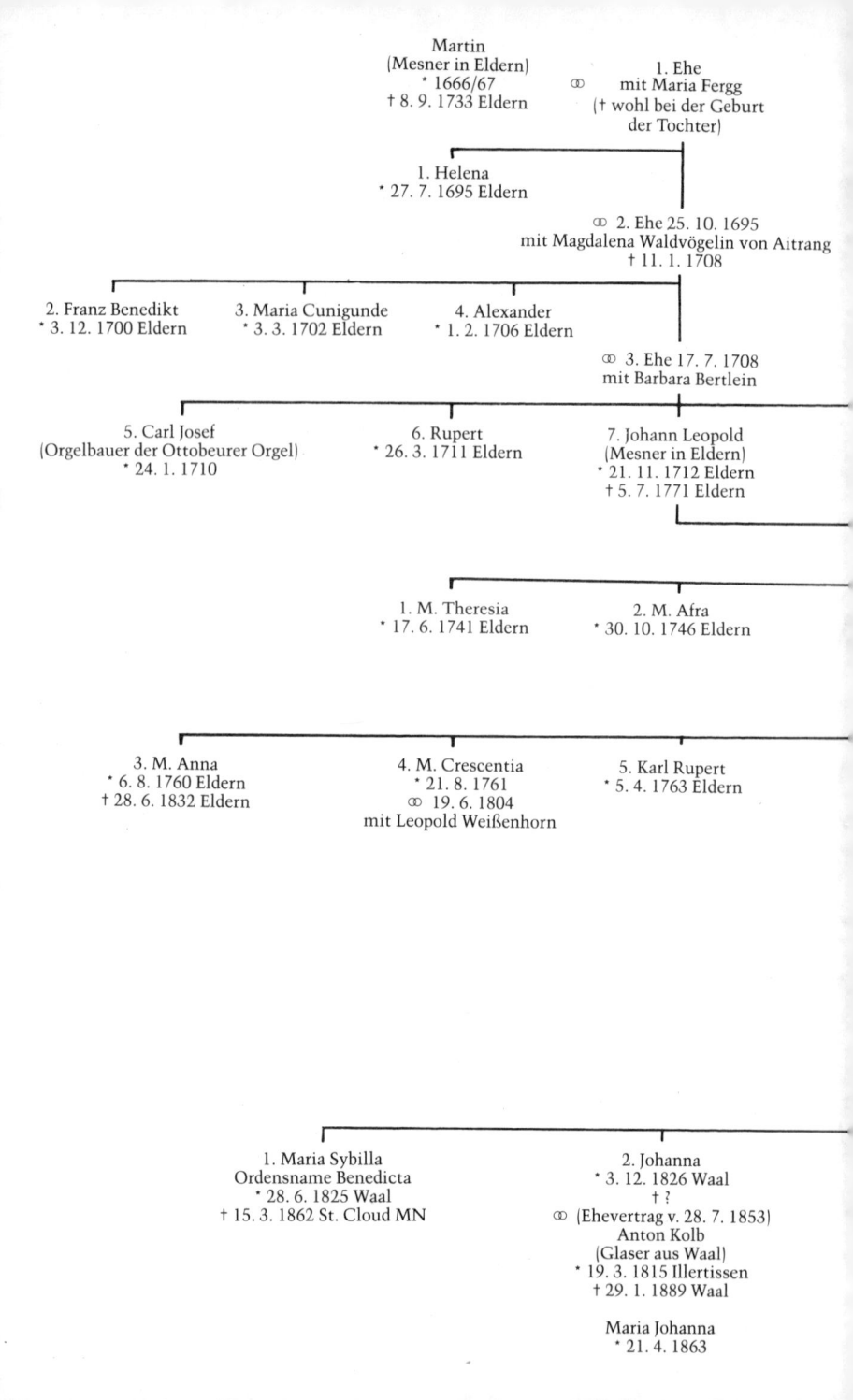

```
                              Martin
                         (Mesner in Eldern)
                           * 1666/67              ⚭       1. Ehe
                        † 8. 9. 1733 Eldern              mit Maria Fergg
                                                        († wohl bei der Geburt
                                                            der Tochter)

                    ┌─────────────────────────────────┐
                    1. Helena
                    * 27. 7. 1695 Eldern

                                              ⚭ 2. Ehe 25. 10. 1695
                                              mit Magdalena Waldvögelin von Aitrang
                                                    † 11. 1. 1708

  ┌──────────────────┬──────────────────────┬──────────────────┐
 2. Franz Benedikt      3. Maria Cunigunde       4. Alexander
 * 3. 12. 1700 Eldern   * 3. 3. 1702 Eldern      * 1. 2. 1706 Eldern

                                              ⚭ 3. Ehe 17. 7. 1708
                                              mit Barbara Bertlein

  ┌──────────────────┬──────────────────────┬──────────────────┐
 5. Carl Josef            6. Rupert              7. Johann Leopold
 (Orgelbauer der         * 26. 3. 1711 Eldern   (Mesner in Eldern)
  Ottobeurer Orgel)                              * 21. 11. 1712 Eldern
 * 24. 1. 1710                                   † 5. 7. 1771 Eldern
```

┌──────────────────────┬──────────────────────┐
1. M. Theresia   2. M. Afra
* 17. 6. 1741 Eldern   * 30. 10. 1746 Eldern

┌──────────────────────┬──────────────────────┬──────────────────────┐
3. M. Anna   4. M. Crescentia   5. Karl Rupert
* 6. 8. 1760 Eldern   * 21. 8. 1761   * 5. 4. 1763 Eldern
† 28. 6. 1832 Eldern   ⚭ 19. 6. 1804
                          mit Leopold Weißenhorn

┌──────────────────────┬──────────────────────┐
1. Maria Sybilla   2. Johanna
Ordensname Benedicta   * 3. 12. 1826 Waal
* 28. 6. 1825 Waal   † ?
† 15. 3. 1862 St. Cloud MN   ⚭ (Ehevertrag v. 28. 7. 1853)
                              Anton Kolb
                              (Glaser aus Waal)
                              * 19. 3. 1815 Illertissen
                              † 29. 1. 1889 Waal

                              Maria Johanna
                              * 21. 4. 1863